주석 방문판매등에 관한 법률

고형석 김남홍 김도년 김상중 김세준 박근웅 서종희 성준호 송재일 송주연
송혜진 신영수 신지혜 이병준 장보은 정다영 정신동 정진명 황원재

지음

편집대표 이 병 준

정독
DEEP READING

머리말

『방문판매등에 관한 법률』은 점포거래가 아닌 특수한 판매방식을 대상으로 소비자 피해가 일어나는 영역인 방문판매, 전화권유판매, 다단계판매, 후원방문판매, 계속거래 및 사업권유거래 등에 의한 공정한 거래에 관한 사항을 규정함으로써 소비자의 권익보호를 목적으로 제정된 법이다. 통상적인 거래에서는 소비자가 재화 등을 구매하려는 의사를 스스로 형성·결정한 후 사업자의 영업점을 방문하여 자신의 선호에 따라 재화 등을 선택하여 구매하는 것이 일반적이다. 이러한 일반적인 점포판매 방식과 달리 방문판매, 다단계판매 또는 통신판매의 경우에는 사업자가 재화 등에 대한 구매의사가 없는 소비자를 방문하거나 전화 등을 통하여 재화 등에 대한 정보를 제공하고 소비자에게 구매를 적극적으로 권유한다. 이 경우 소비자는 신중하고 합리적인 판단의 기회를 충분히 갖지 못한 상태에서 재화 등에 관한 구매계약을 충동적으로 체결하기 쉽기 때문에 소비자보호를 위한 법이 필요하며 특수거래의 특성을 고려하여 소비자를 보호할 수 있는 개별입법의 필요성이 제고되어 1991년 12월 31일에 제정된 것이 『방문판매등에 관한 법률』이다. 제정된 이후 27차례 개정되어 온 『방문판매등에 관한 법률』은 여전히 해석상 논란이 있으며, 개선해야 할 부분이 많다. 이에 이 주석서에서는 『방문판매등에 관한 법률』에 대한 해설을 통해 본 법이 가지는 의미를 충실히 전달하여 법해석의 기준을 제시하고 입법개선의 방향을 제시하고자 하였다.

이 주석서의 집필에는 소비자법에 열정을 가진 학자 및 실무가들이 모여 있는 (사)한국소비자법학회 회원 19명이 참가하였다. 제대로 된 『방문판매등에 관한 법률』에 대한 해설서가 존재하지 않은 현실에서 『방문판매등에 관한 법률』과 관련된 모든 연구에 본 주석서가 기초가 되었으면 하는 바람으로 착수하였다. 그러나 여러 가지 제약으로 원래 의도했던 모든 것을 이 책에 충분히 담지 못하였다. 그런 의미에서 본 주석서의 출간은 용기 있는 결단이자 나중을 약속하는 시작이라 할 수 있다. 다만 이번 출간을 계기로 집필진들은 『방문판매등에 관한 법률』에 대한 연구를 매진할 것이며, 신속하지 판을 거듭하면서

학계와 실무계에 의미 있는 책으로 거듭날 것을 다짐한다.

이 주석서는 (사)한국소비자법학회가 기획하고 집필한 것이기는 하지만, 업계의 지원에 의하여 연구가 진행되었다. 아무런 간섭 없이 주석서 작업을 순수하게 지원하여 주신 한국직접판매산업협회, 한국직접판매공제조합, 한국특수판매공제조합 측에게 깊은 감사를 드린다. 간행위원회 구성원으로 고생하여 주신 김상중, 김세준, 박근웅, 서종희 교수님께 감사인의 인사를 드리며 특히 이 주석서 작업을 총괄하고 끝까지 출판에까지 신경써 주신 서종희 교수님께 특별한 감사의 말씀을 전한다. 끝으로 어려운 출판환경에서 출간을 흔쾌히 맡아 주신 도서출판 정독의 김중용 사장님께 진심으로 감사의 말씀을 드린다. 특히 책의 교정에 힘써주셔서 책다운 책으로 만들어 주신 편집부 관계자들께도 감사드린다.

2022년 11월 1일
한국소비자법학회 회장
편집대표
이 병 준

차 례

서 장

제 1 장 총 칙

제 2 장 방문판매 및 전화권유판매

제 4 장 계속거래 및 사업권유거래

제 5 장 소비자권익의 보호

제 6 장 조사 및 감독

제 7 장 시정조치 및 과징금 부과

제 8 장 보 칙

제 9 장 벌 칙

일러두기

1. 이 책의 해설의 대상이 되는 『방문판매등에 관한 법률』은 법률 제18711호로 2022년 1월 4일 일부개정되어 2022년 7월 5일부터 시행되고 있는 법률로 함. 『방문판매등에 관한 법률 시행령』은 대통령령 제32765호로 2022년 7월 4일 일부개정되어 2022년 7월 5일부터 시행되고 있는 시행령으로 함.

2. 본문의 방문판매법은 특별한 표시가 없는 한, 『방문판매등에 관한 법률』을 의미함.

3. 이 책에서는 특별히 해석할 필요가 없다고 판단되는 일부 조항, 예컨대 방문판매법 제26조, 제36조, 제41조, 제42조, 제50조 및 제8장 보칙(제52조 내지 제57조) 등은 조문만을 적시하고 구체적인 해설을 하지 않았음.

4. 이 책의 집필자는 다음과 같음.

편집대표: 이병준 교수

간행위원회: 김상중 교수, 김세준 교수, 박근웅 교수, 서종희 교수

(가나다 순)

성 명	소 속
고형석	선문대학교 법학과 교수
김남홍	K&Partners 대표변호사
김도년	한국소비자원 정책연구실 소비자지향성개선팀장
김상중	고려대학교 법학전문대학원 교수
김세준	경기대학교 법학과 교수
박근웅	부산대학교 법학전문대학원 교수
서종희	연세대학교 법학전문대학원 교수

성준호	성균관대학교 법학연구원 선임연구원
송재일	명지대학교 법학과 교수
송주연	직판공제조합 변호사
송혜진	한국소비자원 책임연구원
신영수	경북대학교 법학전문대학원 교수
신지혜	한국외국어대학교 법학전문대학원 교수
이병준	한국외국어대학교 법학전문대학원 교수
장보은	한국외국어대학교 법학전문대학원 교수
정다영	충남대학교 법학전문대학원 교수
정신동	강릉원주대학교 법학과 교수
정진명	단국대학교 법학과 교수
황원재	계명대학교 법학과 교수

5. 집필부분은 다음과 같음.

	집필부분	집필자
서장	방문판매법 의의, 연혁	이병준·김도년
	방문판매 비교법례	정신동·김도년
제1장	제1조~제4조	이병준
제2장	제5조~제6조	신지혜
	제7조	김상중
	제8조	고형석
	제9조	서종희
	제10조	고형석
	제11조~제12조	김남홍
제3장	제13조~제15조	박근웅
	제16조	정다영
	제17조~제19조	황원재
	제20조~제22조	정진명
	제23조	김남홍·서종희
	제24조~제25조, 제27조~제29조	김남홍

제4장	제30조	김세준
	제31조~제32조	장보은
	제33조~제34조	김세준
제5장	제35조	성준호
	제37조~제40조	송주연
제6장	제43조~제47조	송재일
제7장	제48조~제49조	신영수
	제50조의2~제50조의5	송혜진
	제51조	신영수
제9장	제58조~제67조	정다영

서 장

제 1 편 방문판매법의 의의와 연혁

[이봉준·김도년]

Ⅰ. 방문판매법의 연혁

1. 방문판매법의 제정

정부는 구 「도매소매업법」에서 규정하고 있었던 할부거래, 방문판매 및 통신판매에서의 소비자보호에 관한 사항을 규율할 수 있는 할부거래법과 방문판매법 제정안을 마련하여 1991년 11월 8일에 국회에 제출하였고, 방문판매법 제정안은 1991년 12월 16일에 국회에서 수정가결되었다. 새로 제정된 방문판매법은 구 「도소매업진흥법」에서 규율하고 있었던 방문판매 및 통신판매뿐만 아니라 다단계판매까지 추가하여 특수거래 분야에서 소비자보호를 위한 대표적인 법률이 되었다.

2. 방문판매법의 주요개정[1)]

가. 1995년 제2차 전부개정(법률 제4896호, 1995. 1. 5., 전두개정)

1) 개정 배경

1991년 방문판매법 제정에도 불구하고 다단계판매에 대한 사회적 문제가 지속적으로 발생하였다. 다단계판매는 점포망이나 광고가 필요하지 않아 사업개시가 간이하고 저렴한 가격으로 상품을 판매할 수 있는 장점이 있다. 그러나 소비자가 판매원이 되고 판매 가입이 순차적으로 이루어지는 과정에서 대인판매와 연고판매에 의존하게 되어 판매과정에서 소비자 피해가 유발되었다. 또한 다단계판매는 판매원의 모집방법이나 이익분배구조 등에서 매우 다양한 구조를 띠고 있을 뿐만 아니라 선량한 소비자에게 사행심을 유발하게 하여 건전한 경제질서를 혼탁하게 한다는 부작용이 지적되었다. 이에 소비자의 피해를 유발하는 행위를 방지하고 건전한 다단계판매가 정착될 수 있도록 법 개정이 추진되었다.

1995년 2차 개정 법률은 다단계판매가 재화 등의 판매방식이 아닌 불법금융다단계로 악용되지 않도록 하고, 또한 사행심을 유발하지 않도록 하였다. 다단계판매가 재화의 판매방식 중 하나이지만 하방확장성과 후원수당이라는 특수성을 가지고 있으므로 이를 악용하지 않도록 다단계판매에 대한 규제를 대폭 강화하여 소비자의 피해를 유발하는 행위를 방지하고 건전한 다단계판매가 정착될 수 있도록 하였다.

---

1) 국가법령센터를 참고(https://www.law.go.kr).

2) 주요 내용

첫째, 다단계판매업자의 등록제를 도입하고 등록에 필요한 사항을 정하고, 다단계판매원으로 활동하고자 하는 자는 다단계판매업자에게 등록을 하도록 하였다.

둘째, 다단계판매 상품에는 권장소비자가격을 표시하도록 함으로써 판매원이 소매가격을 임의로 요구하는 것을 방지하고, 권장소비자가격은 대통령령이 정하는 금액 이하로 하도록 하여 고가제품은 다단계판매의 대상이 되지 못하도록 하였다.

셋째, 청약철회의 가능기간을 방문판매의 경우에는 현행 7일 이내에서 10일 이내로, 다단계판매의 경우에는 현행 14일 이내에서 20일 이내로 연장하여 소비자의 청약철회권을 강화하였다. 그리고 다단계판매원과 계약을 체결한 상대방은 다단계판매업자에 대하여도 직접 청약을 철회할 수 있도록 하여 소비자의 피해발생을 방지할 수 있도록 하였다.

넷째, 다단계판매업자는 매월 매출액의 100분의 10에 해당하는 금액을 환불보증금으로 공탁하도록 하되, 시·도지사는 환불상황 등을 참작하여 필요할 때에는 공탁금을 매월 매출액의 100분의 2 내지 100분의 50에 해당하는 금액으로 조정할 수 있도록 하였다.

다섯째, 다단계판매업자는 다단계판매원에게 후원수당을 지급할 수 있도록 하되, 다단계판매업자가 지급할 수 있는 후원수당의 총액은 대통령령이 정하는 범위 이내로 제한하였다.

여섯째, 단계판매조직 또는 다단계판매원의 지위는 이를 양도·양수할 수 없도록 하였다.

나. 1995년 제3차 전부개정(법률 제5086호, 1995. 12. 29., 전부개정)

1) 개정 배경

1990년대 초반부터 컴퓨터 및 정보통신기술이 발달하면서 이에 따른 통신판매 방식이 급속도로 성장하였다. 하지만 통신판매 방식은 점포판매 방식에 비하여 소비자피해가 더 많이 발생할 우려가 제기되었고, 당시 정보통신분야에서도 소비자보호 제도를 대폭 신설하려는 입법노력이 있었다. 한편, 제2차 전부개정을 통하여 다단계판매에 대하여는 어느 정도 효율적인 규제가 가능하였던 반면, 방문판매의 경우에는 판매원이나 소비자에 대한 보호가 미흡하다는 지적이 제기되었다. 이에 국회는 통신판매의 확대에 따른 분쟁 발생을 방지하고 소비자피해를 최소화하기 위하여 제3차 개정을 추진하였다.

1995년 제3차 전부개정 법률은 통신판매에 있어 소비자보호 제도를 신설하였다. 즉, 통신판매가 지속적으로 발전함에 따라 통신판매의 경우에도 소비자가 청약을 철회할 수 있도록 개정하였으며, 통신판매업자의 구매강요행위를 금지행위에 추가함으로써 통신판매에 있어 소비자보호를 강화하였다.[2] 1995년 2차 개정은 건전한 다단계판매가 정착될 수 있는 법적 기반을 마련한 반면, 1995년 3차 개정은 통신판매분야에 있어 소비자보호에 관한 법적 기반을 조성하였다는 점에 의미가 있다.

2) 주요 내용

첫째, 방문판매업 또는 통신판매업을 하고자 하는 자는 상호·주소 등을 시·도지사에게 신고하도록 하였다.

둘째, 선불식 통신판매의 경우 상품대금을 받은 날부터 3일 이내에 상품의 인도를 위하여 필요한 조치를 하도록 하고, 상품을 인도할 수 없을 때에는 동 기간 내에 상품대금의 환불을 위하여 필요한 조치를 취하도록 하여 소비자피해를 방지하도록 하였다.

셋째, 통신판매업자가 상품을 인도하는 경우에는 청약의 철회 등 소비자의 권리행사에 필요한 사항을 기재한 상품인도서를 함께 송부하도록 하였다.

넷째, 통신판매업자로부터 상품을 인도받은 소비자는 당해 상품이 훼손되거나 광고의 내용과 다른 상품이 인도된 경우, 상품의 인도가 광고에 표시된 상품의 인도시기보다 늦어진 경우 등에는 20일 이내에 청약을 철회할 수 있도록 하였다.

다섯째, 통신판매업자가 소비자의 청약이 없는데도 일방적으로 상품을 인도하고 상품대금을 청구하는 행위, 소비자가 상품을 구매할 의사가 없음을 밝혔음에도 불구하고 소비자의 정상적인 생활을 저해할 정도로 전화·팩시밀리·컴퓨터통신 등의 방법으로 상품을 구매하도록 강요하는 행위 등을 금지행위로 규정하여 통신판매에 있어서 소비자를 보호하도록 하였다.

다. 2002년 전부개정(법률 제6688호, 2002. 3. 30., 전부개정)

1) 개정 배경

1991년 방문판매법이 제정된 것은 외국계 다단계판매업체가 국내에 진출하여 급성장함에 따라 소비자 피해가 증대하였고, 이에 따라 비점포 판매방식(방문판매·통신판매·다단계판매)를 총괄하는 법 제정이 필요하였기 때문이다. 이후 방문판매법은 '유통산업 건전화'에 중점을 두고 4차례의 개정이 이루어졌으며, 1999년 5월 할부거래법과 함께 주관부서가 산업자원부에서 공정거래위원회로 이관되었다. 이에 따라 방문판매법을 공정거래위원회의 법 집행체계와 일치시킬 필요성이 제기되었다. 특히 2002년 3월 통신판매에 관한 규정을 보완하여 「전자상거래 등에서의 소비자보호에 관한 법률」이 제정됨에 따라 방문판매법의 적용대상을 방문판매 및 다단계판매 중심으로 개편하고, 그동안 구율의 공백으로 인

2) 이는 이후에 전자상거래법상 소비자보호의 핵심인 청약철회권의 기초가 된다.

하여 소비자피해가 빈발하였던 전화권유판매[3]·계속거래 등을 방문판매법의 적용대상에 새로이 추가하였다.

2002년 개정 법률은 제2차 제정이라고 할 정도로 방문판매법의 전면적인 개편에 해당한다. 이러한 점에서 2002년 개정 법률은 새로운 특수거래 방식의 출현으로 인하여 변화된 거래환경을 적극적으로 수용하고, 그에 적합한 소비자보호 방안을 마련한 것이라고 평가할 수 있다.

2) 주요 내용

첫째, 소비자의 합리적 구매결정에 필요한 정보제공의무를 강화하였다. 개정 법은 전화로 소비자에게 권유하여 계약의 청약을 받거나 계약을 체결하는 방법으로 재화 등을 판매하는 전화권유판매의 경우에 그 판매원의 적극적 접근성이 방문판매와 유사하다고 보아 전화권유판매업의 신고, 계약체결에 따른 계약서 교부의무, 청약철회 등에 관한 사항을 방문판매업에 준하여 규정하였다. 또한 일정기간 이상 계속하여 재화 등을 공급하는 계속거래는 일회성 판매와 다른 특성을 가지고 있으므로 이 법의 적용대상에 추가하고, 계약체결에 따른 계약서 교부의무 등 계속거래를 업으로 하는 자가 준수하여야 할 사항 등을 규정하였다.

둘째, 특수거래에 대한 규율을 통일하였다. 종전에는 재화 등의 구매계약을 체결한 소비자가 조건없이 당해 계약을 해제할 수 있는 기간을 방문판매의 경우에는 계약체결일부터 10일 이내, 다단계판매의 경우에는 계약체결일부터 20일 이내로 정하였으나, 법 개정을 통하여 방문판매·전화권유판매·다단계판매의 경우에는 모두 계약서를 교부받은 날부터 14일 이내로 하여 통일하였다.

셋째, 소비자피해 구제제도를 강화하였다. 특히 다단계판매업자가 다단계판매원이 되고자 하는 자에게 제공하는 이익에 관하여 허위정보를 제공하는 행위를 금지하고, 후원수당의 지급현황에 관한 정보를 고지하도록 함으로써 허위·과장광고에 의한 피해를 방지하였다. 또한 다단계판매에 있어서 소비자의 피해를 신속하고 효율적으로 구제하기 위하여 다단계판매업자는 소비자피해보상을 위한 보험계약, 금융기관과의 채무지급보증계약, 공제조합과의 공제계약중 하나의 계약을 의무적으로 체결하도록 하였다.

넷째, 사업자에 대한 규제의 합리화에 노력하였다. 개정 법은 사업자가 신고·등록 등 법령상 의무를 이행하지 아니하거나 계약체결을 강요할 목적으로 소비자에게 위력을 가하는 등 법령에 위반되는 행위를 한 경우에 공정거래위원회가 해당 사업자에 대하여 시정

3) 전화권유판매는 통신판매의 일종이라고 할 수 있지만 구매권유의 방식에 차이가 있어 방문판매법에서 규율하였다.

조치를 명할 수 있도록 하였다. 또한 방문판매업자·전화권유판매업자·다단사업자 등이 시정조치명령을 받았음에도 불구하고 이에 따르지 아니한 경우에 공정거래위원회가 등록을 취소하거나 1년의 범위안에서 영업을 정지할 수 있도록 하였다. 이 경우 공정거래위원회가 위반행위관련 매출액을 초과하지 아니하는 범위안에서 영업정지에 갈음하여 과징금을 부과할 수 있도록 하였다.

라. 2007년 일부개정(법률 제8259호, 2007. 1. 19., 일부개정)

1) 개정 배경 및 의의

2004년 3월 2일 전자상거래법이 일부개정 되었다. 개정 법률은 전자상거러에서 청약철회 제한사유에 대응하는 조치의무의 범위를 확대하였다. 이에 따라 방문판매법도 동일한 취지의 개정이 이루어져야 한다는 지적이 있었다. 특히 현행 법률은 소비자의 청약철회가 제한되는 사유 중에서 판매자에게 청약철회 제한사실을 명기하거나 시용상품 제공 등의 사전 조치의무를 부과하고 있는 사유를 '소비자의 사용 또는 일부 소비에 의하여 그 가치가 현저히 감소한 경우'에 한정하였다. 그 결과 청약철회와 관련한 소비자의 권리행사 보장이 부족하고 불필요한 분쟁이나 마찰이 발생할 소지가 있으므로 이를 개선할 필요성이 제기되었다.

한편, 현행 다단계판매 공제조합은 3개월마다 매출액 등 자료를 제출받아 적정한 출자 및 담보금을 재조정하고 있다. 하지만 다단계판매업자가 공제조합에 가입한 후 담보금 부담을 회피하려는 목적으로 매출액을 누락하는 등 허위자료를 제출하는 사례가 발생하였고, 이 경우 담보금 부족 등으로 적정한 소비자피해보상이 어려울 수 있다는 우려가 제기되었다.

2007년 일부개정 법률은 다단계판매에 있어 공정거래위원회의 감독권을 강화하고 그에 기초한 소비자보호를 증대시켜야 된다는 지적이 반영한 개정이었다고 평가할 수 있다.

2) 주요 내용

2007년 일부개정 법률은 소비자의 권익을 보호하고 다단계판매에서의 피해를 예방하기 위하여 6가지 내용을 담고 있다.

첫째, 소비자의 권익보호를 강화하기 위해 소비자가 계약체결 후 청약철회를 할 수 있는 사유를 확대하였다. 즉, 청약철회권 제한 시 판매자가 청약철회 제한사실을 명기하거나 시용(試用)상품 제공 등의 조치의무를 취하도록 하는 범위를 "시간의 경과에 의하여 재판매가 곤란할 정도로 재화 등의 가치가 현저히 감소한 경우" 및 "복제가 가능한 재화 등의 포장을 훼손한 경우"까지 확대하였다.

둘째, 공정거래위원회는 공정거래질서 확립 및 소비자 보호를 위하여 다단계판매업자에 대한 등록 정보 등을 공개할 수 있도록 하되, 다단계판매업자의 경영·영업상의 비밀에 관한 사항과 개인의 사생활의 비밀 또는 자유를 침해할 우려가 있다고 인정되는 정보는 제외하도록 하였다.

셋째, 다단계판매업자에 대한 정보공개를 통해 소비자가 더욱 합리적인 선택을 할 수 있도록 하기 위해 공정거래위원회는 정보공개를 위하여 필요한 경우에는 다단계판매업자에게 관련 자료의 제출을 요구할 수 있도록 하였다.

넷째, 사회적 경험 및 경제적 능력이 없는 미성년자가 다단계판매원으로 가입하여 피해를 입는 경우를 막기 위하여 다단계판매원으로 등록할 수 없는 자에 미성년자를 추가하되, 법정대리인의 동의를 얻은 경우에는 제외하였다.

다섯째, 다단계판매업자가 후원수당을 과다 지급함으로써 판매원들이 정상적인 제품판매보다 후원수당을 획득하기 위한 투기활동에 집중하는 것을 막기 위하여 형사처벌의 구성요건이 되는 후원수당 지급총액을 법률에서 직접 정하고, 구체적인 산정방법은 대통령령으로 정하도록 하였다.

여섯째, 소비자피해보상기능이 적절하게 수행될 수 있도록 하기 위하여 소비자피해보상보험계약등을 체결한 사업자가 소비자피해보상보험계약을 유지하는 중에도 매출액 등의 자료를 허위로 제출하지 못하도록 하였다.

마. 2012년 전부개정(법률 제11324호, 2012. 2. 17., 전부개정)

1) 개정 배경

2002년 법률 개정에도 불구하고 다단계판매의 정의가 지나치게 엄격하여 방문판매업체로 신고하고 실질적으로는 다단계판매 영업을 하는 소위 '新방문판매'와 유사 다단계업체에 의한 소비자 피해가 확산되고 있다는 지적이 있었다. 이러한 문제를 시정하기 위하여 다단계판매 정의규정을 개선하여 유사 다단계를 규제대상으로 포함하고, 다단계판매와 차별적 요소가 있는 '후원방문판매'라는 개념을 신설하여 규제의 공백이 발생하지 않도록 방문판매법 개정을 추진하였다. 특히 다단계판매 정의규정에 대해서는 5개의 개정안[4]이 제출되었고, 이를 종합한 개정안이 2011년 12월 29일 국회 본회의를 통과하였다.

2012년 전부개정 법률은 2002년 법률에서 지나치게 엄격하게 규정하고 있던 다단계판매의 정의규정을 단순화하여 법적·제도적 사각지대에 있는 신종·변종 다단계 영업형

4) 2012년 방문판매법 개정은 정부안(2009.7.6. 국회제출)과 4개 의원발의 안(김동철의원 안(2009.7.14.), 박상동의원 안(2009.8.5.), 홍영표의원 안(2009.12.16.), 조원진의원 안(2010.6.18.))을 토대로 이루어졌다.

태를 규율하기 위한 것이다. 또한 자신과 직근하위판매원 실적으로 한정하여 후원수당을 지급하는 거래형태를 '후원방문판매'로 규정하고 다단계판매와 유사한 규제를 부과하여 이 분야에서의 소비자보호를 추구하였다. 이와 같이 2012년 개정 법률은 개정전 법이 가지고 있던 다단계판매의 정의상의 한계점을 해소하여 다단계판매형태로 재화를 판매하는 다단계판매업자에 대한 규율체계를 정비한 것이라고 평가할 수 있다.

2) 주요 내용

첫째, 다단계판매 정의규정 중 규제회피수단으로 악용되어 온 다단계판매의 요건 중 '소비자' 및 '소매이익' 부분을 삭제하여 유사 다단계판매업체들을 다단계판매업체로 규율하였다.

둘째, 특정 판매원의 실적이 직근 상위판매원 1인의 후원수당에만 영향을 미치는 후원수당 지급방식을 가진 방문판매를 '후원방문판매'로 정의하고 다단계판매에 준하는 규제를 도입하였다.

셋째, 법률상 규제를 회피하기 위한 다양한 변종 영업형태를 금지하기 위하여 현실에서 빈번하게 발생하는 행위 유형들을 금지행위에 추가하였고, 이에 대한 벌칙도 대폭 강화하였다.

넷째, 전화권유판매자의 행위로부터 소비자를 보호하기 위하여 소비자가 수신거부의사를 명시적으로 표시하여 등록할 수 있는 수신거부의사 등록시스템을 구축할 수 있도록 법적 근거를 마련하였다.

바. 2018년 일부개정(법률 제15695호, 2018. 6. 12., 일부개정)

1) 개정 배경

전화권유판매는 비대면거래이므로 소비자가 계약내용을 정확히 파악하기 어렵고, 또한 소비자가 판매업자와 통화 과정에서 의사왜곡이 일어날 가능성이 높은데도 불구하고 이를 별도로 보존하기 어려워 이후 계약내용에 대한 분쟁 발생시 소비자가 불리할 가능성이 있었다. 또한 개정 전 방문판매법에서는 다단계판매원의 등록증과 수첩을 서면으로 발급하도록 하고 있어 판매원들이 이를 가지고 다니기 불편하고, 사업자들도 발급비용을 지출하여야 하는 부담이 있었다. 나아가 미등록다단계판매행위에 대한 신고포상금을 부정한 방법으로 지급받은 경우에 이를 환수할 수 있는 근거 규정이 미비하였다. 이러한 문제점과 미비점을 보완하기 위하여 정부는 법 개정이 추진되었다.

2018년 일부개정 법률은 전화권유판매에서 소비자권익을 보호하고 불필요한 분쟁 발생을 방지하며, 다단계판매원에 대한 등록증 및 수첩의 활용도를 높혔다. 또한 공정한 신고포상금 지급체계를 확립함으로써 방문판매법의 집행을 원활하게 하였다. 2018년 법률개정은 현행 제도의 운영상의 미비점을 상당부분 개선한 것으로 평가할 수 있다.

2) 주요 내용

첫째, 소비자의 권익을 보호하기 위하여 전화권유판매업자로 하여금 소비자와의 통화내용 중 계약에 관한 사항을 소비자의 동의를 받아 3개월 이상 보존하도록 하고, 소비자가 요청하는 경우 이를 열람할 수 있도록 하였다.

둘째, 다단계판매원에 대한 등록증 및 수첩의 활용도를 제고하기 위해 다단계판매원이 사전에 서면으로 동의한 경우에 한하여 전자문서 및 전자기기로 된 등록증이나 수첩을 발급할 수 있도록 하였다.

셋째, 다단계판매의 효율적이고 투명한 거래질서를 확립하기 위하여 위반행위의 신고 또는 제보와 관련하여 부정한 방법으로 포상금을 지급받거나 동일한 원인으로 다른 법령에 따라 포상금을 지급받은 등의 경우에 지급한 포상금을 환수할 수 있도록 하였다.

사. 2022년 일부개정(법률 제18711호, 2022. 1. 4., 일부개정)

1) 개정 배경

「독점규제 및 공정거래에 관한 법률」 및 「표시·광고의 공정화에 관한 법률」은 동의의결제도를 도입하여 일반적인 시정조치로는 불가능한 다양한 내용의 시정방안을 사업자와 공정거래위원회 간의 합의를 통해 채택할 수 있도록 함으로써 거래질서를 보다 신속하게 신축적이고 합목적적으로 개선하고 있었다. 그러나 공정거래 및 소비자보호를 목적으로 하는 다른 법률에서는 동의의결제도가 도입되지 않아 형평성, 합리성, 공정성 등에 문제가 있다는 지적이 있었다.

이에 현행법에도 동의의결제도를 도입하여 다양한 시정방안과 문제해결절차를 확보함으로써 소비자의 신속하고 효과적인 피해구제를 도모하는 한편, 사업자 입장에서는 신속한 사건 종결을 통해 소송비용과 시간을 절감할 수 있도록 하여 방문판매·전화권유판매·다단계판매·후원방문판매·계속거래 및 사업권유거래 등에서의 공정한 거래질서를 확립하고 소비자의 권익을 두텁게 보호한 것이라 평가할 수 있다.

2) 주요 내용

첫째, 공정거래위원회의 조사나 심의를 받고 있는 사업자 또는 사업자단체는 해당 조사나 심의의 대상이 되는 행위로 인한 불공정한 거래내용 등의 자발적 해결, 소비자의 피해구제 및 거래질서의 개선 등을 위하여 제3항에 따른 동의의결을 하여 줄 것을 공정거래위원회에 신청할 수 있다.

둘째, 공정거래위원회는 신속한 조치의 필요성, 소비자 피해의 직접 보상 필요성 등을 종합적으로 고려하여 동의의결 절차의 개시 여부를 결정하고, 「독점규제 및 공정거래에 관한 법률」 제59조의 구분에 따른 회의의 심의·의결을 거쳐야 한다.

셋째, 공정거래위원회는 제6항에 따른 이행계획의 이행 여부 점검 등 동의의결의 이행관리에 관한 업무를 대통령령으로 정하는 바에 따라 조정원 또는 「소비자기본법」 제33조에 따른 한국소비자원(이하 "소비자원"이라 한다)에 위탁할 수 있도록 하였다.

〈표 1〉 방문판매 등에 관한 법률 연혁 및 개정 내용

연 혁	내 용	공포일/ 시행일
제정	• 방문판매, 통신판매 및 다단계판매 개념 신설 • 고지의무 및 철회권 등 소비자 보호 제도 법제화	1991.12.31. 1992.7.1.
1차 개정	타법개정	1993.3.6.. 1993.3.6.
2차 개정	• 다단계판매에서 판매실적에 의한 이익분배를 제한적으로 현실화 • 다단계판매에 대한 규제를 대폭 강화	1995.1.5. 1996.7.6.
3차 개정	• 통신판매 소비자보호제도를 신설 • 방문판매의 판매원 및 소비자 보호 강화	1995.12.29. 1996.4.1.
4차 개정	타법개정	1997.8.28. 1998.1.1.
5차 개정	타법개정	1997.12.13. 1998.1.1.
6차 개정	• 방문판매 및 다단계판매사업에 관련된 각종 규제 정비	1999.2.5. 1999.2.5.
7차 개정	타법개정	1999.5.24. 1999.5.24.
8차 개정	• 전자상거래법 제정에 따른 통신판매에 관한 규정을 보완 • 방문판매 및 다단계판매 중심으로 개편 • 전화권유판매·계속거래 등을 적용대상에 새로이 추가 • 다단계판매업자가 소비자피해보상보험계약 등에 가입하는 것을 의무화 • 법령상 의무를 위반한 사업자에 대한 시정조치명령·과징금제도 등을 도입	2002.3.30. 2002.7.1.

9차 개정	타법개정	2004.12.31. 2005.4.1.
10차 개정	타법개정	2005.1.27. 2005.4.28.
11차 개정	• 방문판매업자 및 전화권유판매업자의 신고·변경신고 및 신고사항의 직권말소에 관한 사무를 지방자치단체장에게 이양	2005.3.31. 2005.5.1.
12차 개정	• 공제조합에 대한 의무 부과 및 관리감독 강화	2005.12.29. 2005.12.29.
13차 개정	• 소비자 청약철회 제한사유 강화(사전조치 사유 범위 확대) • 다단계판매에 관한 규정 정비	2007.1.19. 2007.7.20.
14차 개정	• 지연이자율 상한 법정화 • 다단계판매업자의 등록 결격사유 강화	2007.7.19. 2007.10.10.
15차 개정	• 양벌규정 정비(책임주의 원칙과 일치)	2010.3.22. 2010.3.22.
16차 개정	타법개정	2010.5.17. 2010.11.18.
17차 개정	• 다단계판매 정의 규정을 정비(신방문판매업체 규제) • 후원방문판매 개념을 신설 • 사행적 확장행위 금지 규정 신설 • 전화권유판매 수신거부의사 등록시스템 도입	2012.2.17. 2012.8.18.
18차 개정	타법개정	2012.6.1. 2012.9.2.
19차 개정	• 다단계판매원 등록금지규정 강화 • 공무원, 미성년자 차명등록 금지 및 처벌규정 신설	2013.5.18. 2013.5.18.
20차 개정	• 공정거래위원회에 특수판매 전반에 대한 실태조사 및 교육 실시권 부여	2014.1.28. 2014.7.29.
21차 개정	• 다단계판매원의 결격사유를 법률로 상향시켜 규정 • 다단계판매원의 판매업자에 대한 청약철회를 전자문서 방식으로 하는 것을 허용	2016.3.29. 2016.3.29.
22차 개정	• 동일한 위반행위에 대하여 과징금을 부과한 경우에는 과태료를 부과하지 아니하도록 함	2017.11.28. 2018.5.29.

23차 개정	• 전화권유판매업자로 하여금 소비자와의 통화내용 중 계약에 관한 사항을 소비자의 동의를 받아 3개월 이상 보존의무 부과 • 소비자의 열람권 부여 • 다단계판매에서 전자문서와 전자기기로 된 것을 포함한 방법으로 등록증 및 수첩을 발급하거나 작성할 수 있도록 허용	2018.6.12. 2018.6.12./ 12.13.
24차 개정	타법개정	2020.12.29. 2021.12.30
25차 개정	• 다단계판매업자 등록사항 변경신고를 받은 경우 10일 이내에 신고수리 여부를 신고인에게 통지하도록 하고, 그 기간 내에 신고수리 여부 또는 처리기간의 연장을 통지하지 아니한 경우에는 신고를 수리한 것으로 간주하는 제도 도입	2021.4.20. 2021.5.21.
26차 개정	• 방문판매법의 적용대상에서 금융투자상품 등의 거래를 제외함	2021.12.7. 2022.12.8.
27차 개정	• 동의의결제도를 도입함	2022.1.4. 2022.7.5.

Ⅱ. 방문판매법의 의의

1. 특수거래 분야에서의 소비자보호 강화

소비자가 사업자로부터 재화등을 구입하는 방식은 사업자의 영업점에 방문하여 구입하는 것이 일반적이지만, 대량생산 시대에 있어서 이러한 판매방식만으로 모든 재화를 판매할 수 없었다. 따라서 사업자는 다양한 판매방식을 개발하였으며, 그로 인해 방문판매·다단계판매 및 통신판매 등의 특수거래 방식으로 발전하였다. 그러나 방문판매 등은 사업자의 적극적 구매 권유 등에 따라 원하지 않는 계약을 체결하기 때문에 많은 소비자피해가 발생하였다. 이와 같은 특수거래 분야에서 발생하는 소비자피해를 예방 및 구제하기 위해 도소매업진흥법에서 이를 규율하였지만, 정보제공의무 등에 국한되어 효과적인 소비자보호에는 한계가 있었다. 1991년 방문판매법을 제정으로 특수거래분야에서 소비자를 보호하는 방안을 강구하였는데, 사법적 규율뿐만 아니라 행정규제 및 형사처벌을 병행하였다. 이로써 보다 효과적으로 소비자를 보호할 수 있었다. 이후 전화권유판매 또는 계속거래 등에 의한 소비자피해가 빈발함에 따라 2002년 방문판매법을 전부 개정하여 전화권유판매 및 계속거래를 추가하였으며, 2012년 개정에서는 후원방문판매를 신설하였다. 소비자계약법이 존재하지 않은 우리나라에서 방문판매법은 특수거래분야에 대해 사법 및 공법적 규율을 통해 소비자를 효과적으로 보호하는 법으로 평가받고 있다. 더 나아가 2022년 동의의결제도 등의 도입으로 실질적인 소비자 피해구제가 이루어질 수 있도록 하였다.

2. 다단계판매의 사행성 규제

소비자는 사업자가 제공하는 재화 등을 소비생활을 목적으로 사용하는 자이다. 그러나 소비자가 단지 소비만을 하는 것이 아닌 판매 활동을 통해 일정한 수익을 얻는 방식도 존재한다. 다단계판매는 재화에 대한 판매방식이지만, 그 판매조직의 구성에 있어 하방확장성과 후원수당의 지급으로 소비자의 사행심을 조장할 수 있다. 이러한 점은 1980년대부터 발생하였지만, 다단계판매를 규율하는 법이 존재하지 않아 소비자보호에 있어 사각지대에 놓여 있었다. 1991년 방문판매법을 제정하여 다단계판매를 규율대상에 포함시켰으며, 규율 내용의 핵심은 소비자 등의 사행심 조장 방지였다. 즉, 재화 등의 거래 없이 단지 하위판매원의 가입에 대해 후원수당을 지급하거나 재화 등의 거래라는 형식을 취하면서 실질적으로 금전거래만을 하는 불법금융다단계에 따른 피해는 다수의 소비자에게 발생하였으며, 그로 인한 사회경제적인 문제는 개별 소비자만의 문제가 아니라 국가적인 문제로 발생하였다. 따라서 방문판매법에서는 다단계판매가 사행산업으로 악용되는 것을 방지하기 위해 다른 거래형태와 달리 판매금액 및 후원수당 등에 엄격한 규제를 부과하였다. 이러한 다단계판매에 대한 방문판매법의 엄격규제는 불법금융다단계로 인한 소비자 및 국가의 폐해를 방지함과 더불어 건전한 다단계판매의 발전을 위한 법적 기초를 마련한 것이라 평가할 수 있다.

3. 두낫콜 서비스 시행을 통한 쾌적한 소비생활 환경 조성

판매원을 가장한 소비자 범죄의 빈발 및 정보통신기기의 국민적 보급에 따라 방문판매의 방식은 전화권유판매방식으로 전환되었다. 이러한 전화권유판매는 사업자가 언제든지 소비자에게 전화를 통해 재화등의 구매를 권유할 수 있어서 소비자가 쾌적한 비물리적 환경 속에서 생활하는 것을 방해하는 원인이 되었다. 또한 사업자의 구매권유는 허위 또는 과장의 내용이 많았기 때문에 이를 신뢰한 다수의 소비자가 피해를 보았다. 이 경우 소비자가 임의로 사업자의 구매권유전화를 차단하거나 끊을 수 있지만, 이러한 구매권유를 목적으로 한 전화를 원천적으로 차단하는 방안이 요구되었다. 이에 따라 2012년에 개정된 방문판매법은 전화권유판매 수신거부의사 등록시스템을 도입하여 전화를 통한 구매권유를 원하지 않은 소비자가 그 등록시스템에 등록하면 전화권유판매사업자는 그 소비자에게 전화권유를 할 수 없도록 하였다. 이러한 전화권유판매 수신거부의사 등록시스템은 소비자가 원하지 않은 구매권유를 받지 않도록 한다는 점에 그치지 않고, 소비자가 쾌적한 비물리적 환경 속에서 소비생활을 영위할 수 있는 기초를 마련한 것이라고 할 수 있다.

4. 소비자의 청약철회권 및 해지권 보장

특수거래방식은 소비자가 간편하게 재화 등을 구입할 수 있는 장점을 부여하지만, 소비자가 희망하지 않는 계약을 체결할 수 있다는 단점이 있다. 진정 원하지 않는 계약을 체결한 소비자가 간편하게 계약을 해소할 수 있는 방안이 요구되었으며, 1991년 방문판매법은 그 방안으로 소비자의 청약철회권을 도입하였다. 소비자의 청약철회권은 도소매업진흥법에서 규정하고 있었던 내용이지만, 그 범주가 방문판매에 국한되었다. 방문판매법의 제정으로 소비자의 청약철회권을 다단계판매 등에 확대하였으며, 이후 전자상거래법도 이를 도입하였다. 이와 같이 소비자의 청약철회권은 특수거래 분야에서 소비자를 보호하는 가장 대표적인 방안으로 활용되고 있다.

또한 재화 또는 용역의 계속적 공급거래와 관련하여 지속적인 소비자분쟁 및 피해가 발생하였지만, 개별 업법에서 규율하는 사항 이외의 분야에서 발생하는 소비자분쟁 및 피해를 해결할 수 없었다. 특히, 계약 도중에 소비자의 사정으로 인해 해당 계약을 계속 유지할 수 없는 경우에 해지권이 인정되지 않거나 해지권을 인정하는 경우에도 과도한 위약금 약정으로 인해 소비자는 잔여 기간에 대해 대금을 거의 돌려받지 못하는 문제가 발생하였다. 이에 2002년에 개정된 방문판매법은 계속거래 분야를 특수거래의 하나로 신설하고, 소비자의 해지권을 명시하였다. 따라서 소비자는 계속거래의 도중에 해지권을 행사하여 그 계약을 해소할 수 있으며, 합리적인 범위내에서 위약금을 부담하도록 규정하여 사업자와 소비자의 이해관계를 조율하였다. 이러한 소비자의 해지권은 계속거래 분야에서 지속적으로 발생하였던 계약해소와 그로 인한 위약금 문제를 해결함으로써 소비자피해를 예방하고, 효과적으로 구제하는 역할을 하고 있다.

제 2 편 방문판매 비교법례

[정신동]

제 1 절 유럽연합(EU)

Ⅰ. 개 관

유럽 권역에서는 소위 "사업장 밖에서의 계약"이 과거 EEC의 방문판매지침[1]에서 출발하여 현재 EU 소비자권리지침[2]에서 자세히 규율되고 있다. 이와 같이 방문판매라는 거래유형을 특별히 소비자를 보호해야 할 상황으로 보고, 일반 민사법상에서 인정되지 않는 제도를 마련해 두고 있는 것은 사업장 밖에서 물품과 서비스를 판매하는 경우 소비자에게 성급한 계약 체결의 위험, 즉 소비자가 그러한 장소에서는 계약의 체결을 예상하지 않았고, 차분히 숙고하였다면 체결하지 않았을 계약에 소비자가 구속될 수 있다는 위험을 이유로 하고 있다.[3] 즉 성급한 계약 체결이 예상되는 전형적 상황에서 법률행위를 행한 소비자에게는 계약 체결에 대해 다시금 차분히 생각할 기회를 주고, 경우에 따라서는 기 체결된 계약으로부터 해방될 수 있는 가능성을 부여하는 것이 EU법상 방문판매 규제의 목적이라 할 수 있다. 이를 실현하기 위한 구체적인 법적 수단으로는 우선 소비자에게 적절한 정보를 제공하도록 하는 것 그리고 자신의 의사표시를 자유롭게 철회할 수 있는 권리를 부여하는 것이 보장되어 있다.

Ⅱ. EEC의 방문판매 지침

1985년 유럽경제공동체(European Economic Community: EEC)의 방문판매지침[4]은 사업자와 소비자가 물품의 공급 또는 서비스 제공에 관한 계약을 체결함에 있어 기습적 상황

---

1) Council Directive 85/577/EEC of 20 December 1985 to protect the consumer in respect of contracts negotiated away from business premises.

2) Directive 2011/83/EU of the European Parliament and of the Council of 25 October 2011 on consumer rights, amending Council Directive 93/13/EEC and Directive 1999/44/EC of the European Parliament and of the Council and repealing Council Directive 85/577/EEC and Directive 97/7/EC of the European Parliament and of the Council Text with EEA relevance.

3) EEC 방문판매지침 입법이유 4와 EU 소비자권리지침 입법이유 21 참조.

4) 이 지침의 규정 내용을 상세히 소개하는 문헌으로 김은경, "EU의 방문판매규제에 관한 고찰", 「기업법연구」 제21권 제4호, 한국기업법학회, 2007, 385면 이하; 정신동, "방문판매 개념에 관한 연구－독일민법과의 비교를 중심으로", 「법제연구」 제57호, 2019, 132면 이하 참조.

이 발생할 수 있는 몇몇 전형적인 사례의 경우 사업자의 정보제공의무 및 소비자의 철회권을 인정하고 있었다. 구체적으로 동 지침 제1조[5])가 사업자에 의해 조직된 사업자의 사업장 밖에서의 여가활동 중에 계약이 체결된 경우(제1항 제1호), 소비자 개인의 주거공간 또는 다른 소비자 개인의 주거공간 내지 소비자의 직장에 사업자가 행하는 방문으로서 소비자가 명백히 이를 희망한 적이 없었던 방문을 계기로 계약이 체결된 경우(제1항 제2호) 방문판매 상황을 인정하고 있었다. 이처럼 EEC의 방문판매지침이 적용되고 있었던 시기에는 방문판매가 인정되는 몇 가지 상황을 한정적 내지 적극적으로 정의하는 규율 방식을 취하여 소비자 보호의 필요성이 강하게 드러나는 몇몇 예외적 상황을 제한적으로 규정하고 있었다.

그 밖에 동 지침 제1조 제2항에서는 소비자가 사업자의 방문을 요청한 경우에도 소비자보호가 필요한 방문판매 상황을 인정하는 예외가 규정되어 있었다. 소비자가 사업자의 방문을 요청한 것이 계약을 체결하게 된 계기가 되었음에도 불구하고 방문 요청의 전제가 된 상품이 아닌 '다른' 상품에 대한 계약이 체결되었고, 실제로 구매한 상품이 사업자의 영업활동 또는 직업활동의 일환이라는 점을 방문 요청 시점에 소비자가 인지하지 않았거나, 인지할 수 없었던 것에 합리적인 사유가 있었던 경우에도 방문판매 상황을 인정하여 소비자 보호의 범위를 확장하고 있었다. 나아가 동 지침은 소비자가 방문판매의 상황에서 행한 청약의 의사표시에 대해서도 이의 구속력이 있는지 여부를 묻지 않고 소비자 철회권을 행사할 수 있도록 규정하고 있었다. 즉 지침 제1조 제3항[6])이 "사업자가 승낙하

---

5) Article 1

1. This Directive shall apply to contracts under which a trader supplies goods or services to a consumer and which are concluded:
   — during an excursion organized by the trader away from his business premises, or
   — during a visit by a trader
     (i) to the consumer's home or to that of another consumer;
     (ii) to the consumer's place of work;
   where the visit does not take place at the express request of the consumer.
2. This Directive shall also apply to contracts for the supply of goods or services other than those concerning which the consumer requested the visit of the trader, provided that when he requested the visit the consumer did not know, or could not reasonably have known, that the supply of those other goods or services formed part of the trader's commercial or professional activities.
3. This Directive shall also apply to contracts in respect of which an offer was made by the consumer under conditions similar to those described in paragraph 1 or paragraph 2 although the consumer was not bound by that offer before its acceptance by the trader.
4. This Directive shall also apply to offers made contractually by the consumer under conditions similar to those described in paragraph 1 or paragraph 2 where the consumer is bound by his offer.

6) Article 1

3. This Directive shall also apply to contracts in respect of which an offer was made by the consumer under conditions similar to those described in paragraph 1 or paragraph 2 although the consumer was not bound by that offer before its acceptance by the trader.

기 전에는 소비자가 자신의 청약으로부터 구속되지 않음에도 불구하고 소비자가 제1항 또는 제2항에 언급된 조건과 유사한 조건 하에 청약의 의사표시를 행한 계약에 대해서도" 방문판매 상황이 인정됨을 규정하고 있었고, 제1조 제4항[7])이 "소비자가 자신의 청약에 구속되는 경우 소비자가 제1항 내지 제2항에서 언급된 조건과 유사한 조건 하에 행한 청약의 의사표시에 대해서도" 방문판매지침이 적용됨을 분명히 하고 있었다.

Ⅲ. EU의 소비자권리지침

1. 적용범위

가. 사업장 밖에서 체결된 계약

현재 유럽연합 권역에서는 방문판매 상황에서의 소비자 보호를 EU 소비자권리지침을 통해 시도하고 있는데 동 지침 제2조 제8호[8])를 통해 이전의 EEC 방문판매지침에서 보다 상당히 넓은 범위[9])에서의 방문판매 개념을 도입하고 있다.[10]) 즉 '소비자와 사업자의 대면 하에 사업자의 사업장이 아닌 장소에서 체결된 계약[제8호 a)]', '소비자와 사업자의 대면 하에 사업자의 사업장이 아닌 장소에서 소비자가 청약의 의사표시를 행하였던 계약[제8호 b)]'을 사업장 밖에서 체결된 계약으로 정의함으로써 EEC 방문판매지침에서와 같이 기습의 위험이 인정될 수 있는 전형적 상황들을 개별화·구체화 하지 않고, 사업장에서 체

---

7) Article 1
   4. This Directive shall also apply to offers made contractually by the consumer under conditions similar to those described in paragraph 1 or paragraph 2 where the consumer is bound by his offer.

8) Article 2 Definitions For the purpose of this Directive, the following definitions shall apply:
   (8) 'off-premises contract' means any contract between the trader and the consumer:
   (a) concluded in the simultaneous physical presence of the trader and the consumer, in a place which is not the business premises of the trader;
   (b) for which an offer was made by the consumer in the same circumstances as referred to in point (a);
   (c) concluded on the business premises of the trader or through any means of distance communication immediately after the consumer was personally and individually addressed in a place which is not the business premises of the trader in the simultaneous physical presence of the trader and the consumer; or
   (d) concluded during an excursion organised by the trader with the aim or effect of promoting and selling goods or services to the consumer;
   (9) 'business premises' means:
   (a) any immovable retail premises where the trader carries out his activity on a permanent basis; or
   (b) any movable retail premises where the trader carries out his activity on a usual basis;

9) EU의 입법자는 이러한 방문판매를 직접유통 내지 직접판매라는 상위 개념 하에 규율하고 있다(EU 소비자권리지침 입법이유 5 참조).

10) 이에 대한 국내 문헌으로 김진우, "소비자권리지침의 주요개념 및 적용범위에 관한 고찰-우리 소비자계약법의 개정방향을 덧붙여",「서울법학」제23권 제2호, 2015, 115면 이하 참조.

결되지 않은 모든 계약에 대해 성급한 계약 체결을 유도하는 기습적 상황이 내재되어 있는 것으로 보고 있다. 따라서 (사업장 내인지 밖인지가 중요하다는 의미에서) 사업장 개념이 방문판매 상황을 결정하는 핵심적 개념이 되고 있는데, EU 소비자권리지침은 '사업자가 자신의 활동을 계속적으로 행하는 부동(不動)의 영업장'과 '사업자가 자신의 활동을 일상적으로 행하는 이동형 영업장'으로 세분화하여 사업장 개며을 정의하고 있다(동 지침 제2조 제9호). 이처럼 '방문판매'에서 '사업장 밖에서 체결된 계약'으로 그 적용 범위를 확대한 EU 소비자권리지침의 규정들은 독일, 오스트리아 네덜란드 등 EU의 개별 회원국에 보두 반영이 되어 국내법 형식으로 이미 시행되고 있다.

1985년 EEC 방문판매 지침에서는 소비자가 사전에 요청하여 사업자의 방문이 이루진 경우 요청의 전제가 되지 않은 다른 상품을 구매한 경우에 한해서 소비자브호 필요성이 인정되었지만, EU 소비자권리지침에서는 소비자가 사업자의 방문을 요청했는지 여부는 처음부터 중요하지 않도록 규율하고 있다.[11] 소비자의 요청에 의해 사업자가 방문한 경우에는 소비자가 이미 판매 관련 상황을 충분히 예측할 수 있다는 점에서 기습적 상황이 인정되기 어렵겠지만, 이러한 경우에도 사업자가 상품의 구매를 권유하는 상황으로부터 소비자가 쉽게 벗어날 수 없고 심리적 압박 상황 항에서 계약이 체결될 여지가 상당하기 때문이다.[12] 나아가 소비자의 요청에 의해 사업자가 방문하였다고 하여 소비자 보호의 필요성을 일괄적으로 부인하게 되면 사업자가 소비자로 하여금 방문을 요청하게끔 유도할 제도의 남용 위험이 크다는 점도 함께 고려되었다.

EU 소비자권리지침에 의하면 사업자의 사업장 내에서 소비자와의 계약이 체결되었지만, 바로 그 직전에 사업자가 사업장 밖에서 소비자를 유인하였다면 방문판매상황을 인정하는 예외가 규정되어 있다. 즉 "사업자의 사업장 밖에서 소비자와 사업자의 대면 하에 개인적이고 개별적으로 소비자에게 대화의 접촉이 시도된 직후 사업자의 사업장에서 또는 원격통신수단을 통해 체결된 계약"도 사업장 밖에서 체결된 계약에 속하는 것으로 보고 있다[제2조 제8호 c)]. 다만 '대화의 접촉이 시도된 직후'라는 요건 때문에 소비자를 유인하기 위해 대화가 이루어진 시점과 사업장 내에서 계약이 체결된 시점 사이에 어느 정도 시간적 간격이 있었고, 따라서 소비자가 어느 정도 숙고할 수 있는 시간이 있었던 경우에는 방문판매 상황으로 볼 수 없게 된다.[13]

그 밖에 EU 소비자권리지침은 EEC 방문판매 지침에서와 같이 "소비자에게 상품의

---

11) EU 소비자권리지침 입법이유 21. 다만 긴급한 수리 및 수선 업무를 목적으로 소비자가 요청한 경우에만 소비자 철회권이 배제된다.

12) 정신동, "방문판매 개념에 관한 연구－독일민법과의 비교를 중심으로", 「법제연구」 제57호, 2019, 135면.

13) EU 소비자권리지침 입법이유 21.

판매 또는 서비스의 제공을 광고하고 소비자와 이에 대한 계약을 체결할 목적으로 사업자가 조직한 여가 행사" 상황에서도 방문판매 상황이 인정되도록 규정하고 있다[제2조 제8호 d)]. 다만 EEC 방문판매 지침에서 "사업장 밖에서의 여가활동 중에 체결된 계약"이라 표현하고 있었던 것을 EU 소비자권리지침에서는 단순히 "여가활동에서 체결된 계약"이라고 규정하여 '여가활동 중 사업장 내에서 체결된 계약'도 방문판매 상황이 인정되고 소비자보호를 위한 제도들이 적용되도록 하고 있다는 점이 특색이다.[14]

나. 적용 제외에 관한 특칙

EU 소비자권리지침 제3조 제3항은 동 지침의 적용이 배제되는 일련의 예외적 계약유형들을 폐쇄적으로 나열하고 있다. 따라서 다음에 해당하는 계약이 사업장 밖에서 체결되었다 할지라도 동 지침상의 소비자보호 수단은 이용될 수 없게 된다[15]: 1) 공공주택, 아동보육, 장기 요양을 포함한 지속적 또는 일시적으로 도움을 필요로 하는 가족 및 개인에 대한 지원 등의 사회적 서비스에 관한 계약(제3조 제3항 a), 2) 다른 EU 회원국에서의 의료서비스 이용 관련 환자의 권리에 관한 입법지침 제3조 a상의 의료서비스에 관한 계약(제3조 제3항 b), 3) 복권, 카지노게임, 내기 거래를 포함한 금전적 가치의 투입을 요하는 도박에 관한 계약(제3조 제3항 c), 4) 금융서비스에 관한 계약(제3조 제3항 d), 5) 부동산에 대한 소유권 기타 권리의 설정, 취득 또는 양도에 관한 계약(제3조 제3항 e), 6) 건물의 신축, 기존건물의 현저한 개축, 주택임대에 관한 계약(제3조 제3항 f), 7) 패키지여행 등에 관한 입법지침이 적용되는 여행에 관한 계약(제3조 제3항 g), (8) 일시거주, 장기휴가상품, 환매 및 교환계약에서의 소비자보호에 관한 입법지침이 적용되는 사항에 관한 계약(제3조 제3항 h), 9) 회원국의 법에 따라 법률상 독립적이고 공정할 의무를 부담하며 소비자에게 포괄적인 법적 정보를 제공함으로써 소비자가 신중한 법적 검토 및 계약의 법적 적용범위를 알고서 계약을 체결할 수 있도록 보장하는 공적 기관 앞에서 체결되는 계약(제3조 제3항 i), 10) 사업자에 의하여 소비자의 주소·거주지 또는 직장에서 빈번하고 정규적인 운송방법으로 공급되는 식품·음료 또는 기타 일상의 필요에 제공되는 가사용품의 공급에 관한 계약(제3조 제3항 j), 11) 사람의 운송에 관한 계약(제8조 제2항, 제19조 및 제22조가 적용되는 경우는 제외)(제3조 제3항 k), 12) 자동판매기 또는 자동화된 사업장을 이용하여 체결되는 계약(제3조 제3항 l), 13) 원격통신수단 사업자와의 사이에 공중전화기로 체결되는 공중전화의 이용에

14) 국내 방문판매법상 '상품의 홍보·판매를 위해 사업자가 조직한 여가 행사에 대한 규정 신설'에 대한 제안으로 정신동, "방문판매 개념에 관한 연구－독일민법과의 비교를 중심으로", 「법제연구」 제57호, 2019, 157면 참조.

15) 이하 EU 소비자권리지침 제3조 제3항의 국문 번역은 김진우, "소비자권리지침의 주요개념 및 적용범위에 관한 고찰－우리 소비자계약법의 개정방향을 덧붙여", 「서울법학」 제23권 제2호, 2015, 126면 이하에 따른다.

관한 계약 또는 소비자가 설치한 전화·인터넷 또는 팩스에 의한 1회적 접속의 이용에 관한 계약(제3조 제3항 m).

2. 계약체결 전 정보제공의무와 계약체결 후 확인의무

EU 소비자권리지침은 사업장 밖에서 체결된 계약이 체결되기 전에 사업자로 하여금 공통적으로 일정한 정보를 소비자에게 제공하도록 규정하고 있다.[16] 제공되어야 할 구체적인 정보는 동 지침 제6조 제1항이 규정하고 있는데 물품·서비스의 본질적 특성, 상호(商號) 등의 사업자의 신원, 사업자의 사업장 주소, 전화번호, 이메일 주소, 세금이나 공과금을 포함한 전체대금, 대금지급·공급·급부조건 및 이의절차, 철회권이 존재하는 경우 그것의 행사를 위한 조건, 기간 및 절차, 철회의 경우에 소비자가 물품반송비용을 부담한다는 점, 동 지침 제16조에 따라 철회권이 배제된 경우, 철회권을 행사할 수 없다는 점 또는 경우에 따라서 소비자가 철회권을 상실한다는 점 등이 고지되도록 규정하고 있다.

나아가 EU 소비자권리지침은 사업장 밖에서 체결된 계약에 적용되는 특별한 형식적 요구사항도 규정하고 있다. 즉 사업장 밖에서 체결된 계약에 있어 사업자가 소비자에게 제공하는 정보는 원칙적으로 종이로 된 서면으로 제공되어야함을 규정하고 있다. 다만 소비자의 동의가 있는 경우에는 이에 갈음하여 USB, CD-ROMs, DVD, 메모리카드 등과 같은 소위 '지속적 저장장치'로 제공될 수 있음을 예외로 인정하고 있다. 그리고 이러한 정보는 "읽을 수 있고 평이하며 쉽게 이해할 수 있는 언어"로 작성되어야 함을 분명히 하고 있다(지침 제7조 제1항).

EU 소비자권리지침 제6조 제5항은 사업장 밖에서의 계약이 체결되기 전에 제공된 정보는 그 계약의 내용이 되고 사업자가 임의로 변경할 수 없도록 하면서 다만 계약당사자들이 명시적으로 달리 정하는 경우는 예외로 하고 있다.[17] 만약 사업자가 동 지침에 따라 소비자에게 제공해야 하는 정보를 제공하지 않은 경우에는 몇 가지 불이익이 발생하도록 규정되어 있는데, 예를 들어 사업장 밖에서 체결된 계약에서 소비자에게 세금 및 공과금, 추가적인 화물운임·배송료 등에 관한 정보를 제공하지 않은 경우 이들 비용을 사업자가 부담하도록 하거나(제6조 제6항), 사업자가 철회권의 존재를 소비자에게 고지하지 않았다면 14일이라는 본래의 철회기간이 경과한 후에도 12개월간 철회권이 행사될 수 있도록 하고 있으며(제10조 제1항), 철회권 행사에 따른 물품반송을 위한 직접적 비용은 소비자의 부

16) 자세한 내용은 김진우, "EU 소비자권리지침에서의 소비자의 권리와 사업자의 의무", 「아주법학」 제9권 제3호, 2015, 634면 이하 참조.

17) 사업자가 제공한 거래조건에 대하여 법적 구속력을 인정하는 것은 법적 안정성을 도모하기 위한 것이다(EU 소비자권리지침 입법이유 35 참조).

담이라는 점이 고지되지 않은 경우 그 비용을 사업자가 부담하도록 규율하고 있다(제14조 제1항). 그리고 동 지침 제6조 제9항이 정보제공의무의 이행에 대한 입증책임은 사업자가 부담하도록 규정하고 있다.

끝으로 사업장 밖에서 체결된 계약에 있어서 사업자는 (사업장에서 체결된 계약에서와 달리) 계약이 체결된 후 소비자에게 계약내용을 확인해 줄 의무도 부담한다. 이는 소비자가 체결된 계약 내용에 대해 알 수 있도록 하고, 계약의 이행과정에서 문제될 수 있는 담보책임 등을 묻는데 필요한 증거자료의 확보에 도움을 주기 위한 것으로써, 계약내용의 사후적 확인은 기본적으로 종이로 된 서면으로 행해져야 한다(제7조 제2항). 사업자는 계약당사자들의 서명이 담긴 계약서 사본을 교부하거나 체결된 계약의 내용을 알 수 있는 확인서를 교부하게 되는데, 소비자의 동의가 있는 경우에는 이에 갈음하여 USB, CD－ROMs, DVD, 메모리카드 등과 같은 지속적 저장장치가 사용될 수 있고, 사업자가 이미 계약체결 전에 정보 제공의무를 지속적 저장장치로 이행하여 이들 정보를 소비자에게 제공하였다면 그 정보에 대해서는 사후적 확인이 요구되지 않는다(제8조 제7항 a).

3. 소비자 철회권

가. 철회기간 및 철회권 행사방법

EU 소비자권리지침은 소비자가 사업장 밖에서 체결된 계약을 체결한 경우 일정기간 내에 임의로 철회할 수 있는 권리는 부여하고 있다(제9조).[18] 여기서 일정한 기간은 원칙적으로 역일 기준 14일 이내를 말하는 것인데(제9조 제1항), 철회기간이 언제부터 기산하는지는 계약유형에 따라 상당히 다양하게 규정되어 있다. 우선 소비자가 체결한 사업장 밖에서의 계약이 매매계약이라면 물품인도일(제9조 제2항)이 기산점이 되는데 이는 사업자가 소비자의 물품 검사를 방해할 의도로 계약체결 후 14일이 지나 물품을 인도하는 것을 사전에 방지하기 위한 것이다. 이러한 물품인도일 기준에는 몇 가지 예외가 인정되는데 ⅰ) 하나의 주문으로 여러 물품을 구입하였는데 물품이 분할되어 인도되는 경우에는 소비자 또는 그가 지정한 제3자로서 운송인이 아닌 사람이 마지막 물품을 인도받은 날, ⅱ) 다수의 구성부분으로 이루어진 물품의 인도에서는 소비자 또는 그가 지정한 제3자로서 운송인이 아닌 사람이 마지막 부분을 인도받은 날, ⅲ) 확정된 기간 동안 물품을 정기적으로

---

18) 이에 관한 국내 문헌으로는 김진우, "EU 소비자권리지침에서의 소비자의 권리와 사업자의 의무", 「아주법학」 제9권 제3호, 2015, 641면 이하; 김중길, "EU소비자계약법상 철회권에 관한 비교연구－소비자권리지침, DCFR, CESL을 중심으로", 「비교사법」 제22권 제2호, 2015, 595면 이하; 고형석, "유럽연합 소비자권리지침상 청약철회권에 관한 연구－우리 법과의 비교법적 고찰을 중심으로", 「법학논총」 제29집 제4호, 한양대학교 법학연구소, 2012, 263면 이하 참조.

인도하기로 한 계약에서는 소비자 또는 그가 지정한 제3자로서 운송인이 아닌 사람이 첫 번째 물품을 인도받은 날부터 철회기간이 기산하도록 규율되어 있다. 나아가 소비자가 체결한 사업장 밖에서의 계약이 서비스 계약이거나 공공서비스계약 내지 디지털콘텐츠 공급계약인 경우에는 매매계약에 있어서와 달리 계약체결일이 철회기간의 기산점이 된다.

앞서 사업자의 정보제공의무에 있어 설명한 바와 같이 사업자가 소비자에게 철회권의 존재에 대해 고지하지 않았다면 사업자에게 불이익이 발생한다. 즉 14일의 철회기간이 경과한 후부터 철회기간이 12개월간 진행되는 불이익을 사업자가 부담하게 된다(제10조 제1항). 다만 사업자가 그 기간 중에 철회권을 고지하면 소비자는 그 고지를 받은 날부터 14일 이내에만 철회권을 행사할 수 있게 된다(제10조 제2항). 만약 소비자가 사업자로부터 철회권의 존재를 계속하여 고지 받지 못한 경우라면 최장 12개월 14일 등안 철회권이 존속하게 된다.

EU 소비자권리지침에 의하면 소비자가 자신의 철회권을 행사할 수 있는 방법은 총 3가지가 존재한다.[19] 우선 사업자에 대하여 철회에 관한 명백한 의사표시를 함으로써 철회권을 행사할 수 있다.[20] 동 지침은 하자있는 물품에 대한 이의나 담보책임을 묻기 위하여 물건이 반송되는 경우도 있기 때문에 소비자의 단순한 물품반송만으로 철회의 의사표시를 인정하지는 않는다. 따라서 명백히 철회의 의사표시를 하면서 물품을 반송하는 경우라야 철회권이 행사된 것으로 다뤄진다. 둘째, EU 소비자권리지침의 부록 I B에 담겨 있는 철회서식견본(Model withdrawal form)을 사용할 수 있다(제11조 제1항 a). 소비자가 이 서식에 일정 사항을 기재하여 사업자에게 이메일 또는 물품에 동봉하여 보내면 철회권이 행사된 것으로 다뤄진다. 마지막으로 사업자가 자신의 웹사이트에 다련해 둔 양식(지침상의 철회서식견본 또는 그 밖의 철회의 의사표시를 위한 양식)을 소비자가 전자적 방법으로 채워서 이를 사업자에게 전송하는 방식이 가능하다(제11조 제3항 제1문). 소비자가 이 방식을 이용하여 철회권을 행사하는 경우 사업자는 이메일 등과 같은 지속적 저장장치로 지체 없이 소비자에게 철회의 의사표시가 도달했음을 고지해야 한다(제11조 제3항 제2문).

나. 철회권 배제사유

EU 소비자권리지침은 제3조 제3항에서 지침 적용이 처음부터 배제되는 일련의 계약을 나열하면서, 제16조가 사업장 밖에서 체결된 소비자계약에서 철회권이 배제되는 예외

19) 김진우, “EU 소비자권리지침에서의 소비자의 권리와 사업자의 의무”, 「아주법학」 제9권 제3호, 2015, 643면 이하 참조.

20) EU 소비자권리지침 제11조 제1항 b에 의해 반드시 서면의 방식이 요구되지는 않으므로, 구두에 의한 소비자 철회권 행사도 가능하다.

적 경우를 13가지 유형으로 나누어 규정하고 있다. 즉 아래의 상황 중 어느 하나에 해당하는 경우에는 소비자의 철회권이 인정되지 않는다:[21] 1) 소비자의 사전의 명시적 동의와 사업자에 의한 완전한 계약이행이 있을 경우 소비자가 철회권을 상실한다는 인식 아래 서비스가 완전히 이행된 서비스 제공계약(제16조 a), 2) 가격이 사업자가 영향을 끼칠 수 없는 금융시장에서의 변동에 의존하고, 철회기간 내에 그러한 변동이 발생할 수 있는 물품 또는 서비스가 제공된 경우(제16조 b), 3) 고객의 개인적 요구에 따라 완성되거나 명백히 개인적 필요에 의하여 제작된 물품이 인도된 경우(제16조 c), 4) 급속하게 부패하거나 기한이 지나게 될 가능성이 있는 물품을 공급하는 계약(제16조 d), 5) 건강보호 또는 위생상의 이유로 반환이 적합하지 아니한 밀봉된 물품이 인도되고, 인도 후 개봉된 경우(제16조 e), 6) 그 성질로 인해 인도 후에 다른 물품과 분리하기 어렵게 혼합되는 물품을 공급하는 계약(제16조 f), 7) 가격이 매매계약체결 시에 합의되고, 그에 대한 인도가 계약체결로부터 30일이 경과한 후에만 이루어져 시가를 사업자가 제어할 수 없는 시장의 변동에 의존하는 주류(酒類)를 공급하는 계약(제16조 g), 8) 소비자가 긴급한 수리 또는 보수를 목적으로 사업자가 방문하는 것을 특별히 요구한 경우의 계약,[22] 9) 오디오, 비디오 또는 컴퓨터소프트웨어가 밀봉된 포장상태로 인도되고, 인도 후 개봉된 경우(제16조 I), 10) 신문, 잡지 또는 화보의 공급에 관한 정기구독계약의 경우를 제외하고, 이들 정기적 간행물이 인도된 경우(제16조 j), 11) 공개경매에서 체결되는 계약(제16조 k), 12) 주거목적 이외의 숙박제공, 물품운송, 차량임대, 식품·음료의 공급 및 여가활동과 관련된 서비스의 제공에 특정 기일이나 기간이 정해진 경우(제16조 l), 13) 소비자의 사전의 명시적 동의 및 이에 의하여 철회권을 상실한다는 소비자의 인식 아래 소비자에게 유체적 저장장치에 담겨 있지 아니한 디지털콘텐츠의 공급이 개시된 경우(제16조 m).

다. 철회권 행사의 법률효과

1) 물품의 반환, 비용부담 및 대금환급

소비자가 적법하게 자신의 철회권을 행사하게 되면 사업자에게 계약의 철회를 고지한 날부터 지체 없이 그리고 늦어도 그 날부터 14일 내에 물품을 사업자 또는 그에 의하여 물품의 수취권한을 부여받은 자에게 인도해야 한다. 물론 사업자가 물품을 스스로 수거하겠다고 제안한 경우에는 예외가 인정된다. 물품의 반송을 위한 직접적 비용은, 사업

21) 이하 EU 소비자권리지침 제16조의 국문 번역은 김진우, "EU 소비자권리지침에서의 소비자의 권리와 사업자의 의무", 「아주법학」 제9권 제3호, 2015, 645면 이하에 따른다.

22) 다만, 방문 시에 사업자가 소비자가 특별히 요구하지 않은 것과 함께 서비스를 제공하거나 수선이나 수리를 하기 위해 사용할 필요가 있는 교환부품 이외의 물품을 제공한 경우에 철회권은 이러한 추가적인 서비스 또는 물품에 대해서는 존재하는 것으로 본다.

자가 계약상 자신이 그 비용을 부담하겠다고 미리 밝힌 바 없거나 소비자의 비용부담의무에 대한 고지를 게을리 하지 아니한 이상, 소비자가 부담한다(제14조 제1항 제1항). 다만 물품이 계약체결 시점에 소비자의 주거에서 인도된 때에는 사업자는 그 성질상 "통상의 우편으로 반환할 수 없는" 물품에 대해서는 자신의 비용으로 수거해야 한다(제14조 제1항 제2항).

사업자는 철회의 의사표시가 도달한 때로부터 소비자가 지급하였던 것 모두를, 경우에 따라서는 소비자가 부담하였던 배송료를 포함하여 지체 없이 그리고 늦어도 철회의 의사표시가 도달한 날로부터 14일 내에는 환급해야하고(제13조 제1항), 환급에 있어서 소비자가 사용하였던 지불수단과 동일한 수단을 사용해야 한다. 다만 사업자와 소비자가 이와 다른 명시적 약정을 한 경우로서 환급으로 인해 소비자에게 추가 비용이 발생되지 않음을 전제로 하는 경우에는 그 약정에 따른다(제13조 제1항). 사업자가 가장 저렴한 표준배송방법을 제시하였음에도 예컨대 특급배송 등의 고가의 특수한 배송방법을 소비자가 이용한 경우, 그 추가 비용은 소비자가 부담 하도록 규정되어 있다(제13조 제2항).

2) 가액배상

철회권 행사 시 소비자는 물품의 가치감소에 대하여 일정한 경우에 책임을 져야 한다. 즉, 소비자는 물품의 가치감소가 물품의 성상, 특성 또는 작동방법을 검사하기 위하여 필요한 정도를 넘어선 물품 취급에 그 원인이 있는 경우 사업자에 대하여 가액배상을 해야 한다(제14조 제2항 제1문). 소비자에 의한 물품의 검사가 물품의 성상, 특성 또는 작동방법의 확인을 위하여 필요한 정도를 넘는 것인지 여부는 개별적으로 판단한다.[23)]

나아가 서비스 제공계약에 있어서는 사업자에 의한 완전한 계약이행이 있는 때 소비자가 철회권을 상실한다 점을 소비자가 인지하였고, 이에 대해 사전에 명시적으로 동의한 경우 철회권이 배제될 수 있다(제16조 a). 그 외의 경우에는 철회기간 내라면 소비자가 철회권을 행사할 수 있는데, 이 경우 소비자는 사업자에 대하여 약정대금 전체의 비율에 부합하는 금액을 지급해야 한다(제14조 제3항 제1문, 제2문). 그리고 약정된 전체대금이 과도하게 높은 때에는 가액배상 금액을 산정함에 있어서 이미 행하여진 급부의 '시장가격'을 기초로 해야 하고(제14조 제3항 제3문). 이 때 시장가격은 다른 사업자가 행한 등가적 서비스와의 비교를 통해 계약체결시점의 대금으로 판단한다. 사업자가 철회권에 관한 정보를 소비자에게 제공하지 않았거나, 소비자가 철회기간 내에 즉각적인 서비스의 제공을 명시적으로 요구하지 않았음에도 서비스가 제공되었다면, 소비자는 가액배상을 할 필요가 없다.

---

23) EU 소비자권리지침 입법이유 47.

제2절 독 일

[정신동]

I. 개 관

독일의 경우 EU 소비자권리지침상의 방문판매 소비자 보호 규정들을 독일 민법전 내에 흡수하여 2014년 이래 시행중이다.[24] 앞서 살펴본 ECC 방문판매지침과 EU 소비자권리지침에서의 개념적 차이 내지 적용 범위 차이가 독일 민법전에도 그대로 수용되어 이제는 '방문판매(Haustürgeschäft)'라는 표현 대신에 '사업장 밖 계약(Außergeschäftsraumvertrag)' 또는 '사업장 밖에서 체결된 계약(Außerhalb von Geschäftsräumen geschlossenen Vertrag)'이라는 용어가 널리 사용되고 있다(독일민법 제312조b[25]). 즉 EU 소비자권리지침에서와 동일하게 독일에서도 '이동 가능한 영업장 또는 부동의 고정적 영업장 밖에서의 계약 체결 내지 계약의 교섭'이라는 상황적 요소가 독일 민법상 방문판매 규정의 물적 적용 범위에 결정적 의미를 가지게 되었고, 마찬가지로 사업장 개념이 법률상 적극적으로 정의되어 사업장 밖의 상황은 어떠한 경우에 인정될 수 있는지 판단할 수 있게 되었다.[26] 그럼에도 불구하고 방문판매라는 표현 역시 독일 내에서 계속 사용되고 있는데, 비록 방문판매 개념을 엄

---

24) 독일민법상 방문판매 개념에 대한 자세한 분석으로는 정신동, "방문판매 개념에 관한 연구 – 독일민법과의 비교를 중심으로", 「법제연구」 제57호, 2019, 136면 이하 참조. 이하의 내용은 이 문헌의 일부 내용을 요약정리 한 것임을 밝힌다.

25) § 312b Außerhalb von Geschäftsräumen geschlossene Verträge
(1) Außerhalb von Geschäftsräumen geschlossene Verträge sind Verträge,
1. die bei gleichzeitiger körperlicher Anwesenheit des Verbrauchers und des Unternehmers an einem Ort geschlossen werden, der kein Geschäftsraum des Unternehmers ist,
2. für die der Verbraucher unter den in Nummer 1 genannten Umständen ein Angebot abgegeben hat,
3. die in den Geschäftsräumen des Unternehmers oder durch Fernkommunikationsmittel geschlossen werden, bei denen der Verbraucher jedoch unmittelbar zuvor außerhalb der Geschäftsräume des Unternehmers bei gleichzeitiger körperlicher Anwesenheit des Verbrauchers und des Unternehmers persönlich und individuell angesprochen wurde, oder
4. die auf einem Ausflug geschlossen werden, der von dem Unternehmer oder mit seiner Hilfe organisiert wurde, um beim Verbraucher für den Verkauf von Waren oder die Erbringung von Dienstleistungen zu werben und mit ihm entsprechende Verträge abzuschließen.
Dem Unternehmer stehen Personen gleich, die in seinem Namen oder Auftrag handeln.
(2) Geschäftsräume im Sinne des Absatzes 1 sind unbewegliche Gewerberäume, in denen der Unternehmer seine Tätigkeit dauerhaft ausübt, und bewegliche Gewerberäume, in denen der Unternehmer seine Tätigkeit für gewöhnlich ausübt. Gewerberäume, in denen die Person, die im Namen oder Auftrag des Unternehmers handelt, ihre Tätigkeit dauerhaft oder für gewöhnlich ausübt, stehen Räumen des Unternehmers gleich.

26) 해당 계약이 실제로 사업장 밖의 상황에서 체결되었다는 것은 일반 원칙에 따라 소비자가 증명책임을 부담한다(BGH NJW 2009, 431; BGH NJW 2010, 2868).

격히 해석하면 EU 소비자권리지침의 실제 적용 범위 중 일부만을 일컫는 것이 되지만 내용적으로 큰 문제없이 방문판매라는 용어도 용인되고 있는 상황이다.[27]

앞서 설명한 EU 소비자권리지침 내 계약체결 전 정보제공의무, 체결 후 계약확인의무 및 소비자 철회권에 관한 조항들은 독일 민법에 있어서도 동일한 내용으로 규정되어 있다. 따라서 이하에서는 독일 내에서 문제되고 있는 방문판매 상황에 대한 해석론 등 독일 내에서 세부적으로 검토되고 있는 사항에 한정하여 논의한다.

Ⅱ. 방문판매가 문제되는 상황

1. 파티판매

독일민법상 사업장 밖에서 체결된 계약으로 인정되는 전형적인 예로는 소위 파티-판매(Party-Verkäufe)가 있다. 파티-판매라 함은 일반적으로 참석자들 중 1인의 집에서 편안한 분위기를 통해 소비자들에게 다양한 상품(양초, 세제, 악세사리 등과 같은 다양한 영역으로 확장되고 있는 터퍼웨어 파티(Tupperparty)[28]를 생각할 수 있다)들이 소개되고, 이 상품의 소개가 끝난 후 파티 참석자들이 주문을 할 수 있게 되는데, 해당 소비자의 주거공간은 사업자가 계속적으로 자신의 활동을 수행하는 장소가 아니라는 점이 문제된다. 즉, 비록 사업자가 자신의 상품을 직접판매의 형식으로 유통하는 것에 전문화 되어 있고 그러한 "판매 파티"를 소비자가 일상적으로 이용한다 할지라도, 소비자의 주거공간이 사업자가 통상적으로 자신의 급부를 제공하는 영업장이 아니기 때문에 소비자 보호의 필요성이 존재하는 것이다.

독일에서 많이 문제되고 있는 파티-판매의 경우 예컨대 파티 개최자가 판매행사를 진행하기 위해 사업자를 자신의 주거공간으로 초대하였다는 점 및 소비자가 판매행사 개최를 알고 파티에 참석한다는 점과 상관 없이 '사업장 밖에서 체결된 계약'으로 파악하고 있다. EU 소비자권리지침은 사업자의 방문이 소비자에 의해 초래된 경우에도 사업장 밖에서 법률행위가 이뤄진다는 사실만으로 심리적 압박의 위험을 인정하고 있기 때문이다.[29] 비록 소비자가 사업자의 방문 허락을 사전에 결정하였음에도 불구하고 여전히 소비자에게 성급한 계약 체결의 위험이 존재하는지는 의문이 들 수 있지만, 지인들과의 파티 분위기 속에서 계약을 위한 의사결정의 자유가 침해될 수 있다고 보기 때문에 사업자가

27) Brinkmann/Ludwigkeit, NJW 2014, 3270, Fn. 1 참조.

28) 식품 저장용 플라스틱 용기를 판매하는 터퍼웨어사가 지원하는 특정 파티 형식을 말한다.

29) 이에 대한 상세한 분석으로는 Unger, ZEuP 2012, 270, 279 참조.

방문하게 된 계기는 원칙적으로 아무런 의미를 가지지 않는다.[30]

2. '사업장' 개념

소비자보호가 필요한 기습적 상황인지 여부를 판단함에 있어서 가장 핵심적 개념이 되는 사업장(Geschäftsraum) 개념은 독일 민법은 제312조b 제2항에서 정의되고 있다.[31] 동법상 사업장 개념은 '사업자가 자신의 활동을 계속적으로 수행하는 부동의 고정적 영업장(unbewegliches Gewerberaum)'과 '사업자가 자신의 활동을 일상적으로 수행하는 이동형 영업장(bewegliches Gewerberaum)'으로 구분된다.

가. 부동의 고정적 영업장

'부동의 고정적 사업장' 개념은 '영업장에 해당하는 공간' 및 '그러한 공간에서 사업자가 계속적으로(dauerhaft) 수행하는 활동'이라는 두 가지 요건표지로 정의되고 있다. 사업자의 판매점이나 전시장이 고정적 영업장의 가장 일반적인 형태라 할 수 있는데, 이 공간 내에서는 소비자가 계약의 체결을 예상할 수 있기 때문에 소비자 계약법상의 보호 필요성이 부인된다. 부동의 고정적 영업장으로 판단되기 위해서는 영업공간이 대지와 고정적으로 결합되어 있어야 하는데, 대지 위에 돌출해 있는 구조물로서 거래통념상 사업자의 판매를 위해 적합한 구조라면 영업공간으로 볼 수 있다. 다만 그 구체적인 형태에 대해, 예컨대 벽면의 수, 천장이 있는지 여부 등에 관해 요구되고 있는 바는 없다. 그리고 '계속적으로 수행하는 활동'은 중단되지 않는 활동을 의미하는 것인데, 특정 기간에 한정되는 소위 '시즌형 영업'도 계속적 활동으로 보고 있다.

독일 민법 제312조b에서도 (EU 소비자권리지침 제2조 제9호에서와 마찬가지로) 영업장의 개념이 명시적으로 정의되고 있지는 않다. 다만 전통적으로 독일법상 영업장 개념은 해당 공간에서 통상 영업이 행해진다는 점만을 가지고 판단되지는 않는다. 예를 들어 임대차법상 특정 공간이 영업공간인지를 구별함에 있어서는 임대차 계약상 약정된 이용목적이 핵심적 기준이 되고, 실제로 해당 공간이 어떠한 용도로 사용되는지는 아무런 역할을 하지 않는다. 즉 영업 목적으로 이용하는 것이 계약상 해당 공간을 주거공간으로 분류하는 것에 아무런 영향을 주지 않음이 원칙이다.[32] 만약 이러한 임대차법상의 기준을 적용하게 되면 영업공간으로 인정되는 공간 내에서의 활동만이 사업장 내 활동에 해당하게 되어[33]

30) BGH WM 2012, 1474.
31) 이에 대해 상세한 내용은 Brinkmann/Ludwigkeit, NJW 2014, 3270.
32) OLG Celle ZMR 1999, 470.
33) Brinkmann/Ludwigkeit, NJW 2014, 3270.

소비자 철회권이 인정되는 사업장 밖 계약의 인정 범위가 확대되는 결과를 가져오게 된다. 하지만 EU 소비자권리지침을 입법이유[34]를 고려하여 독일 민법 제312조b의 소위 지침합치적 해석을 시도해 본다면 영업장 개념의 넓은 해석이 가능허진다. 소비자의 기습상황 내지 심리적 압박 상황이 존재하느냐 여부가 영업장에 해당하는지 판단함에 있어서도 고려되어야 하고, 결국 통상의 영업 수행이 이뤄지는 모든 형태의 공간이 영업장으로 분류되어야 하기 때문이다. 결국 영업장인지 여부는 실제적인 공간 이용 상황에 따라서 판단되어야 하는 것이고 임대차 계약상의 약정된 이용목적 또는 영업공간으로서 공법상의 각종 인·허가를 받은 사실은 고려될 필요가 없다.[35]

나. 이동형(이동 가능한) 영업장

영업장이 이동 가능한 경우라도 사업자가 이를 일상적·통상적으로 자신의 영업 활동을 수행하는 곳이라면 사업장으로 분류된다. 즉 '부동의 고정적 영업장'과 달리 대지와 고정적으로 결합되어 있지 않더라도 해당 인프라 시설이 사업자가 일상적으로 자신의 활동을 수행하는 곳이라면 이동 가능한 영업장에 해당할 수 있다. 다만 고정적 영업장에서와 달리 일상적(gewöhnlich), 즉 통상적인 활동인지 아니면 예외적 활동인지가 중요하고, 영업활동이 계속적(dauerhaft)으로 행해지는지 여부는 고려되지 않는다는 점을 유의할 필요가 있다. 이동형 영업장의 전형적 특색이 사업자가 다양한 장소 그리고 다양한 시간대에 유연하게 이용할 수 있기 때문이다. 이러한 이동형 영업장의 대표적인 예로는 독일 영업법(Gewerbeordnung) 제64조 및 제65조에서의 가판대(Marktstand) 및 전시대(Messestände), 판매용 차량 또는 (예컨대 관광 성수기 또는 특정 기간 동안 개최되는 축제기간 등안의 해변가 내지 스키장에서의) 계절형 시설들이 언급된다.[36]

다. 사업장으로서의 객관적 인식가능성 및 소비자의 의도적 방문

사업자가 거주하고 있는 곳이라 할지라도 통상 사업 활동이 행해진다면 사업장으로 판단될 수 있다. 즉 사업자 자신의 개인 주거공간이라 할지라도 예컨대 주거공간 내에 사무실이 있는 경우에는 사업자 밖에서의 계약 체결이 인정될 수 있다. 다만 사업자의 영업 활동이 통상적으로 행해지는 공간이라 할지라도 그것이 외관상 개인의 주거공간의 형태를 띠고 있다면 이를 사업장으로 보고 소비자 철회권 등의 보호장치를 적용하는 것이 타당한지 의문이 들 수 있을 것이다. 사업자 개인의 주거 공간의 경우 소비자가 이 장소를 사업

34) EU 소비자권리지침 입법이유 22.

35) MüKoBGB/Wendehorst, § 312b Rn. 17; BeckOK BGB/Maume, § 312b Rn. 28.

36) BT-Drucks, 17/12637, S. 49 f. 참조.

장으로 인식하기 어려운 측면이 있고, 따라서 소비자가 계약을 체결할 의도로 입장하지 않은 경우에는 소비자가 여전히 기습적 상황에 놓여 있다고 볼 여지도 있기 때문이다.[37] 이에 독일의 유력한 견해에 의하면 i) 소비자가 특정 구조물을 객관적으로 사업장으로 인식할 가능성 그리고 ii) 가치판단의 결과 소비자가 의도적으로 사업자의 사업장에 입장한 것으로 볼 수 있는지 여부의 2가지 기준을 추가로 고려하여 사업장 여부를 판단해야 한다고 한다(독일 민법 제312조b의 목적론적 해석).[38] 독일 연방대법원도 유사한 시각에서 소비자가 계약을 체결할 수 있다는 사실을 알면서 의도적으로 사업장에 방문한 경우에만 사업장 내의 계약체결로 볼 수 있다고 판시한 바 있다. [39]

이러한 목적론적 해석을 주장하는 문헌은 사업자의 개인적 주거공간에서 체결된 계약과 같이 고정적 영업장에서 체결된 계약 외에 이동형 영업장 내 거래에 대해서도 적용 가능하다고 한다. 예컨대 물품의 판매를 위해 트럭차량이 소비자에게 직접 다가와 갑자기 정차한 경우, 비록 독일 민법 제312조b 문언상의 요건들을 모두 충족한 이동형 영업장에 해당한다 할지라도 소비자에게는 기습적 상황 내지 심리적 압박 상황이 여전히 존재하고 소비자가 자신의 철회권을 행사할 수 있어야 한다고 한다. 해당 트럭차량을 소비자가 사업장으로 인식할 수 없었거나, 소비자가 트럭차량에서 판매하는 상품에 대해 계약을 체결할 의도로 접근하지 않았기 때문이다.[40]

라. 해당 분야에 속하지 않는 낯선 거래

소비자가 자율적 의사로 출입한 사업장에서 법률행위가 행해졌으나, 체결된 계약 유형이 소비자가 예상하기 어려운 것인 때에도 사업장 밖 계약으로 볼 수 있는지 독일에서 논의 중에 있다. 예를 들어 치과병원에서 치과 관련 의료 서비스에 대한 계약을 예상하고 소비자가 방문하는 것이 일반적인데, 전동칫솔기기 또는 병원 대기실에 전시되어 있는 그림이 판매되는 경우 사업장 밖 계약 체결로서 소비자가 보호되어야 하는지 문제되는 것이다. 치과 치료실 내 진료가 행해지는 시설에서 상품 판매가 권유되는 경우 기습적 상황과 심리적 압박의 정도는 길거리에서 상품 권유를 받은 경우보다 더 클 여지도 있기 때문이다.

우선 이러한 상황들은 독일 민법 제312조b의 문언을 고려해 보았을 때 사업장 밖 계약 체결로 보기 어려운 측면이 있다. 그런데 독일 입법자가 해당 분야에 속하지 않는 낯선 거래(Branchenfremde Geschäfte; Fachfremde Angebote)에 대해서도 사업장 밖의 계약 체결

37) Brinkmann/Ludwigkeit, NJW 2014, 3270, 3271.
38) MüKoBGB/Wendehorst, § 312b Rn. 13 f.
39) BGH NJW 2000, 3489; BGH NJW 2006 845.
40) MüKoBGB/Wendehorst, § 312b Rn. 13.

상황을 인정하고자 했음을 고려한다면 다른 해석론을 도출할 여지도 있다고 한다. 입법이유서[41]에 의하면 독일 영업법상의 가판대 및 전시대에 대해서 모종의 제한이 가해지게 되는데(예컨대 박람회와 같은) 개별 행사에 있어 잘 알려져 있지도 않고, 따라서 뜻밖의 상품으로 볼 수 있는 것들은 사업자의 일상적인 활동이 아니고, 사업장으로 인정될 수 없다고 한다. 이러한 독일 입법자 의사를 기초로 해 본다면 소비자가 자유롭게 출입한 사업장 내에서 법률행위가 행해졌으나, 예상할 수 없었던 유형의 계약을 체결한 경우 독일 민법 제312조b의 유추적용이 가능하다는 견해가 설득력 있게 제시되고 있다.[42]

이에 대해서는 '해당 분야에 속하지 않는 낯선 거래' 유형을 통해 사업장 개념을 지나치게 축소한다는 차원에서 비판적 견해를 제시하는 문헌도 발견된다. 예를 들어 이동형 영업장에서 사업자가 일상적으로 수행하는 활동인지지 여부는 객관적·양적 기준(objektiv-quantitiatives Kriterium)에 의해 판단되어야 하는 것인데, 소비자의 시각에서 판매되는 상품이 일상적인 것인지 아니면 돌발적인 것인지 여부를 기준으로 하는 것은 문제가 있다고 한다.[43] 즉, 후자는 사업자가 자신의 활동을 일상적으로 수행하는 장소라는 점에 영향을 줄 수 없고, 따라서 이러한 낯선 거래가 사업자의 통상적인 활동이 아니라고 보는 것은 법리적으로 문제가 있다고 한다. 또한 이러한 낯선 거래의 경우에도 기습적 상황이 소비자에게 존재한다 할지라도 판매하려는 상품이 해당 (업종)분야에서 통상적인 것인지 사업자 스스로 판단해야 하는 위험을 부담하게 된다는 점에서 지나치게 사업자 측의 법적 안정성을 해할 수 있다고 지적된다.[44] 해당 분야에 속하지 않는 낯선 상품이라고 판단되면 독일 민법상 방문판매 규정에 따라 정보제공의무를 이행해야 하고 소비자의 철회권 행사에 대비해야 하는데 이는 적지 않은 법적 불안정성을 발생시킨다고 한다.

마. 다른 사업자의 사업장을 이용하는 경우

사업장에서 사업자와 소비자 간에 계약이 체결된 경우이나 해당 사업장이 계약을 체결한 사업자의 것이 아닌 때에도 사업장 밖 계약에 해당하는 것으로 보아야 하는지 독일에서 논의 되고 있다(소위 제3자의 사업장 문제). 독일 민법 제312조b 제1항이 기본적으로 사업자의 사업장이라고만 표현하고 있기 때문이다. 만약 사업자의 이름으로 또는 사업자의 위탁으로 행위 하는 제3자가 계속적 또는 일상적으로 활동하는 사업장에서 계약이 체결되었다면 소비자에게 철회권이 부여되지 않는다. 독일 민법 제312조b 제2항 제2문이 사

41) BT-Drucks, 17/12637, S. 50.

42) MüKoBGB/Wendehorst, § 312b Rn. 23.

43) Brinkmann/Ludwigkeit, NJW 2014, 3270, 3271.

44) Brinkmann/Ludwigkeit, NJW 2014, 3270, 3272.

업자의 이름으로 또는 사업자의 위탁으로 행위 하는 제3자가 계속적 또는 일상적으로 활동하는 사업장도 사업자의 사업장과 동일하게 취급됨을 분명히 밝히고 있기 때문이다. 이와 달리 예컨대 마트 입구에서 식칼을 판매하거나, 다른 사업자의 이불가게에서 커피 캡슐 또는 에스프레소 머신을 판매하는 것과 같이 특정 사업자가 다른 사업자의 사업장 내 공간을 이용하는 경우에는 어려운 해석상의 문제가 발생한다.

만약 소비자와 계약을 체결한 사업자가 다른 사업자의 사업장 내에서 자신의 고유한 사업장을 운영하고 있다면(소위 "Shop-in-a-shop"모델) 사업장 내에서 계약으로 취급됨에 의문의 여지가 없다.[45] 그런데 이와 달리 사업장으로서의 성질을 가지지 못하는 판매대의 경우에는 판매자가 자신의 활동을 계속적으로 또는 최소한 일상적으로 수행하는 공간에 있지 않으므로 사업장 밖 계약 체결 상황이 인정될 수 있는지 문제되는 것이다. 이러한 경우에는 소비자가 자신의 계약 체결을 예상할 수 있는 '영업이 이뤄지는 환경' 하에 있으므로 소비자 보호 필요성을 근거 지우는 의외성 및 기습성이 부인될 여지가 있지만, 법 규정의 문언을 고려하면 계약을 체결하는 사업자의 사업장(Geschäftsraum des Unternehmers)을 말하고 있고, 체결 여부와 상관없는 모든 사업자의 사업장(Geschäftsraum irgendeines Unternehmers)을 표현하고 있지는 않으므로 사업장 밖 계약 체결 상황이 인정된다는 견해가 유력하게 제기되고 있다.[46]

3. 개인적·개별적 대화를 통한 접촉 후 계약 체결

사업자가 예컨대 길거리 또는 사업자의 사업장 바로 앞 공간에서 상품의 홍보를 위해 말을 걸어 왔고, 이에 직접적으로 연결되어 소비자가 사업자와 계약을 체결하였다면, 계약 체결이 통신판매의 형식으로 내지 최종적으로 사업자의 사업장 내에서 행해졌다 할지라도 독일 민법 제312조b 제1항 제1문 제3호에 따라 사업장 밖 계약 체결 상황으로 인정된다. 이를 위해서는 사업자가 상품 홍보를 위해 소비자에게 말을 걸어오는 행위와 계약 체결 간에 직접적인 연결성이라는 요건이 충족되어야 하지만 엄격한 시간적인 요구가 있는 것은 아니라고 한다.

이와 관련해서는 길거리에서 낱장의 전단지나 광고용 리플릿이 배포되는 경우 어떤 요건 하에 사업장 밖 계약 체결 상황이 인정될 수 있는지 문제 될 수 있다. 현재 EU 집행위원회의 EU 소비자권리지침 국내법화 가이드라인[47]에 의하면 전단지 등이 일반 공중에

45) BT-Drucks, 17/12637, S. 50.

46) 이러한 견해로 HK-BGB/Schulte-Nölke, § 312b Rn. 5; Brinkmann/Ludwigkeit, NJW 2014, 3270, 3272.

47) Umsetzungsleitfaden der GD Justiz, 2014.

게 배포하는 경우가 아니라, 개인적·개별적인 대화의 접촉이 있는 경우에 사업장 밖 계약 체결 상황이 인정된다고 한다. 다만 실제에 있어서 이 두 가지 상황을 어떻게 정확히 구별할 수 있느냐의 문제가 남겨져 있는데, 사업자의 대화가 구체적인 초청·요구의 성격을 가지고 있는지, 아니면 단순한 대중 광고의 성격을 가지고 있을 뿐인지가 기준이 된다고 한다.48)

시간적으로 어느 정도 연결되어 있어야 한다는 요건이 충족되기 위해서는 사업자가 상품 홍보를 위해 말을 걸어오는 기습적 상황이 계약 체결 시점까지 지속되어야 한다. 다만 이러한 시간적 연관성을 근거로 하여 사업자의 말 걸음과 계약 체결 사이에 인과적 연관성까지 요구될 수는 없다고 한다.49) 이와 달리 소비자가 사업자의 접촉시도와 이후에 이뤄진 계약 체결 사이에 해당 계약에 대해 숙고할 시간을 가졌던 경우에는 계약의 구속에 대한 압박상황을 인정하기 어렵고, 이 경우에는 소비자 철회권 행사를 통하 계약의 구속으로부터 벗어나는 것이 정당화되지 않는다고 한다. 결론적으로 개별 사안에서의 가치 판단이 항상 필요하다는 의미가 된다.

4. 상품 판매를 위한 홍보와 계약의 체결을 위해 사업자가 조직한 여가 행사

여가 행사를 규정하고 있는 EU 소비자권리지침 제2조 제8호 (d)는 독일 민법 제312조b 제1항 제1문 제4호에 반영되었다. 이에 의하면 사업자 스스로가 여가 행사를 조직하였거나, 최소한 공동으로 조직하였고, 이것이 자신의 물품 및 서비스에 대한 홍보·판매에 이용된다면 해당여가 행사 중 계약이 체결된 경우에도 사업장 밖 계약 체결이 인정된다. 이러한 여가행사 관련 상황은 행사 참가자들의 여가가 상품 홍보 및 판매와 연결된다는 점이 특징인데, 독일의 경우 전형적인 예로 커피여행, 사업자의 상점이 아닌 곳에서 개최되는 무료 와인 시음 또는 패션쇼를 기회로 하여 여행상품, 잡지구독 또는 와인과 같은 다른 상품이 판매되는 경우가 언급된다.

이 조문과 관련해서는 사업자가 음악회나 스포츠경기에 단순히 초대하는 것과 사업장 밖 계약 체결 상황이 인정되는 사업자의 여가 행사를 구분해야 하는 어려운 문제가 발생할 수 있다. 소비자 보호 필요성이 인정되는 독일 민법 제312조b 제1항 제1문 제4호에서의 여가 행사는 제3자가 소비자의 공간상의 움직임을 조정·통제할 수 있다는 특징이 있기 때문에 이를 기준으로 판단해야 한다고 한다.50) 이는 특히 사업자가 여가 행사 그

48) MüKoBGB/Wendehorst, § 312b Rn. 42.
49) MüKoBGB/Wendehorst, § 312b Rn. 47.
50) MüKoBGB/Wendehorst, § 312b Rn. 49.

자체뿐만 아니라 행사시 사용되는 운송수단도 함께 제공하는 경우 쉽게 인정될 수 있다고 한다.

이러한 여가 행사들은 사업자의 사업장 밖에서 개최되는 한 이미 독일 민법 제312조b 제1항 제1문 제1호에서의 상황에 해당하는 것이 원칙이지만, 사업장 내에서 개최되더라도 사업장 밖 계약 체결 상황이 인정될 수 있다. 과거 구 독일 민법 하에서는 사업자의 판매점에서 여가 행사가 진행되던 가운데 상품을 구매한 경우에도 소비자 철회권이 인정될 수 있는지 다툼이 있었지만, 현행 독일 민법은 여가 시간이라는 가벼운 분위기로 인해 숙고 없이 계약을 체결할 위험이 존재한다는 이유로 이 경우에도 소비자 보호 필요성이 있음을 분명히 하고 있다.

Ⅲ. 단계적 고객모집의 규율

1. 다단계 판매 방식에 대한 형사법적 규제

한국 방문판매법상 다단계 판매가 규율되고 있는 방식과 달리 독일에서는 다단계 형태의 판매방식을 경쟁법적 관점에서 다루면서 궁극적으로 형사처벌 규정을 통해 규제하고 있다.[51] 구체적으로 독일 부정경쟁방지법[52] 제16조 제2항[53]에서 단계적 고객모집(Progressive Kundenwerbung)을 규율하고 있는데, 여기서 단계적 고객모집이라 함은 영업상의 거래에 있어서 소비자가 타인에게 자신의 것과 동일한 종류의 거래, 즉 타인 역시 마찬가지로 그의 입장에서 다음 구매자를 모집하면 이에 대한 이익을 얻게 된다는 내용의 거래를 체결하도록 권유하는 경우, 조직개설자 또는 제3자로부터 특별한 이익을 얻을 수 있다고 약속함으로써 소비자에게 상품, 서비스 또는 권리를 구매하도록 권유하는 행위를 말한다. 이러한 단계적 고객모집을 경쟁법 차원에서 규율하고 있는 것은 이러한 판매시스템이 소비자를 현혹시키는 효과, 무경험과 무지의 이용, 우연적 요소에의 의존 등으로 인해 불공정 경쟁행위적 요소가 있기 때문이다.

---

51) 독일에서의 단계적 판매 방식 규제 상황에 대한 자세한 설명은 이병준, “다단계판매에 대한 다양한 규제방법과 그 수위”, 「유통법연구」 제2권 제2호, 2015, 48면 이하 참조.

52) Gesetz gegen den unlauteren Wettbewerb(UWG).

53) § 16 Strafbare Werbung
(2) Wer es im geschäftlichen Verkehr unternimmt, Verbraucher zur Abnahme von Waren, Dienstleistungen oder Rechten durch das Versprechen zu veranlassen, sie würden entweder vom Veranstalter selbst oder von einem Dritten besondere Vorteile erlangen, wenn sie andere zum Abschluss gleichartiger Geschäfte veranlassen, die ihrerseits nach der Art dieser Werbung derartige Vorteile für eine entsprechende Werbung weiterer Abnehmer erlangen sollen, wird mit Freiheitsstrafe bis zu zwei Jahren oder mit Geldstrafe bestraft.

2. 구성요건

다단계형식의 판매시스템이 독일 부정경쟁방지법 제16조 제2항에 따라 형벌이 부과되기 위해서는 주관적 구성요건으로서 고의 외에 다음의 객관적 구성요건이 충족되어야 한다. 우선 범죄자로서의 조직개설자가 존재해야 하고, 범죄행위가 영업상의 거래로 행해져야 하며, 제품 또는 서비스 등의 구매를 권유하는 행위로 인해 소비자에게 심리적 영향력을 미쳤어야 한다. 그리고 특별한 이익에 대한 약속 하에 판매촉진을 위한 소비자의 투입이 이루어져야 한다. 따라서 금지되는 단계적 고객모집과 법이 허용하는 판매시스템을 구분함에 있어서 결정적 역할을 담당하는 요건은 특별한 이익 존재 여부이다. 즉, 구매자가 사업자의 판매시스템으로 끌려 들어가는 이유가 그가 다른 사람에게 자신이 체결한 것과 동일한 종류의 거래를 체결할 것을 권유하는 경우 특별한 이익을 얻을 수 있다는 약속 때문이어야 금지되는 단계적 고객모집에 해당하게 된다. 다만 특별한 이익은 구매자 자신이 구입한 제품 등 그 자체와 동일시 될 수 없으며, 오히려 고객을 끌어들이기 위한 추가적인 유혹수단이어야 한다. 이러한 구성요건을 충족시키는 유형으로서 소위 눈덩이 시스템(Schneeballsystem)와 피라미드시스템(Pyramidensystem)이 논의되고 있다.

제3절 일 본[54]

[김도년]

Ⅰ. 개 설

일본 방문판매법은 1970년에 제정되었는데, 당시 방문판매와 다단계판매가 사회문제가 되었기 때문이다. 1974년 방문판매와 통신판매의 문제점을 시정하고 거래질서를 바로잡기 위해 사업자등록제, 서면교부의무, 청약철회제도 등을 도입하였고, 다단계판매는 사실상 금지하였다. 이후 2000년 개정에서 방문판매법은 특정상거래에 관한 법률상 거래의 한 유형으로 포섭되었다. 이때 업무제공유인판매거래 규정도 신설되었다.[55]

일본 특정상거래에 관한 법률(特定商取引に関する法律, 이하 특정상거래법)은 제1장의 목적규정을 두고 제2장부터 제5장의2까지 구입유형에 관한 사항을 규정하고 있다. 제2장에서 방문판매, 통신판매, 전화권유판매의 3가지 유형이 규정되어 있고 제1절에는 정의, 제5

54) 일본 소비자청, 특정상거래 가이드(https://www.no-trouble.caa.go.jp/what/) 홈페이지를 참고하여 재구성하였다.

55) 圓山成夫, 解説 特定商取引法の理論と實務(第4版), 民事法研究會, 2018, 7면.

절에는 적용제외 등의 공통 규정으로 구성되어 있다. 또한 제6장의 행정규정과 제7장 벌칙규정이 있다.

제1장 총칙 (제1조)
제2장 방문판매, 통신한매 및 전화권유판매
  제1절 정의(제2조 방문판매, 통신판매, 전화권유판매의 요건)
  제2절 **방문판매**(제3조~제10조)
  제3절 통신판매(제11조~제15조의3)
  제4절 전화권유판매(제16조~제25조)
  제5절 잡칙(제26조~제32조의2, 적용제외, 제외상품, 업계단체 등)
제3장 연쇄판매거래(제33조~제40조의3)
제4장 특정계속적역무제공(제41조~제50조)
제5장 업무제공유인판매거래(제51조~제58조의3)
제5장의2 방문구입(제58조의4~제58조의17)
제5장의3 금지청구권(제58조의18~제58조의25)
제6장 잡칙(제59조~제69조의2, 네거티브옵션 등 각종 행정제도)
제7장 벌칙(제70조~76조)

특정상거래법은 거래에 대하여 주로 3가지 측면에서 규율하고자 하였다. 첫째 방문판매, 통신판매, 전화권유판매 유형에 착안하여 규율하는 한편, 둘째 특정계속적역무제공은 계약의 성질에 착안하였고, 셋째 연쇄판매거래와 업무제공유인판매거래는 특정이익, 업무제공이익이라는 특별한 이익을 얻을 수 있다는 유인에 착안하고 있다. 때문에 동일한 거래에 대해서도 특정상거래법 규정이 중층적으로 적용될 수 있다.[56)]

다만 통신판매와 전화권유판매 사이에서는 통신판매의 요건에 "전화권유판매에 해당하지 않는 것으로 규정하고 있어 명문의 규정으로 중복적용이 되지 않는다. 또한 방문판매와 통신판매, 방문판매와 전화권유판매도 판매방법의 위 평가 측면에서 달리하기 거래이기 때문에 중복적용이 되기 어렵다.

56) 예를 들어 캐치세일(길거리에서 보행을 방해하며 구매로 이어지게 하는 상술)로 권유하여 에스테틱 서비스계약을 체결한 경우 방문판매와 특정계속적역무제공에 해당한다.

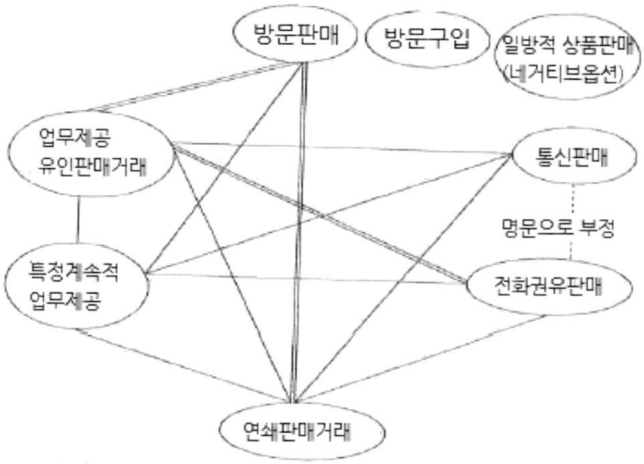

"– (실선)"은 중복할 수 있는 경우
"= (복선)"은 중복한 사례가 다수 있는 경우

Ⅱ. 특정상거래법의 "방문판매" 적용범위

1. 개 설

일본 방문판매법은 계약 장소에 착안한 정의 규정을 두고 있다. ① 점포 외에서 이루어진 거래(협의의 방문판매) 및 ② 점포에서 이루어진 거래가 일정한 상황으로 유인된 경우(이를 특정고객이라 함)를 에 방문판매로 규율한다. 일본 방문판매 거래본위는 특정상거래법 제2조 제1항 및 동법 제26조에서 규정하고 있는데, 방문판매에 해당하기 위해서는 ① (당사자) 판매업자 또는 역무제공사업자가 구입자 등에 대하여 ② (계약장소) 영업소 등 이외의 장소에서 또는 특정고객에 대하여 영업소 등에서 ③ (상품, 역무, 권리) 제외되는 상품, 역무에 대하여 또는 특정권리를 ④ (행위) 청약의 접수 또는 계약을 체결하는 행위이다. 이때 ⑤ (적용제외) 제26조의 적용제외 규정에 해당하는 않아야 한다.

2. 당사자

가. 사업자

일방의 당사자(규제대상자)는 판매업자 또는 역무 제공 사업을 업으로 하는 자(이하 역무제공사업자라 함)이다(특정상거래법 제2조 제1항 1호 및 2호, 판매업자 또는 역무제공사업자를 통칭하여 사업자라 함). 사업자는 영리를 목적으로 반복 계속하여 거래를 하는 자를 말하며, 영리의 의사 여부는 객관적으로 판단한다. 일정한 형태를 갖추고 복수의 자에게 권유 및 판매를 하지만, 제반 사정을 종합해서 볼 때 하나의(일체의) 방문판매를 형성하고 있다고 인정되는 경우에는, 방문판매법을 적용한다.[57]

나. 구입자 등

다른 일방 당사자(보호대상)은 고객 및 구입자 또는 역무의 제공을 받는 자이다(특정상거래법 제6조 제1항). 이때 법인과 개인사업자도 보호대상에 포함된다.[58] 그런데 특정상거래법상 방문판매, 통신판매, 전화권유판매 규정은 영업을 위해서 또는 영업으로서 체결하는 거래를 포괄적으로 적용제외하고 있다(법 제26조 제1항 제1호). 그 결과 방문판매, 통신판매, 전화권유판매 등에서는 보호되는 당사자는 "영업을 위해서 또는 영업으로서 체결"하지 않는 자, 즉 주로 소비자이다.[59]

방문판매 규제는 대부분 사업자와 소비자 사이의 거래를 대상으로 하고, 소비자의 이익을 보호하는 것이다. 한편 일반시민이 때때로 시간장소를 예약하고 만나서 상품을 다른 시민에게 양도하는 경우에는 소비자끼리의 거래로서 특정상거래법이 적용되지 않는다.

3. 계약장소

계약 장소 요건은 방문판매와 점포판매를 구별하기 때문에, 규제범위를 정하는 중심적 요건이다. 계약장소 요건은 영업소 이외의 장소에서 이루어진 거래 및 특정고객에 대한 영업소 등에서 이루어진 거래이다. 전자는 본래 방문판매이고, 후자는 캐치세일(붙잡은 고객 판매(어역)) 및 약속세일(약속 고객 판매(어역)) 등으로 확장된 요건이다.

가. 영업소 등 이외의 장소에서의 거래

영업소 대리점 등 기타 주무성령에서 정하는 장소(이하 영업소 등이라 함) 이외의 장소에 있어서 거래가 이루어져야 한다(법 제2조 제1항 제1호). 성령은 영업소 등의 범위를 규정하고 있는데 다음과 같다.

① 영업소

② 대리점

③ 노점 등 기타 유사 유형의 가게

④ 전 3호에 해당하는 유형 이외에 일정한 기간에 걸쳐 상품을 진열하고 해당 상품을 판매하는 장소로서 점포 유형인 것

---

57) 예를 들어 물품거래계약과 역무제공계약이 합쳐진 리스회사와 거래를 한 경우, 그 체결방법이 방문판매라면 물품판매업자 및 역무제공사업자 모두 당해거래에 있어서 특정상거래법(방문판매규정)이 적용된다.

58) 圓山成夫, 解說 特定商取引法の理論と實務(第4版), 民事法研究會, 2018, 39면.

59) 다만 법인 등에서도 적용될 여지가 있다.

⑤ 자동판매기 기타 설비의 것으로 당해설비에 의해 판매계약 역무제공계약의 체결이 이루어지는 것이 설치된 장소

위 ①~⑤ 이외의 장소는 영업소 등 이외의 장소가 되며 방문판매법의 규정이 적용된다. 위 규정과 더불어 일반적으로 인정되는 기준 등을 정리하면 다음과 같다.

〈표 1〉 영업소등의 개념도[60]

구분	요건	내용
① 영업소		
② 대리점		
③ 노점 기타 이에 준하는 장소		노점, 포장마차, 버스, 푸드트럭 등의 진열 및 순회판매
④	일정기간에 걸쳐서 (↔ 최면상법)	최저 2~3일 이상의 기간
	상품을 진열, 판매하는 장소에서	상품을 진열하고, 소비자가 자유롭게 상품을 선택할 수 있는 상태에서
	점포에 준하는 장소	전시장 등 판매하기 위한 고정적 시설을 구비하고 있는 장소
⑤ 자동판매기 기타 설비로	계약의 체결이 이루어질 수 있도록 설치된 장소	사업자에 의한 권유가 없고, 소비자의 의사표시에 의해 자동적으로 계약체결을 하는 절차가 개시되는 설비가 설치된 경우

점포 등 영업소등에서 거래가 이루어지더라도 그 장소로 유인하는 방법, 즉 캐치세일 및 약속세일 등에 해당하는 경우 특정고객이 되어 특정상거래법이 적용된다. 때문에 판매장소와 유인방법의 양자모두 검토되어야 한다.

나. 특정고객

특정고객은 영업소에서 계약을 했다고 하더라도 방문판매와 동일하게 의외성, 밀실성, 공격성을 갖춘 방법에 의해 유인되는 경우에 대하여 특정상거래법의 적용을 확장하기 위한 개념이다. 현재 캐치세일(붙잡은 고객 판매(어역)) 및 약속세일(약속 고객 판매(어역))로 크게 구분하고 있다.[61]

---

60) 圓山成夫, 解說 特定商取引法の理論と實務(第4版), 民事法硏究會, 2018, 41면을 참고하여 재정리하였다.

61) 이 유형은 조문이 없었지만 소비생활센터 등의 고충처리과정에서 오래전부터 방문판매법을 적용한 실무가 정착되었으며, 1988년 법개정으로 명문화 되었다.

1) 캐치세일

캐치세일은 사업자가 영업소 등 이외의 장소에서 고객을 불러 세워 영업소 등으로 동행한 후, 영업소 등에서 계약을 체결하는 판매방법을 말한다(법 제2조 제1항 2호). 캐치세일은 10대부터 20대 여성중심으로 화장품, 에스테틱 서비스, 미용용품, 악세사리 등의 판매에서 주로 문제되고 있다.

캐치세일은 처음에 판매목적을 고지하였는지를 불문한다. 도로 등의 영업소 이외의 장소에서 불러 세워 동행하였다면 특정고객에 해당한다. "불러 세웠다"는 의미는 특정한 자에 대하여 말을 걸어 주의를 끄는 행위를 의미하는데, 반드시 그 장소에서 정지시키는 것을 요건으로 하지 않는다. 나란히 걸으면서 대화를 하는 것도 포함한다.

"동행시킴"은 불러세운 지점으로부터 목적지까지 상당한 정도의 거리를 불러세운 자에게 안내하는 것을 의미한다. 점포판매업자가 점포 앞에서 하는 호객행위(불러 세우는 행위)는 동행시키는 행위가 없기 때문에 해당하지 않는다.

한편 캐치세일은 공공의 장소를 영리활동으로 사용하는 점이 많기 때문에 각종 규제가 더해진다. ①계약의 체결시 권유하기 때문에, 도로 그 외 기타 공공의 장소에서도 고객의 진로를 방해하거나 또는 고객을 따라다니는 행위는 특정상거래법상 행정처분의 대상이 된다(특정상거래법 성령 제7조 제7호). ② 타인의 도로를 가로 막거나 혹은 신변에서 물러나지 않는 경우, 또는 불안 내지 귀찮게 하는 방법으로 타인을 쫓아다는 자는 구류 또는 과태료의 대상이 된다(경범죄법 제1조 28호). ③ 도도부현의 이른바 성가심 방지 조례에서 악질적인 쫓아다니는 행위를 금지하는 경우도 많다. ④지하철 역내에서 허가를 받지 않고 권유하는 것을 금지한다(철도영업법 제35조).

2) 약속세일

약속세일은 판매목적을 숨기는 형태와 유리한 조건을 제시하는 형태 두 종류로 그게 구분된다(법 제2조 제1항 제2호, 동법 성령 제1조). 소비자에게 전화를 걸어 만날 약속을 잡는 형태가 대표적이다. 약속세일은 20대 남녀를 중심으로 다양한 형태로 점포에 호출되어 액세서리, 복합적 서비스 회원 등을 판매하는 경우가 많다. 유인수단은 전화, 우편, 전보, 팩스, 전자적 방법(메일 등), 전단지, 확성기, 거주공간 방문 등 다양하게 열거할 수 있다.

권유를 하기 위한 것임을 알리지 않는 것은 예를 들면 경품 당첨, 파티 참가, 관광지 안내, 전람회 함께 방문, 계약중 회원권을 탈회시켜 드림, 취직 정보 교부 등이 대표적으로 약속한 장소에서 판매장소로 유인하는 것이다. 판매목적을 알리지 않았는지 여부는 특정상거래법의 적용을 좌우하는 중요한 요소인데, 실무상 많은 다툼이 발생하는 부분이다.

의외성의 유무, 즉 소비자가 그 상품의 거래에 대하여 마음의 준비를 하고 점포에 향하였는지가 핵심이다.

한편 유리한 거래조건을 고지하는 형태의 약속세일은 판매의도가 명확하더라도 특히 유인효과가 강한 경우를 규정하기 위한 것이다. 예를 들어 당신은 특별하게 선택되었기 때문에 매우 저렴하게 판매한다고 말하면서 영업행위를 하는 경우, 그 진위를 불문하고 해당유형에 포함된다.[62] 다만 사전에 거래를 한 소비자에 대해서는 특별 할인거래 등은 점포판매업자로서 통상할 수 있는 영업행위이기 때문에 유리한 거래조건형 약속세일의 적용이 제외된다(법 성령 제1조 2호 괄호부문).

다. 방문판매에 해당하는 장소에서 통신기기의 이용

방문판매원이 소비자에게 전화기, 컴퓨터 등을 조작시켜 청약을 받는 형태의 경우에도 방문판매규정이 적용된다. 소비자의 청약의 의사표시가 전화 등 통신기기에 의해 판매업자의 사무소에 도달하는 함에 따라 통신판매의 요건에 해당한다고 볼 수 있으나, 방문판매의 요건에도 행한다. 방문판매원의 권유를 받은 후 소비자의 청약을 한다는 점에서 방문판매원에게 구두로 청약을 하는 점과 통신기기로 청약을 하는 것이 크게 다르지 않다. 방문권유에 의한 문제점이 발생한다는 점에서 동일하게 특정상거래법의 규정의 취지를 고려할 때 이 경우에도 방문판매 규정을 적용한다.

4. 상품·역무의 원칙적용방식과 지정권리

가. 상품 역무의 정령[63]지정제의 폐지

특정상거래법은 방문판매의 정의에서 "상품 또는 특정권리의 판매" 또는 "역무를 유상으로 제공"을 들고 있다(법 제2조 제1항 1호 및 2호). 2008년 개정 전 해당조문은 "지정상품 내지 지정권리의 판매" 또는 "지정역무의 제공"이라고 규정하고 있었다. 특정상거래법의 적용이 당해 정령으로 지정된 거래에 한정되고 있었기 때문에, 소위 정령지정제 또는 지정상품제, 지정역무제라고 불렸다. 이와 같은 정령지정제에서는 규제대상이 되지 않는 상품과 역무로 피해가 발생하기 때문에 정령지정제를 폐지하기에 이르렀다.[64]

62) 圓山成夫, 解說 特定商取引法の理論と實務(第4版), 民事法研究會, 2018, 58권

63) 일본법에서 정령(政令)이란 내각이 제정하는 명령으로, 법률의 위임을 받아 법률에서 정하지 않은 세부 내용을 보충하는 사항을 정한다. 법률 규정을 실시하기 위한 '집행명령', 법률의 위임에 근거하여 제정되는 '위임명령'이 있다. 한편 성령(省令)이란 각 성의 대신이 제정하는 명령으로, 법률이나 정령에 근거하여 법률이나 정령으로 정하지 않은 세부 내용을 정한다. 우리나라법상 정령은 시행령, 성령은 시행규칙 등으로 이해할 수 있다.

64) 2009년 12월 1일 개정 특정상거래법이 시행되면서, 동법 입법이유서에서 지정상품제 폐지 경위를 설명하고 있다.

2008년 개정에서는 상품과 역무에 관하여 "규제의 빈틈을 제거"하기 위해서 정령지정제를 폐지하고, 원칙적으로 상품과 역무에 대하여 특정상거래법을 적용한다. 다만 기타의 법률에서 특정상거래법의 적용하는 것이 타당하지 않은 일부 거래에 대해서는 특정상거래법의 적용을 제외하고 있다. 특정상거래법 제26조 제1항 6호부터 8호 및 이에 근거한 정령 별표 제2에서 적용제외 목록을 규정하고, 이를 통해서 적용제외하고 있다. 이를 "제외상품제"라고 한다.

나. 적용제외 상품과 역무

상품의 판매 또는 역무의 제공은 원칙적으로 모든 거래가 특정상거래법의 적용대상이다. 다만 다음의 상품 및 서비스는 적용제외 된다.

① 주식회사 이외의 자가 발행하는 신문 판매(법 제26조 제1항 6호)
② 변호사의 법률사무(법 제26조 제1항 7호)
③ 금융상품거래법, 택지건물거래업법, 여행업법, 및 정령에서 정하는 법률상 규제되는 거래(법 제26조 제1항 8호 총 47개 유형)[65]

지정상품제로부터 원칙적용방식으로 전환이 이루어짐에 따라 광범위하게 특정상거래법이 적용되고 있다. 현재 53개 유형의 거래에 대해서만 그 적용이 배제되고 있다. 예를 들어 식품은 전체가 대상이 되었고, 동물, 식물, 암석, 귀금속, 공기, 물, 수도, 전기 도시가스 등을 포함하여 부동산거래의 경우도 특정상거래법이 적용된다.[66]

다. 지정권리에서 특정권리로 전환

1988년 이후 지정권리(정령에서 정한 권리 3종)의 판매가 규제대상이 되었다. 2008년 개정까지도 정령지정제가 유지되었지만, 2016년 개정에서 특정 권리(사채, 주식, 정령에서 정한 권리 3종, 특정상거래법 제2조 4항)의 판매를 규제대상으로 전환하였다. 특정권리라고 명칭한 이유는 사채와 주식 2가지는 법률에서 규정하고 있고 정령에서 지정하는 형태를 취하고 있지 않기 때문에 "지정"이라는 용어는 적합하지 않아 상기의 종류로 "특정"되었다고 보아 그와 같이 명칭 하였다고 한다.[67]

---

65) 2008년 정령지정제를 폐지하는 가운데, 경제산업성은 각 업계를 관할하는 다른 성청과 절충하여, 적용배제하는 범위를 정하였다. 그 결과 특정상거래법 제26조 제1항 8호에서 금융상품거래법, 택지건물거래업법, 여행업법 등 3종류의 법률로 적용배제 하였다. 이에 더하여 정령 5조와 정령 별표에서 금융거래분야, 통신방송분야, 운송 분야, 국가자격자의 업무 등 48 종류의 법률에 의한 규제되는 거래를 제외시켰다.

66) 2008년 개정전에는 지정상품으로서 국민 일상생활 관련 거래에 판매되는 물품으로서 정령에서 정하는 것을 말한다고 규정하였다. 이때 부동산은 포함되어 있지 않았으나, 동규정이 삭제되면서 부동산 거래에도 특정상거래법이 적용된다. 임대차의 경우 지정역무제도가 삭제되면서 특정상거래법이 적용되었다.

67) 특히 2013년 8월 6일 사기적 투자권유에 관한 소비자문제에 대한 건의를 한 다음 소비자위원회와 소비자청의 시

한편 2010년전 후부터 이른바 극장형 권유[68]를 시작으로 사기적 투자권유를 내용으로 하는 거래가 증가하였다. 이들 거래는 방문판매, 통신판매, 전화권유판매 등의 판매방법으로 많이 이루어졌는데, 소비자청은 특정상거래법의 적용하여 소비자에게 주의를 환기시키기에 이르렀다.

또한 역무의 제공은 노동 또는 편익의 제공을 지칭하는 것으로, 권리 판매라고 언급하더라도 그 실태가 노동 또는 편익의 제공이라고 평가할 수 있는 경우에는 역무의 제공으로서 특정상거래법의 대상된다. 특정상거래법에서는 1988년 이후 역무의 제공은 소비자와 역무제공업자의 양 당사자 시이의 계약을 말하고, 권리의 판매는 소비자 역무제공업자 권리판매업자 등 3당사자 사이의 계약을 말한다.

5. 계약의 청약과 계약의 체결

특정상거래법은 청약을 한 경우와 계약체결을 한 경우를 구분하고 있다. 방문판매업자가 청약을 받는 시점에 교부하는 서면(법 제4조)과 계약을 체결한 시점에 교부하는 서면(법 제5조)을 규정하고 있다.

방문판매업자의 판매원이 계약체결의 권한을 가지고 있는 경우, 구입자의 청약을 받아 승낙의 의사표시를 할 수 있기 때문에 계약을 체결을 할 수 있다. 그러나 계약체결 권한을 가지고 있지 못한 경우에는 구입자가 청약을 하더라도 승낙의 의사표시를 하더라도 계약체결을 할 수 없기 때문에 사무소에 동행하여 계약체결의 권한을 가진 자의 승낙을 얻어 계약체결을 완료할 수 있다.

이처럼 특정상거래법 각 조문에서는 계약의 체결에 더하여 청약을 병기하고 있는 이유는 그와 같은 청약의 단계에 대해서도 특정상거래법의 적용을 달리한다는 점을 명확히 하기 때문이다.

6. 적용제외

특정상거래법은 다음의 경우에 적용되지 않는다(법 제26조).

각차이가 표면화 되었다. 이후 2015년 3월부터 소비자위원회의 특정상거래법 전문조사회 법개정심의에서 지정권리를 어떻게 할 것인가 문제제기 되어 2015년 12월 보고에서 지정권리제도의 개정에 합의하였다. 이후 2016년 3월 지정권리를 특정권리로 개정하게 되었다.

68) 극장형권유란 권유업자인 B회사가 A회사가 제공하는 투자상품에 대하여 "A회사로부터 해당 투자상품을 산다면 우리 회사는 구입액을 상회하는 금액으로 매수할 것"등 거짓설명을 하고, A회사와 거래가 스스로 이익이 된다고 소비자에게 오인시켜, A회사에게 대금을 지볼하도록 하는 일종의 사기적 권유를 말한다. 대표적인 품목으로 수자원의 권리, 온천이 포함된 유료노인요양 이용권, 광산채굴권, 풍력발전에 적합한 토지의 권리, 천연가스 시설운용권 세일가스 시설운용권 등이 극장형권유형으로 거래되었다.

① 구입자등이 영업을 목적으로 내지 영업으로서 체결하는 거래(특정상거래법 제26조 제1항 1호)[69]

② 외국에 있는 자에 대한 거래(특정상거래법 제26조 제1항 2호)[70]

③ 국가 또는 지방공공단체와 체결하는 거래(특정상거래법 제26조 제1항 3호)

④ 생협, 농협, 노동조합 등이 조합원과 체결하는 거래(특정상거래법 제26조 제1항 4호)

⑤ 사업자가 그 종업원과 하는 거래(특정상거래법 제26조 제1항 5호)

⑥ 적용 제외되는 상품, 역무의 거래(특정상거래법 제26조 제1항 6호)

⑦ 거주지에서 거래를 요청한 자에 대한 거래(특정상거래법 제26조 제1항 7호)

⑧ 영업소외 거래가 통상적이고, 일반적 구입자의 이익을 해칠 우려가 없다고 인정되는 거래로서 정령에서 정한 것(특정상거래법 제26조 제1항 8호)

가. 점포판매업자의 주문수신 판매

나. 점포판매업자의 단골고객 판매

다. 무점포판매업자의 단골고객 판매

라. 직장 관리자 서면에 의한 승낙이 있는 사업장에서 판매

①~⑥은 방문판매의 모든 규정이 적용제외 되지만, ⑦ 및 ⑧의 경우는 특정상거래법 제3조(성명 등의 표시) 및 동법 제3조의2(계약을 체결 내지 그 취지의 의사를 표시한 자에 대한 권유 금지 등)의 규정이 적용된다.

Ⅲ. 소비자보호를 위한 민사규제

1. 청약철회제도

청역철회권은 민법상 취소원인, 법젱 해제 또는 해제권의 원인이 없더라도 계약이 해소될 수 있다(법 제9조). 이와같은 청약철회권의 요건은 법 제9조 제1항에서 규정하고 있다. ① 사업자가 ② 영업소 등 이외의 장소에서 또는 특정 고객과 ③ 상품, 역무, 특정권

69) 소비자계약, 영업의 목적 내지 영업으로 체결한 계약, 상행위 구분하여 적용여부를 구체적으로 파악하는 것이 중요하다. 네거티브 옵션계약의 경우 영업뿐만 아니라 상행위를 적용제외하고 있다. 한편 사업자 사이의 계약에서도 특정상거래법을 적용한 판례로 이발소에 방문판매한 전화기 사건 및 자동차판매회사에 방문하여 소화기를 판매한 사건(大阪高判平成15年7月30日 消費者ニュース57号155頁) 등이 대표적이다. 해당 사건의 경우 "영업을 목적으로 내지 영업으로서" 거래하지 않았다는 점이 인정되어 특정상거래법이 적용되었다.

70) 동 조항은 반대로 소비자가 국내에 있고 사업자가 해외에 있는 경우도 적용되지 않는다. 또한 일본의 소비자가 외국 체류 중에 외국사업자와 계약을 한 경우도 본 항에 해당되어 적용 배제된다.

리에 대하여, ④ 계약의 청약을 받거나 계약을 체결한 경우에, ⑤ 청약자는 ⑥ 서면으로, ⑦ 청약의 철회 또는 계약의 해제를 할 수 있다. ⑧ 다만 청약자가 법정 청약서면 또는 계약서를 수령한 시점부터 기산하여 8일을 경과하지 않아야 한다.[71]

청약철회권은 청약철회권 또는 계약해제권이기 때문에 사업자의 의사와 무관하게 소비자의 일방적 의사표시로 성립한다. 또한 법 제9조와 달리 특약으로 청약자에게 불리한 것도 무효이다. 청약철회권 기간을 단축하는 경우 및 적용배제사유 등을 확대하는 등, 요건 효과를 소비자에게 불리하게 변경하는 특약은 무효이다. 반대로 청약철회권의 기간을 연장하는 등의 소비자에게 유리한 특약은 유효하다.

청약철회권이 성립하는 경우 ① 청약의 철회 또는 계약의 해제를 할 수 있고(법 제9조 제1항), ② 서면으로 권리하는 시점에 효력이 발생한다(법 제9조 제2항). 한편 ③ 사업자는 손해배상 또는 위약금의 청구를 할 수 없고(법 제9조 제3항), 인도 완료한 상품의 거래비용, 권리의 반환비용은 판매업자의부담이므로 청구할 수 없다(법 제9조 4항). 계약에 근거한 상품의 사용, 역무제공, 시설이용이 이루어지더라도, 상품의 사용이익, 역무의 대가등의 금전 지불을 청구할 수 없다(법 제9조 제5항). 반면 사업자는 역무제공계약에 관련하여 수령한 금전을 신속하게 반환하여야 하고(법 제9조 제6항), 역무의 제공에 수반하여 청약자 등의 토지·건물 기타 공작물에 변경이 이루어진 경우 원상회복을 청구할 수 있으며, 이때 청약자는 비용을 부담하지 않는다(법 제9조 제7항). 마지막으로 이에 반하는 특약은 청약자에게 불리한 것으로 무효이다(법 제9조 제8항).

2. 과량판매계약의 청약철회 또는 계약해제

주택리모델링계약이나 기모노, 악세사리의 과량거래가 사회문제가 되면서 2008년 개정으로 행정규제와 더불어 민사구제규정으로서 과량판매해제권이 규정되었다(법 제9조의2). 2016년 소비자계약법 개정으로 과량판매취소권도 신설되었다(소비자계약법 제4조 제4항).[72]

이 제도의 핵심은 일상생활에서 통상필요하다고 인정되는 분량(기간, 회수)을 현저하게 초과(과량)한다는 개념이다. 여기에 해당한다면, 사기, 착오, 오인, 곤혹 등의 소비자의 사결정 과정을 검토할 필요가 없이 상품의 개수, 역무의 회수 등의 개관적인 요건을 기준으로 계약을 해제하여 소비자를 구제하는 것이 가능한 점이 특징이다.

과량판매 해제권은 크게 3가지로 구분되는데, ① 1회 계약으로 과량이 되는 경우, ②

---

71) 청약철회권 요건 중 ①부터 ⑤까지는 특정상거래법의 적용범위에 관한 사항이다. 또한 청약철회권의 가부에 대해서는 ⑧ 행시가간내에 행사인지 ⑨법 제26조 2항부터 5항에서 규정하는 적용제외규정을 살펴볼 필요가 있다.

72) 특정상거래법을 근거한 과량판매해제권이 되입되기 전 판례로서 東京地判平城20·2·26(判時2012号87頁)

과거 계약의 누적을 고려하여 과량이 되는 경우, ③ 권유시점에 이미 과량 상태임에도 권유가 이루어진 경우 등이 그러하다. 이와 같은 경우에도 사업자가 소비자와 계약을 체결함에 있어서 당해 계약이 필요하다는 특별한 사정이 있다는 점을 입증한 경우에는 소비자는 계약을 해제할 수 없다. 과량판매해제권은 사회통념상 필요하다고 인정할 수 있는 통상의 양을 현저하게 초과한 계약이라고 외형적인 요건을 소비자가 입증하는 경우에 계약의 해제가 가능하기 때문에, 사업자 측에서 거래안전이라는 측면에서 과도한 부담인 측면이 있다. 때문에 사업자측에서 항변을 인정하고 있다.

소비자가 과량판매계약의 청약철회 또는 계약해제권을 행사하는 경우, 청약철회권의 효과를 준용하고 있다.

3. 계약의 청약 또는 승낙의 의사표시의 취소

사업자의 부실고지 또는 사실불고지에 의해 소비자가 오인하여 계약의 의사표시를 한 경우에는 소비자는 그 계약의 취소를 할 수 있도록 하였다(법 제9조의3). 부실고지의 범위는 법 제6조 제1호부터 제7호에 게제하는 사항으로 사실과 다른 것을 고지하는 경우이다(법 제9조의3 제1항 제1호). 그리고 소비자 취소권을 위해서는 사업자가 제공한 내용과 사실을 오인을 요건으로 한다.

특정상거래법상 취소요건은 소비자계약법상 취소요건과 비교하면 다음과 같은 특징이 있다. ① 소비자계약법은 모든 소비자계약에 적용되지만, 특정상거래법은 제한적으로 적용된다(방문판매의 요건에 해당하지 않으면 적용되지 않는다). ② 소비자계약법이 적용되는 것은 소비자계약에 한정되지만, 특정상거래법은 소비자계약에 한정되지 않고 구입자가 사업자라고 하더라도 영업을 위해 또는 영업으로서 체결한 경우라도 적용될 수 있다. ③ 소비자계약법의 곤혹유형은 특정상거래법에서 인정되지 않으며, ④ 소비자계약법의 불이익사실의 부고지는 소비자의 이익이 되는 것의 고지 및 소비자에게 불이익한 사실의 불고지를 요건으로 하지만, 특정상거래법상 사실불고지는 동법 제6조 제1항 1호부터 5호까지의 사항을 고지하지 않는 것이다.

4. 계약을 해제한 경우의 손해배상 등의 금액의 제한

사업자가 소비자에게 부당한 손해배상 또는 위약금을 청구하는 조항을 마련한 경우, 당해 금액에 한정하는 강행규정이다. 민법상 계약당사자가 손해배상액을 예정하는 특약 또는 위약금에 관한 특약을 한 경우에는 재판소는 그 증감할 수 없다는 규정(민법 제420조)이 있기 때문에 사업자가 계약서에 과대한 손해배상과 위약금을 청구하는 조항을 마련한다면 민법으로 대응하기 어렵다. 때문에 특정상거래법에서 이와 같은 부당조항을 제한하고 있다(법 제10조).

현재는 소비자계약법이 제정되어 동법 제9조(1호는 평균적 손하를 초과하는 손해배상 조항은 무효라고 규정하고, 2호는 연 평균 14.6%를 초과하는 지연손해금 조항을 무효로 한다)의 부당조항 규제가 있다. 특정상거래법 제10조는 소비자계약법 9조의 특별법 지위를 가진다.

5. 공익사단법인 일본방문판매협회의 “방문판매 소비자 구제기금 제도”

방문판매법에 관한 업계단체는 공익사단법인 일본방문판매협회가 있다(법 제27조부터 제29조). 동협회는 1980년 설립되어 2018년 2월 현재 132개사 8단체로 구성되어 있다. 공익 사단법인 일본 방문판매협회는 특정 상거래 법의 규정에 의하여 회원의 방문판매에 걸릴 계약 신청의 취소 또는 해제가 이루어진 경우 회원에게 지급한 금전의 반환을 청구한 소비자가 회원에서 정당한 이유없이 금전의 반환이 이루어지지 않은 경우, “소비자 구제기금”으로 회원에서 적립한 기금으로부터 일정액의 금전을 교부할 수 있게 되었다(법 제29조의2).

6. 사업자 행위의 금지청구

사업자가 다음의 행위를 불특정 다수의 사람에게 실제로 실시 또는 실시할 우려가 있는 때에는 적격 소비자 단체, 사업자에게 행위의 정지 또는 예방, 기타 필요한 조치를 취할 수 을 청구할 수 있다. 사업자의 대표적인 부당한 거래행위 유형으로 ① 계약을 체결하기 위해 권유할 때 사실과 다른 것을 말하는 행위, ② 계약을 체결하기 위해 권유할 때 고의로 사실을 말하지 않는 행위, ③계약을 체결하기 위해 또는 해제를 방해하기 때문에 협박하고 곤란한 행위, ④ 소비자에게 불리한 특약 계약해제에 따른 손해 배상액의 제한에 반하는 특약을 포함한 계약 체결 행위 등이 그러하다.

Ⅳ. 공정한 거래관계를 위한 행정규제

특정상거래 법에서는 사업자에 대해 소비자에게 적절한 정보 제공 등의 관점에서 각 거래 유형의 특성에 따라 다음과 같은 규제를 실시하고 있다. 특정상거래법 위반행위는 시정조치[73]나 영업정지명령 등의 행정처분 또는 형사벌[74]의 대상이다. 구체적인 의무내

---

73) 시정조치의 내용은 사업자에 대하여 당해 위반 또는 당해행위의 시정을 위한 조치, 소비자의 이익 확보를 도모하는 조치, 그 외 필요한 조치 등으로 구분할 수 있다.

용은 다음과 같다.

1. 성명 등의 명시 의무

사업자는 방문판매를 할 때 그 권유에 앞서 상대방에 대하여 사업자의 성명, 계약체결 권유의 목적이 있다는 사실, 상품 등의 종류를 명확하게 밝혀야 한다(법 제3조). 사업자가 권유를 시작하는 경우 일정사항을 고지하여 그 취지를 명확하게 하는 한편, 소비자가 방문판매 권유를 받고 있다고 명확히 인식할 수 있도록 하여 대응할 수 있게 하고자 하는 것이다. 이와 같은 고지는 방문판매 권유를 시작에 앞서 이루어져야 한다. 이는 소비자가 권유에 응할까 거절할까를 판단하는 최조의 중요한 기회를 확보할 수 있는 시점을 말한다. 적어도 고객의 계약체결의 의사형성에 영향을 미치는 행위에 앞선 시점에 고지가 이루어져야 한다.

고지의 방법은 구두와 서면 모두 가능하지만 상대방에게 확실하게 전달할 수 있는 정도에 이르러야 한다. 특히 신분증명서 등을 휴대 제시하는 것을 동법에서 의무로서 규정하지 않지만 가능한 한 신분증명서의 휴대 및 제시를 권장하고 있다.[75] 이를 위반하면 행정처분(시정조치, 업무정지명령, 업무금지명령)의 대상이 된다(법 제7조, 제8조, 제8조의2).

2. 권유를 받을 의사를 확인할 의무

사업자는 방문판매를 하고자 하는 경우 상대방에 대하여 권유를 받을 의사가 있음을 확인해야 한다(법 제3조의2 제1항). 성명 등의 명시와 함께 권유에 앞서 권유해도 좋은지 동의를 받는 절차이다. 사업자의 권유는 일단 시작하고 나면 소비자가 거절하는 것이 곤란하고, 강력한 권유로 인해 소비자의 적정한 계약체결이 불가능하기 때문이다.[76]

"특정상거래법에 관한 법률 제3조의2의 운용지침－재권유금지규정에 관한 지침"에서 구체적인 권유의사 확인방법을 예시하고 있다. 상대방에게 권유를 시작하기 전에 명시적으로 해야 하는데, 예를 들어 우리 회사에서 판매하는 상품에 대하여 설명을 들어보시겠습니까 등의 구두로 전달하거나, 전화로 방문예약을 하는 경우에는 통화과정에서 이를 확인하도록 하였다. 소비자가 바쁘다고 하거나, 침묵, 거절 또는 애매한 대응을 하는 경우에

---

74) 서면교부의무위반(법 제4조 및 제5조), 부실고지(법 제6조 제1항), 사실불고지(법 제6조 제2항), 강박·곤혹(법 제6조 제3항), 공연히 출입할 수 없는 장소에서의 권유(법 제6조 4항) 등의 위반의 경우에는 시정조치 등의 행정처분 이외에 형사벌을 수반한다.

75) 圓山成夫, 解說 特定商取引法の理論と實務(第4版), 民事法硏究會, 2018, 141면.

76) 이 의무는 방문구입(법 제58조의6 제2항), 금융상품거래법(金融商品取引法) 제38조 제4항, 상품거래소법(商品取引法) 제214조 제7항에서도 금지하고 있다.

는 권유를 받을 의사를 확인하지 못한 것이 되기 때문에 사업자는 권유를 해서는 안된다. 이를 위반하더라도 행정처분은 없다.

3. 계속권유·재권유의 금지(법 제3조의2 제2항)

사업자는 계약을 체결하지 않고자 하는 취지의 의사를 표시한 자에 대하여 그 계약에 대한 권유를 해서는 안 된다. 방문판매권유에 대하여 소비자가 거부를 한 경우는 권유를 해서 안 된다는 옵트 아웃 규제를 도입하였다. 소비자가 권유를 거절한 후에도 사업자가 말을 걸거나 장시간 권유하는 행위 또한 다음날 새롭게 권유하는 경우 등이 대표적인 행위이다. 소비자가 권유를 거절한 경우 자기결정을 존중하기 위해서 사업자는 그 이상의 권유와 설득을 해서는 안 된다는 의무를 부과하게 되었다.[77] 이를 위반하면 행정처분(시정조치, 업무정지명령, 업무금지명령)의 대상이 된다.

4. 서면교부의무

서면교부의무는 사업자에게 거래조건을 명확히 하도록 하고, 소비자에게 전달시킬 목적으로 마련되었다(법 제4조 및 제5조). 해당 의무를 위반한 경우(서면 미제공, 기재사항 흠결, 허위기재)는 시정조치의 대상이 되고, 형사벌의 대상이 된다.[78] 뿐만 아니라 청약철회권 기간은 법정서면의 교부로부터 기산되기 때문에 서면을 제공하지 않는 것은 청약철회권 연장이라는 사법적 효과를 수반한다.

이와 같은 서면교부의무는 계약체결직후 이루어지는 것이 일반적이나, 정령에서 정하고 있는 경우, 방문판매법의 전부 또는 그 일부가 계약체결직후 이루어진 경우(경제산업성에서 정한 경우에 한정)에는 적용하지 않는다(법 제26조 제3항).

서면에 기재해야할 반드시 기재해야 하는 사항[79]과 방법[80]은 특정상거래법과 성령 등에서 구체적으로 규정하고 있다. 법정 기재사항을 포함 양식으로서 일본방문판매협회의 모델서면이 있고, 개별신용구입 알선계약을 이용하는 경우에는 특정상거래법과 할부거래법의 서면기재양식을 겸한 개별신용구입알선 신청서면이 교부된다.

---

77) 유사한 금지규정은 특정상거래법(特定商取引法) 제17조(전화권유판매), 제58조의6 제3항(방문구입), 대금업법(貸金業法) 제16조 제4항, 금융상품거래법(金融商品取引法) 제38조 제5항, 금융선물거래법(金融先物取引法) 제214조 제5호에도 있다.

78) 100만엔 이하의 벌금을 부과하고, 대표자, 임원, 종업원이 위반행위를 한 경우에는 행의자를 처벌하는 동시에 법인에게도 벌금형을 부과할 수 있다(양벌규정)(법 제74조).

79) 특정상거래법 제4조에서 청약서면에 기재되어야할 내용이 규정되어 있고, 동법 제5조에서 계약서면에 기재되어야할 내용을 규정하고 있다(4조를 준용). 한편 특정상거래법 제5조 제2항에서는 현금거래의 경우 계약서 작성내용은 조금 달리하고 있다.

80) 특정상거래법 성령 제5조 제2항 및 제3항에서는 일본공업규격 8포인트 이상의 문자 수자를 사용해야 한다

방문판매의 판매업자가 교부하는 청약서면·계약서면의 기재사항은 다음과 같다. 첫째 목적물의 특정하는 사항으로 ① 상품·권리·역무의 종류(법 제4조 1호), ② 상품 및 상품의 상표 또는 제조업자명(성령 제3조 4호), ③ 상품에 형식이 있는 경우 그 형식(성령 제3조 제5호), ④ 상품의 수량(성령 제3조 제6호) 등을 제공해야 한다. 둘째, 대금지불 및 상품인도에 관한 사항으로 ⑤ 상품·권리의 판매가격, 역무의 교부(법 제4조 2호), ⑥ 상품·권리의 대금, 역무의 대가 및 지불시기와 방법(법 제3조 3호), ⑦ 상품의 인도시기, 권리의 이전시기, 역무의 제공시기(법 제4조 4호) 등을 제공해야 한다. 셋째, 당사자 등의 확정에 관한 사항으로 ⑧ 사업자의 성명 또는 명칭, 주소, 전화번호, 법인의 대표자성명(성령 제3조 1호), ⑨ 계약의 청약 또는 계약 체결을 담당한 자의 성명(성령 제3조 2호), ⑩계약의 청약 또는 체결 연월일(성령 제3조 3호) 등을 제공해야 한다. 넷째 청약철회권 등에 관한 사항으로 ⑪ 청약철회권에 대한 사항(법 제4조 5호)을 비롯하여, 다섯째 그 외 거래조건에 관한 사항으로 ⑫ 하자담보책임을 정하는 경우, 해당사항(성령 제3조 7호)을 제공해야 한다. 마지막으로 ⑬ 계약해제에 관한 사항을 정하는 경우, 해당사항(성령 제3조 8호)과 ⑭ 기타 특약이 있는 경우 그 내용 등을 정보제공해야 한다.

5. 부실고지 금지

사업자는 권유를 하는 경우 및 청약철회와 해제를 방해하기 위해 동법 제6조 1항 1호부터 7호에서 규정하는 사항에 대하여 부실고지를 행위를 금지하고 있다(법 제6조 제1항 1호). 사업자가 허위로 설명하여 계약체결을 유도하거나 계약해제권의 행사를 방해하는 행위를 금지하기 위함이다. "부실하게 고지한다는 것"은 허위의 설명을 하는 것으로 사실과 다른 것을 고지하는 행위를 말하는 것인데, 부실고지의 금지는 정보제공의무를 실질적으로 보장하는 역할을 한다고 볼 수 있다.

사실과 다른 것을 고지하는 것에 대하여 주관적 인식을 가질 필요는 없고 고지하는 내용이 객관적으로 다른 것으로 충분한다. 방문판매법상 부실고지의 대상은 다음과 같다. 또한 부실고지 위반행위는 계약의 성립, 대금의 지불, 계약해제의 포기 등의 결과를 요건으로 하지 않는다. 이를 위반하면 행정처분(시정조치, 업무정지명령, 업무금지명령)과 동시에 형사벌의 대상이 된다.[81]

---

81) 3년 이하의 징역 또는 300만엔 이하의 벌금에 처한다. 또한 양벌규정으로 법인에 대한 처벌도 가능하다.

〈표 2〉 방문판매의 부실고지 대상

법률(제6조 1항)	성령(제6조의2)
① 상품의 종류 및 성능·품질, 권리·역무의 종류 및 내용, 그 외 기타 관련사항으로서 주무성령에서 정하는 것(1호)	(a) 상품의 기능(1호) (b) 상품의 상표 및 제조자명(2호) (c) 상품의 판매수량(3호) (d) 상품의 필요수량(4호) (e) 역무 및 권리에 관한 효과(5호)
② 상품·권리의 판매가격, 역무의 가격(2호)	
③ 상품·권리의 대금, 역무의 가격 지불시기 및 방법(3호)	
④ 상품의 인도시기, 권리의 이전시기, 역무의 제공시기(4호)	
⑤ 청약철회권 기타 해약해제에 관한 사항(5호)	
⑥ 소비자가 그 계약의 체결을 필요하게 된 이유(6호)	
⑦ 그 외 계약에 관한 사항으로서 소비자의 판단에 영향을 미치는 중요한 사항(7호)	

6. 사실불고지의 금지

사업자가 불리한 사실에 대하여 의도적으로 침묵하고 계약을 체결하거나 계약해제권의 행사를 방해하는 행위를 금지하고 있다(법 제6조 제2항 및 제7조 제2호 및 제3호). 부실고지금지와 더불어 정보제공의무를 실질적으로 보장하는 기능을 한다. 이는 사기의 고의와 거의 유사한데, 특정상거래법의 사실불고지의 경우 그 고지사항이 법 제6조 제1항 1호부터 5호까지 사항으로 정해져 있다는 점이 특징이다. 또한 사실불고지 행위는 고의로 사실을 고지 않는 것으로 성립하고, 상대방을 착오에 빠트리거나, 계약을 체결하게 하거나 해제를 하지 못하게 했다는 등은 요건이 아니다. 사업자의 사실불고지 행위는 행정처분(시정조치, 업무정지명령, 업무금지명령)과 동시에 형사벌의 대상이다.[82)]

7. 위박(威迫)[83)]·곤혹의 금지

사업자가 계약을 체결시키기 위해서 또는 청약철회 및 해제를 방해하기 위해서, 위박하거나 곤혹스럽게 해서는 안 된다(법 제6조 제3항). 동법에서 위박이란 협박에 이르지 못한 정도로서 사람을 불안하게 할 수 있는 행위를 말하고, 곤혹시키는 것은 문자 그대로

82) 제6조 2항의 사실불고자의 경우, 3년 이하의 징역 또는 300만엔 이하의 벌금에 처한다. 또한 양벌규정으로 법인에 대한 처벌도 가능하고, 법 제7조 제1항 2호 및 3호의 사실불고지의 경우, 행정처분의 대상이다.

83) 협박에 이르지 않는 수준으로 사람을 불안하게 하는 행위

곤란하게 만드는 것을 말한다. 위박과 곤혹 등은 그 행위가 이루어진 상황 등을 종합적으로 고려하여 판단한다.[84] 당사자의 발언내용 외에 당사자의 체격, 복장, 조폭의 연루 등으로 소비자를 불안하게 하는 경우도 포함한다. 위박 또는 곤혹 금지의 위반한 그 행위의 존재만으로 충분하고 계약의 성립 및 대금의 지불 등은 요건이 아니다.

그런데 위박 및 곤혹 행위가 있는 경우, 소비자계약법의 곤혹에 의한 취소(소비자계약법 제4조 제3항)에 해당하는 것은 아니다. 소비자계약법은 불퇴거 또는 퇴거방해의한 곤혹에 한정하고 있기 때문이다.[85] 위박 및 곤혹 행위는 행정처분(시정조치, 업무정지명령, 업무금지명령)과 동시에 형사벌의 대상이다.[86]

8. 공연히 출입할 수 없는 장소에서 권유 금지

사업자가 권유목적으로 말하지 않고 도로 등에서 불러세우거나 동행하면서, 또는 전화로 부른 소비자에 대하여 공연히 출입할 수 없는 장소에서 계약을 체결 및 권유를 해서는 안된다(법 제6조 제4항). 동 규정에서 말하는 공중의 출입하지 않는 장소란 불특정 다수의 일반시민이 자유롭게 출입하지 못하는 장소를 말한다. 구체적인 사례마다 달리하겠지만, 사업자의 사무소, 개인 주택, 호텔 객실, 회의실, 공공시설 등의 회의실, 노래방 등을 예시로 들 수 있다.

이와 같은 행위는 특정상거래법 3조에서 규정하고 있는 성명 등의 명시의무를 위반한 가운데, 일부 악질적인 유형에 대하여 직접적인 규제를 하기 위함이다. 소비자가 사업자에 의해 유도된 폐쇄된 장소에서 심리적 압박을 가지게 되고, 마음의 준비가 없는 상황에서 권유당하는 경우, 부실고지와 위박·곤혹에 의한 권유가 이루어지지 않더라도 형사벌로 규율하고 있다. 행정처분(시정조치, 업무정지명령, 업무금지명령)과 동시에 형사벌의 대상이다.[87]

9. 채무의 이행거절, 부당한 지연금지

방문판매의 계약에 근거한 사업자의 채무 또는 계약해제로 인한 사업자의 채무에 관하여 사업자는 그 전부 또는 일부의 이행을 거절하거나 부당하게 지연시키는 행위를 해서는 안된다(제7조 제1항 제1호). 동 유형은 사업자가 민사상 채무불이행으로 특정상거래법에서도 위법 또는 부당하고 볼 수 있는 경우, 행정기관이 사업자에 대하여 필요한 시정조치

84) 圓山成夫, 解說 特定商取引法の理論と實務(第4版), 民事法研究會, 2018, 162면.
85) 圓山成夫, 解說 特定商取引法の理論と實務(第4版), 民事法研究會, 2018, 162면.
86) 3년 이하의 징역 또는 300만엔 이하의 벌금에 처한다. 또한 양벌규정으로 법인에 대한 처벌도 가능하다.
87) 3년 이하의 징역 또는 300만엔 이하의 벌금에 처한다. 또한 양벌규정으로 법인에 대한 처벌도 가능하다. 동 규정은 판매목적을 고지하지 않는 행위와 중첩되는 경우가 많다.

또는 개선조치를 지시하고, 법위반 또는 부당한 상태를 해소 및 그 원인을 제거하는 데 그 목적이 있다. 이를 위반하면 행정처분(시정조치, 업무정지명령, 업무금지명령)의 대상이 된다.

10. 과량판매의 금지

방문판매계약에서 정당한 이유 없이 일상생활에 통상 요구되는 분량을 현저하게 초과한 상품 또는 서비스 계약을 체결을 위한 권유해서는 안 된다(제7조 제1항 제4호, 성령 제6조의3). 동 원칙은 적합성 원칙의 하나로서 2008년 사법적 효력이 있는 과량판매해제권(민법 제9조의2)와 더불어 행정규제 그리고 민사구제가 마련되었다. 성령 제6조의3에서는 3가지 유형을 열거하고 있는데, ① 한 번의 계약으로 과다 구매하는 경우, ② 과거계약을 누적하였을 때 과다 구매라고 볼 수 있는 경우, ③ 권유시 모든 과량이었음에도 불구하고 권유한 경우 등이다. 이를 위반하면 행정처분(시정조치, 업무정지명령, 업무금지명령)의 대상이 된다.

11. 성가신 권유 및 성가신 해제방해 금지

방문판매 계약에 있어서 성가시다고 할 정도의 권유를 하거나 또는 청약철회 및 해제에 대하여 성가시다고 할 정도의 방법으로 방해하는 것을 금지한다(동법 성령 제7조 1호). 성가시다고 할 정도의 방법이란 객관적으로 보아 상대방이 성가시다고 성각할 정도의 언동이 있으면 충분하고, 실제로 성가시다고 생각 필요는 없다.[88]

성가신 권유의 구체적인 유형으로 장기간 집요하게 권유하거나 일상생활을 방해하는 수준의 권유, 소비자 계약체결 전에 사업자가 이행의 착수를 하는 경우, 소비자가 판단하기 어려운 상황에서 선택 및 판단을 종용하는 경우, 소비자로 하여금 공포심을 가지게 하는 경우 등이 그러하다.

12. 판단력 부족에 편승한 계약체결 금지

노인 등 판단력 부족에 편승하여 방문판매계약을 체결하는 것을 금지하고 있는데(동법 성령 제7조 2호), 적합성 원칙 위반의 일종이다. 판단력이 부족한 대상으로 노인, 미성년자, 정신장애자, 지적장애자 및 인지장애라고 인정되는 자, 성년후견인, 비보좌인, 피보조인 등이 일반적으로 해당된다. 이들에 대하여 통상 판단력이 있다면 체결하지 않을 또는

88) 동 조문은 1988년 개정되어 추가되었다. 당시 "계약을 체결할 의사가 없다는 취지를 표시한 자에 대하여"라는 요건이 있었지만, 1996년 개정으로 이 요건이 삭제되었기 때문에, 소비자가 계약을 거절할 의사를 표시하지 않더라도 동법령에 위반이 된다.

이들의 이익을 해할 우려가 있는 계약을 체결한다면 동 조문에 해당한다.

동법에서 판단력 부족이란 의사무능력, 성년후견을 받는 자 등에 한하지 않고 계산능력, 생활계산능력의 저하, 대화가 어려운 경향 등 합리적 경제인으로서 이해득실을 판단할 수 있는 판단력 부족을 말한다. 한편 방문판매담당자는 판단역이 부족한 자에게 판매하지 말아야 할 주의의무가 있다.[89] 이를 위반하면 행정처분(시정조치, 업무정지명령, 업무금지명령)의 대상이 된다.

13. 적합성 원칙 준수

고객의 지식, 경험, 재산의 상황에 비추어 부당하다고 인정되는 권유를 해서는 안 된다(동법 성령 제7조 3호). 적합성원칙이란 고객에게 적합하지 않은 권유를 해서는 안된다는 것으로 증권거래와 상품선물거래 등에서 확립된 제도이다.[90]

소비자의 지식 및 경험 등의 편차가 큰 상화엥서 적합성의 원칙은 소비자의 지식 및 경험에 비추어 적벌한 설명과 권유를 해야한다는 사업자의 행위의무로 구체화 된다. 또한 소비자의 재산상황에 적합해야 하는데, 소비자의 지불능력을 초과하는 채무를 부담시키는 권유나 노후의 생활자금을 상실시키는 거래의 권유 등이 디표적이다. 이를 위반하면 행정처분(시정조치, 업무정지명령, 업무금지명령)의 대상이 된다.

14. 계약서 등에 허위로 기재시키는 행위

방문판매 계약체결시 계약서에는 연령, 직업 기타 사항에 대해서 허위기재를 하도록 하는 행위를 금지하고 있다(동법 성령 제7조 4호). 방푼판매업자가 고객의 연령 직업을 제한하는 경우에 판매담당자가 이를 속일 수 있고, 개별신용구입 알선계약의 심사를 원활히 진행하기 위해서 판매담당자가 소비자에게 허위의 기재를 시키는 불법행위가 이루어지기 쉽다. 허위 기재사항으로 연령 및 직업을 예시하고 있는데, "기타 사항"으로 고객의 신용능력(주택소유 여부, 직장근속연수 수입 등)도 포함된다. 이를 위반하면 행정처분(시정조치, 업무정지명령, 업무금지명령)의 대상이 된다.

---

89) 일본방문판매협회는 "방문판매기업의 자주행동기준"을 정하였는데, 2005년 개정으로 당해 소비자의 판단력 부족을 인식하였다면 이에 편승하여 권유활동을 하지 말아야 한다고 규정하고, 이에 더하여 명확하게 판단력이 부족하다고 인식하지는 못했지만, 판단부족의 염려가 된느 소비자에 대해 영업활동을 하는 경우에는 충분한 판단력이 있는 친족 등의 동의를 얻을 것을 규정하였다.

90) 2004년 큰 폭으로 개정된 소비자기본법 제5조 제1항 3호는 사업자의 책무로서 "소비자와 거래를 하는 경우, 소비자의 지식, 경험 및 재산의 상황 등을 고려해야 한다고 규정하여 적합성 원칙을 도입하였다. 그 결과 특정상거래법의 2004년 개정과정에서 성령도 개정하여 통신판매이외의 각 유형에 적합성 원칙이 규정되었다.

15. 생명보험의 피보험자 동의조항의 제한

방문판매 계약의 체결시 방문판매 신청서, 계약서면 또는 신용카드 신청서에 소비자가 생명보험계약의 피보험자가 되는데 동의한다는 취지가 기재된 곳에 소비자의 서명 또는 날인시키는 것이 금지된다(동법 성령 제7조 5호). 주로 개별신용구입 알선계약으로 지불하는 경우, 개별신용구입 알선계약에 소비자단체 신용생명보험이 부속되고 있다. 그러나 개별신용구입 알선계약을 한 소비자를 피보험자로서 소비자가 사망한 경우에는 남은 채무를 생명보험금으로 변제하는 보험이다. 이에 대해서 교부서면에 기재를 명확하게 하고 애매한 기재를 금지하는 것인데, 2007년 성령 개정으로 추가되었다.

규제대상이 되는 서면은 "방문판매에 해당하는 매매계약 또는 역무제공계약의 청약서면 또는 계약서" 또는 "그 대금지불을 위한 개별신용구입 알선 계약 청약서"에 있어서 "방문판매 계약체결시 소비자가 생명보험·생명공제의 피보험자·피공제자가 되는 것에 동의한다는 조항이 있는 서면"이다. 원칙적으로 이 서면에 소비자의 서명 또는 날인시켜서는 안되며, 예외적으로 동의조항이 붉은색 칸에 8포인트 이상 적색으로 기저되어 있고, 방문판매의 청약 등의 서명 및 날인과, 생명보험계약 등에 관한 서명 및 날인이 구분되는 서면을 사용하는 경우에는 허용된다.[91] 이를 위반하면 행정처분(시정조치, 업무정지명령, 업무금지명령)의 대상이 된다.

16. 소비자에게 대금을 지불시키기 위한 부당행위 금지

소비자에게 계약에 근거한 채무(대금지급)을 이행시키기 위해서 악질적인 행위를 하는 것을 금지한다(동법 성령 제7조 6호). 방문판매로 계약을 한 소비자를 은행등에 데려가서 방문판매 대금을 지급(융통)시키는 행위가 있기 때문에 이를 금지하고 행정처분 대상이 되도록 하였다. 2016년 법개정으로 추가되었다.

구체적으로 살펴보면 "허위서류교사(동법 성령 제7조 6호 イ목)", "금융기관에 동행(동법 성령 제7조 6호 ロ목)", "현혹시키는 방법으로 권유(동법 성령 제7조 6호 ハ목)" 등이 그러하고, 이와 같은 행위들은 행정처분(시정조치, 업무정지명령, 업무금지명령)의 대상이 된다.

17. 추근덕거리면서(따라다니면서) 권유 금지

방문판매 권유를 하기 위해서는 도로 등 공공 장소에서 고객의 진로를 방해하거나 고객에 달라붙으면서 권유하는 것이 금지한다(동법 성령 제7조 7호). 공공장소란 공중이용

91) 결과적으로 생명보험계약은 적색 글자로 적색 칸 속에 8포인트 이상 계약내용이 명시되고, 독립적인 서명 및 날인으로 소비자의 동의를 얻어야만 유효하다.

을 목적으로 하는 장소를 말하고, 공원, 공연장, 영화관, 음식점 등도 포함한다.

위반하는 경우 행정처분(시정조치, 업무정지명령, 업무금지명령)의 대상이 되고, 이와 같은 행위는 다른 특별법에 저촉될 수 있다.[92]

18. 유도개봉 금지

청약철회권을 행사할 수 없는 소모품 계약의 해제를 방해하기 위해서, 계약을 체결시, 구입자에게 상품을 사용하도록 하거나 그 전부 또는 일부를 소비시키는 것을 금지한다(동법 성령 제7조 8호).

계약체결전의 유인개봉은 단순한 시용이 되고, 사용 또는 소비에 해당하지 않는다. 계약체결 후 유인개봉은 소비자 스스로 의식한 사용 또는 소비가 아니기 때문에, 청약철회가 가능하다(동법 제26조 제4항 1호).[93] 또한 이와 같은 사업자의 행위는 행정처분(시정조치, 업무정지명령, 업무금지명령)의 대상이 된다.

19. 행정처분에 반하는 행위 금지

행정처분에 반하는 경우 형사벌칙의 대상이 된다(6개월 이하의 징역 또는 100만엔 이하의 벌금, 병과 가능, 양벌 가능). 또한 행정처분(업무정지명령, 업무금지명령)의 대상이 된다. 업무정지명령, 업무금지명령에 위반하는 경우 형사벌(3년 이하의 징역 또는 300만엔 이하의 벌금, 병과 가능, 양벌 가능)의 대상이 된다. 행정처분, 업무정지명령, 업무금지명령 등은 공표된다.

20. 방문판매협회 회원 등의 사술금지

방문판매협회 명칭의 사칭이 금지된다.[94] 법 제27조에서 규정하고 있는 방문판매협회가 아닌 자가 그 명칭 또는 상호 중에 방문판매협회라고 오인시킬 우려가 있는 문자를 사용해서는 안 된다(법 제28조 제1항). 다음으로 협회회원자격의 사칭을 금지한다. 방문판매협회에 가입하지 않은 자가 그 명칭 또는 상호 중에 방문판매협회회원이라고 오인시킬 우려가 있는 문자를 사용해서도 안된다(법 제28조 제2항).

---

92) 일본 경범죄법(輕犯罪法) 제1조 제28호, 각 지방자치단체의 곤혹방지조례에서의 부당한 거래행위 지정, 철도영업법(鐵道營業法) 제35조, 도로교통법(道路交通法) 제77조 등이 그러하다.

93) 유도개봉 과정에서 "소모품은 일단 개봉하면 해양이 불가능하다"는 허위 고지가 이루어진 경우, 청약철회 방해행위(동법 제9조 제1항 1호)가 된다.

94) 현재 특정상거래법상 방문판매협회는 공익사단법인 일본방문판매협회만이 존재한다. 예를들어 관서방문판매협회나 전국방문판매협회, 방문판매협회규슈지부 등의 명칭과 같이 방문판매협회라는 이름을 사용하는 임의단체는 모두 불법이다.

21. 지방자치단체의 조례에서 정한 부당한 거래행위 금지

지방자치단체의 소비생활조례에 부당한 거래행위를 금지하는 규정을 규정할 수 있다. 예를 들어 동경도 소비자생활조례(東京都 消費生活条例)에서는 부당한 거래행위로서 46개 유형을 열거하고(동 조례 제25조 제1항, 동조례 시행규칙 제6조부터 제12조),[95] 사업자가 소비자와 거래시 동 조례에서 정하는 부당한 거래행위를 해서는 안된다고 규정하고 있다(동 조례 제25조 제2항). 이를 위반한 사업자에 대하여 출입조사(동 조례 제46조), 시정조치(동 조례 제48조), 의견청취(동 조례 제49조), 시정권고(동 조례 제48조) 등을 할 수 있고, 권고에 따르지 않는 경우 그 사실을 공표할 수 있다(동 조례 제50조).

V. 마치면서

일본의 방문판매법의 규율은 특정상거래법에서 하나의 거래우형인 가운데, 매우 다양한 거래모습을 염두에 두고 있다. 방문판매에 해당되는지에 대한 구분이 섬세하게 이루어져 있는 만큼, 사업자들의 행위의무도 매우 상세하게 규정되어 있다. 이를 위반하는 경우 청약철회권 등의 사법적 청구권 행사를 통해 소비자 피해구제를 받을 수 있을 뿐만 아니라 시정조치 등 행정제재 및 형사처벌의 대상이 된다.

95) 부실고지, 강박, 곤혹 등의 행위는 중대하게 부당한 거래행위로 본다(동 조례 제25조의2).

〈표 3〉 특정상거래법 행정규제 및 민사규제 정리표

항목 \ 유형		방문판매		통신판매		전화권유판매		연쇄판매거래		특정계속적역무제공		업무제휴유인판매거래		방문구입		네거티브옵션
보호대상·소비자성		영업을 위한 구입을 제외						점포에 의하지 않은 개인				사업소 등에 의하지 않은 개인		영업을 위한 매각을 제외		상행위 제외
적용되는 상품·서비스		적용배제 되는 특정 권리 있음						제외 없음		7개 업종		제외 없음		제외 상품 있음		제한 없음
	항목 \ 집행수단	행정처분	형사벌	행정처분	형사벌	행정처분	형사벌	행정처분	형사벌	행정처분	형사벌	행정처분	형사벌	행정처분	형사벌	
광고	광고의 표시의무			○				○	○			○	○			
	과장광고의 금지			○	○			○	○	○	○	○	○			
	스팸메일규제			○	○			○	○			○	○			
	스팸FAX 규제			○	○											
개시규제	재무내용 공시									○	○					
	개요(요약)서면 교부							○	○	○	○	○	○			
	계약서면의 교부	○	○			○	○	○	○	○	○	○	○	○	○	
	사전결제의 통지			○	○	○	○									
영업행위 규제	사업자명 등 표시	○				○		○				○		○		
	희망하지 않은 권유 금지													○		
	권유의 의사확인	△												○		
	거절 후 권유	○				○								○		
	부실고지	○	○			○	○	○	○	○	○	○	○	○	○	
	고의의 부실고지(1)	○	○			○	○	○	○	○	○	○	○	○	○	
	강박, 곤혹(성가심)	○	○			○	○	○	○	○	○	○	○	○	○	
	공개되지 않은 장소에서 권유	○	○					○	○			○	○			
	이행 거절·지연	○		○		○		○		○		○		○		
	고의의 부실고지(2)	○				○		○		○		○		○		
	과다 판매	○				○										
	스팸성 권유 등	○				○		○		○		○		○		
	판단력 부족편승	○				○		○		○		○		○		
	적합성원칙	○				○		○		○		○		○		
	허위기재 종용	○				○		○		○		○		○		
	피보험자의 서명	○														
	강제 지불 부당행위	○				○		○		○		○				

항목 \ 유형		방문판매		통신판매		전화권유판매		연쇄판매거래		특정계속적역무제공		업무제휴유인판매거래		방군구입		네거티브옵션
보호대상·소비자성		영업을 위한 구입을 제외						점포에 의하지 않은 개인				사업소 등어 의하지 않은 개인		영업들 위한 매각들 제외		상행위 제외
적용되는 상품·서비스		적용배제 되는 특정 권리 있음						제외 없음		7개 업종		제외 없음		제외 상품 있음		제한 없음
	항목 \ 집행수단	행정처분	형사벌	행정처분	형사벌	행정처분	형사벌	행정처분	형사벌	행정처분	형사벌	행정처분	형사벌	행정처분	형사벌	
	보행 등 가로막는 등행위													○		
	소모품 개봉유도	○				○				○						
	의사에 반하는 청약			○												
	단정적 판단제공							○				○				
	부실고지등 교사							○								
	재무서류 구비(비치)									○	○			○		
	전매시 통지													○		
	지시(시정조치) 위반	○	○	○	○	○	○	○	○	○	○	○	○	○	○	
	영업정지 위반		○		○		○		○		○		○		○	
	영업금지 위반		○		○		○		○		○		○		○	
	보고징수 기피	○	○	○	○	○	○	○	○	○	○	○	○	○	○	
	출입검사 기피	○	○	○	○	○	○	○	○	○	○	○	○	○	○	
민사규제	청약철회권	8일				8일		20일		8일		20일		8일		
민사규제	청약철회 방해시 민사효과	○				○		○		○		○		○		
민사규제	전매처에 대한 대항력													○		
민사규제	과다 판매 해제권	○				○										
민사규제	법정 반품권			○												
민사규제	취소권	○				○		○		○		○				
민사규제	중도해약권							○		○						
민사규제	관련상품 해제권									○						
민사규제	연쇄(다단계)상품 헤제권							○								
민사규제	손해배상액 제한	○				○		○		○		○		○		
민사규제	사업자 상품반환청구권 소멸															14일 (7일)
민사규제	상행위 할부판매법 적용							○				○				
민사규제	방문판매 보상제도	○														

항목 \ 유형		방문판매	통신판매	전화권유판매	연쇄판매거래	특정계속적역무제공	업무제휴유인판매거래	방문구입	네거티브옵션
보호대상·소비자성		영업을 위한 구입을 제외			점포에 의하지 않은 개인		사업소 등에 의하지 않은 개인	영업을 위한 매각을 제외	상행위 제외
적용되는 상품·서비스		적용배제 되는 특정 권리 있음			제외 없음	7개 업종	제외 없음	제외 상품 있음	제한 없음
	항목 \ 집행수단	행정처분 / 형사벌	행정처분 / 형사벌	행정처분 / 형사벌	행정처분 / 형사벌	행정처분 / 형사벌	행정처분 / 형사벌	행정처분 / 형사벌	
유지(금지)청구권		○	○	○	○	○	○	○	
법집행	지시(시정조치)	○	○	○	○	○	○	○	
	업무정지명령	○	○	○	○	○	○	○	
	업무금지명령	○	○	○	○	○	○	○	
	소비자의 신청(제안)	○	○	○	○	○	○	○	
	보고징수 등	○	○	○	○	○	○	○	
	출입검사	○	○	○	○	○	○	○	
	합리적 근거 있는 자료 제출 (자료제출 요구권)	○	○	○	○	○	○		
	관계자 등의 조사	○	○	○	○	○	○	○	
	공시송달 등	○	○	○	○	○	○	○	
	특정상거래법상 사업자단체	방문판매협회	통신판매협회						
	지정법인(사업자단체)	일본산업협회							

제 1 장

총　칙

제1조 목 적

[이병준]

제1조(목적) 이 법은 방문판매, 전화권유판매, 다단계판매, 후원방문판매, 계속거래 및 사업권유거래 등에 의한 재화 또는 용역의 공정한 거래에 관한 사항을 규정함으로써 소비자의 권익을 보호하고 시장의 신뢰도를 높여 국민경제의 건전한 발전에 이바지함을 목적으로 한다.

[참고문헌] 권오승, 경제법(제13판), 법문사, 2019; 박수혁, 우리나라 소비자보호법제의 개선방향, 헌법학연구 제3집, 1997; 박수영, 소비자법해설(제2판), 2013; 신동권, 소비자보호법, 박영사, 2020; 엄영진, 방문판매와 소비자 보호, 법조 제37권 제4호, 1988; 엄영진, 방문판매에 있어서 소비자보호를 위한 자율규제, 민사법학의 제문제(소봉 김용한 교수 화갑기념논문집), 1990.

Ⅰ. 목적조항의 의의와 기능

1. 의의와 기능

본조는 본법의 목적조항에 해당한다. 즉 방문판매법이 적용되는 영역에서 본법이 제정된 입법취지를 정하는 조항이다. 본 법은 방문판매, 전화권유판매, 후원방문판매, 다단계판매, 계속거래, 사업권유거래 등 6가지 특수거래 영역에 대하여 '공정한 거래에 관한 사항을 규정'함으로써 '소비자의 권익을 보호'하고 '시장의 신뢰도를 높여' '국민경제의 건전한 발전'에 이바지함을 목적으로 하고 있다.

더 나아가 목적조항은 다른 조항의 의미를 해석함에 있어서 본조의 목적에 충실하게 해석할 수 있도록 하는 해석지침의 역할을 하고 있다. 또한 어느 규정을 위반한 경우에 처벌규정만 있는 경우에 해당 규정이 단속규정에 불과한지 아니면 사법적 효력까지 있는 강행규정(내지 효력규정)인지의 여부를 해석함에 있어서도 본조가 근거로 활용될 수 있다.[1)]

2. 방문판매법의 목적

방문판매법은 6분야의 특수거래분야에 대하여 '공정한 거래에 관한 사항을 규정'함

1) 예컨대 구 방문판매법(1999. 2. 5. 법률 제5771호로 개정되기 전의 것)에는 제30조의 규정을 위반에 대한 처벌규정이 있는 경우 판례는 제30조의 입법 취지와 제1조의 입법목적, 제61조(벌칙) 제9호에서 '제30조 제1항의 규정에 의한 등록을 하지 아니하거나 동조 제2항의 규정에 위반하여 다단계판매원으로 활동한 자'로 규정하고 있는 점 등을 종합하여 동법 제30조는 단속규정으로 해석하였다(대법원 2002. 10. 11. 선고 2001다62374 판결).

으로써 '소비자의 권익을 보호'하고 '시장의 신뢰도를 높여' '국민경제의 건전한 발전'에 이바지함을 목적으로 하고 있다. 이를 아래에서 분설하여 나누어서 살펴보려고 한다.

1) 공정한 거래에 관한 사항을 규정

방문판매법은 사업자인 판매회사 내지 판매원과 소비자 및 사업자와 판매원 상의 공정한 거래가 일어나도록 사적 자치에 제한을 가하는 일종의 공정화법이다. 전자상거래법과 달리 방문판매법은 소비자보호만을 목적으로 하지 않고 소비자보호는 물론 판매회사와 판매원 사이의 관계에 관한 규정을 두고 있다. 투명하고 공정한 거래질서 확립을 통하여 해당 업계의 신뢰도를 높이는 한편 성장을 도모한다는 것이다.[2)]

2) 소비자의 권익 보호와 업계의 신뢰도 고양

소비자의 권익 보호와 업계의 신뢰도 고양이 본 법의 진정한 목적이다. 기본적으로는 판매업자와 소비자 사이의 관계에서 정보의 비대칭이 존재하기 때문에 정보제공의무 부과와 철회권 내지 해지권 보장을 통하여 소비자보호를 도모하고 있다.

그러나 통상의 상술을 넘어선 과도하거나 위법한 거래방식이 방문판매 업계에 존재하는 것도 사실이다. 이에 따라 과도하거나 위법한 거래방식의 방지를 통하여 건전한 산업의 발전도 동시에 본법은 추구하고 있다.

Ⅱ. 방문판매법의 성격

1. 특수거래분야에 관한 특별법

본법은 특수거래분야에 관한 특별법에 해당한다.[3)] 특수거래라고 함은 소비자가 자발적으로 사업자가 운영하는 영업장('점포')에서 계약을 체결하는 전통적인 '점포거래'에 대비되는 거래방식으로서 소비자보호가 요구되는 특수한 형태의 거래방식을 말한다.[4)] 또한 본법은 전통적인 점포거래에 비하여 갖는 특수거래 형태에 관한 특별법을 형성하고 있다.

용어와 관련하여 본법은 방문판매, 전화권유판매, 후원방문판매, 다단계판매에서는 '판매'라는 용어를 사용하고 있고 계속거래와 사업권유거래에서는 '거래'라는 용어를 사용하고 있다. 그러나 방문판매 등에서도 '재화'를 대상으로 하는 매매만 포함되는 것이 아니라 임대 등도 포함되고 더 나아가 '용역'의 거래도 포함되므로 판매는 거래와 동일한 의미

---

2) 같은 취지로 권오승, 639면; 신동권, 549면.
3) 김홍석/한경수, 개정 방문판매법 해설, 22면.
4) 이호영, 소비자보호법, 243면.

로 넓게 이해하는 것이 타당하다. 이에 따라 견해에 따라서는 특수판매와 특수거래라는 개념을 같이 사용하는 경우도 있지만,[5] 종국적으로는 넓은 의미의 거래로 이해하는 것이 맞으므로 통일적으로 '특수거래'라는 표현을 사용하기로 한다.

기본적으로 본법은 민법에 대한 특별법에 해당한다.[6] 민법은 기본적으로 모든 분야에 대하여 적용되는 일반법인데 반하여 본법은 6가지 유형의 거래방식이 갖는 계약체결방식 내지 계약내용의 특수성이 있는 영역을 특수거래로 보아서 하나의 특별법에 담은 형식을 취하고 있다. 특히 소비자에게 불리한 내용의 합의는 무효로 하는 반강행규정을 두고 있다는 점도 특징이라고 할 수 있다(제52조 참조). 통신판매 및 전자상거래도 계약체결절차가 특수한 거래영역으로서 본법의 적용영역에 포함될 수 있으나, 2002년도 전자상거래 등에서의 소비자보호에 관한 법률이 제정되면서 별도의 법률로 규제되고 있다.

2. 특수거래분야에 관한 소비자보호법

특수거래분야에 해당하지 않은 보통의 거래는 점포거래에서 일어난다. 이러한 거래의 일반적 특징이라고 할 수 있는 것은 소비자가 해당 점포를 방문할지 여부를 스스로 결정하며, 언제든지 해당 점포에서 자유롭게 나올 수 있다는 측면이 있다. 또한 소비자는 해당 점포에서 상품을 직접 볼 수 있고 상담원으로부터 설명을 들으면서 정보를 취득할 수 있지만, 자신이 별도로 정보를 수집할 수도 있다.

이러한 점포거래와 달리 특수거래분야에서는 점포거래가 갖는 일반적 특징이 결여되어 있고 이로 인하여 소비자 보호필요성이 나타난다. 방문판매, 후원방문판매, 다단계판매 및 전화권유판매의 경우에는 소비자가 구매의사가 없는 상태에서 방문이나 전화를 통하여 거래권유를 받게 된다. 이 때 소비자는 해당 거래에 대한 정보를 별도로 수집할 수 있는 기회가 박탈되고 오직 판매원에 의하여 제공되는 정보만을 가지고 거래여부를 결정하게 된다. 더 나아가 많은 경우에 거래의 성립을 위하여 적극적인 권유를 넘어서 기만적이거나 강요의 수단이 활용되는 경우가 존재하기는 하지만,[7] 이러한 경우가 전형적으로 일어나는 위험은 아니다. 방문판매법은 이러한 상황에서 체결한 계약을 소비자는 계약체결 후 제대로 된 정보를 제공받고 철회권을 통하여 계약체결 여부에 대하여 숙고할 수 있는 숙고기간을 부여하고 있다.

계속거래는 1개월 이상의 기간 동안 계속하여 상품이나 서비스를 제공받는 계약을

5) 김홍석/한경수, 개정 방문판매법 해설, 22면.
6) 박수영, 소비자법해설, 387면.
7) 이러한 입장으로 김홍석/한경수, 개정 방문판매법 해설, 23면.

체결하는 거래에 해당하는데, 중도 해지할 경우 소비자가 많은 경우에 대금 환급 자체를 제한 받거나 또는 위약금에 관한 약정이 있는 경우가 많아서 소비자보호 필요성이 발생한다. 그에 반하여 사업권유거래의 경우에는 소비자는 아니지만, 초기 사업단계에서 사업기회를 알선하는 방법으로 거래상대방을 유인하여 물품을 구입하는 거래에 해당하여 소비자와 비슷한 보호 필요성이 발생하게 된다. 방문판매법은 기본적으로 계약에 구속되어야 한다는 원칙에 예외를 인정하여 계약의 구속력으로부터 벗어날 수 있는 해지권을 부여하고 있다.

3. 특수거래분야에 대한 사업자법

방문판매법은 또한 특수거래분야에 대한 사업자에 대한 요건과 신고 내지 등록절차를 정하고 있다. 더 나아가 방문판매업자와 판매원 내지 다단계판매업자와 다단계판매원 사이의 법률관계에 관한 규정을 담고 있다. 따라서 해당 산업의 근거가 되는 법률이기도 하면서 규제입법이기도 하다.

4. 혼합법적 성격

방문판매법은 기본적으로 사법적 규제, 행정적 규제 및 형사적 규제를 모두 사용하고 있다는 점에서 혼합법적 성격을 가지고 있다. 이처럼 다양한 규제수단이 사용되는 것이 공정거래위원회 소관법률의 특징이기도 하다.[8] 다만 사법적, 행정적 내지 형사적 규제 모두 각 나름의 특징과 목표가 있으며 규율하려는 대상이 별도로 존재하고 있는 것이다.

제대로 된 법의 집행을 위하여 어떠한 규제방식을 선택하느냐는 입법정책의 문제이며 이는 각 나라별로 시각이 다르다. 전통적으로 우리나라는 공정거래위원회를 통한 행정적 규제가 그 중심에 있다. 그에 반하여 유럽연합의 경우에는 유럽연합 자체에서 소비자 관련 법제를 만들지만, 그 집행은 각 회원국에 맡기고 있다. 독일의 경우에는 역사적인 이유에서 전통적으로 행정적 규제는 배제한 채 민사적 규제를 중심으로 발전하였다. 프랑스와 벨기에의 경우에는 형사적 규제를 통한 소비자법의 집행이 강조되었고 영국과 스칸디나비아에서는 공정거래청 또는 소비자 옴부즈맨처럼 행정기관에 의한 규제가 핵심적인 역할을 하면서 형사적 규제도 가미되고 있다. 우리나라에서는 2006년도 소비자기본법에 단체소송과 집단분쟁 조정제도가 도입되었고 최근에는 집단소송을 통한 권리구제 도입논의가 활발하게 진행되면서 사법적 규제를 통한 소비자법의 집행도 점차 강조되고 있다.

---

8) 소비자법의 혼합법적 성격과 관련하여 박수혁, 헌법학연구 제3집, 36면 참조.

제2조 정 의

[이병준]

제2조(정의) 이 법에서 사용하는 용어의 뜻은 다음과 같다.

1. "방문판매"란 재화 또는 용역(일정한 시설을 이용하거나 용역을 제공받을 수 있는 권리를 포함한다. 이하 같다)의 판매(위탁 및 중개를 포함한다. 이하 같다)를 업(業)으로 하는 자(이하 "판매업자"라 한다)가 방문을 하는 방법으로 그의 영업소, 대리점, 그 밖에 총리령으로 정하는 영업 장소(이하 "사업장"이라 한다) 외의 장소에서 소비자에게 권유하여 계약의 청약을 받거나 계약을 체결(사업장 외의 장소에서 권유 등 총리령으로 정하는 방법으로 소비자를 유인하여 사업장에서 계약의 청약을 받거나 계약을 체결하는 경우를 포함한다)하여 재화 또는 용역(이하 "재화등"이라 한다)을 판매하는 것을 말한다.
2. "방문판매자"란 방문판매를 업으로 하기 위하여 방문판매조직을 개설하거나 관리·운영하는 자(이하 "방문판매업자"라 한다)와 방문판매업자를 대신하여 방문판매업무를 수행하는 자(이하 "방문판매원"이라 한다)를 말한다.
3. "전화권유판매"란 전화를 이용하여 소비자에게 권유를 하거나 전화회신을 유도하는 방법으로 재화등을 판매하는 것을 말한다.
4. "전화권유판매자"란 전화권유판매를 업으로 하기 위하여 전화권유판매조직을 개설하거나 관리·운영하는 자(이하 "전화권유판매업자"라 한다)와 전화권유판매업자를 대신하여 전화권유판매업무를 수행하는 자(이하 "전화권유판매원"이라 한다)를 말한다.
5. "다단계판매"란 다음 각 목의 요건을 모두 충족하는 판매조직(이하 "다단계판매조직"이라 한다)을 통하여 재화등을 판매하는 것을 말한다.
   가. 판매업자에 속한 판매원이 특정인을 해당 판매원의 하위 판매원으로 가입하도록 권유하는 모집방식이 있을 것
   나. 가목에 따른 판매원의 가입이 3단계(다른 판매원의 권유를 통하지 아니하고 가입한 판매원을 1단계 판매원으로 한다. 이하 같다) 이상 단계적으로 이루어질 것. 다만, 판매원의 단계가 2단계 이하라고 하더라도 사실상 3단계 이상으로 관리·운영되는 경우로서 대통령령으로 정하는 경우를 포함한다.
   다. 판매업자가 판매원에게 제9호나목 또는 다목에 해당하는 후원수당을 지급하는 방식을 가지고 있을 것
6. "다단계판매자"란 다단계판매를 업으로 하기 위하여 다단계판매조직을 개설하거나 관리·운영하는 자(이하 "다단계판매업자"라 한다)와 다단계판매조직에 판매원으로 가입한 자(이하 "다단계판매원"이라 한다)를 말한다.
7. "후원방문판매"란 제1호 및 제5호의 요건에 해당하되, 대통령령으로 정하는 바에 따라 특정 판매원의 구매·판매 등의 실적이 그 직근 상위판매원 1인의 후원수당에만 영향을 미치는 후원수당 지급방식을 가진 경우를 말한다. 이 경우 제1호의 방문판매 및 제5호의 다단계판매에는 해당하지 아니하는 것으로 한다.
8. "후원방문판매자"란 후원방문판매를 업으로 하기 위한 조직(이하 "후원방문판매조직"이라 한다)을 개설하거나 관리·운영하는 자(이하 "후원방문판매업자"라 한다)와 후원방문판매조직에 판매원으로 가입한 자(이하 "후원방문판매원"이라 한다)를 말한다.
9. "후원수당"이란 판매수당, 알선 수수료, 장려금, 후원금 등 그 명칭 및 지급 형태와 상관없이 판매업자가

다음 각 목의 사항과 관련하여 소속 판매원에게 지급하는 경제적 이익을 말한다.
가. 판매원 자신의 재화등의 거래실적
나. 판매원의 수당에 영향을 미치는 다른 판매원들의 재화등의 거래실적
다. 판매원의 수당에 영향을 미치는 다른 판매원들의 조직관리 및 교육훈련 실적
라. 그 밖에 가목부터 다목까지의 규정 외에 판매원들의 판매활동을 장려하거나 보상하기 위하여 지급되는 일체의 경제적 이익

10. "계속거래"란 1개월 이상에 걸쳐 계속적으로 또는 부정기적으로 재화등을 공급하는 계약으로서 중도에 해지할 경우 대금 환급의 제한 또는 위약금에 관한 약정이 있는 거래를 말한다.
11. "사업권유거래"란 사업자가 소득 기회를 알선·제공하는 방법으로 거래 상대방을 유인하여 금품을 수수하거나 재화등을 구입하게 하는 거래를 말한다.
12. "소비자"란 사업자가 제공하는 재화등을 소비생활을 위하여 사용하거나 이용하는 자 또는 대통령령으로 정하는 자를 말한다.
13. "지배주주"란 다음 각 목의 어느 하나에 해당하는 자를 말한다.
가. 대통령령으로 정하는 특수관계인과 함께 소유하고 있는 주식 또는 출자액의 합계가 해당 법인의 발행주식총수 또는 출자총액의 100분의 30 이상인 경우로서 그 합계가 가장 많은 주주 또는 출자자
나. 해당 법인의 경영을 사실상 지배하는 자. 이 경우 사실상 지배의 구체적인 내용은 대통령령으로 정한다.

[참고문헌] 고형석, 다단계판매에 관한 미국법제 및 정의규정에 대한 연구, 법학논총 제34권 제2호, 2010; 고형석, 방문판매의 정의에 관한 연구, 저스티스 제130권, 2012; 고형석, 후원방문판매와 소비자보호에 관한 연구, 경제법연구 제14권 제2호, 2015; 고형석, 계속거래 등의 해지 등에 따른 해약환급금에 관한 연구, 법학연구 제30권 제1호, 2019; 김성천, 방문판매법상 다단계판매규제에 관한 고찰, 경제법연구 재6권 제1호, 2007; 김은기, 사업권유거래에 대한 규제 및 그 개선방안, 기업법연구 제24권 제4호, 2010; 김진우, "소비자철회권의 정당화사유 - 방문판매와 통신판매를 중심으로", 「소비자문제연구」 제40호, 한국소비자원, 2011; 김홍석/한경수, 방문판매법상 다단계판매의 개념정의와 개정방향에 관한 연구, 법학논총 제22권, 2009; 백대용, 다단계판매 개념과 합리적 규제방안 - 공정거래위원회 의결 제2020-023호, 024호, 025호, 028호를 소재로 -. 연세법학 제35권, 2020; 심재한, 다단계판매의 법적 개념과 관련문제 연구, 상사판례연구 제22권 제1호, 2009; 이병준, 소상공인 보호와 소비자법의 적용범위 - 방문판매법의 확대적용 가능성을 중심으로, 외법논집 제41권 제2호, 2017; 이봉의, 방문판매법상 다단계판매 규제의 문제점과 개선방안, 경쟁법연구 제19권, 2009; 이종구, 다단계판매의 새로운 유형과 소비자보호에 관한 고찰, 아주법학 제6권 제1호, 2012; 전삼현, 방문 · 다단계판매의 판단기준에 관한 비교법적 고찰, 기업법연구 제22권 제3호, 2008; 정신동, 방문판매 개념에 관한 연구 - 독일민법과의 비교를 중심으로 -, 법제연구 제57호, 2019; 정진명, 다단계판매의 개념 및 판단기준에 대한 고찰, 재산법연구 제27권 제2호, 2010.

I. 정의조항의 의의와 기능

1. 정의조항의 의의

많은 특별법에서와 동일하게 방문판매법은 특수거래에 관한 특별법으로서 제2조에서 정의조항을 두고 있다. 정의조항은 그 법률의 입법목적에 맞추어 필요한 용어의 정의를

내리는 규정이다. 특히 방문판매법은 행정규제적 성격의 법률이므로 이 개념조항은 엄격히 해석되어야 하며 함부로 유추되어서는 안된다. 그렇다고 하여 형식적인 문언의 해석에만 머물러서는 안되며, 가능한 언어의 범위 내에서 입법목적, 입법자의 의사, 법의 체계 등을 통하여 충분한 확대해석을 해야 한다. 왜냐하면 거래 양태는 계속변화하고 있고 입법자는 변화되고 있는 상황에 맞추어 계속하여 입법의 개정을 할 수 없기 때문이다. 추상적인 법개념을 사용하고 있는 이상 문언의 범위 내에서 소비자보호라는 입법목적이 충분히 실현될 수 있도록 해석이 이루어져야 한다고 생각된다.

2. 정의조항의 기능

정의조항에서 정의되고 있는 주된 개념은 본법의 사항적 적용범위와 인적 적용범위를 결정하는 역할을 한다. 방문판매, 전화권유판매, 다단계판매, 후원방문판매, 계속거래, 사업권유거래 등의 개념은 특수거래의 유형에 속하며, 본법의 사항적 적용범위를 결정한다. 소비자법에서 인적 적용범위를 결정하는 사업자와 소비자개념은 본법에서는 방문판매자, 전화권유판매자, 다단계판매자, 후원방문판매자 등이 사업자 개념으로 사용되며, 소비자 개념은 직접적으로 정의되고 있다. 그 밖에 본 법에서 부수적으로 중요한 의미를 갖는 후원수당과 지배주주 개념이 정의되고 있다.

Ⅱ. 방문판매

1. 방문판매법상 방문판매의 정의

방문판매법은 방문판매를 '재화 또는 용역(일정한 시설을 이용하거나 용역의 제공을 받을 수 있는 권리를 포함)의 판매(위탁 및 중개를 포함)를 업으로 하는 자가 방문의 방법으로 그의 사업장(영업소·대리점·지점·출장소 등 명칭 여하를 불구하고 소유 또는 임차하거나 점용허가를 받은 장소에서 일정한 시설을 갖추고 3개월 이상 계속적으로 영업하는 고정된 영업장소) 외의 장소에서 소비자에게 권유하여 계약의 청약을 받거나 계약을 체결하여 재화 또는 용역을 판매하는 것'으로 정의하고 있다(방문판매법 제2조 1호, 시행규칙 제2조, 제3조). 이와 같은 다소 복잡하면서도 세밀한 개념정의는 본 법이 행정규제적 성격을 가지고 있음을 여실히 드러내고 있다. 즉 본 법은 방문판매 개념정의를 통하여 행정규제 목적으로 엄격하지만 정확한 개념정의를 통하여 수범대상이 되는 영업의 범위를 획정하고 있다.

그런데 방문판매라는 용어는 사업장 외 거래의 대표적인 유형을 묘사하기 위한 용어이고 정확히 본 개념정의를 표현하는 개념은 아니다. 유럽연합의 경우 현재 방문판매(door to door sales 내지 Hastürgeschäft)라는 용어를 더 이상 사용하지 않고 '사업장 외 거래'라는 표현을 대신 사용하고 있다. 즉 본 법상 방문판매 개념은 상점거래가 아닌 곳에서 사업자가 소비자에게 접근하여 상품 내지 서비스를 권유하여 계약을 체결하는 모든 유형의 거래를 포괄하는 개념에 해당한다.[1] 이를 고려하여 '방문의 방법'이라는 요건을 최대한 확장해석하여 사업장 외 거래의 유형을 포괄할 수 있는 해석을 해야 한다.

또한 방문판매에서 '판매'개념도 계약유형 중 대표적인 매매계약을 표상하고 있지만,[2] 법령에서 이미 위탁 및 중개를 포함하는 것으로 규정하고 있다. 따라서 판매개념도 '거래'라는 의미로 넓게 이해하는 것이 맞다. 특히 거래대상이 재화에 한정되지 않고 용역과 일정한 시설을 이용하거나 용역의 제공을 받을 수 있는 권리가 법령상 포함되고 있다는 점을 고려하면 계약유형으로도 매매계약뿐만 아니라, 도급, 임대, 위임계약 등 다양한 계약유형이 포괄된다는 점을 고려해야 한다. 다시 말하면 방문판매 개념은 사업장 외의 계약체결로 인한 문제를 해결하기 위한 개념이므로 다른 특수거래 유형과 마찬가지로 특정한 계약유형을 전제로 만들어지지 않은 것으로 보는 것이 타당하다.

그리고 개념상 "판매"라고 하고 있기 때문에 대가가 지급되는 유상계약만이 포함되는 것으로 해석할 수 있는 여지가 있다.[3] 그러나 앞에서 살펴본 것처럼 명시적으로 대가의 지급을 전제로 하고 있지 않은 점, 판매라는 개념이 거래라는 의미로 넓게 해석하여야 하는 점, 개념정의의 개정과정에서 유상성을 명시하였다고 삭제하였다는 점 등을 감안하면 당연히 유상계약임을 전제로 개념이라고 보기 어렵다고 생각된다.

2. 방문판매에서 소비자보호 필요성

방문판매법 제정 당시 방문판매의 본질적 특수성이 무엇인지를 명확히 설명하는 문헌을 찾을 수 없으나, 방문판매에서 일어나는 주된 피해 유형을 통해 방문판매 상황을 어느 정도 제대로 파악하고 있었다고 보여진다. 즉 방문판매를 통하여 발생하는 주된 피해유형으로 (1) 판매원이 소비자의 의사와는 관계없이 방문하거나, (2) 판매목적을 숨긴 채 주거에 들어가 강제 또는 사기적인 수단으로 권유하는 경우, (3) 소비자가 심리적인 수세

---

1) 송오식, 소비자계약법, 231면.

2) 이러한 측면에서 매매계약에 한정하는 견해로 송오식, 소비자계약법, 231면. 매매, 교환, 환매 중 소유권이 이전되는 형태는 포함되지만, 소유권 이전되지 않은 임대차는 배제되어야 한다는 견해(고형석, 저스티스 제130호, 175면; 김홍석·한경수, 다단계판매와 방문판매법에 관한 해설, 41면)도 비슷한 입장이라고 생각된다.

3) 이와 같은 견해로 고형석, 지스티스 제130호, 175면; 김홍석·한경수, 다단계판매와 방문판매법에 관한 해설, 41면.

에 몰린 상태에서 물품 구매에 관하여 충분히 고려할 시간적 여유 없이 계약을 체결하게 되는 경우, (4) 판매원의 주도 하에 판매교섭이 이루어지고 소비자가 계약내용에 관하여 확실히 모르는 상태에서 계약 체결이 이루어져 이로 인한 피해가 현실적으로 다수 발생한 것이 법안 제안의 주요 배경으로 설명되고 있다.[4] 이를 종합하여 한 문장으로 요약하자면 사업자가 방문의 방법으로 판매를 하는 방문판매상황에서 소비자를 특별하게 보호할 필요성이 있는 이유는 계약체결 의사가 없는 소비자에게 사업자가 접근을 하여 소비자는 사업자가 제공하는 제한된 정보를 바탕으로 제한된 시간 안에 충동적으로 계약체결 여부를 결정한다는 점에 있는 것이다.[5]

전통적인 상점거래에서는 소비자가 물건을 사기 위하여 상점에 자유롭게 들어가고 언제든지 나올 수 있으며 상품에 대한 정보를 상점에서 얻을 수 있고, 다른 곳에서도 해당 정보를 얻을 수 있다. 그에 반하여 방문판매 상황에서 이루어지는 거래는 구매의사가 없는 소비자에게 사업자가 접근하여 일방적으로 사업자로부터 제공된 정보만을 취득한 상태에서 계약을 체결한다. 이를 소비자가 사업자에게 기습을 당한 상태에서(기습상태) 충동적으로 구매한다고 보는 것이다. 이러한 사정으로부터 소비자를 보호하기 위하여 정보제공의무와 철회권이 인정되고 있다.

또한 방문판매법은 방문판매원에 의하여 소비자에게 직접판매가 이루어지기 때문에 기만의 위험으로 인한 불완전한 판매가 이루어질 가능성을 고려하고 있다. 즉 판매자가 소비자에게 접근하여 상품이나 서비스를 구매하도록 압박전략을 행하거나, 구매를 강요하고 오직 대면상태를 중단하기 위하여 구매를 결정하는 경우가 많다고 한다.[6] 이와 같은 불완전판매를 고려한 규정도 방문판매법은 마련하고 있다.

3. 방문판매의 유형

방문판매법상 방문판매를 유형별로 검토해 보면 크게 '직접 방문판매', '노상 판매', '행사장 판매', '유인 판매'로 나눌 수 있다. 직접 방문판매는 판매원이 가정, 회사 등을 방문하여 판매하는 것으로 직장 내 식당, 복도 등에 상품을 진열하여 판매하는 경우도 이에

---

4) 그 밖에도 방문판매는 무점포판매이므로 판매업자의 추적이 곤란하며, 초기의 방문판매는 상설의 점포, 사무소 없이 영업이 가능하여 자본이 많이 들지 않아 영세 상인들이 용이하게 영업에 참여할 수 있으므로 이러한 상인들 중에는 일단 팔기만 하면 된다는 사고(소위 Hit and Run식 판매)를 가진 자들이 있어서 이들에 의한 피해가 빈발하였던 점이 법안제안의 현실적 배경으로 지적되고 있다(이홍무, 방문판매법 제정 시안, 한국소비자원, 1989, 5~8면).

5) 이병준, 외법논집 제41권 제2호, 120면. 소비자로 하여금 성급하고 실질적으로 강요되었으며 과열된 상태에서 계약이 체결되는 점으로 설명하는 견해도 동일한 입장이라고 해석된다(김진우, 소비자문제연구 제40호, 150면).

6) 이와 같은 설명으로 신동권, 소비자보호법, 555면 이하.

해당된다. 노상판매는 판매원이 노상 진열대에 전시하여 판매하는 것으로, 자동차에 싣고 순회하면서 판매하는 경우 또는 아파트나 주택밀집지역에서 순회 상점을 차려 판매하는 경우도 포함된다. 행사장 판매로는 호텔, 전시장 등을 단기(3개월 미만)임차하여 판매하는 경우를 들 수 있고, 유인판매로는 사업자가 설문 조사, 사은품 제공 따위를 빙자하여 소비자의 관심과 흥미를 불러일으켜, 소비자를 유인하여 상품을 파는 방식을 들 수 있다. 유인판매를 방문판매에 포함시키는 이유는 사업자가 고객을 유인하여 최종적인 계약체결만을 사업장에서 함으로써 방문판매법의 적용을 벗어나는 것을 막기 위한 것이다.[7]

4. 방문판매의 구체적 판단기준

가. 사업장외의 장소

방문판매에 해당하기 위해서는 사업장 외의 장소에서 거래가 일어났어야 한다. 따라서 사업장이 무엇인지는 매우 중요하다. 방문판매법은 상세히 사업장 개념을 정의하고 있다.

1) 사업장 개념

방문판매법은 방문판매 개념 정의 안에서 사업장을 영업소, 대리점, 그 밖에 총리령으로 정하는 영업 장소라고 정의하면서 시행령 제2조에서 사업장 개념을 구체화하고 있다. 이에 따르면 사업장을 영업소, 대리점, 지점, 출장소 등 명칭에 관계없이 아래의 요건을 모두 갖춘 장소를 말한다고 정의하고 있다. 설정하고 있는 요건을 보면 ① 소유 또는 임차(賃借)하거나 점용허가를 받은 고정된 장소에서 3개월 이상 계속적으로 영업할 것,[8] ② 판매에 필요한 시설을 갖출 것, ③ 영업 중에는 소비자가 자유의사에 따라 출입할 수 있을 것, ④ 영업장소 내에서 소비자가 자유의사에 따라 재화 또는 용역(이하 "재화등"이라 한다)을 선택할 수 있는 상태를 유지할 것이다. 이 개념정의를 보면 사업장 개념은 점포판매를 기본적으로 염두에 두고 정의한 것으로 보인다. 즉 고정된 장소에서 계속적으로 판매시설을 갖춘 상태에서 영업을 하고 소비자는 영업장을 자유롭게 출입하면서 상품을 고를 수 있다는 점포판매를 기본으로 하고 있다. 따라서 방문판매는 기본적으로 점포 이외의 장소에서 이루어지는 거래로 요약할 수 있을 것이다.

사업장에 해당하기 위해서 3개월 이상 계속적으로 영업할 것을 요구하고 있는 것과 연관하여 사업자 등록 등을 위하여 엄격한 규정을 두고 있는 것으로 보인다. 그러나 영업을 시작한지 3개월이 되지 않은 경우에도 영업점으로 볼 여지가 충분히 있고 소비자의 철회권을 인정할 필요가 있는 사안에서는 이와 같은 요건은 유연하게 해석할 필요가 있다는

7) 권오승, 소비자보호법, 제5판 법문사, 2005, 9. 199면.

8) 다만, 천재지변 등 불가피한 사유로 영업을 계속할 수 없는 기간은 산입하지 아니한다.

점에서 많은 비판이 가해지고 있다.[9)]

2) 사업장 외의 장소에서의 거래

판매자의 재화 또는 용역에 관한 정보제공 및 소비자의 청약이 사업장 외의 장소에서 소비자와 대면하여 이루어진 것이 요구된다. 소비자가 광고지를 보고 판매자에게 전화를 하여 재화등의 정보를 문의하자 판매자가 자세한 정보를 제공하겠다고 하며 소비자의 가정을 방문하여 상품구매를 권유하여 계약을 체결하는 경우, 소비자가 전화를 하여 재화등의 정보를 문의하였지만, 재화 등에 대한 정보제공 및 소비자의 청약이 판매자의 사업장 외의 장소에서 이루어진 것이므로 방문판매에 해당한다고 볼 수 있다(소비자보호지침).

판매장소가 '사업장'에 해당하기 위해서는 소유, 임차 또는 점용허가를 받은 장소에서 일정한 시설을 갖추고 3개월 이상 영업을 계속하는 고정된 장소여야 하므르 3개월 미만의 기간 동안 영업한 간이 판매 장소를 '사업장 외의 장소'에 해당하므로 방문판매에 해당한다. 따라서 판매자가 판촉활동을 위해 시내 주요 지점에 간이 판매장소를 설치하고 2개월 동안 영업활동을 하였는데 소비자가 이러한 간이 판매 장소에 방문하여 계약을 체결하는 경우에는 방문판매에 해당수 있는 여지가 있다(소비자보호지침). 그러나 계속적으로 영업하는 고정된 사업장 앞의 인도에 간이판매장소를 설치하여 그 사업장 소속의 직원이 소비자와 구매 계약을 체결하는 경우는 재화 등의 정보를 고정된 사업장에서 얻을 수 있고 간이 판매장소가 고정된 '사업장'에 포함된다고 볼 수 있으므로 이 경우는 방문판매에 해당되지 않는다(소비자보호지침).

판매장소가 사업장에 해당하기 위해서는 소비자가 자유로운 의사에 따라 출입할 수 있어야 한다. 그런데 판매자가 특정 대상만 출입시킨다면 사업장 외의 장소에 해당하므로 방문판매에 해당한다. 따라서 판매자가 3개월 이상 임차한 장소에서 재화등을 판매하나, 이 장소에 노인, 주부 등 특정 대상만 출입시켰다면 방문판매에 해당한다(소비자보호지침).

나. 방문의 방법

방문판매에서 두 번째 중요한 요건은 '방법의 방법'으로 사업자에 의한 청약 내지 계약 체결이 이루어졌는지 여부이다. 제2조 제1호 개념정의에서 이를 구체적으로 그 유형을 정하고 있다. 법률상 명시적으로 규정된 유형은 '사업장 외의 장소에서 소비자에게 권유하여 계약의 청약을 받거나 계약을 체결'하는 것이다. 그 밖 유형은 총리령으로 위임하여 거래계에 새로운 유형이 나올 수 있는 경우를 대비하여 탄력적인 변경을 가할 수 있도록 하고 있다. 시행규칙 제3조에서 규정하고 있는 '방문의 방법'은 첫째, 사업장 외의 장소에서 권유

9) 김홍석·한경수, 다단계판매와 방문판매법에 관한 해설, 43면.

등의 방법으로 소비자를 유인하여 함께 사업장으로 이동하는 것, 둘째, 주된 재화등의 판매 목적을 숨기고 다른 재화등의 무료·염가 공급 또는 소득 기회 제공 등의 방법으로 유인하여 소비자가 사업장에 방문하게 하는 것, 셋째, 다른 소비자에 비하여 현저하게 유리한 조건으로 재화등을 판매·공급한다고 권유하여 소비자를 사업장에 방문하도록 하는 것이다.

1) 사업장 외의 장소에서 소비자에게 권유하여 계약의 청약을 받거나 계약을 체결하는 방법

사업장 외의 장소가 소비자의 주거 내지 직장일 때에는 판매원이 방문하여 계약을 권유한 경우에 방문판매로 인정된다(직접 방문판매 유형). 여기서 방문이라는 것은 사업자가 일방적으로 소비자의 주거 내지 직장을 방문하였다는 사실적인 개념이고 방문을 통하여 계약체결의 계기를 마련하는 것이 직접 방문판매에서는 핵심적 요소이다. 소비자보호지침에서도 소비자가 사업장을 방문하여 에어컨(설치형 재화)에 대하여 청약을 하고 구두로 계약체결의 의사를 밝힌 후 설치 기사가 가정을 방문하여 에어컨을 설치한 후에 계약서, 품질보증서 및 설치확인서 등의 제 서류에 소비자가 서명하고 계약을 체결하는 경우 소비자가 사업장을 방문하여 계약체결의 의사를 밝혔으므로 방문판매에 해당되지 않는다고 보고 있다. 또한 소비자가 전화로 케이블TV에 대한 기간, 가격, 설치비 및 채널 등에 대하여 문의하여 일정한 조건으로 구매 의사를 표시하고 이에 전문기사가 가정을 방문하여 장비를 설치한 후 계약서 및 개통확인서 등의 제 서류에 서명하고 계약을 체결하는 경우 판매자가 자신의 사업장에서 소비자의 청약을 받고 구두로 계약을 체결하였으므로 방문판매에 해당되지 않는다고 판단하고 있다.

그런데 문제는 '소비자의 요청'으로 방문이 이루어진 경우에 방문의 방법으로 계약체결이 이루어진 것으로 볼 수 있는지가 문제된다. 소비자보호지침에서는 소비자의 요청으로 방문이 이루어졌지만, 최종적인 계약체결이 방문을 통하여 이루어진 경우에도 방문판매로 보고 있다. 예컨대 소비자가 전화로 가정학습지에 대한 구매 여부를 결정하기 위하여 자녀의 학습습관 및 학습 과목 등을 판매자와 상담하던 중 소비자가 자세한 상담을 위하여 판매원(교사 포함)의 방문을 요청하거나, 판매업자가 판매원으로 하여금 소비자의 가정으로 방문하게 하여 해당 가정학습지의 구매 계약이 체결된 경우, 재화의 특성상 방문을 통하여 정보를 제공하는 것이 일반적인 경우로서 전화를 통하여 구체적인 청약의 의사표시가 되지 않은 한 사업장외의 장소에서 구매 계약이 체결된 경우이므로 방문판매에 해당한다고 보고 있다. 그런데 소비자의 요청이 있는 이상 그 전에 거래대상에 대한 정보를 충분히 다른 방식으로 습득할 수 있다는 점에서 기습상황에 따른 보호필요성이 인정되지 않는다는 점에서 방문판매 범주 보는 것은 타당하지 않다고 생각된다.

사업장 외의 장소가 간이 판매장소인 때에는 개념정의상 판매원이 구매의사가 없는 소비자에게 접근하여 계약체결을 권유하는 경우 방문판매로 인정되어야 할 것이다(노상판매 유형). 그런데 노상판매에서는 명확히 소비자가 먼저 접근하여 계약체결이 이루어졌는지 아니면 판매원이 접근하여 권유를 통하여 계약체결이 이루어졌는지가 명확하지 않다. 그리고 이러한 경우에는 계약체결의 계기를 마련한 것이 누구인지를 증명하기도 불가능하다. 통상 노상판매의 경우에는 공로에서 지나가는 행인들에게 시선을 끌거나 판매원이 접근하여 계약체결이 마련되는 것이 통상적이므로 소비자에게 구매의사가 없었고 사업자에 의한 권유에 의하여 계약체결이 이루어진 것으로 보는 것이 타당하다고 생각된다. 따라서 노상판매의 경우에는 기본적으로 거래의 계기를 마련한 것은 판매원이라고 보아야 한다. 마찬가지로 사업장 외의 장소가 행사장인 때에는 행사장 자체가 판매목적을 가지고 있으므로 거래권유가 기본적으로 존재하는 것으로 볼 수 있기 때문에 소비자가 스스로 행사장에 들어갔는지, 사업자의 권유에 의하여 사업장에 들어갔는지는 중요하지 않고 행사장를 통하여 계약체결의 계기가 마련된 것으로 해석하여 방문판매로 보아야 할 것이다(행사장판매 유형).

2) 소비자의 사업장으로의 유인으로 계약의 청약을 받거나 계약을 체결하는 방법

총리령이 정하고 있는 방법은 모두 소비자를 사업장 밖에서 사업장으로 유인하여 계약을 체결하는 경우이다(유인판매 유형). 유인의 방법으로 첫째, 사업장 외의 장소에서 권유 등의 방법으로 소비자를 유인하는 경우, 둘째, 주된 재화등의 판매 목적을 숨기고 다른 재화등의 무료·염가 공급 또는 소득 기회 제공 등의 방법으로 유인하는 경우, 셋째, 다른 소비자에 비하여 현저하게 유리한 조건으로 재화등을 판매·공급한다고 권유하여 유인하는 경우 세 가지를 규정하고 있다. 그런데 판매 목적을 숨기는 경우와 유리한 조건을 제시한 경우에는 사업장을 소비자가 방문하면 요건이 충족이 되는데 반하여, 사업장 외의 장소에서 권유 하는 경우에는 함께 사업장에 가야 한다는 요건이 추가되어 있다.

5. 방문판매자의 의의

가. 정 의

방문판매자란 방문판매업자와 방문판매원을 말한다. 즉, 방문판매법은 방문판매를 업으로 하기 위하여 방문판매조직을 개설 또는 관리·운영하는 자를 '방문판매업자'라 하고, 방문판매업자를 대신하여 방문판매업무를 수행하는 자를 '방문판매원'이라 하여 모두 방문판매자라 규정하고 있다(방문판매법 제2조 2호).

소비자보호지침에서는 방문판매자가 방문판매원 모집을 위한 광고에 판매직 모집임을 명시하고, 방문판매원을 채용하는 경우 서면의 계약서를 교부하도록 권고하고 있다. 또한 방문판매업자가 방문판매조직에 가입한 판매원의 단계를 2단계로 하고 그 상위에 판매원을 관리·운영하기 위하여 관리직을 두는 경우, 방문판매업자가 그 관리직이 직접 또는 간접으로 판매활동을 하지 않도록 관리할 것을 권고하고 있다.

나. 방문판매업자와 방문판매원의 관계

방문판매원은 방문판매업자로부터 독립적인 지위에 있는 사업자이다.[10] 따라서 방문판매원은 방문판매업자의 직원 신분을 가지고 있지 않으며, 업무위탁계약을 통하여 판매업무를 수행한다. 위탁계약에 따라 위탁받은 상품 등을 방문판매원이 대신 판매를 하고 판매실적에 따라 경제적인 이익을 방문판매업자로부터 제공받게 된다. 그러나 방문판매원에게 출근의무가 부과되고 있거나 일정 시간 이상의 교육을 받을 의무가 부과되고 있는 규정이 있어 방문판매원이 방문판매업자의 지휘·감독을 받는 경우도 있다.

Ⅲ. 전화권유판매

1. 정 의

전화권유판매란 전화를 사용하여 구매를 권유, 소비자의 응답을 유도하고 대화를 함으로써 청약을 받거나 계약을 체결하는 방법으로 재화 등을 판매하는 것을 말한다(방문판매법 제2조 3조, 시행규칙 제4조). 전화권유판매(telemarketing sales)는 소비자에 대한 접근 매체로서 전화를 활용한다는 면에서는 통신판매의 성격도 있으나, 판매자가 소비자에게 적극적으로 다가가서 판매 활동을 한다는 측면에서 방문판매의 성격이 강한 것으로 볼 수 있으며 이 같은 이유에서 방문판매에 준하여 규율되고 있다.[11]

2. 통신판매와의 구별

판매자가 우편으로 발송된 카탈로그를 통하여 고객들로부터 걸려오는 전화에 대한 응답을 통하여 추가적인 구매 권유 없이 고객의 주문만 접수하는 형태는 전화를 이용한 통신판매로 본다.[12] 이 경우는 전자상거래법이 적용된다. 따라서 전화권유판매와 통신판매는 규율하고 있는 법률이 다름에 따라 청약철회권 보장 내용이 다르다는데 구별의 실익이 있다.

---

10) 김홍석·한경수, 다단계판매와 방문판매법에 관한 해설, 55면.
11) 김홍석·한경수, 다단계판매와 방문판매법에 관한 해설, 77면.
12) 김홍석·한경수, 다단계판매와 방문판매법에 관한 해설, 78면.

현실적으로 통신판매와 전화권유판매가 구별하기 어려운 경우가 많다. 그러나 실질적 구별기준은 소비자의 구매의사가 존재하였는지 여부이다.[13] 즉 소비자에게 구매의사가 존재하였다면 통신판매에 해당하나, 판매업자의 권유에 의하여 구매가 유도된 경우에는 전화권유판매로 본다. 따라서 통신판매에서 전화는 상품에 대한 정보를 제공하는 매체로서 의미를 갖지만, 전화권유판매에서는 정보제공은 물론 소비자에게 접근하여 소비자를 계약체결로 적극적으로 유도하는데 사용되는 매체에 해당한다.

3. 전화권유판매에서 소비자보호 필요성

전화권유판매에서는, 방문판매와 마찬가지로 구매의사가 없던 소비자로 하여금 구매충동으로부터 보호하려는 목적을 가지고 있다.[14] 전화권유판매 상황에서는 판매원의 집요한 권유로 충동구매를 부추겨 소비자 판단을 흐리게 하고 판매제품을 판매원의 설명에만 의존하여 구입을 하기 때문에 보호 필요성이 발생하는 것이다.[15]

4. 전화권유판매자의 의의

전화권유판매는 이를 업으로 하기 위하여 전화권유판매조직을 개설 드는 관리·운영하는 자인 전화권유판매업자와 전화권유판매업자를 대신하여 전화권유판매업구를 수행하는 자인 전화권유판매원에 의하여 이루어지며, 양자를 전화권유판매자라 한다(방문판매법 제2조 4호).

Ⅳ. 다단계판매

1. 정 의

다단계판매(multi level sales)란 판매업자에 속한 판매원이 특정인을 해당 판매원의 하위 판매원으로 가입하도록 권유하는 모집방식이 있을 것, 이러한 모집방식에 따른 판매원의 가입이 3단계(다른 판매원의 권유를 통하지 아니하고 가입한 판매원을 1단계 판매원으로 한다) 이상 단계적으로 이루어질 것(다만, 판매원의 단계가 2단계 이하라고 하더라도 사실상 3단계 이

13) 김홍석·한경수, 다단계판매와 방문판매법에 관한 해설, 78면.

14) 더 나아가서 구매결정을 위한 충분한 시간적 여유 없이 무리한 계약체결을 유도하는 사례가 적지 않을 뿐만 아니라, 특히 전화로 소비자에게 접근하여 상호대화를 통해 재화등을 광고하는 공격적 마케팅을 하므로 보호필요성 이 있다고 설명하기도 한다(신현윤, 경제법, 745면). 더 나아가 전화권유판매의 가장 중요한 요소는 훈련된 판매원이 소비자와의 전화통화를 통하여 계약체결을 유도한다는 점으로 보는 견해도 있다(이호영, 소비자보호법, 258~259면).

15) 박수영, 소비자법해설, 395면.

상으로 관리·운영되는 경우로서 대통령령으로 정하는 경우를 포함한다), 판매업자가 판매원에게 판매원의 수당에 영향을 미치는 다른 판매원들의 재화 등의 거래실적 또는 판매원의 수당에 영향을 미치는 다른 판매원들의 조직관리 및 교육훈련 실적에 해당하는 후원수당을 지급하는 방식을 가지고 있을 것이라는 요건을 모두 충족하는 판매조직을 통하여 재화 등을 판매하는 것을 말한다(제2조 제5호). 즉 다단계판매 내지 단계적 마케팅은 독립성을 갖는 다단계판매원이 재판매원(reseller) 또는 판매대리인(sales representative)으로서 다단계로 형성된 조직을 형성하여 공급자(supplier)인 다단계판매회사의 제품을 방문판매 내지 직접판매 방식 등을 통하여 소비자에게 판매하는 방식을 말한다.

이 유통방식에 있어서 다단계판매원을 통한 판매는 2가지 방식으로 이루어진다. 첫째, 다단계판매원은 판매를 촉진시키기 위하여 주로 개인적인 관계를 이용하여 소개 등의 형태로 최종 소비자에게 접근하고 이 관계를 유지하면서 지속적인 판매가 이루어진다. 전통적 유통방식이 점포와 광고를 활용한 방식이라고 한다면, 여기서는 소비자에게 다단계판매원이 직접 접근하여 상품의 우수성을 선전하여 팔고 이 관계를 지속시켜서 지속적으로 판매가 이루어지도록 노력한다. 여기까지는 전통적인 방문판매와 크게 다르지 않다. 오히려 특징적인 것은 둘째 방식으로서 다단계판매원이 판매하던 소비자 중에서 다시 하위판매원으로 모집하여 동일한 판매활동을 하도록 한다는 점이다. 즉 판매원이 주로 친분을 통하여 고객인 소비자에게 접근하여 판매가 이루어지고 이러한 과정에서 제품을 구매한 고객을 새로운 판매원으로 영입하여 이 판매원이 다시 소비자에게 제품을 판매하는 연쇄적인 형태로 유통망을 확대하는 무점포 판매기법을 다단계판매의 특징적 유통방식이라고 할 수 있다. 결국 다단계 판매는 판매원이 소비자를 직접 찾아가 물건을 판매하는 방문판매의 한 형태로, 등록된 판매원이 직접 물건을 쓰고 주위 사람에게 구입을 권유하여 하위 판매원으로 가입하도록 유도하는 방식이다. 그런데 방문판매법은 다단계판매의 개념정의에서 다단계판매가 갖는 특수한 성질을 갖는 판매조직에 집중하고 있다. 즉 방문판매법은 다단계판매조직을 판매업자에 속한 다단계판매원이 특정인을 해당 판매원의 하위판매원으로 가입하도록 권유·모집하여 기본적으로 3단계 이상의 가입이 단계적으로 이루어지고 판매실적으로 따라 판매업자가 판매원에게 후원수당을 지급하는 판매방식이 있는 경우로 보고 있다(동법 제2조 제5호). 이처럼 개념정의에서 다단계판매조직에 초점이 맞추어진 것은 판매원의 소비자에 대한 판매는 앞에서 이미 방문판매에 관한 규정에서 규율하고 있다는 측면을 반영한 것이라고 할 수 있다.

다단계판매회사는 제조된 상품을 공급하여 유통시키는 유통단계에서 최상위에 위치하고 있으며, 다단계판매원은 다단계판매회사의 제품이나 서비스를 소비자에게 직접 공급하여 주는 유통단계에서 최종사업자에 해당한다. 전통적인 유통단계는 제조업자－도매업자－소매업자－소비자로 이어지는 것이 보통이나, 다단계판매는 도·소매단계를 거치지 않고 바로 소비자에게 직접인 판매가 이루어진다.[16] 이러한 측면에서 유통마진을 줄이고 이를 판매원과 소비자의 이익으로 돌아가게 하는 것이 다단계판매 유통이 갖는 큰 특징과 장점을 갖는다. 다단계판매를 '직접판매' 내지 '네트워크 마케팅'이라고 칭하고 있으나, 직접판매는 다단계판매에서 소비자에 대한 유통에 초점을 맞추고 있는 개념이고, 네트워크 마테팅은 판매조직을 통한 유통에 더 초점이 가재해지고 있는 개념이다.

2. 다단계판매의 특징

판매원을 통한 직접판매 방식이라는 점에서 다단계판매와 방문판매는 유사성을 보이지만, 판매원의 지위 및 판매원에 대한 보상지급 방식 등 판매구조에서 근본적인 차이가 있다. 다단계판매에서는 판매를 촉진하기 위한 다양한 수단이 고려될 수 있지만,[17] 무엇보다 중요한 것은 판매원이 일반적으로 누리는 판매실적에 따른 소매 마진 외에 직접판매 장려금이 활용된다는 것이다. 여기에는 첫째, 다단계판매업자는 다단계판매원들에게 자신과 하위판매원들의 판매실적에 따라 일정한 후원수당을 지급한다. 둘째, 일정한 직급 내지 자격이 부여되어 이에 따라 직급수당이 부여된다. 이를 통해 판매원의 동기가 유발되어 결국 매출이 발생하여 증가하는 것이다.[18]

다단계판매만의 독특한 판매촉진 수단으로서 직접판매 장려금 외에 교육후원 장려금도 지급되기도 한다. 교육장려금은 자신의 하위에 다른 판매원을 양성하고 교육 및 지원을 통해 계열에서 발생하는 총 매출에 대해 노력한 대가로 주어지는 수당이다. 그 밖에도 판매원을 교육시키거나, 판매원의 판매를 간접적으로 도와주기 위하여 판매원이 쉽게 이용할 수 있는 배송센터, 택배시스템 등을 구축하기도 하며, 회사의 이미지를 높이기 위한 홍보활동을 통한 지원이 이루어지고 있다.[19] 물론 홍보활동의 경우도 대중매체를 통하여

---

16) 다단계판매에 관한 해설자료 고시(2차 개정 2012. 12. 27. 공정거래위원회 고시 제2012－67호).

17) 다단계판매를 기반으로 전개되는 유통산업은 판매대상이 되는 상품(product), 사람(people), 브상(program)에 기초하여 사업이 구성되고 이들의 조합(mix)에 따라 유통사업의 차이를 나타내는 것이고 이는 보통 다단계판매의 특성을 나타낸다(김창호, "다단계판매의 유통현황과 발전방안", 「창업정보학회지」 제6권 제2호, 2003, 61면).

18) 유통과정에서 판매원에게 제공되는 후원수당은 무점포 판매에 의한 매장, 사무실, 창고 임대비용, 모델 및 광고비 절감분, 유통경로에서 발생하는 물류비용과 중복되는 인건비용의 절감액 등으로 구성된다(김창호, 앞의 논문, 60~61면). 그에 반해 방문판매의 경우 방문판매원에게 지급되는 수당은 방문판대업자의 판매행위를 대행한 것에 대한 판매수수료의 성격을 지니고, 후원수당지급방식 역시 직하위 판매원을 제외한 하위 판매원의 판매실적에 영향을 받지 않는 단순 보상구조로 운영된다(강경훈/여은정/이기영, "다단계 및 방문 판매방식의 이론적 비교", 「규제연구」 제17권 제1호, 2008, 76면).

19) 서봉철/김근배, 앞의 논문, 10~12면

광고를 하지 않는 대신 이를 사용해본 소비자가 상품 품질의 우수성과 독특성을 인정해 상품의 소비자이자 판매원이 되어 주위 사람들에게 권유하여 상품을 나누어 쓰거나 판매하는 과정을 통해 새로이 형성된 소비자들이 동시에 판매원이 되는 과정이 계속되는 네트워크 마케팅 기법이 사용된다.[20)]

3. 소비자보호 필요성

다단계판매에서 소비자보호 필요성은 기본적으로 2가지 측면에서 접근해야 한다. 기본적으로는 소비자에 대한 판매방식은 방문의 방식을 통한 직접판매가 이루어지기 때문에 방문판매에서와 동일한 보호필요성이 존재한다. 그런데 다단계판매에서는 후원수당이 존재하고 이러한 후원수당의 획득을 목적으로 하는 후순위 판매원의 모집으로 인한 다단계판매의 조직을 확대에 따른 보호필요성도 추가로 존재한다. 따라서 이 2가지 보호필요성을 기초로 다단계판매를 접근하는 것이 필요하다.

4. 다단계판매자

가. 정 의

다단계판매자란 다단계판매를 업으로 하기 위하여 다단계판매조직을 개설하거나 관리·운영을 하는 다단계판매업자와 다단계판매조직에 판매원으로 가입한 자인 다단계판매원이 있다(제2조 제6호).

나. 다단계판매원의 사업자와 소비자로서 이중적 지위

1) 현행법상 다단계판매원과 소비자 개념

현행 방문판매법은 다단계판매원을 다단계판매조직에 판매원으로 가입한 자로 정의하고 있다(제2조 제6호). 또한 방문판매법상 소비자란 사업자가 제공하는 재화 등을 소비생활을 위하여 사용하거나 이용하는 자 또는 대통령령으로 정하는 자를 말한다(제2조 제12호). 더 나아가 소비자보호지침에 의하면 다단계판매원으로 가입하는 경우와 소비자로서 멤버십에 가입하는 경우를 구분하고 있다. 즉 "다단계판매원은 판매업자로부터 판매원의 수당에 영향을 미치는 다른 판매원들의 재화등의 거래실적, 조직관리 및 교육훈련 실적 등에 따른 후원수당을 지급받아야 하므로, 스스로 일정한 액수의 상품을 구입하지 않으면 상품을 회원가로 구입할 자격만 주어지고, 하위 다단계판매원을 모집하여 후원활동을 하더라도 후원수당을 지급받을 자격을 갖지 못한다면 이 법에서 정한 다단계판매원이라고

20) 삼일회계법인, 다단계판매에 대한 경영학적 연구, 2004, 6~7면.

할 수 없다"고 한다. 즉 다단계판매원이라고 함은 다단계판매원으로 등록해야 하고 다단계판매 조직의 특성상 다단계판매원은 하위판매원의 모집에 따른 후원수당을 지급받을 수 있는 지위에 있어야 한다는 것을 의미한다.

현행 방문판매법에 의하면 다단계판매원은 형식적으로 판매원으로의 가입여부를 기준으로 정의하고 있으나, 소비자는 실질적으로 소비목적을 가지고 계약을 체결하였는지를 기준으로 하고 있다. 그렇기 때문에 다단계판매원과 소비자 개념은 동일한 기준에 의하여 그 경계가 확정될 수 없는 것이기 때문에 중첩가능성을 내포하고 있다. 학설 중에서는 재화 등을 구입한 시점에서 다단계판매원으로 등록이 되었다면 다단계판매원의 지위가 인정되고, 다단계판매원으로 등록이 되지 않았다면 소비자의 지위가 인정된다고 보는 견해가 있다.[21] 그런데 다단계판매원으로서의 지위는 형식적으로 다단계판매원으로 등록되었는지가 기준이 되고, 소비자인지의 여부는 구매 등을 하게 된 실질적인 목적을 기준으로 하는 것이다. 따라서 결국 생각할 수 있는 것은 기본적으로 4가지 유형이 가능하다. 즉, 다단계판매원으로 등록된 상태에서 소비목적을 가지고 계약을 체결하는 경우, 소비목적을 가지고 체결하지 않은 경우 그리고 다단계판매원으로 등록되지 않은 상태에서 소비목적을 가지고 계약을 체결한 경우 그렇지 않은 경우로 나눌 수 있는 것이다. 그런데 위 학설의 견해는 기본적으로 형식적인 기준을 통하여 구분을 하기 때문에 다단계판매원의 지위가 우선하는 것으로 보고 있는 것이다. 하지만 이러한 형식적 기준만을 기초로 당사자의 지위를 판단하는 것은 다단계판매의 현실을 무시한 입장으로서 많은 문제점을 가질 수 있다. 이처럼 다단계판매원의 실질적 이중적 지위에도 불구하고 현행 방문판매법은 다단계판매원을 원칙적으로 소비자가 아닌 것으로 보고 있다. 하지만 이러한 이중성은 이해하여야만 전체적인 규정들의 규제목적을 제대로 이해할 수 있을 것이다.

2) 다단계판매원의 이중적 지위와 혼합목적

현행법은 다단계판매원은 기본적으로 소비자는 아니라는 입장에 서 있다. 하지만 실제로 다단계판매원은 기본적으로 사업자와 소비자성을 동시에 가지고 있는 측면이 있다. 이는 다단계판매원을 하나의 사업으로 하기 위해서 등록은 하지만 판매원으로 활동하는 대부분의 사람들이 갖는 특성이다.

첫째, 다단계판매원이 되는 자는 소비자의 지위에 있다가 상위판매원의 가입권유에 의하여 사업적 지식이나 경험이 없는 상태에서 다단계판매원으로 가입하고 판대원으로서의 의무와 책임을 부담하게 된다.

---

21) 김홍석·한경수, 「개정 방문판매법 해설」, 도서출판 잎새, 2012, 278면.

둘째, 대부분의 다단계판매원이 현실적으로 판매원의 활동을 통하여 얻는 평균적 수입은 비교적 낮으며, 대부분의 판매원은 부업 내지 임시적으로 판매원으로서의 업무에 종사하는 목적이라고 한다. 형식적으로 보면 이들은 사업활동을 목적으로 판매원으로 가입을 하기 때문에 사업자의 지위를 갖는 것으로 볼 수 있고 그렇게 된다면 소비자 관련 규정들이 판매원에게는 적용되지 않는다. 즉 법적 관점에서 다단계판매원들은 높은 매상을 가지고 있는 큰 회사의 소유자와 동일한 취급을 받는다. 하지만 이들은 대부분 전문적 지식도 없고 독자적인 사업을 할 의사와 능력도 없고 수동적으로 부수적인 수입을 얻고 싶어 할 뿐이다. 결국 통상의 사업자처럼 다단계판매원으로서의 지위를 완전한 직업 내지 사업목적을 가지고 활동하는 것이 아니다.

셋째, 대부분의 다단계판매원은 자가소비 비율이 있다. 즉 자기가 구매하여 소비하고 그 중 좋은 제품을 다시 하위판매원에게 권유하고 소비자에게 판매하는 것이다. 이러한 측면에서 사업목적도 가지지만 소비목적을 가지고 있다. 따라서 다단계판매원이 다단계판매업자로부터 상품을 구매하는 경우에 소비목적과 사업목적이 공존하는 경우가 대분이라고 할 수 있다.

이처럼 소비목적과 사업목적이 같이 공존하는 경우에 이를 소비자로서 구매한 것인지 아니면 사업자로 구매한 것인지에 관한 논의가 최근에 진행되고 있다. 즉 유럽연합에서는 두 가지 목적이 공존하는 경우에 이를 어떻게 취급할 것인지를 입법적으로 해결하려고 하고 있다. 아직 우리 소비자법, 특히 방문판매법은 이 문제를 입법적으로 다루고 있지 않다. 하지만 다음과 같은 방식으로 이를 구분하여 취급해야 한다고 생각한다. 우선 급부가 분리될 수 있는 경우처럼 계약의 내용 자체를 분리할 수 있다면 사업목적인 부분과 소비목적인 부분으로 나누어서 소비목적과 연관된 부분에서만 소비자로 보면 된다.[22] 그러나 목적에 따라 계약을 분리할 수 없는 경우에 대하여는 견해가 대립하고 있다. 이와 관련하여 모든 사업적 목적이 소비자계약의 지위를 소멸시킨다는 견해도 주장되고 있다.[23] 이 견해는 사업목적이 존재하기만 하면 더 이상 사업자이고 소비자성이 인정될 수 없으므로 설혹 주된 목적이 소비목적을 가지고 계약을 체결하였다고 하더라도 사업목적이 조금만 있으면 사업자로 보아야 한다는 것이다. 하지만 이러한 견해는 소수의 견해에 해당하며 주된 견해는 주된 목적을 기초로 판단하고 있다.[24] 즉 주된 목적이 사업적인 목적으로 구입한 경우에는 사업자라고, 소비목적인 경우에는 소비자라고 한다. 이처럼 거래의 주된

22) Bülow/Artz, Verbraucherprivatrecht, S. 22.

23) 이러한 견해로 고형석, "소비자의 개념에 관한 연구", 「중앙대 법학논문집」 제40집 제1호, 2016, 109−110면; Anwkom−BGB/Reiff, § 489 Rn. 13.

24) Palandt/Heinrichs, § 13 Rn. 3: Oechsler, Schuldrecht, Rn. 265; Pfeiffer, NJW 1999, 173.

목적인 사업상의 목적이 아닌 이상 해당 거래는 소비목적을 이유로 계약이 체결되었으므로 소비자로서의 보호필요성이 동일하게 존재한다고 보는 것이 타당하다. 이러한 입장을 취한다면 기본적으로 해당 계약을 통하여 체결된 구매목적에 따라 소비목적으로 구매한 경우에는 소비자성을 인정하고 판매 목적으로 구매한 경우에는 사업자성을 인정하면 될 것이며, 분할가능성이 없는 급부의 경우에는 자가 소비 비율이 사업목적보다 낮다면 사업자로 인정될 것이고 자가 소비 비율이 사업목적보다 높다면 소비자성이 인정될 수 있는 것이다. 하지만 방문판매법은 형식적으로 방문판매원으로 등록한 경우에는 사업자성을 인정하기 때문에 이러한 구분이 법률상 반영되어 있지 않다.

3) 다단계판매원의 최초구매시 소비자성

그렇지만 방문판매법 시행령 제4조에서는 다단계판매원 또는 후원방문판매원이 되기 위하여 다단계판매업자 또는 후원방문판매업자로부터 재화 등을 최초로 구매하는 자(제3호)를 소비자로 보고 있다. 우리 학계는 이를 타당한 것으로 생각하여 당연한 것으로 보지만 최근에 다단계판매원은 사업목적을 가지고 있다는 형식적 이유만으로 소비자성을 부정해야 하므로 최초구매의 경우에도 소비자로 보는 것은 타당하지 않다는 견해가 주장되기도 하였다.[25]

Ⅴ. 후원방문판매

1. 정 의

후원방문판매란 방문판매 및 다단계판매의 요건에 해당하되, 대통령령으로 정하는 바에 따라 특정 판매원의 구매·판매 등의 실적이 그 직근 상위판매원 1인의 후원수당에만 영향을 미치는 후원수당 지급방식을 가진 경우(이 경우 방문판매 및 다단계판매에는 해당하지 아니하는 것으로 한다)를 말한다(제2조 제7호). 즉 후원방문판매는 방문판매와 다단계판매의 요소를 모두 갖추되 후원수당 1단계로만 지급되는 방식을 가진 판매형태를 말한다.[26] 따라서 후원방문판매가 성립하는 경우에는 방문판매와 다단계판매에 해당할 수는 있지만, 법률에 기하여 양 유형에는 해당하지 않은 것으로 본다.

후원방문판매 개념은 2012년 방문판매법 전면 개정을 통하여 새롭게 도입된 개념이다. 즉 다단계판매조직과 유사하게 운영되는 변형 방문판매업체를 규제할 목적으로 방문

25) 이러한 견해로 고형석, 앞의 논문, 109~110면.
26) 신동권, 소비자보호법, 568면.

판매와 별도로 후원방문판매라는 개념을 신설한 것이다. 이는 후원수당 지급방식이 당해 판매원의 직근 하위판매원이 아닌 판매원의 판매실적에는 영향을 받지 않더라도 다단계 판매에 해당한다고 판시한 대법원 판결의 취지를 적극 반영한 것으로 볼 수 있다.[27] 후원방문판매업체 주로 취급하는 품목은 화장품, 건강기능식품, 생활용품, 상조용품 등으로 나타나고 있다.

2. 후원방문판매의 요건

후원방문판매에 해당하기 위해서는 (1) 방문판매 및 다단계판매의 요건을 충족할 것, (2) 특정 판매원의 구매·판매 실적 및 이에 직접적으로 영향을 미치는 교육훈련·조직관리 활동이 그 직근 상위판매원 1인의 후원수당에만 영향을 미치는 후원수당 지급방식을 가질 것을 요한다. 결국 다단계판매 중에서 직근 판매원의 실적에 대해서만 후원수당을 지급받는 1단계 지급방식을 의미한다.[28]

다만 시행령 제3조 단서에서 후원방문판매의 경우 1) 시간당 교육비 등 구매·판매 실적과 관계없이 미리 마련한 기준에 따라 부정기적으로 지급되는 교육훈련비, 2) 모든 판매원에게 똑같이 지급되는 상여금 또는 시용(試用) 제품, 3) 실제 지출된 비용을 기준으로 지원하는 사업장 운영지원비에 대해서는 후원수당 지급방식에 포함되지 않은 것으로 규정하고 있다.

그런데 이와 같은 시행령 제3조 단서의 규정과 법 제2조 제7호에 따라 상위판매원의 경우 그 직하위판매원이 판매활동에 종사하는 경우가 적어 직하위판매원의 판매실적으로부터 지급받을 수 있는 후원수당이 급감하게 된다는 점을 고려하여 상위판매원의 후원수당을 예외적으로 인정해 주게 된다는 점에서 후원방문판매를 후원수당 지급단계 1단계로 제한하려고 하였던 입법취지를 무색하게 한다는 비판이 제기되고 있다.[29]

후원방문판매업자가 판매원들에게 전체 매출액의 일부 또는 일정 비율을 지급하는 공유수당 또는 소위 'N값'을 지급하는 경우 시행령 제3조의 예외사유에 해당하지 않으므로 다단계판매에 해당한다.[30] 마찬가지로 후원방문판매업자가 상위판매원에게 하위판매원들의 구매·판매실적에 따라 교육비 등을 지급하는 것은 후원수당에 해당하므로 다단계판매에 해당하게 된다.[31]

---

27) 대법원 2005. 11. 25. 선고 2005도977 판결.
28) 김홍석·한경수, 다단계판매와 방문판매법에 관한 해설, 105면.
29) 김홍석·한경수, 다단계판매와 방문판매법에 관한 해설, 106면.
30) 김홍석·한경수, 다단계판매와 방문판매법에 관한 해설, 107면.
31) 김홍석·한경수, 다단계판매와 방문판매법에 관한 해설, 108면.

3. 후원방문판매자

후원방문판매자는 후원방문판매를 업으로 하기 위한 조직을 개설하거나 관리·운영하는자인 후원방문판매업자와 후원방문판매조직에 판매원으로 가입한 자인 후원방문판매원을 말한다(법 제2조 제8호).

Ⅵ. 계속거래와 사업권유거래

1. 계속거래

가. 정의와 유형

계속거래란 1개월 이상 계속하여 재화 등을 공급하는 계약으로서 중도에 해지할 경우 대금환급의 제한 또는 위약금에 관한 약정이 있는 경우를 말한다(방문판매법 제2조 8호, 시행령 제3조).

계속거래 대상에 따라 우유, 요구르트, 전기, 물과 같은 재화를 계속 공급하는 경우, 학원강습 서비스, 피부·체형관리 서비스, 전화교육 서비스 등과 같은 용역을 계속 공급하는 경우, 스포츠센터, 콘도미니엄 등의 회원권 구입거래와 같은 권리이용을 계속 공급하는 경우로 구분할 수 있다.[32]

나. 소비자보호 필요성

계속거래의 경우 계속거래업자가 사은품의 제공 혹은 대금 감액 등을 내세워 소비자로부터 일괄하여 선불로 대금을 지급받는 것이 관행적으로 이루어지고 있고 이 경우 사업자는 자신의 계약이행에 큰 부담감이 없어지므로 소비자 기대와 달리 계약을 성실히 이행하지 않는 경우가 많이 발생하나 소비자가 계약해지를 하려고 하더라도 환불금지약관 또는 과도한 위약금 요구로 실제로 계약해지가 어려운 경우가 많다.[33] 입법규정 내용을 살펴보면 계속거래계약에서 소비자를 보호해야 할 특별한 이유를 한 문장으로 말하면 소비자가 충동적으로 장기의 계속거래계약을 체결하였으나, 위약금 조항 등으로 인하여 쉽게 장기계약으로부터 벗어날 수 없는 상황으로부터 소비자를 보호하려고 하는 것이다.[34]

---

32) 신현윤, 경제법, 785면; 김홍석·한경수, 다단계판매와 방문판매법에 관한 해설, 318면.

33) 신현윤, 경제법, 784면. 동일하게 소비자의 계약해지 거부 및 과다 위약금 청구 등으로 소비자피해 문제가 많이 발생한다는 설명으로 박수영, 소비자법해설, 468면. 그에 반하여 계속거래와 같은 특수판매로 인해서 소비자는 충동구매 가능성이 클 뿐만 아니라 교섭능력 및 정보부족으로 일방적으로 불리한 조건을 감수하는 경우가 많다는 견해로 이동원, 소비자법, 221면.

34) 김홍석·한경수, 다단계판매와 방문판매법에 관한 해설, 318면.

2. 사업권유거래

가. 정 의

사업권유거래는 사업자가 소득 기회를 알선·제공하는 방법으로 거래상대방을 유인하여 재화등을 구입하게 하는 거래를 말한다(방문판매법 제2조 9호). 예컨대 아르바이트 일감을 주면서 유리한 조건으로 아르바이트를 하기 위해서는 자격증 등을 취득해야 한다면 교재 구입 및 학원 수강을 하도록 하는 경우, 매달 50만원씩의 번역비를 제공한다고 허위의 사실을 알린 후 번역을 위한 교재비의 구입명목으로 과도한 금액을 청구하고, 정작 50만원에 미치지 못하는 번역비를 제공하는 경우 사업권유거래에 해당한다고 할 수 있다.

나. 보호 필요성

사업권유거래에서는 보호대상이 소비자가 아니라, 사업을 시작하려고 하는 영세상인, 부업희망자, 소규모 자영업자 등이다.[35] 이들도 소비자 준하여 보호할 필요성이 존재하기 때문에 소비자보호를 사업자에게 확장하고 있다. 사업권유거래에서는 사업기회를 알선·제공하는 방법으로 거래상대방을 유인하여 금품을 수수하거나 물품을 구입하게 하는 거래로서 사업에 대한 정보와 지식이 없는 창업단계에 있는 사업자를 보호하려고 하는 것이다.

다. 창업단계에 있는 사업자의 보호

사업권유거래에 해당하기 위해서는 해당 거래에 대한 거래경험이 없어야 한다. 따라서 해당 사업에 대하여 창업단계에 있는 사업자만이 보호를 받는다. 따라서 처음으로 자판기를 구매하는 사업자만이 본조의 보호대상이 되며, 이미 유사한 자판기 운영 사업을 하고 있던 자 내지 기업형으로 자판기 사업을 하고 있는 자는 본조의 적용대상이 아니다.[36]

Ⅶ. 방문판매법에서의 소비자

1. 본래적 의미의 소비자와 정책적 의미의 소비자

현행 방문판매법은 소비자를 사업자가 제공하는 재화등을 소비생활을 위하여 사용하거나 이용하는 자라고 규정하면서 소비생활외의 목적에 사용하거나 이용하는 자 중에서도 일정한 요건을 갖춘 자들을 소비자에 준하여 법 적용 대상에 포함시켜 보호하고 있다(방문판매법 제2조 10호, 시행령 4조). 즉, 1) 재화등을 최종적으로 사용하거나 이용하는 자[다

---

35) 김홍석·한경수, 다단계판매와 방문판매법에 관한 해설, 319면.
36) 김홍석·한경수, 다단계판매와 방문판매법에 관한 해설, 320면.

만, 재화등을 원재료(중간재를 포함) 및 자본재로 사용하는 자를 제외], 2) 다단계판매원, 사업권유거래의 상대방 또는 사실상 소비자와 같은 지위에서 같은 거래조건으로 거래하는 사업자(당해 재화등을 판매한 자에 대한 관계에 한함), 3) 다단계판매원이 되고자 다단계판매업자로부터 재화등을 최초로 구매하는 자, 4) 방문판매업자 또는 전화권유판매업자와 거래하는 경우의 방문판매원 또는 전화권유판매원, 5) 농업, 축산업, 어업활동에 쓸 목적으로 재화 등을 구입한 자(축산법 제21조 제1항의 규정에 의하여 농림부령이 정하는 사육규모 이상의 축산업을 영위하는 자 및 원양산업발전법 제6조 제1항에 따라 해양수산부장관의 허가를 받은 원양어업자 제외)는 방문판매법의 적용에서 소비자로 본다.

상기 규정을 토대로 소비자를 구분한다면 재화를 구입하는 목적에 따라 자신의 소비생활을 위하여 구입하는 경우와 다른 재화를 생산하거나 재판매 또는 자신의 상행위를 위하여 구입하는 경우로 나누어 볼 수 있다. 본래 소비자는 소비생활을 위하여 계약을 체결을 하는 자를 말한다(본질적 의미에서의 소비자). 따라서 최종적인 소비자만을 전제로 규정된 것이고 사업자와 계약을 체결하더라도 소비생활의 목적이 없고 전매하거나 이를 소재로 생산활동을 하는 자는 소비자에 속하지 않게 된다. 다만 정책적 고려 하에서 예외적으로 소비목적이 없는 자를 소비자의 범주에 포섭시키고 있다(정책적 의미의 소비자). 정책적 의미의 소비자를 소비자개념에 포함시킨 이유는 특수한 상행위의 경우(축산업, 어업 등) 중간단계의 상인이나 제조업자의 보호필요성이 소비자 정책 차원에서 대두됨에 따라 이를 반영한 것으로 볼 수 있다.[37)]

2. 자연인으로서의 소비자

방문판매법은 소비자 개념을 정의하면서 "자"라는 표현을 사용하고 있으므로 특별히 자연인에 한정하고 있지 않으므로 법인도 포함된다고 볼 수 있을 것이다.[38)] 하지만 대부분의 소비자보호 규정은 자연인에 한한다는 측면, 소비목적은 기본적으로 자연인에 한정해야 한다는 측면을 고려하면 우리법상으로도 소비자는 자연인에 한정하는 것으로 보는 것이 타당하다. 소비자개념에서 법인이 제외되므로 자연인과 비슷한 처지에 놓인 법인을 보호하지 못하는 문제가 남는다. 예컨대 공공적 목적을 추구하는 소비자단체와 같은 법인을 소비자로 보지 못하게 된다. 하지만 법의 명확한 취지와 개념의 명확한 한계 설정을 위하여 소비자는 자연인으로 한정하는 것으로 한다.

또한 자연인이면 소비자로 인정되므로 행위능력, 법적 지식 내지 거래 경험이 있는지

37) 고형석, 소비자보호법, 4.
38) 이러한 입장으로 박수영, 소비자법해설, 19.

의 여부는 소비자로 인정하는 데에 중요하지 않다. 또한 특별한 규정이 없는 한 대한민국 국민인지, 외국인인지의 여부 그리고 한국에 주소 내지 상거소를 갖고 있는지 아니면 외국에 갖고 있는지의 여부도 중요한 판단요소가 아니다.

권리능력 없는 법인의 경우에는 소비자로 볼 수 있는지가 문제된다. 권리능력 없는 법인도 형식적으로 설립등기만을 하고 있지 않을 뿐 그 실질은 법인이므로 소비자로 보기 힘들 것이다. 그에 반하여 다수당사자의 채권관계, 조합 등의 경우에는 소비목적을 추구하는 자연인의 집합에 해당하는 이상 소비자로 보아야 한다. 그리고 이 중 한 당사자가 추구하는 목적이 소비목적이 아니거나 법인이서 소비자가 아니더라도, 다른 자들의 소비자성을 인정하는 것에 문제가 없다(소위 개별적 고찰방법).

3. 계약체결의 목적: 소비목적

기본적으로 소비자라고 하기 위해서는 소비목적으로 계약을 체결하였어야 한다. 물론 정책적 의미에서 소비자개념에서는 일정한 예외가 인정되고 있지만, 이는 정책적 판단으로 들어온 것에 불과하고 소비목적은 소비자개념의 핵심요소이다.

가. 적극적인 소비자목적의 요구

방문판매법은 적극적으로 소비목적을 가진 경우에만 소비자로 인정된다. 하지만 입법례로 보았을 때에는 이처럼 적극적으로 규정하는 방식이 있고 개인이 자신의 거래나 영업 또는 직업적 영역 밖에 있는 목적을 위해 활동한다는 식의 소극적 규정방식도 있다. 이러한 소극적 규정방식을 도입한 것이 국제사법규정이다(국제사법 27조 1항).

현재 협의의 소비자개념 외에 광범위한 예외규정을 통하여 소비자개념의 범주를 넓게 인정하는 것은 행정적 소비자규제 위주의 법률에서는 가능할지 모르겠으나, 거래의 안전과 신속을 중시하는 소비자계약법에서 이러한 입법방식은 타당하지 않다. 오히려 실질적 보호를 하지 못하는 경우가 발생하더라도 일률적인 규정을 통하여 소비자 개념의 범주를 명확히 하는 것이 타당하다고 생각된다.

나. 소비목적과 증명책임

소비자법 관련 규정들이 적용되는지는 체결되는 계약의 목적에 따라 결정된다. 소비자법이 적용되기 위한 소비목적을 누가 증명해야 하는지는 어려운 문제이다. 자연인인 소비자는 기본적으로 소비목적을 위하여 계약 체결하는 것이 전제가 될 것이므로 사업자가 소비목적으로 계약을 체결하는 것이 아니라는 점을 입증해야 할 것이다. 하지만 소비자가 동시에 사업을 운용하는 경우에는 어떠한 목적으로 계약을 체결하였는지의 구분이 모호하게 된다. 따라서 이 경우에는 오히려 소비자가 해당 계약을 소비목적을 가지고 체결하였다고 입증하는 것이 타당할 것이다.[39)]

소비자가 여가활동을 위하여 자전거를 구매하는 경우에 이러한 매매계약은 소비목적으로 체결하였음은 문제없이 인정될 수 있다. 마찬가지로 식료품을 슈퍼에서 구매하거나 방문판매원으로부터 화장품을 구매하는 경우에도 소비목적이 있다. 또한 소비목적으로 용역의 제공을 받는 경우도 소비자성이 인정될 수 있다. 자동차의 수리, 인터넷 접속을 위한 장비의 설치, 이삿짐센터를 통한 이사 등도 모두 소비목적이 있으므로 소비자성이 인정된다. 또한 주거를 위한 빌라의 임대도 소비목적이 인정된다. 물론 이 경우에 임대인이 항상 사업자는 아니므로 사업자의 지위에 있는 경우에만 소비자계약이 인정될 수 있을 것이다.

다. 제3자의 개입

사업자가 대리권을 수여받아 대리인으로서 본인인 소비자를 위하여 계약을 체결하는 경우에는 사업자가 계약체결행위는 하지만, 계약의 당사자는 소비자가 된다. 따라서 기본적으로 계약의 당사자를 기초로 해서 본다면 소비자에게 법률효과가 발생하므로 소비자계약에 해당한다. 그런데 소비자를 대신하여 사업자가 계약을 체결하기 때문에 소비자로서 보호를 받을 수 있는지가 문제된다. 왜냐하면 거래경험이 미숙한 소비자를 보호해야 한다는 측면이 사업자의 개입을 통하여 보완되면서 소비자에게 보호필요성이 소멸할 수 있기 때문이다. 이 문제를 명시적으로 규정하고 있는 법률규정이나 판례는 현재 없으나, 최근에 해외구매대행 내지 배송대행과 관련하여 이 문제가 쟁점으로 부각되기도 하였다.[40)]

법 116조가 고려될 여지가 있으나, 기본적으로 116조는 소비자성을 판단함에 있어서 기준이 될 수 없다. 법률행위, 즉 계약을 체결하는 것은 사업자인 대리인이지만, 법률효과의 귀속주체는 본인인 소비자이다. 그런데 계약체결이라는 행위를 기준으로 소비자성을 판단한다면 대리인인 사업자가 본인인 소비자를 대신하여 계약을 체결하으므로 소비자성이 부정될 여지는 있으나, 우리 법률상 소비자개념은 이를 기준으로 삼지 않는다. 한국법상 소비자개념 정의에 있어서 중요한 요소는 소비목적이므로 기본적으로 개념정의상으로는 어떠한 목적으로 계약을 체결하는지가 중요하다. 사업자인 대리인은 기본적으로 대리인이 되어 대리행위를 하지만, 근본적으로 대리하는 계약체결의 목적은 소비자가 갖는 소비목적이므로 사업자인 대리인을 통하여 계약을 체결하더라도 이러한 소비 목적이 희석

39) Bülow/Artz, Verbruacherprivatrecht, Rn. 53.

40) 이에 관하여 자세한 것은 이병준, “전자상거래를 통한 해외구매 대행서비스와 관련된 소비자법 및 국제사법상의 쟁점”, 성균관법학 제26권 제4호, 417 이하 참조.

되지 않는다. 따라서 사업자가 대리인으로 계약을 체결하더라도 본인이 소비자인 이상 소비자계약에 해당한다(그에 반하여 방문판매상황, 전자상거래상황 내지 할부거래상황에 해당하는지는 대리인인 사업자를 기준으로 판단해야 한다는 이러한 입장은 독일의 다수설이다[41]). 다만 예외적으로 대리인이 본인으로부터 대리권을 수여받지 못하였고 추인도 받지 못하여 무권대리인으로서의 책임(법 제135조)을 부담하는 경우에는 계약에 따른 법률효과를 사실상 대리인이 받게 되므로 대리인을 기준으로 판단하게 된다.[42]

사업자가 소비자로부터 계약체결 자체를 위탁받아 직접 매매계약의 당사자가 되어 계약을 체결하는 경우에는 사업자는 위탁매수인의 지위에서 간접대리권을 갖고 직접 자신의 이름으로 계약을 체결한다. 이러한 형태에서는 소비자가 매매계약의 당사자로 전면에 등장하지 않고 그에 따른 경제적 효과만 누리기 때문에, 매매계약은 외부적으로는 사업자 대 사업자 사이의 계약이다. 즉 소비자가 사업자에게 계약체결을 위탁하는 경우 사업자와 소비자 사이의 계약이 체결되어야 하는 소비자계약에는 해당하지 않게 된다.

또한 사업자가 소비자를 수익자로 하여 제3자를 위한 계약을 체결하는 경우에도 소비자계약의 성립여부가 문제될 수 있다. 수익자인 소비자는 수익의 의사표시를 해야지만 제3자를 위한 계약을 통하여 발생하는 권리를 행사할 수 있을 뿐만 아니라, 수익자인 소비자는 권리만을 얻고 의무를 부담하지 않기 때문에 기본적으로 소비자성은 계약을 체결하여 당사자가 된 요약자를 기준으로 판단해야 할 것이다. 따라서 사업자가 요약자로서 계약을 체결하였다면 제3자를 위한 계약도 소비자계약으로 보기 어렵다.[43]

4. 복합목적

소비자가 계약을 체결하면서 하나의 목적을 추구하지 않고 여러 개의 목적을 가지고 있는 경우 복합목적을 가졌다고 한다. 예컨대 변호사가 천만원을 은행으로부터 빌리면서 이 중 200만원은 집 서재의 책장을 사는 데 사용하고 800만원은 변호사 사무실의 컴퓨터를 위해서 사용한 경우를 들 수 있다. 또한 변호사가 자동차를 구입하는 매매계약을 체결하였는데 직업적인 목적만을 위해서 사용하는 것이 아니라, 개인적 목적의 여행 등을 위해서 사용하는 경우도 복합목적이 있다.

급부가 분리될 수 있는 첫 번째 사례처럼 계약의 내용 자체를 분리할 수 있다면 사업

41) Bülov/Artz, "Verbraucherprivatrecht", 3. Aufl. 2011, Rn. 55; Wolf/Neuer, "Allgemeiner Teil des Bürgerlichen Rechts", 10. Aufl, 2012, § 15, Rn. 16; Münchkomm/Schramm, § 166 Rn. 48

42) BeckOK BGB/Bamberger, § 13 Rn. 7.

43) 이처럼 소비자를 위한 제3자를 위한 계약에서 소비자계약을 부정하는 견해로 BeckOK BGB/Bamberger, BGB § 13 Rn. 7.

목적인 부분과 소비목적인 부분으로 나누어서 소비목적과 연관된 부분에서만 소비자로 보면 된다. 하지만 이러한 분리가능성이 없는 두 번째 사례처럼 목적에 따라 계약을 분리할 수 없는 경우에 대하여는 견해가 대립하고 있다. 이와 관련하여 모든 사업적 목적이 소비자계약의 지위를 소멸시킨다는 견해도 주장되고 있다. 이 견해에 따르면 사업 목적이 주된 목적인지, 부수적 목적인지 상관없이 사업적 목적만 있으면 소비자성은 인정될 수 없다고 한다. 하지만 이러한 견해는 소수의 견해에 해당하며 주된 견해는 주된 목적을 기초로 판단하고 있다. 즉 주된 목적이 사업적인 목적으로 구입한 경우에는 사업자이고 소비목적인 경우에는 소비자라고 한다. 이처럼 거래의 주된 목적인 사업상의 목적이 아닌 이상 해당 거래는 소비목적을 이유로 계약이 체결되었으므로 소비자로서의 보호필요성이 동일하게 존재한다고 보는 것이 타당하다.

Ⅷ. 기타개념: 지배주주

지배주주는 특수관계인과 함께 소유하고 있는 주식 또는 출자액의 합계가 해당 법인의 발행주식총수 또는 출자액의 100분의 30 이상인 경우로서 그 합계가 가장 많은 주주 또는 출자자, 해당 법인의 경영을 사실상 지배하는 자의 어느 하나에 해당하는 자로 규정하고 있다(제2조 제13호). “특수관계인”이라고 함은 지배주주가 개인인 경우에는 배우자, 6촌 이내의 혈족이나 4촌 이내의 인척, 지배주주 단독으로 또는 그와 관계에 있는 사람들과 합하여 100분의 30 이상을 출자한 법인 및 그 임원, 지배주주 단독으로 또는 그와 관계에 있는 자들과 합하여 100분의 30 이상을 출자한 법인 및 그 임원을 말하고 지배주주가 법인인 경우에는 임원, 계열회사(「독점규제 및 공정거래에 관한 법률」 제2조 제3호에 따른 계열회사를 말한다) 및 그 임원을 말하는 것으로 규정하고 있다(시행령 제5조 제1항). 또한 “해당 법인의 경영을 사실상 지배하는 자”는 단독으로 또는 다른 주주나 출자자와의 계약 또는 합의에 의하여 대표이사를 임면(任免)하거나 임원의 100분의 50 이상을 선임하거나 선임할 수 있는 자 또는 해당 법인의 조직 변경 또는 신규사업 투자 등 주요 의사결정이나 업무집행에 지배적인 영향력을 행사하고 있는 자로 규정하고 있다(시행령 제5조 제2항).

제 3 조 적용 범위

[이병준]

제3조(적용 범위) 이 법은 다음 각 호의 거래에는 적용하지 아니한다.
1. 사업자(다단계판매원, 후원방문판매원 또는 사업권유거래의 상대방은 제외한다. 이하 이 호에서 같다)가 상행위를 목적으로 재화등을 구입하는 거래. 다만, 사업자가 사실상 소비자와 같은 지위에서 다른 소비자와 같은 거래조건으로 거래하는 경우는 제외한다.
2. 「금융소비자 보호에 관한 법률」 제2조제3호에 따른 금융상품판매업자와 같은 법 제3조에 따른 예금성 상품, 대출성 상품, 투자성 상품 및 보장성 상품에 관한 계약을 체결하기 위한 거래
3. 개인이 독립된 자격으로 공급하는 재화등의 거래로서 대통령령으로 정하는 거래

[참고문헌] 고형석, 온라인광고계약에서 청약철회 또는 해지에 관한 연구, 재산법연구 제37권 제4호, 2021; 이병준, 소상공인 보호와 소비자법의 적용범위 - 방문판매법의 확대적용 가능성을 중심으로 -, 외법논집 제41권 제2호, 2017; 최승원/양승미/이경은, 온라인광고분쟁 해결에 관한 입법개선방향, 법학논집(이화여자대학교 법학연구소) 제26권 제1호, 2021.

I. 본 규정의 의의와 기능

본조는 제2조 정의규정을 통하여 정하여진 사항적 적용범위와 인적 적용범위를 조정하는 역할을 하는 규정이다. 기본적으로 방문판매법은 방문판매, 전화권유판매, 다단계판매, 후원방문판매, 계속거래, 사업권유거래 등 모두 6종의 거래 유형에 적용되고 그 적용대상도 사업자와 소비자 사이의 거래로 한정된다.

본법은 원칙적으로 사업자와 소비자 사이의 거래(B2C)를 대상으로 적용되나 예외적으로 사업자 사이의 거래(B2B)라도 해당 사업자가 실질적 소비자와 같은 지위에서 다른 소비자와 같은 거래조건으로 거래하는 경우에는 본법을 적용하도록 하고 있다(제1호). 또한 판매방식이 본법에 해당하는 유형에 해당하더라도 금융소비자보호법이 제정됨에 따라 금융소비자가 해당 법률에 의하여 특별한 보호를 받는 경우에는 해당 법률에 의해서 보호를 받도록 하기 위하여 적용범위에서 제외시키고 있다(제2호). 마지막으로 개인사업자로 공급하는 경우에 본법에서 예정하고 있는 전형적인 피해유형이 예상되지 않은 경우에 대하여 예외적으로 본법이 적용되지 않은 유형을 제외하고 있다(제3호).

Ⅱ. 적용범위의 조정

1. 인적 적용범위와 관련된 제한과 확장(제1호)

방문판매법은 사업자와 소비자 간의 거래에 대하여 원칙적으로 적용된다. 따라서 사업자가 상행위를 목적으로 거래는 방문판매법의 취지상 당연히 적용되지 않는다. 그러므로 제3조 제1호 본문은 당연한 내용을 주의적으로 규정하고 있는 것에 불과하다.

하지만 제1호가 의미를 갖는 것은 단서에 규정된 내용 때문이다. 즉 사업자가 사실상 소비자와 같은 지위에서 다른 소비자와 같은 거래조건으로 거래하는 경우에는 방문판매법이 적용된다. 예컨대 제과점을 운영하는 사업자가 제과점 청소에 사용할 목적으로 방문판매원으로부터 청소기를 구입한 경우 제과점 사업자가 청소용으로 청소기를 구입한 것은 소비를 목적으로 하는 소비자의 지위에서 거래를 하는 것은 아니나, 다른 소비자와 같은 조건으로 청소기를 구입하였다면 일반 소비자와 동일하게 방문판매법을 적용한다는 것이다. 대량거래의 경우에 소비자에 맞춘 거래조건으로 거래를 하므로 이러한 경우에 굳이 소비자인지 아니면 사업자인지를 구별하지 않고 일률적으로 보호를 하려는 취지를 갖는 것으로 이해된다. 즉 고객으로 거래하는 자 중에 사업자와 소비자가 동시에 있는 경우 그 주체를 구분하지 않고 소비자보호에 맞추어 조건을 설정하고 모두 동일한 조건으로 계약을 체결하는 경우에 이러한 계약체결 방식에 따라 계약을 체결하는 고객인 사업자는 사실상 소비자와 동일하게 취급하여도 무방하다는 것이다. 따라서 본 규정의 방점은 "사실상 소비자와 같은 지위"에 있는 것이 아니라, 오히려 "소비자와 같은 거래조건으로 거래하는 경우"에 있는 것이다.[1)]

이와 연관하여 온라인 광고분쟁조정의 대상이 되는 온라인 광고계약의 경우 방문판매 내지 전화권유판매 방식을 통하여 광고계약이 체결되고 더 나아가서 계속거래에 해당하여 방문판매법이 적용되는지 문제되고 있다. 일부 하급심 판결에서는 방문판매법의 적용을 긍정하고 있다.[2)] 광고계약을 체결하는 광고주들이 정보비대칭 하에 놓여 있어 실질적으로 소비자와 같은 지위에 있기 때문이다. 그런데 여기서 광고주가 실질적인 소비자와 같은 지위에 있어 그 보호필요성이 요구된다는 점에는 부정할 수 없으나, 본조 규정에서

1) 이병준, 소상공인 보호와 소비자법의 적용범위-방문판매법의 확대적용 가능성을 중심으로-, 외법논집 제41권 제2호, 2017, 123면; 최승원/양승미/이경은, 온라인광고분쟁 해결에 관한 입법개선방향, 법학논집(이화여자대학교 법학연구소) 제26권 제1호, 2021, 301면; 김홍석·한경수, 다단계판매와 방문판매법에 관한 해설, 167면.

2) 서울중앙지방법원 2019. 6. 26. 선고 2018나59450 판결; 창원지방법원 통영지원 거제시법원 2014. 8. 14. 선고 2014가소3601 판결. 이러한 입장에서 찬성하는 견해로 고형석, 온라인광고계약에서 청약철회 또는 해지에 관한 연구, 재산법연구 제37권 4호, 2021, 38면 이하.

처럼 소비자와 같은 거래조건으로 거래를 할 것이라는 요건이 충족되지 않기 때문에 방문판매법의 적용은 부정되어야 할 것으로 생각된다.

다만 광고사업자 내지 대행사가 방문판매업신고(내지 통신판매업신고)를 하고 해당 법률에 따른 보호를 받을 수 있다고 하면서 광고계약을 체결한 경우에는 본 법에 의하여 소비자에게 보장되어 있는 보호를 고객에게 부여하겠다는 의사를 표시한 것으로 보이므로 이 때에는 방문판매법(내지 전자상거래법)의 적용을 인정하고 본법에 따른 보호를 사업자인 광고주에게 인정할 여지가 있다. 왜냐하면 이러한 경우에는 당사자 의사에 의하여 본법의 적용범위를 확장하는 것으로 해석할 수 있기 때문이다.

2. 특정거래에 대한 적용제외

가. 금융거래(제2호)

금융소비자보호법이 제정됨에 따라 특정 금융거래의 경우에는 해당 법률에서 금융소비자에 대한 특별한 보호장치가 적용되므로 방문판매법을 적용할 필요가 없게 되었다. 금융소비자보호법이 제정되기 전까지만 해도 『보험업법』에 의한 보험계약을 체결하는 경우 보험계약은 방문판매에 해당하더라도 보험업법의 적용을 받는 거래로서 법상 계약서 교부의무, 청약철회 등 방문판매에 적용되는 규정을 배제하고 있었다(구방문판매법 제3조 제3항 제1호). 제외되는 금융거래는 예금성 상품, 대출성 상품, 투자성 상품 및 보장성 상품에 관한 계약을 금융상품판매업자와 체결하는 경우이다.

나. 개인사업자의 거래(제3호, 시행령 제6조)

개인이 독립적 자격으로 공급하는 재화 등으로서 가공되지 않은 농·수·축·임산물 또는 사업자가 직접 생산한 재화 등을 방문판매원을 두지 않고 판매업자가 직접 방문판매하는 경우에도 방문판매법이 적용되지 않는다. 따라서 생산자가 과일·야채 등 농산물을 트럭에 싣고 다니면서 방문판매를 하는 경우에는 방문판매법이 적용되지 않으나, 생산자가 직접 판매하는 경우라 할지라도 방문판매원을 고용하여 판매하는 경우에는 방문판매법의 적용대상이 된다(소비자보호지침).

제4조 다른 법률과의 관계

[이병준]

제4조(다른 법률과의 관계) ① 방문판매, 전화권유판매, 다단계판매, 후원방문판매, 계속거래 및 사업권유거래(이하 "특수판매"라 한다)에서의 소비자보호와 관련하여 이 법과 다른 법률이 경합하여 적용되는 경우에는 이 법을 우선 적용한다. 다만, 다른 법률을 적용하는 것이 소비자에게 유리한 경우에는 그 법률을 적용한다.
② 다른 법률에 이 법과는 다른 방법에 따른 계약서 발급의무 등이 규정되어 있는 거래에 대하여는 제7조·제16조 및 제30조에 따른 계약서 발급 의무에 관한 규정을 적용하지 아니한다.
③ 계속거래에 관하여 이 법에서 규정하고 있는 사항을 다른 법률에서 따로 정하고 있는 경우에는 그 법률을 적용한다.
④ 「할부거래에 관한 법률」 제2조 제4호에 따른 선불식 할부거래 및 선불식 할부거래업자에 대하여는 제8조, 제9조, 제17조, 제18조 및 제37조를 적용하지 아니한다.

[참고문헌] 고형석, 체육시설이용계약과 소비자보호, 스포츠엔터테인먼트와 법 제18권 제2호, 2015; 고형석, 소비자계약법의 적용에 관한 연구, 유통법연구 제7권 제1호, 2020; 윤민섭, "이용자보호를 위한 체육시설법 정비방안 연구", 「재산법연구」 제34권 제3호, 2017.

Ⅰ. 본 규정의 의의와 기능

1. 의 의

본 규정은 방문판매법과 다른 법률이 충돌하는 경우에 그 적용여부를 정하는 규정에 해당한다. 즉 여러 법률이 동시에 적용될 여지가 있는 경우에 어느 법률이 적용될 것인지를 정하는 규정에 해당한다.

여러 법률규정의 중복적용될 수 있는 경우에 원칙적으로 여러 법률의 중첩적 적용을 인정하는 것이 일반적이다(실체적 경합). 그 반면에 여러 법률규정이 상호배척관계에 있다면 일부의 법만이 적용된다(법조경합). 그리고 이러한 배척관계와 관련하여 일반법적 규정내용보다 특별한 규정내용이 있다면 '특별법 우선의 원칙'이 적용된다는 원리가 있다. 본 규정은 실체적 경합을 인정하지 않고 특별법 우선의 원칙에 따라 기본적 규정내용을 두고 있다.

2. 특별법적 규정 내지 일반법적 성질의 규정과 적용

법적용과 관련하여 특별법우선의 원칙이 있으므로 방문판매법은 특수거래에 관한 소비자법으로서 특별법에 해당하므로 이러한 원칙을 정하고 있는 것이 제1항 본문의 규정이다. 그런데 우리 소비자법은 이와 같은 특별법우선의 원칙에 더해서 소비자 유리한 법적용의 원칙에 관한 규정을 두고 있다. 즉 다른 법률을 적용하는 것이 소비자에게 유리한 경우에 해당 법률을 적용한다는 것이다. 이 내용을 정하는 것이 제1항 단서이다. 이와 같은 규정내용을 보면 관련 법률이 중첩적용될 가능성이 있는 경우에 해당 법률에 따른 규정의 적용이 중첩적으로 적용되는 것이 아니라, 특별법우선의 원칙과 소비자 유리한 법적용의 원칙에 따라 하나의 법률만 적용되는 것이다.

그에 반하여 계약서 발급의무에 관하여 방문판매법이 일반법적 성질을 가지고 있어서 다른 법률에서 특별한 내용의 발급의무에 관한 규정을 두고 있다면 해당 법률에 따르도록 하고 있다(제2항). 이와 유사하게 계속거래와 관련하여서도 계속거래에 관한 규정은 일반법적 성질을 가지고 있으므로 계속거래에 관하여 특별한 규정을 두고 있는 법률이 있는 경우에는 해당 법률을 적용하도록 하고 있다(제3항). 그 다음으로 할부거래법상 선불식 할부거래에 대하여도 방문판매법의 일부규정을 일반법적 성질을 갖는 것으로 보고 있어서 선불식 할부거래에 대하여 적용하지 않도록 하고 있다.

Ⅱ. 특별법 우선의 원칙과 소비자유리의 원칙(제1항)

1. 방문판매법과 다른 법률과의 경합

방문판매, 전화권유판매, 다단계판매, 후원방문판매, 계속거래 및 사업권유거래에서의 소비자보호와 관련하여 이 법과 다른 법률의 적용이 경합하는 경우에는 이 법을 우선 적용한다. 다만 다른 법률을 적용하는 것이 소비자에게 유리한 경우에는 그 법을 적용한다.

2. 방문판매법상 규정의 경합

한편 방문판매법을 적용함에 있어서 그 사항이 경합되는 경우에 대해서 방문판매법은 언급하고 있지 않으나 '특수판매에서의 소비자보호 지침'에서 소비자에게 유리한 조한을 우선 적용한다고 규정하고 있다. 예컨대 "컴퓨터에 자료를 올리고 그 자료를 자신도 직접 이용할 수 있으며 또한 다른 사람이 이용한 횟수에 따라 정보 이용료를 받는 일이라며, 이 일을 하기 위해서는 ID 개설 및 회원관리 등의 비용으로 50만원을 납부해야 한다"라는 사업에 대하여 전화로 권유를 받고 계약을 체결하였는데 후에 청약철회를 하려는 경우, 이

거래의 성격은 사업권유거래이면서 전화권유판매에도 해당하는데 청약철회에 관하여는 전화권유판매에만 규정되어 있으므로 소비자에게 유리한 조항을 적용하여 전화권유판매의 청약철회조항을 적용하여 청약철회가 가능하게 된다(소비자보호지침)고 설명하고 있다.

Ⅲ. 일반법적 성질의 방문판매법 규정의 적용제외

1. 계약서 발급의무에 관한 규정의 적용제외(제2항)

방문판매 등을 통하여 재화 등에 관한 계약을 체결한 경우에 소비자가 계약내용을 재차 확인할 수 있도록 함과 더불어 추후 사업자와의 분쟁이 발생한 경우에 분쟁해결에 관한 자료로서 활용하기 위하여 방문판매법에서는 소비자와 계약을 체결한 방문판매자 또는 전화권유판매자에게 동법에서 정한 사항을 기재한 계약서의 교부의무를 부과하고 있다(방문판매법 제7조 제2항). 전화권유판매의 경우에 계약서의 교부의무는 소비자의 동의를 얻은 경우에 한하여 모사전송이나 전자문서로서 이행할 수 있다(방문판매법 제7조 제4항). 이러한 계약서 교부의무 등에 관한 규정은 다른 법률에서 이를 규정하고 있거나 다른 방법에 의한 계약서교부의무 등이 규정되어 있는 거래에는 적용하지 아니한다.

2. 계속거래에 관한 규정의 적용제외(제3항)

계속거래에 관하여 이 법에서 규정하고 있는 사항을 다른 법률에서 따로 정하고 있는 경우에는 그 법률을 적용한다. 방문판매법상 계속거래에 관한 규정이 계속거래에 관한 일반법적인 내용을 가지고 있으므로 다른 특별법에 계속거래에 관한 특별규정을 두고 있다면 해당 법률을 적용하라고 하는 규정의 취지이다.

그런데 특별법상 계속거래에 관한 규정의 적용이 방문판매법을 적용하였을 때와 비교하였을 때 소비자에게 불리하고 방문판매법상의 규정을 적용하였을 때 소비자에게 유리한 경우에 무엇을 적용할 것인지가 문제된다. 구체적으로는 ○○시에서 운영하는 납골당을 15년 동안의 사용료를 지급한 후 사용하여 오다가, 개인적인 사정으로 이장을 한 후 미사용대금의 반납을 요청하였으나, ○○시는 「장사 등에 관한 법률」 제23조 및 ○○시 조례를 근거로 그 사용료의 반환을 거부하였다. 그 반면에 방문판매법에 따르면 미사용대금을 반환해야 한다. 공정거래위원회 소비자보호지침상으로는 유불리와 상관없이 특별법상의 규정을 적용해야 한다고 보고 있다. 반면에 법제처에서는 방문판매법상 계속거래와 관련하여, 다른 법률을 적용하는 것보다 방문판매법을 적용하는 것이 소비자에게 유리한 경우, 방문판매법 제4조 제1항 본문에 따라 방문판매법을 적용하여야 한다고 보았다.[1] 그 이유로 방문판매법상 계속거래와 관련하여, 다른 법률을 적용하는 것보다 방문판매법을 적용하는 것이 소비자에게 유리한 경우에도 방문판매법 제4조 제3항에 따라 그 다른 법률을 적용한다면, 소비자보호와 관련하여 소비자에게 유리한 법률을 적용하고자 하는 방문판매법 제4조 제1항과 소비자를 보호하기 위해 사업자에게 여러 형태의 의무를 부과하고 있는 같은 법 제30조, 제32조, 제33조 등이 무의미해질 우려가 있다는 점, 원칙적으로 계속거래업자와 계속거래의 계약을 체결한 소비자는 계약기간 중 언제든지 계약을 해지할 수 있지만, "다른 법률에 별도의 규정이 있는 경우"에는 그러하지 않음을 규정한 방문판매법 제31조 단서가 중복적인 규정에 해당하거나 무의미한 규정이 될 수가 있는 점 등을 들고 있다. 그러나 계속거래에 관한 규정은 계속거래에 관한 소비자보호를 목적으로 한 일반규정의 성격을 갖는 규정이라고 보아야 한다. 따라서 계속거래에 해당하지만, 그 거래의 특수성을 반영하여 소비자의 보호 정도를 별도로 규정할 수 있도록 할 필요가 있다. 이러한 점을 바로 방문판매법 제4조 제3항이 선언한 것이라고 보아야 한다. 따라서 비록 방문판매법상의 규정을 적용하는 것이 소비자에게 유리하더라도 해당 특별법상의 계속거래에 관한 규정을 적용하는 것이 타당하다고 생각된다.[2]

3. 선불식 할부거래에 관한 적용제외(제3항)

할부거래법상의 선불식 할부거래와 선불식 할부거래업자에 대하여는 제8조(청약처회등), 제9조(청약철회등의 효과), 제17조(청약철회등), 제18조(청약철회등의 효과), 제37조(소비자피해보상보험계약등)에 관한 규정을 적용하지 아니한다.

Ⅳ. 입법론

소비자보호라는 입법목적을 추구한다면 되도록 많은 소비자보호에 관한 법률이 중첩적용되는 것이 타당하다. 또한 소비자 유리한 법 적용의 원칙은 해석상 혼란만 가지고 온다. 따라서 본조의 제1항에서 규정하고 있는 내용은 다른 법률에서처럼 "소비자 보호에 관하여 다른 법률에서 특별히 정한 경우를 제외하고는 이 법에서 정하는 바에 따른다"(금융소비자보호법 제6조)라는 내용으로 개정하여 특별법우선의 원칙이라는 일반원칙을 선언하는 것이 좋다고 생각된다.

---

1) 법제처 14－0434, 2014. 8. 26.

2) 같은 입장으로 고형석, 유통법연구 제7권 제1호, 152면 이하; 윤민섭, 「재산법연구」 제34권 제3호, 181면.

제 2 장

방문판매 및 전화권유판매

제5조 방문판매업자등의 신고 등

[신지혜]

제5조(방문판매업자등의 신고 등) ① 방문판매업자 또는 전화권유판매업자(이하 "방문판매업자등"이라 한다)는 상호, 주소, 전화번호, 전자우편주소(법인인 경우에는 대표자의 성명, 주민등록번호 및 주소를 포함한다), 그 밖에 대통령령으로 정하는 사항을 대통령령으로 정하는 바에 따라 공정거래위원회 또는 특별자치시장·특별자치도지사·시장·군수·구청장(자치구의 구청장을 말한다. 이하 같다)에게 신고하여야 한다. 다만, 다음 각 호의 자는 그러하지 아니하다.

1. 방문판매원 또는 전화권유판매원(이하 "방문판매원등"이라 한다)을 두지 아니하는 소규모 방문판매업자등 대통령령으로 정하는 방문판매업자등
2. 제13조제1항에 따라 등록한 다단계판매업자
3. 제29조제3항에 따라 등록한 후원방문판매업자

② 제1항에 따라 신고한 사항이 변경된 경우에는 대통령령으로 정하는 바에 따라 이를 신고하여야 한다.
③ 제1항에 따라 신고한 방문판매업자등은 휴업 또는 폐업을 하거나 휴업한 후 영업을 다시 시작할 때에는 대통령령으로 정하는 바에 따라 이를 신고하여야 한다.
④ 공정거래위원회는 제1항에 따라 방문판매업자등이 신고한 사항을 대통령령으로 정하는 바에 따라 공개할 수 있다.

Ⅰ. 본조의 의의

제5조는 방문판매업자와 전화권유판매업자(이하 '방문판매업자등')에게 일정한 신고의무를 부과하고 있다. 방문판매업자등에 관한 일정한 정보를 미리 공정거래위원회 등에게 신고하여 두고 이를 공개하도록 정하고 있다. 방문판매업자등과 사이에 분쟁이 발생하여 소비자에게 피해가 발생하였을 때 소비자가 방문판매업자등에 대한 정보를 손쉽게 확보하여 신속하게 권리구제를 받을 수 있도록 하는 것이다.

Ⅱ. 방문판매업자등의 신고

동조에 따라 방문판매업자 등이 신고할 내용은 방문판매업자등의 상호, 주소, 전화번호, 전화우편주소등이다. 방문판매업자등이 법인인 경우에는 대표자의 성명, 주민등록번호 및 주소도 신고대상이며, 방문판매업자등이 상법상 회사인 경우에는 자산, 부채 및 자본금도 신고대상이 된다(시행령 제7조).

신고방식에 관하여는 시행령과 시행규칙에서 상세히 정하고 있다. 방문판매업자등은

시행규칙 별지 제1호 서식으로 정하는 방문판매업·전화권유판매업 신고서를 작성하여 주된 사무소의 소재지를 관할하는 자치단체장에게 제출하여야 한다. 한편 방문판매업자등이 상법상 회사인 경우에는 자산, 부채 및 자본금을 증명하는 서류도 함께 제출해야 하며, 이러한 서류에는 전자문서가 포함된다. 방문판매업자등의 주된 사무소 소재지가 외국인 경우에는 공정거래위원회에 제출하여야 한다.

신고서는 제출받은 공정거래위원회 또는 각 해당 자치단체장(이하 '공정거래위원회등')은 「전자정부법」에 따른 행정정보의 공동이용을 통하여, 사업자등록증과, 방문판매업자등이 법인인 경우는 법인 등기사항증명서를 확인하여야 한다. 만약 해당 법인의 설립등기 전에 신고를 하는 경우에는 법인 설립을 위한 발기인의 주민등록표 초본을 등기사항증명서 대신 확인한다. 다만 신고인이 발기인의 주민등록표 초본이나 사업자등록증의 서류 확인에 동의하지 아니하거나 확인이 불가능한 경우에는 해당 서류(사업자등록증의 경우에는 그 사본)를 제출하게 하여야 한다.

방문판매업자등으로부터 이러한 신고를 받은 공정거래위원회등은 시행규칙 별지 제2호의 방문판매업 신고증이나 별지 제3호의 전화판매업 신고증을 발급하여야 한다.

Ⅲ. 변경신고 등

1. 방문판매업자등은 신고한 사항이 변경되거나, 휴업 또는 폐업을 하거나 휴업한 후 영업을 다시 시작할 때에는 그 변경 등을 신고하여야 한다. 종래에는 상호, 주소, 전화번호, 전화우편주소등을 신고사항으로 하면서, 변경신고 대상으로는 위 신고사항 외에도 사업장의 명칭 또는 상호, 사업장의 소재지 및 전화번호까지 포함하고 있어, 방문판매업자등의 신고 범위보다 변경신고 범위가 더 넓었으나, 2002년 개정으로 양자의 범위가 동일하게 조정되었다. 현행법에 의하면 방문판매업자등의 사업장 소재지가 변경된 경우 공정거래위원회등은 그 사실을 공고해야 한다(제27조 제1호).

2. 변경신고를 하려는 자는 변경사항이 발생한 날(자산·부채 및 자본금의 변동에 관한 사항은 결산이 확정된 날)부터 15일 이내에 시행규칙 별지 제4호 서식의 신고서에 그 변경사항을 증명하는 서류를 첨부하여 공정거래위원회등에게 제출하여야 한다. 만약 신고증 기재사항이 변경된 경우라면 방문판매업 신고증 또는 전화권유판매업 신고증도 함께 첨부해야 한다. 신고를 받은 공정거래위원회등은 변경사항을 확인하고 변경사항이 적힌 신고증을 다시 발급하여야 한다.

3. 휴업, 폐업 또는 휴업 후 영업재개를 하려는 방문판매업자등은 미리 시행규칙 별

지 제5호 서식의 신고서를 공정거래위원회등에게 제출해야 한다. 폐업을 신고할 때에는 신고증을 첨부하되, 분실·훼손 등의 사유로 신고증을 첨부할 수 없는 경우에는 폐업신고서에 그 사유를 기재해야 하며, 폐업신고를 하려는 자가 「부가가치세법」에 따른 폐업신고를 같이 하려는 경우에는 여기에 덧붙여 부가가치세법폐업신고서(부가가치세법 시행규칙 별지 제9호 서식)도 함께 제출해야 한다. 이 경우 공정거래위원회등은 지체 없이 부가가치세법폐업신고서를 관할 세무서장에게 송부해야 하며, 이 때 정보통신망을 이용한 송부도 포함된다. 한편 관할세무서장이 폐업신고서를 받아 공정거래위원회등에게 송부한 경우에는 해당 폐업신고서가 제출된 것으로 본다. 무용한 절차가 반복되지 않도록 둔 규정이다.

Ⅳ. 전자문서에 의한 신고

방문판매업자등의 신고는 「전자문서 및 전자거래 기본법」에 다른 전자문서(이하 '전자문서')로 하는 경우에는 공정거래위원회가 정한 정보처리시스템을 이용하여 신그할 수 있다. 이에 따라 전자문서로 신고를 할 경우 전자문서에 의한 자료의 제출이 곤란한 사항은 1개월 내에 우편 등을 통하여 보완할 수 있으며, 보완한 경우에는 전자문서로 신고한 날에 신고한 것으로 본다. 전자문서로 신고하려는 방문판매업자등은 「전자서명법」 에 따른 전자서명(서명자의 실지명의를 확인할 수 있는 것으로 한정한다) 또는 이에 준하는 암호화 및 전자서명 기술을 사용한 인증시스템을 통한 전자서명을 이용할 수 있다. 그리고 각 자치단체장은 위 전자문서에 의한 신고 업무를 처리하기 위하여 자신이 운영하는 홈페이지에서 공정거래위원회가 정한 정보처리시스템으로 쉽게 연결될 수 있도록 하여야 한다.

Ⅴ. 신고한 사항의 공개

공정거래위원회는 위와 같이 방문판매업자등이 신고한 사항을 공개할 수 있다. 공정거래위원회가 정보를 공개하는 경우 해당 방문판매업자등에게 정보 공개의 내용 및 방법을 미리 통지하여야 하고, 공개될 내용 중 사실과 다른 내용이 있는 경우에는 정정할 수 있는 기회를 주어야 한다.

Ⅵ. 적용제외

방문판매원을 두지 않는 방문판매업자, 전화권유판매원을 두지 아니하는 전화권유판매업자 및 제13조 제1항에 따라 등록한 다단계판매업자, 제29조 제3항에 따라 등록한 후원방문판매업자에게는 이러한 신고의무 조항이 적용되지 않는다. 전자의 경우는 소규모 영세사업자에게 부담을 덜어주기 위하여 동조의 적용을 제외한 것이고, 후자의 경우는 대규모 사업자로 별도의 등록의무가 부과되어 있기 때문에 적용을 제외한 것이다.

제6조 방문판매원등의 명부 작성 등

[신지혜]

제6조(방문판매원등의 명부 작성 등) ① 방문판매업자등은 총리령으로 정하는 바에 따라 방문판매원등의 명부를 작성하여야 한다.
② 방문판매업자등은 소비자피해를 방지하거나 구제하기 위하여 소비자가 요청하면 언제든지 소비자로 하여금 방문판매원등의 신원을 확인할 수 있도록 하여야 한다.
③ 방문판매자 또는 전화권유판매자(이하 "방문판매자등"이라 한다)가 재화등을 판매하려는 경우에는 소비자에게 미리 해당 방문 또는 전화가 판매를 권유하기 위한 것이라는 점과 방문판매자등의 성명 또는 명칭, 판매하는 재화등의 종류 및 내용을 밝혀야 한다.

Ⅰ. 본조의 의의

제6조는 방문판매업자등에게 방문판매원이나 전화권유판매원(이하 '방문판매원등')의 신원확인을 위한 명부를 작서하도록 정하고 있다. 방문판매업자등이 자신을 대신하여 방문판매업무를 수행하는 방문판매원등을 두고 영업을 하는 경우, 방문판매원등의 인적사항을 미리 수집, 보관하고 있도록 하여 소비자와의 분쟁 발생시 소비자가 보다 편리하게 피해구제를 받을 수 있도록 하는 것이다.

Ⅱ. 방문판매원등의 명부 작성 및 소비자의 신원확인요청

방문판매원등의 명부에는 방문판매원등의 성명·생년월일·주소 및 전화번호와 전자우편주소가 있는 경우에는 전자우편주소가 포함되어야 한다(시행규칙 제9조 제1항). 방문판매업자등이 홈페이지를 운영하는 경우 소비자가 그 홈페이지를 통하여 특정 방문판매원등이 그 방문판매업자등에게 소속되어 있음을 쉽게 확인할 수 있도록 하여야 한다.

방문판매업자등은 소비자피해를 방지하거나 구제하기 위하여 소비자가 요청하면 언제든지 소비자로 하여금 방문판매원등의 신원을 확인할 수 있도록 하여야 한다. 미리 방문판매원등의 명부를 작성하여 두었다가, 소비자피해 방지 내지 구제를 위하여 소비자가 방문판매원등의 신원정보를 요청한 경우에는 이를 제공할 수 있도록 근거를 마련한 것이다.

Ⅲ. 신원정보 등의 제공

방문판매업자등은 자신의 정보를 미리 공정거래위원회등에게 신고하여야 하고, 방문판매원등의 신원정보를 미리 명부로 작성하였다가 소비자의 요청에 따라 제공하여야 하는 한편, 실제 판매 시점에서도 관련 정보를 소비자에게 제공하여야 한다. 즉, 방문판매자 또는 전화권유판매자(이하 "방문판매자등")가 재화등을 판매하려는 경우에는 소비자에게 미리 해당 방문 또는 전화가 판매를 권유하기 위한 것이라는 점과 방문판매자등의 성명 또는 명칭, 판매하는 재화등의 종류 및 내용을 밝혀야 한다.

제 7 조 방문판매자등의 소비자에 대한 정보제공의무 등

[김상중]

제7조(방문판매자등의 소비자에 대한 정보제공의무 등) ① 방문판매자등은 재화등의 판매에 관한 계약을 체결하기 전에 소비자가 계약의 내용을 이해할 수 있도록 다음 각 호의 사항을 설명하여야 한다.

1. 방문판매업자등의 성명(법인인 경우에는 대표자의 성명을 말한다), 상호, 주소, 전화번호 및 전자우편주소
2. 방문판매원등의 성명, 주소, 전화번호 및 전자우편주소. 다만, 방문판매업자등이 소비자와 직접 계약을 체결하는 경우는 제외한다.
3. 재화등의 명칭, 종류 및 내용
4. 재화등의 가격과 그 지급의 방법 및 시기
5. 재화등을 공급하는 방법 및 시기
6. 청약의 철회 및 계약의 해제(이하 "청약철회등"이라 한다)의 기한·행사방법·효과에 관한 사항 및 청약철회등의 권리 행사에 필요한 서식으로서 총리령으로 정하는 것
7. 재화등의 교환·반품·수리보증 및 그 대금 환불의 조건과 절차
8. 전자매체로 공급할 수 있는 재화등의 설치·전송 등과 관련하여 요구되는 기술적 사항
9. 소비자피해 보상, 재화등에 대한 불만 및 소비자와 사업자 사이의 분쟁 처리에 관한 사항
10. 거래에 관한 약관
11. 그 밖에 소비자의 구매 여부 판단에 영향을 주는 거래조건 또는 소비자피해 구제에 필요한 사항으로서 대통령령으로 정하는 사항

② 방문판매자등은 재화등의 판매에 관한 계약을 체결할 때에는 제1항 각 호의 사항을 적은 계약서를 소비자에게 발급하여야 한다.

③ 방문판매자등은 재화등의 계약을 미성년자와 체결하려는 경우에는 법정대리인의 동의를 받아야 한다. 이 경우 법정대리인의 동의를 받지 못하면 미성년자 본인 또는 법정대리인이 계약을 취소할 수 있음을 알려야 한다.

④ 제2항에 따른 계약서 중 전화권유판매에 관한 계약서의 경우에는 소비자의 동의를 받아 그 계약의 내용을 팩스나 전자문서(「전자문서 및 전자거래 기본법」 제2조제1호에 따른 전자문서를 말한다. 이하 같다)로 송부하는 것으로써 갈음할 수 있다. 이 경우 팩스나 전자문서로 송부한 계약서의 내용이나 도달에 관하여 다툼이 있으면 전화권유판매자가 이를 증명하여야 한다.

⑤ 방문판매업자등은 제1항 및 제2항에 따라 소비자에게 설명하거나 표시한 거래조건을 신의에 좇아 성실하게 이행하여야 한다.

[참고문헌] 고형석, "전자상거래소비자보호법상 계약서 교부의무에 관한 연구" 「법학연구 (충북대)」 제27권 제1호, 2016, 469; 고형석, "방문판매에 있어서 고령소비자 보호에 관한 연구", 「중앙법학」 제20권 제2호, 2018; 김도년, "소비자거래에서 사업자의 정보제공의무와 개선방향", 「소비자정책동향」 제49호, 2013; 김상중, "계약 체결 이전 단계의 정보제공의무", 「고려법학」 제56호, 2010; 김상중, "소비자계약과 정보제공의무", 「소비자법연구」 제5권 제2호, 2019; 김중길, "사업자의 정보제공의무에 관한 비교법적 검토 - 유럽공통매매법(안)과 개정 독일 민법을 중심으로", 「민사법의 이론과 실무」 제18권 제3호, 2015; 서희석, "전자거래에서 한중일 소비자계약법의 조화와 통일",

「저스티스」 제158-2호, 2017; 송오식, "소비자계약에서 정보제공의무", 「법학논총(전남대 법학연구소)」 제29집 1호, 2009; 이병준, "전자상거래소비자보호법상의 정보제공의무와 명확성의 원칙", 「정보화정책」 제11권 제3호, 2004; 이종구, "소비자계약법상의 정보제공의무와 그 실효성에 관한 비판적 고찰", 「경영법률」 제21집 제3호, 2011; 이재호, "소비자 계약상 정보제공의무에 관한 연구 - DCFR과 독일법과의 비교를 중심으로", 「민사법의 이론과 실무」 제21권 제4호, 2018; 이호행, "정보제공의무에 대한 비판적 고찰", 「고려법학」 제72호, 2014; 정재훈, "방문판매법상 계속거래 해지와 대금환급의 공정성 판단", 「법학논집(이화여대)」 제25권 제2호, 2020.

Ⅰ. 본조의 개관

본조는 방문판매자 등(방문판매업자와 전화권유판매업자 및 이들을 대신하여 판매업무를 수행하는 자. 이하 '방문판매자 등')으로 하여금 방문판매 또는 전화권유판매를 함에 있어서 소비자에게 계약 체결 이전에 제공해야 할 의무의 내용을 규정하고 있다. 본조가 정한 정보제공의무의 대상은 아래 II.2.에서 상술하듯이 전자상거래법과 같은 다른 소비자계약법의 경우와 마찬가지로 ① 방문판매자 등의 신원정보, ② 계약의 목적과 내용 등에 관한 정보, 그리고 ③ 청약철회를 포함한 소비자의 권리구제에 관한 정보를 포함하고 있다(제1항).

이와 같은 정보제공의무는 본조 제11조 제1항 제2호에서 정한 "거짓 또는 과장된 사실을 알리거나 기만적 방법을 사용하여 소비자를 유인 또는 거래하거나 청약철회등 또는 계약해지를 방해하는 행위"의 금지행위와 함께 아래 II.1.에서 설명하는 바와 같이 소비자의 실질적 계약자유를 보장하는 데에 기여하고 있다. 이 가운데 후자의 금지행위에 따른 규제는 판매업자의 허위·기망행위로부터 소비자를 보호하기 위하여 그 포괄적 문언에 비추어 개별 상황에서 소비자를 기만하는 판매업자의 구체적 행태를 규율하고 있다고 이해된다. 이에 비하여 본조 제1항의 정보제공의무는 소비자로 하여금 사업자의 신원, 거래조건 등에 대한 충분한 지식을 갖출 수 있도록 할 목적으로 방문판매 또는 전화권유판매에서 판매업자에 의하여 소비자에게 제공·설명되어야 할 일반적 사항들을 규정하고 있다고 이해된다.[1] 물론 본조 제1항의 정보제공의무를 제대로 이행하지 않음으로써 제11조 제1항 제2호에 의한 소비자기만의 금지행위를 충족할 수 있을 것이다.

본조는 제1항에서 정보제공의무의 대상을 규정함과 아울러 이들 사항을 기재한 계약서 발급 등을 통한 거래기록의 보존의무(제2항, 제4항)와 함께 소비자에게 설명·표시된 거래조건을 성실하게 이행하여야 할 방문판매업자와 전화권유판매업자의 책임을 분명히 하

1) 이는 본조 제1항의 제11호에서 제1호부터 제10호까지 열거한 사항 이외에 그 밖에 구매의사의 결정과 소비자 피해구제에 필요한 사항에 대하여 대통령령으로 정한 사항에 대하여 본조 제1항의 정보제공의무를 인정하고 있는 규율태도, 그리고 본조 제2항에 의하여 제1항의 사항은 계약서에 기재, 발급되어야 한다는 정형적 측면에 근거한 판단이다.

고 있다(제5항). 또한 본조는 방문판매 또는 전화권유판매에 있어서 민법상의 미성년자 보호(민법 제5조)를 관철하기 위하여 법정대리인의 동의를 결여한 거래의 경우에 취소할 수 있음을 알리도록 규정하고 있다. 본조의 규정내용에 반하는 계약으로서 소비자에게 불리한 것은 효력이 없다(제52조). 즉, 본조는 편면적 강행규정으로 이해되고 있으며, 이에 방문판매업자 또는 전화권유판매업자가 소비자와 사이에 제1항의 설명의무, 제2항의 계약서 발급의무 등을 완화, 일탈하는 내용의 합의를 하더라도 소비자에게 불리한 이상 무효로 된다.[2)]

한편 방문판매업자 또는 전화권유판매업자가 제7조 제1항~제3항, 제5항에서 정한 의무를 위반하는 경우에 공정거래위원회는 위반 사업자에 대하여 시정조치를 명할 수 있으며(제49조 제1항), 시정조치의 불이행 또는 반복적 위반행위 등이 문제되는 경우에는 영업정지 또는 과징금의 부과 조치를 취할 수 있다(제49조 제4항, 제51조). 또한 계약서 발급의무의 위반행위에 대하여는 과태료의 벌칙이 부과되며(제66조 제3항 제3호. 거짓내용을 기재한 경우에는 제63조 제3호), 본조의 정보제공의무 위반행위가 본조 제11조 제1항 제2호에 의한 소비자 기만의 금지행위를 이루는 경우에는 시정조치, 영업조치 또는 과징금, 벌금의 부과대상이 된다(제49조 제1항 제2호, 제4항, 제51조, 제61조).[3)]

Ⅱ. 방문판매자 등의 정보제공의무(제1항)

1. 정보제공의무의 의의

본조는 방문판매자 등의 소비자에 대한 정보제공의무를 규정함으로써 소비자계약법에서 청약철회와 함께 소비자의 계약자유를 보장하기 위한 제도를 명정하고 있다.[4)] 원래

2) 위와 같은 입법의 목적이 소비자를 보호하는 데에 있음은 의문이 없다. 다만 설명의무의 위반내용 여하를 묻지 않고 일률적으로 무효로 판단함이 적절한지에 대한 의문과 더불어 계약서발급의무 역시 이미 청약철회의 기간 미 개시라는 법률효과(제8조 제1항 제1호)만으로 충분한다는 비판적 지적으로는 서희석, 「소비자계약의 법리」, 부산대학교출판부, 2018, 256면 각주 106.

3) 방문판매 등 소비자계약 전반에서 유럽 등의 비교법적 차원에서 정보제공의무의 대상과 그 법률효과에 관한 개관으로는 서희석, 「소비자계약의 법리」, 부산대학교출판부, 2018, 221면.

4) 유럽 소비자계약법에서 청약철회와 함께 정보제공의무에 의한 소비자보호 메카니즘의 지적으로는 MünchKomm/Wendhorst, 7.Aufl., 2016, § 312d Rn. 1. 아래 정보제공의무의 의의에 관하여는 김상중, "소비자계약과 정보제공의무", 「소비자법연구」 제5권 제2호, 2019, 27, 30면 이하 참고. 소비자거래에서 사업자의 정보제공의무에 관한 개관을 주는 최근의 문헌으로는 김도년, "소비자거래에서 사업자의 정보제공의무와 개선방향", 「소비자정책동향」 제49호, 2013; 김중길, "사업자의 정보제공의무에 관한 비교법적 검토", 「민사법의 이론과 실무」 제18권 제3호, 2015, 45면; 이재호, "소비자 계약상 정보제공의무에 관한 연구", 「민사법의 이론과 실무」 제21권 제4호, 2018, 277면. 더 나아가 계약에서 정보제공의무 전반에 관한 비교법적 연구로는 정성헌, "계약체결과 정보제공의무", 고려대 박사학위논문, 2014; 황성일, "계약체결상의 정보제공의무에 관한 연구", 성균관대 박사학위논문, 2018.

자기결정·자기책임의 사적자치 원칙에 입각한 민법의 규율원리에 따르면 각 자에게 계약체결의 자유가 인정되는 만큼 그 의사결정에 필요로 하는 정보 역시 스스로 취득·판단하고 그로 인한 (불)이익도 각 자가 감당함을 전제로 하고 있다. 그러나 오늘날의 현대사회에서 노동의 분업화·전문화, 거래관계의 복잡화 등에 따라 계약 관련 정보가 거래 당사자 사이에서 불균형하게 나누어져 있을 뿐만 아니라 각 자가 자신에게 필요로 하는 정보를 스스로 취득하리라고 합리적으로 기대될 수 없는 경우가 자주 문제되고 있다. 이러한 계약 관련 정보의 불균형에 대응하기 위하여 현행 법질서는 이미 계약관계가 존재하는 경우에는 어렵지 않게 계약상의 부수의무로서 정보제공의무를 체계적으로 발전시켜 왔을 뿐만 아니라 특별한 개별 사안이나 일정한 전형적 상황의 경우에는 계약 체결 이전에 교섭상대방에 대한 정보제공의무를 판결례[5)]와 법률 규정을 통하여 널리 인정해 가고 있다.

물론 계약 체결 이전의 정보제공의무가 언제 어떤 구체적 상황과 교섭경위 등에서 인정될 수 있는지는 개별 사안에 따라 판단되어야 할 것이다.[6)] 그렇지만 사업자와의 관계에서 구조적, 상황적 열악함으로 인해 정보적 약자의 처지에 있다고 여겨지는 소비자의 보호를 위하여 각종 소비자계약법은 일정한 판매유형에서 사업자의 계약 체결 이전의 정보제공의무를 법률에 의하여 정해두고 있다. 본조와 함께 할부거래법 제5조, 전자상거래법 제13조가 이 같은 소비자계약법상의 정보제공의무라고 하겠는데, 대체로 사업자의 신원정보, 거래의 목적과 내용에 대한 정보, 소비자의 권리구제에 관한 정보를 규정하고 있다. 본조의 정보제공의무는 방문판매 또는 전화권유판매의 상황[7)]에서 비롯하는 경솔한 구매의사의 결정에 따른 소비자의 피해를 방지하기 위하여 다른 소비자계약법상의 규정과 마찬가지로 사업자로 하여금 판매상품과 거래대금 등 계약의 중요내용에 대한 정보를 소비자에게 제공하도록 함으로써 소비자의 자주적인 의사결정의 기회를 보장하고자 한다. 이와 더불어 방문판매자 등의 정보제공의무는 거래정보 외에 청약철회, 피해보상 등에 대한 설명을 통하여 소비자의 권리행사를 보장하는가 하면, 방문판매업자 등의 성명·상호 등 신원을 고지하도록 함으로써 소비자에게 영업 목적의 접촉임을 알 수 있도록 하고 이로써 소비자의 숙고된 의사결정과 아울러 무분별한 경쟁행위를 방지하는 데에도 간

5) 가령 대법원 2006. 10. 12. 선고 2004다48515 판결; 대법원 2007. 6. 1. 선고 2005다5812 판결.

6) 주요 판단표지로서 ① 계약의 유형과 성질, ② 전문지식 등 교섭당사자의 관계, 그리고 ③ 정보의 중요성 등이 제시되고 있다. 이에 관하여는 이상욱, "계약전의 정보제공의무와 착오", 「한봉희교수화갑기념논문집」, 1995, 1073, 1083면 이하; 박인환, "계약체결과정에 있어서의 정보제공의무", 법학박사학위논문(서울대), 2004, 275면; 송오식, "소비자계약에서 정보제공의무", 「법학논총 (전남대 법학연구소)」 제29집 1호, 2009, 90, 108면; 김상중, "계약 체결 이전 단계의 정보제공의무", 「고려법학」 제56호, 2010. 1, 22면.

7) 방문판매의 경우 소비자의 집, 직장 등과 같은 공간에서, 전화판매권유의 경우에는 판매업자의 소비자에게 전화라는 통신수단을 이용하여 판매업자의 주도 하에 계약체결을 예기하지 않고 있었을 소비자에 대한 계약을 권유하는 상황을 뜻함.

접적이나마 기여하고자 한다.[8]

2. 정보제공의무의 내용과 이행

가. 정보제공의무의 내용

본조 제1항은 방문판매자 등으로 하여금 ① 방문판매자 등의 신원정보, ② 판매 대상인 재화 등에 관한 거래정보, 그리고 ③ 청약철회 등의 권리구제 등에 관한 정보를 소비자에게 제공하도록 규정하고 있다.[9]

먼저, 방문판매자 등은 소비자에 대하여 방문판매업자 또는 전화권유판매업자의 성명(법인의 경우에는 대표자의 성명), 상호, 주소, 전화번호 및 전자우편주소, 그리고 방문판매업자 또는 전화권유판매업자를 대신하여 방문판매원 또는 전화권유판매원이 판매업무를 수행하는 경우에는 판매원의 성명, 주소, 전화번호 및 전자우편주소를 제공하여야 한다(제1호, 제2호). 이러한 신원정보를 제공함에 있어서 방문판매자 등은 소비자에게 미리 해당 방문 또는 전화가 재화 등의 판매를 권유하기 위한 것이라는 점을 밝혀야 한다(제6조 제3항). 소비자의 입장에서는 판매업자가 신뢰할 수 있는 사업자인지에 대한 인식, 판매업자에게 계약위반의 책임을 묻고자 할 경우에 상대방의 신원정보를 확보하는데 기여할 것이며,[10] 영업 목적의 접촉임을 알림으로써 공정한 경쟁질서의 형성에 간접적이나마 기여하는 데에 그 목적이 있음은 이미 위 1.에서 설명한 바와 같다.

다음으로, 방문판매자 등은 판매 대상인 재화 등에 관한 거래정보, 즉 재화등의 명칭, 종류 및 내용(제3호), 재화등의 가격과 그 지급의 방법 및 시기(제4호), 재화등을 공급하는 방법 및 시기(제5호), 그리고 전자매체로 공급할 수 있는 재화등의 설치·전송 등과 관련하여 요구되는 기술적 사항(제7호) 등에 관한 정보를 제공하여야 한다. 이들 사항에 대한 정보제공의무는 판매의 목적물과 가격 등의 주요한 계약내용을 소비자에게 계약 체결 이전에 명확하게 알 수 있도록 함으로써 방문판매 또는 전화권유판매의 상황에서 소비자의 숙고된 의사결정을 가능하게 해 주는 데에 기여하고 있다. 이 중에서 위의 제3호에 따른 재화등의 명칭, 종류 및 내용은 판매되는 재화 또는 용역 등의 본질적 성상을 알리는 데에 기여할 것이며, 제3호의 "가격"은 세금 등을 포함하여 재화 등의 취득을 위하여 소비자가

8) 신원정보 제공의 제도적 목적에 관하여는 이병준, "전자상거래소비자보호법상의 정보제공의무와 명확성의 원칙", 「정보화정책」 제11권 제3호, 2004, 32면; 이병준, 「현대 시민사회와 소비자계약법」, 집문당, 2013, 497면 이하.

9) 위와 같은 정보제공 대상의 3분화에 관하여는 MünchKomm/Wendhorst, 7.Aufl., 2016, § 312d Rn. 1.

10) 신원정보를 공개하여야 하는 판매업자의 입장에서는 신원정보의 공개를 통하여 법 위반 행위에서 익명으로의 도피를 방지하는 데에 기여할 수 있다는 지적으로 이병준, "전자상거래소비자보호법상의 정보제공의무와 명확성의 원칙", 「정보화정책」 제11권 제3호, 2004, 32면.

최종적으로 지급해야 할 전체가격을 뜻한다고 이해되며 재화 등의 성질에 비추어 미리 가액을 정확히 제시할 수 없다면 가격산정의 방식을 기재함으로써 족할 것이다.[11] 또한 본조 제1항 제11호는 위의 각 호에 따른 거래정보 외에 "그 밖에 소비자의 구매 여부 판단에 영향을 주는 거래조건(…)으로서 대통령령으로 정하는 사항"을 규정해 둠으로써 위 각 호에서 명시적으로 열거하지 않은 거래 관련 정보의 제공의무를 인정할 여지를 열어두고 있다. 이에 관한 시행령 제11조 제1호는 가령 재화 등의 판매대금 외에 여기에 포함되지 않은 별도의 포장, 배송 비용 등과 같이 재화등의 가격 외에 소비자가 추가로 부담하여야 할 사항이 있는 경우에 이에 대한 방문판매자 등의 정보제공의무를 규정하고 있다. 또한 이 외에도 판매일시·판매지역·판매수량·인도지역 등 판매조건과 관련하여 제한이 있는 경우에는 그 내용도 포함하여야 한다(시행령 제11조 제2호).

더 나아가 방문판매자 등은 청약철회, 계약해제와 보증정책 등에 대한 정보를 소비자에게 사전에 제공하여야 한다. 구체적으로 말해 청약의 철회와 계약해제의 기한·행사방법권리행사에 필요한 서식[12] 포함)·효과에 관한 사항(제6호)에 대하여 방문판매자 등은 소비자에게 이해할 수 있도록 설명하여야 한다. 기한없는 계약 또는 자동연장되는 계약의 해지의 요건·절차,[13] 계약의 존속기간 역시 해당 거래에서 요구되는 경우에는 정보제공의무의 대상에 포함된다고 이해된다(독일민법 시행법률 제246a조 제1조 제11호). 또한 방문판매법은 재화등의 교환·반품, 수리보증 및 그 대금 환불의 조건과 절차(제7호), 소비자피해보상, 재화등에 대한 불만 및 소비자와 사업자 사이의 분쟁 처리에 관한 사항(제9호)에 관한 정보 역시 소비자에게 제공하도록 함으로써 소비자의 권리구제에 있어서 실효성을 높이고자 한다. 그리고 방문판매자 등이 소비자에게 이해할 수 있도록 설명해야 할 대상에는 거래에 관한 약관 역시 포함되는데(제10호), 이는 약관의 계약내용에의 편입을 위해서도 요구된다고 할 것이다.[14] 끝으로 본조 제1항 제11호는 "그 밖에 (…) 소비자피해 구제에 필요한 사항"에 대하여 대통령령에 의해 필요에 따라 보완할 수 있는 여지를 남겨두고 있다.

---

11) 독일민법 시행법률 제246조 제1항 제3호와 전자상거래법 제13조 제2항 제3호 참조.

12) 방문판매 등에 관한 법률 시행규칙 제10조.

13) 계속거래의 경우에는 제30조 참고. 이에 관하여는 정재훈, "방문판매법상 계속거래 해지와 대금환급의 공정성 판단", 「법학논집(이화여대)」 제25권 제2호, 2020, 327면 이하 참고.

14) 본조 제1항의 정보제공의무를 이행하기 위하여 약관을 포함한 거래조건에 대한 설명과 약관의 계약편입을 위하여 약관법에서 요구하는 설명의 정도에 관한 비교설명으로는 이병준, "전자상거래소비자보호법상의 정보제공의무와 명확성의 원칙", 「정보화정책」 제11권 제3호, 2004, 41면. 판매업자가 소비자에게 약관을 교부한 경우에도 그 약관 속에 본조 제1항의 정보를 포함하지 않고 있는 한 본조의 정보제공의무를 위반하게 됨은 물론이다.

이상에서 본조 제1항이 규정한 정보제공의무의 대상에 관하여 설명하였는데, 방문판매 또는 전화권유판매에서 사업자가 소비자에게 미리 알려야 할 주요 사항을 망라하고 있다고 여겨진다. 다만 개별적인 판매행위에서 당해 거래 상황과 경위 등에 따라 판매자의 정보제공의무가 신의칙에 따라 본조에서 열거하지 않은 사항에 대하여 인정될 수 있으며, 이 같은 의무의 위반에 대해서는 방문판매법 소정의 행정적 제재는 별론으로 하더라도 아래 3.에서 설명한 민사법적 구제수단은 인정될 수 있다고 할 것이다.

나. 정보제공의무의 이행

본 조 제1항에 따른 정보제공의무는 방문판매자 또는 전화권유판매자가 소비자에 대하여 계약의 내용을 이해할 수 있도록 소정의 거래 관련 정보를 제공하여야 한다. 즉, 정보제공의무가 소비자의 신중한 의사결정의 보장이라는 데에 주된 취지가 있는 한, 계약정보의 전달은 소비자로 하여금 당해 거래의 내용을 이해할 수 있을 정도로 뚜렷하고 분명하게 행해져야 한다(정보의 명확성).[15] 이때 정보제공의무의 이행 방법 내지 정도는 소비자로 하여금 계약내용에 대한 명확한 이해(가능성)을 보장할 수 있는 한도에서는 개별적 판매상황과 거래의 방법, 거래되는 재화의 특성 등을 고려하게 될 것이다.[16] 방문판매의 경우에는 설명서, 카탈로그 등과 같은 문서 형태가 자주 활용될 것이며, 가독성 또는 이해가능성이 보장되는 한 지속적인 저장매체를 이용한 설명의무의 이행도 가능할 것이다(전자권유판매에서 계약서발급의무를 전자문서로 갈음하는 방법에 관한 본조 제4항 참조).[17] 방문판매자 등에 의한 설명의무의 이행을 통하여 법을 알지 못하는 소비자가 본 조 제1항의 사항을 제3자의 자문을 얻지 않더라도 이해할 수 있어야 할 것이다.[18] 이런 맥락에서 그저 법조문 내지 법 전문용어를 막연히 참조하도록 하는 방식은 합리적 소비자의 이해가능성을 벗어난다고 할 것이다.

한편 방문판매자 등의 소비자에 대한 정보제공의무는 계약을 체결하기 이전에 이행되어야 한다. 신원정보, 구매목적물에 대한 정보와 달리 권리구제에 관한 사항에 대해서는 계약체결 이후에 정보를 제공하는 방법도 생각해 볼 수는 있겠지만,[19] 본조 제1항은

15) 전자상거래법 제13조 제2항에서는 소비자가 "거래조건을 정확하게 이해하고 실수나 착오 없이 거래할 수 있도록 (…) 적절한 방법으로 (…) 고지하여야 한다"고 규정하고 있다.

16) 이병준, "전자상거래소비자보호법상의 정보제공의무와 명확성의 원칙", 「정보화정책」 제11권 제3호, 2004, 38면.

17) 독일민법 시행법률 제246a조 제4조 참고.

18) MünchKomm/Wendhorst, 7.Aufl., 2016, § 312d Anh. I Rn. 57.

19) 실제로 방문판매와 통신판매에서 정보제공의무를 정한 독일민법 제312d조의 해석과 관련하여 이 같은 가능성의 지적으로는 MünchKomm/Wendhorst, 7.Aufl., 2016, § 312d Rn. 2. 전자상거래에서 정보의 대상에 따른 정보제공의 시기에 관한 자세한 소개로는 이병준, "전자상거래소비자보호법상의 정보제공의무와 명

계약체결 이전에 방문판매자 등으로 하여금 정보제공의무를 이행하도록 규정하고 있다. 신원정보, 구매상품의 성상과 가격 등에 관한 거래 관련 정보와 달리 소비자불만처리 등 권리구제에 관한 정보의 경우에는 계약을 체결한 이후에 비로소 필요하게 된다는 점에서 그 시점을 달리 구성할 수도 있겠으나, 정보전달의 편리성·효율성 등에서 일괄적으로 계약체결 이전에 이행되도록 규정하는 방식도 충분히 납득할만하다. 본조 제1항의 정보제공의무가 소비자의 계약체결 의사의 진정성을 보장하는데 목적이 있는 한 정보제공의무의 이행과 계약체결 사이에는 시간적 관련성이 인정되어야 할 것이다. 따라서 방문판매자 등의 정보제공이 당해 계약체결과 관련하여 너무 오래전에 행해진 경우에는 당해 계약을 체결할 때에 반복하여 이루어져야 한다고 생각된다.[20]

끝으로 본조 제1항에 따른 정보제공의무의 이행 여부에 대한 다툼이 있을 경우에는 판매업자가 본조 제1항의 사항들을 소비자에게 설명하였음을 증명하여야 할 것이다.[21] 판매업자의 이와 같은 증명책임에 비추어 판매업자는 본조 제1항의 설명을 한 다음에 소비자로부터 그 확인을 받아둘 필요가 있다. 제7조의2는 전화권유판매의 경우에 판매업자로 하여금 소비자의 동의를 받아 통화내용 중 계약 관련 사항을 계약일로부터 3개월 이상 보존하도록 의무지우고 있다.

3. 정보제공의무 위반의 법률효과(제5항)

방문판매업자 또는 전화권유판매업자가 소비자에 대한 본조의 정보제공의무를 위반하는 경우에는 방문판매법에서 정한 행정적 규제와 함께 민법의 일반적 법리에 따른 민사법적 구제수단이 인정될 수 있다.

가. 공법적 규제

방문판매법은 제49조 제1항에서 공정거래위원회가 본조 제1항에 따른 정보제공의무를 이행하지 않는 사업자에 대하여 시정조치를 명할 수 있도록 규정하고 있다. 본조 제1항의 정보제공의무 외에 제2항의 계약서 발급의무, 제3항의 미성년를 이유로 한 취소권에 관한 고지의무,[22] 그리고 제5항의 거래조건 성실이행의무를 위반한 행위에 대해서도 시

확성의 원칙", 「정보화정책」 제11권 제3호, 2004, 33면 이하. 전자상거래에서 "계약체결 전에"라는 문구가 계약을 청약함에 있어서 거래정보를 필요로 하는 소비자의 이해관계를 적확히 반영하지 못하고 있다는 지적으로는 고형석, "소비자보호를 위한 전자상거래소비자보호법의 개정방안에 관한 연구", 「법학논총(국민대)」 제31권 제2호, 2018, 411면.

20) MünchKomm/Wendhorst, 7.Aufl., 2016, § 312d Anh.I Rn. 56.

21) 독일민법 제312k조 제2항은 이를 명시적으로 규정하고 있다.

22) 공정위 심결례 2005. 7. 7. 2005특보1009(제2005-081호).

정조치를 명할 수 있으며, 위반행위의 반복 등에 대해서는 영업의 정지 또는 과징금의 제재를 부과할 수 있다(제49조 제4항, 제51조). 본조에 관한 공정거래위원회의 심결례의 상당수는 계약서를 교부하지 않거나 특히 법정 사항(판매업자와 판매원의 연락처, 청약철회 및 계약해제 관련 사항 등)의 일부가 기재되지 않은 불완전한 계약서를 교부하는 판매업자의 행위를 판단하고 있다. 더 나아가 계약서 발급의무를 다 하지 않은 판매업자에 대해서는 과태료의 벌칙이 부과된다(제66조 제3항 제3호).

한편 본조 제1항의 정보제공의무 위반행위가 판매상품 또는 가격 등 구매조건 등에 관한 거짓 또는 과장된 사실을 알리거나 기만적 방법을 사용하여 소비자를 원치 않는 계약을 체결하게끔 유인하는 결과를 야기할 수도 있을 것이다. 이 같은 행위는 방문판매법 제11조 제1항 제2호의 금지행위를 구성하며 이로써 그 위반에 따른 공적 조치도 판매업자에게 부과된다.[23] 이와 관련하여 제49조 제4항 제3호에서는 "시정조치만으로는 소비자피해를 방지하기 어렵거나 소비자에 대한 피해보상이 불가능하다고 판단되는 경우"라는 보완적 규정을 두고 있는데, 공정거래위원회는 가령 방문판매업자 또는 전화권유판매업자가 판매상품이나 가격조건 등에 관하여 허위 사실을 알려서 소비자를 유인하여 계약을 체결하여 손해를 입힌 경우에 그 같은 법 위반행위로 취득한 이익의 회수 등 금전적 제개가 효과적이라고 판단하면서 위 규정에 근거하여 과징금을 부과하기도 한다.[24]

나. 민사법적 구제수단

1) 청약철회 준수기간의 미개시

방문판매 또는 전화권유판매의 방법으로 재화 등을 구매하는 계약을 체결한 소비자는 임의로 계약을 철회할 수 있다(제8조 제1항). 이때 소비자의 청약철회권은 일정한 기한 내에 행사되어야만 하는데, 위 철회기간은 방문판매자 등이 소비자에게 본조 제1항에서 정해 둔 정보를 기재해 둔 계약서를 발급하여서 소비자가 이를 수령한 날로부터 비로소 시작하게 된다(제8조 제1항 제1호). 소정의 거래 정보를 기재한 계약서의 불수령과 청약철회 준수기간의 미개시라는 법률효과는 방문판매법 외에도 할부거래법, 전자상거래법에서도 인정되고 있다.

23) 공정위 심결례 2003. 12. 5. 2003특보1713(제2003-165호); 공정위 심결례 2004. 8. 20. 2003특보2265(제2004-131호); 공정위 심결례 2005. 1. 7. 2004특보1300(제2005-008호); 공정위 심결례 2005. 9. 26. 2005특보0312(제2005-206호); 공정위 심결례 2006. 3. 28. 2006특수0275(제2006-084호); 공정위 심결례 2008. 8. 26. 2008광사1109(제2008-354호); 공정위 심결례 2009. 6. 15. 2009특수1086(제2009-162호); 공정위 심결례 2015. 6. 22. 2014특수2850(제2015-202호); 공정위 심결례 2017. 8. 9. 2016특수4039(제2017-083호)

24) 공정위 심결례 2015. 6. 22. 2014특수2850(제2015-202호); 공정위 심결례 2017. 8. 9. 2016특수3558(제2017-086호).

2) 제공된 정보에 따른 계약내용의 구성[25)]

본조 제5항에서는 제1항과 제2항에 따라 소비자에게 설명되거나 표시된 거래조건에 관하여는 방문판매업자 또는 전화권유판매업자가 성실하게 이행하여야 한다고 규정하고 있다. 본 조항은 단지 선언적 의미를 갖는데 그치지 않고 방문판매업자 등에게 설명, 표시된 바에 따라 계약내용을 이행해야 한다는 법적 의무가 인정됨을 분명히 규정하고 있다고 할 것이다. 그렇다면 본조 제5항은 방문판매업자 등이 소비자에 대한 판매행위를 함에 있어서 위 제1항에서 열거한 사항을 적극적으로 알림으로써 (또는 알릴 것이라고 기대했음에도 알리지 않음으로써) 계약목적물 등에 대하여 소비자가 일정한 기대를 갖게 된 경우에는 이러한 기대가 계약의 내용을 구성할 수 있다는 민사법의 일반적 해석법리에 대한 실정법적 근거로서 기능할 수 있겠다. 외국의 입법례 중에는 방문판매업자가 정보제공의무를 이행하면서 고지한 사항은 명시적으로 달리 합의하지 않는 한 계약내용이 된다는 것을 명시적으로 규정한 경우도 있다(독일민법 제312d조 제1항).

상품에 대한 판매업자의 정보에 따른 계약내용 구성의 법리는 대법원 판결례에서도 방문판매의 상황은 아니지만 건물분양의 광고내용을 계약내용으로 하기로 하는 묵시적 합의가 존재한다고 함으로써 일찍이 인정되어 오고 있다.[26)] 그리고 최근에는 "내용이 명확하고 확정적이며 광고주가 광고의 내용대로 계약에 구속되려는 의사가 명확한 경우에는 이를 청약"으로 볼 수도 있고 "광고가 청약의 유인에 불과하더라도 이후의 거래과정에서 상대방이 광고의 내용을 전제로 청약을 하고 광고주가 이를 승낙하여 계약이 체결된 경우에는 광고의 내용이 계약의 내용으로 된다"고 판시하고 있다.[27)] 이 같은 민사법의 일반법리는 방문판매 또는 전화권유판매에서 제공된 거래정보의 경우에도 그대로 적용될 수 있다고 할 것이다. 한편 위와 같은 의사표시 해석을 통한 계약내용의 구성 법리는 판매업자가 상품의 성상 등 계약조건에 관한 거짓 또는 과장의 적극적 행위를 하였을 경우뿐만 아니라 의사결정에 중요한 사실을 판매과정에서 은닉한 경우에도 적용될 수 있다(방문판매법 제11조 제1항 제2호의 금지행위 참고). 가령 이월상품임에도 이를 알리지 않은 채 마치 신제품과 같이 선전하거나, 대출금리가 변동됨에도 마치 고정금리인 것과 같이 오인하

---

25) 방문판매 또는 전화권유판매에서 판매업자의 정보제공의무 위반에 따른 민사법적 책임이 공간된 판결례나 심결례의 형태로는 잘 알려져 있지 않아서 이하에서는 거래 일반의 정보제공의무 위반 또는 허위의 상품표시·광고에 대한 판결례와 심결례를 통하여 소개하도록 하겠다. 아래의 계약취소, 불법행위책임에서도 마찬가지이며, 아래 내용의 일별로는 김상중, "소비자계약과 정보제공의무", 「소비자법연구」 제5권 제2호, 2019, 27, 40면 이하 참고.

26) 대법원 2007. 6. 1. 선고 2005다5843 판결.

27) 대법원 2018. 2. 13. 선고 2017다275447 판결(전자상거래 사이트를 이용한 리조트 숙박권을 판매하면서 상품 설명에 관한 표시·광고의 내용이 문제된 사안).

도록 광고하는 경우 또는 일정한 사용여건에서만 성능이 보장됨에도 이를 누락한 채 상품의 효용을 선전하는 경우를 생각할 수 있다.[28] 물론 판매업자가 상품에 관하여 표시·광고한 모든 내용이 계약 내용을 이룰 수는 없을 것이며, 위의 판결례에서도 제시된 바와 같이 사업자가 표시·광고한 내용이 상품 등 계약조건에 관한 구체적 사정을 담고 있는지, 표시·광고한 내용에 따른 사업자의 계약 이행을 합리적으로 기대할 수 있는지 등을 고려하여 계약 내용의 해당성 여부를 판단하여야 할 것이다.[29] 따라서 손쉽게 건물분양의 경우를 가지고 설명한다면 건물의 외형·자재 등과 부대시설에 관한 사항은 계약 내용으로 해석되는 반면, 도시계획 등 입지조건에 관하여는 계약의 내용을 이룰 수 없다고 판단하는 경향이다.[30]

어찌되었건 방문판매업자 또는 전화권유판매업자가 제공한 정보에 부합하지 않는 상품을 공급하여 판매계약을 위반하는 경우에 소비자는 판매자업자를 상대로 채무불이행 또는 하자담보책임을 이유로 손해배상의 책임을 물을 수 있음은 물론이다.[31] 더 나아가 소비자는 불이행의 내용이 중대한 경우에는 청약철회권 여부와 관계없이 계약해제권의 행사를 고려할 수도 있을 것이다.[32]

3) 사기 또는 착오를 이유로 한 계약의 취소

방문판매 또는 전화권유판매에서 거짓이나 과장 또는 중요정보의 누락에 따른 판매업자의 정보제공의무 위반으로 계약을 체결한 소비자는 사기 또는 착오를 이유로 한 계약의 취소를 주장할 수 있다.

먼저, 민법 제110조에 따른 사기를 이유로 한 계약의 취소는 기망자의 고의에 의한 위법한 기망행위로 인하여 의사표시가 있을 것을 요건으로 하고 있다. 전자상거래에 관한

---

28) 김상중, "부당 표시·광고에 대한 민사법적 규율", 「경영법률」 제21집 제3호, 2011, 215~217면.

29) 김상중, "상품의 표시·광고와 계약의 내용", 「서강법학」 제8권, 2006, 11~15면; 천종호, "아파트분양광고의 법적 성질과 분양계약계약에의 편입", 「판례연구(부산지방변호사회)」 제20집, 2009, 153~162면; 왕정옥, "허위·과장광고와 그로 인한 계약의 취소 또는 불법행위 책임의 성립 여부", 「대법원판례해설」 제81호, 2009, 297~298면.

30) 이원석, "아파트 허위·과장광고로 인한 표시광고법상 손해배상책임에 있어 수분양자 지위가 양도된 경우와 분양계약이 해제된 경우의 법률관계", 「대법원판례해설」 제105호, 2015, 498~499면.

31) 이미 대법원 2007. 6. 1. 선고 2005다5812 판결.

32) 대법원 1995. 9. 29. 선고 95다7031 판결(백화점 부대 특수시설에 대한 지분을 분양함에 있어서 분양회사의 일정 지분보유 비율의 유지가 계약내용을 이루는지 여부가 문제된 사안); 대법원 2009. 3. 20 선고 2008다51120 판결(상가의 임대분야에서 주변 시설과의 연결을 위한 모노레일 설치에 관한 선전내용이 계약의 일부를 이루는지 여부가 문제된 사안); 대법원 2015. 7. 23. 선고 2012다15336 판결(아파트를 분양함에 있어서 인근의 해양공원, 경전철 건설과 같은 입지조건의 광고가 계약의 내용을 이루는지 여부가 문제된 사안). 다만 이들 판결례에서는 착오 또는 사기를 이유로 한 취소권을 인정하지 않으면서 사업자가 표시·광고한 내용에 따라 계약을 이행하지 않았음을 이유로 한 계약해제권의 행사도 인정하지 않았다.

판결로서 가령 TV 홈쇼핑업체에 납품하여 판매한 삼(蔘)이 산삼이 아니라 인공적으로 재배한 삼임을 알면서도 자연산삼의 종자라고 선전하는 경우[33] 또는 단순한 건강기능식품에 불과함에도 질병 치료에 효용이 있다고 과장한 경우[34] 사기를 이유로 한 취소가 인정될 수 있다. 또한 법원에서 자주 다투어지는 사안 유형인 건물분양계약과 관련하여서는 상가분양 과정에서 매장운영 계획을 허위로 알리거나[35] 필요한 조치를 받지도 않은 채 영화관 입점과 단지 가능성의 하나로 검토 중에 불과한 도시계획을 확정된 것처럼 선전한 사안[36]에서도 계약의 취소를 인정한 바 있다. 그렇지만 건물분양에 관한 적지 않은 사안에서는 기망행위의 위법성 또는 고의성이 인정되지 않음으로써 수분양자에 의한 계약취소의 주장이 인용되지 않았다. 예를 들어 연립주택의 서비스면적을 분양광고에 포함하여 주거공간이 넓다고 홍보하면서도 계약서에는 실제의 계약면적을 제대로 기재해 두었고 분양가격 역시 실제면적에 따라 책정되고 수분양자 역시 견본주택을 방문하여 실사할 수 있었던 경우,[37] 상가분양을 하면서 그곳에 오락타운을 조성하고 전문경영인에 의한 경영을 함으로써 일정한 수익을 보장하겠다는 광고를 한 경우[38] 대법원은 정확한 정보에의 접근·검토 가능성, 의사결정에 미치는 영향의 정도, 수분양자의 투자위험 부담원칙 등을 고려하여 거래관념에 비추어 위법하지 않은 과장행위라고 판단한 바 있다. 특히 최근에는 아파트나 상가의 분양과정에서 사업자가 인근의 편의시설 설치계획을 광고하면서도 그 계획의 변동·취소 가능성을 함께 유보하거나 관계 당국의 도시계획 내용을 그대로 홍보에 활용하는 경우에는 비록 그 계획이 추후 무산·변경 또는 지연되더라도 기망의 고의성을 부정해 오고 있다.[39]

---

33) 대법원 2002. 2. 5. 선고 2001도5789 판결.

34) 대법원 2004. 1. 15. 선고 2001도1429 판결; 이와 유사한 사안으로 대법원 2008. 11. 27. 선고 2008다56118 판결(거짓, 과장 광고에 따른 손해배상).

35) 대법원 2004. 10. 15. 선고 2003다69195 판결(분양할 상가건물 4~6층의 각 층에 매점을 2곳을 설치하여 분양할 계획을 세웠음에도 1곳만을 설치하여 각 층의 매점운영자에게 안정된 운영을 보장하는 듯한 선전을 한 경우).

36) 대법원 2007. 6. 27. 선고 2007다49830 판결(2007. 11. 15. 심리불속행 기각에 의하여 확정). 이 판결에서는 영화관 등을 설치하는데 필요한 허가를 받은 적이 없음에도 분양광고물에는 멀티플렉스 영상관이 입점한다고 기재해 놓는가 하면, 쇼핑몰 부근이 호남고속도로의 강남출발역의 후보지로 검토됨에 불과함에도 마치 출발지로 확정된 것과 같이 홍보한 사실이 문제되었음.

37) 대법원 1995. 7. 28. 선고 95다19515, 95다19522 판결.

38) 대법원 2001. 5. 29. 선고 99다55601, 55618 판결. 더 나아가 대법원 2010. 2. 25. 선고 2009다86000 판결(이 판결에 대한 비판적 평가로는 김현환, "계약체결과정에 있어서의 정보제공의무", 「재판과 판례」 제19집, 2010, 291면).

39) 대법원 2009. 8. 20. 선고 2008다51120, 51137, 51151 판결(인천국제공항 국제업무지역 대지 위의 시설을 임대분양하는 과정에서 PMS(모노레일) 설치와 공항전망대 및 홍보관의 설치, 운영을 선전한 사안); 대법원 2015. 5. 28. 선고 2014다24327 판결(인천국제공항 인근의 아파트를 분양하면서 제3연륙교, 제2공항철도, 영종역 등의 개발사업을 광고한 사안); 대법원 2015. 7. 23. 선고 2012다15336 외 판결(부산 바닷가 앞의

한편 방문판매 또는 전화권유판매에서 판매업자의 정보제공의무 위반에 따라 계약을 체결하게 된 자는 착오를 이유로 한 계약의 취소를 주장할 수도 있는데, 이 경우에는 착오한 사실이 법률행위의 내용이나 전제를 이루고 있으며 또한 중요하다고 인정되어야 한다. 물론 착오에 따른 계약의 취소는 사기의 경우와 달리 착오 상대방의 고의를 전제로 하지 않지만, 사업자의 부당 표시·광고로 인한 착오취소가 주장된 건물분양의 사안에서 법원은 이러한 주장을 거의 받아들이지 않고 있다.[40] 그러면서 그 법리적 근거로는 예를 들어 건물을 분양하면서 사업자가 주변 편의시설 등의 설치를 선전하는 경우 계약의 전제가 되지 않았다거나 중요 부분에 해당하지 않는다[41]는 점을 제시하고 있다.[42] 건물분양에 관한 이 같은 착오취소 판단에 관한 법원의 엄격한 법리적용에 대하여 비록 착오한 사정이 수분양자의 위험영역에 속한다고 하더라도 '상대방에 의하여 유발된 착오' 법리를 적용함으로써 착오취소의 인정을 보다 넓힐 수 있다는 적극적 주장도 제기되고 있다.[43] 일반론적으로는 신중하게 접근할 문제라고 생각되지만,[44] 방문판매 또는 전화권유판매에

아파트를 분양하면서 해안공원과 직선도로 등의 설치를 광고한 사안). 기망행위의 위법성과 고의성에 관한 이 같은 엄격한 적용은 일부 문헌에서 비판되고 있는데[서희석, 「소비자계약의 법리」, 부산대학교 출판부, 2018, 296면; 김수정, "아파트 분양광고에 포함된 주변 개발사업이 무산된 경우의 법률관계", 「법학(서울대 법학연구소)」, 제58권 제2호, 2017, 127, 138, 148면], 사견으로는 계약의 취소라는 중대한 결과에 비추어 수긍되는 바도 있고 더욱이 고의의 요건을 전제로 하는 한 현재의 판례 법리에 중대한 변화를 기대하기에는 무리가 있을 것으로 생각된다. 김상중, "부당 표시·광고에 대한 민사법적 규율", 「경영법률」 제21집 제3호, 2011, 223면 이하; 이원석, "아파트 허위·과장광고로 인한 표시광고법상 손해배상책임에 있어 수분양자 지위가 양도된 경우와 분양계약이 해제된 경우의 법률관계", 「대법원판례해설」 제105호, 2015, 505면.

40) 이원석, "아파트 허위·과장광고로 인한 표시광고법상 손해배상책임에 있어 수분양자 지위가 양도된 경우와 분양계약이 해제된 경우의 법률관계", 「대법원판례해설」 제105호, 2015, 501면.

41) 이는 사기를 이유로 한 취소의 주장을 받아들이지 않는 근거와 실제로는 유사하여, 사업자가 시설물을 선전하는 과정에서 그 실현 가능성을 유보해 두거나 관계 당국의 도시계획과 같이 수분양자에 의해서도 접근, 검토의 가능성이 있는 경우 또는 선전한 시설이 수분양자의 의사결정에 중요한 계기가 되었는지에 대한 확신이 없을 경우에 법원은 '동기의 착오에 불과하여 계약의 중요부분에 관하여 착오를 일으켜 계약을 체결한 것이라고 볼 수 없다'고 하면서 착오취소의 주장을 받아들이지 않고 있다. 이에 관하여는 왕정옥, "허위·과장광고와 그로 인한 계약의 취소 또는 불법행위 책임의 성립 여부", 「대법원판례해설」 제81호, 2009, 282, 310면; 이원석, "아파트 허위·과장광고로 인한 표시광고법상 손해배상책임에 있어 수분양자 지위가 양도된 경우와 분양계약이 해제된 경우의 법률관계", 「대법원판례해설」 제105호, 2015, 507면.

42) 그 외 판결례로서 대법원 2001. 5. 29. 선고 99다55601, 55618판결(분양건물의 운영방법과 수익성에 관한 착오); 대법원 2009. 3. 16. 선고 2008다1842 판결(건물분양에서 수분양 점포의 위치, 입점시설에 관한 착오); 대법원 2010. 4. 29. 선고 2009다97864 판결(상업지구에 위치하는 주거용 주상복합건물의 일조·조망상황에 관한 착오).

43) 김수정, "아파트 분양광고에 포함된 주변 개발사업이 무산된 경우의 법률관계', 「법학(서울대 법학연구소)」, 제58권 제2호, 2017, 153~154면.

44) 위와 같은 적극적 견해에 대하여 유발된 착오의 경우에도 상대방이 일정한 계약관련 사실을 고지하였다는 사정만이 아니라 표의자가 고지받은 바를 사실이라고 신뢰할만한 합리적 이유가 있는 경우에만 착오 취소권을 인정할 수 있을 뿐이라는 일반론 차원의 견해도 있으며(김형석, "동기착오의 현상학", 「저스티스」 제151호, 2015, 119면), 착오취소의 적용을 널리 인정할 경우 건물분양에 따른 수분양자의 투자위험을 상대방에게 전가해 버리는 결과를 초래할 염려가 크다는 지적(이동진, "분양광고에 의하여 유발된 착오와 표시광고법상 책임", 「재산법연구」 제35권 제4호, 2019, 31, 49면)도 제기되고 있다.

서 판매업자가 정보제공의무를 제대로 이행하지 않아서 상품의 성상 또는 거래조건에 관하여 사실과 다른 관념을 소비자에게 불러일으켜 원치 않는 계약체결에 이르게 된 경우에는 소비자는 내용의 착오 또는 상대방(판매업자)에 의하여 유발된 동기의 착오를 이유로 계약취소권을 행사할 수 있다고 할 것이다.

4) 불법행위를 이유로 한 손해배상책임

방문판매업자 또는 전화권유판매업자가 계약 교섭을 위한 판매의 과정에서 본조의 정보제공의무를 위반하여 상대방 소비자에게 손해를 야기한 경우 비록 사업자의 정보가 계약내용을 구성하지 않더라도 상대방에게 그 손해를 배상할 책임을 부담하게 된다. 계약체결 이전의 의무위반이므로 계약체결상의 과실책임으로 구성하는 것도 생각해 볼 수 있으나, 최근의 판례에 따르면 불법행위책임으로 구성하고 있다.[45] 물론 건물분양 등에 관한 대법원 판례에서도 표시광고법에 따른 거짓·과장 광고가 문제될 수 있더라도 가령 분양건물의 입지조건을 막연히 우수하다고 광고하거나 개발계획의 진행상황을 정확히 표시하였으나 이후 사정이 변경된 경우 또는 관계 당국의 개발계획을 선전에 활용하기는 하였으나 그 계획의 불확실함 등에 관하여 일반인도 확인, 검토할 수 있는 사정이라고 여기는 경우에는 불법행위책임을 인정하지 않는 경우도 있다.[46] 그렇지만 대법원은 백화점 변칙세일에 관한 1990년대의 판결례 이래 표시광고법의 적용이 없더라도, 그리고 무엇보다 거짓·과장 또는 정보누락에 따른 의무위반이 사기 또는 착오를 이유로 한 계약취소가 인정되지 않은 경우에도 부당 표시·광고로 인한 정보제공의무 위반을 이유로 한 손해배상책임을 널리 인정하고 있다.[47] 이러한 배상책임을 통하여 법원은 사업자의 정보제공의무 위

45) 판례 경향에 관하여는 김하늘, "대법원 2006. 10. 12. 선고 2004다48515 판결 해설", 「대법원판례해설」 제63호, 2007, 12, 19면; 천종호, "아파트분양광고의 법적 성질과 분양계약계약에의 편입", 「판례연구(부산지방변호사회)」 제20집, 2009, 175~176면. 한편 계약목적물에 관한 정보제공의무 위반에 따른 불법행위책임은 가령 건물분양의 경우 분양계약의 당사자가 아니면서도 분양광고를 주도하는 시공사에 대한 책임을 물음에 있어서 특히 의미가 있을 것인데 이에 관하여는 박영목, "아파트 분양 광고와 시공사의 법적 책임", 「재산법연구」 제27권 제1호, 2010, 285면.

46) 이에 관하여는 이원석, "아파트 허위·과장광고로 인한 표시광고법상 손해배상책임에 있어 수분양자 지위가 양도된 경우와 분양계약이 해제된 경우의 법률관계", 「대법원판례해설」 제105호, 2015, 503~504면.

47) 최근의 판결례만을 소개한다면 대법원 2008. 10. 23. 선고 2007다44194 판결(서비스 면적을 포함해 광고함으로써 보다 넓은 공간을 제공한다고 오인토록 한 경우); 대법원 2009. 8. 20. 선고 2008다51120 판결(모노레일 설치 사정을 광고한 사안); 대법원 2010. 8. 26. 선고 2009다67979 판결(대형할인매장부지로 변경을 검토해 달라는 요청만을 받은 상태에서 입점예정이라고 거짓 또는 과장광고한 사안); 대법원 2015. 5. 28. 선고 2014다24327 판결(제3연륙교, 제2공항철도사업 등 입지조건을 과장한 사안); 대법원 2015. 7. 23. 선고 2012다15336 판결(해안공원과 경전철 설치 예정에 관한 과장광고) 등. 이와 관련하여 마지막에서 인용한 대법원 2015. 7. 23. 선고 2012다15336 판결에 대한 평석을 통하여 의사결정에 중요한 영향을 미치는 사항에 대하여 고지의무를 인정하면서도 이를 위반한 경우에 단지 부수적 의무의 위반으로 취급하여 계약취소 또는 해제가 아닌 손해배상만을 인정하는 태도에 대하여 논리의 상호모순이라는 지적으로는 김민규, "집합건물 분양자의 정보제공의무와 그 책임법리", 「토지법학」 제32권 제2호, 2016, 151면 이하.

반이 없었더라면 상대방이 지급하지 않았을 대금의 차액을 배상액으로 지급하드록 함으로써 계약내용의 조정을 도모하고 있는 셈이다.[48] 위와 같은 판례법리는 건물분양 등의 일부 계약유형에 한정되지는 않을 것이며 방문판매 또는 전화권유판매에서도 마찬가지라고 할 것이다.

한편 판매업자의 정보제공의무 위반에 따른 손해배상책임과 관련하여서는 그 인정 근거와 여부에 관한 논의 이외에 손해배상의 내용도 문제된다. 민법의 일반적 원칙인 차액설에 따르는 한 피해자가 실제로 지급한 금액과 정보제공의무의 위반이 없었더라면 지급하였을 가정적 대금 사이의 차액을 배상액으로 정하게 될 것이다. 이러한 배상액은 증거조사의 결과와 변론 전체의 취지에서 얻어진 모든 간접사실을 종합하여 판단되어야 하겠는데(민사소송법 제202조의2), 결국에는 광고된 내용에 따라 이행하는데 소요되는 수선비용,[49] 광고내용이 가치하락에 중요한 영향을 미친 경우에는 가치하락액 상당분,[50] 그리고 특히 지급대금과 같은 기준시가의 일정한 비율[51] 등에 따라 수액이 산정되고 있다. 또한 대법원은 정보제공의무의 위반이 없었더라면 지급하였을 적정한 대금의 산정이 사실상 불가능하여 재산적 손해배상의 청구를 받아들이지 않는 대신에 위자료의 지급을 인정하기도 하는데, 이 경우에도 지급한 대금의 일정 비율에 따라 위자료 액수를 산정하고 있다.[52] 방문판매 또는 전화권유판매업자의 판매상품에 대한 정보제공의무의 위반에 의하여 소액다수의 소비자피해가 문제될 수도 있다. 현행법으로는 집단적 구제조치로서 선정당사자제도 등의 활용이 가능하겠는데, 보다 효율적인 구제를 위하여 소비자집단소송의 도입이 꾸준히 논의되고 있다.[53]

48) 계약취소에 대신하여 계약의 조정을 명하는 판례의 경향에 관한 소개로는 이동진, “분양광고에 의하여 유발된 착오와 표시광고법상 책임”, 「재산법연구」 제35권 제4호, 2019, 49면.

49) 서울지방법원 2000. 3. 31. 선고 97가합61423 판결.

50) 대법원 2006. 10. 12. 선고 2004다48515 판결.

51) 대법원 2009. 4. 23. 선고 2009다1313 판결; 대법원 2014. 4. 10. 선고 2011다82438 판결 등.

52) 대법원 2015. 7. 23. 선고 2012다15336 판결; 대법원 2015. 5. 28. 선고 2014다24327 판결 등. 이에 관한 상세한 소개로는 김수정, “아파트 분양광고에 포함된 주변 개발사업이 무산된 경우의 법률관계”, 「법학(서울대 법학연구소)」, 제58권 제2호, 2017, 159~161면.

53) 이에 관한 일반적 지적으로는 백경일, “소액다수 피해에 대한 사법상 구제방안들”, 「법학연구(전북대 법학연구소)」 제51집, 2017, 133면; 최광선, “소비자 집단소송의 발전방향에 관한 제언”, 「법학연구」 제29권 제1호, 2017, 269면 이하; 서희석, 「소비자계약의 법리」, 부산대학교 출판부, 2018, 497면; 손영화, “소비자의 집단구제에 관한 연구”, 「상사판례연구」 제31집 제4권, 2018, 325면. 더 나아가 상세한 내용에 관하여는 고형석, “집단적 피해와 집단분쟁조정제도에 관한 연구”, 「비교사법」 제25권 제2호, 2018, 425면.

Ⅲ. 본조에 관한 그 밖의 내용

1. 계약서의 발급 등 거래기록의 보존(제2항, 제4항)

방문판매자 등은 본조 제2항에 따라 재화 등의 판매에 관한 계약을 체결할 때에는 제1항에서 정하고 있는 사항들을 적은 계약서를 소비자에게 발급하여야 한다. 이를 통하여 소비자는 계약의 내용을 분명하게 확인할 수 있는 기회를 갖게 된다. 이는 특히 방문판매 또는 전화권유판매를 위한 상담 장소나 방법 등의 특수성에 따라 소비자가 계약체결에 관하여 신중하게 생각하지 못하거나 거래조건을 분명하게 알 수 없었을 경우에 대비하여 소비자의 실질적 계약자유를 보장해 줌과 아울러 계약서라는 서면에 의하여 판매계약의 체결과 그 내용에 대한 증명수단으로서 기능하게 된다.[54] 판매업자의 정보제공의무와 계약서발급의무에 관한 유사한 규정을 갖고 있는 독일민법의 해석론에 따르면 계약서의 발급 이전에 방문판매자 등이 본조 제1항의 사항을 소비자가 이해할 수 있도록 설명하지 않은 경우에는 그 후 제2항의 계약서발급의무의 이행만으로 설명의무의 불이행이 당연히 치유되지 않는다고 해석하고 있다.[55]

계약서 발급의 시기와 관련하여 계약서의 서면은 판매계약이 체결된 직후에 제공될 수 있을 뿐만 아니라[56] 계약체결 이전에 설명의무를 이행하는 과정에서 함께 제공될 수도 있다고 해석되는데,[57] 이 경우에도 당사자의 서명 또는 기명날인이 있어야 함은 물론일 것이다. 한편 전화권유판매의 경우에는 계약서의 서면 교부가 소비자와의 사이에서 전화라는 통신매체의 특성에 따라 곤란할 수밖에 없기 때문에 소비자의 동의를 받아 팩스나 전자문서로 송부할 수 있도록 간소화하고 그 대신에 팩스나 전자문서로 송부한 계약서의 내용과 도달에 관한 증명책임을 전화권유판매업자에게 부과하고 있다(본조 제4항). 방문판매업자 또는 전화권유판매업자가 위와 같은 계약서 발급의무를 게을리한 경우에 시정조치 등의 제재를 받게 됨은 이미 설명한 바와 같다(제49조, 제51조). 계약서의 발급 이외에 전화권유판매업자는 소비자의 동의를 받아 제1항의 사항 중에서 계약 관련 사항의 통화내용에 대해서는 계약일로부터 3개월 이상 보존하여야 하고, 소비자의 요청이 있을 경우에는 이를 열람할 수 있도록 해 주어야 한다(제7조의2). 이 역시 분쟁이 발생할 경우에 계

54) 고형석, "전자상거래소비자보호법상 계약서 교부의무에 관한 연구"「법학연구 (충북대)」 제27권 제1호, 2016, 469~470면.

55) MünchKomm/Wendhorst, 7.Aufl., 2016, § 312f Rn. 31. 다만 사후에 계약서가 발급됨으로써 소비자는 일정한 사항에 대한 인식을 가질 수 있었다는 사정은 인정할 수 있다고 한다.

56) 물론 계약서가 교부된 시점에 비로소 청약철회 기간이 개시한다는 방문판매법 제8조 제1항 제1호 참고.

57) 이와 관련하여 전자상거래의 경우에 위와 같은 가능성에 대한 문제의 지적으로는 이병준, "전자상거래소비자보호법상의 정보제공의무와 명확성의 원칙",「정보화정책」 제11권 제3호, 2004, 35면.

약체결의 경위와 내용을 증명하는데 기여하게 됨은 물론이다.

계약서가 발급되지 않은 경우에는 청약철회 기간이 개시하지 않는다(제8조 제1항 제1호). 본조 또한 판매업자의 계약서 발급의무의 위반행위에 대하여는 과태료(제66조 제3항 제3호), 거짓내용을 기재한 경우에는 벌금이 부과된다(제63조 제3호). 본조에 따른 판매사업자의 의무 중에서 가장 빈번하게 공정거래위원회의 규제를 받고 있다.

2. 미성년자의 보호(제3항)

본조 제3항은 방문판매자 등이 미성년자와 계약을 체결하려는 경우에 법정대리인의 동의를 받아야 하고, 법정대리인의 동의를 받지 못할 때에는 미성년자 측에서 이를 취소할 수 있음을 알려야 한다고 규정하고 있다. 민법 제5조 이하의 미성년자 보호규정을 확인하고 있는 한편,[58] 방문판매자 등에게 미성년자측의 권리구제수단에 대한 고지의무를 부과하고 있다.

판매업자가 이러한 고지의무를 위반하는 경우에는 시정조치 등의 대상이 되며(제49조, 제51조),[59] 더 나아가 민법상으로 취소권의 권리행사를 위한 제척기간(민법 제146조)의 기산 여부가 논의될 수 있을 것이다. 개인적으로는 법정대리인이 미성년자의 계약체결 사실을 알고 있는 한 판매업자의 고지의무 위반이 있더라도 취소권의 행사기간은 기산한다고 생각된다. 한편 본조 제3항은 미성년자에 한정하고 있으나, 그 외의 제한능력자(피성년후견인, 피한정후견인)에 대해서도 확대, 적용되어야 할 것이다.[60]

3. 다른 법률과의 관계

본조 제1항의 정보제공의무와 관련하여 최근에는 실질적 계약자유 내지 공정한 계약기회의 보장에 대한 요청이 높아가면서 계약교섭 당사자 사이에 계약체결 이전의 정보제공의무가 확대, 발전하고 있다. 따라서 계약 체결 이전의 정보제공의무에 대해서는 여러 법률에서 규정하고 있는데, 무엇보다 상품 또는 용역의 판매에서 소비자를 속이거나 잘못 알게 하는 부정한 경쟁행위를 방지하기 위하여 표시·광고의 공정화에 관한 법률이 오래 전부터 적용되어 오고 있다. 이 법률은 그 위반행위에 대하여 시정조치 등의 행정적 규제 이외에 손해배상책임도 인정하고 있는데, 상품의 표시·광고 규제에 대한 일반법적 지위

58) 따라서 미성년자가 법정대리인으로부터 처분을 허락받은 재산을 단독으로 처분하는 경우에 민법상으로 취소권이 인정되지 않는데(민법 제6조), 본조 제3항 본문에 따라 위와 같은 경우에 법정대리인의 동의가 필요한다고 해석되지는 않는다. 동일한 취지로서 고형석, “소비자보호를 위한 전자상거래소비자보호법의 개정방안에 관한 연구”, 「법학논총(국민대)」 제31권 제2호, 2018, 414면.

59) 공정위 심결례 2005. 7. 7. 2005특보1009(제2005－081호).

60) 고형석, “방문판매에 있어서 고령소비자 보호에 관한 연구”, 「중앙법학」 제20집 제2호, 2018, 115면.

에서 방문판매 또는 전화권유판매에 대해서도 적용된다고 할 것이다. 또한 할부거래법과 전자상거래법에서도 사업자의 정보제공의무를 규정하고 있는데, 본조의 정보제공의무 규정과는 각 법률의 해당 판매행위에의 적용 여하에 따라 판단하면 족할 것이다. 한편 판매상품의 특성에 따라 별도의 정보제공의무를 규정한 경우가 있는데, 예를 들면 상법 제638조의3, 보험업법 제95조의2는 보험상품에 대하여 보험회사 또는 보험모집인의 일반보험계약자에 대한 설명의무를 규정하고 있다. 이와 같은 규정은 해당 상품의 특성에 따라 교섭상대방에게 반드시 알려야 할 계약 관련 사항을 일반적 정보제공의무와 비교하여 보다 구체적으로 정하고 있다고 할 것이다. 방문판매법 제3조 제2호는 보험업법 제2조 제6호에 따른 보험회사와 보험계약을 체결하기 위한 거래에는 방문판매법이 적용되지 않는다고 규정하고 있으므로, 본조 제1항의 정보제공의무 역시 위의 보험계약에는 적용될 여지가 없게 된다.

끝으로 본조 제2항의 계약서 발급의무와 관련하여 방문판매법 제4조 제2항은 다른 법률에서 방문판매법에서 정한 방법과 다른 계약서 발급 등을 규정하고 있는 경우에는 본조에 따른 계약서 발급 의무에 관한 규정이 적용되지 않는다고 정하고 있다.

제7조의2(전화권유판매업자의 통화내용 보존 의무) ① 제7조 제1항에 따른 계약 중 전화권유판매에 관한 계약의 경우 전화권유판매업자는 소비자의 동의를 받아 통화내용 중 계약에 관한 사항을 계약일부터 3개월 이상 보존하여야 한다.
② 소비자는 전화권유판매업자가 제1항에 따라 보존하는 통화내용에 대하여 방문·전화·팩스 또는 전자우편 등의 방법으로 열람을 요청할 수 있으며, 전화권유판매업자는 그 요청에 따라야 한다.

본조는 2018. 6. 12. 방문판매법 일부개정(법률 제15695호, 시행 2018. 12. 13.)의 과정에서 새롭게 규정된 조항이다. 전화권유판매의 경우에 판매업자로 하여금 소비자의 동의를 얻어서 통화내용 중에서 계약 관련 사항(제7조 제1항)에 대해서는 계약일로부터 3개월 이상 보존하고(제1항), 소비자의 요청에 따라 이를 열람할 기회를 제공하여야 한다(제2항). 이 규정에 따른 통화내용의 보존은 제7조 2항의 계약서 발급의무, 전화권유판매의 경우에는 제4항의 팩스 또는 전자문서의 송부와 함께 거래조건의 명확화와 함께 분쟁이 발생한 때에는 계약의 교섭과정과 거래내용에 대한 증명수단으로 기능하게 된다. 본조는 제7조와 마찬가지로 편면적 강행규정에 해당하며, 본조에 반하여 소비자에게 불리한 약정은 무효로 된다(제52조). 또한 본조의 위반행위에 대해서는 시정조치, 영업정지 또는 과징금(제49조, 제51조), 과태료의 형사벌(제66조 제3항 제3의2호)이 부과된다.

제 8 조 청약철회등

[고형석]

제8조(청약철회등) ① 방문판매 또는 전화권유판매(이하 "방문판매등"이라 한다)의 방법으로 재화등의 구매에 관한 계약을 체결한 소비자는 다음 각 호의 기간(거래 당사자 사이에 다음 각 호의 기간보다 긴 기간으로 약정한 경우에는 그 기간) 이내에 그 계약에 관한 청약철회등을 할 수 있다.

1. 제7조제2항에 따른 계약서를 받은 날부터 14일. 다만, 그 계약서를 받은 날보다 재화등이 늦게 공급된 경우에는 재화등을 공급받거나 공급이 시작된 날부터 14일
2. 다음 각 목의 어느 하나의 경우에는 방문판매자등의 주소를 안 날 또는 알 수 있었던 날부터 14일
   가. 제7조제2항에 따른 계약서를 받지 아니한 경우
   나. 방문판매자등의 주소 등이 적혀 있지 아니한 계약서를 받은 경우
   다. 방문판매자등의 주소 변경 등의 사유로 제1호에 따른 기간 이내에 청약철회등을 할 수 없는 경우
3. 제7조제2항에 따른 계약서에 청약철회등에 관한 사항이 적혀 있지 아니한 경우에는 청약철회등을 할 수 있음을 안 날 또는 알 수 있었던 날부터 14일
4. 방문판매업자등이 청약철회등을 방해한 경우에는 그 방해 행위가 종료한 날부터 14일

② 소비자는 다음 각 호의 어느 하나에 해당하는 경우에는 방문판매자등의 의사와 다르게 제1항에 따른 청약철회등을 할 수 없다. 다만, 방문판매자등이 제5항에 따른 조치를 하지 아니한 경우에는 제2호부터 제4호까지의 규정에 해당하더라도 청약철회등을 할 수 있다.

1. 소비자에게 책임이 있는 사유로 재화등이 멸실되거나 훼손된 경우. 다만, 재화등의 내용을 확인하기 위하여 포장 등을 훼손한 경우는 제외한다.
2. 소비자가 재화등을 사용하거나 일부 소비하여 그 가치가 현저히 낮아진 경우
3. 시간이 지남으로써 다시 판매하기 어려울 정도로 재화등의 가치가 현저히 낮아진 경우
4. 복제할 수 있는 재화등의 포장을 훼손한 경우
5. 그 밖에 거래의 안전을 위하여 대통령령으로 정하는 경우

③ 소비자는 제1항 또는 제2항에도 불구하고 재화등의 내용이 표시·광고의 내용과 다르거나 계약 내용과 다르게 이행된 경우에는 그 재화등을 공급받은 날부터 3개월 이내에, 그 사실을 안 날 또는 알 수 있었던 날부터 30일 이내에 청약철회등을 할 수 있다.

④ 제1항 또는 제3항에 따른 청약철회등을 서면으로 하는 경우에는 청약철회등의 의사를 표시한 서면을 발송한 날에 그 효력이 발생한다.

⑤ 방문판매자등은 제2항제2호부터 제4호까지의 규정에 따라 청약철회등을 할 수 없는 재화등의 경우에는 그 사실을 재화등의 포장이나 그 밖에 소비자가 쉽게 알 수 있는 곳에 분명하게 표시하거나 시용(試用) 상품을 제공하는 등의 방법으로 청약철회등의 권리행사가 방해받지 아니하도록 조치하여야 한다.

[참고문헌] 고형석, 전자상거래와 소비자보호법, 우리시스템, 2019; 고형석, 소비자보호법, 세창출판사, 2008; 곽윤직, 채권각론, 박영사, 2007; 곽윤직 편, 민법주해[XIII] 박영사, 2007; 양형우, 민법의 세계, 정독, 2021; 이병준, 현대 시민사회와 소비자계약법, 집문당, 2012.

Ⅰ. 청약철회등의 개관

1. 청약철회등의 의의 및 법적 성질

가. 청약철회등의 의의

청약철회등이라 함은 소비자가 방문판매자 또는 전화권유판매자에게 청약을 한 후 또는 방문판매 내지 전화권유판매에 관한 계약을 체결한 후 일정기간 동안 구매의사를 재고하고, 구매의사가 변경된 경우에 위약금 등을 부담하지 않고 간편하게 그 청약 또는 계약에서 벗어날 수 있는 권리를 말한다. 다만, 우리의 경우에 그 발생요건을 확대하여 소비자의 구매의사변경 이외에 사업자의 채무불이행이 있는 경우에도 이를 행사할 수 있도록 규정하고 있다는 점에서 외국의 입법례와 비교하여 차이가 있다. 이러한 청약철회등은 청약의 구속력을 인정하고 있는 민법에 대한 특칙이다. 즉, 민법에서는 상대방보호를 위해 청약이 효력을 발생한 후 청약자가 임의적으로 철회할 수 없음을 규정하고 있다(민법 제527조). 그러나 방문판매 또는 전화권유판매는 판매자의 적극적인 권유에 따라 소비자가 숙고하지 않고 청약을 하거나 계약을 체결한다는 점을 감안하여 일정기간 동안 숙려기간을 부여한 후 소비자가 그 계약의 유지 여부를 결정할 수 있도록 방문판매 등에 관한 법률에서는 청약철회등을 규정하고 있다. 이러한 청약철회등은 특수거래분야에서 소비자를 보호하는 대표적인 방안이라고 할 수 있다.

나. 청약철회등의 법적 성질

방문판매 등에 관한 법률에 따라 소비자가 청약을 철회하거나 계약을 해제할 수 있는 권리는 청약철회권 또는 계약해제권이다. 이러한 청약철회권 또는 계약해제권은 권리자인 소비자의 일방적 의사표시(철회 또는 해제)에 따라 그 청약 또는 계약이 소멸하기 때문에 형성권에 해당한다. 따라서 소비자의 청약철회 또는 계약해제에 대해 방문판매자 또는 전화권유판매자가 이를 수락한 경우에 한해 계약이 소멸한다는 약정은 방문판매 등에 관한 법률에서 정한 내용보다 소비자에게 불리하기 때문에 무효이다(동법 제52조).

2. 청약철회등과 다른 권리와의 비교

의사표시 또는 법률행위의 효력을 소멸시키는 권리는 단지 청약철회권 또는 계약해제권만이 존재하는 것이 아닌 민법상 취소권 또는 해제권도 존재한다. 따라서 이하에서는 방문판매 등에 관한 법률상 청약철회권 또는 계약해제권이 민법상 취소권 또는 해제권을 비교하여 어떠한 차이점이 있는가를 살펴본다.

가. 취소권과의 비교

취소권이라 함은 법률에서 정한 요건을 충족한 경우에 취소권자의 일방적 의사표시(취소)에 따라 그 의사표시 또는 법률행위의 효력이 소급하여 무효가 되는 권리를 말한다. 첫째, 취소권은 형성권이며, 이 점에 대해서는 청약철회권 또는 계약해제권과 동일하다. 둘째, 취소권은 법률에서 정한 경우에만 발생한다. 즉, 제한능력자가 단독으로 할 수 없는 법률행위를 단독으로 한 경우, 착오에 의한 의사표시 또는 사기·강박에 의한 의사표시에 한해 취소할 수 있다. 이러한 점은 법률에 의하거나 약정에 의해 발생하는 청약철회권 또는 계약해제권과 차이가 있다. 셋째, 취소권은 모든 법률행위에 대해 적용된다. 반면에 청약철회권 또는 계약해제권은 계약에 한해 적용된다. 넷째, 상대방있는 법률행위에 있어 취소권은 상대방에게 도달한 때에 효력이 발생한다(도달주의). 반면에 청약철회권 또는 계약해제권은 그 의사표시(서면)를 발송한 시점에 그 효력이 발생한다(발신주의). 다섯째, 취소권의 행사기간은 추인할 수 있는 날로부터 3년, 해당 법률행위를 한 날로부터 10년이다. 반면에 청약철회권 또는 계약해제권은 재화등을 공급받은 날 등로부터 14일, 사업자의 채무불이행을 안 날 또는 알 수 있었던 날로부터 30일 또는 재화등을 공급받은 날로부터 3개월이다. 여섯째, 취소권은 의사표시 또는 법률행위를 한 날로 소급하여 효력이 발생한다. 반면에 청약철회권 또는 계약해제권에 대해서는 소급효를 인정하는 견해와 부정하는 견해로 대립한다.[1)] 마지막으로 취소권의 행사에 따라 당사자는 부당이득반환의무를 부담한다. 청약철회권 또는 계약해제권의 경우에 당사자는 원상회복의무와 유사한 반환의무를 부담한다.

나. 민법상 해제권과 비교

민법상 해제권이라 함은 법정 또는 약정 사유가 발생한 경우에 해제권자의 일방적 의사표시(해제)에 따라 그 계약이 소멸하는 권리를 말한다. 첫째, 해제권은 형성권이며, 이 점에 대해서는 청약철회권 또는 계약해제권과 동일하다. 둘째, 해제권은 법정 또는 약정 사유를 충족한 경우에 발생하며, 이는 청약철회권 또는 계약해제권과 동일하다. 셋째, 해제권은 계약에 한해 적용되며, 이 점 역시 청약철회권 또는 계약해제권과 동일하다. 넷째, 해제권은 상대방에게 도달한 때에 효력이 발생한다(도달주의). 반면에 청약철회권 또는 계약해제권은 그 의사표시(서면)를 발송한 시점에 발생한다(발신주의). 다섯째, 해제권의 행사기간은 발생한 날 또는 행사할 수 있는 날로부터 10년, 그 사실을 안 날 또는 계약을 한 날로부터 1년, 그 사실을 안 날로부터 6개월 등이다. 반면에 청약철회권 또는 계약해제권

1) 고형석, 전자상거래와 소비자보호법, 우리시스템, 2019, 294~296면 참조.

은 재화등을 공급받은 날 등으로부터 14일, 사업자의 채무불이행을 안 날 또는 알 수 있었던 날로부터 30일 또는 재화등을 공급받은 날로부터 3개월이다. 여섯째, 해제권은 소급효를 인정하는 견해와 부정하는 견해로 대립하며,[2] 이는 청약철회권 또는 계약해제권 역시 동일하다. 마지막으로 해제권의 행사에 따라 당사자는 원상회복의무를 부담한다. 청약철회권 또는 계약해제권의 경우에 당사자는 원상회복의무와 유사한 반환의무를 부담한다. 다만, 대금의 반환과 관련하여 해제권의 경우에 받은 날로부터 이자를 더하여 반환하여야 하지만, 청약철회권 또는 계약해제권의 경우는 원금만을 반환한다는 점에서 차이가 있다.

3. 청약철회등이 유보된 계약의 효력

가. 유동적 무효설과 유동적 유효설

소비자가 방문판매자 또는 전화권유판매자와 계약을 체결한 후 청약철회등을 하지 않은 경우에 그 계약의 효력이 무엇인지에 대해 유동적 무효설과 유동적 유효설로 대립하였다. 유동적 무효설에 따르면, 청약철회기간 내 그 계약은 무효이지만, 소비자가 그 기간 내에 청약철회등을 하지 않은 경우에 확정적 유효로 전환되다. 반면에 유동적 유효설에 따르면 청약철회기간 내 그 계약은 유효이지만, 소비자가 그 기간 내에 청약철회등을 한 경우에 무효로 전환되다. 양 학설의 가장 큰 차이점은 청약철회기간 내에 소비자 또는 방문판매자(또는 전화권유판매자)는 상대방에 대해 이행을 청구할 수 있는지의 여부와 이미 이행을 하였다면 부당이득반환을 청구할 수 있는가에 있다. 유동적 무효설에 따르면, 그 계약은 무효이기 때문에 상대방에게 이행(재화등의 공급 또는 대금의 지급)을 청구할 수 없으며, 이미 이행을 하였다고 하더라도 언제든지 반환을 청구할 수 있다. 반면에 유동적 무효설에 따르면 그 계약은 유효이기 때문에 상대방에게 이행을 청구할 수 있으며. 이미 이행받은 급부는 부당이득이 되지 않기 때문에 반환청구할 수 없다.[3] 이러한 학설의 대립이 발생하게 된 원인은 청약철회등의 기간에 있어 기산일을 종전에는 계약체결일로 정하였기 때문이다.

나. 현행 방문판매 등에 관한 법률에서의 효력

현행 방문판매 등에 관한 법률에서는 청약철회등의 기간에 있어 기산일을 재화등의 공급시기로 정하고 있다. 따라서 앞에서 살펴보았던 학설의 대립은 입법적으로 해결되었

2) 곽윤직, 채권각론, 박영사, 2007, 98~101면 참조.

3) 고형석, 소비자보호법, 세창출판사, 2008, 223면 이하; 이병준, 현대 시민사회와 소비자계약법, 집문당, 2012, 393~394면 참조.

다. 즉, 舊 방문판매 등에 관한 법률상 청약철회등의 기간에 있어 기산일은 계약체결일이었지만, 현행법에서는 재화등의 공급일로 정하고 있다. 따라서 청약철회등의 기간이 기산되기 위해서는 방문판매자 또는 전화권유판매자의 이행이 먼저 이루어져야 한다. 또한 재화등이 공급되기 위해서는 그 계약이 유효하여야 한다. 즉, 계약이 무효라고 한다면 소비자가 방문판매자 또는 전화권유판매자에게 재화등의 공급을 청구할 수 없다. 따라서 그 계약이 유효하여야 만이 소비자는 방문판매자 또는 전화권유판매자에게 재화등의 공급을 청구할 수 있으며, 방문판매자 또는 전화권유판매자는 재화등의 공급의무를 부담한다. 이와 같이 방문판매 등에 관한 법률이 개정된 주된 이유는 소비자가 구매의사를 재고하기 위해서는 단지 계약을 체결하였다는 점만이 아닌 구입하고자 하는 재화를 공급받아야 한다는 점이 고려된 것이다. 따라서 현행 방문판매 등에 관한 법률에서는 청약철회기간 내 계약의 효력에 대해 유동적 유효를 전제로 하고 있다.

Ⅱ. 청약철회등의 발생요건 및 배제사유

1. 2원적 발생요건

방문판매 등에 관한 법률에서는 소비자의 청약철회등의 발생요건에 대해 2원적으로 규정하고 있다. 즉, 소비자의 단순구매의사변경 등에 따른 청약철회등과 방문판매자 또는 전화권유판매자의 채무불이행에 따른 청약철회등이다. 전자에 대해서는 그 발생요건에 대해 제한이 없기 때문에 단순히 구매의사가 변경된 경우에도 행사할 수 있다. 후자는 방문판매자 또는 전화권유판매자의 채무불이행이 있는 경우에만 행사할 수 있다. 이러한 방문판매 등에 관한 법률상 청약철회등의 발생요건은 할부거래에 관한 법률과의 차이점이지만, 전자상거래 등에서의 소비자보호에 관한 법률과 동일하다.

가. 소비자의 단순구매의사변경 등에 따른 청약철회등(제1항)

소비자는 방문판매자 또는 전화권유판매자에게 청약을 한 날로부터 또는 계약이 체결된 후 그 사유를 불문하고, 청약철회등을 할 수 있다. 따라서 이 요건에 따른 청약철회등은 후술하는 방문판매자 또는 전화권유판매자의 채무불이행에 따른 청약철회등과 달리 발생에 있어 제한이 없다. 예를 들어, 재화등이 계약의 내용에 적합하게 공급되었다고 하더라도 소비자가 마음에 들지 않다거나 추후 구입의 필요성이 없어진 경우 등과 같이 방문판매자 또는 전화권유판매자의 사유가 존재하지 않더라도 소비자는 청약철회등을 할 수 있다. 이러한 점에서 이 규정상 청약철회등을 일반적으로 '소비자의 단순구매의사변경에 따른 청약철회등'으로 칭하고 있다. 다만, 모든 방문판매 또는 전화권유판매에 대해 청약철회등을 할 수 있는 것은 아니다. 즉, 앞에서 서술한 방문판매 등에 관한 법률이 적용되지 않는 재화등에 대한 방문판매 또는 전화권유판매와 후술하는 청약철회등의 배제사유에 해당하는 경우에 소비자는 방문판매자 또는 전화권유판매자의 의사에 반해 단순구매의사변경에 따른 청약철회등을 할 수 없다.

나. 방문판매자 또는 전화권유판매자의 채무불이행에 따른 청약철회등(제3항)

방문판매 등에 관한 법률상 소비자의 청약철회등은 위의 단순구매의사변경에 의한 경우 이외에 방문판매자 또는 전화권유판매자의 채무불이행에 의한 경우도 발생한다. 이러한 발생요건은 우리 나라만의 독특한 방식이다. 이 규정에 따른 발생요건은 다음의 두 가지이다. 첫째는 재화등의 내용이 표시·광고의 내용과 다른 경우이다. 이는 광고된 내용과 다른 재화등이 공급된 경우 또는 동일한 재화이지만, 그 색상 또는 사양 등이 광고된 내용과 다른 경우로 구분할 수 있다. 전자에 해당하는 예로 의류를 구입하였지만, 공급된 것은 신발인 경우, 한우로 표시광고한 후 미국산 쇠고기가 공급된 경우 또는 위조상품이 공급된 경우 등이다. 후자에 해당하는 예로 파란색 의류를 주문하였지만, 빨간색 의류가 배송된 경우 또는 컴퓨터 등의 전자기기 또는 전기제품의 사양이 다른 경우 등이다. 둘째는 계약 내용과 다르게 이행된 경우이다. 첫 번째의 사유 역시 이에 해당하지만, 두 번째의 사유는 첫 번째 사유 이외에 계약내용과 다르게 이행된 경우이다. 예를 들어, 수량의 부족, 크기가 다른 의류 등의 공급, 전부 또는 일부가 파손 또는 훼손된 재화등의 공급, 약정한 공급시기보다 늦게 공급되거나 일찍 배송된 경우 등이다. 이러한 경우에는 단순구매의사변경에 따라 청약철회등을 할 수 없는 경우(배제사유에 해당하는 경우)에도 청약철회등을 할 수 있다는 점에서 단순구매의사변경에 따른 청약철회등과 상이하다. 또한 이는 민법상 채무불이행에 해당하며, 일부의 경우에 민법에 따라 해제권을 행사할 수 있다. 다만, 다음과 같은 점에서 민법상 해제권과 차이가 있다. 앞의 사유는 채무불이행 중 불완전이행에 해당하거나 하자담보책임의 대상이다. 따라서 민법상 해제권을 행사하기 위해서는 그 이행된 부분만으로 계약의 목적을 달성할 수 없어야 한다. 또한 추완이 가능한 경우에는 상당한 기간을 정하여 최고하여야 하며, 그 최고기간 내에 추완이 없을 경우에 한해 해제할 수 있다.[4] 그러나 하자담보책임에 따른 해제의 경우에는 이러한 요건(최고)이 필요하지 않다. 그 결과, 이행된 부분만으로 계약의 목적을 달성할 수 있는 경우에 채권자는 민법상 해제권을 행사할 수 없지만, 방문판매 등에 관한 법률에 따른 청약철회등은 할

4) 곽윤직 편, 민법주해[XIII] 박영사, 2007, 243면.

수 있다. 다만, 이행된 부분만으로 계약의 목적을 달성할 수 없는 경우에 소비자는 민법상 해제권과 방문판매등에 관한 법률상 청약철회등을 할 수 있다. 즉, 소비자는 그 채무불이행 사실을 안 날 또는 알 수 있었던 날로부터 30일 또는 재화등을 공급받은 날르부터 3개월 이내에는 양법상 권리 중 어느 하나를 행사할 수 있지만, 이 기간이 도과한 후에는 민법상 해제권을 행사할 수 있다.

2. 소비자의 단순구매변경에 따른 청약철회등의 배제사유 및 배제조치

가. 소비자의 단순구매변경에 따른 청약철회등의 배제사유

1) 배제사유의 취지

청약철회등은 사업자의 채무불이행이 없더라도 소비자가 그 구매의사의 변경 등을 이유로 계약을 해소할 수 있도록 인정된 권리이다. 이러한 청약철회등은 특수거래분야에서 소비자를 보호하는 대표적인 방안이다. 그러나 이를 무제한적으로 인정한다면 사업자에 대한 역차별의 문제를 야기할 뿐만 아니라 공정한 거래질서의 확립을 실현시킬 수 없다. 또한 사업자가 그로 인해 발생한 손해를 감내할 수 있는 범위 내에서 인정하는 것이 합리적이며, 소비자의 남용을 방지할 수 있다. 이러한 점에서 다음과 같은 사유가 있는 경우에 소비자의 단순구매의사변경에 따른 청약철회등을 할 수 없도록 제한하고 있다.[5] 다만, 이러한 사유에 해당하더라도 사업자가 소비자의 청약철회등을 인정하는 경우에는 사업자가 그로 인해 발생한 손해를 감수하는 것이기 때문에 이는 허용하되며, 그 약정은 소비자에게 유리하기 때문에 유효하다. 또한 여기에서의 배제사유는 소비자의 단순구매의사변경에 따른 청약철회등에 대해서만 적용되므로 방문판매자 또는 전화권유판매자의 채무불이행에 따른 청약철회등에 대해서는 적용되지 않는다.

2) 개별적 배제사유

가) 소비자의 책임있는 사유에 의한 재화등의 멸실 또는 훼손

이에 해당하는 대표적인 예로는 구입한 그릇을 소비자가 과실로 깨뜨린 경우이다. 이 배제사유의 취지와 구체적인 요건은 다음과 같다. 첫째, 이는 공급받은 재화등이 멸실 또는 훼손된 경우에 소비자가 방문판매자 또는 전화권유판매자에게 재화등을 반환할 수 없기 때문에 이를 배제사유로 규정한 것이다. 그러나 이 배제사유는 단지 재화등이 멸실 또는 훼손된 경우만으로 그 요건이 충족되는 것이 아니며, 그 멸실 또는 훼손의 사유가 소비자의 책임있는 사유에 따라 발생하여야 한다. 따라서 소비자의 책임있는 사유가 아닌

---

5) 고형석, 전자상거래와 소비자보호법, 우리시스템, 2019, 260면.

다른 사유, 예를 들어 천재지변 등의 불가항력적인 사유 또는 제3자의 책임있는 사유에 의해 발생한 경우에는 이 사유에 해당하지 않는다. 그러나 불가항력적인 사유 등에 의한 멸실 등에 있어 소비자의 청약철회등이 인정되더라도 소비자에게 실질적인 실익은 없다. 즉, 공급받은 재화가 지진에 의해 파손되었된 경우에 소비자의 책임있는 사유에 의한 멸실이 아니기 때문에 소비자는 청약철회등을 할 수 있다. 그러나 재화등을 반환할 수 없기 때문에 가액을 반환하여야 하며, 그 가액은 대다수의 경우에 구입가이다. 따라서 소비자는 그 가액을 반환하고, 방문판매자 또는 전화권유판매자는 받은 대금을 반환하기 때문에 추가적인 절차가 진행되고, 가액지급과 대금 환급에 따른 비용만 소요될 뿐이다. 둘째, 여기에서의 재화등의 멸실 또는 훼손의 의미는 물리적 멸실 또는 훼손에 국한되지 않고, 사회통념에 따라 그 재화를 사용할 수 없는 경우도 포함한다. 예를 들어, 그릇이 깨진 경우는 물리적 멸실에 해당하지만, 그릇에 오물이 묻어 더 이상 그릇으로 사용할 수 없는 경우에는 사회통념상 멸실에 해당한다. 셋째, 이 요건의 적용대상에 대해 '재화등'이라고 하고 있지만, 사실상 용역은 이에 해당하지 않는다. 즉, 멸실 또는 훼손은 유체물을 전제로 하기 때문에 사람의 행위 그 자체인 용역은 이에 포함되지 않는다. 다만, 용역 중 일정한 결과물의 공급을 내용으로 하는 경우(물건의 제작 등)는 그 결과물의 멸실 또는 훼손이 존재할 수 있기 때문에 이 규정이 적용될 수 있다. 마지막으로 재화등의 내용을 훼손하기 위하여 포장 등을 훼손한 경우에 청약철회등이 배제되지 않는다. 즉, 재화등을 훼손한 것이 아닌 포장 등이 훼손된 경우에 소비자는 청약철회등을 할 수 있다. 예를 들어, 가전제품이 공급되어 그 내용을 확인하기 위해 박스를 찢었을 경우에 그 가전제품이 멸실 또는 훼손되지 않았으면 소비자는 청약철회등을 할 수 있다. 그러나 단서는 무의미하다. 즉, 단서는 본문에 대한 예외를 규정하는 것이며, 본문의 규율대상과 동일하여야 한다. 그러나 이 규정의 본문과 단서의 규율대상은 상이하다. 본문에서 멸실 또는 훼손의 대상은 재화등이지만, 단서에서 멸실 또는 훼손의 대상은 포장등이다. 따라서 각기 다른 내용을 규율함에도 불구하고, 본문과 단서의 구조로 조문을 구성한 것은 타당하지 않다. 이러한 형식적인 문제 이외에도 내용적으로도 맞지 않다. 즉, 소비자가 구입하는 것은 재화등이며, 반환의 대상 역시 재화등이다. 그러나 단서는 재화등이 아닌 포장등이다. 따라서 재화등이 멸실 또는 훼손되지 않았음에도 불구하고, 단지 포장 등이 훼손되었을 경우에 청약철회등이 가능하다고 하는 것은 논리적으로 맞지 않는다. 이 규정의 취지는 방문판매자 또는 전화권유판매자가 포장등을 훼손한 경우에 청약철회등이 불가능하다고 표시 또는 광고한 경우가 있었기 때문에 이 문제를 해결하기 위함이라고 할 수 있다. 그러나 재화등과 포장등은 다른 것이기 때문에 재화등에 대한 문제에 대해 포장등의 문제를 포함하는 것은 타당하지 않다. 물론 소비자가 포장등을 훼손한 후 청약철회등을 하는 경우에 그 비용부담의 문제가 발생하지만, 이는 청약철회등의 효과인 재화등의 반환비용의 부담문제에서 규율할 사항이다.

나) 소비자의 사용 또는 소비에 따라 그 가치가 현저히 감소한 경우

이에 해당하는 대표적인 사유는 소비자가 신차를 구입하여 탑승한 경우를 제시할 수 있다. 이 배제사유의 취지와 구체적인 요건은 다음과 같다. 먼저, 그 취지로는 소비자가 공급받은 재화등을 사용하거나 일부 소비하여 그 가치가 현저히 감소한 경우에 방문판매자 또는 전화권유판매자가 그 재화등을 반환받더라도 재판매할 수 없거나 현저히 낮은 가격으로 재판매하여야 하며, 이로 인한 손실을 방문판매자 또는 전화권유판매자에게 부담하도록 하는 것은 타당하지 않다. 따라서 이 경우에 소비자의 청약철회등을 배제한 것이다. 그 다음으로 이 배제사유의 요건은 다음과 같다. 첫째는 소비자가 공급받은 재화등을 사용하거나 일부 소비하여야 한다. 재화등을 사용한다는 의미는 단일의 재화를 사용하였다는 것을 의미한다. 반면에 일부 소비하였다는 의미는 다수의 구성물로 이루어진 세트재화 중 일부가 소비되거나 소모성 부품(건전지 등)이 소비된 경우를 의미한다. 둘째, 재화등의 가치가 현저히 낮아져야 한다. 즉, 사용 또는 소비에 따라 그 재화등의 가치는 감소하지만, 이 배제사유에 해당하기 위해서는 가치의 감소가 현저하여야 한다. 다만, 가치감소의 현저성은 일률적으로 판단할 수 없으며, 그 재화등에 따라 달리 판단하여야 할 것이다. 즉, 일률적으로 재판매가격이 원래 판매가격보다 몇 % 이하로 감소한 경우로 판단하는 것이 아닌 재판매가격과 원래 판매가격의 차이를 기준으로 판단하여야 한다. 따라서 저가 재화의 경우에는 재판매가격이 원래 판매가격보다 높은 비율로 낮아져야 하지만, 고가 재화의 경우에는 이 보다는 낮은 비율로 낮아진 경우에도 그 금액이 크다면 이에 해당한다고 할 수 있다. 이와 같이 방문판매 등에 관한 법률에서는 이 요건을 추상적으로 규정하고 있지만, 할부거래에 관한 법률에서는 구체적으로 그 배제사유를 규정하고 있다. 즉, 「선박법」에 따른 선박, 「항공안전법」에 따른 항공기, 「철도사업법」 및 「도시철도법」에 따른 궤도를 운행하는 차량, 「건설기계관리법」에 따른 건설기계, 「자동차관리법」에 따른 자동차, 설치에 전문인력 및 부속자재 등이 요구되는 것으로서 「고압가스 안전관리법」 제3조 제4호에 따른 냉동기·전기 냉방기(난방 겸용인 것을 포함한다)·보일러를 설치한 경우에 한해 청약철회가 배제된다(할부거래법 시행령 제6조). 이는 자동차 등의 사용 또는 설치에 의해 그 가치감소가 현저하기 때문에 소비자의 청약철회를 인정하면 방문판매자 또는 전화권유판매자의 손실이 크다는 점을 고려한 것이며, 그 가치감소비율이 아닌 가치감소액

을 기준으로 한 것이다.

다) 시간의 경과에 따라 재판매가 곤란할 정도로 재화등의 현저한 가치감소

이에 해당하는 대표적인 사유는 소비자가 신선식품을 구입하여 보관하던 중 상하게 된 경우 또는 주간지를 구입한 후 그 주(週)가 경과한 경우를 제시할 수 있다. 이 배제사유 역시 위의 배제사유와 동일한 취지이지만, 그 요건이 상이하다. 이 배제사유에 해당하기 위해서는 세 가지의 요건이 충족되어야 한다. 첫째, 시간이 경과하여야 한다. 즉, 이는 앞의 사유와 달리 소비자가 공급받은 재화를 사용하지 않더라도 그 재화의 특성상 일정 시간이 경과하면 가치가 감소하는 경우는 대상으로 한다. 여기에서 시간의 경과는 일률적으로 판단할 수 없고, 해당 재화에 따라 달리 판단하여야 한다. 또한 시간의 경과는 단지 소비자가 점유하고 있는 기간만을 의미하는 것이 아닌 반환에 소요되는 시간까지 포함하여 판단한다. 둘째, 재화등의 가치가 현저히 감소할 것이다. 이에 대해서는 앞의 배제사유에서의 요건과 동일하다. 셋째, 재판매의 곤란성이다. 이는 앞의 배제사유의 요건과의 차이점이다. 즉, 앞의 배제사유는 가치 하락만을 요구하고 있을 뿐 재판매의 곤란성은 요구되지 않는다. 그러나 이 배제사유에서는 재판매의 곤란성까지 요구되고 있다. 따라서 가치의 현저한 하락이 있더라도 재판매가 가능하다면 이 배제사유에는 해당하지 않는다. 이와 관련된 사례가 항공권 구매계약에 대한 청약철회등의 사건이다. 소비자(갑)는 여행사를 통해 온라인으로 국내 항공사와 항공권 구매계약을 체결하고, 그 대금을 항공사(항공료)와 여행사(수수료)에게 지급하였다. 이후 7일이 되는 날 갑은 청약을 철회하였지만, 항공사는 위약금(20만원)을 공제하고 나머지 금액을 환급하였다. 이에 갑은 위약금 공제가 부당하다고 소를 제기하였으며, 법원은 청약철회이기 때문에 위약금을 공제할 수 없으므로 그 공제한 금액 20만원을 환급하도록 판결하였다. 이 사건에 대한 법원의 판시 내용은 다음과 같다.

> 원고들은 항공권 구입일로부터 7일 만인 2017. 8. 17. 청약철회권을 행사하였고, 그때는 출발일인 2017. 9. 25.까지 40일이나 남아 있어 항공권 재판매가 충분히 가능한 시점인 점(원고들이 이 사건 항공권을 구입한 시점과 청약철회 시점 사이에 항공권 재판매 가능성에 큰 차이가 있다고 보기 어렵다), 원고들의 청약철회권은 7일이라는 짧은 기간 내에만 한정적으로 인정되는 것인 점, 할인 항공권의 경우 소비자들이 충동구매를 할 가능성이 더 크고, 청약철회권 자체가 합리적인 의사결정을 하지 못하는 소비자를 보호하기 위하여 법률에서 특별히 인정한 것이므로 원고들이 위약금 규정을 다 고지받고 항공권을 구매하였다는 점은 청약철회권을 제한할 사정이 되지 않는 점, 청약철회 시점과 출발일이 근접한 경우에는 전자상거래법 제17조 제2항 제3호(시간이 지나 다시 판매하기 곤란할 정도로 재화 등의 가치가 현저히 감소한 경우)에 해

당하여 청약철회가 제한된다고 볼 여지가 있으나 원고들의 경우 출발일 40일 이전에 청약철회를 한 경우로서 그에 해당된다고 볼 수도 없는 점을 감안하면, 앞서 본 사정만으로 이 사건 항공권의 환불위약금 규정이 소비자인 원고들에게 불리하지 않다는 사정이 명백하고 할 수 없다. 피고 아시아나항공(주)는 전자상거래법과 관련한 공정거래위원회 고시 등에서 환불위약금을 유효한 것으로 규정하고 있다는 점도 주장하나, 공정거래위원회의 고시 등 행정규칙은 법률의 위임 범위를 벗어나면 무효라고 볼 것이므로, 공정거래위원회의 소비자보호지침, 소비자분쟁해결기준 등이 소비자의 청약철회권을 제한하는 위약금 규정을 유효한 것으로 해석하고 있다고 하더라도 이로 인하여 법률에 반하는 위약금 규정이 유효해진다고 할 수 없다(서울중앙지방법원 2018. 10. 24. 선고 2018나29442 판결).

이 사건에 대해 적용되는 법은 전자상거래 등에서의 소비자보호에 관한 법률이었지만, 청약철회등의 배제사유는 방문판매 등에 관한 법률의 내용과 동일하다. 따라서 소비자가 방문판매 또는 전화권유판매의 방식으로 항공권을 구입하더라도 이 판결은 동일하게 적용될 수 있다. 이 판결에서는 소비자가 항공권 구매계약에 대해 청약철회를 할 수 있지만, 시간이 지나 다시 판매하기 곤란할 정도로 재화 등의 가치가 현저히 감소한 경우에 해당한다고 볼 여지가 있다는 점을 제시하였다. 그러나 항공권을 구입한 후 탑승일이 근접한 시점에서 청약을 철회하였다고 하더라도 이 요건에는 해당하지 않는다. 즉, 이 요건은 단지 재판매가 곤란한 경우만으로 구성된 것이 아니라 그 가치가 현저히 감소하여 재판매가 곤란하여야 한다. 항공권의 경우에 탑승일에 근접할수록 이를 재판매하기가 곤란하다고 할 수 있다. 그러나 탑승일에 근접하더라도 항공권의 가치가 감소하는 것은 아니다. 물론 탑승일에 근접한 시점에 항공사가 항공권을 할인하여 판매할 수 있지만, 이는 가치가 감소하였기 때문이 아닌 이를 판매하기 위해 항공권의 가격을 인하한 것이다. 이러한 점은 열차 승차권 또는 고속버스 등의 승차권 구입에도 동일하게 적용될 수 있다.

라) 복제가 가능한 재화등의 포장을 훼손한 경우

이에 해당하는 대표적인 사유는 소비자가 영화 CD 또는 DVD를 구입하여 그 포장을 개봉한 경우를 제시할 수 있다. 이 배제사유의 취지와 구체적인 요건은 다음과 같다. 영화 CD 또는 DVD 등은 소비자가 CD 또는 DVD 그 자체를 구입하는 것이 아닌 그 안에 저장된 정보를 구입하는 것이지만, 그 정보는 복제가 가능하다. 따라서 구입한 영화 CD 또는 DVD의 포장을 개봉하여 그 정보를 복제하고, 영화 CD 또는 DVD를 반환한 후 대금을 환급받게 된다면 소비자는 그 계약의 목적을 달성함에도 불구하고 대금을 환급받게 된다. 이러한 문제점을 야기하지 않기 위해 이를 배제사유로 규정한 것이다. 이 배제사유에 해당하기 위해서는 다음의 두 가지의 요건을 충족하여야 한다. 첫째, 재화등이 복제가 가능하여야 한다. 여기에서는 재화등이라고 규정하고 있지만, 용역은 복제할 수 없기 때문에 적용대상에 포함되지 않는다. 다만, 그 결과물이 복제가 가능한 경우에는 이에 해당할 수 있다. 예를 들어, 아이의 성장앨범의 제작을 의뢰하여 이를 CD에 저장하여 소비자에게 제공한 경우가 이에 해당할 수 있다. 또한 그 재화의 성질상 복제가 가능하여야 한다. 여기에서의 복제가 가능하다는 것은 종이 책을 복사기를 통해 복사한다는 의미가 아니라 그 안에 저장된 정보를 그대로 다른 저장매체에 복사한다는 것을 의미한다. 따라서 종이책을 포장하고, 그 포장을 개봉한 경우에 청약을 철회할 수 없다고 표시하더라도 이 요건에 해당하지 않는다. 그 결과, 여기에서 복제가 가능한 재화는 CD 또는 DVD 등에 저장되어 있는 것을 의미한다. 또한 복제가 가능하여야 하기 때문에 DRM(Digital Rights Management) 등과 같이 복제할 수 없도록 설정된 경우에는 이 요건에 해당하지 않는다. 다만, 방문판매자 또는 전화권유판매자가 DRM 등을 설정하였지만, 소비자가 이를 해킹한 경우에는 이 요건에 해당한다고 보아야 할 것이다. 이에 대한 증명책임은 방문판매자 또는 전화권유판매자가 부담한다. 여기까지만 본다면 온라인으로 전송되는 디지털콘텐츠도 이에 포함된다고 할 수 있다. 둘째, 소비자가 포장을 훼손하여야 한다. 따라서 복제가 가능한 재화가 포장되어야 한다. 그 결과, 온라인으로 전송되는 디지털콘텐츠는 포장되어 있지 않기 때문에 이 요건에 해당하지 않는다. 또한 USB에 저장하여 제공하였다고 하더라도 USB가 포장되지 않은 경우에도 포장이 존재하지 않기 때문에 개봉이라는 요건을 충족할 수 없다. 또한 이 규정에서는 포장의 훼손이라고 규정하고 있지만, 그 의미는 개봉을 의미한다고 할 것이다. 즉, 포장지를 찢지 않았기 때문에 포장의 훼손이 없다고 할 수 있지만, 이 규정의 취지는 포장을 개봉하면 그 내용물을 복제할 수 있다는 점을 감안한 것이다. 따라서 포장을 개봉한 것에 의미를 두어야 하며, 포장의 훼손 여부는 관계가 없다고 할 것이다. 그리고 포장이 개봉된 경우에 청약철회등이 배제되며, 소비자가 이를 복제하였는가의 여부 역시 관계가 없다.

마) 거래의 안전을 위하여 대통령령으로 정한 경우

거래의 안전을 위해 시행령에서 정한 경우는 소비자의 주문에 따라 개별적으로 제조되는 재화등에 대한 거래이다. 이에 해당하는 대표적인 경우는 맞춤형 양복의 제작을 주문한 경우 등이다. 이는 불특정 소비자 등에게 판매하기 위해 제조한 재화등이 아닌 소비자의 주문에 따라 제작한 재화등의 경우에 이를 주문한 소비자가 청약철회등을 한 경우에 방문판매자 또는 전화권유판매자가 이를 다른 소비자등에게 판매할 수 없다는 점을 고려한 것이다. 이 배제사유에 해당하기 위해서는 다음의 두 가지 요건을 충족하여야 한다. 첫째, 그 재화등이 소비자의 주문에 의하여 개별적으로 생산되는 재화등에 해당하여야 한다. 이는 미리 재화등을 만들어 놓은 것을 판매하거나 미리 제조하지 않았다고 하더라도 방문판매자 또는 전화권유판매자가 정한 형식에 따라 만드는 재화등에 해당하지 않아야 하며, 소비자의 주문에 따라 개별적으로 제조되어야 한다. 따라서 수제(手製)재화라고 하여 무조건 이에 해당하는 것은 아니며, 소비자의 주문에 따라 개별적으로 제조된 재화에 국한된다. 또한 반드시 수제로 제조될 필요가 없기 때문에 소비자의 주문에 따라 개별적으로 수제 또는 기계 등을 이용하여 제조하는 것 역시 이에 포함된다. 용역의 경우에는 미리 제조할 수 없지만, 모든 용역이 소비자의 개별적 주문에 따라 제공되는 것은 아니다. 예를 들어, 학원 교습 등의 경우에 학원 교·강사가 교육내용을 확정하고, 수강생은 이를 교습받는다. 이 경우에는 소비자의 개별 주문에 따라 용역이 구성되는 것은 아니다. 반면에 수강생이 별도로 자신의 교습내용에 대해 주문을 하고, 이에 따라 교·강사가 수업을 준비하여 강의를 진행하였다면 이는 소비자의 개별적 주문에 의한 용역제공이기 때문에 이 배제사유에 해당한다. 둘째, 청약철회등을 인정하면 방문판매자 또는 전화권유판매자에게 회복할 수 없는 중대한 피해가 예상되어야 한다. 바꾸어 말하면, 소비자가 그 재화등을 반품할 경우에 이를 재판매할 수 없거나 재판매하더라도 현저하게 낮은 가격으로 판매하여야 하는 경우라고 할 수 있다.

나. 배제조치

1) 배제조치의 필요성

소비자가 방문판매 또는 전화권유판매로 재화등에 관한 계약을 체결한 경우에 소비자는 방문판매 등에 관한 법률에 따라 청약철회등을 할 수 있다. 그러나 앞에서 제시한 경우까지 소비자의 청약철회등을 인정한다면 방문판매자 또는 전화권유판매자에게 과도한 손실이 발생하기 때문에 이를 제한한 것이다. 다만, 이러한 사유가 발생한 경우에 청약철회등을 할 수 없다는 사실을 미리 소비자가 인식할 필요가 있다. 예를 들어, 사용에 의해 그 가치가 현저히 감소한 경우에 청약철회등이 배제된다는 사실을 미리 고지하였다면 소비자는 그 재화를 사용하지 않고 청약철회등을 할 수 있다. 그러나 그 사실을 알지 못하게 된다면 소비자는 사용하더라도 청약철회등을 할 수 있다고 오인할 수 있기 때문이다. 따라서 소비자의 오인을 방지하기 위해 이러한 사유에 해당하는 경우에는 청약철회등을 할 수 없다는 사실을 적시하거나 시용상품 등을 제공할 필요가 있다.

2) 배제조치의 유형 및 내용

가) 청약철회등을 할 수 없다는 사실의 표시 또는 시용상품의 제공등

앞의 배제사유 중 소비자의 단순구매의사변경에 따른 청약철회등을 배제하기 위해

방문판매자 또는 전화권유판매자가 이에 해당하는 배제조치를 취하여야 하는 경우는 두 번째부터 네 번째의 배제사유이다. 즉, 소비자의 책임있는 사유에 의한 재화등이 멸실 또는 훼손된 경우는 소비자의 책임있는 사유에 의한 경우이기 때문에 별도로 배제조치를 취할 필요가 있다. 여기에서의 배제조치는 청약철회등을 할 수 없다는 사실의 표시 또는 시용상품의 제공등이다. 첫째, 청약철회등을 할 수 없다는 사실의 표시는 소비자가 그 배제사유에 해당할 경우에 청약철회등을 할 수 없다는 것을 미리 알리기 위함이다. 따라서 그 표시의 방법은 재화등의 포장에 표시하거나 그 밖에 소비자가 쉽게 알 수 있는 곳에 표시하는 것이다. 그러나 이는 배제조치로 충분하지 않다. 즉, 표시의 장소에 대해서만 규정하고 있을 뿐 구체적인 표시방법에 대해 규정하고 있지 않기 때문이다. 물론 분명하게 표시하도록 규정하고 있다는 점이 표시방법이라고 할 수 있지만, 이는 추상적이기 때문에 표시방법으로 적합하지 않다. 따라서 글자크기 및 색상 등에 관한 표시방법을 보다 구체적으로 제시할 필요가 있으며, 이에 대해서는 총리령으로 위임할 필요가 있다. 둘째, 시용상품의 제공등의 방법이다. 이는 동일한 재화등에 대한 샘플을 제시하는 것이며, 본 제화를 사용하기 전에 샘플을 사용하게 함으로써 소비자가 재화의 내용을 확인할 수 있도록 하는 것이다. 이러한 방식은 재화(디지털콘텐츠 포함)뿐만 아니라 용역에 대해서도 적용될 수 있다. 예를 들어, 교습에 대해 시범강의 등을 실시하는 방식이다. 이와 같이 방문판매 등에 관한 법률에서는 배제조치에 대해 두 가지의 방식을 규정하고 있지만, 양자 모두를 취하여야 하는 것은 아니며, 양자 중 어느 하나의 방식만을 취하더라도 방문판매자 또는 전화권유판매자는 배제조치를 취한 것이 된다.

나) 청약철회등을 할 수 없다는 사실의 고지 및 소비자의 서면동의

소비자의 주문에 따라 개별적으로 제조되는 재화등에 대한 거래에 대해 청약철회등을 배제하기 위해서 방문판매자 또는 전화권유판매자는 사전에 별도로 그 사실을 고지하고 소비자의 서면(전자문서를 포함한다) 동의를 받아야 한다. 이 경우에 배제조치는 두 가지이다. 첫째는 청약철회등을 할 수 없다는 사실을 소비자에게 사전에 고지하는 것이며, 둘째는 소비자의 서면동의를 받아야 한다. 먼저, 청약철회등을 할 수 없다는 사실을 소비자에게 사전에 고지하는 것은 앞의 배제조치와 유사하다고 할 것이지만, 차이점은 표시와 고지이다. 표시는 재화의 포장 등에 그 내용을 기재하는 것이지만, 고지는 그 내용을 소비자에게 알리는 것이다. 소비자에게 알림에 있어 방법은 제한이 없기 때문에 구두, 서면 또는 재화등에 표시 등의 다양한 방식으로 할 수 있다. 다만, 그 내용을 소비자에게 고지하였다고 하여 소비자의 청약철회등이 배제되는 것은 아니며, 소비자의 서면에 의한 동의를

얻어야 한다. 여기에서의 서면에는 전자문서 및 전자거래기본법상 전자문서를 포함한다. 따라서 방문판매자 또는 전화권유판매자가 그 내용을 소비자에게 고지하고, 소비자가 동의를 하였다고 하더라도 구두에 의한 동의를 하였을 경우에 이 요건을 충족하지 않은 것이 되어 소비자는 청약철회등을 할 수 있다. 또한 소비자가 동의하지 않은 경우 역시 동일하다.

Ⅲ. 청약철회등의 행사기간·방법 및 효력발생시기

1. 청약철회등의 행사기간

가. 소비자의 단순구매의사변경에 따른 청약철회등

1) 법정 기간

방문판매 또는 전화권유판매의 방법으로 재화등을 구매에 관한 계약을 체결한 소비자는 다음의 기간내에 청약철회등을 할 수 있다. 첫째, 계약서를 받은 날로부터 14일이다. 다만, 그 계약서를 받은 날보다 재화등이 늦게 공급된 경우에는 재화등을 공급받거나 공급이 시작된 날로부터 14일이다. 이는 소비자가 구매의사를 재고하기 위해서는 단지 계약서의 교부만이 아닌 재화등까지 공급되어야 한다는 점을 감안한 것이다. 예를 들어, 소비자가 방문판매자와 2월 7일에 계약을 체결하고, 그 날 계약서를 받았지만, 재화는 2월 13일에 공급받은 경우에 소비자는 2월 27일까지 청약철회등을 할 수 있다. 이 경우에 초일(13일)은 포함되지 않으므로 14일부터 기산된다. 또한 이 경우는 계약서의 교부 및 재화등의 공급이 이루어진 것을 의미한다. 따라서 재화등은 공급되었지만, 계약서가 교부되지 않은 경우는 이 규정이 적용되지 않는다. 예를 들어, 소비자가 2월 7일에 방문판매자와 계약을 체결하였지만, 계약서를 받지 않은 상태에서 재화는 2월 13일에 공급받은 경우에 소비자는 2월 27일까지 청약철회등을 할 수 있는 것이 아닌 방문판매자의 주소를 안 날 또는 알 수 있었던 날로부터 14일 이내에 청약철회등을 할 수 있다. 그리고 소비자가 단일의 재화등을 구입한 경우에는 그 재화등이 공급된 날이다. 다만 다수의 재화등을 구입한 경우에 그 공급이 일시가 아닌 분할된 경우에 첫 번째 공급이 이루어진 날부터 기산한다. 다만, 이 경우에는 동일한 재화를 복수로 구입한 경우를 의미하며, 상이한 재화들을 구입한 경우에는 각 재화의 공급시점이 기산일이 된다. 예를 들어, A 재화 10개를 구입하고, 각각 공급하기로 약정한 경우에 청약철회등의 기산일은 A 재화가 처음 공급된 날이다. 그러나 A, B, C, D 재화를 구입하는 하나의 계약을 체결한 경우에 그 기산일은 각 재화가 소비자에게 공급된 날이다. 둘째, 계약서를 받지 아니한 경우, 방문판매자 또는 전화권유판매자의 주소 등이 적혀 있지 아니한 계약서를 받은 경우 또는 방문판매자 또는 전화권유판매자의 주소 변경 등의 사유로 첫 번째의 기간 이내에 청약철회등을 할 수 없는 경우 소비자는 방문판매자 또는 전화권유판매자의 주소를 안 날 또는 알 수 있었던 날부터 14일 이내에 청약철회등을 할 수 있다. 이는 방문판매자 또는 전화권유판매자가 계약서 교부의무를 이행하지 않거나 필수기재사항이 기재되지 않은 계약서가 교부된 경우에 소비자가 실질적으로 청약철회등을 할 수 있도록 그 기간을 연장하기 위함이다. 또한 방문판매자 또는 전화권유판매자의 주소가 변경된 경우에 소비자는 청약철회등을 할 수 없기 때문에 소비자가 청약철회등을 할 수 있는 날을 기산일로 정하기 위함이다. 이 경우에 기산일은 소비자가 그 주소를 안 날뿐만 아니라 알 수 있었던 날, 즉 소비자가 부주의로 그 주소를 알지 못한 경우까지 포함한다. 셋째, 계약서에 청약철회등에 관한 사항이 적혀 있지 아니한 경우에는 소비자가 청약철회등을 할 수 있음을 안 날 또는 알 수 있었던 날부터 14일 이내에 청약철회등을 할 수 있다. 이 역시 앞의 내용과 동일하다.

2) 약정기간

앞의 기간은 방문판매 등에 관한 법률에서 규정하고 있는 기간이다. 그러나 방문판매자 또는 전화권유판매자와 소비자가 이와 다른 합의를 하였을 경우에 청약철회등의 기간은 법적 기간 또는 약정 기간 중 어느 기간인가의 문제가 발생한다. 이 경우는 그 약정기간을 두 가지로 구분하여 살펴보아야 한다. 하나는 약정기간이 법정기간보다 더 장기인 경우이며, 다른 하나는 약정기간이 법정기간보다 더 단기인 경우이다. 전자의 경우는 소비자에게 유리하기 때문에 약정기간이 적용된다. 그 근거로는 첫째, 제1항의 괄호의 내용이며, 둘째 편면적 강행규정이다. 먼저, 제1항에서 소비자는 다음 각 호의 기간 이내에 청약철회등을 할 수 있지만, '거래 당사자 사이에 다음 각 호의 기간보다 긴 기간으로 약정한 경우에는 그 기간 이내에 청약철회등을 할 수 있다'고 규정하고 있다. 따라서 이 규정에 따라 약정기간이 법정기간보다 더 장기인 경우에는 약정기간내에 청약철회등을 할 수 있다. 그 다음으로 이 규정은 편면적 강행규정이기 때문에 소비자에게 유리한 합의는 유효하지만, 불리한 합의는 무효이다(동법 제52조). 따라서 약정기간이 법정기간보다 더 장기인 경우에는 소비자에게 유리하기 때문에 약정기간이 적용되지만, 약정기간이 법정기간보다 단기인 경우에는 소비자에게 불리하기 때문에 법정기간이 적용된다.

나. 방문판매자 또는 전화권유판매자의 채무불이행에 따른 청약철회등

1) 법정기간

소비자는 방문판매자 또는 전화권유판매자의 채무불이행(불완전이행에 한함)이 있는 경우에 다음의 기간 내에 청약철회등을 할 수 있다. 첫째, 그 재화등을 공급받은 날로부터 3개월 이내이며, 둘째는 불완전이행의 사실을 안 날 또는 알 수 있었던 날로부터 30일 이내이다. 첫째, 재화등의 공급을 받은 날로부터 3개월 이내이다. 이 경우에 기산일은 재화등의 공급일이며, 소비자가 방문판매자 또는 전화권유판매자의 채무불이행을 인지할 필요는 없다. 만일 소비자가 그 사실을 인지하였거나 인지할 수 있었다면 이 기간이 적용되는 것이 아닌 다음의 기간이 적용된다. 둘째, 소비자가 불완전이행의 사실을 안 날 또는 알 수 있었던 날로부터 30일 이내이다. 이는 방문판매자 또는 전화권유판매자의 채무불이행과 소비자의 인지 또는 과실에 의한 미인지를 요건으로 한다. 여기에서 알 수 있었던 날의 의미는 소비자가 부주의로 그 사실을 인지하지 못한 것을 말한다. 예를 들어, 표시광고된 내용과 다르게 이행된 경우, 외관상 하자가 명백한 경우 또는 사용하였다면 그 하자를 쉽게 알 수 있었던 경우 등이 이에 해당한다. 이 경우에 기산일은 소비자가 그 사실을 안 날 또는 알 수 있었던 날이며, 재화등을 공급받은 날이 아니다. 문제는 첫 번째의 기간과 두 번째의 기간이 각기 별도로 적용되는가 아니면 첫 번째의 기간 범위 내에서 두 번째의 기간이 적용되는가의 문제이다. 예를 들어, 3월 15일에 재화가 공급되고, 소비자가 계약내용과 다르게 이행된 사실을 3월 16일에 인지한 경우[사례 1] 또는 7월 1일에 인지한 경우[사례 2]에 있어 소비자가 언제까지 청약철회등을 할 수 있는가의 문제이다. 양 기간이 각기 별도로 적용된다면 사례 1의 경우에 소비자는 6월 15일까지 청약철회등을 할 수 있으며(재화등의 공급일 기준), 사례 2의 경우에 7월 31일까지 청약철회등을 할 수 있다(인지일 기준). 반면에 재화등을 공급받은 날로부터 3개월이 최장기간이라고 한다면 사례 1의 경우에 소비자는 4월 14일까지 청약철회등을 할 수 있으며(인지일 기준), 사례 2의 경우에 6월 15일까지 청약철회등을 할 수 있다. 이와 같이 동 규정상 청약철회등을 할 수 있는 기간에 대해 두 가지로 해석할 수 있지만, 후자와 같이 해석하여야 할 것이다. 즉, 재화등을 공급받은 날로부터 3개월 이내는 방문판매자 또는 전화권유판매자의 채무불이행의 경우에 있어 소비자가 청약철회등을 할 수 있는 최장기간을 정한 것이며, 그 사실을 안 날 또는 알 수 있었던 날로부터 30일 이내는 그 사실을 알았거나 알 수 있었던 소비자가 조속히 청약철회등을 하도록 한 것이다. 따라서 재화등을 공급받은 날로부터 3개월이 경과하였다면 그 이후에 소비자가 방문판매자 또는 전화권유판매자의 채무불이행 사실을 알았다고 하더라도 청약철회등을 할 수 없다. 다만, 3개월이 경과한 경우에 그 채무불이행 또는 하자로 인해 계약의 목적을 달성할 수 없다면 소비자는 민법상 채무불이행 또는 하자담보책임에 따라 해제할 수 있다. 이와 유사한 경우가 취소권의 행사기간이다. 즉, 취소권은 취인할 수 있는 날로부터 3년 또는 법률행위를 한 날로부터 10년 이내에 행사할 수 있다(민법 제146조). 따라서 그 행사기간의 기산일을 각기 다르게 규정하고 있지만, 후자를 최장기간으로 하면서 그 기간 내에 전자의 요건이 충족된 경우에 전자의 기간이 적용된다. 그 결과, 양자의 기간이 각기 별도로 적용되는 것이 아닌 후자의 범위 내에서 전자의 기간이 만료하였다면 더 이상 취소권을 행사할 수 없다.[6)]

2) 약정기간

방문판매자 또는 전화권유판매자의 채무불이행에 따른 청약철회등의 기간에 대해 소비자의 단순구매의사변경에 따른 청약철회등의 기간과 달리 당사자가 더 장기의 기간을 약정한 경우에 대해 규정하고 있지 않다. 그러나 이 규정의 존재 여부와 관계없이 당사자간 더 장기의 기간을 약정한 경우에 그 약정은 소비자에게 유리하기 때문에 소비자는 법정기간이 아닌 약정기간 동안 청약철회등을 할 수 있다. 반면에 약정기간이 법정기간보다 단기인 경우에 이는 소비자에게 불리하기 때문에 그 약정은 무효이며, 소비자는 법정기간 동안 청약철회등을 할 수 있다.

2. 청약철회등의 방법 및 효력발생시기

가. 청약철회등의 방법

청약철회등은 소비자가 청약 또는 계약을 해소시키는 일방적 의사표시이며, 상대방 있는 의사표시이다. 따라서 청약철회등의 방법은 일반적인 의사표시의 방법으로 한다. 다만, 방문판매등에 관한 법률에서는 할부거래에 관한 법률과 달리 그 행사방법에 대해 서면으로 행사할 것으로 제한하고 있지 않다. 따라서 구두 또는 서면으로 행사할 수 있다. 또한 의사표시는 명시적 의사표시와 묵시적 의사표시로 구분되며, 양자 모두 의사표시로 인정된다. 따라서 청약철회등 역시 명시 또는 묵시의 의사표시로 할 수 있다. 전자의 예로 소비자가 방문판매자 또는 전화권유판매자에게 전화로 청약을 철회하거나 계약을 해제하는 것이다. 또한 청약철회서 또는 계약해제서를 방문판매자 또는 전화권유판매자에게 보내는 것이다. 후자의 예가 공급받은 재화를 반환하는 것이다. 즉, 재화를 반환함으로써 청약철회등의 의사를 표시하는 것을 말한다. 이와 관련하여 방문판매자 또는 전화권유판매자가 그 행사방법에 대해 제한을 두었지만, 소비자가 그 이외의 방법으로 청약철회등을 하였을 경우에 이를 청약철회등으로 인정할 수 있는가의 문제가 발생한다. 예를 들어, 소비자가 청약철회등을 할 경우에 계약서에 첨부된 서식으로만 행사하여야 한다거나 내용증명 우편으로 송부하여야 한다고 약정하였지만, 소비자가 전화로 청약철회등을 하였을

6) 양형우, 민법의 세계, 정독, 2021, 311면.

경우에 이를 청약철회등으로 인정할 수 있는가의 문제이다. 방문판매 등에 관한 법률에서는 그 행사방법에 대해 제한을 두고 있지 않고 있다. 따라서 특정 양식 또는 서면에 의한 행사를 요구하는 것은 소비자의 권리행사를 합리적인 이유없이 제한하는 것이며, 소비자에게 불리한 약정이다. 따라서 방문판매 등에 관한 법률 제52조에 따라 그 약정은 무효이므로 소비자는 그 행사방법에 대해 제한없이 청약철회등을 할 수 있다. 그 결과, 소비자가 약정내용과 달리 다른 양식 또는 구두로 행사하더라도 청약철회등으로 인정된다.

나. 청약철회등의 효력발생시기

청약철회등은 상대방있는 의사표시이다. 따라서 그 효력발생시기는 원칙적으로 그 의사표시가 상대방에게 도달한 시기이다(민법 제111조). 다만, 법률에서 달리 정하거나 당사자가 이와 다르게 합의한 경우에는 이와 다른 시기에 효력이 발생한다. 그 대표적인 경우가 바로 청약철회등의 효력발생시기이다. 즉, 청약철회등은 소비자에게 구매의사를 재고할 수 있는 기회를 부여하기 위함이며, 사업자가 반환받은 재화를 다른 소비자등에게 판매할 수 있도록 하기 위함이다. 그럼에도 불구하고, 그 효력발생시기에 대해 일반원칙인 도달주의를 적용한다면 소비자는 법정기간 내에 구매의사를 재고할 수 있는 것이 아닌 도달기간을 제외한 나머지 기간동안 내에 구매의사를 재고하여야 한다. 예를 들어, 소비자가 일반우편으로 청약을 철회할 경우에 발신부터 도달까지 최소 2일 이상이 소요된다. 그렇다고 한다면 소비자는 14일이라는 기간 동안 구매의사를 재고할 수 있는 것이 아닌 도달기간인 최소 2일 이상의 기간을 고려하여 나머지 기간 동안에만 구매의사를 재고할 수밖에 없다. 따라서 법정 기간 동안 구매의사를 재고할 수 있기 위해서는 도달주의가 아닌 발신주의를 적용할 필요가 있다. 다만, 발신주의가 적용된다고 하여 미도달의 문제까지 해결되는 것은 아니다. 예를 들어, 3월 15일에 계약서와 재화를 받은 경우에 소비자는 3월 29일까지 청약철회등을 할 수 있다. 따라서 3월 29일에 청약철회서를 발송하고, 그 청약철회서가 4월 3일에 도달하였다고 하더라도 그 계약은 소멸한다. 반면에 3월 29일에 청약철회서를 발송하였지만, 주소를 잘못 기재하여 그 청약철회서가 반송되어 4월 4일에 방문판매자에게 다시 청약철회서를 발송한 경우에 이는 청약철회등의 기간을 드과한 후에 행사한 것이 되어 청약철회등의 효력이 발생하지 않는다. 이러한 청약철회등의 효력발생시기는 소비자가 청약철회을 서면으로 하였을 경우이며, 대면 드는 전화 등을 이용하여 구두로 행사하였을 경우에 그 효력발생시기에 대해서는 도달주의가 적용된다.

제 9 조 청약철회등의 효과

[서종희]

제9조(청약철회등의 효과) ① 소비자는 제8조제1항 또는 제3항에 따라 청약철회등을 한 경우에는 이미 공급받은 재화등을 반환하여야 한다.
② 방문판매자등(소비자로부터 재화등의 대금을 지급받은 자 및 소비자와 방문판매등에 관한 계약을 체결한 자를 포함한다. 이하 제2항부터 제8항까지의 규정에서 같다)은 재화등을 반환받은 날부터 3영업일 이내에 이미 지급받은 재화등의 대금을 환급하여야 한다. 이 경우 방문판매자등이 소비자에게 재화등의 대금의 환급을 지연하면 그 지연기간에 따라 연 100분의 40 이내의 범위에서 「은행법」에 따른 은행이 적용하는 연체금리 등 경제 사정을 고려하여 대통령령으로 정하는 이율을 곱하여 산정한 지연이자(이하 "지연배상금"이라 한다)를 지급하여야 한다.
③ 방문판매자등은 제1항 및 제2항에 따라 재화등의 대금을 환급할 때 소비자가 「여신전문금융업법」 제2조제3호에 따른 신용카드나 그 밖에 대통령령으로 정하는 결제수단(이하 "신용카드등"이라 한다)으로 재화등의 대금을 지급한 경우에는 지체 없이 그 신용카드등의 대금 결제수단을 제공한 사업자(이하 "결제업자"라 한다)로 하여금 재화등의 대금 청구를 정지하거나 취소하도록 요청하여야 한다. 다만, 방문판매자등이 결제업자로부터 그 재화등의 대금을 이미 지급받은 경우에는 지체 없이 이를 결제업자에게 환급하고 그 사실을 소비자에게 알려야 한다.
④ 제3항 단서에 따라 방문판매자등으로부터 재화등의 대금을 환급받은 결제업자는 지체 없이 소비자에게 이를 환급하거나 환급에 필요한 조치를 하여야 한다.
⑤ 제3항 단서에 해당하는 방문판매자등 중 환급을 지연하여 소비자로 하여금 대금을 결제하게 한 방문판매자등은 그 지연기간에 대한 지연배상금을 소비자에게 지급하여야 한다.
⑥ 소비자는 방문판매자등이 정당한 사유 없이 결제업자에게 대금을 환급하지 아니하는 경우에는 환급받을 금액에 대하여 결제업자에게 그 방문판매자등에 대한 다른 채무와 상계(相計)할 것을 요청할 수 있다. 이 경우 결제업자는 대통령령으로 정하는 바에 따라 그 방문판매자등에 대한 다른 채무와 상계할 수 있다.
⑦ 소비자는 결제업자가 제6항에 따른 상계를 정당한 사유 없이 게을리한 경우 결제업자에 대하여 대금 결제를 거부할 수 있다. 이 경우 방문판매자등과 결제업자는 그 결제의 거부를 이유로 해당 소비자를 약정한 날짜 이내에 채무를 변제하지 아니한 자로 처리하는 등 소비자에게 불이익을 주는 행위를 하여서는 아니 된다.
⑧ 제1항의 경우 방문판매자등은 이미 재화등이 사용되거나 일부 소비된 경우에는 그 재화등을 사용하거나 일부 소비하여 소비자가 얻은 이익 또는 그 재화등의 공급에 든 비용에 상당하는 금액으로서 대통령령으로 정하는 범위의 금액을 지급할 것을 소비자에게 청구할 수 있다.
⑨ 제8조제1항 및 제3항에 따른 청약철회등의 경우 공급받은 재화등의 반환에 필요한 비용은 방문판매자등이 부담하며, 방문판매자등은 소비자에게 청약철회등을 이유로 위약금 또는 손해배상을 청구할 수 없다.
⑩ 방문판매자등, 재화등의 대금을 지급받은 자 또는 소비자와 방문판매등에 관한 계약을 체결한 자가 동일인이 아닌 경우 각자는 제8조제1항 및 제3항에서의 청약철회등에 따른 제1항부터 제9항까지의 규정에 따른 재화등의 대금 환급과 관련한 의무의 이행에 있어 연대하여 책임을 진다.

[참고문헌] 김세준, "전자상거래법상 청약철회 효과의 문제점과개선방안", 소비자법연구 제7권 제 호, 2021; 김중길, "유럽연합(EU) 소비자권리지침의 핵심적 규정내용 - 독일에서의 논의를 중심으로 -", 법학연구 제22권 제2호, 2014; 김진우, "소비자철회권의 행사효과에 관한 몇 가지 쟁점", 유통법연구 제3권 제1호, 2016; 남광, 「방문판매법」, 홍문사, 2020; 이상용/이혜리, "소비자 철회권 제도의 개선방향 - EU 소비자법과의 비교를 중심으로 -", 원광법학 제34권 제3호, 2018; 황원재, "디지털콘텐츠 공급계약에 대한 철회권", 외법논집 제44권 제1호, 2020.

Ⅰ. 본조의 개관

동법 제8조에서 정한 소비자철회권 행사는 방문판매자등과의 계약적 효력을 발생하지 않게하며, 철회권 행사 이전에 이미 계약이 성립하여 (일부) 이행된 경우에는 철회권 행사로 인하여 원상회복을 위한 청산관계가 문제된다. 방문판매 등에 관한 법률 제9조는 소비자가 철회등의 의사표시를 하면 발생하는 효과를 규정하고 있다. 특히 본조는 소비자가 제8조에 따른 철회권을 행사하는 경우에 계약 당사자인 방문판매자등과 소비자의 원상회복관계를 규정하고 있으며, 소비자가 신용카드를 이용하여 결제하는 때와 같이 소비자를 위한 신용제공자가 별도로 존재하는 경우에 방문판매자둥, 결제업자의 의무를 상세하게 정하고 있다.

구체적으로 방문판매 등에 관한 법률 제9조는 ① 소비자의 공급받은 재화등의 반환의무를 규정하고(동법 제9조 제1항), ② 방문판매자등에게는 재화등의 대금을 환급할 의무를 규정하고 있다(동법 제9조 제2항). 또한, ③ 다단계판매의 상대방이 대금을 신용카드등으로 결제한 경우 방문판매자등 및 결제업자에게 부과되는 특별한 의무를 규정하고 있고(동법 제9조 제3항 내지 제7항), ④ 방문판매자등의 소비자에 대한 이익 또는 비용지급청구권(동법 제9조 제8항). 그 외에도 ⑤ 재화등의 반환비용 부담의무(동법 제9조 제9항)를 규정하고 있으며, ⑦ 방문판매자등, 재화등의 대금을 지급받은 자 또는 소비자와 방문판매등에 관한 계약을 체결한 자가 동법 제9조의 의무규정에 대하여 연대하여 책임을 지도록 규정하고 있다(동법 제9조 제10항).

Ⅱ. 조항별 의미

1. 제9조 제1항

계약체결 후 쌍방의 채무이행 전에 소비자가 철회한 경우, 소비자는 자신의 이행의무를 면할 뿐이며 재화의 반환의무를 부담하지 않는다. 그러나 방문판매자등의 이행을 받은 후 철회한 경우 소비자는 그 재화의 반환에 대한 적극적인 선이행의무를 부담한다. 이는 방문판매법 제9조 제2항에서 재화등의 반환 시점을 사업자의 대금환급 기산점으로 규정하고 있는 것에서 더욱 명확하게 나타난다. 즉 소비자가 재화등을 반환하지 않는 한 사업자는 원칙적으로 먼저 대금을 환급할 필요가 없다. 소비자와 사업자가 모두 자신의 채무를 이행한 이후 소비자가 철회하면 그 후 양 당사자의 반환의무는 동시이행관계에 있는 것이 원칙이다(민법 제549조 등 참조). 쌍무적 관계에 있기 때문이다. 그러나 방문판매등에 관한 법률은 그 예외를 인정하고 있다. 그런데 이러한 선이행의무로 인해 소비자는 사업자의 지급불능에 대한 위험을 부담하게 된다. 또한 소비자가 그의 선이행의무를 이행하지 않은 채 대금환급을 먼저 청구하는 경우 사업자는 대금환급을 거절할 수 있다. 이는 결과적으로 사업자를 보호하는 것이 된다.[1] 소비자의 재화반환에 대한 선이행의무를 인정함으로써 통신판매업자가 공급한 재화를 소비자로부터 손쉽게 반환받을 수 있도록 하려는 입법취지로 이해된다.

참고로 EU소비자권리지침(이하 'EU지침') 제13조 제1항에서는 계약의 청약철회가 이루어진 경우 사업자가 지체 없이 소비자로부터 수령한 대금을 반환하여야 한다고 규정하고 있다. 다만 동조 제3항에서는 매매계약의 경우 소비자로부터 물품을 반환받거나 소비자가 물품을 반송하였다는 증거를 제공하는 때 중 더 빠른 시점까지 사업자가 대금의 반환을 유보할 수 있는 것으로 규정한다. 이는 결과적으로는 우리법과 같이 소비자의 선이행의무를 인정하는 것으로 이해된다.[2] 현행 방문판매등에 관한 법률에서는 소비자가 공급받은 재화를 언제까지 반환해야 하는지에 대하여 명시적인 규정이 없다. 다만 그 기간의 규정이 없더라도 채권자인 사업자가 이행의 청구를 함으로써 소비자가 지체책임을 부담하게 되는 것은 분명하다(민법 제387조 제2항).

2. 제9조 제2항

소비자가 철회권등을 행사하고, 자신이 공급받은 재화등을 방문판매자등에게 반환하면, 방문판매자등은 재화등을 반환 받은 날로부터 3영업일 내에 자신이 지급받은 재화등의 대금을 소비자에게 현금으로 환급해야 한다.

또한 방문판매자등이 대금환급을 지연하면 그 지연기간에 대한 지연배상금으로 연 100분의 40 이내의 범위에서 「은행법」에 따른 은행이 적용하는 연체금리 등 경제 사정을 고려하여 대통령령으로 정하는 이율을 곱하여 산정한 지연이자"를 지급해야 한다(동법 제

1) 김진우, "소비자철회권의 행사효과에 관한 몇 가지 쟁점", 유통법연구 제3권 제1호, 2016, 84면.

2) 김중길, "유럽연합(EU) 소비자권리지침의 핵심적 규정내용－독일에서의 논의를 중심으로－", 법학연구 제22권 제2호, 2014, 617면; 이상용/이혜리, "소비자 철회권 제도의 개선방향－EU 소비자법과의 비교를 중심으로－", 원광법학 제34권 제3호, 2018, 146면.

9조 제2항 2문). 요컨대 방문판매자등은 연 100분의 15의 이율을 곱하여 산정한 지연이자(동법 시행령 제13조)를 지급해야 한다. 방문판매자등이 재화등의 대금을 환급하지 않으면 1천만원 이하의 과태료가 부과된다(동법 제66조 제2항 제1호).

3. 제9조 제3항 내지 제7항

가. 방문판매자등이 결제업자로부터 대금을 지급받지 않은 경우

소비자가 대금을 신용카드등으로 지급하기로 약정한 경우에 소비자가 철회권등을 행사하면, 방문판매자등재화등의 대금이 결제되지 않도록 결제업자에게 재화등의 대금청구를 정지하거나 취소하도록 요청해야 한다(동법 제9조 제3항 본문). 소비자가 철회권등을 행사하였음에도 결제업체는 철회권등의 행사여부를 모르기 때문에 소비자에게 대금지급을 청구할 수 있기 때문에 방문판매자등에게 그러한 사실을 알리고 결제업자에게 재화등의 대금청구를 정지하거나 취소하도록 요청하도록 한 것이다. 여기서 신용카드등은 「여신전문금융업법」 제2조 제3호에 따른 신용카드나 기타 대통령령으로 정하는 결제수단을 의미하며(방문판매 등에 관한 법률 제9조 제3항), 기타 대통령령으로 정하는 결제수단은 현금이나 계좌이체 외의 결제수단으로 결제업자에게 대금 청구를 정지 또는 취소하도륵 요청하거나 대금을 환급하면 소비자에게 환급한 것과 같은 법적 효과가 발생하는 결제수단을 의미한다(동법 시행령 제14조). 대표적으로 체크카드가 이에 해당한다.

나. 방문판매자등이 결제업자로부터 대금을 지급받은 경우

방문판매자등이 결제업자로부터 이미 대금을 지급받은 경우에는 방문판매자등은 지체 없이 지급 받은 대금을 결제업자에게 환급하고, 이러한 환급 사실을 소비자에게 알려야 한다(동법 제9조 제3항 단서). 방문판매자등으로부터 재화등의 대금을 환급받은 결제업자는 지체 없이 소비자에게 이를 환급하거나 환급에 필요한 조치를 하여야 한다(동법 제9조 제4항). 방문판매자등이 결제업자에 대한 환급을 지연하여 소비자가 대금을 결제한 경우에 방문판매자등은 그 지연기간에 대한 지연배상금을 소비자에게 지급하여야 한다(동법 제9조 제5항). 방문판매등에 관한 법률 제18조 제3항은 "결제한 날 이후의 지연기간에 대한 지연배상금을 상대방에게 지급하여야 한다"고 규정하여 그 지연의 기산점을 명시하고 있으나 동법 제9조 제5항은 이를 규정하지 않아 지연손해금 산정의 기준에 대한 평가가 필요하다. 반면에 방문판매 등에 관한 법률은 방문판매자등으로부터 재화등의 대금을 환급받은 결제업자가 동법 제9조 제4항에 따른 소비자에 대한 환급을 지연하는 경우에 결제업자의 지연손해금에 관한 규정을 두지 않았다.[3]

한편 방문판매자등이 정당한 사유 없이 결제업자에게 대금을 환급하지 아니하는 경우에 소비자는 환급받을 금액에 대하여 결제업자에게 그 방문판매자등에 대한 다른 채무와 상계(相計)할 것을 요청할 수 있다(동법 제9조 제6항). 즉 소비자는 결제업자가 그 방문판매자등에게 부담하는 다른 채무와 결제업자가 방문판매자등에게 갖고 있는 환급금채권을 대등액에서 상계할 것을 요구할 수 있다. 이 경우 소비자는 환급금액을 기재한 서면(전자문서를 포함)으로 소비자가 적법한 기간 안에 철회권을 행사하였고 재화등을 반환하였음을 증명하는 자료(소비자가 재화등을 계약서에 명시된 방문판매자등의 주소로 반환하였으나 수취거절된 경우에는 그 증명자료)를 첨부하여 결제업자에게 상계를 요청해야 한다(동법 제9조 제6항 2문, 동법 시행령 제15조 제1항). 그 경우에 결제업자는 즉시 상계할 수 있으며, 결제업자는 그 사실 및 상계금액 등을 적은 서면(전자문서를 포함한다)을 방문판매자등 및 소비자에게 지체 없이 송부하여야 한다(시행령 제15조 제2항). 참고로 방문판매 등에 관한 법률 시행령 제15조 제3항은 결제업자의 상계와 관련하여 기타 사항을 총리령으로 정하도록 하였으나, 이 규정과 관련된 별도의 시행규칙은 마련되어 있지 않다. 소비자가 시행령에 따라 적법하게 상계를 요청하였음에도 불구하고 결제업자가 정당한 사유 없이 상계를 게을리한 경우, 소비자는 결제업자에 대하여 대금 결제를 거부할 수 있다. 이 경우 방문판매자등과 결제업자는 그 결제의 거부를 이유로 해당 소비자를 약정한 날짜 이내에 채무를 변제하지 아니한 자로 처리하는 등 소비자에게 불이익을 주는 행위를 하여서는 아니 된다(동법 제9조 제7항). 즉 소비자의 대금결제 거부는 적법하기 때문에 약정한 날짜 이내에 대금을 결제하지 않았다 하더라도 그러한 소비자의 행위는 채무불이행이 되지 않으므로 결제업자는 소비자에게 지연손해금 등을 청구할 수 없다.

4. 제9조 제8항

재화등을 사용하거나 일부 소비하여 그 가치가 현저히 낮아지면 애초에 소비자의 철회권은 배제된다(동법 제8조 제2항 제2호). 반면에 재화등을 사용하거나 일부 소비[4]하였더라도 그 가치가 현저히 낮아지지 않았다면 소비자는 철회권등을 행사할 수 있다(동법 제9조 제8항). 다만 이 경우에 소비자의 사용 또는 일부소비 등으로 인하여 발생한 재화가치의 하락 등을 고려하여 방문판매등에 관한 법률 제9조 제8항은 재화등의 일부가 사용되었거나 소비되었다면, 방문판매자등이 소비자가 재화등을 일부 사용하거나 소비하여 얻은

---

3) 할부거래법 제10조 제7항 참고.

4) '소비하여'가 아닌 '일부 소비하여'로 규정한 이유는 만약 재화 등을 모두 소비하였다면 이미 재화를 반환할 수 없기 때문에 철회권을 행사할 수 없음이 자명하기 때문이다.

이익 또는 재화등의 공급비용에 상당하는 금액을 소비자에게 청구할 수 있도록 하였다. 이 규정은 두 가지로 해석될 수 있다. 먼저 "방문판매자등은 소비자가 얻은 이익이나 재화등의 공급비용 중 하나를 선택할 수 있으며, 만약 후자를 선택한 경우에는 대통령령으로 청구할 수 있는 금액의 범위의 제한을 받게 된다"는 해석이 가능하다. 반면에 "동조항은 소비자의 사용이익 등의 반환을 위해 만들어진 것이기 때문에 방문판매자등이 소비자가 얻은 이익을 증명할 수 있다면 이익의 반환을 청구하면 되고, 그 이익의 증명이 어려운 경우에는 '재화등의 공급에 든 비용'을 사용이익에 갈음하여 청구할 수 있다"고 해석할 수 있다.[5] 한편 방문판매 등에 관한 법률 제9조 제8항은 공급에 든 비용에 상당하는 금액과 관련하여서는 대통령령으로 청구할 수 있는 금액의 범위를 정하도록 하고 있다. 구체적으로, 소비자가 재화등을 사용하여 소모성 부품의 재판매가 곤란하거나 재판매가격이 현저히 하락한 경우라면 그 소모성 부품을 다시 조달하는데 들어가는 비용을 청구할 수 있다(동법 시행령 제16조 제1항 제1호). 예컨대, 전기청소기를 사용하여 배터리의 수명이 단축되었다면 새로운 배터리를 조달하여 교체하는 비용을 의미한다.[6] 다수의 동일 가분물로 구성된 재화등을 일부 소비하였다면, 소비된 부분을 조달하는데 들어가는 비용을 청구할 수 있다(동법 시행령 제16조 제1항 제2호). 예컨대, 10개 묶음으로 판매되는 건강식품 중 2개를 소비하였다면 2개를 새로 조달하여 보충하는 비용을 의미한다.[7] 그 외에, 재화등의 종류나 거래가격, 그리고 상관행 등을 고려하여 세부적인 기준을 고시할 수 있으나(동법 시행령 제16조 제2항), 특수판매에서의 소비자보호 지침에 별도로 규정된 것은 현재 없다.

5. 제9조 제9항

철회권 행사로 인한 비용부담으로 소비자가 철회권등의 행사를 기피하지 않도록 하기 위하여 소비자가 철회권등을 행사하는 경우 재화등의 반환에 필요한 비용은 방문판매자등이 부담하도록 규정하고 있다(동법 제9조 제9항).[8] 또한, 방문판매자등은 소비자의 청약철회등을 이유로 소비자에게 위약금 또는 손해배상을 청구할 수도 없도록 규정하였다. 이와 관련하여, 재화등의 반환비용을 방문판매자등에게 부담시키는 것은 지나치게 과도한 부담을 줄 수 있다는 우려가 있지만, 이와 유사한 취지의 규정은 할부거래에 관한 법

5) 문구만을 놓고보면 전자로 해석될 여지가 다분하나, 동조항의 입법의 취지가 소비자가 얻은 이익의 반환에 초점을 맞춘 것으로 본다면 후자로 보는 것이 타당할 것이다.

6) 남광, 「방문판매법」, 홍문사, 2020, 105면.

7) 남광, 「방문판매법」, 홍문사, 2020, 105면.

8) 유럽연합의 소비자권리지침과 그에 따른 독일민법에서 소비자철회권 행사에서 반송비용의 소비자부담 규정내용에 관한 설명으로는 황원재, "디지털콘텐츠 공급계약에 대한 철회권", 외법논집 제44권 제1호, 2020, 64, 66면 참조.

률 제10조 제10항 등에서도 확인된다. 물론, 전자상거래 등에서의 소비자보호에 관한 법률 제18조 제9항 및 제10항은 경우를 구분하여, 소비자가 일반적인 철회권을 행사하는 경우 재화등의 반환비용은 소비자가 부담하도록 하고, 재화등의 내용이 표시·광고의 내용이나 계약내용과 달라 철회권등을 행사하는 경우 재화등의 반환비용은 통신판매업자가 부담하도록 하고 있어, 방문판매 등에 관한 법률 제9조 제9항과는 다르다.

6. 제9조 제10항

방문판매자등, 재화등의 대금을 지급받은 자 또는 소비자와 방문판매등에 관한 계약을 체결한 자가 동일인이 아닌 경우 각자는 제8조 제1항 및 제3항에서의 청약철회등에 따른 제1항부터 제9항까지의 규정에 따른 재화등의 대금 환급과 관련한 의무의 이행에 있어 연대하여 책임을 진다. 예컨대, 방문판매자등과 계약을 체결하였지만, 재화등의 대금은 방문판매자등이 지정한 제3자에게 지급하였다면, 방문판매자등과 이 제3자는 대금환급과 관련하여 연대책임을 진다. 여기서 연대책임을 부담한다는 의미는 민법 제413조 이하가 적용된다는 것을 의미한다. 따라서 소비자는 재화등의 대금환급채무의 이행을 방문판매자등, 대금을 수령한 자 또는 소비자와 계약을 체결한 자 모두에게 청구하거나 이중 변제자력이 많은 자에게 청구할 수 있다는 의미이다.동법 제9조 제1항은 계약관계의 상대적 원칙에도 불구하고 반환의무 등의 인적 범위를 확대하여 소비자에게 대금환급을 보장하기 위해 마련된 것이다.

제10조 손해배상청구금액의 제한 등

[고형석]

제10조(손해배상청구금액의 제한 등) ① 소비자에게 책임이 있는 사유로 재화등의 판매에 관한 계약이 해제된 경우 방문판매자등이 소비자에게 청구하는 손해배상액은 다음 각 호에서 정한 금액에 대금 미납에 따른 지연배상금을 더한 금액을 초과할 수 없다.
1. 공급한 재화등이 반환된 경우에는 다음 각 목의 금액 중 큰 금액
   가. 반환된 재화등의 통상 사용료액 또는 그 사용으로 통상 얻을 수 있는 이익에 상당하는 금액
   나. 반환된 재화등의 판매가액에서 그 재화등이 반환된 당시의 가액을 뺀 금액
2. 공급한 재화등이 반환되지 아니한 경우에는 그 재화등의 판매가액에 상당하는 금액

② 공정거래위원회는 방문판매자등과 소비자 간의 손해배상청구에 따른 분쟁을 원활하게 해결하기 위하여 필요한 경우 제1항에 따른 손해배상액의 산정기준을 정하여 고시할 수 있다.

[참고문헌] 고형석, 「전자상거래와 소비자보호법」, 우리시스템, 2019; 곽윤직, 「채권각론」, 박영사, 2007; 송덕수, 「채권법총론」, 박영사, 2018; 양형우, 「판례 민법강의」, 정독, 2021.; 消費者廳 取引對策課/經濟産業省 商務・サービスグループ 消費者經濟企劃室, 「特定商取引に關する法律の解說」, 商事法務, 2018.

Ⅰ. 계약의 해제 일반

1. 의의 및 법적 성질

가. 의 의

계약이 유효하게 체결된 경우에 당사자는 자신의 채무를 이행하여야 하며, 임의로 그 계약을 해소할 수 없다. 이를 계약의 구속력이라고 한다. 다만, 당사자가 약정한 사유 또는 법률에서 정한 사유가 발생한 경우에 당사자는 해당 계약을 해제하여 계약의 구속력에서 벗어날 수 있다. 이를 계약의 해제라고 하며, 그 권리를 해제권이라고 한다. 이러한 해제권은 발생요건에 따라 약정해제권과 법정해제권으로 구분된다. 전자는 법률에서 정한 사유 외에 당사자가 해제권 발생요건에 대해 별도로 약정하고, 그 약정사유에 따라 발생하는 해제권을 말한다. 후자는 법률에서 정한 요건을 충족한 경우에 발생하는 해제권을 말한다.

나. 법적 성질

약정 또는 법정 사유가 발생한 경우에 당사자가 그 계약을 해제할 수 있는 권리를 해제권이라고 하며, 해제권자의 일방적 의사표시에 따라 효력이 발생한다. 즉, 해제권자의

해제라는 의사표시가 상대방에게 도달하면 그 계약을 소멸하며, 상대방의 동의 여부는 그 효력발생과 무관하다. 이처럼 권리자의 일방적 의사표시에 따라 그 효력이 발생하는 권리를 형성권이라고 하며, 해제권은 형성권에 해당한다.

다. 구별개념

1) 취소권

취소권이라 함은 법정 요건이 충족된 경우에 취소권자의 일방적 의사표시에 따라 대상 의사표시 또는 법률행위가 소급하여 무효로 되는 법률효과를 발생시키는 권리를 말한다. 이러한 취소권은 형성권이라는 점에서 해제권과 동일하지만, 다음과 같은 점에서 차이가 있다. 첫째, 발생요건이다. 취소권은 제한능력자의 법률행위, 착오에 의한 의사표시 및 사기 또는 강박에 의한 의사표시에 한해 발생하기 때문에 이러한 사유 외에 당사자가 약정으로 취소권의 발생요건을 정할 수 없다.[1] 이에 반해 해제권은 법정 사유 외에 약정 사유에 의해서도 발생한다는 점에서 차이가 있다. 둘째, 적용대상이다. 취소권은 의사표시 또는 법률행위를 취소하는 것이기 때문에 계약에 국한되지 않는다. 반면에 해제권은 계약에 국한된다는 점에서 차이가 있다. 셋째, 행사기간이다. 취소권은 추인할 수 있는 날로부터 3년 또는 법률행위를 한 날로부터 10년 이내에 행사하여야 한다(민법 제146조). 반면에 해제권에 대해서는 하자담보책임에 따른 해제권을 제외하고, 그 행사기간을 정하고 있지 않다는 점에서 차이가 있다. 넷째, 효과이다. 취소의 경우에 소급무효이기 때문에 이행이 있었던 경우에는 부당이득반환의 법리에 따라 급부를 반환하여야 한다. 반면에 해제의 경우는 원상회복의무를 부담한다는 점에서 차이가 있다. 마지막으로 제3자 보호이다. 취소의 경우에 제3자 보호 규정이 있는 경우(착오, 사기 또는 강박에 따른 취소)와 없는 경우(제한능력자의 취소)로 구분되며, 전자의 경우에도 선의의 제3자만 보호대상이다. 반면에 해제의 경우는 선의 및 악의의 제3자 모두 보호받는다는 점에서 차이가 있다.

2) 청약철회권

청약철회권이라 함은 방문판매 등에 관한 법률 등에 따라 소비자가 그 이유를 제시하지 않고, 일정기간 내에 의사표시(청약) 또는 계약을 소멸시킬 수 있는 권리를 말한다. 다만, 할부거래에 관한 법률과 달리 방문판매 등에 관한 법률 및 전자상거래 등에서의 소비자보호에 관한 법률에서는 청약철회권의 발생요건을 2원적으로 규정하고 있으며, 앞에서 설명한 청약철회권 외에 사업자의 채무불이행에 따른 청약철회권을 별도로 규정하고

---

1) 이러한 사유 외에 계약을 소멸시키는 것에 대해 취소라는 용어를 사용하지만, 이는 법률적 의미의 취소에 해당하지 않는다.

있다. 그러나 후자는 민법상 해제권보다 요건이 완화된 특수한 해제권이라고 하는 것이 보다 정확하다. 따라서 전자의 청약철회권을 기준으로 해제권과 비교하면 형성권이라는 점에서는 해제권과 동일하다. 그러나 다음의 점에서는 해제권과 차이가 있다. 첫째, 청약철회권은 계약의 성립과 관계없이 행사할 수 있기 때문에 청약이 효력을 발성하는 시점부터 행사할 수 있다. 즉, 소비자가 청약의 의사를 표시하여 그 효력이 발생하였지만, 아직 사업자가 승낙하지 않은 경우에도 청약철회권을 행사할 수 있다. 반면에 해제권은 계약의 성립 이후에 행사할 수 있기 때문에 계약이 성립하기 전에는 이를 행사할 수 없다. 둘째, 청약철회권의 행사기간은 7일 또는 14일로 매우 단기간이다. 이는 발생요건에 있어 제한이 없다는 점이 고려된 것이다. 반면에 해제권의 경우는 앞에서 설명한 바와 같이 하자담보책임에 따른 해제권 외에는 행사기간을 규정하고 있지 않다. 마지막으로 효과에 있어서 양자 모두 원상회복의무를 규정하고 있지만, 약간의 차이가 있다. 즉, 대금환급에 있어 청약철회의 경우에 사업자는 법정 반환기한까지 원금만 반환하면 되고, 그에 대한 이자는 반환할 필요가 없다. 반면에 해제의 경우에 원금에 이자를 더하여 반환하여야 한다. 또한 청약철회의 경우에 소비자가 재화를 사용하였다면 사용이익 또는 공급비용 중 사업자가 선택한 금액을 지급하여야 한다. 이는 해제의 효과인 원상회복과 유사하지만, 완전한 형태의 원상회복이 아니라는 점에서 차이가 있다.

3) 해지권

해지권이라 함은 계속적 계약에 있어 약정 또는 법정 사유가 발생한 경우에 해지권자의 일방적 의사표시에 의해 그 계약을 장래적으로 소멸시키는 권리를 말한다. 이러한 해지권은 형성권이라는 점, 약정 및 법정 사유에 의해 발생한다는 점 및 계약에 국한된다는 점에서 해제권과 동일하지만, 다음과 같은 점에서 해제권과 차이가 있다. 첫째, 해제의 효과에 있어 소급효를 인정하는 견해와 부정하는 견해도 나누어지고 있지만,[2] 전자의 견해 및 판례[3]에 따르면 소급효가 인정되지 않는 해지와 차이가 있다. 둘째, 해지는 해지 시점 이전까지 계약의 효력에 영향을 미치지 않기 때문에 해지에 따라 원상회복의무는 발생하지 않는다. 반면에 해제는 원상회복의무를 발생시킨다는 점에서 근본적인 차이가 있다.

> 계약이 적법하게 해제되면 그 효력이 소급적으로 소멸하므로 그 계약상 의무에 기하여 실행된 급부는 원상회복을 위하여 부당이득으로 반환되어야 하고, 그 계약의 이행으로 변동이 되었던 물권은 당연히 그 계약이 없었던 상태로 복귀한다(민법 제548조 제1항 본문).

2) 곽윤직, 「채권각론」, 박영사, 2007, 98~101면 참조.
3) 대법원 2021. 8. 19. 선고 2018다244976 판결.

4) 합의해제 또는 해제계약

해제권은 형성권이기 때문에 해제권자의 일방적 의사표시에 따라 그 계약은 소멸한다. 다만, 당사자가 법정 사유 외에 해제사유를 약정할 수 있으며, 이를 형성권 방식과 계약 방식으로 정할 수 있다. 전자는 약정 사유가 발생한 경우에 해제권자가 일방적 의사표시로 그 계약을 소멸시키는 것을 말하며, 후자는 약정 사유가 발생하더라도 그 계약을 소멸시키기 위해서는 상대방의 승낙이 필요한 경우를 말한다. 후자를 합의해제 또는 해제계약이라고 한다. 이러한 해제계약은 해제권과 상이하며, 이미 존재하는 계약을 소멸시키기 위한 계약이라고 할 수 있다.

> 계약의 합의해제 또는 해제계약은 해제권의 유무를 불문하고 계약당사자 쌍방이 합의에 의하여 기존 계약의 효력을 소멸시켜 당초부터 계약이 체결되지 않았던 것과 같은 상태로 복귀시킬 것을 내용으로 하는 새로운 계약으로서, 계약이 합의해제되기 위하여는 계약의 성립과 마찬가지로 계약의 청약과 승낙이라는 서로 대립하는 의사표시가 합치될 것(합의)을 요건으로 한다.[4)]

2. 해제권의 발생요건

해제권의 발생요건은 약정 사유와 법정 사유로 구분되지만, 약정 사유는 당사자가 합의를 통해 정하기 때문에 이를 일률적으로 제시할 수 없다. 따라서 여기에서는 법정 해제 사유만을 제시하며, 이에는 이행지체·이행불능·하자담보책임·불완전이행·사정변경, 채권자지체 또는 해약금으로 구분할 수 있다.

가. 이행지체

이행지체라 함은 채무자가 채무를 이행할 수 있음에도 불구하고, 이행기에 채무를 이행하지 않는 것을 말한다. 다만, 채권자가 이행지체를 이유로 계약을 해제하기 위해서는 추가적인 요건이 필요하다. 즉, 이행지체는 이행이 가능하기 때문에 채권자는 바로 계약을 해제할 수 없고, 채무자에게 채무를 이행할 수 있는 기회를 제공하여야 한다. 따라서 채권자는 채무자에게 상당한 기간을 정하여 이행을 최고하고, 그 기간 내에 이행이 없을 경우에 한해 계약을 해제할 수 있다. 다만, 채무자가 이행을 거부하거나 이행기에 이행하여야 만이 계약의 목적을 달성할 수 있는 경우(정기행위)에는 최고없이 바로 계약을 해제할 수 있다.

---

4) 대법원 2011. 2. 10. 선고 2010다77385 판결.

나. 이행불능

이행불능이라 함은 채무자의 고의 또는 과실로 인해 채무의 이행이 불가능하게 된 것을 말한다. 이행불능은 이행지체와 동일하게 채무불이행의 대표적인 유형이지만, 이행이 불가능하다는 점에서 이행지체와 차이가 있다. 또한 이행불능은 이행이 불가능하기 때문에 이행지체와 달리 채권자는 최고없이 바로 계약을 해제할 수 있다.

다. 하자담보책임

하자담보책임이라 함은 유상계약에 따라 양수인이 취득하는 권리 또는 물건에 하자 또는 불완전한 점이 있는 경우에 양도인이 양수인에게 부담하는 책임을 말한다. 민법에서는 매매에서 이를 규정하고 있으며, 다른 유상계약도 그 성질이 반하지 않는 한 이를 준용하고 있다(민법 제567조). 다만, 무상계약인 증여에 있어서도 예외적으로 하자담보책임을 인정하고 있다(민법 제559조). 이러한 물건(종류물)의 하자에 따른 담보책임으로 해제권은 모든 경우에 인정되지 않으며, 그 물건의 하자로 인해 계약의 목적을 달성할 수 없는 경우에 한해 인정된다. 따라서 계약의 목적을 달성할 수 있는 경우에 매수인은 손해배상청구권 또는 완전물급부청구권을 행사할 수 있다. 반면에 계약의 목적을 달성할 수 없는 경우에 매수인은 계약을 해제하고, 손해배상을 청구할 수 있다(민법 제581조). 다간, 하자담보책임은 무과실책임이기 때문에 이행지체에 따른 해제권 발생에 있어 채무자의 고의 또는 과실을 요구하는 견해도 하자담보책임에 따른 해제권의 발생에 있어 채무자의 고의 또는 과실을 요건으로 하지 않는다.

라. 불완전이행

불완전이행이라 함은 채무자가 채무를 이행하였지만, 채무 내용에 적합하게 이행하지 않는 것을 말한다. 이에는 일부 이행지체와 일부 이행불능이 있다. 이러한 불완전이행에 대해 민법에서는 명문으로 이를 인정하고 있지 않지만, 판례와 학설은 민법 제390조에 근거하여 이를 인정하고 있다.

> 학교법인은 학생과의 재학계약에서 다음과 같은 내용의 안전배려의무를 부담한다. 즉 학교법인은 학생의 생명, 신체, 건강 등의 안전을 확보하기 위하여 교육장소의 물적 환경을 정비하여야 하고, 학생이 교육을 받는 과정에서 위험 발생의 우려가 있을 때에는 미리 위험을 제거할 수단을 마련하는 등 합리적 조치를 하여야 한다. <u>학교법인이 안전배려의무를 위반하여 학생의 생명, 신체, 건강 등을 침해하여 손해를 입힌 때에는 불완전이행으로서 채무불이행으로 인한 손해배상책임</u>을 부담한다.[5)]

5) 대법원 2018. 12. 28. 선고 2016다33196 판결.

다만, 불완전이행을 이유로 계약을 해제하기 위해서는 완전이행의 가능 여부에 따라 가능하다면 추완을 최고하고, 그 기간 내에 추완이 없어야 한다. 반면에 완전이행에 불가능한 경우에는 최고없이 해제할 수 있다.[6] 이와 더불어 그 불완전이행 부분으로 인해 채권자가 계약의 목적을 달성할 수 없거나 특별한 약정이 있어야 한다. 따라서 불완전이행이 존재하지만, 나머지가 이행되지 않더라도 계약의 목적을 달성함에 있어 문제가 없는 경우에 그 부분에 대한 대금 반환 및 손해배상을 청구할 수 있을 뿐 계약을 해제할 수 없다.

> 계약으로부터 발생하는 부수적 채무의 불이행을 원인으로 하여 계약을 해제할 수 있는 것은 그 불이행으로 인하여 채권자가 계약의 목적을 달성할 수 없는 경우 또는 특별한 약정이 있는 경우에 한정된다고 볼 것이다(대법원 1968. 11. 5. 선고 68다1808 판결, 대법원 2005. 11. 25. 선고 2005다53705 판결 등 참조). 또한 계약으로부터 발생하는 의무 가운데 주된 채무와 부수적 채무를 구별함에 있어서는 급부의 독립된 가치와는 관계없이 계약을 체결할 때 표명되었거나 그 당시 상황으로 보아 분명하게 객관적으로 나타난 당사자의 합리적 의사에 의하여 결정하되, 계약의 내용·목적·불이행의 결과 등의 여러 사정을 고려하여야 할 것이다(대법원 2005. 7. 14. 선고 2004다67011 판결 등 참조).[7]

마. 사정변경

사정변경이라 함은 계약 체결 당시 기초가 되었던 사정이 추후 당사자의 책임없는 사유로 현저히 변경되어 종전의 계약 내용대로 이행할 경우에 신의칙에 합치하지 않은 경우를 말한다. 이러한 사정변경에 대해 민법에서는 명문으로 규정하고 있지 않지만, 학설과 판례는 민법 제2조에서 규정하고 있는 신의성실의 원칙에 대한 파생원칙으로 인정하고 있다. 다만, 판례는 사정변경에 따른 계약해제권을 매우 제한적으로 인정하고 있다. 즉, 이를 적극적으로 인정할 경우에 계약구속의 원칙이 무력화될 수 있다는 점을 이유로 매우 제한적으로 인정하고 있다.

> <u>계약 성립의 기초가 된 사정이 현저히 변경되고 당사자가 계약 성립 당시 이를 예견할 수 없었으며, 그로 인하여 계약을 그대로 유지하는 것이 당사자의 이해에 중대한 불균형을 초래하거나 계약을 체결한 목적을 달성할 수 없는 경우에는 계약준수 원칙의 예외로서 사정변경을 이유로 계약을 해제하거나 해지할 수 있다</u>. 여기에서 말하는 사정이란 당사자에게 계약 성립의 기초가 된 사정을 가리키고, 당사자가 계약의 기초로 삼지 않은 사정이나 어느 일방당사자가 변경에 따른 불이익이나 위험을 떠안기로 한 사정은 포함되지 않는다. 경제상황 등의 변동

6) 양형우, 「판례 민법강의」, 정독, 2021, 370면.
7) 대법원 2012. 3. 29. 선고 2011다102301 판결.

으로 당사자에게 손해가 생기더라도 합리적인 사람의 입장에서 사정변경을 예견할 수 있었다면 사정변경을 이유로 계약을 해제할 수 없다.[8]

바. 채권자지체

채권자지체라 함은 채무자가 채무를 이행함에 있어 채권자의 협력이 필요한 경우에 채권자가 그 협력을 하지 않음으로 인해 채무자가 채무를 이행할 수 없는 것을 말한다. 예를 들어, 채무자가 목적물을 인도할 채무를 부담한 경우에 채권자가 이를 수령하여야 하지만, 채권자가 정당한 사유없이 이를 수령하지 않은 것(수령지체)이 이에 해당한다. 이러한 채권자지체에 따른 책임의 법적 성질에 대해 법정책임설과 채무불이행책임설로 구분되고 있다. 양자의 가장 큰 차이점은 채권자지체에 대해 계약해제권을 인정할 것인가에 있다. 즉, 법정책임설에 따르면 민법상 채권자지체의 효과로 계약해제권을 인정하고 있지 않기 때문에 채무자는 그 계약을 해제할 수 없다고 주장한다. 반면에 채무불이행책임설에 따르면 채권자지체 역시 채무불이행책임의 일종이기 때문에 계약해제에 관한 규정이 적용되므로 채무자는 계약을 해제할 수 있다고 주장한다.[9] 판례는 후자의 입장을 취하고 있다.

> 채권자에게 계약상 의무로서 수령의무나 협력의무가 인정되는 경우, 그 수령의무나 협력의무가 이행되지 않으면 계약 목적을 달성할 수 없거나 채무자에게 계약의 유지를 더 이상 기대할 수 없다고 볼 수 있는 때에는 채무자는 수령의무나 협력의무 위반을 이유로 계약을 해제할 수 있다.[10]

사. 해약금

해약금이라 함은 계약의 해제권을 유보하는 계약금을 말한다. 즉, 당사자가 계약을 체결하면서 계약금을 지급한 경우에 이는 계약에 대한 증거로서 역할을 할 뿐만 아니라 계약을 해제할 수 있는 권리를 인정하는 것이다. 따라서 매수인이 계약금을 지급한 경우에 매수인은 그 계약금을 포기하면서 계약을 해제할 수 있고, 매도인은 받은 계약금의 2배를 지급하면서 계약을 해제할 수 있다. 다만, 해약금을 이유로 계약을 해제하기 위해서는 반대의 특약이 없어야 하며, 일방의 이행이 있기 전까지 해제권을 행사하여야 한다. 또한 계약금을 과다하게 지급한 경우에 해약금 또는 손해배상액의 예정으로 인정되는 금액은 당사자가 지급한 계약금 전부가 아닌 상당한 금액으로 축소된다.

---

8) 대법원 2020. 5. 14. 선고 2016다12175 판결.
9) 송덕수, 「채권법총론」, 박영사, 2018, 207면 이하 참조.
10) 대법원 2021. 10. 28. 선고 2019다293036 판결.

원고의 주장에는 피고는 원고의 채무불이행을 이유로 손해배상의 예정액으로서의 성질도 갖고 있는 위 계약금을 몰취하였는바 위 계약금은 손해배상의 예정액으로서는 부당히 과다하므로 감액되어야 하고, 따라서 그 감액된 부분을 부당이득으로서 원고에게 반환하여야 한다는 취지도 포함되어 있다고 봄이 상당하다. 그런데 원심이 배척하지 아니한 갑 제2호증의 1(점포분양계약 청약서)에 의하면, 합의사항 제3조에 '신청인이 대금불입 불이행시 본 신청은 자동(최고없이) 무효가 되고 기불입된 금액은 일체 반환치 않는다'고 되어 있는바, 이는 원고와 피고 사이에 이 사건 계약에 따른 원고의 채무불이행에 대한 위약금의 약정을 한 것으로 보아야 하고 이러한 약정은 특별한 사정이 없는 한 손해배상액 예정의 성질을 지닌다고 할 것이며, 원고가 이 사건 계약에 따른 중도금 등을 그 지급기일에 납부하지 아니하였음은 원고도 자인하고 있는 것으로 보인다. 따라서 이와 같은 경우 원고가 피고에게 지급한 위 계약금은 위 약정에 따라 피고에게 귀속된다고 볼 수 있는 것이지만, 이러한 경우에도 곧바로 원고의 계약금반환청구권을 전면적으로 부정하여서는 아니되고 계약 당사자의 지위, 계약의 목적과 내용, 손해배상액을 예정한 동기, 채무액에 대한 예정액의 비율, 예상 손해액의 크기, 그 당시의 거래관행 등 제반 사정을 참작하여 그것이 일반 사회인이 납득할 수 있는 범위를 넘는 경우라면 적어도 그 초과 한도 내에서는 위 예정액을 부당하게 과다한 것으로 보아 그 반환의무를 인정하여야 마땅할 것이다(대법원 1995. 3. 24. 선고 94다10061 판결, 1994. 10. 25. 선고 94다18140 판결 등 참조).[11]

3. 해제의 효과

가. 원상회복의무

당사자가 계약을 해제한 경우에 그 계약은 소멸하며, 판례와 다수 학설은 소급무효로 인정하고 있다. 따라서 당사자가 아직 이행하기 전이라고 한다면 이행의무는 소멸하며, 이행 후라면 상대방으로부터 받은 급부는 반환하여야 한다. 이는 상대방으로부터 급부를 받을 수 있는 원인이 소멸하였기 때문이다. 이 경우에 당사자는 원칙적으로 부당이득반환의무를 부담하지만, 민법에서는 이에 대한 특칙으로 원상회복의무로 규정하고 있다. 따라서 상대방으로부터 받은 목적물을 사용하기 전이라면 그대로 반환하면 되고, 이를 사용하였다면 목적물의 반환과 더불어 사용에 따라 얻은 이익을 반환하여야 한다. 만일, 멸실·훼손 또는 사용 등으로 인해 목적물의 반환이 불가능한 경우에 가액반환을 하여야 하며, 해제시점의 가액으로 반환하여야 한다.[12] 다만, 해제권자의 고의 또는 과실로 인해 목적물이 현저히 훼손되거나 반환할 수 없게 된 경우 또는 가공이나 개조로 인해 다른 종류의 물건으로 변경된 경우는 해제권이 소멸하기 때문에 이러한 경우를 제외한 목적물의 멸실 등에 국한된다(민법 제553조).

11) 대법원 1996. 10. 25. 선고 95다33726 판결.
12) 곽윤직, 「채권각론」, 105면.

> 매매계약이 해제되면 각 당사자는 그 상대방에 대하여 원상회복의 의무가 있다(민법 제548조 제1항 본문). 따라서 이 경우에 매수인은 매도인에게 목적물을 반환할 의무는 물론이고 그 목적물을 사용하였으면 그 사용이익을 반환할 의무도 부담한다.[13]

급부의 목적물이 금전인 경우에 반환의무자는 그 받은 날로부터 이자를 붙여서 반환하여야 한다. 이 경우에 이자율은 이자제한법상 최고이자율[14]을 넘지 않는 약정이자율이 있으면 그 약정이자율이 적용되며, 이자율에 대한 약정이 없는 경우에는 법정이자율이 적용된다. 민사법정이자율은 연 5%이며(민법 제379조), 상사법정이자율은 연 6%이다(상법 제54조).

나. 손해배상책임

1) 손해배상책임의 발생요건

계약이 해제된 경우에 그 원인에 있어 책임이 있는 자는 상더방에게 발생한 손해에 대해 배상하여야 한다. 즉, 해제와 손해배상책임은 별개이며, 양자 중 어느 하나만을 행사하여야 하는 것이 아닌 양자 모두를 행사할 수 있다. 다만, 당사자의 책임없는 사유로 인한 해제인 사정변경의 경우에는 손해배상책임이 인정되지 않으며, 무과실책임인 하자담보책임의 경우에는 고의 또는 과실을 요건으로 하지 않는다. 또한 합의해제 또는 해제계약의 경우에 손해배상을 청구하기 위해서는 별도의 약정이 필요하다.

> 계약이 합의에 따라 해제되거나 해지된 경우에는 상대방에게 손해배상을 하기르 특약하거나 손해배상청구를 유보하는 의사표시를 하는 등 다른 사정이 없는 한 채무불이행으로 인한 손해배상을 청구할 수 없다. 그와 같은 손해배상의 특약이 있었다거나 손해배상청구를 유보하였다는 점은 이를 주장하는 당사자가 증명할 책임이 있다.[15]

또한 계약이 해제되었다고 하여 해제권자가 상대방에게 손해배상을 청구할 수 있는 것이 아니며, 손해의 발생과 더불어 채무자의 고의 또는 과실이 존재하여야 한다. 물론 이행불능의 경우에 채무자의 책임있는 사유를 그 요건으로 하기 때문에 문제가 없지만, 이행지체 또는 불완전이행지체의 경우에는 채무자의 책임있는 사유를 요구하는 견해와 이를 요구하지 않은 견해로 대립되고 있다. 전자의 견해에 따르면 채권자는 해제와 더불어 손해에 대한 증명을 통해 손해배상을 청구할 수 있지만, 후자의 견해에 따르면 손해배상을 청구하기 위해서는 채무자의 고의 또는 과실을 추가적으로 증명하여야 한다.[16] 다만,

---

13) 대법원 2011. 6. 30. 선고 2009다30724 판결.
14) 2022년 2월을 기준으로 이자제한법상 최고이자율은 연 20%이다.
15) 대법원 2021. 5. 7. 선고 2017다220416 판결.
16) 곽윤직, 「채권각론」, 86면.

금전채무의 경우에는 채무불이행에 대해 채무자의 고의 또는 과실은 추정되며, 채무자는 고의 또는 과실없음을 증명하여 면책을 주장할 수 없다(민법 제397조 제2항).

2) 전보배상

채무불이행에 따른 손해배상은 지연배상과 전보배상으로 구분된다. 지연배상은 채무이행이 지연됨으로 인해 발생한 채권자의 손해에 대한 배상을 의미하며, 이행지체 또는 불완전이행지체 등에 따른 손해배상이 이에 해당한다. 반면에 전보배상은 이행불능 또는 계약의 해제에 따라 채권자에게 발생한 손해를 채무자에게 청구하는 손해배상을 말한다. 물론 이행지체의 경우에 해제 전까지는 지연배상이지만, 해제한 후에는 전보배상으로 전환된다. 따라서 해제에 따른 손해배상은 지연배상이 아닌 전보배상이다.

3) 손해배상의 범위

계약 해제에 따른 손해배상책임은 채권자에게 발생한 모든 손해가 아닌 채무자의 채무불이행으로 인해 발생한 채권자의 손해에 국한된다. 즉, 채무불이행과 손해 사이에 상당인과관계가 존재한 경우에만 배상책임이 인정된다. 또한 손해는 통상손해와 특별손해로 구분된다. 전자는 채무불이행으로 인해 일반적으로 발생하는 손해를 말하며, 후자는 채권자의 특유한 사정으로 인해 발생하는 손해를 말한다. 양자를 구별하는 이유는 손해배상책임의 요건이 상이하기 때문이다. 전자의 경우에는 채무자의 인식 여부와 관계없이 인정되지만, 후자의 경우에는 채무자가 이를 알았거나 알 수 있었을 경우에 한해 인정된다. 따라서 채무자가 채권자의 특유한 사정을 과실없이 알지 못했다면 특별손해에 대해서는 책임을 지지 않는다(민법 제393조).

> 원고가 휴직기간에 상응하는 성과금 등을 받지 못한 손해는 급여소득을 기초로 하여 산정한 일실수입 손해와는 달리 특별손해로 보아야 한다. 그런데 기록을 살펴보아도 김사용이 위 성과금 등이 지급될 것이라는 사정을 알았거나 알 수 있었다고 볼 만한 사정을 찾을 수 없다. 그렇다면 원심판결의 이유 중에 적절하지 않은 부분이 있기는 하나, 원심이 위 성과금 등 상당의 손해배상의무를 인정하지 않은 것은 결과적으로 정당하고 거기에 일실수입에 관한 법리를 오해하여 판결 결과에 영향을 미친 잘못이 없다.[17]

또한 손해배상은 다른 약정이 없는 한 금전으로 배상한다. 그러나 법률에서 별도로 정하고 있는 경우[18]를 제외하고, 채권자가 채무자에게 손해배상을 청구하기 위해서는 손

17) 대법원 2014. 5. 29. 선고 2014다642 판결.

18) 법률에서 다르게 정한 경우는 손해배상액을 법률에서 정한 경우(법정손해배상액)와 법원이 이를 정할 수 있도록 규정한 경우를 말한다. 저작권법 제125조에서 규정하고 있는 내용이 법정손해배상액의 대표적인

해액을 증명하여야 한다. 그러나 손해액을 증명하는 것은 쉽지 않기 때문에 당사자는 사전에 그 금액을 약정하며, 이를 손해배상액의 예정이라고 한다. 예를 들어, 채무자의 채무불이행이 있을 경우에 채권자는 실 손해액을 증명하여 손해배상액으로 청구하는 것이 아닌 계약 체결 당시(또는 그 이후도 무관함)에 손해배상액을 정하고, 채무자의 채두불이행이 있을 경우에 약정한 손해배상액을 청구하는 것이다. 이는 손해액에 대한 증명책임을 면제하는 것임과 더불어 손해액에 대한 증명으로 인해 발생하는 배상지연을 방지하는 방안이다. 다만, 실제 손해보다 손해배상예정액이 부당히 과다한 경우에 법원은 이를 감액할 수 있다(민법 제398조). 반면에 금전채무불이행의 경우에 그 손해액은 이자율을 적용하여 계산하며, 이자제한법상 최고이자율을 초과하지 않은 약정이자율이 있는 경우에는 그 약정이자율을 적용하고, 이자율에 대한 약정이 없는 경우에는 법정이자율을 적용하여 산정한다(민법 제397조 제1항). 이 경우에 채권자는 손해가 발생하였다는 것을 증명할 필요가 없으며, 채무자 역시 손해가 발생하지 않았다는 것을 항변할 수 없다.

주의하여야 할 점은 위약벌이라는 제도가 있다는 점이다. 즉, 위약벌은 채무자의 계약위반에 대한 제재임과 더불어 채무자의 이행을 간접적으로 강제하기 위해 약정한 금액이다. 따라서 위약벌에 해당하는 금액은 손해배상예정액에 해당하지 않으며, 계약위반 시 위약벌을 지급함과 더불어 별도로 손해배상책임을 부담한다. 또한 위약벌로 정한 금액이 과다하다고 하더라도 법원은 이를 감액할 수 없다는 점에서 손해배상예정액과 상이하다.

> 위약금 약정은 일반적으로 손해배상액의 예정으로 추정되나, 이 사건에 있어서는 원·피고 사이의 이 사건 토지분양계약이 해제될 경우 원고가 피고에게 지급한 계약보증금이 피고에게 귀속될 뿐만 아니라 원고는 계약해제로 인하여 피고가 입은 손해에 대하여도 이를 배상하여야 할 의무를 부담하는 점 등에 비추어, 위 계약보증금 귀속에 관한 위약금 약정(이하 이 사건 위약금 조항이라 한다)은 손해배상액의 예정이 아니라 원고의 계약위반시 이를 피고에게 귀속시킴으로써 원고에게 제재를 가함과 동시에 원고의 계약이행을 간접적으로 강제하는 작용을 하는 이른바 위약벌의 성질을 가지는 것이다.[19]

예이며, 저작권법 제126조에서 규정하고 있는 내용이 법원에 의한 손해액 인정의 대표적인 예이다.

19) 대법원 1998. 12. 23. 선고 97다40131 판결.

Ⅱ. 일본 특정상거래법상 손해배상액등의 제한

1. 방문판매에 있어 손해배상액등의 제한

가. 전보배상액등의 제한

판매업자 또는 용역제공사업자는 특정상거래법 제5조 제1항 각 호의 어느 하나에 해당하는 매매계약 또는 용역제공계약을 체결한 후 그 매매계약 또는 용역제공계약이 해제된 경우에 손해배상액의 예정 또는 위약금을 정한 경우에도 다음에서 정한 액과 이에 대한 법정 이자율[20]에 따른 지연배상금액을 더한 금액을 초과하는 금액의 지급을 구매자 또는 용역을 제공받는 자에게 청구할 수 없다(특정상거래법 제10조 제1항).

첫째, 해당 상품 또는 권리가 반환된 경우이다. 해당 상품의 통상 사용료액 또는 해당 권리의 행사에 따라 통상 얻은 이익에 상당한 금액(해당 상품 또는 해당 권리의 판매가격에 상당한 금액에서 해당 상품 또는 해당 권리의 반환된 때의 가액을 공제한 액이 통상 사용료액 또는 해당 권리의 행사에 따라 통상 얻은 이익에 상당한 액을 초과한 경우에는 그 금액)이다.[21] 둘째, 해당 상품 또는 해당 권리가 반환되지 않은 경우이며, 해당 상품 또는 해당 권리의 판매가격에 상당한 금액이다. 셋째, 해당 용역제공계약의 해제가 해당 용역의 제공 개시 후에 이루어진 경우이며, 제공된 해당 용역의 대가에 상당한 금액이다. 마지막으로 계약의 해제가 해당 상품의 인도 내지는 해당 권리의 이전 또는 해당 용역의 제공 개시 전에 이루어진 경우이며, 계약의 체결 또는 이행에 통상 소요되는 비용액이다. 계약체결비용에는 계약체결시 서면작성비, 인지세비 등이 이에 포함되며, 이행에 필요한 비용은 대금추심비용 또는 최고비용 등이 이에 포함된다고 설명하고 있다.[22]

나. 지연배상액의 제한

판매업자 또는 용역제공사업자는 특정상거래법 제5조 제1항 각 호의 어느 하나에 해당하는 매매계약 또는 용역제공계약을 체결한 경우에 그 매매계약의 대금 또는 그 용역제공계약의 대금의 전부 또는 일부의 지급의무가 이행되지 않은 경우(매매계약 또는 용역제공

20) 법정이자율은 일본 상법 제514조에서 정한 연 6% 등이다(消費者廳 取引對策課/經濟産業省 商務·サービスグループ 消費者經濟企劃室, 「特定商取引に關する法律の解說」, 商事法務, 2018, 113면).

21) 해당 권리의 통상 사용료에 대해 일본 소비자청에서는 상품의 통상 사용료에 대응하는 개념이며, 그 권리를 가진 자가 해당 권리를 행사하여 용역의 제공을 받은 경우에 해당 권리를 가지지 않은 자가 동일한 용역을 제공받은 경우와 비교하여 얻은 이익으로 설명하고 있다. 예를 들어, 골프 회원권의 회원요금과 비회원 요금의 차액이 이에 해당한다(消費者廳 取引對策課/經濟産業省 商務·サービスグループ 消費者經濟企劃室, 「特定商取引に關する法律の解說」, 114면)

22) 消費者廳 取引對策課/經濟産業省 商務·サービスグループ 消費者經濟企劃室, 「特定商取引に關する法律の解說」, 114면

계약이 해제된 경우를 제외한다)에 손해배상액의 예정 또는 위약금을 약정한 경우에도 해당 상품 또는 해당 권리의 판매가격 또는 해당 용역의 대가에 상당한 금액으로부터 이미 지급받은 해당 상품 또는 해당 권리의 대금 또는 해당 용역의 대가액을 공제한 액과 이에 대한 법정이자에 따른 지연손해금의 액을 가산한 금액을 초과한 금전의 지급을 구매자 또는 용역의 제공을 받는 자에 대해 청구할 수 없다(특정상거래법 제10조 제2항).

2. 전화권유판매에 있어 손해배상액등의 제한

가. 전보배상액등의 제한

판매업자 또는 용역제공사업자는 특정상거래법 제19조 제1항 각 호의 어느 하나에 해당하는 매매계약 또는 용역제공계약을 체결한 후 그 매매계약 또는 용역제공계약이 해제된 경우에 손해배상액의 예정 또는 위약금을 정한 경우에도 다음 각 호에서 정한 액과 이에 대한 법정 이자율에 따른 지연배상금액을 더한 금액을 초과하는 금액의 지급을 구매자 또는 용역을 제공받는 자에게 청구할 수 없다(특정상거래법 제25조 제1항).

첫째, 해당 상품 또는 권리가 반환된 경우이다. 해당 상품의 통상 사용료액 또는 해당 권리의 행사에 따라 통상 얻은 이익에 상당한 금액(해당 상품 또는 해당 권리의 판매가격에 상당한 금액에서 해당 상품 또는 해당 권리의 반환된 때의 가액을 공제한 액이 통상 사용료액 또는 해당 권리의 행사에 따라 통상 얻은 이익에 상당한 액을 초과한 경우에는 그 금액)이다. 둘째, 해당 상품 또는 해당 권리가 반환되지 않은 경우이며, 해당 상품 또는 해당 권리의 판매가격에 상당한 금액이다. 셋째, 해당 용역제공계약의 해제가 해당 용역의 제공 개시 후에 이루어진 경우이며, 제공된 해당 용역의 대가에 상당한 금액이다. 마지막으로 해당 계약의 해제가 해당 상품의 인도 내지는 해당 권리의 이전 또는 해당 용역의 제공 개시 전에 이루어진 경우이며, 계약의 체결 또는 이행에 통상 소요되는 비용액이다.

나. 지연배상액의 제한

판매업자 또는 용역제공사업자는 특정상거래법 제19조 제1항 각 호의 어느 하나에 해당하는 매매계약 또는 용역제공계약을 체결한 경우에 그 매매계약의 대금 또는 그 용역제공계약의 대금의 전부 또는 일부의 지급의무가 이행되지 않은 경우(매매계약 또는 용역제공계약이 해제된 경우를 제외한다)에 손해배상액의 예정 또는 위약금을 약정한 경우에도 해당 상품 또는 해당 권리의 판매가격 또는 해당 용역의 대가에 상당한 금액으로부터 이미 지급받은 해당 상품 또는 해당 권리의 대금 또는 해당 용역의 대가액을 공제한 액과 이에 대한 법정이자에 따른 지연손해금의 액을 가산한 금액을 초과한 금전의 지급을 구매자 또는 용역의 제공을 받는 자에 대해 청구할 수 없다(특정상거래법 제25조 제2항).

Ⅲ. 계약해제와 손해배상청구금액의 제한

1. 규정의 의미

이 규정은 방문판매자등과 계약은 체결한 소비자가 손해배상책임을 부담하는 경우에 그 책임을 제한하기 위한 것이다. 즉, 소비자의 책임있는 사유로 계약이 해제된 경우에 소비자는 방문판매자등에게 발생한 손해에 대해 배상책임을 부담하며, 그 범위는 상당인과관계있는 통상손해와 특별손해이다. 만일 이러한 손해 전부에 대해 배상책임을 부담할 경우에 사업자는 약정을 통해 특별손해를 추가할 수 있으며, 이로 인해 소비자는 과다한 손해배상책임을 부담하게 된다. 이러한 점을 방지하고자 이 규정을 두어 소비자의 손해배상책임을 제한하고 있다. 다만, 이 규정에 따라 소비자의 손해배상책임이 제한되기 위해서는 그 계약이 소비자의 책임있는 사유에 의해 해제되어야 한다. 따라서 그 요건인 소비자의 책임있는 사유에 의한 해제와 그 효과인 책임제한의 내용을 구분하여 설명한다.

2. 계약해제

가. 계약해제의 원인

채권자가 계약을 해제할 수 있는 요건은 앞에서 설명한 바와 같이 이행지체, 이행불능, 불완전이행, 하자담보책임, 사정변경, 채권자지체 또는 해약금으로 구분할 수 있다. 다만, 이 규정상 해제는 소비자의 책임있는 사유에 의한 해제만을 대상으로 하기 때문에 방문판매자등의 책임있는 사유에 의한 해제 또는 사정변경과 같이 당사자의 책임없는 사유로 인한 해제는 적용대상에서 배제된다. 이를 구체적으로 제시하면 이행지체, 불완전이행 및 채권자지체에 한정된다. 즉, 소비자의 채무는 수령의무 또는 협력의무, 대금지급의무이며, 이 중 대금지급의무는 이행불능이 발생할 수 없기 때문에 이행지체에만 해당한다. 따라서 사실상 이행불능은 존재하지 않는다고 할 것이다. 그리고 하자담보책임은 물건 또는 물건 등의 하자를 의미하기 때문에 대금지급채무와는 무관하다. 따라서 하자담보책임 역시 이와 무관하다고 할 것이다. 해약금 중 해제권 유보에 해당하는 경우에는 이에 해당하지 않지만, 손해배상액의 예정일 경우에는 적용대상이 된다. 그리고 방문판매 등에 관한 법률에서 규정하고 있는 청약의 철회 및 계약의 해제에 있어 해제는 이에 포함되지 않는다. 물론 사업자의 채무불이행에 따른 해제는 소비자의 책임있는 사유에 의한 해제가 아니기 때문에 당연히 배제되지만, 소비자의 임의적 해제의 경우에는 소비자의 책임있는 사유에 의한 해제라고 해석할 수 있다. 그러나 이를 이 규정의 적용대상에 포함시킬 경우에 청약철회등의 효과를 규정하고 있는 방문판매 등에 관한 법률 제9조 제9항과 충돌하는 문제가 발생한다. 따라서 이러한 문제를 야기하지 않기 위해서 방문판매 등에 관한 법률 제10조에서의 해제는 같은 법 제8조 제1항에서 규정하고 있는 해제가 포함되지 않는다고 해석해야 한다. 또한 방문판매 등에 관한 법률 제10조 제1항에서는 대금 미납에 따른 지연배상금을 규정하고 있기 때문에 이 규정은 소비자의 이행지체에 국한된다고 해석할 수 있다. 물론 이행지체는 당연히 이에 포함되지만, 수령지체 등의 경우에도 대금미납의 경우가 발생할 수 있기 때문에 이 규정의 적용대상은 이행지체뿐만 아니라 소비자의 책임있는 사유로 인해 계약이 해제되는 경우를 규율대상으로 한다고 할 것이다. 또한 할부거래에 관한 법률에서는 해제의 요건을 소비자의 할부금 지급의무 미이행으로 제한하고 있지만(동법 제12조), 방문판매 등에 관한 법률에서는 그 사유를 제한하고 있지 않다는 점도 하나의 이유이다. 마지막으로 방문판매 등에 관한 법률 제10조 제1항에서 규정하고 있는 "소비자에게 책임있는 사유"의 중복성 문제이다. 즉, 앞에서 설명한 바와 같이 이행지체(불완전이행지체 포함) 및 채권자지체에 따른 해제에 있어 판례와 학설 또는 다수설은 이를 이유로 계약을 해제하기 위해서는 채무자 또는 채권자의 책임있는 사유를 요건으로 하고 있다. 이러한 견해에 따르면 방문판매 등에 관한 법률 제10조 제1항에서 규정하고 있는 "소비자에게 책임있는 사유"라는 요건은 중복적 규정에 해당하게 된다. 다만, 중복적 규정이라고 하여 문제가 되는 것은 아니며, 이를 보다 명확히 하기 위해 이와 같이 규정하였다고 할 수 있다. 또한 이행지체를 이유로 한 해제의 요건에 있어 채무자의 고의 또는 과실을 요구하지 않은 학설에서도 손해배상을 청구하기 위해서는 이를 요건으로 하고 있기 때문에 방문판매 등에 관한 법률 제10조 제1항에서 이와 같이 규정하더라도 큰 문제는 없다고 할 것이다.

나. 계약의 해제

이 규정에 따라 방문판매자등이 소비자에게 손해배상을 청구하기 위해서는 단지 해제의 원인이 있다는 것만으로는 부족하고, 이를 원인으로 하여 해당 계약을 해제하여야 한다. 즉, 손해배상은 지연배상과 전보배상으로 구분되며, 지연배상의 경우에는 해제를 요건으로 하지 않는다. 그러나 이 규정상 소비자의 손해배상책임은 해제에 따른 손해배상책임이기 때문에 지연배상이 아닌 전보배상을 의미한다.

3. 손해배상청구금액의 제한

가. 손해배상액이라는 용어의 적절성

방문판매 등에 관한 법률 제10조 제1항에서는 소비자의 책임있는 사유로 계약이 해제된 경우에 방문판매자등이 소비자에게 청구할 수 있는 손해배상액을 제한하고 있다. 그렇다면 이 규정상 용어인 손해배상액이라는 용어는 올바른 표현인가? 그러나 해제의 효과는 원상회복과 손해배상이며, 원상회복은 손해배상이 아니다. 즉, 당사자가 계약을 해제한 경우에 급부가 이루어진 경우에 당사자는 상대방에게 이를 반환하여야 한다. 이 경우에 있어 원상회복의무는 계약의 해제에 따라 그 계약이 있기 전의 상태로 복귀시키는 것이다. 따라서 이는 채무자의 채무불이행 등으로 인해 발생한 손해가 아니며, 이를 반환하는 것은 손해에 대한 전보가 아니다. 물론 대금 미납에 따른 지연배상금은 손해배상에 해당한다. 그러나 방문판매 등에 관한 법률 제10조 제1항에서는 양자를 합하여 손해배상액으로 규정하고 있기 때문에 그 용어에 있어 오류가 있다.

나. 청구할 수 있는 손해배상액의 최고 범위

방문판매 등에 관한 법률 제10조 제1항에서는 소비자의 책임있는 사유로 계약이 해제된 경우에 방문판매자등이 소비자에게 청구할 수 있는 손해배상액의 최고한도를 정하고 있다. 최고한도라는 의미는 이를 초과하여 청구할 수 없다는 것을 의미하며, 반드시 그 금액을 청구하여야 하는 것은 아니다. 따라서 방문판매자등은 이 보다 적은 금액을 소비자에게 청구할 수 있다. 그 최고 범위는 지연배상금에 사용이익 등 또는 판매가액에 상당한 금액을 더한 금액이다.

1) 지연배상금

지연배상금은 소비자가 계약에 따라 지급하여야 할 대금을 지급하지 않았을 경우에 방문판매자등에게 지급하여야 하는 지연이자를 말한다. 지연이자를 계산하는 방법은 미납대금에 대해 대통령령으로 정하는 이자율을 곱하여 산정하며, 2022년 3월을 기준으로 그 이자율은 연 15%이다. 이 경우에 이자율은 복리가 아닌 단리이다. 만일 이를 복리로 계산한다면 연 15%를 초과하기 때문이다.

2) 공급한 재화등이 반환된 경우의 금액

소비자가 방문판매자등으로부터 재화등을 공급받은 후 계약을 해제하였을 경우 중 소비자가 그 재화등을 반환하였을 경우[23]에 방문판매자등이 소비자에게 청구할 수 있는

23) 방문판매 등에 관한 법률에서는 해제에 따라 방문판매자 등이 소비자에게 청구할 수 있는 금액을 정함에

금액은 반환된 재화등의 통상 사용료액 또는 그 사용으로 통상 얻을 수 있는 이익에 상당하는 금액과 반환된 재화등의 판매가액에서 그 재화등이 반환된 당시의 가액을 뺀 금액 중 큰 금액이다.

첫째, 반환된 재화등의 통상 사용료액 또는 그 사용으로 통상 얻을 수 있는 이익에 상당하는 금액 중 통상 사용료액은 해당 재화등에 대한 임차료를 말하며, '통상'이라는 의미는 일반 소비자가 지급하는 임차료를 말한다. 따라서 방문판매자등이 계약해제를 예상하여 소비자에게 청구할 수 있는 사용료액을 약정하였지만, 그 사용료액이 일반적인 거래가액보다 높은 경우에 소비자는 약정한 사용료액이 아닌 일반적인 임차료를 지급하면 된다. 역으로 약정한 사용료액이 일반적인 사용료액보다 적은 경우에 소비자는 약정한 금액만을 지급하면 된다. 이 경우에 방문판매자등은 일반적인 사용료액을 증명하여 그 차액을 청구할 수 없다. 이는 일반적 강행규정이 아닌 편면적 강행규정이므로 약정내용이 소비자에게 유리한 경우에 유효하기 때문이다. 그 다음으로 재화등의 사용으로 인해 통상 얻을 수 있는 이익은 소비자가 재화등의 사용으로 인해 얻은 이익을 말하며, 실제 소비자가 얻은 이익이 아닌 일반 소비자가 그 사용으로 인해 얻은 이익을 말한다. 따라서 소비자가 재화등의 사용에 따라 실제 얻은 이익이 일반 소비자가 얻은 이익보다 많거나 적더라도 방문판매자등이 청구할 수 있는 금액은 통상 사용이익이다. 또한 방문판매자등이 통상 사용이익에 대한 금액을 약정하였을 경우에 이는 앞에서 설명한 임차료와 동일하다. 그리고 통상 임차료와 통상 사용이익액에 대한 증명책임은 방문판매자등이 부담한다. 만일 통상 임차료와 통상 사용이익액이 상이한 경우에 더 큰 금액이 된다. 즉, 양자 중 어느 것을 선택할 것인지는 소비자가 아닌 방문판매자등이 결정하며, 가목과 나목 중 더 큰 금액으로 결정되기 때문에 가목에서 규정하고 있는 통상 임차료와 통상 사용이익역 중 더 큰 금액으로 결정된다. 물론 이 규정은 편면적 강행규정이기 때문에 방문판매자등이 더 낮은 금액을 청구하는 것은 소비자에게 유리하기 때문에 유효하다.

둘째, 반환된 재화등의 판매가액에서 그 재화등이 반환된 당시의 가액을 뺀 금액이다. 이 중 판매가액은 방문판매자등이 소비자에게 청구하는 대금을 말한다. 문제는 가격이 할인된 경우와 그 판매가격이 시중가격보다 과다한 경우에 어느 금액이 판매가액에 해당하는지의 문제이다. 먼저, 가격이 할인된 경우이다. 이는 다시 그 자체로 가격이 할인된 경우와 다른 조건에 따라 가격이 할인된 경우로 구분된다. 전자에 해당하는 경우로는 방

있어 재화등이 반환된 경우와 반환되지 않은 경우로 구분하여 정하고 있다. 그러나 반환될 수 있는 재화등은 유체재화 및 권리에 국한되며, 디지털콘텐츠 및 용역은 제공되었다면 반환될 수 없다. 그럼에도 용역이 반환될 수 있는 것처럼 '재화등'으로 규정하는 것은 타당하지 않다.

문판매자등이 정상가격보다 15% 할인한 가격으로 소비자에게 판매한 경우이다. 이 경우에는 정상가격이 아닌 할인된 가격이 판매가액에 해당한다. 즉, 재화등의 판매가격은 소비자가 지급하여야 하는 대금이기 때문에 할인전 금액과 할인후 금액이 상이한 경우에 소비자가 지급하여야 하는 금액인 할인후 가격이 판매가액으로 인정된다. 후자의 경우에는 조건의 성취 여부에 따라 결정된다. 예를 들어, 2개를 구입하였기 때문에 가격을 할인하거나 특정 신용카드 결제 등의 경우에 있어 가격 할인 등이 이에 해당한다. 이 경우에 계약해제에 따라 그 조건을 충족하지 못하였기 때문에 할인된 가격이 재화등의 판매가액으로 인정되는 것이 아닌 할인전 가격이 재화등의 판매가액으로 인정된다. 다만, 특정 신용카드 결제 등의 경우에 카드 매출이 취소되었다면 이 역시 조건의 불성취이기 때문에 할인 전 가격이 판매가액으로 인정되지만, 카드 매출이 취소되지 않았다면 조건의 성취로 볼 수 있으므로 할인 가격이 판매가액으로 인정된다. 그 다음으로 판매가격이 시중가격보다 과다한 경우이다. 그 계약이 민법상 반사회질서 위반행위 또는 불공정한 법률행위 등에 해당하여 무효가 되는 경우를 제외하고, 가격은 사적자치의 원칙에 따라 당사자의 합의를 통해 정해지기 때문에 단순히 시중가격보다 과다하다고 하여 이를 부정하고, 시중가격을 판매가격으로 인정할 수 없다. 물론 이러한 점은 소비자에게 불리하다고 할 수 있지만, 이를 부정할 수 있는 법적 근거가 없다. 다만, 이 경우에 해당 재화가 종류물이라고 한다면 소비자는 동일한 재화를 구입하여 반환함으로써 이러한 문제를 해결할 수 있지만, 이는 후술하는 재화등의 반환이 불가능할 경우에 의미가 있다. 또한 동일한 재화의 구입가격과 방문판매자등으로부터 구입한 재화등의 가격의 차액이 판매가액과 반환당시의 가액의 차액보다 큰 경우에도 의미가 있다. 예를 들어, 소비자가 방문판매자등으로부터 구입한 재화의 가격이 500만원이며, 해당 재화에 대한 시중가격이 300만원인 경우에 있어 반환 당시의 가액이 150만원이라면 전자의 차액은 200만원이지만, 후자의 차액은 350만원이다. 따라서 이 경우에는 동일한 재화를 구입하여 반환하는 것이 소비자에게 더 유리하다. 이와 같이 판매가격이 시중가격보다 과다한 경우에 있어 방문판매자등이 소비자에게 청구할 수 있는 금액에 대해 살펴보았지만, 이러한 방식은 소비자에게 불리하다. 따라서 이를 해결하기 위해서는 판매가격이 시중가격보다 과다한 경우에 청구할 수 있는 금액을 산정하는 기준을 시중가격으로 정하는 것이 필요하며, 이는 방문판매 등에 관한 법률을 개정하지 않더라도 지침을 통해 해결할 수 있다.

3) 공급한 재화등이 반환되지 않은 경우의 금액

소비자의 책임있는 사유로 계약이 해제된 후 공급된 재화등이 반환되지 않은 경우에 방문판매자등은 소비자에게 재화등의 판매가액에 상당하는 금액을 청구할 수 있다. 이는 공급된 재화가 소비자의 사용 등에 따라 반환할 수 없는 경우뿐만 아니라 소비자가 반환하지 않은 경우를 포함한다. 후자의 경우에는 방문판매자등이 상당한 기한을 정하여 반환을 최고하고, 그 기간 내에 반환하지 않은 경우에 행사할 수 있다. 또한 판매가액과 관련하여 할인된 경우 또는 시중가격보다 과다한 경우의 문제는 앞에서 설명한 바와 동일하다. 다만, 이 규정에서는 판매가액이 아닌 판매가액에 상당한 금액으로 규정하고 있기 때문에 상당한 금액의 의미가 무엇인지의 문제가 발생한다. 즉, 방문판매자등이 판매가액 또는 이보다 적은 금액을 청구하는 것은 문제가 없을 것이다. 다만, 이보다 많은 금액을 청구하였을 경우에 상당한 금액에 해당하는지의 문제가 발생한다. 그러나 방문판매 등에 관한 법률은 특수거래에서 소비자를 보호하기 위해 제정되었으며, 이 규정은 원상회복에 관한 규정이기 때문에 판매가액보다 많은 금액이 상당한 금액에 해당한다고 보기 곤란하다. 따라서 판매가액보다 많은 금액을 청구할 수 없다고 할 것이다. 이와 관련하여 판매가액보다 해제시 판매가액이 높은 경우에 있어 후자의 가액을 청구하는 것은 상당한 가액을 청구하는 것인가의 문제가 발생한다. 물론 민법에서는 가액반환의 경우에 해제시의 가액을 기준으로 정하기 때문에 이는 상당한 가액에 해당한다고 해석할 수 있지만, 소비자보호의 관점에서 이 경우에도 판매가액으로 한정하는 것이 바람직할 것이다. 또한 이와 같이 해석하는 것이 원물반환의 경우에 있어 그 기준가액을 판매가액으로 하고 있다는 점에 비추어 형평의 원칙에 적합하다고 할 것이다.

4) 계약체결비용 및 공급비용 등의 청구금지

소비자의 책임있는 사유로 인해 계약이 해제된 경우에 있어 방문판매자등이 소비자에게 청구할 수 있는 금액은 앞에서 설명한 금액으로 제한된다. 따라서 이 규정에서 명시하고 있지 않은 계약체결 비용, 공급비용 또는 반환된 재화의 처리비용 등은 소비자에게 청구할 수 없다. 만일 이를 청구할 수 있도록 약정하더라도 이는 소비자에게 불리하기 때문에 무효이다(방문판매 등에 관한 법률 제52조). 그러나 이는 계약의 해제로 인해 방문판매자등에게 발생한 손해이며, 소비자의 책임있는 사유에 의한 것임에도 불구하고 이를 청구할 수 없도록 하는 것은 헌법상 보장하고 있는 재산권보장을 부정하는 것이다. 물론 소비자보호라는 점을 이유로 이를 정당화할 수 있다고 주장할 수 있지만, 소비자보호는 합리적인 범위내에서 이루어져야 하며, 이를 넘은 보호는 역차별의 문제를 야기한다. 따라서 이 부분에 대해서는 방문판매자등이 소비자에게 청구할 수 있는 금액에 포함시켜야 할 것이다.

5) 재화등이 공급되지 않은 경우에 청구할 수 있는 금액에 대한 부존재

방문판매 등에 관한 법률에서는 재화등이 공급된 후 계약이 해제된 경우에 있어 방문판매자등이 소비자에게 청구할 수 있는 금액에 대해서만 규정하고 있다. 따라서 재화등이 소비자에게 공급되지 않은 경우에 대해서는 규정하고 있지 않기 때문에 방문판매자는 민법에 따라 소비자에게 손해배상을 청구할 수 있다. 이에 대해서는 입법자의 의도라고 할 수 있지만, 입법자의 실수라고 보는 것이 보다 정확할 것이다. 즉, 이와 동일하게 규정하고 있는 할부거래에 관한 법률에서는 재화등의 공급 여부와 공급된 경우에 반환 여부를 구분하여 각 경우에 있어 청구금액을 제한하고 있다. 그러나 방문판매에 관한 법률 및 전자상거래 등에서 소비자보호에 관한 법률에서는 재화등이 공급된 경우만을 규정하고 있어 재화등이 공급되지 않은 경우를 규정하고 있지 않다. 따라서 특수거래 형태에 적용되는 법률에 따라 손해배상의 범위가 상이하다는 점은 타당하다고 할 수 없으며, 그 근본적인 원인은 방문판매에 관한 법률 및 전자상거래 등에서 소비자보호에 관한 법률에서 이를 규정하지 않았기 때문에 발생한 문제이다. 물론 재화등이 공급되지 않은 경우는 청약철회의 문제로 해결할 수 있기 때문에 규정할 필요가 없다고 주장할 수 있지만, 재화등이 공급되지 않은 경우에 있어 청약을 철회할 수 없는 경우도 존재한다. 예를 들어, 소비자의 주문에 따라 생산된 재화의 경우에 청약철회가 배제되므로 청약철회를 통해 해결할 수 없다.[24]

〈표 1〉 할부거래에 관한 법률 및 방문판매 등에 관한 법률간 비교

할부거래에 관한 법률	방문판매 등에 관한 법률
제12조(할부거래업자 등의 손해배상 청구금액의 제한) ① 할부거래업자 또는 신용제공자가 할부금 지급의무를 이행하지 아니한 것을 이유로 소비자에게 청구하는 손해배상액은 지연된 할부금에 「이자제한법」에서 정한 이자의 최고한도의 범위에서 대통령령으로 정하는 이율을 곱하여 산정한 금액에 상당하는 지연손해금을 초과하지 못한다. ② 할부거래업자가 제11조제1항에 따라 할부계약을 해제한 경우에 소비자에게 청구하는 손해	제10조(손해배상청구금액의 제한 등) ① 소비자에게 책임이 있는 사유로 재화등의 판매에 관한 계약이 해제된 경우 방문판매자등이 소비자에게 청구하는 손해배상액은 다음 각 호에서 정한 금액에 대금 미납에 따른 지연배상금을 더한 금액을 초과할 수 없다. 1. 공급한 재화등이 반환된 경우에는 다음 각 목의 금액 중 큰 금액 가. 반환된 재화등의 통상 사용료액 또는 그 사용으로 통상 얻을 수 있는 이익에 상당

24) 고형석, 「전자상거래와 소비자보호법」, 우리시스템, 2019. 332면.

배상액은 다음 각 호의 어느 하나에 해당하는 금액과 제1항에 따른 지연손해금의 합계액을 초과하지 못한다.

1. 재화등의 반환 등 원상회복이 된 경우에는 통상적인 사용료와 계약 체결 및 그 이행을 위하여 통상 필요한 비용의 합계액. 다만, 할부가격에서 재화등이 반환된 당시의 가액을 공제한 금액이 그 사용료와 비용의 합계액을 초과하는 경우에는 그 공제한 금액
2. 재화등의 반환 등 원상회복이 되지 아니한 경우에는 할부가격에 상당한 금액. 다만, 용역이 제공된 경우에는 이미 제공된 용역의 대가 또는 그 용역에 의하여 얻어진 이익에 상당하는 금액
3. 재화등의 공급이 되기 전인 경우에는 계약체결 및 그 이행을 위하여 통상 필요한 금액

③ 할부거래업자 또는 신용제공자는 손해배상액의 예정, 위약금, 그 밖에 명칭·형식이 어떠하든 제1항 또는 제2항에 따른 금액을 초과하여 손해배상을 청구할 수 없다.

④ 할부거래업자 또는 신용제공자는 손해배상을 청구하는 경우 소비자의 손해가 최소화되도록 신의에 따라 성실히 하여야 한다.

하는 금액

나. 반환된 재화등의 판매가액에서 그 재화등이 반환된 당시의 가액을 뺀 금액

2. 공급한 재화등이 반환되지 아니한 경우에는 그 재화등의 판매가액에 상당하는 금액

② 공정거래위원회는 방문판매자등과 소비자 간의 손해배상청구에 다른 분쟁을 원활하게 해결하기 위하여 필요한 경우 제1항에 자른 손해배상액의 산정기준을 정하여 고시할 수 있다.

6) 공정거래위원회의 고시 제정

앞에서 설명한 바와 같이 방문판매에 관한 법률에서는 소비자의 책임있는 사유로 인해 계약이 해제된 경우에 방문판매자등이 소비자에게 청구할 수 있는 금액을 제한하고 있지만, 실제 판매가액 등에 대해 다양한 논란이 발생할 수 있다. 따라서 이와 관련된 소비자분쟁을 효과적으로 해결할 수 있도록 구체적인 기준을 제시할 필요가 있다. 이에 방문판매에 관한 법률에서는 손해배상액의 산정기준에 관한 고시 제정권한을 공정거래위원회에 부여하고 있지만, 2022년 3월까지 공정거래위원회는 이에 관한 고시를 제정하고 있지 않다. 따라서 공정거래위원회는 이와 관련된 소비자문제의 발생을 방지하고, 당사자가 방문판매에 관한 법률에 따라 손해배상액을 산정하여 자체적으로 그 문제를 해결할 수 있도록 이에 관한 고시를 제정하여야 할 것이다.

제11조 금지행위

[김남홍]

제11조(금지행위) ① 방문판매자등은 다음 각 호의 어느 하나에 해당하는 행위를 하여서는 아니 된다.

1. 재화등의 판매에 관한 계약의 체결을 강요하거나 청약철회등 또는 계약 해지를 방해할 목적으로 소비자를 위협하는 행위
2. 거짓 또는 과장된 사실을 알리거나 기만적 방법을 사용하여 소비자를 유인 또는 거래하거나 청약철회등 또는 계약 해지를 방해하는 행위
3. 방문판매원등이 되기 위한 조건 또는 방문판매원등의 자격을 유지하기 위한 조건으로서 방문판매원등 또는 방문판매원등이 되려는 자에게 가입비, 판매 보조 물품, 개인 할당 판매액, 교육비 등 그 명칭이나 형태와 상관없이 대통령령으로 정하는 수준을 초과한 비용 또는 그 밖의 금품을 징수하거나 재화 등을 구매하게 하는 등 의무를 지게 하는 행위
4. 방문판매원등에게 다른 방문판매원등을 모집할 의무를 지게 하는 행위
5. 청약철회등이나 계약 해지를 방해할 목적으로 주소·전화번호 등을 변경하는 행위
6. 분쟁이나 불만 처리에 필요한 인력 또는 설비가 부족한 상태를 상당 기간 방치하여 소비자에게 피해를 주는 행위
7. 소비자의 청약 없이 일방적으로 재화등을 공급하고 재화등의 대금을 청구하는 행위
8. 소비자가 재화를 구매하거나 용역을 제공받을 의사가 없음을 밝혔음에도 불구하고 전화, 팩스, 컴퓨터통신 등을 통하여 재화를 구매하거나 용역을 제공받도록 강요하는 행위
9. 본인의 허락을 받지 아니하거나 허락받은 범위를 넘어 소비자에 관한 정보를 이용(제3자에게 제공하는 경우를 포함한다. 이하 같다)하는 행위. 다만, 다음 각 목의 어느 하나에 해당하는 경우는 제외한다.
   가. 재화등의 배송 등 소비자와의 계약을 이행하기 위하여 불가피한 경우로서 대통령령으로 정하는 경우
   나. 재화등의 거래에 따른 대금을 정산하기 위하여 필요한 경우
   다. 도용을 방지하기 위하여 본인임을 확인할 때 필요한 경우로서 대통령령으로 정하는 경우
   라. 법률의 규정 또는 법률에 따라 필요한 불가피한 사유가 있는 경우

② 공정거래위원회는 이 법 위반행위의 방지 및 소비자피해의 예방을 위하여 방문판매자등이 지켜야 할 기준을 정하여 고시할 수 있다.

[참고사례] 한국인터넷교육방송의 방문판매법 위반행위에 대한 건(공정거래위원회 2017. 12. 26. 의결 2017-124호); ㈜다인스의 방문판매법 위반행위에 대한 건(공정거래위원회 2017. 8. 9. 의결 2017-086호); 나드리앙띠브 코스메틱의 방문판매법 위반행위에 대한 건(공정거래위원회 2017. 8. 9. 의결 2017-083호); ㈜올레앤유의 방문판매법 위반행위에 대한 건(공정거래위원회 2015. 6. 22. 의결 2015-204호); ㈜동부레저개발의 방문판매법 위반행위에 대한 건(공정거래위원회 2015. 6. 22. 의결 2015-203호); ㈜진현의 방문판매법 위반행위에 대한 건(공정거래위원회 2015. 6. 22. 의결 2015-202호); ㈜동부레저개발의 방문판매법 위반행위에 대한 건(공정거래위원회 2015. 6. 22. 의결 2015-023호); ㈜올레앤유의 방문판매법 위반행위에 대한 건(공정거래위원회 2015. 6. 22. 의결 2015-022호); ㈜진현의 방문판매법 위반행위에 대한 건(공정거래위원회 2015. 6. 22. 의결 2015-021 호); 송수열의 방문판매법 위반행위에 대한 건(공정거래위원회 2014. 3. 18. 의결 2014-061호); 조인원의 방문판매법 위반행위에 대한 건(공정거래위원회

2014. 3. 18. 의결 2014-060호); 메리케이코리아(유) 방문판매법 위반행위에 대한 건(공정거래위원회 2012. 5. 4. 의결 2010-048호); 웰그린푸드의 방문판매법 위반행위에 대한 건(공정거래위원회 2012. 2. 20. 의결 2012-029호); ㈜대한라이프보증의 방문판매법 위반행위에 대한 건(공정거래위원회 2011. 3. 11. 의결 2011-020호); ㈜현대레저개발의 방문판매법 위반행위에 대한 건(공정거래위원회 2011. 2. 11. 의결 2011-014호); 한강라이프(주)의 방문판매법 위반행위에 대한 건(공정거래위원회 2010. 9. 29. 의결 2010-114호); ㈜아이지건강의 방문판매법 위반행위에 대한 건(공정거래위원회 2010. 8. 24. 의결 2010-105호); ㈜설악비치의 방문판매법 위반행위에 대한 건(공정거래위원회 2009. 6. 16. 의결 2009-163호); ㈜현대스카이리조트의 방문판매법 위반행위에 대한 건(공정거래위원회 2009. 6. 16. 의결 2009-161호); ㈜오션밸리의 방문판매법 위반행위에 대한 건(공정거래위원회 2009. 6. 5. 의결 2009-162호); ㈜현대경포콘도의 방문판매법 위반행위에 대한 건(공정거래위원회 2009. 6. 5. 의결 2009-150호); ㈜코리스코로하스의 방문판매법 위반행위에 대한 건(공정거래위원회 2009. 6. 5. 의결 2009-149호); 신세계코리아의 방문판매법 위반행위에 대한 건(공정거래위원회 2009. 6. 5. 의결 2009-148호); 제이원정보통신의 방문판매법 위반행위에 대한 건(공정거래위원회 2009. 6. 5. 의결 2009-146호); ㈜온파워아이앤티의 방문판매법 위반행위에 대한 건(공정거래위원회 2009. 6. 5. 의결 2009-145호); ㈜이앤원네트워크의 방문판매법 위반행위에 대한 건(공정거래위원회 2009. 6. 5. 의결 2009-144호); ㈜유피에이의 방문판매법 위반행위에 대한 건(공정거래위원회 2009. 6. 2. 의결 2009-128호); ㈜티앤이의 방문판매법 위반행위에 대한 건(공정거래위원회 2009. 6. 2. 의결 2009-127호); 중앙일보시사지지사의 방문판매법 위반행위에 대한 건(공정거래위원회 2009. 6. 2. 의결 2009-123호); 멀티랭귀지코리아의 방문판매법 위반행위에 대한 건(공정거래위원회 2009. 6. 2. 의결 2009-122호); 도서출판한교의 방문판매법 위반행위에 대한 건(공정거래위원회 2009. 6. 2. 의결 2009-120호); ㈜크레조인의 방문판매법 위반행위에 대한 건(공정거래위원회 2009. 6. 2. 의결 2009-119호); ㈜에스엠교육닷컴의 방문판매법 위반행위에 대한 건(공정거래위원회 2009. 6. 2. 의결 2009-118호); ㈜케이지홀딩스의 방문판매법 위반행위에 대한 건(공정거래위원회 2009. 6. 2. 의결 2009-117호); ㈜시사피엔씨의 방문판매법 위반행위에 대한 건(공정거래위원회 2009. 6. 2. 의결 2009-116호); 홈랜드의 방문판매법 위반행위에 대한 건(공정거래위원회 2009. 1. 16. 의결 2009-032호); 복분자영농조합의 방문판매법 위반행위에 대한 건(공정거래위원회 2008. 8. 26. 의결 2008-354호); 코리아쇼핑넷의 방문판매법 위반행위에 대한 건(공정거래위원회 2007. 8. 22. 의결 2007-312호); ㈜블루스타트래블앤투어스 방문판매법 위반행위에 대한 건(공정거래위원회 2006. 3. 28. 의결 2006-086호); ㈜유피에이의 방문판매등에 관한법률 위반행위에 대한 건(공정거래위원회 2006. 3. 28. 의결 2006-084호); ㈜아이엘티브이의 방문판매법 위반행위에 대한 건(공정거래위원회 2006. 3. 28. 의결 2006-083호); 성진숙(알로에마임 신림중부 대표)의 방문판매법 위반행위에 대한 건(공정거래위원회 2005. 9. 27. 의결 2005-207호); 김재종(금일경기상사 대표)의 방문판매법 위반행위에 대한 건(공정거래위원회 2005. 9. 27. 의결 2005-206호); 조영란(알로에마임 안산현대 대표)의 방문판매법 위반행위에 대한 건(공정거래위원회 2005. 9. 26. 의결 2005-204호); 안정순(알로에마임 분당 대표)의 방문판매법 위반행위에 대한 건(공정거래위원회 2005. 9. 26. 의결 2005-203호); 김세영(알로에마임 거제고현 대표)의 방문판매법 위반행위에 대한 건(공정거래위원회 2005. 9. 26. 의결 2005-202호); 박도식(알로에마임 대구대곡 대표)의 방문판매법 위반행위에 대한 건(공정거래위원회 2005. 9. 26. 의결 2005-201호); 김윤희(알로에마임 대구신암 대표)의 방문판매법 위반행위에 대한 건(공정거래위원회 2005. 9. 26. 의결 2005-200호); 이미선(알로에마임 구리인창 대표)의 방문판매법 위반행위에 대한 건(공정거래위원회 2005. 9. 26. 의결 2005-199호); 탁복수(알로에마임 전주전동 대표)의 방문판매법 위반행위에 대한 건(공정거래위원회 2005. 9. 26. 의결 2005-198호); 이종엽(알로에마임 인천중부 대표)의 방문판매법 위반행위에 대한 건(공정거래위원회 2005. 9. 26. 의결 2005-197호); 전금동(알로에마임 제천중부 대표)의 방문판매법 위반행위에 대한 건(공정거래위원회 2005. 9. 26. 의결 2005-195호); 이종호(태영 대표)의 방문판매법 위반행위에 대한 건(공정거래위원회 2005. 9. 26. 의결 2005-187호); 신현호(금호종합상사 대표)의 방문판매법 위반행위에 대한 건(공정거래위원회 2005. 9. 26. 의결 2005-185호); 조동금의 방문판매법 위반행위에 대한 건(공정거래위원회 2005. 7. 7. 의결 2005-081호); 박종국의 방문판매법 위반행위에 대한 건(공정거래위원회 2005. 1. 7. 의결 2005-007호); ㈜계몽드림월드의 방문판매법 위반행위에 대한 건(공정거래위원회 2005. 1. 7. 의결 2005-011호); 갈병호의 방문판매법 위반행위에 대한 건(공정거래위원회 2005. 1. 7. 의결 2005-010호); 노상훈의 방문판매법 위반행위에 대한 건(공정거래위

원회 2005. 1. 7. 의결 2005-009호); 임호태의 방문판매법 위반행위에 대한 건(공정거래위원회 2005. 1. 7. 의결 2005-008호); 신문균의 방문판매법 위반행위에 대한 건(공정거래위원회 2005. 1. 7. 의결 2005-007호); ㈜지엠피의 방문판매법 위반행위에 대한 건(공정거래위원회 2004. 12. 40. 의결 2004-252호); ㈜웅진코웨이의 방문판매법 위반행위에 대한 건(공정거래위원회 2004. 9. 2. 의결 2004-140호); ㈜파아란의 방문판매법 위반행위에 대한 건(공정거래위원회 2004. 8. 20. 의결 2004-131호); ㈜지앤비컴의 방문판매법 위반행위에 대한 건(공정거래위원회 2004. 3. 2. 의결 2004-062호); ㈜인코르의 방문판매법 위반행위에 대한 건(공정거래위원회 2003. 12. 5. 의결 2003-165호).

1. 의 의

본조에서는 소비자의 권익을 보호하기 위하여 방문판매자 또는 전화권유판매자(이하, 방문판매자등)이 소비자에게 금지하는 행위에 대하여 구체적으로 그 태양을 규정하고 있다. 그 주요한 내용은 소비자에게 판매를 강요하거나 청약철회나 계약해지를 방해하기 위하여 소비자를 위협하거나, 기망적인 방법으로 소비자와 거래하거나 청약철회 혹은 계약해지를 방해하거나, 방문판매원 등의 자격취득 혹은 자격유지를 위하여 일정한 수준 이상의 비용부담 또는 구매의무를 강제하는 행위, 모집강제, 청약철회방해금지행위, 분쟁이나 불만처리를 태만히 방치하는 행위, 일방적인 재화공급 혹은 대금청구행위, 허락범위를 넘는 소비자 정보이용행위 등이다. 방문판매법은 방문판매자등이 이와 같이 금지된 행위를 하는 경우 그 행위의 중대성 여부에 따라 시정조치(제49조), 과징금(제51조), 형사처벌(제61조 내지 제63조) 혹은 과태료(제66조)에 처하도록 규정하고 있다.

2. 금지의 내용

가. 재화등의 판매에 관한 계약의 체결을 강요하거나 청약철회등 또는 계약 해지를 방해할 목적으로 소비자를 위협하는 행위

이러한 행위에는 방문판매자등이 욕설, 인신모독, 감금 또는 계약 체결을 조건으로 귀가를 시켜준다고 위협하는 등의 행위로 계약 체결을 강요하는 행위와 계약 체결 후에 마음에 들지 아니하여 청약 철회등 또는 계약 해지를 하려고 재화를 반품하고 청약 철회등 또는 계약 해지를 통보하자, 사업자가 신용불량자 운운하며 청약철회등 또는 계약 해지를 거부하는 행위가 포함된다[「특수판매에서의 소비자보호 지침」 3.다.(1)].

나. 허위 또는 과장된 사실을 알리거나 기만적 방법을 사용하여 소비자(다단계판매원·후원방문판매원 포함)를 유인 또는 거래하거나 청약철회등 또는 계약 해지를 방해하는 행위

이에 해당하는 행위유형은 다음과 같다.

(1) 휴대폰으로 광고 문자 메시지를 전송하면서 ① 유료에 대한 표시를 하지 않거나, ② 허위로 '연락했는데 연락이 없네요' 등으로 유인하거나, ③ 당첨 상술을 쓰는 방법 등에 의하여 소비자로 하여금 전화를 걸게 하는 행위(다만, '당첨' 메시지의 경우 실제로 응모를 통하여 당첨된 사실을 알리는 경우는 제외한다)

(2) 시용 상품이라고 재화등의 사용을 권유하여 상대방이 이를 일부 사용하자, 재화의 훼손을 이유로 계약 체결을 강요하는 행위

(3) 케이블 TV를 2년 계약하여 시청하던 중, 당초의 계약서에는 언제든지 계약을 중도에 해지할 수 있다고 규정되어 있음을 이유로 중도 해지하려고 하는데, 소비자의 동의 없이 변경된 약관 조항을 근거로 계약 해지를 거부하는 경우(다만, 당초 계약에 '동의 없이 계약 해지에 관한 약관 조항을 변경할 수 있다'라는 조항이 있더라도 이 조항은 "법 제52조(소비자등에게 불리한 계약의 금지)"에 의하여 무효임)

(4) 계약 체결시의 시·군·구 지역 내의 사업장이 아닌 다른 시·군·구 지역 내의 사업장으로 방문하는 방법으로만 청약철회등이 가능한 경우(다만, 계약 체결시의 시·군·구 지역 내의 사업장 폐쇄·이전 등으로 없는 경우는 제외)

(5) 고객의 소속 회사로부터 외국어교육 위탁을 받은 적이 없음에도 불구하고 외국어교육을 위탁받아 실시하고 있는 업체라고 설명하거나, 전액 소비자가 부담하는 것임에도 구매대금의 50%를 회사가 지원하고 고객 부담금은 50%에 불과하다고 설명하여 구매계약을 체결한 경우

(6) 텔레마케터가 "무료여행 고객으로 당첨되어서 무료여행권을 준다"고 하여 카드번호를 요구하거나, "행사기간에 무료여행권이 당첨되었으니 월 3,000원씩 2년동안 72,000원을 납부하면 무료항공권과 상품(휴대폰 기타)을 보내준다"고 카드번호를 알려달라고 하여 계약을 체결하고 계약체결 이후에는 당초 계약내용과는 달리 소비자들에게 여행상품대금(792,000원 또는 828,000원)을 6개월에서 12개월 할부로 청구한 경우

이와 관련하여 <한국인터넷교육방송의 방문판매법 위반행위에 대한 건>에서 공정거래위원회는 "방문판매자등이 온라인강의 수강권을 판매하면서 홍보팸플릿, 수강등록 및 입금 안내문을 통해 수강료를 지원하는 것처럼 홍보하여 온라인강의 수강권을 판매한 행위"에 관하여, 『실제로는 방문판매자등이 직접 혹은 제3자를 통하여 소비자를 지원하지 않았음에도 마치 수강료를 지원하여 저렴한 금액에 수강권을 구매하는 것처럼 한 행위는 본 조항에 해당한다』고 판시한 바 있으며(공정거래위원회 2017. 12. 26. 의결 2017특수0886 사건 참조), <주식회사 다인스의 방문판매법 위반행위에 대한 건>에서 공정거래위원회는

"홈쇼핑 런칭을 앞두고 제품 품질평가를 위해 화장품 샘플을 무료로 보내주고 있다고 안내하면서 택배에는 무료샘플과 함께 디자인 평가를 위해 본품도 들어 있으니 본품도 개봉하지 말고 샘플만 사용하라는 방식으로 체험단을 모집한 후에 추가로 상품을 판매한 행위에 관하여 방문판매자등이 홈쇼핑런칭 계획도 없고, 본품을 제공하는 목적인 디자인 평가도 행한 바 없으며, 무료 샘플과 함께 화장품 본품을 보내는 것이 본품을 판매하기 위한 것임에도 불구하고 이러한 내용을 전혀 안내하지 않은 행위는 본 조항에 해당한다고 심결한 바 있다(공정거래위원회 2017. 8. 9. 의결 2016특수3558 사건 참조)

다. 방문판매원등이 되기 위한 조건 또는 방문판매원등의 자격을 유지하기 위한 조건으로서 방문판매원등 또는 방문판매원등이 되려는 자에게 가입비, 판매 보조 물품, 개인 할당 판매액, 교육비 등 그 명칭이나 형태와 상관없이 대통령령으로 정하는 수준을 초과한 비용 또는 그 밖의 금품을 징수하거나 재화 등을 구매하게 하는 등 의무를 지게 하는 행위

방문판매자등이 방문판매원등이 되려는 자 또는 방문판매원 등에게 1인당 연간 2만원을 초과한 비용을 받는 경우(동 시행령 제17조 참조) 및 일정 수 이상의 회원확보 조건을 걸어 실적이 저조한 방문 교사에게 허위로 회원가입을 강제하여 방문교사로부터 허위 등록 회원의 강습료 명목으로 20만원을 납부하게 한 경우 등이 이에 해당한다.

라. 방문판매원등에게 다른 방문판매원등을 모집할 의무를 지게 하는 행위

방문판매원이 개인 사정을 이유로 방문판매업무를 더 이상 하지 않으려 함에 따라, 방문판매업자가 약관 등을 이유로 계약 해지 시에 제3자를 방문판매원으로 알선·소개하도록 하는 의무를 부과하는 경우가 이에 해당한다.

마. 청약철회등이나 계약 해지를 방해할 목적으로 주소·전화번호 등을 변경하는 행위

바. 분쟁이나 불만 처리에 필요한 인력 또는 설비가 부족한 상태를 상당 기간 방치하여 소비자에게 피해를 주는 행위

이에 해당하는 행위유형은 다음과 같다.

(1) 소비자가 불만사항에 대한 사업자의 이메일 또는 팩스 답변이 불충분하여 직접 전화통화를 하고자 함에도 불구하고, 사업자가 이메일 또는 팩스를 통해서만 불만 처리를 할 수 있도록 하고 전화통화를 거부하는 경우

(2) 상담원이 부족하여 소비자가 통상의 경우 상담원과 통화할 수 없거나, ARS 등을

통해 여러 단계를 거치게 하면서 결국 상담원과는 통화가 되지 않도록 기술적 장치를 하는 경우

(3) 소비자가 사업자와의 전화통화가 이루어지지 않아 자동 안내된 콜벡 안내에 따라 자신의 전화번호를 남겼음에도 불구하고, 사업자가 3영업일 이내에 전화를 하지 않는 경우(다만, 소비자가 전화번호를 잘못 남겼거나 소비자의 부재 등으로 인하여 부득이 하게 연락이 지연된 경우는 제외)

(4) 소비자가 사업자에게 전화를 하였으나 담당자가 출장, 결근 또는 퇴사하였다는 이유로 전화통화 또는 전산처리 등을 회피하여, 소비자에게 청약철회등 기간경과 및 지연처리로 인한 기간 경과에 따른 위약금 가중 등의 피해를 주는 경우

사. 소비자의 청약 없이 일방적으로 재화등을 공급하고 재화등의 대금을 청구하는 행위

이러한 행위 유형에는 소비자가 구매의사가 없음을 밝혔음에도 불구하고, 판매원이 무료라고 하면서 일방적으로 재화를 장기간 공급한 뒤 이에 대한 대금을 요구하는 경우 및 소비자가 경품 행사에 당첨되었다고 하면서, 재화를 무료로 제공한 후에 세금 및 수수료 등의 명목으로 대금을 요구하는 행위 등이 해당한다.

아. 소비자가 재화를 구매하거나 용역을 제공받을 의사가 없음을 밝혔음에도 불구하고 전화, 팩스, 컴퓨터통신 등을 통하여 재화를 구매하거나 용역을 제공받도록 강요하는 행위

소비자가 전화권유판매자로부터 전화를 이용하여 구매 권유를 받는 경우에 소비자가 구매할 의사가 없다고 밝히고 더 이상 전화를 통하여 구매 권유를 하지 말 것을 밝혔으나 계속하여 전화를 하는 경우가 이에 해당한다.

자. 본인의 허락을 받지 아니하거나 허락받은 범위를 넘어 소비자에 관한 정보를 이용(제3자에게 제공하는 경우를 포함)하는 행위

다만, 아래의 경우에는 위 규정에서 제외된다.

(1) 재화등의 배송 등 소비자와의 계약을 이행하기 위하여 재화등의 배송 또는 전송(轉送)을 업(業)으로 하는 자 중 해당 재화등의 배송 또는 전송을 위탁받은 자에게 소비자에 관한 정보를 제공하는 경우 또는 재화등의 설치, 사후 서비스, 그 밖에 약정한 서비스의 제공을 업으로 하는 자 중 해당 서비스의 제공을 위탁받은 자에게 소비자에 관한 정보를 제공하는 경우

(2) 재화등의 거래에 따른 대금정산을 위해 필요한 경우

(3) 도용을 방지하기 위하여 본인임을 확인하기 위하여 필요한 경우로써, 소비자의 신원 및 실명이나 본인의 진의(眞義)를 확인하기 위하여 기간통신사업자, 개인신용평가회사, 개인사업자신용평가회사 및 본인신용정보관리회사, 해당 거래에 따른 대금결제와 직접 관련된 결제업자, 법령에 따라 또는 법령에 따른 인가·허가를 받아 도용 방지를 위한 실명 확인을 업으로 하는 자에게 소비자에 관한 정보를 제공하는 경우 또는 미성년자와의 거래 시 법정대리인의 동의여부를 확인하기 위하여 이용하는 경우

(4) 법률의 규정 또는 법률에 따라 필요한 불가피한 사유가 있는 경우

제12조 방문판매자등의 휴업기간 중 업무처리 등

[김남홍]

제12조(방문판매자등의 휴업기간 중 업무처리 등) ① 방문판매자등은 그 휴업기간 또는 영업정지기간 중에도 제8조 제1항 및 제3항에 따른 청약철회등의 업무와 제9조 제1항부터 제9항까지의 규정에 따른 청약철회등에 따른 업무를 계속하여야 한다.
② 방문판매업자등이 파산선고를 받거나 관할 세무서에 폐업신고를 한 경우 또는 6개월을 초과하여 영업을 하지 아니하는 등 실질적으로 영업을 할 수 없다고 판단되는 경우에는 공정거래위원회 또는 특별자치시장·특별자치도지사·시장·군수·구청장은 직권으로 해당 방문판매업등의 신고 사항을 말소할 수 있다.

[참고사례] ㈜디케이코퍼레이션의 이의신청에 대한 건(공정거래위원회 2007. 1. 26. 의결 2007-003호); ㈜디케이코퍼레이션의 방문판매법 위반행위에 대한 건(공정거래위원회 2006. 10. 31. 의결 2006-251호).

방문판매법은 소비자를 보호하는 동시에 방문판매자등이 휴업 또는 영업정지등을 이유로 소비자에 대한 청약철회를 받아주지 않거나 청약철회에 따른 환불조치를 방지하기 위하여 방문판매자등이 휴업을 하거나 영업정지를 당한 경우에도 청약철회업무 및 청약철회에 따른 재화반환 및 대금지급업무는 수행하도록 최소한의 소비자보호장치를 마련하고 있다. 다만, 방문판매자업자등이 파산선고, 폐업신고 또는 6개월을 초과하여 영업을 하지 않는 등 실질적으로 영업을 할 수 없다고 판단되는 경우에는 공정거래위원회 또는 특별자치시장, 특별자치도지사, 시·군·구의 장은 직권으로 해당 방문판매업의 신고사항을 말소할 수 있다.

제 3 장

다단계판매 및 후원방문판매

제13조 다단계판매업자의 등록 등

[박근웅]

제13조(다단계판매업자의 등록 등) ① 다단계판매업자는 대통령령으로 정하는 바에 따라 다음 각 호의 서류를 갖추어 공정거래위원회 또는 특별시장·광역시장·특별자치시장·도지사·특별자치도지사(이하 "시·도지사"라 한다)에게 등록하여야 한다.
1. 상호·주소, 전화번호 및 전자우편주소(법인인 경우에는 대표자의 성명, 주민등록번호 및 주소를 포함한다) 등을 적은 신청서
2. 자본금이 3억원 이상으로서 대통령령으로 정하는 규모 이상임을 증명하는 서류
3. 제37조에 따른 소비자피해보상보험계약등의 체결 증명서류
4. 후원수당의 산정 및 지급 기준에 관한 서류
5. 재고관리, 후원수당 지급 등 판매의 방법에 관한 사항을 적은 서류
6. 그 밖에 다단계판매자의 신원을 확인하기 위하여 필요한 사항으로서 총리령으로 정하는 서류

② 다단계판매업자는 제1항에 따라 등록한 사항 중 같은 항 제1호부터 제4호까지의 사항이 변경된 경우에는 대통령령으로 정하는 바에 따라 신고하여야 한다.
③ 다단계판매업자는 휴업 또는 폐업을 하거나 휴업 후 영업을 다시 시작할 때에는 대통령령으로 정하는 바에 따라 이를 신고하여야 하며, 폐업을 신고하면 제1항에 따른 등록은 그 효력을 잃는다. 다만, 폐업신고 전 등록취소 요건에 해당되는 경우에는 폐업신고일에 등록이 취소된 것으로 본다.
④ 공정거래위원회 또는 시·도지사는 제2항에 따른 변경신고를 받은 날부터 10일 이내에 신고수리 여부를 신고인에게 통지하여야 한다.
⑤ 공정거래위원회 또는 시·도지사가 제4항에서 정한 기간 내에 신고수리 여부 또는 민원 처리 관련 법령에 따른 처리기간의 연장을 신고인에게 통지하지 아니하면 그 기간(민원 처리 관련 법령에 따라 처리기간이 연장 또는 재연장된 경우에는 해당 처리기간을 말한다)이 끝난 날의 다음 날에 신고를 수리한 것으로 본다.
⑥ 공정거래위원회는 다단계판매업자에 대한 다음 각 호의 정보를 대통령령으로 정하는 바에 따라 공개하여야 한다. 다만, 다단계판매업자의 경영상·영업상 비밀에 관한 사항으로서 공개될 경우 다단계판매업자의 정당한 이익을 현저히 해칠 우려가 있다고 인정되는 정보 및 개인에 관한 사항으로서 공개될 경우 사생활의 비밀 또는 자유를 침해할 우려가 있다고 인정되는 정보의 경우에는 그러하지 아니하다.
1. 제1항에 따라 등록한 사항
2. 그 밖에 공정거래위원회가 공정거래질서 확립 및 소비자보호를 위하여 필요하다고 인정하는 사항

⑦ 공정거래위원회는 제6항에 따른 정보 공개를 위하여 필요한 경우에는 다단계판매업자에게 관련 자료의 제출을 요구할 수 있다. 이 경우 다단계판매업자는 정당한 사유가 없으면 이에 따라야 한다.

[참고문헌] 곽관훈, "다단계판매산업 규제의 합리적 개선방안", 「유통법연구」 제4권 제1호, 한국유통법학회, 2017; 김상묵/윤상호, "다단계판매의 규제와 소비자보호방안", 「법학연구」 제41집, 한국법학회, 2011; 남광, 「방문판매법」, 홍문사, 2020; 서혜숙/정경환, "방문판매법상 다단계판매의 규제 체계와 비교법적 고찰", 「경쟁저널」 제153권, 한국공정경쟁연합회, 2010; 이봉의, "방문판매법상 다단계판매 규제의 문제점과 개선", 「경쟁법연구」 제19권, 한국경쟁법학회, 2009; 이병준, "다단계판매에 대한 다양한 규제방법과 그 수위 -민사적, 행정적, 형사적 규제와 그 적절한

한계를 중심으로-", 「유통법연구」 제2권 제2호, 한국유통법학회, 2015; 장윤순, "다단계판매 규제 및 개선방안에 관한 연구", 「법학논총」 제38권 제1호, 전남대학교 법학연구소, 2018.

Ⅰ. 본조의 의의 및 입법취지

제13조는 다단계판매업자의 다단계판매업 등록, 변경 및 휴폐업신고, 그 밖에 다단계판매업자에 대한 정보공개의 내용을 정한다.

제13조 제1항은 다단계판매업자에게 등록의무를 부과하면서 요건과 필요한 서류를 제시하고 있다. 다단계판매업자의 등록의무는 1995. 1. 5. 법률 제4896호 개정되어 1995. 7. 6. 시행된 방문판매 등에 관한 법률로 도입이 되었다. 다단계판매업이 주로 무점포·무광고 판매방식으로 영위되므로 판매업자의 실체가 드러나지 않는 경우가 많고 또한 상품을 반환하려는 소비자가 다단계판매업자의 주소 등을 알기 어려워 상품반환을 하지 못하고 피해를 보는 경우가 많았는데, 등록제를 도입함으로써 다단계판매업자의 실체파악이 가능하도록 하여 다단계판매의 탈법적 행위의 요소를 줄이고 다단계판매업자로부터 상품을 구입한 판매원이나 소비자로 하여금 상품의 반환이나 환불을 용이하게 하기 위한 취지였다.[1] 특히 불법적 형태로 변질되어 다수의 소비자에게 심각한 피해를 야기할 수 있는 위험이 있는 다단계판매에서 그 판매업자에게 등록의무를 부과함으로써 행정청의 사전 관리·감독이 가능하게 되었다.

제13조 제2항은 등록사항에 변경이 있는 경우 그 신고의무를 규정한다. 이와 관련해 2021. 4. 20. 법률 제18112호로 개정되어 2021. 5. 21.부터 시행되고 있는 방문판매 등에 관한 법률은 제13조 제4항과 제5항을 통해 신고민원의 투명하고 신속한 처리와 행정기관의 적극행정을 유도하고 있다.[2]

한편 제13조 제3항은 다단계판매업자의 휴폐업 및 영업재개 신고에 관한 규정을 두고, 제6항과 제7항에서는 다단계판매업자에 대한 정보공개 및 자료제출요구에 관한 내용을 정한다.

---

1) 국회 상공자원위원회, "방문판매등에관한법률개정법률안 심사보고서", 1994. 12. 7~8면 참조(이죽철 전문위원 검토보고). http://likms.assembly.go.kr/bill/billDetail.do?billId=012971

2) 법제처 제공 개정이유. https://www.law.go.kr/LSW/lsInfoP.do?efYd=20210521&lsiSeq=231731#

Ⅱ. 다단계판매업자의 등록의무

1. 입법론적 타당성

다단계판매업자는 일정한 서류를 갖추어 공정거래위원회 또는 특별시장·광역시장·특별자치시장·도지사·특별자치도지사(이하 '시·도지사'라 함)에게 등록하여야 한다(제13조 제1항). 이는 일종의 사전규제방식으로, 판매업자로 하여금 사업개시 전 자신이 운영하는 판매조직이 다단계에 해당하는지 여부를 판단하도록 한다. 판매업자가 판단을 그르칠 경우 불법 미등록 다단계판매업자로서 법 위반에 대한 책임을 지게 되므로 궁극적으로는 다단계판매의 정의규정 해석이 중요한 쟁점이 된다(자세한 내용은 제2조 부분 참조).

다단계판매업자 등록제도에 대해서는 위헌 여부가 다투어진 바가 있었지만 헌법재판소는 합헌으로 결정하였다.[3] 그 위헌 여부와 무관하게 제13조의 적정성과 관련해서는 다양한 시각이 존재한다. 등록제도의 장점에 비추어 현행과 같이 유지되는 것이 바람직하다거나[4] 적법한 다단계판매에 대한 규제를 강화하는 것보다는 불법 피라미드에 대한 강력한 규제에 보다 초점이 맞춰져야 할 것이지만 이와 별도로 등록제와 같은 사전규제 방식 그 자체는 긍정적 측면이 있다고 평가하는 입장이 있다.[5] 반면 현행 등록제도가 상정하는 여러 기관에 의한 다원적 집행의 난점을 지적하며 제대로 된 규제 및 통제가 이루어지지 못하는 상황에서 등록제를 선택하여 사업자와 규제기관에 과도한 부담을 안기는 것은 문

3) 헌법재판소 2015. 7. 30. 선고 2013헌바275 결정. 헌법재판소는 다단계판매업자에게 다단계판매조직에 대한 사전 등록의무를 부과하여 그에 대한 관할 행정청의 관리 및 감독을 가능하도록 함으로써 다단계판매조직이 불법적인 피라미드 조직으로 변질되어 소비자에게 피해를 입히는 것을 방지하고 공정한 거래질서를 확립하기 위한 것이므로 그 입법목적이 정당하며, 이를 달성하기 위한 적절한 수단으로서, 다단계판매업 등록과 관련하여 다단계판매조직을 관리·감독하기 위해 반드시 필요한 서류들만 제출하도록 하는 등 등록의무의 부과로 인하여 발생하는 부담이 경미하여 침해의 최소성 원칙에 위배되지도 않는다고 하였다. 또한 이를 통한 공익은 다단계판매조직이 불법적인 피라미드 조직으로 변질되어 소비자에게 피해를 입히는 것을 방지하고 공정한 거래질서를 확립하는 것으로서 매우 중요한 공익에 해당하는 반면 다단계판매업의 등록의무를 강제함으로 인하여 다단계판매업자가 받게 되는 부담은 상대적으로 경미하므로 법익의 균형성도 갖추었다고 한다.

4) 장윤순, "다단계판매 규제 및 개선방안에 관한 연구", 「법학논총」 제38권 제1호, 전남대학교 법학연구소, 2018, 523면. 이 문헌은 등록제의 장점으로 다음과 같은 점들을 제시한다. 첫째 등록제는 소비자보호와 직접 판매 유통시장의 신뢰도를 높일 수 있고, 등록조건으로 재정 건전성을 요구하고 소비자피해보상보험계약 체결을 요구함으로써 소비자 보호를 꾀할 수 있다. 둘째 등록제도는 주요정보 공개제도와 연계되는데 이러한 정보공개를 통하여 다단계판매자로부터 상품을 구입하거나 다단계판매업체에 판매원으로 가입할 때 정확한 정보를 바탕으로 합리적 의사결정을 할 수 있도록 함으로써 거래의 신뢰를 높일 수 있다. 셋째 행정효율성 측면에서도 특수판매 관련 정책은 공정거래위원회가 담당하고 등록서류를 받는 것과 같은 간단하고 형식적인 업무는 시·도지사에게 위임하는 것이 효율적이다.

5) 서혜숙/정경환, "방문판매법상 다단계판매의 규제 체계와 비교법적 고찰", 「경쟁저널」 제153권, 한국공정경쟁연합회, 2010, 40~41면. 사전적·예방적 기능 수행을 바라는 국민들의 기대와 요구를 고려하고 사전규제가 없이는 소비자피해 발생의 방지가 곤란하다는 점을 이유로 제시한다.

제이고 현행 등록제는 시·도지사에게 업무를 맡기고 있는 형국이어서 타당하지 않다는 비판이 있다.[6)] 최근에는 자율규제 및 내부통제시스템을 통한 규제패러다임으로의 전환을 주장하는 견해도 유력하다.[7)]

2. 등록절차 및 제출서류

다단계판매업자는 다단계판매업 등록신청서를 주된 사무소의 소재지를 관할하는 시·도지사에게 제출해야 한다. 주된 사무소의 소재지가 외국인 경우 공정거래위원회에 제출하도록 예외가 인정되어 있을 뿐이다(시행령 제20조 제1항 및 시행규칙 제11조 제1항). 등록 신청을 받은 공정거래위원회 또는 시·도지사는 그 신청이 등록요건을 충족하는 경우에는 당연히 다단계판매업 등록신청을 받아들이고 등록증을 교부하여야 한다(시행령 제20조 제2항 및 시행규칙 제11조 제2항). 만일 이후 다단계판매업 등록증을 발급받은 자가 등록증을 분실하거나 등록증이 훼손된 경우 공정거래위원회 또는 시·도지사에게 등록증 재발급 신청서를 제출하여 등록증을 재발급받을 수 있는데, 등록증이 훼손되어 재발급을 신청하는 경우에는 기존 등록증을 첨부하여야 한다(시행규칙 제11조 제6항).

다단계판매업자의 등록에는 일정한 서류를 갖추어야 한다. ① 상호·주소, 전화번호 및 전자우편주소(법인인 경우에는 대표자의 성명, 주민등록번호 및 주소를 포함한다) 등을 적은 신청서, ② 자본금이 3억원 이상으로서 대통령령으로 정하는 규모 이상임을 증명하는 서류, ③ 제37조에 따른 소비자피해보상보험계약등의 체결 증명서류, ④ 후원수당의 산정 및 지급 기준에 관한 서류, ⑤ 재고관리, 후원수당 지급 등 판매의 방법에 관한 사항을 적은 서류, ⑥ 그 밖에 다단계판매자의 신원을 확인하기 위하여 필요한 사항으로서 총리령으로 정하는 서류가 그것이다(제13조 제1항).

특히 다단계판매에 있어서는 그 조직의 규모가 기하급수적으로 커질 수 있고 충분한 자본금이 없는 상태에서 영업을 할 경우 재화 등의 거래 없이 금전거래만을 하는 불법 조직으로 변질될 위험이 크고 피해자보호를 위해 충분한 자본금의 확보가 필요하다는 측면에서 최소 자본금에 대한 규제도 두고 있다(제13조 제1항 제2호). 현재는 자본금이 5억원(자

6) 이봉의, "방문판매법상 다단계판매 규제의 문제점과 개선", 「경쟁법연구」 제19권, 한국경쟁법학회, 2009, 19~22면; 이병준, "다단계판매에 대한 다양한 규제방법과 그 수위－민사적, 행정적, 형사적 규제와 그 적절한 한계를 중심으로－", 「유통법연구」 제2권 제2호, 한국유통법학회, 2015, 62면.

7) 곽관훈, "다단계판매산업 규제의 합리적 개선방안", 「유통법연구」 제4권 제1호, 한국유통법학회, 2017, 55~57면. 급변하는 다단계판매방식을 법률로 규제하는 경우 시장환경의 변화에 따른 유연하고 기동성 있는 대응이 어렵다는 점을 지적한다. 자율규제 방식으로 사회 변화에 따른 새로운 법적 문제에 적절히 대처할 수 있고, 보다 높은 수준의 윤리적 기준 제시도 가능하며, 효율성과 전문성, 탄력성을 재고할 수 있다고 한다.

본잠식이 있는 경우에는 그 금액을 제외하고, 법정준비금이 있는 경우에는 그 금액을 더한다) 이상일 것을 요구한다(시행령 제21조). 이에 대해서는 다단계판매로 인한 소비자들의 집단피해를 방지하고 정상적인 다단계판매시스템을 구축하기 위해서 설립자본금을 10억원 이상으로 상향조정하여 사고가 발생할 경우 소비자의 피해를 보상해 줄 수 있도록 하여 건전업체를 중심으로 업계를 운용하게 하는 것이 바람직하다는 지적도 있다.[8)]

다단계판매업 등록을 위해서는 소비자피해 보상을 위한 보험계약, 소비자피해 보상금의 지급을 확보하기 위한 채무지급보증계약, 제38조에 따라 설립된 공제조합과의 공제계약(이하 '소비자피해보상보험계약등'이라 함) 중 어느 하나에 해당하는 계약을 체결하여야 한다(제37조 제1항). 다단계판매로 인하여 발생할 수 있는 소비자의 피해에 대한 구제를 담보하기 위한 것이다. 소비자피해보상보험계약등이 해지된 경우에는 공정거래위원회 또는 시·도지사는 그 등록을 취소할 수 있다(제49조 제5항 제3호).

제13조 제1항 제6호는 그 밖에 다단계판매자의 신원을 확인하기 위하여 필요한 사항으로서 총리령으로 정하는 서류를 갖출 것을 요구한다. 시행규칙 제11조 제3항에 의하면 이는 회사의 영업일을 적은 서류를 말한다. 그런데 이에 대해서는 다단계판매자의 신원확인을 위한 서류로 적절하지 않다는 의문을 제기하는 견해가 있다.[9)]

한편 등록신청서를 받은 공정거래위원회 또는 시·도지사는 전자정부법 제36조 제1항에 따른 행정정보의 공동이용을 통하여 법인 등기사항증명서(법인인 경우), 발기인의 주민등록표 초본(법인인 신청인이 법인의 설립등기 전에 신청을 하는 경우만 해당한다), 사업자등록증을 확인하여야 하는데, 만일 신청인이 발기인의 주민등록표 초본 및 사업자등록증 확인에 동의하지 아니하는 경우에는 해당 서류(사업자등록증의 경우에는 그 사본)를 첨부하게 하여야 한다(시행규칙 제11조 제5항). 그리고 공정거래위원회 또는 시·도지사(해당 권한이 위임·위탁된 경우에는 그 권한을 위임·위탁받은 자를 포함한다)는 다단계판매업자의 등록에 관한 사무를 수행하기 위하여 불가피한 경우 개인정보 보호법 시행령 제19조에 따른 주민등록번호 또는 외국인등록번호가 포함된 자료를 처리할 수 있다(시행령 제62조의2 제2항).

3. 위반 시 제재

사업자가 등록을 하지 않고 다단계판매조직을 개설·관리 또는 운영하는 행위를 한 경우 공정거래위원회는 시정조치를 명할 수 있고(제49조 제1항 제1호), 나아가 일정한 요건 하에 영업정지를 명할 수도 있다(제49조 제4항). 시행령 제56조 및 시행령 별표 2에 따르면

8) 김상묵/윤상호, "다단계판매의 규제와 소비자보호방안", 「법학연구」 제41집, 한국법학회, 2011, 79면.
9) 남광, 「방문판매법」, 홍문사, 2020, 124~125면.

다단계판매업자가 제13조 제1항의 등록의무를 위반한 경우, 위반 1차에 2개월, 2차에 6개월, 3차에 12개월의 영업정지를 하도록 정하였다.

사업자가 속임수나 그 밖의 부정한 방법으로 다단계판매업 등록을 한 때에는 공정거래위원회 또는 시·도지사는 그 등록을 취소하여야 한다(제49조 제5항 제1호).

등록을 하지 않고 또는 등록이 취소된 상태에서 다단계판매조직을 개설·관리 또는 운영한 자는 7년 이하의 징역 또는 2억원 이하의 벌금에 처한다. 이때 만일 그 위반행위와 관련하여 판매하거나 거래한 대금 총액의 3배에 해당하는 금액이 2억원을 초과할 때에는 7년 이하의 징역 또는 판매하거나 거래한 대금 총액의 3배에 해당하는 금액 이하의 벌금에 처한다(제58조 제1항 제1호). 거짓이나 그 밖의 부정한 방법으로 다단계판매업자 등록을 하고 다단계판매조직을 개설·관리 또는 운영한 자의 경우에도 마찬가지이다(제58조 제1항 제2호). 다만 다단계판매업 등록을 마친 사업자 등이 등록취소 사유가 발생한 이후 다단계판매조직을 계속 관리·운영하여 왔다고 하더라도, 시정조치명령·영업정지명령 등의 단계를 거쳐 최종적으로 등록취소 처분을 받지 않는 한, 이를 등록을 하지 않거나 등록이 취소된 상태에서 다단계판매조직을 관리·운용한 것으로 보아 처벌할 수는 없다.[10]

공정거래위원회는 등록을 하지 않고 다단계판매조직을 개설·관리 또는 운영하는 내용의 위반행위를 신고 또는 제보하고 이를 입증할 수 있는 증거자료를 제출한 자에 대하여 예산의 범위에서 포상금을 지급할 수 있다(제44조).

Ⅲ. 다단계판매업자의 등록사항 변경신고

1. 변경신고 사항 및 절차

다단계판매업자는 등록한 사항 중 ① 상호·주소, 전화번호 및 전자우편주소(법인인 경우에는 대표자의 성명, 주민등록번호 및 주소를 포함한다), ② 자본금, ③ 소비자피해보상보험계약등 체결 관련 사항, ④ 후원수당의 산정 및 지급 기준이 변경된 경우에는 이를 신고하여야 한다(제13조 제2항). 2012. 2. 17. 법률 제11324호 개정되어 2012. 8. 18.부터 시행된 방문판매 등에 관한 법률은 종전 변경신고 사항 중 재고관리·후원수당 지급 등 판매의 방법에 관한 사항은 이를 제외하여 절차를 간소화하였다.

변경신고를 하려는 자는 변경사항이 발생한 날(자본금 규모의 변동에 관한 사항은 결산이

10) 대법원 2013. 7. 26. 선고 2011도1264 판결.

확정된 날)부터 15일 이내에 변경신고서에 그 변경사항을 증명하는 서류, 판대업 등록증을 첨부하여 공정거래위원회 또는 시·도지사에게 제출해야 하고, 신고를 받은 공정거래위원회 또는 시·도지사는 변경사항을 확인한 후 변경사항이 적힌 등록증을 다시 발급해야 한다. 다만, 소비자피해보상보험계약등의 해지·만료 등에 따른 변경사항은 계약의 해지일·만료일 3개월 전에 그 변경사항을 증명하는 서류를 공정거래위원회 또는 시·도지사에게 제출해야 한다(시행령 제20조 제3항. 시행규칙 제12조). 전자문서로 신고할 수도 있다(시행규칙 14조 및 제8조). 이때 공정거래위원회 또는 시·도지사는 변경신고를 받은 날부터 10일 이내에 신고수리 여부를 신고인에게 통지하여야 하며, 공정거래위원회 또는 시·도지사가 그 기간 내에 신고수리 여부 또는 민원 처리 관련 법령에 따른 처리기간의 연장을 신고인에게 통지하지 아니하면 그 기간(민원 처리 관련 법령에 따라 처리기간이 연장 또는 재연장된 경우에는 해당 처리기간을 말한다)이 끝난 날의 다음 날에 신고를 수리한 것으로 본다(제13조 제4항 및 제5항). 신고민원의 투명하고 신속한 처리와 행정기관의 적극행정을 도모하기 위한 취지의 규정이다.

공정거래위원회 또는 시·도지사는 다단계판매업자의 등록사항 변경신고에 관한 사무를 수행하기 위하여 불가피한 경우 개인정보 보호법 시행령 제19조에 따른 주민등록번호 또는 외국인등록번호가 포함된 자료를 처리할 수 있다(시행령 제62조의2 제2항 제2호).

2. 위반 시 제재

다단계판매업자가 제13조 제2항에서의 변경신고 할 의무를 이행하지 아니하는 때에는 공정거래위원회는 시정조치를 명할 수 있다(제49조 제1항 제1호). 또한 변경신고의무를 위반한 다단계판매업자에게는 1천만원 이하의 과태료가 부과되며(제66조 제2항 제4호), 거짓으로 변경신고를 한 경우에는 3년 이하의 징역 또는 1억원 이하의 벌금에 처한다(제60조 제1항 제1호).

Ⅳ. 다단계판매업자의 휴업, 폐업, 영업재개신고

1. 절 차

다단계판매업자는 휴업 또는 폐업을 하거나 휴업 후 영업을 다시 시작할 때에는 이를 신고하여야 하며, 폐업을 신고하면 등록은 그 효력을 잃는다. 다만, 폐업신고 전 등록취소 요건에 해당되는 경우에는 폐업신고일에 등록이 취소된 것으로 본다(제13조 제3항).

다단계판매업자가 휴업 또는 폐업을 하거나 휴업한 후 영업을 다시 시작하려는 경우에는 미리 다단계판매업 휴업·폐업·영업재개 신고서를 공정거래위원회 또는 시·도지사에게 제출해야 한다. 이 경우 폐업을 신고할 때에는 등록증을 첨부하되, 분실·훼손 등의 사유로 등록증을 첨부할 수 없는 경우에는 폐업신고서에 그 사유를 기재해야 한다(시행령 제20조 제4항, 시행규칙 제13조).

다단계판매업자의 휴업 또는 폐업신고가 있는 경우 공정거래위원회 또는 시·도지사는 그 사실을 공고하여야 한다(제27조 제2호). 그 공고는 관보, 해당 지방자치단체에서 발행하는 공보 또는 일간신문에 게재하거나 게시판에 게시하는 방법으로 하여야 한다(시행규칙 제20조).

2. 위반 시 제재

다단계판매업자가 제13조 제3항에서의 신고의무를 이행하지 아니하는 때에는 공정거래위원회는 시정조치를 명할 수 있다(제49조 제1항 제1호). 또한 신고를 하지 않은 자에게는 1천만원 이하의 과태료가 부과되며(제66조 제2항 제4호), 거짓으로 휴업, 폐업, 영업재개 신고를 한 자는 3년 이하의 징역 또는 1억원 이하의 벌금에 처한다(제60조 제1항 제1호).

V. 다단계판매업자에 대한 정보제공

공정거래위원회는 다단계판매업자의 등록사항 정보와 그 밖에 공정거래위원회가 공정거래질서 확립 및 소비자보호를 위하여 필요하다고 인정하는 사항의 정보를 공개하여야 한다(제13조 제6항 본문). 구체적으로는 ① 등록번호 및 등록일, ② 다단계판매업자 또는 후원방문판매업자의 성명(법인인 경우에는 대표자의 성명)·상호·소재지·전화번호, ③ 판매하는 재화등의 품목 및 매출액, ④ 후원수당의 산정 및 지급 기준, ⑤ 그 밖에 소비자보호 및 거래질서 유지를 위하여 필요한 사항으로서 공정거래위원회가 정하는 사항이 그것이다(시행령 제22조 제1항).[11] 공정거래위원회는 정보 공개의 경우 해당 사업자에게 정보공개의 내용 및 방법을 미리 통지하여야 하고, 공개될 내용 중 사실과 다른 내용이 있는 경우에는 정정할 수 있는 기회를 주어야 한다(시행령 제22조 제2항).

다만 다단계판매업자의 경영상·영업상 비밀에 관한 사항으로서 공개될 경우 다단계판매업자의 정당한 이익을 현저히 해칠 우려가 있다고 인정되는 정보 및 개인에 관한 사

11) 공개정보의 범위를 공정거래위원회가 훈령이나 지침으로 정할 수 있도록 포괄적으로 위임하는 것은 문제가 있다는 지적이 있다[장윤순, 앞의 글(주 4), 526면].

항으로서 공개될 경우 사생활의 비밀 또는 자유를 침해할 우려가 있다고 인정되는 정보의 경우에는 공개하지 않을 수 있다(제13조 제6항 단서). 정보공개를 원치 않은 다단계판매업자는 그 사유를 소명해야 할 것이다.

정보 공개를 위하여 필요한 경우 공정거래위원회는 다단계판매업자에게 관련 자료의 제출을 요구할 수 있는데 다단계판매업자는 정당한 사유가 없으면 이에 따라야 한다(제13조 제7항). 만일 사업자가 제13조 제7항의 자료제출 의무를 이행하지 아니하는 경우 공정거래위원회는 시정조치명령을 내릴 수 있고(제49조 제1항 제1호), 일정한 요건 하에 영업정지를 명할 수 있다(제49조 제4항). 시행령 제56조 및 시행령 별표 2에 따르면 1차 위반에는 1개월, 2차 위반에는 3개월, 3차 위반에는 6개월의 영업정지를 하도록 한다.[12)]

자료를 제출하지 아니하거나 거짓 자료를 제출한 다단계판매업자는 1년 이하의 징역 또는 3천만원 이하의 벌금에 처한다(제62조 제4호).

한편 공정거래위원회는 다단계판매업자·후원방문판매업자의 정보공개에 관한 고시를 시행하고 있다.[13)] 다단계판매원의 재화 또는 용역의 구매 선택과 다단계판매원의 등록에 영향을 미칠 수 있는 정보사항을 정함으로써 소비자 등이 합리적으로 선택하는데 필요한 정보 제공을 확대하여 정보 부족으로 인한 소비자 등의 피해를 사전에 예방하는 데에 그 목적이 있다. 그런데 해당 고시에서 공개하는 정보에는 '지배구조와 관련된 정보공개', '신용평가 혹은 평가·인증과 관련된 정보공개' 등도 포함되어 정보공개의 범위가 과다하다는 지적이 있다.[14)] 이 견해는 정보 공개의 범위는 다단계판매원의 개인 정보가 공개되지 않는 범위로 한정되어야 함을 주장한다.

---

12) 시행령 별표 2의 2.자.항에서는 "제13조 제5항을 위반하여 정당한 사유 없이 관련 자료의 제출 요구에 따르지 않은 경우"라고 표시하지만 이는 현재 제7항을 의미한다. 2021. 4. 20. 법률 제18112호로 개정되어 2021. 5. 21. 시행된 방문판매 등에 관한 법률이 종전 제13조 제5항을 제7항으로 하였는데 반영되지 못한 결과이다.

13) 공정거래위원회 고시 제2017－23호.

14) 장윤순, 앞의 글(주 4), 526~527면.

제14조 결격사유

[박근웅]

제14조(결격사유) 다음 각 호의 어느 하나에 해당하는 개인 또는 법인은 제13조에 따른 등록을 할 수 없다. 〈개정 2016. 3. 29.〉

1. 다음 각 목의 어느 하나에 해당하는 개인 또는 그 개인이 임원으로 있는 법인
   가. 미성년자·피한정후견인 또는 피성년후견인
   나. 파산선고를 받고 복권되지 아니한 자
   다. 이 법을 위반하여 징역형을 선고받고 그 집행이 끝나거나(집행이 끝난 것으로 보는 경우를 포함한다) 집행이 면제된 날부터 5년이 지나지 아니한 자
   라. 이 법을 위반하여 형의 집행유예를 선고받고 그 유예기간 중에 있는 자
2. 다음 각 목의 어느 하나에 해당하는 자가 지배주주로 있는 법인
   가. 이 법을 위반하여 징역의 실형을 선고받고 그 집행이 끝나거나(집행이 끝난 것으로 보는 경우를 포함한다) 집행이 면제된 날부터 5년이 지나지 아니한 자
   나. 이 법을 위반하여 형의 집행유예를 선고받고 그 유예기간 중에 있는 자
3. 제49조제5항에 따라 등록이 취소된 후 5년이 지나지 아니한 개인 또는 법인
4. 제3호에 따른 개인 또는 법인의 등록취소 당시 임원 또는 지배주주였던 자가 임원 또는 지배주주로 있는 법인

[참고문헌] 남광, 「방문판매법」, 홍문사, 2020.

Ⅰ. 본조의 의의 및 입법취지

제14조는 다단계판매업자의 결격사유를 정하고 있다. 2016. 3. 29. 법률 제14138호로 개정되어 2016. 3. 29.부터 시행된 방문판매 등에 관한 법률은 개정된 민법[1)]에 부합되도록 제14조 1호 가목 중 '한정치산자 또는 금치산자'를 '피한정후견인 또는 피성년후견인'으로 바꾸었다.

이와 같은 결격제도는 다단계판매업자 등록제도에 부수하는 것으로서, 소비자 피해를 방지하고 공정한 거래질서를 확립하기 위한 입법취지 또한 등록제도와 결을 같이 한다.

제14조는 다단계판매업을 할 수 없는 개인의 결격사유를 먼저 정하고 그 개인이 임원이나 지배주주로 있는 법인 역시 결격이 되도록 하는 형태를 취하고 있다.

---

1) 2011. 3. 7. 법률 제10429호로 개정되어 2013. 7. 1.부터 시행된 민법을 의미한다.

Ⅱ. 결격사유의 내용

1. 특정한 개인 또는 그 개인이 임원으로 있는 법인(제14조 제1호)

미성년자·피한정후견인 또는 피성년후견인인 개인 또는 그 개인이 임원으로 있는 법인은 다단계판매업자 등록을 할 수 없다(제14조 제1호 가목). 미성년자, 피한정후견인, 피성년후견인에 해당하는지 여부는 민법에 의해 정해지는데(민법 제4조, 제9조 및 제12조 참조), 피한정후견인까지 결격사유에 포함하는 것은 의문이다.2)

파산선고를 받고 복권되지 아니한 자, 방문판매 등에 관한 법률을 위반하여 징역형을 선고받고 그 집행이 끝나거나(집행이 끝난 것으로 보는 경우를 포함한다) 집행이 면제된 날부터 5년이 지나지 아니한 자, 방문판매 등에 관한 법률을 위반하여 형의 집행유예를 선고받고 그 유예기간 중에 있는 자와 그와 같은 개인이 임원으로 있는 법인도 결격사유에 해당한다(제14조 제1호 나목 내지 라목). 방문판매 등에 관한 법률 외에 다른 법률을 위반한 때에는 해당사항이 없음은 물론이다.

2. 특정한 사유 있는 자가 지배주주로 있는 법인(제14조 제2호)

방문판매 등에 관한 법률을 위반하여 징역의 실형을 선고받고 그 집행이 끝나거나(집행이 끝난 것으로 보는 경우를 포함한다) 집행이 면제된 날부터 5년이 지나지 아니한 자, 같은 법을 위반하여 형의 집행유예를 선고받고 그 유예기간 중에 있는 자가 지배주주로 있는 법인도 다단계판매업 등록을 할 수 없다. 지배주주의 의미에 대해서는 제2조 제13호가 규정하고 있는데, ① 특수관계인과 함께 소유하고 있는 주식 또는 출자액의 합계가 해당 법인의 발행주식총수 또는 출자총액의 100분의 30 이상인 경우로서 그 합계가 가장 많은 주주 또는 출자자이거나, ② 해당 법인의 경영을 사실상 지배하는 자를 의미한다.

3. 등록이 취소된 후 5년이 지나지 아니한 개인 또는 법인(제14조 제3호)

제49조 제5항에 따라 등록이 취소된 후 5년이 지나지 않은 개인 또는 법인은 다단계

2) 피한정후견인을 결격사유에서 제외하는 정부안이 19대 국회에서 제출된 바가 있었지만 실현되지는 못하였다. 자세한 내용은 국회 정무위원회, "방문판매 등에 관한 법률 일부개정법률안 검토보고서", 2015. 3., 8~11면(최시억 전문위원 검토보고) 참조. 해당 검토보고서에서는 피한정후견인이 재화의 거래, 후원수당 지급 및 청약철회 의사표시 수령 등 다단계판매업의 복잡·다양한 법률행위를 수행하기에 적합한 능력을 보유했다고 보기 어렵다는 점, 가정법원이 한정후견인의 동의권을 유보하는 행위 범위에 피한정후견인인 다단계판매업자가 행하는 법률행위가 포함된다면 거래 안전을 해칠 수 있다는 점을 들어 신중한 검토가 필요하다고 밝히고 있다.
http://likms.assembly.go.kr/bill/billDetail.do?billId=ARC_A1E4Y1D2V3C0N1Q7G1D8X0G5N6G3G3

판매업자로 등록할 수 없다. 제49조 제5항은 속임수나 그 밖의 부정한 방법으로 다단계판매업 등록을 한 경우에는 공정거래위원회 또는 시·도지사가 등록을 취소하도록 하고(제1호), 그 외에 다단계판매업자가 결격사유에 해당하게 된 경우, 소비자피해보상보험계약등이 해지된 경우, 영업정지기간 중에 영업을 하는 경우에는 등록을 취소할 수 있도록 정한다(제2호 내지 제4호). 그런데 시행령 별표 2(영업의 정지 및 등록취소 기준)는 제1호 외에 제3호와 제4호 위반의 경우에도 등록을 취소하도록 하고 있다. 제49조 제5항에 따라 등록이 취소된 개인이나 법인은 5년이 지나야 다단계판매업자로 등록이 가능하다.

4. 등록취소 당시 임원 또는 지배주주였던 자가 임원 또는 지배주주로 있는 법인(제14조 제4호)

제14조 제3호에 따른 개인 또는 법인의 등록취소 당시 임원 또는 지배주주였던 자가 임원 또는 지배주주로 있는 법인은 다단계판매업 등록을 할 수 없다. 그런데 제49조 제5항에 따라 등록이 취소된 개인이나 법인은 5년이 지나면 결격사유에서 벗어남에도 불구하고, 등록취소 당시 임원 또는 지배주주의 지위를 가졌던 자는 기간 제한 없이 다단계판매업을 영위하는 개인이나 법인의 임원이나 지배주주가 될 수 없도록 한 것은 형평에 맞지 않는다는 지적이 있다.[3)]

한편 다단계판매회사의 임원이었던 자가 그 법인에 대한 등록취소처분이 임박하자 사임하는 경우, 제14조 제4호의 결격사유 요건을 충족하는지 문제 될 수 있다. 대법원은 선불식 할부거래와 관련한 사안이기는 하지만, "선불식 할부거래 회사의 선불식 할부거래업 등록이 취소될 당시 임원 또는 지배주주였던 사람이 다른 선불식 할부거래 회사의 임원 또는 지배주주인 경우에 행정청은 원칙적으로 이 회사의 선불식 할부거래업 등록도 취소해야 하고, 해당 임원이 사임하는 등의 사유로 등록취소 처분 이전에 결격사유가 해소되었다고 하더라도 이를 달리 볼 것은 아니"라고 판시하였다.[4)]

Ⅲ. 결격사유에 해당하게 된 경우

사업자가 제14조의 결격사유에 해당하게 된 경우에는 등록을 취소할 수 있다(제49조

---

3) 남광, 앞의 책(주 9), 141~146면. 다단계판매업자의 등록이 취소된 후 5년이 지난 후라면 다른 다단계판매업자의 임원 또는 지배주주가 될 수 있다고 해석하는 것이 적절하다고 제안한다.

4) 대법원 2017. 4. 26. 선고 2016두46175 판결. 할부거래에 관한 법률 제20조 제4호는 방문판매 등에 관한 법률 제14조 제4호와 유사하다. 즉 "제40조에 따른 등록취소 당시 임원 또는 지배주주였던 사람이 임원 또는 지배주주인 회사"를 결격사유로 정하고 있다.

제5항 제2호). 다만 반드시 등록을 취소해야 하는 것은 아니라고 볼 것이다. 반면 애초에 결격사유가 있음에도 속임수나 그 밖의 부정한 방법으로 등록을 한 때에는 제49조 제5항 제2호가 아닌 제1호에 해당하는 것으로 해석해야 할 것이다.

제15조 다단계판매원

[박근웅]

제15조(다단계판매원) ① 다단계판매조직에 다단계판매원으로 가입하려는 사람은 그 조직을 관리·운영하는 다단계판매업자에게 총리령으로 정하는 바에 따라 등록하여야 한다.
② 다음 각 호의 어느 하나에 해당하는 자는 다단계판매원으로 등록할 수 없다.
1. 국가공무원, 지방공무원, 교육공무원 및 「사립학교법」에 따른 교원(「고등교육법」 제14조제2항에 따른 강사를 포함한다)
2. 미성년자. 다만, 제4호 또는 제5호에 해당하지 아니하는 법정대리인의 동의를 받은 경우는 제외한다.
3. 법인
4. 다단계판매업자의 지배주주 또는 임직원
5. 제49조에 따른 시정조치를 2회 이상 받은 자. 다만, 마지막 시정조치에 대한 이행을 완료한 날부터 3년이 지난 자는 제외한다.
6. 이 법을 위반하여 징역의 실형을 선고받고 그 집행이 종료되거나(집행이 종료된 것으로 보는 경우를 포함한다) 집행이 면제된 날부터 5년이 지나지 아니한 자
7. 이 법을 위반하여 형의 집행유예를 선고받고 그 유예기간 중에 있는 자

③ 다단계판매업자는 그가 관리·운영하는 다단계판매조직에 가입한 다단계판매원에게 총리령으로 정하는 바에 따라 다단계판매원 등록증(다단계판매원이 사전에 서면으로 동의한 경우 전자문서와 전자기기로 된 것을 포함한다)을 발급하여야 한다.
④ 다단계판매업자는 총리령으로 정하는 바에 따라 다단계판매원 등록부를 작성하고, 소비자피해의 방지 또는 구제를 위하여 소비자가 요청하는 경우에는 소비자로 하여금 등록된 다단계판매원의 신원을 확인할 수 있도록 하여야 한다.
⑤ 다단계판매업자는 제1항에 따라 등록한 다단계판매원에게 다음 각 호의 사항을 확인할 수 있는 다단계판매원 수첩(다단계판매원이 사전에 서면으로 동의한 경우 전자문서와 전자기기로 된 것을 포함한다)을 발급하여야 한다.
1. 후원수당의 산정 및 지급 기준
2. 하위판매원의 모집 및 후원에 관한 사항
3. 재화등의 반환 및 다단계판매원의 탈퇴에 관한 사항
4. 다단계판매원이 지켜야 할 사항
5. 그 밖에 총리령으로 정하는 사항

[참고문헌] 남광, 「방문판매법」, 홍문사, 2020; 장윤순, "다단계판매 규제 및 개선방안에 관한 연구", 「법학논총」 제38권 제1호, 전남대학교 법학연구소, 2018.

Ⅰ. 본조의 의의 및 입법취지

제15조는 다단계판매원의 등록의무와 결격사유(제1항, 제2항), 다단계판매업자의 등록증과 수첩 발급의무(제3항, 제5항), 등록부 작성과 신원확인 의무(제4항)를 규정하고 있다.

다단계판매원을 등록하도록 한 것은 피해를 입은 소비자에게 해당 다단계판매원의 정보를 신속하게 제공하기 위한 목적도 있지만 다단계판매업자로 하여금 다단계판매원 결격사유가 있는지 여부를 파악하도록 하려는 취지도 있다고 할 것이다.[1] 다단계판매업자의 등록증과 수첩발급의무는 다단계판매업자의 자의적 운영을 방지하고 다단계판매원을 보호하고자 하는 취지이며, 다단계판매업자가 등록부를 작성하고 소비자요청에 따라 다단계판매원의 신원을 확인해 주도록 한 것은 소비자보호를 위한 취지이다.

Ⅱ. 다단계판매원의 등록의무와 결격사유

1. 등록의무

다단계판매조직에 다단계판매원으로 가입하려는 사람은 그 조직을 관리·운영하는 다단계판매업자에게 등록하여야 한다(제15조 제1항, 제2항). 다단계판매원의 등록을 하려는 사람은 성명·생년월일·주소·전화번호(전자우편주소가 있는 경우 이를 포함한다) 및 다단계판매업자명을 적고, 서명·날인한 다단계판매원 등록신청서를 다단계판매업자에게 제출하여야 하며, 이때 등록신청서는 전자문서로 제출할 수 있도록 한다(시행규칙 제15조 제1항, 제2항). 전자문서로 제출할 때 만일 전자서명의 요건을 충족하지 못한 경우에는 2개월 내에 직접 자료를 제출하거나 우편 등을 통하여 보완할 수 있으며, 보완한 경우에는 다단계판매원 등록신청서를 전자문서로 제출한 날에 등록신청한 것으로 본다(시행규칙 제15조 제3항).

이와 같은 등록을 하지 아니하고 실질적으로 다단계판매원으로 활동한 자에 대해서는 1년 이하의 징역 또는 3천만원 이하의 벌금에 처한다(제62조 제5호).

한편 다단계판매원의 등록의무에 관한 제15조는 단속규정으로 보아야 한다. 대법원도 다단계판매원 등록의무를 정하는 방문판매 등에 관한 법률은 단속규정에 불과하므로, 다단계판매원대장에 등록되지 않거나 그 등록증과 판매수첩을 소지하지 않고 있는 자들의 경우에도 실제상 다단계판매원으로 활동하였다면 다단계판매원의 지위를 부정할 수

---

1) 남광, 앞의 책(주 9), 147면.

없다고 하였다.[2)]

2. 결격사유

일정한 자는 다단계판매원으로 등록할 수 없다. ① 국가공무원, 지방공무원, 교육공무원 및 사립학교법에 따른 교원(고등교육법 제14조 제2항에 따른 강사를 포함), ② 미성년자[다단계판매업자의 지배주주 또는 임직원, 시정조치를 2회 이상 받은 자(마지막 시정조치에 대한 이행을 완료한 날부터 3년이 지난 자 제외)에 해당하지 아니하는 법정대리인의 동의를 받은 경우는 제외], ③ 법인, ④ 다단계판매업자의 지배주주 또는 임직원, ⑤ 제49조에 따른 시정조치를 2회 이상 받은 자(다만, 마지막 시정조치에 대한 이행을 완료한 날부터 3년이 지난 자는 제외), ⑥ 이 법을 위반하여 징역의 실형을 선고받고 그 집행이 종료되거나(집행이 종료된 것으로 보는 경우를 포함한다) 집행이 면제된 날부터 5년이 지나지 아니한 자, ⑦ 이 법을 위반하여 형의 집행유예를 선고받고 그 유예기간 중에 있는 자가 이에 해당한다.

2016. 3. 29. 법률 제14138호로 개정되어 2016. 9. 30. 시행된 방문판매 등에 관한 법률은 그 이전에 시행령 제23조에 규정되어 있던 다단계판매원의 결격사유를 법률로 상향시켜 규정하였다. 즉 제15조 제2항 제5호를 종전 "이 법을 위반하는 행위를 한 자로서 대통령령으로 정하는 자"에서 "제49조에 따른 시정조치를 2회 이상 받은 자. 다만, 마지막 시정조치에 대한 이행을 완료한 날부터 3년이 지난 자는 제외한다"로 수정하고, 제6호와 제7호를 신설하였다.

제15조 제2항 제2호의 미성년자의 경우 법정대리인의 동의를 얻은 때에는 결격사유에 해당하지 않게 되는데(민법 제5조 참조), 다만 법정대리인이 다단계판매업자의 지배주주 또는 임직원인 경우(제15조 제2항 제4호) 또는 제49조에 따른 시정조치를 2회 이상 받은 자(마지막 시정조치에 대한 이행을 완료한 날부터 3년이 지난 자는 제외)인 경우에는 유효한 동의할 수 있는 법정대리인에 포함하지 않는다. 이와 관련해서는 제15조 제2항 제6호와 제7호를 동의할 수 없는 법정대리인에 규정하지 않은 것은 입법의 오류라는 평가가 있다.[3)] 법정대리인에 예외를 두는 이유가 다단계판매원이 될 수 없는 결격자가 미성년자를 통해 결격조항을 탈법하는 것을 방지하기 위한 취지로 이해한다면 제15조 제2항 제6호와 제7호의 자도 이에 포함하는 것이 타당할 것이다.

법인을 결격사유로 정한 것은 법인이 다단계판매원으로 등록될 경우 그 법인의 구성

2) 대법원 2002. 10. 11. 선고 2001다62374 판결.

3) 남관, 앞의 책(주 9), 151~153면. 이 견해는 종래 2016. 3. 29. 법률 제14138호로 방문판매 등에 관한 법률을 개정하면서 시행령의 결격자를 법률에 포함시키는 과정에서 입법자가 누락한 것이라고 평가한다.

원에 대한 파악이 어렵기 때문이다.[4)]

다단계판매업자는 다단계판매원이 결격에 해당하는 경우에는 그 다단계판매원을 탈퇴시켜야 한다(제22조 제3항). 이를 위반한 경우 공정거래위원회는 시정조치를 명할 수 있고(제49조 제1항 제1호), 이와 같은 시정조치에도 불구하고 최근 3년간 같은 위반행위가 2회 이상 반복되는 경우(행위의 기준은 처분일로 한다), 시정조치를 이행하지 아니한 경우, 시정조치만으로는 소비자피해를 방지하기 어렵거나 소비자에 대한 피해보상이 불가능하다고 판단되는 경우에는 영업정지를 명할 수 있다(제49조 제4항).

한편 다단계판매원으로 등록할 수 없음에도 다단계판매원으로 등록한 자는 원칙적으로 1년 이하의 징역 또는 3천만원 이하의 벌금에 처한다(제62조 제5호). 다만 결격사유 중 미성년자는 제외된다. 미성년자임에도 다단계판매원으로 가입시킨 다단계판매자가 1년 이하의 징역 또는 3천만원 이하의 벌금에 처해질 뿐이다(제62조 제7호).

Ⅲ. 다단계판매업자의 의무

1. 등록증과 수첩 발부의무

다단계판매업자는 그가 관리·운영하는 다단계판매조직에 가입한 다단계판매원에게 다단계판매원 등록증을 발급하여야 한다(제15조 제3항). 이 등록증에는 다단계판매원의 성명·생년월일·주소·등록일·등록번호 및 다단계판매업자명(직인을 포함한다)이 표시되어야 한다(시행규칙 제16조). 다단계판매등록증은 다단계판매원의 정식 등록 여부를 증명할 수 있는 서류를 말한다.

또한 다단계판매업자는 등록한 다단계판매원에게 ① 후원수당의 산정 및 지급 기준, ② 하위판매원의 모집 및 후원에 관한 사항, ③ 재화등의 반환 및 다단계판매원의 탈퇴에 관한 사항, ④ 다단계판매원이 지켜야 할 사항, ⑤ 그 밖에 총리령으로 정하는 사항을 확인할 수 있는 다단계판매원 수첩을 발급하여야 한다(제15조 제5항). 제15조 제5항 제5호에서 말하는 '총리령으로 정하는 사항'은 공정거래위원회가 정하여 고시하는 다단계판매에 관한 해설자료와 다단계판매원 수첩이라는 문구, 제작시기 및 다단계판매업자명(수첩의 표지에 표시할 것)에 관한 사항을 의미한다(시행규칙 제18조).

그런데 다단계판매업자의 수첩발급의무나 등록증 발급의무는 다단계판매원 보호를 위해 중요한 의미를 갖는다. 특히 수첩의 경우 다단계판매업자가 다단계판매원에게 지급

4) 방문판매등에관한법률개정법률안 심사보고서(주 1), 8~9면 참조.

할 후원수당의 산정 및 지급기준, 탈퇴에 관한 사항 등을 자의적으로 운영하지 못하도록 방지하는 기능을 수행한다.[5] 전자문서와 전자기기를 통해 등록증이나 수첩을 발급하는 경우에도 이와 같은 취지는 고려되어야 한다. 2018. 6. 12. 법률 제15695호로 개정되어 2018. 12. 13. 시행된 방문판매 등에 관한 법률 제15조 제3항과 제5항은 '다단계판매원이 사전에 서면으로 동의한 경우' 전자문서와 전자기기의 형태로 등록증과 수첩을 발급할 수 있도록 하고 있다.[6]

한편 다단계판매원 등록증에 거짓 사실을 적은 자는 1년 이하의 징역 또는 3천만원 이하의 벌금에 처하고(제62조 제8호), 다단계판매원 수첩에 거짓 사실을 기재한 자는 3년 이하의 징역 또는 1억원 이하의 벌금에 처한다(제60조 제1항 제2호). 또한 다단계판매원 등록증이나 수첩을 발급하지 않은 자는 1천만원 이하의 과태료를 부과 받는다(제66조 제2항 제5호).

2. 등록부 작성과 다단계판매원 신원확인의무

다단계판매업자는 다단계판매원 등록부를 작성하고, 소비자피해의 방지 또는 구제를 위하여 소비자가 요청하는 경우에는 소비자로 하여금 등록된 다단계판매원의 신원을 확인할 수 있도록 하여야 한다(제15조 제4항). 시행규칙 제17조에 의하면 다단계판매원 등록부에는 다단계판매원별로 등록일·등록번호·성명·생년월일·주소(전자우편주소가 있는 경우 이를 포함한다) 및 전화번호가 포함되어야 하며(제1항),[7] 다단계판매업자는 홈페이지를 운영하는 경우 소비자가 그 홈페이지를 통하여 특정 다단계판매원이 그 다단계판매업자에게 등록되어 있음을 쉽게 확인할 수 있도록 하여야 한다(제2항).

다단계판매원 등록부를 거짓으로 작성한 자에 대해서는 1년 이하의 징역 또는 3천만원 이하의 벌금에 처하고(제62조 제9호), 다단계판매원 등록부를 작성하지 아니한 자 또는 다단계판매원의 신원을 확인할 수 있도록 하지 아니한 자는 1천만원 이하의 과태료를 부과받는다(제66조 제2항 제6호).

5) 방문판매등에관한법률개정법률안 심사보고서(주 1), 9면.

6) 개정 전 이와 같은 내용의 개정안에 찬성하였던 문헌으로 장윤순, "다단계판매 규제 및 개선방안에 관한 연구", 「법학논총」 제38권 제1호, 전남대학교 법학연구소, 2018, 523~526면.

7) 소비자가 직접 다단계판매원의 성명과 생년월일, 주소를 알게 하는 것은 소비자보호를 위한 장치라고 하지만 다단계판매원의 개인정보를 그대로 노출하는 것이어서 문제가 있다는 지적에[남광, 앞의 책(주 9), 157면].

제16조 다단계판매자의 소비자에 대한 정보제공의무 등

[정다영]

제16조(다단계판매자의 소비자에 대한 정보제공의무 등) 다단계판매의 방법으로 재화등의 판매에 관한 계약을 체결하는 경우에는 제7조를 준용한다. 이 경우 "방문판매자등"은 "다단계판매자"로, "방문판매업자등"은 "다단계판매업자"로, "방문판매원등"은 "다단계판매원"으로 본다.

[참고문헌] 김홍석·한경수, 개정 방문판매법 해설, 도서출판 잎새, 2012; 남광, 방문판매법, 홍문사, 2020; 박수영, 소비자법해설, 도서출판 fides, 2019.

Ⅰ. 본조의 의의와 적용범위

1. 의의와 기능

본 조항의 취지는 방문판매등에 관한 규정인 제7조를, "방문판매자등"은 "다단계판매자"로, "방문판매업자등"은 "다단계판매업자"로, "방문판매원등"은 "다단계판매원"으로 보아 다단계판매에 그대로 적용시키겠다는 것이다.

2. 적용범위

방문판매법 제7조를 전체적으로 다단계판매에서 준용하기는 어렵다. 방문판매법 제7조 제4항은 방문판매가 아니라 전화권유판매에 관한 것이기 때문이다. 따라서 본조에서 "제7조를 준용한다"고 규정된 부분은 실질적으로 "제7조 제1항 내지 제3항 및 제5항을 준용한다"는 의미로 새겨야 한다.

Ⅱ. 내 용

방문판매법 제7조를 준용하여 위 조문을 새기면 다음과 같다.

① 다단계판매자는 재화등의 판매에 관한 계약을 체결하기 전에 소비자가 계약의 내용을 이해할 수 있도록 다음 각 호의 사항을 설명하여야 한다.

1. 다단계판매업자의 성명(법인인 경우에는 대표자의 성명을 말한다), 상호, 주소, 전화번호 및 전자우편주소
2. 다단계판매원의 성명, 주소, 전화번호 및 전자우편주소, 다만, 다단계판매업자가 소비자

와 직접 계약을 체결하는 경우는 제외한다.
3. 재화등의 명칭, 종류 및 내용
4. 재화등의 가격과 그 지급의 방법 및 시기
5. 재화등을 공급하는 방법 및 시기
6. 청약의 철회 및 계약의 해제(이하 "청약철회등"이라 한다)의 기한 · 행사방법·효과에 관한 사항 및 청약철회등의 권리 행사에 필요한 서식으로서 총리령으로 정하는 것
7. 재화등의 교환·반품·수리보증 및 그 대금 환불의 조건과 절차
8. 전자매체로 공급할 수 있는 재화등의 설치 · 전송 등과 관련하여 요구되는 기술적 사항
9. 소비자피해 보상, 재화등에 대한 불만 및소비자와 사업자 사이의 분쟁 처리에 관한 사항
10. 거래에 관한 약관
11. 그 밖에 소비자의 구매 여부 판단에 영향을 주는 거래조건 또는 소비자피해 구제에 필요한 사항으로서 대통령령으로 정하는 사항

② 다단계판매자는 재화등의 판매에 관한 계약을 체결할 때에는 제1항 각 호의 사항을 적은 계약서를 소비자에게 발급하여야 한다.

③ 다단계판매자는 재화등의 계약을 미성년자와 체결하려는 경우에는 법정대리인의 동의를 받아야 한다. 이 경우 법정대리인의 동의를 받지 못하면 미성년자 본인 또는 법정대리인이 계약을 취소할 수 있음을 알려야 한다.

④ 제2항에 따른 계약서 중 전화권유판매에 관한 계약서의 경우에는 소비자의동의를 받아 그 계약의 내용을 팩스나 전자문서(제2조 제1호에 따른 전자문서를 말한다. 이하 같다)로 송부하는 것으로써 갈음할 수 있다. 이 경우 팩스나 전자문서로 송부한 계약서의 내용이나 도달에 관하여 다툼이 있으면 전화권유판매자가 이를 증명하여야 한다(다만, 위에서 본 바와 같은 이유로 본 조항은 방문판매에 관한 것이 아니라 전화권유판매에 관한 조항이므로 준용대상에서 제외되어야 할 것이다).

⑤ 다단계판매업자는 제1항 및 제2항에 따라 소비자에게 설명하거나 표시한 거래조건을 신의에 좇아 성실하게 이행하여야 한다.

1. 계약체결 전의 정보제공(설명의무)

다단례판매자는 재화등의 판매에 관한 계약을 체결하기 전에 소비자가 계약의 내용을 이해할 수 있도록 다음의 사항을 설명하여야 한다(방문판매법 제16조, 제7조 제1항).

① 다단계판매업자의 성명(법인인 경우에는 대표자의 성명을 말한다), 상호, 주소, 전화번호 및 전자우편주소

② 다단계판매원의 성명, 주소, 전화번호 및 전자우편주소, 다만, 다단계판매업자가 소비자와 직접 계약을 체결하는 경우는 제외한다.

③ 재화등의 명칭, 종류 및 내용
④ 재화등의 가격과 그 지급의 방법 및 시기
⑤ 재화등을 공급하는 방법 및 시기
⑥ 청약의 철회 및 계약의 해제(이하 "청약철회등"이라 한다)의 기한·행사방법·효과에 관한 사항 및 청약철회등의 권리 행사에 필요한 서식으로서 총리령으로 정하는 것
⑦ 재화등의 교환·반품·수리보증 및 그 대금 환불의 조건과 절차
⑧ 전자매체로 공급할 수 있는 재화등의 설치·전송 등과 관련하여 요구되는 기술적 사항
⑨ 소비자피해 보상, 재화등에 대한 불만 및소비자와 사업자 사이의 분쟁 처리에 관한 사항
⑩ 거래에 관한 약관
⑪ 그 밖에 소비자의 구매 여부 판단에 영향을 주는 거래조건 또는 소비자피해 구제에 필요한 사항으로서 대통령령으로 정하는 사항

설명의무 중 제7조 제1항 제11호에서 "대통령령으로 정하는 사항"이란 재화등의 가격 외에 소비자가 추가로 부담하여야 할 사항이 있는 경우 그 내용 및 금액 및 판매일시·판매지역·판매수량·인도지역 등 판매조건과 관련하여 제한이 있는 경우 그 내용을 말한다(방문판매 등에 관한 법률 시행령 제11조).

현실적으로는 다단계판매업자가 소비자에게 직접 재화등을 판매하는 경우는 거의 없고 상대방은 다단계판매원이 된다. 위 조문은 다단계판매업자가 소비자에게 직접 재화등을 판매하는 경우로 한정하지 않고 다단계판매원에게 재화등을 판매하는 경우에도 준용된다고 볼 것이며, 이는 입법의 불비로 보아야 할 것이다.

2. 계약서교부의무

다단계판매자는 재화등의 판매에 관한 계약을 체결할 때에는 제7조 제1항 각 호의 사항을 적은 계약서를 소비자에게 발급하여야 한다(방문판매법 제16조, 제7조 제2항).

방문판매법 제16조는 다단계판매업자가 다단계판매의 방법으로 재화 또는 용역의 판매계약을 체결할 때 전자우편주소 등 법정 필수기재사항을 기재한 계약서를 교부하도록 하고 있는바, 이와 관련하여 다단계판매를 업으로 하기 위하여 다단계판매조직을 개설 또는 관리·운영하는 자가 소비자 또는 다단계판매원에게 재화 또는 용역을 판매하면서 전자우편주소를 기재하지 않은 판매계약서를 교부한 행위는 방문판매법 제16조에 위반된다

고 의결한 심결례가 있다.[1)]

3. 미성년자와의 계약체결

다단계판매자는 재화등의 계약을 미성년자와 체결하려는 경우에는 법정대리인의 동의를 받아야 하며, 이 경우 법정대리인의 동의를 받지 못하면 미성년자 본인 또는 법정대리인이 계약을 취소할 수 있음을 알려야 한다(방문판매법 제16조, 제7조 제3항).

4. 신의성실의무

다단계판매업자는 계약체결 전의 정보제공 및 계약체결에 따른 계약서교부의무규정에 따라 소비자에게 설명하거나 표시한 거래조건을 신의에 좇아 성실하게 이행하여야 한다(방문판매법 제16조, 제7조 제5항).

1) 해당 사안은 다단계판매를 업으로 하기 위하여 다단계판매조직을 개설 또는 관리·운영하는 자인 한국암웨이(주)가 피심인이 된 사례로서, 피심인은 2002. 7. 1.부터 2003. 2. 28.까지 소비자 또는 다단계판매원에게 재화 또는 용역을 판매하면서 피심인의 전자우편 주소가 기재되지 않은 판매계약서를 교부하였다. 이후 피심인은 2003. 3. 1.부터 피심인의 전자우편 주소가 기재된 판매계약서를 교부하였다. 여기서 피심인이 소비자 또는 다단계판매원에게 재화 또는 용역을 판매하면서 전자우편주소를 기재하지 않은 판매계약서를 교부한 행위가 법 제16조에 위반된다고 본 것이다(의결 제200420호, 2004. 1. 27).

제17조 청약철회등

[황원재]

제17조(청약철회등) ① 다단계판매의 방법으로 재화등의 구매에 관한 계약을 체결한 소비자가 청약철회등을 하는 경우에는 제8조를 준용하며, 이 경우 "방문판매자등"은 "다단계판매자"로 본다. 다만, 소비자가 다단계판매원과 재화등의 구매에 관한 계약을 체결한 경우 그 소비자는 다단계판매원에 대하여 우선적으로 청약철회등을 하고, 다단계판매원의 소재 불명 등 대통령령으로 정하는 사유로 다단계판매원에 대하여 청약철회등을 하는 것이 어려운 경우에만 그 재화등을 공급한 다단계판매업자에 대하여 청약철회등을 할 수 있다.
② 다단계판매의 방법으로 재화등의 구매에 관한 계약을 체결한 다단계판매원은 다음 각 호의 어느 하나에 해당하는 경우를 제외하고는 계약을 체결한 날부터 3개월 이내에 서면(전자문서를 포함한다)으로 그 계약에 관한 청약철회등을 할 수 있다.
1. 재고 보유에 관하여 다단계판매업자에게 거짓으로 보고하는 등의 방법으로 과다하게 재화등의 재고를 보유한 경우
2. 다시 판매하기 어려울 정도로 재화등을 훼손한 경우
3. 그 밖에 대통령령으로 정하는 경우

[참고문헌] 고형석, "소비자의 개념에 관한 연구", 「법학논문집」 제40집 제1호, 2016; 고형석, "소비자의 개념에 관한 연구", 「중앙대 법학논문집」 제40집 제1호, 2016; 고형석, "특수거래에 있어서 소비자의 청약철회권에 관한 연구", 「민사법학」 제29호, 2005; 고형석, "후원방문판매와 소비자보호에 관한 연구", 경제법연구 제14권 제2호, 2015; 김성천, "소비자법상 소비자개념에 관한 연구", 「경제법연구」 제4권 1호, 2005; 김진우, "소비자철회권의 정당화사유", 「소비자문제연구」 제40호, 2011; 김홍석 · 한경수, 「개정 방문판매법 해설」, 도서출판 잎새, 2012; 남광, 「방문판매법」, 홍문사, 2020; 신영수, "소비자기본법상 소비자 개념 -회고와 평가, 그리고 대안에 관하여-", 「소비자문제연구」 제48권 제2호, 2017; 이병준, "유통채널로서의 다단계판매에 관한 유통법적 고찰", 「유통법연구」 제3권 제1호, 2016; 이봉의, "방문판매법상 다단계판매 규제의 문제점과 개선방안", 「경쟁법연구」 제19호, 2009; 이은영, 「소비자법」, 박영사, 2013.

Ⅰ. 본조의 의의

방문판매 등에 관한 법률 제17조는 다단계판매의 방법으로 재화 등의 구매에 관한 계약을 체결한 소비자의 철회권 등(방문판매 등에 관한 법률 제17조 제1항)과 다단계판매원의 철회권 등(방문판매 등에 관한 법률 제17조 제2항)을 규정하고 있다. 다만, 동 규정은 방문판매 등에 관한 법률 내에서 유사규정이 반복되는 문제를 피하기 위하여 방문판매 또는 전화권유판매의 방법으로 재화 등에 대한 구매계약을 체결한 소비자의 철회권 등을 규정한 동법 제8조의 규정을 준용하는 방식을 택하고 있다. 따라서 다단계판매에 부합하도록 방문판매자 또는 전화권유판매자를 의미하는 "방문판매자등"(방문판매 등에 관한 법률 제6조 제3항 참고)이라는 표현을 다단계판매업자와 다단계판매원을 의미하는 "다단계판매자"(방

문판매 등에 관한 법률 제2조 제6호 참고)로 바꾸어 해석하도록 하고 있다.

방문판매 등에 관한 법률 제17조는 다단계판매의 유통구조로서의 특성을 고려하여,[1] 소비자는 다단계판매원은 물론 다단계판매업자에게도 직접 철회권 등을 행사할 수 있도록 하고 있다(방문판매 등에 관한 법률 제17조 제1항). 방문판매 등에 관한 법률은 다단계판매원이 되기 위하여 다단계판매업자로부터 최초로 재화 등을 구매하는 경우가 아니라면 다단계판매원을 사업자로 보고 있으나(방문판매 등에 관한 법률 시행령 제4조 제3호), 다단계판매원을 소비자 또는 사업자로 구분하는 기준은 원칙적으로 다단계판매원이 소비목적으로 재화 등의 구매계약을 체결하였는지 여부이므로(방문판매 등에 관한 법률 제2조 제12호),[2] 다단계판매원은 자신의 의도에 따라 사업자와 소비자의 지위를 가질 수 있는 위치에 있다(다단계판매원의 이중적 지위).[3] 즉, 다단계판매원은 소비자와의 관계에서는 사업자의 지위를 갖고, 다단계판매업자와의 관계에서는 소비자일수도 사업자일수도 있는 지위를 갖는다. 그러나 다단계판매원이 사업자가 되더라도 다단계판매원은 사업에 관한 지식과 전문성이 결여되어 있어 특별한 보호가 필요하다.[4] 이러한 이유로 방문판매 등에 관한 법률은 사업자인 다단계판매원의 철회권 등을 별도로 규정하고 있다(방문판매 등에 관한 법률 제17조 제2항). 동 규정은 다단계판매원의 철회권 등의 행사기간을 3개월로 규정하고 있으나, 그 기간이 과도하게 길다는 비판도 제기되고 있다.[5] 그러나 우리나라의 다단계판매원 가입실태를 적절히 반영한 입법으로 타당하다는 견해도 존재한다.[6]

Ⅱ. 입법취지 및 입법례

1. 입법취지

가. 제17조 제1항

방문판매 등에 관한 법률 제17조 제1항 규정은 다단계판매의 방법으로 재화 등의 구

---

1) 이병준, "유통채널로서의 다단계판매에 관한 유통법적 고찰", 「유통법연구」 제3권 제1호, 2016, 115면 이하.

2) 방문판매 등에 관한 법률은 소비목적이 없는 경우라도 예외적으로 소비자성을 인정하기도 한다(방문판매 등에 관한 법률 시행령 제4조 제3호).

3) 다단계판매원의 이중적 지위에 관하여 자세한 것은 이병준, "유통채널로서의 다단계판매에 관한 유통법적 고찰", 「유통법연구」 제3권 제1호, 2016, 131면 이하 참고.

4) 이병준, "유통채널로서의 다단계판매에 관한 유통법적 고찰", 「유통법연구」 제3권 제1호, 2016, 133면.

5) 구체적으로 (1) 3개월의 기간은 소비자의 철회권에 비하여 6배에 달하여 다단계판매원을 과도하게 보호한다는 점, (2) 재화 등을 대량으로 구매한 후 후원수당만을 받고 철회권을 행사하는 문제가 있다는 점 등이 문제점으로 지적되고 있다. 이병준, "유통채널로서의 다단계판매에 관한 유통법적 고찰", 「유통법연구」 제3권 제1호, 2016, 142면.

6) 이병준, "유통채널로서의 다단계판매에 관한 유통법적 고찰", 「유통법연구」 제3권 제1호, 2016, 142면 이하.

매계약을 체결한 소비자의 철회권 등에 관한 규정이다. 다단계판매에서 소비자는 많은 경우 일정한 연고관계가 있는 다단계판매원으로부터 재화 등을 구매하게 되므로 재화 등의 구매결정이 합리적, 계획적인 판단이 아닌 감정적 결정이거나 경솔한 결정인 경우가 많다.[7] 따라서 방문판매 등에 관한 법률은 다단계판매에서도 소비자의 철회권 등을 인정하고 있고(동법 제17조 제1항), 다단계판매의 방법으로 소비자에게 판매되는 경우 대부분 다단계판매원의 방문판매의 방법을 통하게 되므로 동법 제8조의 규정을 준용하도록 하였다. 그러나 다단계판매원이 언제나 방문판매의 방법으로 재화등을 판매하는 것은 아니므로 현실을 반영하여 개정될 필요가 있다는 주장도 제기되고 있다.[8] 소비자의 철회권 등에 대하여 구체적인 것은 방문판매 등에 관한 법률 제8조에서 설명한다.

다단계판매에서 소비자는 주로 다단계판매원과 재화 등의 구매계약을 체결하지만, 다단계판매업자로부터 직접 재화 등을 구매하기도 하므로 방문판매 등에 관한 법률 제17조 제1항은 소비자가 철회권 등을 다단계판매원과 다단계판매업자를 포함하는 다단계판매자에게 행사할 수 있도록 규정하고 있다. 그러나 다단계판매는 소비자가 재화 등을 신뢰하여 스스로 판매원이 되어 연고관계에 있는 제3의 소비자에게 판매하는 방식이므로 다단계판매의 방법으로 재화 등의 구매계약이 체결되는 당사자는 소비자와 다단계판매원이 된다. 따라서 소비자가 직접 다단계판매업자를 찾아가 재화 등의 구매계약을 체결하는 경우가 아니라면,[9] 소비자의 철회권 등은 다단계판매원에게 행사될 수밖에 없다.[10] 재화 등의 구매에 관해서 소비자는 다단계판매업자와 법률관계를 맺고 있지 않기 때문이다.[11] 그러나 방문판매 등에 관한 법률 제17조 제1항은 연쇄적으로 판매계약이 체결되는 유통구조인 다단계판매의 특성을 고려하여 소비자가 다단계판매원과 재화 등의 구매계약을 체결한 경우라도 계약의 연쇄 고리에 속하는 다단계판매업자 역시 철회권 등의 대상으로 하였다. 이를 통해 다단계판매의 방법으로 계약을 체결한 소비자를 보호하고자 하였다.

그러나 소비자가 다단계판매원과 재화 등의 구매계약을 체결하였다면 다단계판매업자가 아닌 다단계판매원에게 우선적으로 철회권 등을 행사하도록 하였다(방문판매 등에 관한 법률 제17조 제1항 단서 전단). 다만, 해당 다단계판매원의 소재를 알 수 없거나, 다단계판

7) 이은영, 「소비자법」, 박영사, 2013, 177면.

8) 이병준, "유통채널로서의 다단계판매에 관한 유통법적 고찰", 「유통법연구」 제3권 제1호, 2016, 125면 이하.

9) 소비자가 다단계판매업자로부터 재화 등을 구매하는 경우는 판매조직을 통한 무점포 판매가 아니므로 다단계판매의 방법으로 재화 등을 구매한 것이 아니라는 지적도 있다. 이병준, "유통채널로서의 다단계판매에 관한 유통법적 고찰", 「유통법연구」 제3권 제1호, 2016, 123면.

10) 물론 소비자와 다단계판매업자 간에는 회원가입에 관한 계약이 체결된다(기본적 계약관계). 이병준, "유통채널로서의 다단계판매에 관한 유통법적 고찰", 「유통법연구」 제3권 제1호, 2016, 122면.

11) 이병준, "유통채널로서의 다단계판매에 관한 유통법적 고찰", 「유통법연구」 제3권 제1호, 2016, 123면.

매원의 주소·전화번호 또는 전자우편주소 등 연락처가 변경되는 등의 사유로 소비자가 철회권 등을 행사할 수 없는 경우라면(방문판매 등에 관한 법률 시행령 제24조 제1호) 그 재화 등을 공급한 다단계판매업자에게 직접 철회권 등을 행사할 수 있도록 하였다. 또한 해당 다단계판매원에게 철회권 등을 행사하여도 대금 환급 등의 효과를 기대하기 어려운 경우(방문판매 등에 관한 법률 시행령 제24조 제2호)에도 그 재화 등을 공급한 다단계판매업자에게 직접 철회권 등을 행사할 수 있게 하였다. 이 규정은 다단계판매에서 다단계판매원의 계약당사자 및 사업자로서의 독자적 지위를 인정하면서, 동시에 다단계판매의 방법으로 재화 등을 구매한 소비자를 보호하기 위한 규정으로 이해된다. 소비자보호의 측면만을 강조한다면 소비자가 곧바로 다단계판매업자에게 철회권 등을 행사할 수 있도록 규정하였을 것이기 때문이다.

나. 제17조 제2항

방문판매 등에 관한 법률 제17조 제2항 규정은 다단계판매의 방법으로 재화 등의 구매계약을 체결한 다단계판매원의 철회권 등에 관한 규정이다. 다단계판매원은 다단계판매조직에 가입한 자로서(방문판매 등에 관한 법률 제2조 제6호), 다단계판매의 방법으로 재화 등을 소비자에게 판매하는 유통구조의 역할을 맡는다. 따라서 방문판매 등에 관한 법률은 다단계판매원을 원칙적으로 사업자로 보고, 소비자의 철회권 등에 관한 규정과 달리 별도의 규정을 두고 있다.

방문판매 등에 관한 법률 제17조 제2항에 따르면 다단계판매원은 재화 등의 구매에 관한 계약을 체결한 날부터 3개월 이내에 전자문서를 포함하는 서면으로 그 계약을 철회할 수 있다. 다만, ① 재고 보유에 관하여 다단계판매업자에게 거짓으로 보고하는 등의 방법으로 재화 등의 재고를 과다하게 보유한 경우(동법 제17조 제2항 제1호), ② 재판매가 어려울 정도로 재화 등을 훼손한 경우(동법 제17조 제2항 제2호), ③ 재화 등의 내용을 확인하기 위하여 포장을 훼손한 경우를 제외하고 다단계판매원의 잘못으로 재화 등이 멸실되거나 훼손된 경우(동법 제17조 제2항 제3호, 동법 시행령 제25조 제1호), ④ 철회권 행사가 방해받지 않도록, 재화 등을 일부 사용하거나 소비하면 철회권을 행사할 수 없다는 점을 재화 등의 포장이나 기타 쉽게 알 수 있는 곳에 분명히 표시하거나 시용 상품을 제공하는 등의 조치를 했음에도 다단계판매원이 재화 등을 일부 사용하거나 소비하여 그 가치의 현저한 감소를 초래한 경우(동법 제17조 제2항 제3호, 동법 시행령 제25조 제2호), ⑤ 다단계판매원이 복제할 수 있는 재화 등의 포장을 훼손한 경우(동법 제17조 제2항 제3호, 동법 시행령 제25조 제3호), ⑥ 소비자나 다단계판매원의 개별주문으로 생산된 재화 등으로 철회권을 인정하면 다단계판매업자에게 회복할 수 없는 중대한 피해가 발생할 수 있다는 점을 사전에 별도 고지하고 전자문서를 포함하는 서면으로 동의를 받은 경우(동법 제17조 제2항 제3호, 동법 시행령 제25조 제4호)라면 그 계약을 철회할 수 없다. 이러한 철회권 배제사유는 기본적으로 소비자의 철회권 배제사유와 유사하지만, 시간의 경과로 재판매가 어려울 정도로 재화 등의 가치가 낮아진 경우를 철회권 배제사유로 규정하지 않았다는 점과 거짓 보고 등의 방법으로 재고를 과다 보유한 경우 및 재판매가 어려울 정도로 재화 등을 훼손한 경우를 철회권 배제사유로 별도 규정하였다는 점에서 차이가 있다. 특히, 거짓 보고 등의 방법으로 재고를 과다 보유한 경우를 철회권 배제사유로 한 이유는 다단계판매원의 사재기를 막고, 후원수당 지급을 목적으로 다량의 구매계약을 체결한 후 3개월 이내에 철회권을 행사하는 것을 막기 위함이다.

다단계판매원의 철회권 등에 관한 규정은 소비자의 철회권 등 규정과 비교하여 다음과 같은 차이가 있다. 우선, 다단계판매원의 철회권은 철회권의 본질에 부합하지 않게 서면으로만 행사할 수 있게 되어 있다. 또한, 서면으로 철회권을 행사하는 경우 철회의 의사를 표시한 서면을 발송한 날 그 효력이 발생한다는 규정도 두고 있지 않다(방문판매 등에 관한 법률 제8조 제4항 참고). 다단계판매원의 철회권을 규정한 방문판매 등에 관한 법률 제17조 제2항은 소비자의 철회권에 관한 제1항과 달리 동법 제8조의 규정을 준용하고 있지 않기에, 소비자를 보호하기 위하여 서면으로 행해진 철회권에 발신주의를 적용하는 동법 제8조 제4항의 취지가 고려되지 않는다.

특히, 다단계판매원의 철회권 등 규정은 소비자의 철회권 등 규정보다 철회권 등의 기산점이 빠르지만, 반대로 그 행사기간은 길다. 소비자의 철회권 등은 ① 계약서를 받거나 계약서보다 재화 등이 늦게 공급된다면 재화 등을 공급받거나 공급이 시작된 날(방문판매 등에 관한 법률 제17조 제1항, 제8조 제1항 제1호), ② 다단계판매자의 주소를 알게 되거나 알 수 있었던 날(방문판매 등에 관한 법률 제17조 제1항, 제8조 제1항 제2호), ③ 청약철회가 가능하다는 사실을 알게 되거나 알 수 있게 된 날(방문판매 등에 관한 법률 제17조 제1항, 제8조 제1항 제3호), 또는 ④ 다단계판매자의 청약철회 방해행위가 종료된 날(방문판매 등에 관한 법률 제17조 제1항, 제8조 제1항 제4호)을 그 기산점으로 삼고, 행사기간은 14일로 규정하고 있다. 또한 소비자는 재화 등의 내용이 표시하거나 광고했던 것과 다르거나 계약했던 내용과 다르다면, 그 재화 등을 공급받은 때부터 3개월 이내에, 그 사실을 알거나 알 수 있었던 때부터 30일 이내에 철회권 등을 행사할 수 있다(방문판매 등에 관한 법률 제17조 제1항, 제8조 제3항). 그러나 다단계판매원의 철회권 등은 그 기산점을 계약체결일로 단일화하고, 행사기간은 3개월로 장기의 기간을 정하고 있다(방문판매 등에 관한 법률 제17조 제2항).

즉, 다단계판매원의 철회권 등은 소비자의 철회권 등보다 그 기산점이 빠르고 행사기간은 길다.[12)]

다단계판매원의 철회권 등에 관한 규정은 소비자보호의 관점을 갖고 있지 않다. 다단계판매에서 소비자 철회권은 연고관계에 기초한 다단계판매조직을 통한 판매라는 거래특성 때문에 발생하며,[13)] 따라서 소비자가 계약의 목적물인 재화 등을 수령하고 자신이 진정으로 원하는 재화 등인지 다시 한 번 고민할 수 있는 시간(숙고기간)을 주는 것이 목적이 된다.[14)] 그렇기에 소비자의 철회권은 그 기산점을 주로 재화 등을 수령하거나 수령할 수 있는 상태가 된 시점을 기준으로 삼게 된다(방문판매 등에 관한 법률 제8조 제1항 제1호). 그러나 방문판매 등에 관한 법률 제17조 제2항은 철회권의 기산점을 계약체결일로 정하고 있어, 이러한 취지를 반영하지 않고 있다. 또한 동 규정이 3개월이라는 장기의 철회권 행사기간을 인정하고 있다는 점도 충동구매인지 숙고할 수 있는 최소한의 기간(14일)을 제공한다는 소비자 철회권의 취지와 부합하지 않는다.

따라서 방문판매 등에 관한 법률 제17조 제2항은 소비자 철회권과 다른 취지로 이해할 필요가 있다. 새로운 판매원 모집이 이익으로 연결될 수 있는 다단계판매 사업방식의 특성을 고려하여 가입한 다단계판매원을 보호하려는 취지로 이해해야 한다. 필요한 만큼만 구매하는 소비자와 달리 재판매를 목적으로 하는 다단계판매원은 필요한 것 이상을 미리 구매하기 때문이다.[15)] 이와 관련하여 참고할 만한 해외의 입법례로는 일본 특정상거래법 제40조의2 제2항, 영국 다단계판매규제법 제8조, 미국 메릴랜드 주 다단계판매법 제14－302조 등이 있다. 해당 규정들을 다단계판매의 방법으로 체결된 구매계약의 철회에 관한 규정이 아니고, 오히려 다단계판매계약의 철회, 즉 다단계판매조직의 탈퇴와 그에 따른 재고의 반환에 관한 규정(buy back)이다.[16)] 따라서 다단계판매원의 철회권 등에 관한 규정은 철회권이라는 표현을 사용하고 그 취지가 법문에 명확히 표현되어 있지는 않으나 사업자인 다단계판매원과 관련된 특별한 규정으로 이해하는 것이 타당해 보인다.

그러나 다단계판매원의 철회권 규정은 다음과 같은 해석상의 문제가 존재한다. 우선, 다단계판매원은 소비자에게 판매하기 위하여 다단계판매업자로부터 재화 등을 구매하기도 하지만, 대부분은 자신의 소비생활에 사용하기 위하여 다단계판매업자로부터 재화 등

12) 이와 관련하여 참고할만한 문헌으로 고형석, “후원방문판매와 소비자보호에 관한 연구”, 「경제법연구」 제14권 제2호, 2015, 124면 이하.

13) 고형석, “특수거래에 있어서 소비자의 청약철회권에 관한 연구”, 「민사법학」 제29호, 2005, 326면.

14) 방문판매와 전화권유판매에 관한 내용이지만 참고할 필요가 있는 설명으로 김진우, “소비자철회권의 정당화사유”, 「소비자문제연구」 제40호, 2011, 146면.

15) 남광, 「방문판매법」, 홍문사, 2020, 176면.

16) 이병준, “유통채널로서의 다단계판매에 관한 유통법적 고찰”, 「유통법연구」 제3권 제1호, 2016, 141면 이하.

을 구매한다. 전자의 경우 다단계판매원은 사업자의 지위에서 계약을 체결한 것이고, 후자의 경우라면 소비자의 지위에서 계약을 체결한 것이 된다(방문판매 등에 관한 법률 제2조 제12호). 따라서 다단계판매원의 법적 지위는 재화 등의 구매의도에 따라 달라지며,[17] 그에 따라 적용규정 역시 달라질 수 있다.[18] 그런데, 방문판매 등에 관한 법률 시행령 제4조 제3호는 다단계판매원으로 재화등을 판매하려는 목적으로(법문은 "다단계판매원 … 이 되기 위하여"라고 규정하고 있음) 다단계판매업자로부터 최초로 재화 등을 구매하는 경우라면 소비목적이 없더라도 소비자로 보고 있다.[19] 이 규정은 다단계판매원의 구매목적을 묻지 않고 그의 경제적 약자성에 근거하여 소비자로 정책적으로 의제한 것으로 해석된다.[20] 그러나 이 규정은 오히려 다단계판매원에게 불리한 결과를 가져온다. 소비자로 의제된 다단계판매원에게 소비자의 철회권 등을 규정한 방문판매 등에 관한 법률 제17조 제1항이 적용되어 철회권의 행사기간이 14일로 짧아지기 때문이다. 이와 관련하여 다단계판매원은 사업목적 또는 수익의 의도를 갖고 있기에 최초판매의 경우라도 소비자성이 부정된다는 견해가 존재하며,[21] 반대로 최초판매는 아직 전문성을 갖지 못한 일반인에 불과하므로 소비자성이 부정될 수 없다는 견해도 존재한다.[22]

이러한 문제를 해결하기 위하여 특수판매에서의 소비자보호 지침은 다음과 같은 기준을 제시하고 있다(동 지침 III. 3, 나, (3)).[23] 우선, 다단계판매원이 되기 위하여 재화 등을 최초로 구매하는 자는 소비자로 의제되나, 구매계약의 시점에 이미 다단계판매원으로 가입하고 등록되어 있다면 그 소비자성을 묻지 않고 다단계판매원의 지위에서 계약을 체결한 것으로 보아 방문판매 등에 관한 법률 제17조 제2항을 적용한다. 그러나 구매계약의 시점에 다단계판매원으로 가입하였지만 등록되지 않았다면 소비자의 지위에서 계약을 체결한 것으로 보아 동법 제17조 제1항이 적용된다. 한편, 다단계판매원이 되기 위해서는

17) 이병준, "유통채널로서의 다단계판매에 관한 유통법적 고찰", 「유통법연구」 제3권 제1호, 2016, 131면 이하.

18) 이와 달리, 재화 등의 구매시점에 다단계판매원으로 등록하였는지 여부를 기준으로 다단계판매원의 지위를 결정하면 족하다는 의견도 존재한다. 김홍석·한경수, 「개정 방문판매법 해설」, 도서출판 잎새, 2012, 278면.

19) 동 규정은 "다단계판매원 또는 후원방문판매원이 되기 위하여"라고 규정하고 있음에도, 다단계판매원에게 연간 5만원 이상의 부담을 지우지 못하도록 한 방문판매 등에 관한 법률 제22조 제1항, 동법 시행령 제29조 때문에 "다단계판매원 또는 후원방문판매원이 되어 판매하려는 목적으로"라고 바꾸어 해석해야 한다.

20) 신영수, "소비자기본법상 소비자 개념－회고와 평가, 그리고 대안에 관하여－", 「소비자문제연구」 제48권 제2호, 2017, 12면; 이봉의, "방문판매법상 다단계판매 규제의 문제점과 개선방안", 「경쟁법연구」 제19호, 2009, 18면. 비전형적, 정책적, 상대적 소비자 개념에 대해서는 고형석, "소비자의 개념에 관한 연구", 「법학논문집」 제40집 제1호, 2016, 97면; 신영수, "소비자기본법상 소비자 개념", 「소비자문제연구」 제48권 제2호, 2017, 4면 이하; 김성천, "소비자법상 소비자개념에 관한 연구", 「경제법연구」 제4권 1호, 2005, 12면 참고.

21) 고형석, "소비자의 개념에 관한 연구", 「중앙대 법학논문집」 제40집 제1호, 2016, 109~110면.

22) 이와 관련하여 독일의 논의를 소개한 글로 이병준, "유통채널로서의 다단계판매에 관한 유통법적 고찰", 「유통법연구」 제3권 제1호, 2016, 135면 이하.

23) 특수판매에서의 소비자보호 지침(시행 2015. 10. 23., 공정거래위원회예규 제235호, 2015. 10. 23., 일부개정).

다단계판매조직에 판매원으로 가입하면 족하고(방문판매 등에 관한 법률 제2조 제6호), 등록은 다단계판매원이 되기 위한 효력요건이 아니므로,[24] 다단계판매원으로 등록이 되지 않았더라도 다단계판매원의 지위에서 계약을 체결하는 것이 가능하다. 따라서 계약서의 내용을 살펴보았을 때, 다단계판매원의 지위에 관한 내용과 소비자의 지위에 관한 내용이 모두 포함되어 어떠한 지위에서 계약을 체결하였는지 알기 어렵다면 구매자가 자신의 지위를 선택할 수 있게 하였다. 즉, 등록을 하지 않은 다단계판매원도 다단계판매원의 지위에서 철회권 등을 주장할 수 있게 하였다. 또한, 재화 등의 최초 구매계약을 체결하면서 동시에 다단계판매원으로 가입하였다면, 다단계판매원의 지위에 적용되는 철회권 등의 기간규정이 적용되도록 하였다. 그 외에도, 다단계판매원에서 탈퇴한 뒤에 철회권 등을 행사하는 경우라면 다단계판매원의 지위에서 철회권 등의 기간이 적용되는 것으로 보고 있다. 결국, 다단계판매원의 구매계약에 소비자 철회권 등에 관한 규정을 적용하는 경우는 구매계약의 시점에 다단계판매원으로 등록되어 있지 않고, 계약의 내용에도 다단계판매원의 지위에 관한 내용이 없어 소비자로서 구매계약을 체결한 것이 분명한 경우로 제한되고, 그 외의 경우라면 모두 다단계판매원의 철회권 등에 관한 방문판매 등에 관한 법률 제17조 제2항이 적용된다. 이러한 지침의 태도는 다단계판매원에게 적용되는 긴 철회기간을 보장하기 위해서라고 설명된다.[25]

2. 입법례

가. 일본특정상거래법[26]

일본 특정상거래법 제40조의2 ② 전항에 따라 연쇄판매계약이 해제된 경우에, 그 해제가 이루어지기 전에 연쇄판매업을 하는 자가 연쇄판매가입자[그 연쇄판매계약(거래조건의 변경에 관한 연쇄판매계약을 제외한다)을 체결한 날부터 1년이 경과하지 아니한 자에 한한다. 이하 이 조에서 같다]에 대하여 이미 연쇄판매업에 관련된 상품의 판매(그 알선을 포함한다)를 하고 있는 때에는 연쇄판매가입자는 다음에 열거하는 경우를 제외하고, 그 상품의 판매에 관련된 계약(연쇄판매계약 중 그 연쇄판매거래에 수반되는 특정부담에 관련된 상품의 판매에 관한 부분을 포함한다. 이하 이 조에서 「상품판매계약」이라 한다)을 해제할 수 있다.

1. 그 상품을 인도(상품이 시설을 이용하거나 용역을 제공 받을 권리인 경우에는 그 이전. 이하 이 조에서 같다) 받은 날부터 기산하여 90일이 경과한 때

24) 대법원 2002. 10. 11. 선고 2001다62374 판결.

25) 이병준, "유통채널로서의 다단계판매에 관한 유통법적 고찰", 「유통법연구」 제3권 제1호, 2016, 140면.

26) 해당 조문의 번역은 세계법제정보센터의 번역본임. 해당 자료는 https://world.moleg.go.kr/web/wli/lgslInfoReadPage.do?A=A&searchType=all&searchPageRowCnt=10&CTS_SEQ=45919&AST_SEQ=2601&searchNtnl=JP&searchLgslCode= 참고(2020년 10월 15일 방문).

2. 그 상품을 재판매한 때
3. 그 상품을 사용하거나 그 전부 또는 일부를 소비한 때(연쇄판매업에 관련된 상품을 판매한 자가 그 연쇄판매가입자에게 상품을 사용하게 하거나 그 전부 또는 일부를 소비하게 한 경우를 제외한다)
4. 그 밖에 시행령으로 정하는 때

나. 영국 다단계판매규제법 1989[27]

Participants' rights in connection with termination

8.—(1) The rights referred to in regulation 7 are -

(a) a right to terminate participation at any time without penalty by giving 14 days written notice of termination to the promoter or any of the promoters at an address in the United Kingdom which has been furnished to the participant in writing;

(b) where notice is so given not more than 14 days after the participant first agreed to participate in the scheme, a right to require the promoter or any of the promoters to repay the participant within 14 days any monies which he had paid to or for the benefit of the promoter or any of the promoters in connection with his participation in the scheme or paid to any other participant in accordance with the provisions of the scheme less -

(i) any amount due from or paid by him in respect of goods which he has sold;

(ii) an amount equal to the value of any other goods which have been delivered to him under the scheme and which he has not re-delivered or despatched to the promoter or promoters or to a person nominated by the promoter or promoters to receive them;

(iii) where any goods so re-delivered or despatched have deteriorated and their deterioration was occasioned by an act or default on his part, an amount equal to the diminution in their value resulting from such deterioration;

(c) where notice to terminate participation is given by the participant in any other circumstances, a right to require the promoter or any of the promoters to buy -

(i) at a price which is not less than 90 per cent of the price which the participant paid for them less, in the case of any goods the condition of which has deteriorated due to an act or default on his part, an amount equal to the diminution in their value resulting from such deterioration;

(ii) on terms whereby the price is payable upon delivery of the goods or, if the goods are already held by the promoter or any of the promoters, forthwith, and

(iii) for delivery within 21 days of the giving of the notice at any place which the participant may reasonably nominate, any goods which he has purchased under the scheme;

(d) a right to be discharged upon the termination of his participation from all contractual

27) The Pyramid Selling Schemes Regulations 1989.

liabilities towards the promoter or any of the promoters in connection with the scheme except -

(i) liabilities relating to payments made to him under contracts which he has made as agent for the promoter or any of the promoters;

(ii) in a case where termination of participation does not give rise to the right described in sub-paragraph (b) of paragraph (1) of this regulation, any liability to pay the price of goods already sold to him by the promoter or any of the promoters;

(e) if the promoter or any of the promoters terminates his participation in the scheme in accordance with its provisions, a right to require the promoter or any of the promoters to buy -

(i) at the price which the participant paid for them less, in the case of any goods the condition of which has deteriorated due to an act or default on his part, an amount equal to the diminution in their value resulting from such deterioration,

(ii) on terms whereby the purchase price is payable upon delivery of the goods or, if the goods are already held by the promoter or any of the promoters, forthwith, and

(iii) for delivery within 21 days of such termination at the promoter's expense at any place which the promoter may reasonably nominate, any goods which the participant has purchased under the scheme.

(2) When the written notice referred to in sub-paragraphs (a) and (b) of paragraph (1) of this regulation is given by post, the period of notice shall start to run from the day when such notice is posted by first class post to an address furnished by the promoter.

다. 영국 개정 다단계판매규제법 1990[28)]

2. The Pyramid Selling Schemes Regulations 1989(1) are hereby amended:

(e) in regulation 8(1)(c) by the substitution of the following for the words from the beginning of that sub-paragraph to the end of sub-paragraph c(i):—

"(c) where notice to terminate participation is given by the participant in any other circumstances, a right to require the promoter or any of the promoters to buy any goods which the participant has purchased under the scheme—

(i) at a price which is not less that 90 per cent of the price which the participant paid for them, except that from the price which would otherwise be the minimum price permissible under the foregoing provisions of this sub-paragraph there may be deducted an amount equal to any diminution in the value of the goods resulting from any deterioration of them

28) The Pyramid Selling Schemes (Amendment) Regulations 1990.

which was due to any act or default of the participant;"

(f) in regulation 8(1)(c)(iii), by the deletion of the words "any goods which he has purchased under the scheme"; and

라. 미국 매사추세츠 주 법률[29)]

Section 69: Definition; requirements

(b) Every multi-level distribution company shall provide in its contract of participation that such contract may be cancelled for any reason at any time by a participant upon notification in writing to the company of his election to cancel. If the participant has purchased products while the contract of participation was in effect, all unencumbered products in a resaleable condition then in the possession of the participant shall be repurchased. The repurchase shall be at a price of not less than ninety per cent of the original net cost to the participant returning such goods, taking into account any sales made by or through such participant prior to notification to the company of the election to cancel.

마. 미국 메릴랜드 주 다단계판매법[30)]

§ 14-302. Repurchases required

(a) In general. -- A multilevel distribution company may not require a participant in its marketing program to buy goods or services or pay any other consideration to participate in the marketing program unless the multilevel distribution company agrees to repurchase the goods:

(1) that are in resalable condition; and

(2) that the participant has been unable to sell 3 months after receipt of the goods first ordered.

(b) Contracts of participation. -- A multilevel distribution company shall state in writing in each contract of participation in its marketing program that:

(1) a participant may cancel the contract for any reason within 3 months after the date of receipt of goods or services first ordered by written notice to the multilevel distribution company; and

(2) on cancellation, the multilevel distribution company shall repurchase the goods.

29) General Laws; Part I; Title XV; Chapter 93; Section 69.

30) MD Bus Reg Code § 14-302 (2016).

(c) Repurchase price. -- The repurchase price shall be at least 90% of the original price paid by the participant.

바. 미국 루이지에나 주 법률[31)]

§361. Definitions

As used in this Subpart:

(7) "Reasonable commercial terms" includes repurchase by the seller, at the participant's request, and upon termination of the business relationship or contract with the seller, of all unencumbered products purchased by the participant from the seller within the previous twelve months which are unused and in commercially resalable condition, provided that repurchase by the seller shall be for not less than ninety percent of the actual amount paid by the participant to the seller of the products, less any consideration received by the participant for purchase of the products which are being returned. A product shall not be deemed nonresalable solely because the product is no longer marketed by the seller, unless it is clearly disclosed to the participant at the time of the sale that the product is a seasonal, discontinued, or special promotional product, and not subject to the repurchase obligation.

31) RS 51:361.

제18조 청약철회등의 효과

[황원재]

제18조(청약철회등의 효과) ① 다단계판매의 상대방(다단계판매자가 다단계판매원 또는 소비자에게 판매한 경우에는 다단계판매원 또는 소비자를 말하고, 다단계판매원이 소비자에게 판매한 경우에는 소비자를 말한다. 이하 이 장에서 같다)은 제17조에 따라 청약철회등을 한 경우에는 이미 공급받은 재화등을 반환하여야 한다.
② 다단계판매자(상대방으로부터 재화등의 대금을 지급받은 자 또는 상대방과 다단계판매에 관한 계약을 체결한 자를 포함한다. 이하 제2항부터 제8항까지의 규정에서 같다)는 재화등을 반환받은 날부터 3영업일 이내에 이미 지급받은 재화등의 대금을 환급하여야 한다. 다만, 다단계판매업자가 다단계판매원에게 재화등의 대금을 환급할 때에는 대통령령으로 정하는 범위의 비용을 공제할 수 있으며, 다단계판매자가 상대방에게 재화등의 대금 환급을 지연하였을 때에는 그 지연기간에 대한 지연배상금을 지급하여야 한다.
③ 상대방이 신용카드등으로 대금을 지급한 계약에 대하여 청약철회등을 한 경우에는 다단계판매자는 지체 없이 그 결제업자에게 재화등의 대금 청구를 정지하거나 취소할 것을 요청하여야 한다. 다만, 다단계판매자가 결제업자로부터 해당 재화등의 대금을 이미 지급받은 경우에는 지체 없이 이를 결제업자에게 환급하고 그 사실을 상대방에게 알려야 하며, 환급이 지연되어 상대방이 대금을 결제한 경우에는 결제한 날 이후의 지연기간에 대한 지연배상금을 상대방에게 지급하여야 한다.
④ 제3항 단서에 따라 다단계판매자로부터 재화등의 대금을 환급받은 결제업자는 지체 없이 상대방에게 이를 환급하거나 환급에 필요한 조치를 하여야 하며, 다단계판매자가 정당한 사유 없이 결제업자에게 대금을 환급하지 아니하는 경우 상대방은 환급받을 금액에 대하여 결제업자에게 그 다단계판매자에 대한 다른 채무와 상계할 것을 요청할 수 있고, 결제업자는 대통령령으로 정하는 바에 따라 그 다단계판매자에 대한 다른 채무와 상계할 수 있다.
⑤ 결제업자가 제4항에 따른 상계를 정당한 사유 없이 게을리한 경우 상대방은 결제업자에 대하여 대금 결제를 거부할 수 있다. 이 경우 다단계판매자와 결제업자는 그 결제 거부를 이유로 그 상대방을 약정한 날짜 이내에 채무를 변제하지 아니한 자로 처리하는 등 상대방에게 불이익을 주는 행위를 하여서는 아니 된다.
⑥ 다단계판매자는 제17조에 따른 청약철회등에 따라 재화등의 대금을 환급한 경우 그 환급한 금액이 자신이 다단계판매원에게 공급한 금액을 초과할 때에는 그 차액을 다단계판매원에게 청구할 수 있다.
⑦ 제1항의 경우 다단계판매자는 재화등의 일부가 이미 사용되거나 소비된 경우에는 그 재화등을 사용하거나 일부 소비하여 상대방이 얻은 이익 또는 그 재화등의 공급에 든 비용에 상당하는 금액의 지급을 그 상대방에게 청구할 수 있다.
⑧ 제17조제1항에 따라 준용되는 제8조제1항 또는 제3항에 따른 청약철회등의 경우 공급받은 재화등의 반환에 필요한 비용은 다단계판매자가 부담하며, 다단계판매자는 상대방에게 위약금 또는 손해배상을 청구할 수 없다.
⑨ 다단계판매자, 상대방으로부터 재화등의 대금을 지급받은 자 또는 상대방과 다단계판매에 관한 계약을 체결한 자가 동일인이 아닌 경우 각자는 제1항부터 제5항까지 및 제8항에 따른 재화등의 대금 환급과 관련한 의무의 이행에 있어 연대하여 책임을 진다.

[참고문헌] 고형석, "방문판매법상 사법적 규율에 의한 소비자보호에 관한 연구 - 강행규정성을 중심으로 -", 「동북아법연구」 제9권 제1호, 2015; 김성천, "방문판매법상 다단계판매규제에 관한 고찰", 「경제법연구」 제6권 제1호, 2007; 김홍석 · 한경수, "방문판매법상 다단계판매의 개념정의와 개정방향에 관한 연구", 「법학논총」 제22호, 2009; 남광, 「방문판매법」, 홍문사, 2020; 이종구, "다단계판매의 새로운 유형과 소비자보호에 관한 고찰", 「아주법학」 제6권 제1호, 2012.

Ⅰ. 본조의 의의

방문판매 등에 관한 법률 제18조는 소비자 또는 다단계판매원이 철회등의 의사표시를 하면 발생하는 효과를 규정하고 있다. 방문판매 등에 관한 법률이 규정하는 소비자의 철회권등과 다단계판매원의 철회권등은 그 취지가 다르고 요건도 차이가 나지만 그 효과는 동일하게 규정되어 있다.

구체적으로 방문판매 등에 관한 법률 제18조는 ① 다단계판매의 상대방에게 공급받은 재화등의 반환의무를 규정하고(동법 제18조 제1항), ② 다단계판매자에게는 재화등의 대금을 환급할 의무를 규정하고 있다(동법 제18조 제2항). 또한, ③ 다단계판매의 상대방이 대금을 신용카드등으로 결제한 경우 다단계판매자 및 결제업자에게 부과되는 특별한 의무를 규정하고 있고(동법 제18조 제3항, 제4항, 제5항), ④ 다단계판매자의 다단계판매원에 대한 구상권을 규정하고 있다(동법 제18조 제6항). 그 외에도 ⑤ 다단계판매자의 상대방에 대한 이익 또는 비용보상청구권(동법 제18조 제7항), ⑥ 반환비용 부담의무(동법 제18조 제8항)를 규정하고 있으며, ⑦ 다단계판매자, 재화등의 대금을 지급받은 자, 다단계판매에 관한 계약을 체결한 자가 동법 제18조의 의무규정에 대하여 연대하여 책임을 지도록 규정하고 있다(동법 제18조 제9항).

방문판매 등에 관한 법률 제18조의 규정은 다단계판매에서 청약철회등의 효과를 규정하고 있으나 그 구체적인 규정은 방문판매에서 청약철회등의 효과를 규정한 제9조와 크게 다르지 않다. 다만, 다단계판매 방법의 특성을 고려한 규정이 추가로 존재할 뿐이다. 구체적으로 소비자에게 재화등을 판매한 다단계판매원에게 청약철회등에 따라 재화등의 대금을 환급한 다단계판매업자가 자신의 공급가를 초과한 소비자 환급금의 차액을 구상할 수 있도록 규정한 동법 제18조 제6항이 이에 해당한다.

Ⅱ. 입법취지 및 입법례

1. 입법취지

가. 제18조 제1항

다단계판매의 상대방은 철회권등을 행사하는 경우, 자신이 공급받은 재화등을 다단계판매자에게 반환해야 한다. 여기서 다단계판매의 상대방은 다음과 같다. 만약 다단계판매업자가 다단계판매원이나 소비자에게 재화등을 판매하였다면, 다단계판매의 상대방은 다단계판매원 또는 소비자가 된다. 만약 다단계판매원이 소비자에게 재화등을 판매하였다면, 다단계판매의 상대방은 소비자가 된다. 기본적으로 이 조항과 관련한 내용은 방문판매 등에 관한 법률 제9조 제1항의 내용과 동일하다.

나. 제18조 제2항

다단계판매의 상대방이 철회권등을 행사하고, 자신이 공급받은 재화등을 다단계판매자에게 반환하면, 다단계판매자는 재화등을 반환 받은 날로부터 3영업일 내에 자신이 지급받은 재화등의 대금을 다단계판매의 상대방에게 환급해야 한다. 여기서 다단계판매자의 개념은 방문판매 등에 관한 법률의 다른 규정상 다단계판매자의 개념보다 넓은데, 후자가 다단계판매업자와 다단계판매원을 의미하는 개념이라면, 전자는 다단계판매업자와 다단계판매원은 물론, 다단계판매의 상대방으로부터 재화등의 대금을 지급받은 자와 상대방과 다단계판매에 관한 계약을 체결한 자를 포함하기 때문이다. 이들은 재화등의 대금 환급에 관한 의무에 있어 연대하여 이행책임을 부담한다(동법 제18조 제9항).

다단계판매자는 재화등을 반환 받은 날로부터 3영업일 내에 자신이 지급받은 재화등의 대금을 현금으로 다단계판매의 상대방에게 환급해야 한다. 대금을 환급할 때 신용적립 방식으로 지급하는 것은 위법하다.[1] 또한 다단계판매자가 대금환급을 지연하면 그 지연기간에 대한 지연배상금을 지급하여야 한다(동법 제18조 제2항 단서). 이때 지연배상금은 "연 100분의 40 이내의 범위에서 「은행법」에 따른 은행이 적용하는 연체금리 등 경제 사정을 고려하여 대통령령으로 정하는 이율을 곱하여 산정한 지연이자"를 의미하므로(동법 제9조 제2항 2문), 연 100분의 15의 이율을 곱하여 산정한 지연이자(동법 제9조 제2항, 동법 시행령 제13조)를 뜻하게 된다. 다단계판매자가 재화등의 대금을 환급하지 않으면 3년 이하의 징역이나 1억원 이하의 벌금에 처해진다(동법 제60조 제3호).

소비자의 경우와 달리, 다단계판매원이 철회권등을 행사하고 재화등을 반환한 경우

1) 공정위 재결 제2007-002호, 2006심삼4650.

라면, 다단계판매업자는 재화등의 대금을 환급하면서 대통령령으로 정하는 일정한 비용을 공제할 수 있다(동법 제18조 제2항 단서). 구체적으로 ① 다단계판매원이 재화등을 공급받고 난 후 1개월이 지나기 전에 재화등을 반환하면 비용을 공제할 수 없지만(방문판매 등에 관한 법률 시행령 제26조 본문), ② 다단계판매원이 재화등을 공급받고 난 후 1개월부터 2개월 내에 재화등을 반환하면 그 재화등 대금의 5% 이내에서 당사자가 약정한 금액을 비용으로 공제할 수 있다(동법 시행령 제26조 제1호). 또한, ③ 다단계판매원이 재화등을 공급받고 난 후 2개월부터 3개월 내에 재화등을 반환하면 그 재화등 대금의 7% 이내에서 당사자가 약정한 금액을 비용으로 공제할 수 있도록 하였다(동법 시행령 제26조 제2호).[2] 물론, ④ 다단계판매업자의 등록이 취소되어 재화등을 반환할 수밖에 없는 경우라면 앞에서 언급한 기준의 2분의 1을 한도로 당사자가 약정한 금액을 비용으로 공제할 수 있다(동법 시행령 제26조 단서). 행정수수료와 재고의 품질악화로 인한 합리적인 수수료를 공제하려는 취지로 이해된다. 여기서, 당사자가 약정한 금액의 의미는 매 거래계약마다 당사자가 이를 약정할 수 없으므로 다단계판매업자가 다단계판매원이 다단계판매조직에 가입할 때 제시하는 금액이라고 이해해야 할 것이다.

다. 제18조 제3항

신용카드등으로 대금을 지급하기로 약정한 계약에서 다단계판매의 상대방이 철회권등을 행사하면, 다단계판매자는 재화등의 대금이 결제되지 않도록 결제업자에게 재화등의 대금청구를 정지하거나 취소하도록 요청해야 한다. 신용카드등이 사용된 판매에서 상대방이 철회권등을 행사하였음에도 결제업체는 철회권등의 상대방이 아니므로 철회권등의 행사여부를 모르고 상대방에게 대금지급을 청구할 수 있기 때문이다.[3] 그런데 다단계판매자가 결제업자로부터 이미 대금을 지급받은 상태인 경우도 있을 수 있으므로, 이 경우 다단계판매자는 지체 없이 지급 받은 대금을 결제업자에게 환급하고, 이러한 환급 사실을 다단계판매의 상대방에게 알리도록 규정하고 있다. 여기서 신용카드등은 「여신전문금융업법」 제2조 제3호에 따른 신용카드나 기타 대통령령으로 정하는 결제수단을 의미하며(방문판매 등에 관한 법률 제9조 제3항), 기타 대통령령으로 정하는 결제수단은 현금이나 계좌이체 외의 결제수단으로 결제업자에게 대금 청구를 정지 또는 취소하도록 요청하거나 대금을 환급하면 다단계판매의 상대방에게 환급한 것과 같은 법적 효과가 발생하는 결

2) 이와 관련하여 고형석, "방문판매법상 사법적 규율에 의한 소비자보호에 관한 연구－강행규정성을 중심으로－", 「동북아법연구」 제9권 제1호, 2015, 256면.

3) 이러한 문제에 대하여 비판적인 문헌으로 이종구, "다단계판매의 새로운 유형과 소비자보호에 관한 고찰", 「아주법학」 제6권 제1호, 2012, 197면.

제수단을 의미한다(동법 시행령 제14조). 대표적으로 체크카드가 이에 해당한다. 만약, 다단계판매자가 지급받은 대금의 환급을 지연하여 다단계판매의 상대방이 청약철회등에도 불구하고 대금을 결제하는 일이 생기면, 다단계판매자는 대금이 결제된 날 이후 지연기간에 대한 지연배상금을 지급할 의무가 있다. 지연배상과 관련하여 방문판매등에 관한 법률 제9조 제5항은 "대금을 결제하게 한 방문판매자등은 그 지연기간에 대한 지연배상금을 소비자에게 지급하여야 한다"고 규정하여 그 지연의 기산점을 명시하지 않아 해석상 논란이 있으나, 동법 제18조 제3항은 "결제한 날 이후의 지연기간에 대한 지연배상금을 상대방에게 지급하여야 한다"고 규정하여 그 지연의 기산점을 명시하고 있어 해석상의 논란이 없다.

라. 제18조 제4항

다단계판매자가 재화등의 대금을 결제업자에게 환급하면, 결제업자는 지체 없이 이를 다단계판매의 상대방에게 환급하거나 환급에 필요한 조치를 해야 한다(동법 제18조 제4항). 다단계판매의 상대방으로부터 신용카드등의 대금을 지급받고 다단계판매자로부터 재화등의 대금을 환급받으면 결제업자는 이중으로 이익을 얻은 셈이므로, 즉시 다단계판매의 상대방에게 재화등의 대금을 환급하거나 자신의 환급채무와 상대방의 다른 신용카드등 거래에서 발생한 대금채권을 상계하는 등으로 적절한 조치를 하라는 의미이다. 결제업자가 환급을 지연하는 경우 지연배상을 지급하도록 하는 규정은 별도로 두고 있지 않다.[4)]

만약, 다단계판매자가 정당한 사유 없이 재화등의 대금을 결제업자에게 환급하지 않으면, 상대방은 결제업자가 그 다단계판매자에게 부담하는 다른 채무와 결제업자가 다단계판매자에게 갖고 있는 환급금채권을 대등액에서 상계할 것을 요구할 수 있다(동법 제18조 제4항). 이 경우 결제업자는 환급금액을 기재한 서면(전자문서를 포함)으로 다단계판매의 상대방이 적법한 기간 안에 철회권을 행사하였고 재화등을 반환하였음을 증명하는 자료를 첨부하여 다단계판매자에게 상계의 의사표시를 할 수 있다(동법 제18조 제4항, 동법 시행령 제27조 제1항). 만약, 다단계판매의 상대방이 재화등을 계약서에 적힌 주소로 반환하였지만 그 수취가 거절되었다면 그 증명자료를 첨부하면 족하다. 결제업자는 상계의 의사표시를 한 후에 즉시 상계사실 및 상계금액 등을 적은 서면(전자문서를 포함)을 다단계판매업자 또는 다단계판매원, 그리고 다단계판매의 상대방에게 송부해야 한다(동법 시행령 제27조 제2항). 방문판매 등에 관한 법률 시행령 제27조 제3항은 결제업자의 상계와 관련하여 기타 사항을 총리령으로 정하도록 하였으나, 이 규정과 관련된 별도의 시행규칙은 현재 없는 상태이다.

---

4) 할부거래법 제10조 제7항 참고. 이종구, "다단계판매의 새로운 유형과 소비자보호에 관한 고찰", 「아주법학」 제6권 제1호, 2012, 198면 이하.

마. 제18조 제5항

결제업자가 전항의 상계요구를 정당한 사유 없이 따르지 않는 경우, 상대방은 결제업자에 대한 대금결제를 거부할 수 있다(동법 제18조 제5항). 즉, 상대방의 대금결제 거부는 적법하다. 따라서 약정한 날짜 이내에 대금을 결제하지 않는 상대방의 행위는 채무불이행이 아니며, 상대방을 채무불이행자로 처리하고 지연이자를 청구하는 등 상대방에게 불이익을 주는 다단계판매자와 결제업자의 행위는 금지된다. 다만, 이러한 금지행위에 대한 별도의 벌칙규정은 없다.

바. 제18조 제6항

다단계판매업자가 다단계판매원을 대신하여 청약철회의 상대방이 되는 경우(동법 제17조 제1항 단서), 다단계판매업자는 재화등을 반환받은 날로부터 3영업일 이내에 상대방에게 재화등의 대금을 환급해야 한다(동법 제18조 제2항). 이때 다단계판매업자가 상대방에게 반환해야 하는 대금은 자신이 다단계판매원에게 공급한 금액과 같지 않은 경우가 많다. 예컨대, 다단계판매원이 다단계판매업자로부터 공급받은 재화에 소매이익을 붙여 판매하는 경우 청약철회등에 따라 환급되어야 하는 대금은 공급한 금액을 초과하게 된다. 이러한 소매이익은 다단계판매원으로부터 회수되어야 하므로,[5] 다단계판매업자는 다단계판매원에게 그 차액을 청구할 수 있게 한 것이다. 법문상으로는 상위다단계판매원에 대한 청약철회의 경우에도 동 규정이 적용될 수 있어 보이나, 동법 제17조 제1항이 계약의 당사자인 다단계판매원과 다단계판매업자에게 청약철회를 행사하도록 규정하고 있으므로 상위다단계판매원에는 동 규정이 적용되기 어려워 보인다.

사. 제18조 제7항

철회권이 행사되면 상대방은 재화등을 사용하거나 소비하지 않고 그 상태로 반환해야 하며, 재화등을 일부 사용하거나 소비하여 그 가치가 현저히 낮아지면 애초에 철회권이 배제된다(동법 제8조 제2항 제2호, 동법 시행령 제25조 제2호). 따라서 재화등을 일부 사용하거나 소비하였더라도 그 가치가 현저히 낮아지지 않았다면 상대방은 철회권등을 행사할 수 있고, 이 경우 반환된 재화등의 가치감소에 대한 적절한 보상법리가 다단계판매자에게 필요해진다. 방문판매 등에 관한 법률 제18조 제7항은 상대방이 청약철회권을 행사하여 재화등을 반환한 경우, 재화등의 일부가 사용되었거나 소비되었다면 상대방이 재화등을 일부 사용하거나 소비하여 얻은 이익 또는 재화등의 공급비용에 상당하는 금액을 다

5) 소매이익에 관하여 자세한 것은 김홍석·한경수, "방문판매법상 다단계판매의 개념정의와 개정방향에 관한 연구", 「법학논총」 제22호, 2009, 100면 이하.

단계판매자가 상대방에게 청구할 수 있도록 하였다.

그런데 방문판매에서 동일한 내용을 규정하고 있는 방문판매 등에 관한 법률 제9조 제8항은 대통령령으로 청구할 수 있는 금액의 범위를 정하도록 하고 있다. 반면에 다단계판매의 경우 적용되는 동법 제18조 제7항에는 이를 규정하고 있지 않다. 이 규정은 철회권등을 행사한 후 발생하는 이해관계의 문제를 해결하려는 취지이므로 그 판매의 방식에 따라 결론이 달라지지 않는다. 따라서 동법 제9조 제8항 및 동법 시행령 제16조의 규정은 동법 제18조 제7항의 해석에도 참고할 수 있다.

구체적으로, 상대방이 재화등을 사용하여 소모성 부품의 재판매가 곤란하거나 재판매 가격이 현저히 하락한 경우라면 그 소모성 부품을 다시 조달하는데 들어가는 비용을 청구할 수 있다(동법 시행령 제16조 제1항 제1호). 예컨대, 전기청소기를 사용하여 배터리의 수명이 단축되었다면 새로운 배터리를 조달하여 교체하는 비용을 의미한다.[6] 다수의 동일 가분물로 구성된 재화등을 일부 소비하였다면, 소비된 부분을 조달하는데 들어가는 비용을 청구할 수 있다(동법 시행령 제16조 제1항 제2호). 예컨대, 10개 묶음으로 판매되는 건강식품 중 2개를 소비하였다면 2개를 새로 조달하여 보충하는 비용을 의미한다.[7] 그 외에, 재화등의 종류나 거래가격, 그리고 상관행 등을 고려하여 세부적인 기준을 고시할 수 있으나(동법 시행령 제16조 제2항), 특수판매에서의 소비자보호 지침에 별도로 규정된 것은 현재 없다.

아. 제18조 제8항

방문판매 등에 관한 법률 제18조 제8항은 철회권 행사로 인한 비용부담으로 소비자가 철회권등의 행사를 기피하지 않도록, 소비자가 철회권등을 행사하는 경우 재화등의 반환에 필요한 비용은 다단계판매자가 부담하도록 규정하고 있다. 또한, 다단계판매자는 청약철회등을 이유로 소비자인 상대방에게 위약금 또는 손해배상을 청구할 수도 없도록 규정하였다.

이와 관련하여, 재화등의 반환비용을 다단계판매자에게 부담시키는 것은 지나치게 과도한 부담을 다단계판매자에게 지우는 것이라는 비판도 존재한다.[8] 그러나 유사한 취지의 규정은 할부거래에 관한 법률 제10조 제10항에서도 발견되며, 이 경우 재화등의 반환에 필요한 비용을 할부거래업자가 부담하도록 하고 있다. 물론, 전자상거래 등에서의 소비자보호에 관한 법률 제18조 제9항 및 제10항은 경우를 구분하여, 소비자가 일반적인 철회권을 행사하는 경우 재화등의 반환비용은 소비자가 부담하도록 하고, 재화등의 내용이 표시·광고의 내용이나 계약내용과 달라 철회권등을 행사하는 경우 재화등의 반환비용

6) 남광, 「방문판매법」, 홍문사, 2020, 105면.
7) 남광, 「방문판매법」, 홍문사, 2020, 105면.
8) 남광, 「방문판매법」, 홍문사, 2020, 105면.

은 통신판매업자가 부담하도록 하고 있어, 방문판매 등에 관한 법률 제18조 제8항과는 다르다. 그러나 다단계판매의 방법이 소비자의 충동구매 가능성을 높이고, 연고관계 때문에 철회권은 행사하기 어렵다는 점을 고려하면, 방문판매 등에 관한 법률 제18조 제8항의 규정이 다단계판매업자에게 지나치게 가혹하다는 비판은 타당해 보이지 않는다.[9)]

방문판매 등에 관한 법률 제18조 제8항은 소비자의 철회권등에만 적용되며, 다단계판매원이 다단계판매업자에게 행하는 철회권등에는 적용되지 않는다. 따라서 다단계판매원이 철회권 등을 행사하는 경우 별도의 약정이 없다면 그 비용은 다단계판매원이 부담해야 한다(민법 제473조 참고).

자. 제18조 제9항

다단계판매자, 상대방으로부터 재화등의 대금을 받은 자, 또는 상대방과 다단계판매에 관한 계약을 체결한 자가 같은 사람이 아니라면, 각자는 재화등의 대금환급과 관련된 의무의 이행에 관하여 연대하여 책임을 부담한다.[10)] 예컨대, 다단계판매원과 계약을 체결하였지만, 재화등의 대금은 다단계판매원이 지정한 제3자에게 지급하였다면, 다단계판매원과 이 제3자는 대금환급과 관련하여 연대책임을 진다. 여기서 연대책임을 부담한다는 의미는, 상대방이 재화등의 대금환급채무의 이행을 다단계판매자, 대금을 수령한 자, 또는 계약을 체결한 자 모두에게 청구하거나 이중 변제자력이 많은 자에게 청구할 수 있다는 의미이다.

2. 입법례

가. 일본특정상거래법[11)]

일본 특정상거래법 제40조의2 ④ 연쇄판매에 관련된 상품을 판매한 자는 제2항에 따라 상품판매계약이 해제된 때에는 손해배상액의 예정 또는 위약금이 정해져 있는 때에도 다음 각 호에서 열거하는 경우에 따라 각 호에서 정하는 금액에 이에 대한 법정이율에 따른 지연손해금을 가산한 금액을 초과하는 금액의 금전 지불을 연쇄판매가입자에 대하여 청구할 수 없다.

1. 그 상품이 반환된 경우 또는 상품판매계약의 해제가 그 상품의 인도 전인 경우 : 그 상품의 판매가격의 10분의 1에 상당하는 금액
2. 그 상품이 반환되지 아니하는 경우 : 그 상품의 판매가격에 상당하는 금액

---

9) 다단계판매에 대한 엄격한 규제의 필요성을 설시한 판결로 대법원 2005. 11. 25. 선고 2005도977 판결 참고.

10) 이와 관련하여 김성천, "방문판매법상 다단계판매규제에 관한 고찰", 「경제법연구」 제6권 제1호, 2007, 122면 이하.

11) 해당 조문의 번역은 세계법제정보센터의 번역본임. 해당 자료는 https://world.moleg.go.kr/web/wli/lgslInfoReadPage.do?A=A&searchType=all&searchPageRowCnt=10&CTS_SEQ=45919&AST_SEQ=2601&searchNtnl=JP&searchLgslCode= 참고(2020년 10월 15일 방문).

제19조 손해배상청구금액의 제한 등

[황원재]

제19조(손해배상청구금액의 제한 등) 소비자에게 책임이 있는 사유로 다단계판매자와의 재화등의 판매계약이 해제된 경우에는 제10조를 준용한다. 이 경우 "방문판매자등"은 "다단계판매자"로, "소비자"는 "상대방"으로 본다.

[참고문헌] 고형석, "방문판매에 있어서 고령소비자 보호에 관한 연구", 「중앙법학」 제20권 제2호, 2018; 남광, 「방문판매법」, 홍문사, 2020.

Ⅰ. 본조의 의의

소비자에게 책임 있는 사유로 다단계판매의 방법으로 체결된 판매계약이 해제되면 다단계판매자는 상대방에게 손해배상을 청구할 수 있다(민법 제551조 참고). 다만, 이 경우 다단계판매자가 상대방에게 행사하는 손해배상청구액은 법률이 정하는 금액에 대금미납으로 인한 지연배상금을 합한 금액을 넘지 못한다.

Ⅱ. 입법취지 및 입법례

이 규정은 소비자가 대금을 미납하는 등 소비자에게 책임 있는 사유로 계약이 해제된 경우 적용되며, 다단계판매자에게 손해배상청구권을 인정할 때 그 배상액을 일정범위로 제한하여 소비자를 보호하기 위한 규정으로 이해된다. 소비자에게 책임이 있다는 점을 고려하더라도 손해배상의 범위를 제한하지 않으면 다단계판매자가 인과관계 있는 모든 손해의 배상을 소비자에게 청구할 수 있기 때문이다. 이 규정이 적용되는 경우는 다단계의 방법으로 체결된 판매계약이 소비자의 책임 있는 사유로 해제된 경우이다. 따라서 소비자가 청약철회권등을 행사한 경우라면 이 규정이 적용되지 않는다. 또한, 동법 제19조가 "소비자"를 "상대방"으로 바꾸어 규정을 준용하고 있지만, 규정의 취지를 고려하면 여기서 "상대방"은 소비자 및 소비자인 다단계판매원만을 의미하는 것으로 보아야 한다.

손해배상액으로 법률이 정하는 금액은 구체적으로 다음과 같다. 공급한 재화등이 이미 반환되었다면, ① 반환된 재화등의 통상 사용료액이나 그 사용으로 통상 얻을 수 있는 이익액, 또는 ② 반환된 재화등의 판매가액에서 반환 당시의 가액을 공제한 금액을 비교하여 이중 더 큰 금액을 기준으로, 대금 미납에 따른 지연배상금을 합산한 금액을 넘지 못한다(동법 제10조 제1항 제1호). 또한, 공급한 재화등이 반환되지 않았다면, 그 재화등의 판매가액을 기준으로, 대금 미납에 따른 지연배상금을 합산한 금액을 초과하지 못한다(동법 제10조 제1항 제2호).[1] 재화등이 반환되었지만 재판매가 불가능한 경우라면 재화등이 반환되지 않은 것으로 보아 배상액을 산정해야 할 것이다.

여기서 지연배상금은 동법 제9조 제2항에서 정하고 있는 연 15%의 이율을 곱하여 산정한 금액을 의미하는지, 아니면 상법상의 법정이율인 연 6%의 이율을 곱하여 산정한 금액을 의미하는지 다투어질 수 있다.[2] 다단계판매자의 대금환급의무와 소비자의 대금지급의무를 동일하게 보기 어렵고, 제10조 및 제19조에 담겨있는 소비자보호의 취지를 고려하면 이 조항에서 말하는 지연배상금은 상법상의 법정이율인 연 6%의 이율을 곱한 금액으로 보아야 한다.

공정거래위원회는 다단계판매자와 상대방 간의 손해배상청구 분쟁의 해결을 위해 손해배상액의 산정기준을 별도로 정하여 고시할 수 있다(동법 제10조 제2항). 그러나 현재 별도로 고시된 것은 없는 상황이다.

---

1) 고형석, “방문판매에 있어서 고령소비자 보호에 관한 연구”, 「중앙법학」 제20권 제2호, 2018, 129면.
2) 남광, 「방문판매법」, 홍문사, 2020, 108면.

제20조 후원수당의 지급기준 등

[정진명]

제20조(후원수당의 지급기준 등) ① 다단계판매업자는 다단계판매원에게 고지한 후원수당의 산정 및 지급기준과 다르게 후원수당을 산정·지급하거나 그 밖의 부당한 방법으로 다단계판매원을 차별하여 대우하여서는 아니 된다.
② 다단계판매업자는 후원수당의 산정 및 지급기준을 객관적이고 명확하게 정하여야 하며, 후원수당의 산정 및 지급기준을 변경하려는 경우에는 대통령령으로 정한 절차에 따라야 한다.
③ 다단계판매업자가 다단계판매원에게 후원수당으로 지급할 수 있는 총액은 다단계판매업자가 다단계판매원에게 공급한 재화등의 가격(부가가치세를 포함한다) 합계액(이하 이 조에서 "가격합계액"이라 한다)의 100분의 35에 해당하는 금액을 초과하여서는 아니 되며, 가격합계액 및 후원수당 등의 구체적인 산정 방법은 다음과 같다.
1. 가격합계액은 출고 또는 제공 시점을 기준으로 할 것
2. 후원수당 지급액은 그 후원수당의 지급 사유가 발생한 시점을 기준으로 할 것
3. 가격합계액 및 후원수당은 1년을 단위로 산정할 것. 다만, 다단계판매 영업기간이 1년 미만인 경우에는 다단계판매업자의 실제 영업기간을 기준으로 한다.
4. 가격합계액을 산정할 때 위탁의 방법으로 재화등을 공급하는 경우에는 위탁을 받은 다단계판매업자가 다단계판매원에게 판매한 가격을 기준으로 하고, 중개의 방법으로 재화등을 공급하는 경우에는 다단계판매자가 중개를 의뢰한 사업자로부터 받은 수수료를 기준으로 한다.

④ 다단계판매업자는 다단계판매원이 요구하는 경우 후원수당의 산정·지급 명세 등의 열람을 허용하여야 한다.
⑤ 다단계판매업자는 일정 수의 하위판매원을 모집하거나 후원하는 것을 조건으로 하위판매원 또는 그 하위판매원의 판매 실적에 관계없이 후원수당을 차등하여 지급하여서는 아니 된다.

[참고문헌] 곽관훈, "다단계판매에 대한 규제환경의 변화와 후원수당 지급기준 변경절차", 「기업법연구」, 제33권 제3호, 2019; 남광, 「방문판매법」, 홍문사, 2020; 이병준, "다단계판매에서 후원수당 지급기준 변경과 프로모션 지급절차에 관한 연구", 「유통법연구」, 제3권 제2호, 2016.

Ⅰ. 서 설

1. 본조의 개요

다단계판매에서 다단계판매원들이 가장 관심을 가지는 것은 다단계판매업자의 보상플랜이다.[1] 보상플랜은 다단계판매업자가 다단계판매원에게 '후원수당을 지급하는 기준'을 의

1) 남광, 방문판매법, 189면.

미하므로 그 내용이 간단하면서도 명확하여야 하며, 거래실적이 좋은 판매원에게 더 많은 후원수당이 지급될 수 있도록 공평하여야 하며, 지급기준이 안정적으로 유지되어야 한다.

그런데 다단계판매에서 후원수당은 다단계판매원들에게 인센티브로 작용할 수도 있고, 반대로 다단계조직을 피라미드 조직으로 변질시킬 수도 있다. 예컨대, 다단계판매업자 A가 소속 다단계판매원들에게 화장품과 건강식품을 판매하는 경우 화장품은 널리 알려진 상표로서 10만원이고, 건강식품은 잘 알려지지 않은 상표로서 5만원이라고 하자. 이 경우 정상적인 다단계판매라면 다단계판매원들은 소매가격보다 저렴하게 구입할 수 있는 화장품을 선호할 것이다. 하지만 다단계판매업자 A가 상품의 가격과 상관없이 화장품에 대해서는 5만점의 구매실적을 인정하고, 건강식품에는 10만점을 구매실적을 인정한다면 다단계판매원들은 가격대비 가치가 있는 상품인 화장품보다 후원수당을 더 받을 목적으로 건강식품을 구매할 것이다. 특히 다단계판매원 입장에서는 건강식품을 구매하면 후원수당을 더 많이 받을 수 있을 뿐만 아니라 더 높은 직급으로 승급할 수 있고, 더 높은 직급으로 승급하면 구매실적이 같다고 하더라도 더 많은 후원수당을 받을 수 있으므로 건강식품을 구매하게 된다. 이처럼 다단계판매업자는 후원수당의 구조를 어떻게 구성하느냐에 따라 가격대비 가치 있는 상품을 개발하여 얻는 이익보다 후원수당 구조를 통한 이익을 얻는 것이 유리하므로 다단계조직이 피라미드 조직으로 전락할 우려가 있다.[2)]

다단계판매업자가 다단계판매원에게 지급하는 후원수당은 현실적으로 다단계판매원을 유인하여 다단계조직에 가입시키는 핵심적인 수단이다. 종래 후원수당과 관련하여 다양한 불법행위가 행하여졌다. 그리하여 방문판매법은 다단계판매업자가 다단계판매원에게 과도한 후원수당을 제공하여 다단계판매가 사행적인 판매로 변질되고, 이로 인하여 다단계판매원에게 피해가 발생하는 것을 방지하기 위하여 소속 다단계판매원에게 지급 가능한 후원수당의 산정 및 지급기준을 상세하게 규정하고 있다.

2. 본조의 연혁

방문판매법은 제정 당시에는 후원수당의 지급비율에 대해서 규정하지 않았다. 하지만 1995년 개정법률은 사행성 방지를 목적으로 다단계판매업자가 지급할 수 있는 후원수당의 범위를 규정하고, 구체적 비율은 시행령에서 규정하였다. 즉, 개정법은 “다단계판매업자가 다단계판매원에게 후원수당으로 지급할 수 있는 총액은 대통령령이 정하는 범위 이내이어야 한다”고 규정하고(제28조 제1항), 시행령은 “법 제28조 제1항의 규정에 의하여 다단계판매업자가 지급할 수 있는 후원수당 총액의 한도는 다단계판매에 의하여 판매되

2) 남광, 방문판매법, 193면.

거나 제공된 상품 또는 용역의 권장소비자가가격의 합계액의 25퍼센트에 해당하는 금액과 다단계판매업자가 다단계판매원에게 공급하거나 제공한 상품 또는 용역의 가격의 합계액의 35퍼센트에 해당하는 금액 중 적은 금액으로 한다"고 규정하였다(제27조). 2002년 개정법률 시행령은 후원수당 지급비율을 공급가액(부가세 포함)의 합계액의 35%로 단일화하였으며, 2007년 개정법률은 이를 법률에서 직접 규율하고 있다 하지만 20년간의 물가변동의 폭을 고려하면 후원수당의 지급비율이 현실적이지 않다는 비판이 제기되고 있다.

한편, 현행법 및 시행령은 후원수당에 포함되는 경제적 이익에 대해 다단계판매와 후원방문판매간 차이를 두고 있지만 이를 차별할 합리적인 이유가 없다. 따라서 양자 모두 동일하게 적용하여야 할 것이며, 그 방식으로는 후원수당에 대한 정의에서 시행령으로 정한 사항은 후원수당의 범주에 포함되지 않는다는 규정을 신설할 필요가 있다.

Ⅱ. 본조의 내용

1. 다단계판매원의 차별대우 금지

다단계판매업자는 다단계판매원들에게 구두로만 후원수당의 산정 및 지급기준을 제시하고 문서로는 제시하지 않는 경우가 있고, 후원수당의 산정 및 지급기준을 문서로 만들었다고 하더라도 다단계판매업자가 다단계판매원에게 후원수당을 지급기준과 달리 임의로 지급하는 경우도 있다. 방문판매법은 다단계판매원에 대한 차별 대우를 방지하기 위하여 "다단계판매업자는 다단계판매원에게 고지한 후원수당의 산정 및 지급기준과 다르게 후원수당을 산정·지급하거나 그 밖의 부당한 방법으로 다단계판매원을 차별하여 대우하여서는 아니 된다"는 차별대우 금지조항을 두었다(제1항).

2. 객관적이고 명확한 후원수당 산정 및 지급기준

다단계판매업자는 후원수당의 산정 및 지급기준을 객관적이고 명확하게 정하여야 한다(제2항 전단). 여기서 "객관적이고 명확하게 정하여야 한다"는 의미는 후원수당의 산정 및 지급기준이 문서로 표현되어야 하고, 누구나 그 내용을 분명히 이해할 수 있는 명백한 어휘와 문구로 작성되어야 한다는 것이다.[3] 현행 방문판매법은 다단계판매원이 후원수당의 산정 및 지급 기준에 관한 사항을 확인할 수 있도록 다단계판매업자에게 다단계판매원 수첩(다단계판매원이 사전에 서면으로 동의한 경우 전자문서와 전자기기로 된 것을 포함한다)을 발급하여 교부하도록 하고 있다(제15조 제5항).

3) 남광, 방문판매법, 195~6면.

3. 후원수당의 산정 및 지급기준 변경절차

가. 변경의 의미

후원수당의 산정 및 지급기준 변경은 후원수당을 지급하는 사유 내지 사유별 지급되는 경제적 이익의 변경을 말한다. 즉, 후원수당을 지급하는 사유를 삭제 내지 추가하거나, 그 내용을 가중 내지 경감하거나, 사유별 지급되는 경제적 이익을 삭제 내지 추가하는 경우가 후원수당의 산정 및 지급기준의 변경에 해당한다. 특히 방문판매법은 후원수당 지급한도를 총 가격합계액의 35%로 제한하고 있어 후원수당의 산정 및 지급기준 변경은 기본적으로 다단계판매원의 이익에 영향을 미친다. 따라서 방문판매법은 후원수당의 산정 및 지급기준을 변경하는 경우에 일정한 절차에 따라야 한다고 규정하고 있다.

나. 변경 통지기간

방문판매법은 다단계판매업자가 후원수당의 산정 및 지급기준을 변경하려는 경우에는 대통령령으로 정한 절차에 따라야 한다고 규정한다(제2항 후단). 동법 시행령에 따르면 "후원수당의 산정 및 지급기준을 변경하려는 경우에는 변경할 기준, 변경 사유 및 적용일을 명시하여 현행 후원수당의 산정 및 지급기준과 함께 그 적용일 3개월 이전에 다단계판매원 또는 후원방문판매원에게 통지(전자우편 또는 휴대전화 문자메시지를 이용한 통지를 포함한다)하여야 한다"고 한다(시행령 제28조 제1항 본문). 후원수당의 산정 및 지급기준 변경은 계약내용에 해당하고 구체적으로는 보수의 지급기준에 해당하는 것이므로 다단계판매원 자신의 이해관계에 직접적이고 중대한 영향을 미친다. 따라서 방문판매법은 후원수당의 산정 및 지급기준 변경을 그 적용일로부터 3개월 이전에 다단계판매원에게 미리 알리도록 함으로써 다단계판매원이 자신의 지위를 계속 유지할 것인지를 결정할 수 있도록 하기 위한 것이다.[4] 그러나 후원수당의 산정 및 지급기준 변경이 다단계판매원 모두에게 이익이 되거나 다단계판매원 전원의 동의를 받은 경우에는 다단계판매원을 보호할 필요성이 없으므로 후원수당의 산정 및 지급기준을 즉시 변경할 수 있도록 하는 예외를 두었다(시행령 제28조 제1항 단서).

후원수당의 산정 및 지급기준 변경과 관련한 문제는 "모두에게 이익"이라는 판단 기준이다. 여기서 "모두에게 이익이 되는 경우"는 객관적이고 명백하게 모두에게 이익이 되는 것으로 제한되며, 이를 유추 또는 확장하여 모두에게 이익이 있다고 해석해서는 안 된다. 예컨대, 다단계판매업자가 일정한 직급 이상의 다단계판매원에게만 후원수당을 추가적으로 지급하도록 후원수당 지급기준을 변경한 경우 모든 다단계판매원에게 아무런 조

---

4) 법제처 법령해석 사례 안건번호 13-0355.

건 없이 후원수당을 지급하는 것이 아니므로 그 자체만으로 모두에게 이익이 되는 경우라고 할 수 없다. 이 경우 하위 직급의 다단계판매원이 일정 직급 이상에 도달하면 후원수당을 더 받게 될 수 있다는 잠재적 이익은 그 실현 여부, 즉 각 다단계판매원이 일정 직급에 도달할 수 있는지의 여부 및 실현시기 등이 각 다단계판매원이 처한 조건 및 상황에 따라 다를 뿐만 아니라 이를 특정할 수도 없으므로 이러한 막연하고 추상적인 이익은 방문판매법 시행령 제28조 제1항 단서에서 말하는 '이익'에 포함되지 않는다.[5] 하지만 판매실적이 우수한 다단계판매원에게 성과급을 추가로 지급하는 것은 성과급을 받지 못한 판매원의 분발을 촉진하는 수단으로 합리성이 인정된다. 대법원도 후원수당과 관련하여 "판매실적의 고저에 따라 후원수당의 비율을 달리 적용하여 다단계판매원 본인 또는 그의 하위판매원의 판매실적이 일정 수준을 상회하면 후원수당의 비율을 더 높게 인정해 주는 승급제도는 다단계판매업자가 매출신장을 위하여 마련할 수 있는 초보적인 동기 부여 장치로서 허용되는 것으로 보아야 할 것"으로 판시하고 있다.[6] 따라서 후원수당의 총액이 35%로 제한되어 있는 현재 상황에서 다단계판매업자가 총 가격합계액의 35% 이내에서 일시적 추가적 후원수당을 지급한 경우에는 다단계판매원에게 불리한 변경이 아니므로 후원수당의 산정 및 지급기준을 즉시 변경할 수 있다고 할 수 있다. 다만, 일정 직급 이상의 다단계판매원에게만 성과급을 추가로 지급한 결과 성과급을 받지 못한 다른 판매원의 후원수당이 실질적으로 줄어들게 되는 경우 이는 일부에게 불리한 지급기준 변경에 해당하므로 3개월 전에 다단계판매원에게 통지하여야 한다.[7]

한편, 후원수당의 산정 및 지급기준 변경이 다단계판매원 전원의 동의를 얻은 경우에는 즉시 변경할 수 있다. 그러나 다단계판매원이 수천명 이상이 되면 그들 전원으로부터 동의를 받는 것이 사실상 불가능하다. 그러므로 후원수당의 산정 및 지급기준 변경에 대하여 다단계판매원 중 일부는 동의하고 일부는 동의하지 않는 경우에 동의한 사람들에 대하여는 새로운 기준을 즉시 적용하고, 동의하지 않은 사람들에 대하여는 3개월 후에 새로운 기준을 적용하는 형태의 편법이 행하여질 우려가 있다. 따라서 방문판매법 시행령 제28조 제1항 단서는 즉시 변경 요건으로 다단계판매원 전원의 동의를 규정하고 있으며, 다단계판매업자가 이러한 절차를 위반하여 후원수당의 산정 및 지급기준을 변경하였을 경우에는 500만원 이하의 과태료를 부과받게 된다(제66조 제3항 제4호).

5) 이병준, "다단계판매에서 후원수당 지급기준 변경과 프로모션 지급절차에 관한 연구", 「유통법연구」, 제3권 제2호(2016. 12), 110면.

6) 대판 1999. 11. 23. 98도2366.

7) 곽관훈, "다단계판매에 대한 규제환경의 변화와 후원수당 지급기준 변경절차", 「기업법연구」, 제33권 제3호(2019. 9), 72면.

다른 한편, 다단계판매업자는 다단계판매원 모두가 동의하지 않거나 다단계판매원 모두 또는 일부에게 불리한 변경도 가능한지가 문제된다. 현행 방문판매법에 따르면 다단계판매업자는 다단계판매원에게 유리한 변경은 물론 불리한 변경의 경우에도 3개월 전에만 통지하면 변경할 수 있기 때문이다. 헌법재판소는 소급입법의 종류와 허용범위에 대하여 "새로운 입법으로 이미 종료된 사실관계에 작용케 하는 진정소급입법은 헌법적으로 허용되지 않는 것이 원칙이며 특단의 사정이 있는 경우에만 예외적으로 허용될 수 있는 반면, 현재 진행 중인 사실관계에 작용케 하는 부진정소급입법은 원칙적으로 허용되지만 소급효를 요구하는 공익상의 사유와 신뢰보호의 요청 사이의 교량과정에서 신뢰보호의 관점이 입법자의 형성권에 제한을 가하게 된다"고 판시하고 있다.[8] 이 판례는 소급입법에 관한 내용이지만 사인 간의 계약관계에서 계약기간 중 계약조건 변경이 가능한지에 대해서도 인용될 수 있다. 따라서 후원수당 산정 및 지급기준 변경은 그 기준이 이미 결정된 후 사후적으로 변경되는 것은 원칙적으로 금지되지만, 후원수당 산정기간 중에 그 기준이 변경되는 것은 가능하다고 할 것이다.[9]

다. 변경 통지방법

방문판매법은 다단계판매업자가 후원수당의 산정 및 지급기준을 변경하려는 경우에 다단계판매원에게 통지(전자우편 또는 휴대전화 문자메시지를 이용한 통지를 포함한다)하여야 한다. 이 경우 전자우편 또는 휴대전화 문자메시지를 이용한 통지는 사전에 전자우편 또는 휴대전화 문자메시지를 통하여 통지받을 것을 명시적으로 동의한 다단계판매원에 대해서만 한다(시행령 제28조 제2항). 이는 다단계판매원이 수천명 이상이 되는 경우에 그들에게 우편배달의 방법으로 개별적으로 후원수당의 산정 및 지급기준 변경을 통지하는데 많은 비용과 노력이 들기 때문에 이러한 사정을 고려한 것이다. 다만, 후원수당의 산정 및 지급기준 변경 통지는 다단계판매업자의 의무사항이며, 우편배달 방식 대신에 전자우편 또는 휴대전화 문자메시지를 이용한 통지를 받을 것인지는 전적으로 다단계판매원의 의사에 달려있다. 따라서 다단계판매업자가 후원수당의 산정 및 지급기준 변경 통지를 전자우편 또는 휴대전화 문자메시지로 하려는 경우에 다단계판매원의 명시적인 동의가 있어야 한다.

한편, 다단계판매업자가 후원수당의 산정 및 지급기준 변경을 통지할 경우에 주소 불명 등의 사유로 개별 통지가 불가능한 다단계판매원에 대해서는 통지사항을 사보(社報)에

8) 헌재 1998. 11. 26. 97헌바58 [헌집10-2, 673].
9) 곽관훈, 앞의 논문, 69~70면.

게재하거나 1개월 이상의 기간동안 홈페이지에 게시함으로써 통지에 갈음할 수 있다(시행령 제28조 제3항).

4. 후원수당으로 지급할 수 있는 총액

가. 후원수당 지급한도

방문판매법은 과도한 후원수당 제공으로 인한 사행적인 판매를 억제하기 위하여 다단계판매업자가 다단계판매원에게 후원수당으로 지급할 수 있는 총액을 다단계판매업자가 다단계판매원에게 공급한 재화등의 가격(부가가치세를 포함한다) 합계액(이하 "가격합계액"이라 한다)의 100분의 35에 해당하는 금액을 초과하여서는 안 된다고 규정하고 있다(제3항). 여기서 다단계판매원의 매출액과 후원수당 산정은 개별 다단계판매원 별로 측정하는 것이 아니라 전체 다단계판매원들에 대한 매출액을 합산하고, 전체 다단계판매원들에게 지급한 후원수당을 합산하여 비교하는 방식을 취하며, 이 경우 그 매출액의 합계를 가격합계액이라고 한다.[10] 따라서 특정 다단계판매원에게 가격합계액의 35%를 초과하는 후원수당을 지급하였다고 하더라도 전체 다단계판매원에게 지급된 후원수당이 가격합계액이 35%를 초과하지 않으면 문제되지 않는다. 이는 다단계판매업자가 다단계판매원에게 후원수당을 많이 지급하여 다단계판매를 권유함으로써 사행성을 조장할 우려가 있어 다단계판매원의 이익을 보호하기 위한 것이다. 또한 후원수당은 매출 신장을 위한 동기부여 수단으로서의 의미를 가지고 있어 후원수당의 총액을 제한하지 않을 경우에 다단계판매업자는 후원수당의 총액을 높이기 위하여 판매제품의 가격을 부풀리는 등 부작용이 발생할 우려가 있기 때문이다.[11] 다단계판매업자가 후원수당의 지급한도를 초과하여 다단계판매원에게 후원수당을 지급할 경우에는 3년 이하의 징역 또는 1억원 이하의 벌금에 처해지는 형사처벌을 받게 된다(제60조 제1항 제4호).

나. 가격합계액 산정기준

방문판매법은 가격합계액 및 후원수당 등의 구체적인 산정 방법을 다음과 같이 정하고 있다.

첫째, 가격합계액은 재화등의 출고 또는 제공 시점을 기준으로 한다. 그러므로 재화등의 가격이 출고 시점과 제공 시점이 다를 경우 다단계판매업자가 유리한 시점을 선택할 수 있다.

---

10) 남광, 방문판매법, 198면.

11) 곽관훈, 앞의 논문, 65~66면.

둘째, 후원수당 지급액은 해당 후원수당의 지급 사유가 발생한 시점을 기준으로 한다. 예컨대, 다단계판매업자가 1년 단위로 다단계판매 영업기간을 정한 경우에 해당 영업기간 마지막 주에 후원수당 지급사유가 발생하였으나 후원수당이 실제로 지급된 것은 다음 영업기간에 해당하는 때에도 그 후원수당 지급예정액은 해당 영업기간의 지급액에 포함된다.

셋째, 가격합계액 및 후원수당은 1년을 단위로 산정한다. 다만, 다단계판매 영업기간이 1년 미만인 경우에는 다단계판매업자의 실제 영업기간을 기준으로 한다.

넷째, 가격합계액을 산정할 때 위탁의 방법으로 재화등을 공급하는 경우에는 위탁을 받은 다단계판매업자가 다단계판매원에게 판매한 가격을 기준으로 하고, 중개의 방법으로 재화등을 공급하는 경우에는 다단계판매자가 중개를 의뢰한 사업자로부터 받은 수수료를 기준으로 한다. 이 경우 다단계판매업자의 판매방식이 위탁매매인지 아니면 중개판매인지 여부에 따라 후원수당의 지급기준이 되는 가격합계액에 차이가 있게 된다.

다. 가격합계액의 의미

방문판매법은 다단계판매업자가 다단계판매원에게 지급할 수 있는 후원수당 총액을 다단계판매업자가 다단계판매원에게 공급한 재화나 용역(권리 포함)의 가격합계액의 35%를 넘지 못한다고 규정하고 있다. 이 경우 후원수당 지급총액 산정에 있어서 '가격합계액'을 '재화나 용역의 가격' 자체의 합계액으로 산정하여야 하는지, 다단계판매업자의 '재무제표(손익계산서)상 매출액'을 기준으로 산정하여야 하는지가 문제된다.[12] 이에 대해서 공정거래위원회[13]와 서울고등법원[14]은 재화뿐만 아니라 용역(권리)의 경우에도 재무제표의 매출액을 기준으로 가격합계액을 산정하여야 한다는 취지로 판단하였다. 그러나 현행 방문판매법 제20조 제3항은 '가격합계액'과 관련하여 "공급한 재화 등의 가격(부가가치세를 포함한다) 합계액"으로 규정하고 있지 재무제표(손익계산서)의 매출액으로 규정하고 있지 아니하며, 방문판매법의 개정 연혁에 비추어 보더라도 후원수당 지급총액 산정의 기준이 되는 '가격합계액'은 재화나 용역의 가격 자체의 합계액으로 산정하는 것이 타당하다.[15] 특히 판매대금이 곧바로 매출로 인식되는 재화처럼 재무제표(손익계산서)의 매출액을 기준으로 용역(권리)의 가격합계액을 산정할 경우 용역(권리)에 대한 다단계판매의 후원수당 지급총액 비율이 과다하게 산정될 수 있다. 이러한 결과는 불합리할 뿐만 아니라 용역을

12) 최연석 · 예영란, "후원수당 지급총액 산정과 가격합계액의 해석", 「유통법연구」, 제5권 제1호(2018. 6), 144면.
13) 공정거래위원회 2017. 1. 18.자 의결 제2017-023호.
14) 서울고법 2018. 2. 7, 2017누35549.
15) 최연석 · 예영란, 앞의 논문, 157면.

취급하는 다단계판매업자에게 불리하다.[16] 나아가 다단계판매업자가 후원수당 지급총액 35%를 초과하여 후원수당을 지급할 경우에 다단계판매업자는 공정거래위원회로부터 시정명령, 과징금 등 불이익한 행정처분을 부과받을 수 있고, 3년 이하의 징역 또는 1억원 이하의 형사처벌을 받을 수 있다. 따라서 '가격합계액' 의미는 침익적 행정처분의 엄격해석 원칙이나 죄형법정주의에 비추어 엄격하게 해석될 필요가 있다.[17]

라. 위탁판매와 중개판매의 문제

방문판매법 제20조 제3항 제4호는 "가격합계액을 산정할 때 위탁의 방법으로 재화등을 공급하는 경우에는 위탁을 받은 다단계판매업자가 다단계판매원에게 판매한 가격을 기준으로 하고, 중개의 방법으로 재화등을 공급하는 경우에는 다단계판매자가 중개를 의뢰한 사업자로부터 받은 수수료를 기준으로 한다"고 규정하고 있다. 따라서 다단계판매업자가 다단계판매원에게 위탁의 방법으로 재화를 공급하는지 아니면 중개의 방법으로 재화를 공급하는지를 구분할 필요가 있다.

위탁판매의 경우 위탁판매인은 "자기명의로써 타인의 계산으로 물건 또는 유가증권의 판매를 영업으로 하는 자"를 말하므로(상법 제101조) 위탁판매인 자신이 상품 판매계약의 당사자가 된다. 그러나 위탁판매인은 '타인의 계산'으로 영업을 하므로 상품 판매의 경제적 효과인 손익은 위탁자에게 귀속되고, 위탁판매인은 위탁자로부터 일정한 보수를 받는다(상법 제112조). 이 경우 위탁자가 위탁판매인에게 지급하는 보수는 상품 판매금액의 일정 비율 형태로 지급되는 것이 통상적이고, 재무제표에 인식되는 위탁판대인의 매출액은 위탁판매인이 매수인으로부터 받는 상품의 판매금액이 아니라 위탁판매인이 위탁자로부터 받는 보수로서 판매금액에 대한 일정 수수료이다.[18] 따라서 위탁판매의 경우 다단계판매업자(위탁판매인)가 다단계판매원에게 공급하는 것은 해당 재화나 용역 그 자체이므로, 방문판매법은 이를 반영하여 "위탁의 방법으로 재화등을 공급하는 경우에는 위탁을 받은 다단계판매업자가 다단계판매원에게 판매한 가격을 기준으로 한다"고 규정하고 있다.

이에 대하여 중개판매의 경우 중개판매인은 "타인 간의 상행위의 중개를 영업으로 하는 자"를 말하므로(상법 제93조) 중개판매인은 상품 판매계약의 당사자가 아니다. 즉, 중개판매인은 타인 간의 계약 체결을 중개하고, 시장의 시세나 상대방의 신용 상태를 탐지하고 전문적인 자료를 위탁자에게 제공함으로써 계약의 체결을 돕는 데 그치고, 판매계약

16) 최연석·예영란, 앞의 논문, 155면.
17) 최연석·예영란, 앞의 논문, 154면.
18) 최연석·예영란, 앞의 논문, 157면.

체결시에 판매계약의 당자자가 되지는 않는다. 이 경우 중개판매인은 계약당사자 쌍방 또는 일방으로부터 사전에 약정한 중개수수료를 받는다. 중개판매의 경우 다단계판매업자가 다단계판매원에게 공급한 것은 '용역'이고, 방문판매법은 이를 반영하여 "다단계판매자가 중개를 의뢰한 사업자로부터 받은 수수료를 기준으로 한다"고 규정하고 있다.

실무적으로 다단계판매업자가 재화등을 판매의 방법으로 공급하고 있는지, 위탁의 방법으로 공급하고 있는지, 중개의 방법으로 공급하고 있는지 구별하기가 쉽지 않다. 그 이유는 사업 규모가 크고, 다단계판매원이 많은 다단계판매업자의 경우 세 가지 방법을 모두 사용하는 경우가 많기 때문이다. 이처럼 다단계판매업자의 재무제표 매출 항목에 재화등의 판매가격이 아닌 수수료가 기재되었다고 하여 중개판매라고 단정하기 어렵다. 따라서 가격합산액 산정기준이 되는 판매 형태는 다른 지표를 종합하여 판단하여야 할 것이다.[19)]

5. 후원수당의 산정 및 지급 명세의 열람 허용

다단계판매원은 자신이 제대로 후원수당 지급기준에 따라 다단계판매업자로부터 후원수당을 지급받고 있는지를 확인할 수 있어야 한다. 그리하여 방문판매법은 다단계판매원이 요구하는 경우 다단계판매업자는 후원수당의 산정·지급 명세 등의 열람을 허용하여야 한다고 규정한다(제4항). 다단계판매업자가 이러한 절차를 위반하여 후원수당의 산정 및 지급 명세 등의 열람을 허용하지 않을 경우에는 500만원 이하의 과태료를 부과받게 된다(제66조 제3항 제5호).

6. 하위판매원 모집조건의 후원수당 지급 금지

방문판매법은 다단계판매업자가 재화등의 판매실적과 관계없이 후원수당을 미끼로 하위판매원을 모으려는 시도를 막기 위하여 일정한 경우 후원수당 지급을 금지하고 있다. 즉, 다단계판매업자가 일정 수의 하위판매원을 모집하거나 후원하는 것을 조건으로 하위판매원 또는 그 하위판매원의 판매실적과 관계없이 후원수당을 차등하여 지급하는 것을 금지하고 있다(제5항). 다단계판매업자가 이러한 금지 규정을 위반하여 하위판매원 또는 그 하위판매원의 판매실적과 관계없이 후원수당을 차등하여 지급하는 경우에는 3년 이하의 징역 또는 1억원 이하의 벌금의 형사처벌을 받게 된다(제60조 제1항 제4호).

---

19) 남광, 방문판매법, 207면.

Ⅲ. 적용요건

1. 후원수당

가. 개 념

후원수당이란 판매수당, 알선 수수료, 장려금, 후원금 등 그 명칭 및 지급 형태와 상관없이 판매업자가 판매원 자신의 재화등의 거래실적, 판매원의 수당에 영향을 미치는 다른 판매원들의 재화등의 거래실적, 판매원의 수당에 영향을 미치는 다른 판매원들의 조직관리 및 교육훈련 실적과 관련하여 소속 판매원에게 지급하는 경지적 이익, 그 밖에 판매원들의 판매활동을 장려하거나 보상하기 위하여 지급되는 일체의 경제적 이익과 관련하여 소속 판매원에게 지급하는 경제적 이익을 말한다(동법 제2조 제9호). 즉, 방문판매법상 후원수당은 다단계판매원이 다단계판매업자로부터 지급받는 모든 경제적 이익으로서 다단계판매원이 다단계판매업자와 체결한 판매원 가입계약(회원계약)에 기하여 지급받는 주된 반대급부로서의 보수에 해당한다.[20] 한편, 특수판매에서의 소비자보호지침[21]은 후원수당에 포함되지 않은 경제적 이익을 다음과 같이 규정하고 있다. 즉, 다단계판매업자가 협력업체의 협찬 물품(냉장고, 정수기 등)을 제공받아 다단계판매원을 대상으로 매달 조건을 내걸어 경품으로 제공할 경우에 그 조건이 ① 다단계판매원에게 속하는 하위판매원들에 대한 조직관리 및 교육훈련 실적 또는 ② 다단계판매원 자신의 재화등의 판매실적이나 그 다단계판매원에게 속하는 하위판매원들의 재화등의 판매실적과 관련이 있을 경우에는 후원수당의 범위에 포함된다. 하지만, 첫째 수상 조건이 친절 사원, 사외 수상자(우수 시민상) 또는 각종 대회에서의 입상자에게 제공되는 경우 ① 또는 ②와 관련되지 않으므로 후원수당의 범위에 포함되지 않는다. 둘째, 센터지원비·사무실 운영보조금 등은 다단계판매업자·후원방문판매업자가 부지를 얻어 본사 직원을 파견하여 운영하는 직영센터인 경우에는 후원수당에서 제외한다. 셋째, 다단계판매업자·후원방문판매업자가 불특정 다수의 판매원을 대상으로 주최하는 판매원 교육훈련에 지출된 경비는 후원수당에 포함되지 않는다. 다만, 상위판매원이 하위판매원을 대상으로 주최한 교육훈련행사 경비를 다단계판매회사·후원방문판매회사가 지급하는 것이나 판매실적 등 회사에서 요구하는 일정 요건을 달성한 특정 판매원만을 대상으로 교육훈련 등을 제공하기 위하여 지출하는 경비는 후원수당에 포함된다.

---

20) 이병준, 앞의 논문, 96면.

21) 공정거래위원회예규 제235호, 2015. 10. 23., 일부개정.

나. 법적 성격

후원수당의 법적 성격은 다단계판매원의 법적 지위와 밀접한 관련이 있다. 다단계판매업자와 다단계판매원의 관계를 고용관계로 본다면 후원수당은 보수으로서의 성격을 갖는다. 그러나 다단계판매원을 독립된 사업자로 본다면 후원수당은 비용과 이윤을 포함한 일종의 사업소득으로 볼 수 있다. 즉, 방문판매법상 다단계판매원은 근로자로서의 성격과 독립된 사업자로서의 성격을 모두 가지고 있으므로 후원수당도 양자의 성격을 모두 가지고 있다고 할 수 있다.[22] 따라서 다단계판매원 자신의 재화등의 거래실적은 근로자로서 받는 일종의 성과급으로서의 성격과 사업자로서 받은 사업소득의 성격을 모두 가지고 있다고 할 수 있다. 이에 대하여 다단계판매원의 수당에 영향을 미치는 다른 판매원들의 재화등의 거래실적, 다른 판매원들의 조직관리 및 교육훈련 실적과 관련하여 소속 판매원에게 지급하는 경제적 이익, 그 밖에 판매원들의 판매활동을 장려하거나 보상하기 위하여 지급되는 일체의 경제적 이익은 다단계판매업자의 비용 보존으로서의 성격을 가지고 있다고 할 수 있다.

다. 프로모션의 경우

다단계판매 실무에서는 후원수당이라는 용어와 함께 프로모션이라는 용어가 널리 사용되고 있다. 이 경우 다단계판매업자가 다단계판매원에게 프로모션으로 지급하는 경제적 이익이 방문판매법상 후원수당에 해당하는지가 문제된다. 프로모션이 지급되는 사유로는 통상적으로 승진, 진급 등 일정한 직급의 취득이나 일정한 판매실적의 달성을 요건으로 하고, 그 대가로 해당 다단계판매원에게 여행이나 증정품 내지 보너스 지급 등 경제적 이익이 지급된다. 이는 다단계판매원들의 판매활동을 장려하거나 보상하기 위하여 지급되는 일체의 경제적 이익에 해당하므로 프로모션으로 지급되는 경제적 이익은 후원수당에 포함된다.[23]

2. 다단계판매원

다단계판매원에게 지급하는 후원수당은 현실적으로 판매원을 유인하여 다단계조직에 가입시키는 핵심적 수단으로서 그 판매조직이 유지될 수 있는 근간이라고 할 수 있다. 그리하여 방문판매법은 다단계판매원 등에게 지급되는 후원수당에 관하여 상세한 규정을 두고 있으며, 이 경우 다단계판매원의 지위는 외견상으로는 다단계판매회사로부터 독립

22) 곽관훈, 앞의 논문, 67면.
23) 같은 취지: 이병준, 앞의 논문, 100면.

된 사업자이다. 즉, 다단계판매원으로 가입하고자 하는 자는 다단계판매업자와 가입계약을 체결하고, 다단계판매업자는 상대방을 다단계판매원으로 등록하고 등록증을 교부한다. 이 경우 다단계판매업자가 상대방을 판매원으로 인정한 이상 다단계판매원으로서의 법적 지위가 확정되며, 이들이 다단계판매 대장에 등록되지 않거나 그 등록증과 판매 수첩을 소지하지 않았다는 것만으로는 다단계판매원의 법적 지위가 부정되지 않는다.[24] 하지만 다단계판매원은 다른 자영업자와 달리 다단계판매회사와 매우 밀접한 관계를 갖고 있다. 즉, 다단계판매원들은 수시로 다단계판매회사로부터 각종 교육을 받으며, 후원수당 산정 등 다단계판매회사가 정한 기준을 따라야 하는 등 다단계판매회사로부터 감독이나 통제를 받는 경우가 많다. 이처럼 다단계판매원은 한편으로 다단계조직에 가입한 '사업자'이면서, 다른 한편으로 방문판매법의 보호대상으로서의 지위를 가진다. 따라서 후원수당의 지급기준과 관련하여서도 다단계판매원은 다단계판매업의 영업방법 및 다단계판매업자와 다단계판매원 사이의 관계 등을 고려하여 그 지위를 사안에 따라 달리 판단하여야 할 것이다.

24) 대판 2002. 1. 11, 2001다62374.

제21조 후원수당 관련 표시·광고 등

[정진명]

제21조(후원수당 관련 표시·광고 등) ① 다단계판매업자는 다단계판매원이 되려는 사람 또는 다단계판매원에게 다단계판매원이 받게 될 후원수당이나 소매이익(다단계판매원이 재화등을 판매하여 얻는 이익을 말한다)에 관하여 거짓 또는 과장된 정보를 제공하여서는 아니 된다.
② 다단계판매업자는 다단계판매원이 되려는 사람 또는 다단계판매원에게 전체 다단계판매원에 대한 평균 후원수당 등 후원수당의 지급 현황에 관한 정보를 총리령으로 정하는 기준에 따라 고지하여야 한다.
③ 다단계판매업자는 다단계조직의 운영 방식 또는 활동 내용에 관하여 거짓 또는 과장된 사실을 유포하여서는 아니 된다.

1. 본조의 입법 취지

다단계판매의 경우에 가장 우려되는 요소 중의 하나는 정보비대칭 문제이다. 즉, 다단계판매업자가 다단계판매원에게 재화등에 관한 정보 중에서 자신에게 유리한 것만을 제공하거나 하위판매원을 유인하기 위하여 허위·과장된 정보를 제공할 가능성이 크다. 그리하여 방문판매법은 후원수당 관련 표시·광고 등에 관한 규정을 통하여 허위·과장된 정보에 의한 다단계판매원의 피해를 방지하고 있다.

2. 다단계판매원에 대한 정확한 정보제공 의무

다단계판매업자는 다단계판매원이 되려는 사람 또는 다단계판매원에게 장밋빛 전망을 심어 주기 위하여 후원수당이나 소매이익에 관하여 거짓 또는 과장된 정보를 제공할 가능성이 크다. 그리하여 방문판매법은 다단계판매업자가 다단계판매원에게 후원수당이나 소매이익에 관한 거짓 또는 과장된 정보를 제공하는 것을 금지하고 있으며(제21조 제1항), 이를 위반한 때에는 3년 이하의 징역 또는 1억원 이하의 벌금의 형사처벌을 받게 된다(제60조 제1항 제5호).

3. 다단계판매원에 대한 후원수당 지급 현황 고지의무

다단계판매업자는 다단계판매원이 되려는 사람 또는 다단계판매원에게 전체 다단계판매원에 대한 평균 후원수당 등 후원수당의 지급 현황에 관한 정보를 총리령으로 정하는 기준에 따라 고지하여야 한다(제21조 제2항). 동 시행령에 따르면 "다단계판매업자는 제21조 제2항 및 제29조 제3항에 따라 다단계판매원이 되려는 사람 또는 다단계판매원에게 후원수당의 지급 현황에 관한 정보를 고지할 때에는 평균 후원수당과 후원수당의 분포를 알 수 있도록 도표로 작성된 서식으로 하여야 한다"고 규정한다(방문판매법 시행규칙 제19조). 그 이유는 다단계판매사업자가 다단계판매원에게 지급할 수 있는 후원수당의 한도가 가격합계액의 35%로 제한되어 있으므로 다단계판매원이 되려는 사람 또는 다단계판매원에게 전체 다단계판매원에 대한 후원수당의 지급 현황을 명확하게 알릴 필요가 있기 때문이다.

4. 다단계조직의 운영 방식 또는 활동 내용에 대한 과장 금지

다단계판매업자는 다단계조직의 운영 방식 또는 활동 내용에 관하여 거짓 또는 과장된 사실을 유포하여서는 아니 된다(제21조 제3항). 이는 다단계판매업자가 다단계판매원을 많이 모집하려고 다단계조직의 운영 방식 또는 활동 내용에 관하여 거짓 또는 과장된 사실을 유포하는 것을 방지하기 위한 것이다. 다단계판매업자가 이를 위반한 때에는 3년 이하의 징역 또는 1억원 이하의 벌금의 형사처벌을 받게 된다(제60조 제1항 제5호).

제22조 다단계판매원의 등록 및 탈퇴 등

[정진명]

제22조(다단계판매원의 등록 및 탈퇴 등) ① 다단계판매업자는 다단계판매원이 되려는 사람 또는 다단계판매원에게 등록, 자격 유지 또는 유리한 후원수당 지급기준의 적용을 조건으로 과다한 재화등의 구입 등 대통령령으로 정하는 수준을 초과한 부담을 지게 하여서는 아니 된다.
② 다단계판매자는 다단계판매원에게 일정 수의 하위판매원을 모집하도록 의무를 지게 하거나 특정인을 그의 동의 없이 자신의 하위판매원으로 등록하여서는 아니 된다.
③ 다단계판매업자는 다단계판매원이 제15조제2항 각 호의 어느 하나에 해당하는 경우에는 그 다단계판매원을 탈퇴시켜야 한다.
④ 다단계판매원은 언제든지 다단계판매업자에게 탈퇴 의사를 표시하고 탈퇴할 수 있으며, 다단계판매업자는 다단계판매원의 탈퇴에 조건을 붙여서는 아니 된다.
⑤ 다단계판매업자는 탈퇴한 다단계판매원의 판매행위 등으로 소비자피해가 발생하지 아니하도록 다단계판매원 수첩을 회수하는 등 필요한 조치를 하여야 한다.

1. 부담행위 금지

가. 부담행위 금지 규정의 취지 및 의미

방문판매법은 다단계조직이 피라미드 조직으로 변질되는 것을 막기 위하여 부담행위 금지 규정을 두고 있다. 즉, "다단계판매업자는 다단계판매원이 되려는 사람 또는 다단계판매원에게 등록, 자격 유지 또는 유리한 후원수당 지급기준의 적용을 조건으로 과다한 재화등의 구입 등 대통령령으로 정하는 수준을 초과한 부담을 지게 하여서는 아니 된다"고 규정하고 있다(제22조 제1항). 부담행위를 금지하는 이유는 다단계판매업자가 다단계판매원을 유치하는 단계에서 높은 직급에서의 활동을 미끼로 다단계판매원이 되려는 사람에게 이른바 '집중소비'[1]를 권유하는 경우가 많기 때문이다. 여기서 "부담을 지게 하는 행위"란 다단계판매원으로 하여금 일정 수준 이상의 물품 구매실적을 달성할 것을 그 등록과 자격유지 조건으로 요구하는 것을 말한다.[2] 그리고 "재화등의 구입"은 다단계판매원이 다단계판매업자로부터 구입한 물품이 그 구입가격에 상응하는 가치를 갖지 못하고 다단계판매원이 물품 자체보다는 물품의 구매실적에 따른 수당을 받을 목적으로 물품을 구매한다는 등의 사정이 있으며, 그러한 거래가 실제로는 재화 거래를 가장하거나 빙자한 출

1) '집중소비'는 다단계판매원이 높은 직급에서 다단계판매원 활동을 시작하기 위하여 재화등을 구매할 경우 집중하여 구매하는 것을 말한다.
2) 대판 2007. 10. 25, 2007도6241.

자금의 수수에 불과하다고 평가되는 경우라도, 다단계판매원이 다단계판매업자로부터 물품을 구매하는 행위가 있으면 이는 해당한다.[3] 예컨대, 다단계판매업자가 다단계판매원이 되려는 사람에게 후원수당, 판매활동장려금 등의 각종 수당을 지급받는 판매원이 되기 위해서는 1인당 605,000원 상당의 물품을 구매하도록 한 것은 제22조 제1항이 금지하는 '재화 구입 등 부담을 지게 하는 행위'에 해당한다고 할 수 있다.

나. 유 형

방문판매법이 금지하고 있는 부담행위로는, ① 다단계판매업자가 다단계판매원이 되려는 사람에게 다단계판매원으로 등록하기 위해서 과다한 재화등을 구입하여야 한다고 조건을 거는 경우, ② 다단계판매업자가 다단계판매원에게 자격 유지를 위해서 과다한 재화등의 구입하여야 한다고 조건을 거는 경우, ③ 다단계판매원이 우리한 후원수당을 지급받으려면 과다한 재화등을 구입하여야 한다는 조건을 거는 경우이다. 다만, 여기서 '재화등의 구입'은 다단계판매원 1인당 1년에 5만원 이하이면 무방하다(시행규칙 제27조).

방문판매법이 ① 유형의 부담행위를 금지하는 이유는 다단계판매업자가 다단계판매원이 되려는 사람에게 다단계조직에 가입 조건으로 과다한 가입비를 받거나 일정 금액 이상의 재화등을 구입하도록 유인하여 다단계조직이 피라미드 조직으로 변질되는 것을 막기 위한 것이다.[4] 즉, 다단계판매는 소비자가 다단계판매업자가 판매하는 재화등을 구매하다가 판매원으로서 가격 혜택을 받고, 또한 이를 계기로 소매이익이나 후원수당을 얻기 위해 판매원으로 등록하는 것을 전제로 한다. 하지만 다단계판매업자는 처음 등록하는 판매원에게 한 번에 많은 재화등을 판매하기 위하여 다단계판매원이 되려는 사람에게 일정 금액 이상의 재화등을 구입하면 높은 직급에서 판매원 활동을 시작할 수 있다는 권유를 하는 경우가 많다. 따라서 다단계판매업자가 다단계판매원이 되려는 사람에게 등록을 위하여 과다한 재화등의 구입 조건을 거는 경우는 금지되어야 하며, 다단계판매업자가 다단계판매원이 되려는 사람에게 본인이 아니라 제3자가 구매하더라도 다단계판매원으로 등록시켜 준다고 조건을 거는 경우에도 부담행위에 해당한다. 즉, 방문판매법 제22조 제1항이 금지하는 부담행위는 다단계판매원에게 직접 '물품 구매'를 요구하는 경우에 한정하지 않고 '물품 구매실적'을 요구하는 경우로 보아야 한다.[5] 따라서 일반회원이 후원수당을 지급받을 수 있는 다단계판매원으로 등록되기 위해서는 그 가액이 5만원이 넘는 다단계판매업자의 통신상품을 일반회원 본인이 직접 구매하거나 이를 제3자에게 판매하여 본인

3) 대판 2007. 10. 25, 2007도6241; 대판 2015. 12. 24, 2015두41395.

4) 남광, 방문판매법, 214면.

5) 대판 2007. 10. 25. 2007도6241.

명의의 매출을 발생시키는 경우에도 방문판매법 제22조 제1항이 금지하는 부담행위에 해당한다.[6)]

② 유형인 다단계판매원이 자격 유지를 위해서 과다한 재화등의 구입하는 것을 조건으로 하는 경우는 실제로는 문제되지 않는다. 부담행위 문제는 '직급 유지'를 조건으로 과다한 재화등을 구입하도록 요구하는 경우에 존재한다. 하지만 다단계판매원의 '자격'과 '직급'은 전혀 다른 용어이므로 이에 대한 확장해석이나 유추해석은 금지된다. 왜냐하면 다단계판매업자가 이 조항을 위반할 때에는 3년 이하의 징역 또는 1억원 이하의 벌금의 형사처벌을 받기 때문이다(제60조 제1항 6호). 따라서 입법론적으로는 '자격'을 '자격 또는 직급'으로 개정하여[7)] 부담행위의 대상을 명확히 할 필요가 있다.

③ 유형인 다단계판매원이 유리한 후원수당을 지급받으려면 과다한 재화등을 구입하여야 한다는 조건을 금지하는 것은 일반적으로 이해하기 어렵다. 왜냐하면 다단계조직에서 직급제도나 승급제도는 본질적인 요소인데, 이러한 부담행위를 엄격하게 시행하기 위해서는 다단계조직에서 직급이나 승급제도를 없애야 하기 때문이다.[8)] 반면에 시행령은 "이 경우 다단계판매원이 되려는 자, 다단계판매원 또는 그 하위판매원의 판매실적과 구매실적에 따라 후원수당의 지급기준을 달리하는 행위는 재화등을 구매하도록 하는 부담으로 보지 아니 한다"고 규정하여 승급제도 자체를 부인하지 않는다(시행규칙 제29조 제2문). ③ 유형의 부담행위를 규제하는 것은 다단계판매업자가 승급을 미끼로 다단계판매원에게 과다한 재화등을 구입하게 하여서는 안 된다는 의미로 해석된다.[9)] 예컨대, 다단계판매업자가 다단계판매원에게도 본인 구매실적에 따라 후원수당의 지급을 달리하였으며, 6개월 동안 매월 12만원 이상 재구매 하지 않으면 이월 PV(Point Value) 소멸시키고, 1년 동안 재구매하지 않으면 다단계판매원 자격을 박탈함으로써 사실상 재화 등을 구입하도록 하였으면 이는 제22조 제1항의 금지행위에 해당한다.[10)] 이러한 측면에서 입법론적으로는 현행 조문을 "다단계판매업자는 다단계판매원에게 현재의 직급 유지나 승급을 조건으로 과다한 재화등의 구입 등 대통령령으로 정하는 수준을 초과한 부담을 지게 하여서는 아니 된다"는 형태로 개정할 필요가 있다.[11)]

---

6) 서울고등법원 2017. 10. 20, 2016누4828.
7) 남광, 방문판매법, 214면.
8) 남광, 방문판매법, 215면.
9) 남광, 방문판매법, 215면.
10) 서울고등법원 2017. 7. 14, 2016누34112.
11) 남광, 방문판매법, 216면.

2. 하위판매원 강제모집 금지

방문판매법은 "다단계판매자는 다단계판매원에게 일정 수의 하위판매원을 모집하도록 의무를 지게 하거나 특정인을 그의 동의 없이 자신의 하위판매원으로 등록하여서는 아니 된다"고 하위판매원 강제모집을 금지하고 있다(제22조 제2항). 이는 다단계판매업자가 재화등의 판매와 무관하게 하위판매원을 많이 모집하여 판매원을 모집하는 행위 자체에서 수익을 발생시키는 피라미드 조직으로 변질되는 것을 방지하기 위한 것이다. 특히 상위판매원이 하위판매원의 동의를 얻지 않은 상태에서 후원라인을 변경하는 행위를 하고, 다단계판매업자가 이를 승인하였을 경우 다단계판매업자는 해당 상위 다단계판매업자와 함께 처벌될 수 있다.

3. 다단계판매원 결격자를 탈퇴시킬 의무

방문판매법은 "다단계판매업자는 다단계판매원이 제15조 제2항 각 호의 어느 하나에 해당하는 경우에는 그 다단계판매원을 탈퇴시켜야 한다"고 규정한다(제22조 제3항). 이는 제15조 제2항이 다단계판매원의 결격사유를 규정하고 있으므로 다단계판매업자에게 법률의 규정을 따르도록 한 것이다.

4. 다단계판매원의 자유로운 탈퇴 권리

방문판매법은 "다단계판매원은 언제든지 다단계판매업자에게 탈퇴 의사를 표시하고 탈퇴할 수 있으며, 다단계판매업자는 다단계판매원의 탈퇴에 조건을 붙여서는 아니 된다"고 규정하고 있다(제22조 제4항). 따라서 다단계판매원은 언제든지 다단계판매원을 탈퇴할 수 있고, 이 경우 다단계판매업자에 대해서 손해배상의무를 부담하지 않는다. 반면에 다단계판매업자가 이를 위반한 때에는 3년 이하의 징역 또는 1억원 이하의 벌금의 형사처벌을 받게 된다(제60조 제1항 6호).

5. 탈퇴 다단계판매원의 사칭 방지 의무

방문판매법은 "다단계판매업자는 탈퇴한 다단계판매원의 판매행위 등으로 소비자피해가 발생하지 아니하도록 다단계판매원 수첩을 회수하는 등 필요한 조치를 하여야 한다"고 규정하고 있다(제22조 제5항). 이는 다단계조직에서 탈퇴한 다단계판매원이 탈퇴한 후에도 다단계판매원으로 사칭할 수 있으므로 이를 방지하기 위한 것이다. 하지만 이러한 입법 취지에도 불구하고 다단계판매원이 다단계조직에서 탈퇴하면서 다단계판매원 수첩을 반납하지 않을 경우에 다단계판매업자가 다단계판매원 수첩을 회수할 수 있을지는 의문이다.

제23조 금지행위

[김남홍·서종희]

제23조(금지행위) ① 다단계판매자는 다음 각 호의 어느 하나에 해당하는 행위를 하여서는 아니 된다.
1. 재화등의 판매에 관한 계약의 체결을 강요하거나 청약철회등 또는 계약 해지를 방해할 목적으로 상대방을 위협하는 행위
2. 거짓 또는 과장된 사실을 알리거나 기만적 방법을 사용하여 상대방과의 거래를 유도하거나 청약철회등 또는 계약 해지를 방해하는 행위 또는 재화등의 가격·품질 등에 대하여 거짓 사실을 알리거나 실제보다도 현저히 우량하거나 유리한 것으로 오인시킬 수 있는 행위
3. 청약철회등이나 계약 해지를 방해할 목적으로 주소·전화번호 등을 변경하는 행위
4. 분쟁이나 불만 처리에 필요한 인력 또는 설비가 부족한 상태를 상당 기간 방치하여 상대방에게 피해를 주는 행위
5. 상대방의 청약이 없는데도 일방적으로 재화등을 공급하고 재화등의 대금을 청구하는 등 상대방에게 재화등을 강제로 판매하거나 하위판매원에게 재화등을 판매하는 행위
6. 소비자가 재화를 구매하거나 용역을 제공받을 의사가 없음을 밝혔는데도 전화, 팩스, 컴퓨터통신 등을 통하여 재화를 구매하거나 용역을 제공받도록 강요하는 행위
7. 다단계판매업자에게 고용되지 아니한 다단계판매원을 다단계판매업자에게 고용된 사람으로 오인하게 하거나 다단계판매원으로 등록하지 아니한 사람을 다단계판매원으로 활동하게 하는 행위
8. 제37조에 따른 소비자피해보상보험계약등을 체결하지 아니하고 영업하는 행위
9. 상대방에게 판매하는 개별 재화등의 가격을 대통령령으로 정하는 금액을 초과하도록 정하여 판매하는 행위
10. 본인의 허락을 받지 아니하거나 허락받은 범위를 넘어 소비자에 관한 정보를 이용하는 행위. 다만, 다음 각 목의 어느 하나에 해당하는 경우는 제외한다.
    가. 재화등의 배송 등 소비자와의 계약을 이행하기 위하여 불가피한 경우로서 대통령령으로 정하는 경우
    나. 재화등의 거래에 따른 대금을 정산하기 위하여 필요한 경우
    다. 도용을 방지하기 위하여 본인임을 확인할 때 필요한 경우로서 대통령령으로 정하는 경우
    라. 법률의 규정 또는 법률에 따라 필요한 불가피한 사유가 있는 경우
11. 다단계판매조직 및 다단계판매원의 지위를 양도·양수하는 행위. 다만, 다단계판매원의 지위를 상속하는 경우 또는 사업의 양도·양수·합병의 경우에는 그러하지 아니하다.

② 다단계판매업자는 다단계판매원으로 하여금 제1항의 금지행위를 하도록 교사(敎唆)하거나 방조(幇助)하여서는 아니 된다.

③ 공정거래위원회는 이 법 위반행위의 방지 및 소비자피해의 예방을 위하여 다단계판매자가 지켜야 할 기준을 정하여 고시할 수 있다.

[참고사례] 애터미(주)의 방문판매법 위반행위에 대한 건(공정거래위원회 2020. 9. 25. 의결 2020-269호); 한국암웨이(주)의 방문판매법 위반행위에 대한 건(공정거래위원회 2020. 9. 25. 의결 2020-268호); 시크릿다이렉트코리아(주)의 방문판매법 위반행위에 대한 건(공정거래위원회 2019. 4. 29. 의결 2019-047호); ㈜아이원의 방문판매법 위반행위에 대한 건(공정거래위원회 2016. 6. 3. 의결 2016-154호); ㈜비앤에스솔루션의 방문판매법 위반행위에 대한 건

(공정거래위원회 2016. 6. 3. 의결 2016-153호); ㈜엔이엑스티의 방문판매법 위반행위에 대한 건(공정거래위원회 2016. 6. 3. 의결 2016-152호); ㈜아이에프씨아이의 방문판매법 위반행위에 대한 건(공정거래위원회 2016. 6. 3. 의결 2016-151호); ㈜아로마라이프의 방문판매법 위반행위에 대한 건(공정거래위원회 2015. 11. 19. 의결 2015-180호); ㈜웰빙테크의 이의신청에 대한 건(공정거래위원회 2012. 11. 22. 의결 2012-025호); ㈜웰빙테크의 방문판매법 위반행위에 대한 건(공정거래위원회 2012. 8. 28. 의결 2012-180호); ㈜이엠스코리아의 방문판매법 위반행위에 대한 건(공정거래위원회 2011. 12. 12. 의결 2011-269호); ㈜굿포스 등의 방문판매법 위반행위에 대한 건 (공정거래위원회 2010. 12. 7. 의결 2010-159호); ㈜대교의 방문판매법 위반행위에 대한 건(공정거래위원회 2007. 10. 8. 의결 2007-454호); 소망유통(주)의 방문판매법 위반행위에 대한 건(공정거래위원회 2007. 10. 4. 의결 2007-477호); 소망화장품(주)의 방문판매법 위반행위에 대한 건(공정거래위원회 2007. 10. 4. 의결 2007-476호); ㈜아모레퍼시픽의 방문판매법 위반행위에 대한 건(공정거래위원회 2007. 9. 20. 의결 2007-450호); 웅진코웨이(주)의 방문판매법 위반행위에 대한 건(공정거래위원회 2007. 9. 19. 의결 2007-446호); 제이유네트워크(주)의 방문판매법 위반행위에 대한 건(공정거래위원회 2007. 1. 5. 의결 2007-003호); ㈜다이너스티인터내셔날의 방문판매법 위반행위에 대한 건(공정거래위원회 2006. 10. 26. 의결 2006-242호); 디지털씨씨엠 주식회사의 방문판매법 위반행위에 대한 건(공정거래위원회 2006. 10. 23. 의결 2006-361호); ㈜위베스트인터내셔널의 방문판매법 위반행위에 대한 건(공정거래위원회 2006. 8. 7. 의결 2006-175호); ㈜아이쓰리샵의 이의신청에 대한 건(공정거래위원회 2006. 2. 3. 의결 2006-009호); ㈜아이쓰리샵의 방문판매법 위반행위에 대한 건(공정거래위원회 2005. 11. 1. 의결 2005-224호); 썬라이더코리아(주)의 방문판매법 위반행위에 대한 건(공정거래위원회 2005. 10. 18. 의결 2005-220호); 퓨온(주)의 방문판매법 위반행위에 대한 건(공정거래위원회 2005. 10. 18. 의결 2005-219호); ㈜브리엔퍼비엔피의 방문판매법 위반행위에 대한 건(공정거래위원회 2005. 10. 18. 의결 2005-217호); ㈜지아이피플코리아의 방문판매법 위반행위에 대한 건(공정거래위원회 2004. 3. 15. 의결 2004-103호); ㈜젤센코리아의 방문판매법 위반행위에 대한 건(공정거래위원회 2004. 3. 15. 의결 2004-102호); ㈜드림이어의 방문판매법 위반행위에 대한 건(공정거래위원회 2004. 3. 15. 의결 2004-101호); ㈜에듀엘코리아의 방문판매법 위반행위에 대한 건(공정거래위원회 2004. 3. 15. 의결 2004-100호); 골든프로슈머(주)의 방문판매법 위반행위에 대한 건(공정거래위원회 2004. 3. 15. 의결 2004-099호); 홈프랜차이즈(주)의 방문판매법 위반행위에 대한 건(공정거래위원회 2004. 3. 15. 의결 2004-098호); ㈜마이라이프월드의 방문판매법 위반행위에 대한 건(공정거래위원회 2004. 3. 15. 의결 2004-097호); ㈜글로벌자이언트시스템의 방문판매법 위반행위에 대한 건(공정거래위원회 2004. 3. 5. 의결 2004-078호); ㈜엔아이케이의 방문판매법 위반행위에 대한 건(공정거래위원회 2004. 3. 5. 의결 2004-077호); ㈜해피플의 방문판매법 위반행위에 대한 건(공정거래위원회 2004. 2. 24. 의결 2004-043호); ㈜비엠지의 방문판매법 위반행위에 대한 건(공정거래위원회 2004. 2. 23. 의결 2004-052호); ㈜조아넷의 방문판매법 위반행위에 대한 건(공정거래위원회 2004. 2. 23. 의결 2004-051호); ㈜베이컴의 방문판매법 위반행위에 대한 건(공정거래위원회 2004. 2. 23. 의결 2004-050호); 투어마린제약공업(주)의 방문판매법 위반행위에 대한 건(공정거래위원회 2004. 2. 23. 의결 2004-049호); ㈜이이아이엔디의 방문판매법 위반행위에 대한 건(공정거래위원회 2004. 2. 23. 의결 2004-048호); ㈜그린바이오토피아의 방문판매법 위반행위에 대한 건(공정거래위원회 2004. 2. 23. 의결 2004-047호); ㈜한사랑캠퍼스넷의 방문판매법 위반행위에 대한 건(공정거래위원회 2004. 2. 23. 의결 2004-046호); ㈜바이오플러스의 방문판매법 위반행위에 대한 건(공정거래위원회 2004. 2. 23. 의결 2004-045호); ㈜베스트포라이프의 방문판매법 위반행위에 대한 건(공정거래위원회 2004. 2. 23. 의결 2004-044호); ㈜멤버스윈의 방문판매법 위반행위에 대한 건(공정거래위원회 2004. 2. 23. 의결 2003-228호); 에프엘피코리아(주)의 방문판매법 위반행위에 대한 건(공정거래위원회 2004. 2. 3. 의결 2004-046호); 뉴웨이스인터내셔날코리아(주)의 방문판매법 위반행위에 대한 건(공정거래위원회 2004. 2. 3. 의결 2004-045호); 유니시티코리아(주)의 방문판매법 위반행위에 대한 건(공정거래위원회 2004. 2. 3. 의결 2004-042호); ㈜이스티씨인터내셔널의 방문판매법 위반행위 및 재판매가격유지행위에 대한 건(공정거래위원회 2004. 2. 3. 의결 2004-036호); ㈜한국암웨이의 방문판매법 위반행위 등에 대한 건(공정거래위원회 2004. 1. 27. 의결 2004-020호); ㈜아이쓰리샵의 방문판매법위반행위에 대한 건(공정거래위원회 2004. 1. 27. 의결 2004-014호); ㈜메카인리빙의 방문판매법 위반행위에 대한 건(공정거래위원회 2004. 1. 27. 의결 2004-012호); ㈜에프앤디물산의 방문판매법 위반행위에 대한 건(공정거래위원회

2004. 1. 27. 의결 2004-028호); ㈜굿핸즈코리아의 방문판매법 위반행위에 대한 건(공정거래위원회 2004. 1. 27. 의결 2004-027호); ㈜샾에프엔의 방문판매법 위반행위에 대한 건(공정거래위원회 2003. 12. 26. 의결 2003-234호); ㈜지쓰리의 방문판매법 위반행위에 대한 건(공정거래위원회 2003. 12. 26. 의결 2003-233호); ㈜이비즌닷컴의 방문판매법 위반행위에 대한 건(공정거래위원회 2003. 12. 26. 의결 2003-232호); 고려인삼매니아의 방문판매법위반행위에 대한 건(공정거래위원회 2003. 12. 26. 의결 2003-231호); ㈜알앤아이엔에스의 방문판매법위반행위에 대한 건(공정거래위원회 2003. 12. 26. 의결 2003-230호); ㈜미래로넷의 방문판매법 위반행위에 대한 건(공정거래위원회 2003. 12. 26. 의결 2003-229호); ㈜오웨이의 방문판매법 위반행위에 대한 건(공정거래위원회 2003. 12. 26. 의결 2003-227호); ㈜뉴비지니스인터내셔날의 방문판매법위반행위에 대한 건(공정거래위원회 2003. 12. 26. 의결 2003-226호); ㈜고려한백인터내셔날 등의 방문판매법 위반행위에 대한 건(공정거래위원회 2003. 10. 28. 의결 2003-168호); ㈜비비코리아의 방문판매법 위반행위에 대한 건(공정거래위원회 2003. 10. 14. 의결 2003-082호); ㈜코넥스유통의 방문판매법 위반행위에 대한 건(공정거래위원회 2003. 8. 27. 의결 2003-135호); 다단계판매자 전수석 및 ㈜네띠아미의 부당한후원라인변경등록행위에 대한 건(공정거래위원회 2003. 5. 27. 의결 2003-057호).

1. 의 의

방문판매법은 다단계판매자에게 거래의 공정성을 유지하고 소비자의 권익을 보호하고 시장의 신뢰도를 높이기 위하여 일정한 행위를 금지하도록 규정하고 있다. 그 주요한 내용은 다단계판매자가 계약 체결을 강요하거나 청약철회등 또는 계약 해지를 방해할 목적으로 상대방을 위협하는 행위, 거짓 또는 과장된 사실을 알리거나 기만적 방법을 사용하여 상대방과의 거래를 유도하거나 청약철회등 또는 계약 해지를 방해하는 행위 또는 재화등의 가격·품질 등에 대하여 거짓 사실을 알리거나 실제보다도 현저히 우량하거나 유리한 것으로 오인시킬 수 있는 행위, 청약철회등이나 계약 해지를 방해할 목적으로 주소·전화번호 등을 변경하는 행위, 분쟁이나 불만 처리에 필요한 인력 또는 설비가 부족한 상태를 상당 기간 방치하여 상대방에게 피해를 주는 행위, 상대방의 청약이 없는데도 일방적으로 재화등을 공급하고 재화등의 대금을 청구하는 등 상대방에게 재화등을 강제로 판매하거나 하위판매원에게 재화등을 판매하는 행위, 소비자가 재화를 구매하거나 용역을 제공받을 의사가 없음을 밝혔는데도 전화, 팩스, 컴퓨터통신 등을 통하여 재화를 구매하거나 용역을 제공받도록 강요하는 행위, 다단계판매업자에게 고용되지 아니한 다단계판매원을 다단계판매업자에게 고용된 사람으로 오인하게 하거나 다단계판매원으로 등록하지 아니한 사람을 다단계판매원으로 활동하게 하는 행위, 소비자피해보상보험계약등을 체결하지 아니하고 영업하는 행위, 재화등의 가격을 160만원을 초과하도록 정하여 판매하는 행위, 본인의 허락을 받지 아니하거나 허락받은 범위를 넘어 소비자에 관한 정보를 이용하는 행위, 다단계판매조직 및 다단계판매원의 지위를 양도·양수하는 행위, 다단계판매업자가 다단계판매원에게 금지행위를 하도록 교사 또는 방조하는 행위를 금지하고 있다. 방문판매법은 다단계판매자가 이와 같이 금지된 행위를 하는 경우 그 행위의 중대성 여부에 따라 시정조치(제49조), 과징금(제51조), 형사처벌(제58조, 제62조) 혹은 과태료(제66조)에 처하도록 규정하고 있다.

2. 금지의 내용

가. 재화등의 판매에 관한 계약의 체결을 강요하거나 청약철회등 또는 계약 해지를 방해할 목적으로 상대방을 위협하는 행위

이러한 행위에는 욕설, 인신모독, 감금 또는 계약 체결을 조건으로 귀가를 시켜준다고 위협하는 등의 행위로 계약 체결을 강요하는 행위와 계약 체결 후에 마음에 들지 아니하여 청약 철회등 또는 계약 해지를 하려고 재화를 반품하고 청약 철회등 또는 계약 해지를 통보하자, 사업자가 신용불량자 운운하며 청약철회등 또는 계약 해지를 거부하는 행위가 포함된다[「특수판매에서의 소비자보호 지침」 3.다.(1)].

나. 거짓 또는 과장된 사실을 알리거나 기만적 방법을 사용하여 상대방과의 거래를 유도하거나 청약철회등 또는 계약 해지를 방해하는 행위 또는 재화등의 가격·품질 등에 대하여 거짓 사실을 알리거나 실제보다도 현저히 우량하거나 유리한 것으로 오인시킬 수 있는 행위

다단계 판매업자 혹은 다단계 판매원이 소비자에게, 다단계 판매업자가 다단계 판매원이 아래와 같은 행위를 하는 경우로서 이에 해당하는 행위유형은 다음과 같다.

(1) 휴대폰으로 광고 문자 메시지를 전송하면서 ① 유료에 대한 표시를 하지 않거나, ② 허위로 '연락했는데 연락이 없네요' 등으로 유인하거나, ③ 당첨 상술을 쓰는 방법 등에 의하여 상대방으로 하여금 전화를 걸게 하는 행위(다만, '당첨' 메시지의 경우 실제로 응모를 통하여 당첨된 사실을 알리는 경우는 제외한다)

(2) 시용 상품이라고 재화등의 사용을 권유하여 상대방이 이를 일부 사용하자, 재화의 훼손을 이유로 계약 체결을 강요하는 행위

(3) 계약 체결시의 시·군·구 지역 내의 사업장이 아닌 다른 시·군·구 지역 내의 사업장으로 방문하는 방법으로만 청약철회등이 가능한 경우(다만, 계약 체결시의 시·군·구 지역 내의 사업장 폐쇄·이전 등으로 없는 경우는 제외)

다. 청약철회등이나 계약 해지를 방해할 목적으로 주소·전화번호 등을 변경하는 행위

라. 분쟁이나 불만 처리에 필요한 인력 또는 설비가 부족한 상태를 상당 기간 방치하여 상대방에게 피해를 주는 행위

이에 해당하는 행위는 다음과 같다.

(1) 상대방의 불만사항에 대한 사업자의 이메일 또는 팩스 답변이 불충분하여 직접 전화통화를 하고자 함에도 불구하고, 사업자가 이메일 또는 팩스를 통해서만 불만처리를 할 수 있도록 하고 전화통화를 거부하는 경우

(2) 상담원이 부족하여 상대방이 통상의 경우 상담원과 통화할 수 없거나, ARS 등을 통해 여러 단계를 거치게 하면서 결국 상담원과는 통화가 되지 않도록 기술적 장치를 하는 경우

(3) 상대방이 사업자와의 전화통화가 이루어지지 않아 자동 안내된 콜백 안내에 따라 자신의 전화번호를 남겼음에도 불구하고, 사업자가 3영업일 이내에 전화를 하지 않는 경우(다만, 상대방이 전화번호를 잘못 남겼거나 상대방의 부재 등으로 인하여 부득이 하게 연락이 지연된 경우는 제외)

(4) 상대방이 사업자에게 전화를 하였으나 담당자가 출장, 결근 또는 퇴사하였다는 이유로 전화통화 또는 전산처리 등을 회피하여, 상대방에게 청약철회등 기간경과 및 지연처리로 인한 기간경과에 따른 위약금 가중 등의 피해를 주는 경우

마. 상대방의 청약이 없는데도 일방적으로 재화등을 공급하고 재화등의 대금을 청구하는 등 상대방에게 재화등을 강제로 판매하거나 하위판매원에게 재화등을 판매하는 행위

이는 상대방이 구매의사가 없음을 밝혔음에도 불구하고, 무료라고 하면서 일방적으로 재화를 장기간 공급한 뒤 이에 대한 대금을 요구하는 경우 또는 상대방에게 경품 행사에 당첨되었다고 하면서, 재화를 무료로 제공한 후에 세금 및 수수료 등의 명목으로 대금을 요구하는 행위 등을 말한다.

바. 소비자가 재화를 구매하거나 용역을 제공받을 의사가 없음을 밝혔는데도 전화, 팩스, 컴퓨터통신 등을 통하여 재화를 구매하거나 용역을 제공받도록 강요하는 행위

이러한 경우는 소비자가 전화를 이용하여 구매 권유를 받는 경우에 소비자가 구매할 의사가 없다고 밝히고 더 이상 전화를 통하여 구매 권유를 하지 말 것을 밝혔으나 계속하여 전화를 하는 경우를 말한다.

사. 다단계판매업자에게 고용되지 아니한 다단계판매원을 다단계판매업자에게 고용된 사람으로 오인하게 하거나 다단계판매원으로 등록하지 아니한 사람을 다단계판매원으로 활동하게 하는 행위

아. 다단계판매업자가 소비자피해보상보험계약등을 체결하지 아니하고 영업하는 행위

방문판매법은 다단계판매업자로 등록하려고 하는 경우에는 소비자의 피해보상을 위하여 소비자의 피해를 보상하기에 적절한 수준의 소비자피해보상보험계약을 체결해야할 의무를 부과하고 있다. 피해보상을 위한 적절한 수준의 보험계약은 다음과 같은 조건이 충족되어야 하며, 이러한 보험계약을 체결한 자는 그 사실을 나타내는 표지를 사용할 수 있다.

(1) 청약철회등의 권리행사에 따라 발생하는 대금 환급의무의 불이행 또는 재화등의 공급의무 불이행 등으로 인한 소비자피해를 보상하는 것을 그 내용으로 할 것

(2) 피보험자 또는 수혜자는 해당 소비자피해보상보험계약등을 체결한 자가 판매하는 재화등의 구매자로 할 것

(3) 계약금액은 재화등의 매매대금을 한도로 공정거래위원회가 정하여 고시하는 규모 이상으로 할 것

(4) 소비자(다단계판매원 또는 후원방문판매원을 포함한다. 이하 이 조에서 같다)가 신속하고 쉽게 피해보상을 받을 수 있도록 하고, 보상이 지연되는 경우 지연배상금이 지급되도록 할 것

(5) 정당한 사유 없이 소비자의 의사표시 방법을 제한하거나 소비자에게 지나친 입증책임의 부담을 부과하지 아니할 것

(6) 정당한 사유 없이 피해보상의 범위나 보험자 또는 재화등의 판매자의 책임을 한정하지 아니할 것

(7) 소비자에게 예상하기 어려운 위험이나 손해를 줄 우려가 있거나 부당하게 불리한 약정을 두지 아니할 것

(8) 소비자피해보상보험계약등의 계약을 체결하여 거래하는 기간은 1년 이상으로 하고, 정당한 사유 없이 계약 해지의 요건을 쉽게 정하여 소비자에게 불이익을 주지 아니할 것

(9) 보험계약 또는 채무지급보증계약의 경우에는 「보험업법」 제2조 제6호에 따른 보험회사 또는 「은행법」 제2조 제1항 제2호에 따른 은행(이하 이 호에서 "보험회사등"이라 한다)과 체결할 것. 다만, 후원방문판매업자는 다음의 요건을 모두 충족하는 다른 후원방문판매업자와 제1호부터 제8호까지의 요건을 충족하는 채무지급보증계약을 체결할 수 있다.

(가) 재화등의 매매·위탁판매 등 계속적 거래관계가 있는 다른 후원방문판매업자
(나) 계속적 거래관계가 있는 후원방문판매업자를 위하여 보험회사등 또는 법 제38조에 따라 설립된 공제조합(이하 "공제조합"이라 한다)과 소비자피해보상보험계약 등을 체결한 다른 후원방문판매업자

자. 상대방에게 판매하는 개별 재화등의 가격을 160만원(부가가치세 포함)을 초과하도록 정하여 판매하는 행위

방문판매법 제23조 제1항 제9호에서는 "상대방에게 판매하는 개별 재화등의 가격을 대통령령으로 정하는 금액을 초과하도록 정하여 판매하는 행위"를 금지하고 있다. 한편 방문판매 등에 관한 법률 시행령 제30조(판매상품 등에 대한 가격 제한)에서는 "법 제23조 제1항 제9호(법 제29조 제3항에 따라 준용되는 경우를 포함한다)에서 "대통령령으로 정하는 금액"이란 160만원(부가가치세가 포함된 금액으로 한다)을 말한다"고 하고 있다. 이에 다단계판매자는 거래의 상대방에게 판매하는 개별 재화 등의 가격을 대통령령이 정하는 금액인 160만원 이상으로 정하여 판매하는 행위를 하여서는 아니 된다. 방문판매법상 개별재화의 판매가격을 제한하는 규정의 입법취지는, 다단계 판매의 경우 대인판매·연고판매에 의존하여 판매조직의 확대에 따른 이익의 증가를 미끼로 사행성을 유발하고, 후원수당을 지급받고자 하는 판매원들의 무분별하고도 적극적인 고가 상품의 판촉행위로 인한 소비자 피해를 양산할 가능성이 있으므로 개별재화의 가격을 제한하여 소비자들의 피해를 최소화하기 위함이다.[1)]

그런데 '개별재화 등의 가격'을 어떠한 기준으로 산정할 것인지에 따라 금지행위 위반여부가 달라진다는 점에서 그 해석은 매우 어려우면서도 중요하다고 할 수 있다. 판례는 대법원 2006. 5. 26. 선고 2006도279 판결에서 "개별 재화등의 가격"이라 함은 판매 단위에 의하여 결정되는 재화 등의 가격을 의미한다고 볼 것이므로 낱개 재화의 가격이 160만원 미만이라 하더라도 그 재화 여러 개를 하나의 판매단위로 묶어 160만원 이상의 가격으로 판매하는 경우에는 위 방문판매법 규정에 위배된다"고 보아 개별재화가격을 판매단위를 기준으로 판단하였다. 한편 개별재화 등의 가격판단의 어려움을 해결하기 위해 공정거래위원회가 마련한 특수판매에서의 소비자보호 지침[2)]에서는 다단계판매자·후원방문판매자가 거래의 상대방에게 판매하는 개별 재화등의 가격이 160만원(부가가치세 포함)을 초

1) 즉 재화의 가격에 대한 제한이 없으면 고가의 제품판매를 통해 하위판매원 수를 늘리는 것과 같은 결과를 유인할 수 있다는 것을 우려한 것이다.
2) 특수판매에서의 소비자보호 지침(2015. 10. 23. 공정거래위원회예규 제235호로 일부개정되기 전의 것) Ⅲ. 4. (9) 다단계판매자·후원방문판매자가 거래의 상대방에게 판매하는 개별 재화등의 가격이 160만원(부가가치세 포함)을 초과하도록 정하여 판매하는 행위를 예시하면 다음과 같다.

과하도록 정하여 판매하는 행위를 다음과 같이 예시하고 있다.

<예시>

- 개별 재화의 가격이 160만원 이하이지만 판매된 개별 재화가 그 자체로서 사실상 사용가치가 없어서 다른 재화를 추가로 구매하여야 사용가치가 있는 경우는 이들 재화들의 가격의 합계로 160만원 초과 여부를 판단함.
  ⇒ 주된 재화의 기능에 반드시 필요한 재화를 세트로 판매하는 경우, 주된 재화의 품질과 성능유지나 안전을 위하여 필요한 재화를 세트로 판매하는 경우 또는 분리하여 개별적으로 판매하는 것이 기술적으로 매우 곤란하거나 상당한 비용을 요구하는 경우 이들 재화를 세트로 판매하는 경우는 세트를 개별 재화로 간주하여 160만원 초과 여부를 판단함.
- 할부판매 또는 재화 등의 소유권 이전을 전제로 한 리스계약의 경우 160만원 초과 여부는 할부금 또는 리스사용료 전체 가격으로 판단함.
- 용역(일정한 시설을 이용하거나 용역의 제공을 받을 수 있는 권리)의 판매인 경우는 그 용역을 제공하기로 한 계약 기간 동안의 총가격이 160만원을 초과하여서는 아니 됨.
  ⇒ 용역 제공 계약기간이 1년이라면 1년 동안의 공급 가격이 160만원 이하이어야 하고, 계약기간이 2년이라면 2년 동안의 공급 가격이 160만원 이하이어야 함.
- 위탁 또는 중개의 방식으로 재화등을 판매할 경우, 다단계판매자가 위탁 또는 중개를 의뢰한 사업자로부터 받은 수수료가 아니라 다단계판매원 또는 소비자에게 판매한 가격이 160만원을 초과하여서는 아니 됨.

소비지보호지침 기준예시에 의하면 (1) 주된 재화의 기능에 반드시 필요한 재화를 세트로 판매하는 경우, (2) 주된 재화의 품질과 성능유지나 안전을 의하여 필요한 재화를 세트로 판매하는 경우 또는 (3) 분리하여 개별적으로 판매하는 것이 기술적으로 매우 곤란하거나 상당한 비용을 요구하여 세트로 판매하는 경우에는 세트를 개별 재화로 간주할 수 있다. 그러나 위와 같은 지침상의 기준으로도 다양한 사안을 모두 판단할 정도의 예시기준을 제시한 것으로 볼 수 없다는 점에서 해석상 여전히 문제는 남는다. 특히 침익적 행정처분의 근거가 되는 행정법규는 엄격하게 해석·적용하여야 하는 것이므로 문언의 가능한 해석범위를 넘어 지나치게 확장하거나 유추하여 해석할 수는 없으므로,[3] '개별 재화등의 가격'의 해석 또한 신중을 요한다.

(1) 다단계 판매의 경우 대인판매·연고판매에 의존하여 판매조직의 확대에 따른 이

3) 대법원 2008. 2. 28. 선고 2007두13791, 13807 판결 참조. 특히 방문판매법 제23조 제1항 제9호를 위반한 경우에는 행정상 제재 이외에 방문판매법 제62조 제10호, 제23조 제1항 제9호에 따라 "1년 이하의 징역 또는 3,000만원 이하의 벌금"에 처해지는 점 등을 고려할 때 위 조항을 판매자에게 불리한 방향으로 지나치게 확장해석하거나 유추해석해서는 안 된다.

익의 증가를 미끼로 사행성을 유발하고, 후원수당을 지급받고자 하는 판매원들의 무분별하고도 적극적인 고가 상품의 판촉행위로 인한 소비자 피해를 양산할 가능성이 있으므로 개별재화의 가격을 제한하여 소비자들의 피해를 방지하기 위하여 방문판매법 제23조 제1항 제9호는 입법화되었다. 동 규정의 목적의 정당성에는 문제가 없다. 다만 제품의 특징 등을 전혀 고려하지 않고 일률적으로 일정 금액 이상의 거래를 금지하도록 하는 것은 사적자치의 본질적 내용을 침해할 수 있으며, 특정 제품의 경우에는 일률적인 가격통제로 인하여 소비자에게 좋은 제품의 유통을 원척적으로 봉쇄하는 결과를 가져올 수 있다. 요컨대 방문판매법 제23조 제1항 제9호 및 동법 시행령 제30조는 그 목적의 정당성을 차치하더라도, 소비자의 다양한 범주를 무시한 채, 일률적으로 가격을 통제하는 입법적 결단이라는 점에서 국가의 후견권 남용으로 비춰질 수 있다. 이에 향후에 입법자는 가격통제의 규제수단을 과감하게 버리고, 합리적인 방법을 모색할 필요가 있다.

(2) 소비자보호 지침의 <예시>를 통해 알 수 있듯이 다단계업체가 위탁 및 중개판매 방식으로 제품을 판매하는 경우에도 160만원을 넘는 제품을 취급할 수 없다. 종래에는 위탁판매와 달리 중개판매의 경우에는 수수료만을 매출로 인정하기 때문에 수수료가 160만원이 넘지 않으면 160만원이 넘는 고가제품의 중개판매도 가능하였다. 그러나 현재는 중개판매의 경우에도 수수료가 아닌 판매가격을 기준으로 하여 상한을 제한하고 있다. 그러나 위와 같은 지침상의 기준으로도 다양한 사안을 모두 판단할 정도의 예시기준을 제시한 것으로 볼 수 없다는 점에서 해석상 여전히 문제는 남는다.[4] 위 지침 또한 타당한지에 대한 재검토가 필요하다. 즉 개별재화의 판매가격을 제한하는 것이 다단계판매조직의 확대에 따른 이익의 증가를 미끼로 사행성을 유발하고, 후원수당을 지급받고자 하는 판매원들의 무분별하고도 적극적인 고가 상품의 판촉행위로 인한 소비자 피해를 양산할 가능성이 있다는 점을 고려하면 매매를 통한 이익의 귀속과 중개를 통한 이익의 귀속은 구분하는 것이 타당할 것이다. 특히 개별재화가격 제한이 사행성을 방지하는 것을 주된 목적으로 한다면, 후원수당을 책정함에 있어 중개의 경우에는 수수료를 기준으로 하고 있다는 점을 고려하여 매매와 중개를 구분해야 할 것이다.

차. 본인의 허락을 받지 아니하거나 허락받은 범위를 넘어 소비자에 관한 정보를 이용하는 행위

다만, 재화등의 배송 등 소비자와의 계약을 이행하기 위하여 불가피한 경우로서, 재

4) 예컨대 "할부판매 또는 재화 등의 소유권 이전을 전제로 한 리스계약의 경우 160만원 초과 여부는 할부금 또는 리스사용료 전체 가격"으로 판단하는데, 소유권 이전을 전제하지 않은 리스계약은 어떻게 판단할 것인가?

화등의 배송 또는 전송을 업으로 하는 자 중 해당 재화등의 배송 또는 전송을 위탁받은 자에게 소비자에 관한 정보를 제공하는 경우 또는 재화등의 설치, 사후 서비스, 그 밖에 약정한 서비스의 제공을 업으로 하는 자 중 해당 서비스의 제공을 위탁받은 자에게 소비자에 관한 정보를 제공하는 경우, 법 제37조에 따른 소비자피해보상보험계약등을 체결한 소비자피해 보상금 지급의무자에게 소비자에 관한 정보를 제공하는 경우, 재화등의 거래에 따른 대금을 정산하기 위하여 필요한 경우, 도용을 방지하기 위하여 본인임을 확인하기 위하여 기간통신사업자, 개인신용평가회사, 개인사업자신용평가회사, 본인신용정보관리회사, 해당 거래에 따른 대금결제와 직접 관련된 결제업자, 법령에 따라 또는 법령에 따른 인가·허가를 받아 도용 방지를 위한 실명 확인을 업으로 하는 자, 미성년자와의 거래시 법정대리인의 동의 여부를 확인하기 위하여 이용하는 경우, 법률의 규정 또는 법률에 따라 필요한 불가피한 사유가 있는 경우에는 예외로 하여 본인의 허락없이 혹은 허락받은 범위를 넘어서 소비자 정보를 이용할 수 있다.

카. 다단계판매조직 및 다단계판매원의 지위를 양도·양수하는 행위 다만, 다단계판매원의 지위를 상속하는 경우 또는 사업의 양도·양수·합병의 경우에는 예외임.

다단계판매조직이나 다단계판매원의 지위를 양도, 양수함으로써 소비자에게 불측의 손해를 입히는 행위가 많이 발생하였으므로, 이를 금지하는 행위로 넣었다. 그러나, 다단계판매원의 지위 자체는 경제적인 가치가 있으므로 다단계판매원이 사망한 경우에 상속인에게 이를 상속하게 하여 그 경제적인 이익을 보장하는 예외규정을 두었으며, 또한, 개별적인 판매조직이나 판매원 지위가 아닌 사업체 자체를 양도, 양수하는 행위를 금지하는 것은 과도하게 경제적인 이익을 침해하고, 그에 따른 소비자의 피해가 적을 뿐 아니라 실제로도 이러한 양도, 양수를 인정할 필요성이 많이 있으므로, 이는 허용하고 있다.

타. 다단계판매업자가 다단계판매원으로 하여금 가.항부터 카.항까지의 행위를 하도록 교사하거나 방조하는 행위

금지행위 교사라 함은 금지행위를 할 의사가 없는 타인으로 하여금 이를 결의하여 실행하게 하는 것을 말하며, 방조라는 것은 타인이 금지행위를 하는 것을 돕는 것을 의미하며, 이에는 언어·행동·정신적·물적인 것을 포함하는 개념이다.

제24조 사행적 판매원 확장행위 등의 금지

[김남홍]

제24조(사행적 판매원 확장행위 등의 금지) ① 누구든지 다단계판매조직 또는 이와 비슷하게 단계적으로 가입한 자로 구성된 조직을 이용하여 다음 각 호의 어느 하나에 해당하는 행위를 하여서는 아니 된다.〈개정 2013. 5. 28.〉

1. 재화등의 거래 없이 금전거래를 하거나 재화등의 거래를 가장하여 사실상 금전거래만을 하는 행위로서 다음 각 목의 어느 하나에 해당하는 행위
   가. 판매원에게 재화등을 그 취득가격이나 시장가격보다 10배 이상과 같이 현저히 높은 가격으로 판매하면서 후원수당을 지급하는 행위
   나. 판매원과 재화등의 판매계약을 체결한 후 그에 상당하는 재화등을 정당한 사유 없이 공급하지 아니하면서 후원수당을 지급하는 행위
   다. 그 밖에 판매업자의 재화등의 공급능력, 소비자에 대한 재화등의 공급실적, 판매업자와 소비자 사이의 재화등의 공급계약이나 판매계약, 후원수당의 지급조건 등에 비추어 그 거래의 실질이 사실상 금전거래인 행위
2. 판매원 또는 판매원이 되려는 자에게 하위판매원 모집 자체에 대하여 경제적 이익을 지급하거나 정당한 사유 없이 후원수당 외의 경제적 이익을 지급하는 행위
3. 제20조제3항(제29조제3항에 따라 준용되는 경우를 포함한다)에 위반되는 후원수당의 지급을 약속하여 판매원을 모집하거나 가입을 권유하는 행위
4. 판매원 또는 판매원이 되려는 자에게 가입비, 판매 보조 물품, 개인 할당 판매액, 교육비 등 그 명칭이나 형태와 상관없이 10만원 이하로서 대통령령으로 정하는 수준을 초과한 비용 또는 그 밖의 금품을 징수하는 등 의무를 부과하는 행위
5. 판매원에 대하여 상품권[그 명칭이나 형태와 상관없이 발행자가 일정한 금액이나 재화등의 수량이 기재된 무기명증표를 발행하고 그 소지자가 발행자 또는 발행자가 지정하는 자(이하 이 조에서 "발행자등"이라 한다)에게 이를 제시 또는 교부하거나 그 밖의 방법으로 사용함으로써 그 증표에 기재된 내용에 따라 발행자등으로부터 재화등을 제공받을 수 있는 유가증권을 말한다. 이하 이 조에서 같다]을 판매하는 행위로서 다음 각 목의 어느 하나에 해당하는 행위
   가. 판매업자가 소비자에게 판매한 상품권을 다시 매입하거나 다른 자로 하여금 매입하도록 하는 행위
   나. 발행자등의 재화등의 공급능력, 소비자에 대한 재화등의 공급실적, 상품권의 발행규모 등에 비추어 그 실질이 재화등의 거래를 위한 것으로 볼 수 없는 수준의 후원수당을 지급하는 행위
6. 사회적인 관계 등을 이용하여 다른 사람에게 판매원으로 등록하도록 강요하거나 재화등을 구매하도록 강요하는 행위
7. 판매원 또는 판매원이 되려는 사람에게 본인의 의사에 반하여 교육·합숙 등을 강요하는 행위
8. 판매원을 모집하기 위한 것이라는 목적을 명확하게 밝히지 아니하고 취업·부업 알선, 설명회, 교육회 등을 거짓 명목으로 내세워 유인하는 행위

② 다단계판매업자는 다단계판매원으로 하여금 제1항의 금지행위를 하도록 교사하거나 방조하여서는 아니 된다.

[참고사례] ㈜앤알커뮤니케이션의 방문판매법 위반행위에 대한 건 관련 과징금 재산정 및 부과의 건(공정거래위원회 2018. 12. 20. 의결 2018-373호); ㈜앤알커뮤니케이션의 방문판매법 위반행위에 대한 건 관련 ㈜앤알커뮤니케이션의 과징금 납부기한 연장 및 분할납부 신청에 대한 건(공정거래위원회 2017. 3. 20. 의결 2017-091호); ㈜앤알커뮤니케이션의 방문판매법 위반행위에 대한 건(공정거래위원회 2017. 1. 18. 의결 2017-023호); ㈜앤알커뮤니케이션의 방문판매법 위반 행위에 대한 건(공정거래위원회 2017. 1. 18. 의결 2017-003호); 이지솔루션의 방문판매법 위반행위에 대한 건(공정거래위원회 2016. 5. 2. 의결 2016-020호); ㈜드림카솔루션의 방문판매법 위반행위에 대한 건(공정거래위원회 2016. 5. 2. 의결 2016-019호); ㈜유피에이의 방문판매법 위반행위에 대한 건(공정거래위원회 2015. 11. 4. 의결 2015-158호); ㈜코스팜바이오의 방문판매법 위반 행위에 대한 건(공정거래위원회 2013. 11. 19. 의결 2013-186호); ㈜웰빙테크의 방문판매법 위반행위에 대한 건(공정거래위원회 2009. 2. 5. 의결 2009-064호); ㈜한국암웨이의 방문판매법 위반행위 등에 대한 건(공정거래위원회 2004. 1. 27. 의결 2004-020호); ㈜고려한백인터내셔날 등의 방문판매법 위반행위에 대한 건(공정거래위원회 2003. 10. 28. 의결 2003-168호).

방문판매법 제24조 제1항에서는 “재화등의 거래 없이 금전거래를 하거나 재화등의 거래를 가장하여 사실상 금전거래만을 하는 행위”의 태양을 한정적으로 열거하고 있다. 이와 관련하여 헌법재판소는 “재화등의 거래 없이 금전거래를 하거나 재화등의 거래를 가장하여 사실상 금전거래만을 하는 행위”란 재화 등을 주고받지 아니하고 오로지 금전 수수만을 하거나 재화 등의 거래를 빙자하여 외형적으로는 재화 등의 거래가 있는 것처럼 보이나, 실제로는 재화 등의 거래가 없거나 매우 미미한 정도로만 이루어져 그 실질적 목적은 금전의 수수에만 있는 경우를 의미한다“고 판시한 바 있습니다(헌법재판소 2012. 4. 24. 선고 2009헌바329 결정 참조).

판매원 또는 판매원이 되려는 자에게 가입비, 판매 보조 물품, 개인 할당 판매액, 교육비 등 그 명칭이나 형태와 상관없이 10만원 이하로서 대통령령으로 정하는 수준을 초과한 비용 또는 그 밖의 금품을 징수하는 등 의무를 부과하는 행위를 금지하고 있는데, 여기에서 ‘대통령령으로 정하는 수준”은 아래의 어느 하나에 해당하는 금액 또는 각 호의 구분에 따른 금액의 총합계가 연간 5만원을 의미한다.

1. 다단계판매원 또는 후원방문판매원의 가입비 또는 회원자격 갱신의 경우: 1만원. 이 경우 가입비 및 갱신회비는 가입 및 갱신을 위하여 다단계판매업자 또는 후원방문판매업자가 지출하는 실제 비용을 초과할 수 없다.
2. 판매 보조 물품을 구입하도록 의무를 부과하는 경우: 다단계판매원 또는 후원방문판매원 1인당 연간 3만원. 이 경우 판매 보조 물품의 공급다가로 다단계판매원 또는 후원방문판매원으로부터 징수하는 금액은 다단계판매업자 또는 후원방문판매업자가 그 판매 보조 물품을 공급하는 데 드는 비용(그 비용이 판매 보조 물품의 시장가격 상당액을 초과하는 경우에는 시장가격을 말한다)을 초과할 수 없다.

3. 교육을 받도록 의무를 부과하는 경우: 소비자보호 등을 위한 법령 준수에 관한 교육 등 공정거래위원회가 정하는 내용의 교육으로 한정하며, 다단계판매원 또는 후원방문판매원 1인당 연간 3만원. 이 경우 징수하는 교육비는 실제 비용을 초과할 수 없다.
4. 제1호부터 제3호까지 외의 것으로서 명칭이나 형태에 상관없이 비용 또는 그 밖의 금품을 징수하는 등 의무를 부과하는 경우: 1인당 연간 3만원

제25조 소비자 등의 침해정지 요청

[김남홍]

제25조(소비자 등의 침해정지 요청) 제23조 또는 제24조를 위반한 다단계판매자의 행위로 이익을 침해받거나 침해받을 우려가 있는 자 또는 대통령령으로 정하는 소비자단체 등은 그 행위가 현저한 손해를 주거나 줄 우려가 있는 경우에는 그 행위에 대하여 대통령령으로 정하는 바에 따라 공정거래위원회에 침해의 정지에 필요한 조치를 요청할 수 있다.

“대통령령으로 정하는 소비자단체 등”이란 소비자기본법 제29조에 따라 등록한 소비자단체, 한국소비자원, 민법 제32조에 따라 다단계판매 또는 후원방문판매와 관련한 소비자보호를 목적으로 설립한 비영리법인을 지칭한다.

소비자 단체 등이 침해정지를 요청하려고 하는 경우에는 1) 침해의 정지에 필요한 조치 요청의 대상이 되는 다단계판매업자·후원방문판매업자 또는 다단계판매원·후원방문판매원 및 위법행위의 내용, 2) 위법행위로 인하여 침해받거나 침해받을 우려가 있는 이익이나 피해의 내용, 3) 침해의 정지에 필요한 조치의 내용을 기재하여 공정거래위원회에 침해의 정지를 요청해야 한다.

第26조 다단계판매업자의 휴업기간 중 업무처리 등

> **第26조(다단계판매업자의 휴업기간 중 업무처리 등)** ① 다단계판매업자는 그 휴업기간 또는 영업정지기간 중에도 제17조 제1항에 따라 준용되는 제8조 제1항 및 제3항에 따른 청약철회등의 업무와 제18조 제1항부터 제8항까지의 규정에 따른 청약 철회등에 따른 업무를 계속하여야 한다.
> ② 다단계판매원은 다단계판매업자가 폐업하거나 그 등록이 취소된 경우 그 폐업 또는 등록취소 당시 판매하지 못한 재화등을 다른 사람에게 판매한 때에는 그 다단계판매원이 청약철회등에 따라 반환되는 재화등을 반환받고, 재화등을 반환받은 날부터 3영업일 이내에 재화등의 대금을 환급하여야 한다.
> ③ 제13조제1항에 따라 공정거래위원회에 등록하거나 시·도지사에게 등록한 다단계판매업자가 파산선고를 받거나 관할 세무서에 폐업신고를 한 경우 또는 6개월을 초과하여 영업을 하지 아니하는 등 실질적으로 영업을 할 수 없다고 판단되는 경우에는 등록을 받은 행정기관의 장은 그 등록을 직권으로 말소할 수 있다.

第27조 주소 변경 등의 공고

[김남홍]

> **第27조(주소 변경 등의 공고)** 다단계판매업자가 다음 각 호의 어느 하나에 해당하는 경우 공정거래위원회 또는 시·도지사는 총리령으로 정하는 바에 따라 그 사실을 공고하여야 한다.
> 1. 상호 또는 주된 사업장의 주소·전화번호를 변경한 경우
> 2. 제13조제3항에 따른 휴업신고 또는 폐업신고를 한 경우
> 3. 제49조제4항 또는 제5항에 따라 영업정지처분을 받거나 등록이 취소된 경우

공정거래위원회 또는 시·도지사는 법 제27조 및 제29조 제3항에 따라 다단계판매업자 또는 후원방문판매업자의 주소 변경 등을 공고할 때에는 관보, 해당 지방자치단체에서 발행하는 공보 또는 일간신문(「신문 등의 진흥에 관한 법률」 제2조 제1호 가목에 따른 일반일간신문 중 전국을 대상으로 발행되는 신문을 말한다. 이하 같다)에 게재하거나 게시판에 게시하는 방법으로 하여야 한다. 다만, 다단계판매업자 또는 후원방문판매업자의 등록이 취소된 경우에는 관보 또는 일간신문에 게재하여야 한다.

제28조 다단계판매업자의 책임

[김남홍]

제28조(다단계판매업자의 책임) ① 다단계판매업자는 다단계판매원이 자신의 하위판매원을 모집하거나 다단계판매업자의 재화등을 소비자에게 판매할 때 제23조 또는 제24조를 위반하지 아니하도록 다단계판매원에게 해당 규정의 내용을 서면이나 전자우편으로 고지하여야 한다.
② 다단계판매업자가 제1항에 따른 고지의무를 게을리한 경우에 다단계판매원이 제23조 또는 제24조를 위반하여 다른 다단계판매원 또는 소비자에게 입힌 재산상 손해는 대통령령으로 정하는 바에 따라 다단계판매업자가 배상 책임을 진다. 이 경우 다단계판매업자는 다단계판매원에게 구상권을 행사할 수 있다.

[참고사례] 피엠인터내셔널코리아 유한회사의 방문판매법 위반행위의 건(공정거래위원회 2021. 10. 27. 의결 2021-050호); 위나라이트코리아(주)의 방문판매법 위반행위에 대한 건(공정거래위원회 2017. 9. 19. 의결 2017-098호); ㈜앤알커뮤니케이션의 방문판매법 위반행위에 대한 건(공정거래위원회 2017. 1. 18. 의결 2017-023호); ㈜아이원의 방문판매법 위반행위에 대한 건(공정거래위원회 2016. 6. 3. 의결 2016-154호); ㈜엔이엑스티의 방문판매법 위반행위에 대한 건(공정거래위원회 2016. 6. 3. 의결 2016-152호); ㈜아로마라이프의 방문판매법 위반행위에 대한 건(공정거래위원회 2015. 11. 19. 의결 2015-180호); ㈜아이에프씨아이의 방문판매법 위반행위에 대한 건(공정거래위원회 2015. 11. 4. 의결 2015-160호); ㈜굿모닝월드의 방문판매법 위반행위에 대한 건(공정거래위원회 2015. 3. 5. 의결 2015-048호); ㈜투에버의 방문판매법 위반행위에 대한 건(공정거래위원회 2014. 10. 30. 의결 2014-132호); ㈜디피라이프의 방문판매법 위반행위에 대한 건(공정거래위원회 2014. 4. 24. 의결 2014-082호); ㈜코스팜바이오의 방문판매법 위반행위에 대한 건 (공정거래위원회 2013. 11. 19. 의결 2013-186호); 헬스플러스의 방문판매법 위반행위에 대한 건 관련 이의신청에 대한 건(공정거래위원회 2013. 7. 25. 의결 2014-019호); ㈜웰빙테크의 방문판매법 위반행위에 대한 건(공정거래위원회 2012. 8. 28. 의결 2012-180 호); ㈜이엠스코리아의 방문판매법 위반행위에 대한 건(공정거래위원회 2011. 12. 12. 의결 2011-269호); 보람상조개발(주)의 방문판매법 위반행위에 대한 건(공정거래위원회 2010. 12. 31. 의결 2010-159호); ㈜다음사랑의 방문판매법 위반행위에 대한 건(공정거래위원회 2010. 12. 29. 의결 2010-153호); 아이카(주)의 방문판매법 위반행위에 대한 건(공정거래위원회 2010. 10. 20. 의결 2010-118호); 지엠클럽의 방문판매법 위반행위에 대한 건(공정거래위원회 2008. 1. 15. 의결 2008-082호); ㈜다이너스인터내셔날의 이의신청에 대한 건(공정거래위원회 2007. 1. 26. 의결 2007-004호); ㈜티오엘의 방문판매법 위반행위에 대한 건(공정거래위원회 2006. 12. 18. 의결 2006-450호); ㈜다이너스티인터내셔날의 방문판매법위반행위에 대한 건(공정거래위원회 2006. 10. 26 의결 2006-242호); 대흥캐리어의 이의신청에 대한 건(공정거래위원회 2006. 5. 24. 의결 2006-016호); 대흥캐리어의 방문판매법 위반행위에 대한 건(공정거래위원회 2006. 1. 4. 의결 2006-004호); ㈜캐리어에스와이에스의 방문판매법 위반행위에 대한 건(공정거래위원회 2005. 11. 21. 의결 2005-302호); 그린테크의 방문판매법 위반행위에 대한 건(공정거래위원회 2005. 10. 17. 의결 2005-128호); 부일벤딩리스의 방문판매법 위반행위에 대한 건(공정거래위원회 2005. 10. 17. 의결 2005-127호); 밴딩마트의 방문판매법 위반행위에 대한 건(공정거래위원회 2005. 5. 17. 의결 2005-071호); ㈜이모든엘에프의 방문판매법 위반행위에 대한 건(공정거래위원회 2005. 5. 3. 의결 2005-057호); ㈜캐리어엘지시스템의 이의신청에 대한 건(공정거래위원회 2004. 10. 26. 의결 2004-027호); 캐리어엘지자판(주)의 이의신청에 대한 건(공정거래위원회 2004. 10. 26. 의결 2004-026호); 트윈물산(주)의 이의신청에 대한 건(공정거래위원회 2004. 10. 26. 의결 2004-025호); ㈜서부의 이의신청에 대한 건(공정거래위원회 2004. 10. 26. 의결 2004-024호); 지경진(엘지캐리어자판기 대표)의 이의신청에 대한 건(공정거래위원회 2004. 10. 26. 의결 2004-022호); 엘지씨앤드씨(주)의 이의신청에 대한 건(공정거래위원회 2004. 10. 26. 의결

2004-023호); 배주식(대경유통 대표)의 이의신청에 대한 건(공정거래위원회 2004. 10. 26. 의결 2004-021호); 밴딩마트의 방문판매법 위반행위에 대한 건(공정거래위원회 2004. 10. 21. 의결 2004-074호); 캐리더엘지자판(주)의 방문판매법 위반행위에 대한 건(공정거래위원회 2004. 5. 27. 의결 2004-179호); 삼성벤딩리스(주)의 방문판매법 위반행위에 대한 건(공정거래위원회 2004. 5. 27. 의결 2004-178호); ㈜캐리어엘지시스템의 방문판매법 위반행위에 대한 건(공정거래위원회 2004. 5. 27. 의결 2004-177호); 트윈물산(주)의 방문판매법 위반행위에 대한 건(공정거래위원회 2004. 5. 19. 의결 2004-173호); ㈜삼성특판기유니트의 방문판매법 위반행위에 대한 건(공정거래위원회 2004. 5. 19. 의결 2004-172호); 지경진(엘지캐리어자판기 대표)의 방문판매법 위반행위에 대한 건(공정거래위원회 2004. 5. 19. 의결 2004-171호); 배주식(대경유통 대표)의 방문판매법 위반행위에 대한 건(공정거래위원회 2004. 5. 19. 의결 2004-170호); ㈜대전특판의 방문판매법 위반행위에 대한 건(공정거래위원회 2004. 5. 15. 의결 2004-169호); ㈜서부의 방문판매법 위반행위에 대한 건(공정거래위원회 2004. 5. 15. 의결 2004-168호); 엘지씨언씨(주)의 방문판매법 위반행위에 대한 건(공정거래위원회 2004. 5. 15. 의결 2004-167호); 정진원(대진상사 대표)의 방문판매법 위반행위에 대한 건(공정거래위원회 2004. 5. 15. 의결 2004-084호); ㈜에스티씨인터내셔널의 방문판매법 위반행위 및 재판매가격유지행위에 대한 건(공정거래위원회 2004. 2. 3. 의결 2004-036호); ㈜다이너스티인터내셔날의 방문판매법 위반행위에 대한 건(공정거래위원회 2004. 1. 27. 의결 2004-030호); ㈜굿핸즈코리아의 방문판매법 위반행위에 대한 건(공정거래위원회 2004. 1. 27. 의결 2004-029호); ㈜아이넷스쿨의 방문판매법 위반행위에 대한 건(공정거래위원회 2004. 1. 26. 의결 2004-010호).

다단계판매업자 또는 후원방문판매업자가 고지의무를 게을리한 경우 다단계판매업자 또는 후원방문판매업자의 배상 책임 기준은 다단계판매원 또는 후원방문판매원의 위반행위와 상당인과관계가 있는 손해액을 기준으로 하되, 위반행위의 관련 대출액을 한도로 한다. 이러한 경우 다단계판매업자는 다단계판매원에게 구상권을 행사할 수 있다.

제29조 후원방문판매자의 의무

[김남홍]

제29조(후원방문판매자의 의무) ① 후원방문판매자는 후원방문판매원에게 판매원 자신의 직근 하위판매원이 아닌 다른 후원방문판매원의 구매·판매 등의 실적과 관련하여 후원수당을 지급하거나 이러한 지급을 약속하여 후원방문판매원을 모집하는 행위를 하여서는 아니 된다.

② 제3항에도 불구하고 후원방문판매업자가 후원방문판매원에게 공급한 재화등의 100분의 70 이상을 판매원이 아닌 소비자에게 판매한 경우에는 대통령령으로 정하는 바에 따라 제20조제3항, 제23조제1항제8호·제9호 및 제37조를 적용하지 아니한다.

③ 후원방문판매자에게 다음 각 호의 규정을 준용한다. 이 경우 "다단계판매"는 "후원방문판매"로, "방문판매자등"과 "다단계판매자"는 "후원방문판매자"로, "방문판매업자등"과 "다단계판매업자"는 "후원방문판매업자"로, "방문판매원등"과 "다단계판매원"은 "후원방문판매원"으로, "다단계판매조직"은 "후원방문판매조직"으로 본다.

1. 제6조, 제13조, 제14조 및 제15조제2항. 다만, 제13조제1항제2호는 준용하지 아니하며, 제13조제1항제3호는 "제37조에 따른 소비자피해보상보험계약등의 체결 증명서류 또는 제29조제2항에 해당함을 증명하는 서류"로 본다.
2. 제16조부터 제28조까지의 규정. 이 경우 제20조제3항 각 호 외의 부분 중 "100분의 35"는 "100분의 38"로 본다.

[참고사례] 레티프골프클럽의 자료미제출 행위에 대한 건(공정거래위원회 2017. 5. 2. 의결 2017-161호); 고려한백(주)의 방문판매법 위반행위에 대한 건(공정거래위원회 2016. 11. 23. 의결 2016-321호); ㈜비앤에스솔루션의 방문판매법 위반행위에 대한 건(공정거래위원회 2016. 6. 3. 의결 2016-153호); ㈜엔이엑스티의 방문판매법 위반행위에 대한 건(공정거래위원회 2016. 6. 3. 의결 2016-152호); ㈜아이에프씨아이의 방문판매법 위반행위에 대한 건(공정거래위원회 2016. 6. 3. 의결 2016-151호); 위나라이트코리아(주)의 방문판매법 위반행위에 대한 건 관련 이의신청에 대한 건(공정거래위원회 2016. 1. 4. 의결 2016-002호); ㈜아로마라이프의 방문판매법 위반행위에 대한 건(공정거래위원회 2015. 11. 19. 의결 2015-180호); ㈜카나이코리아의 방문판매법 위반행위에 대한 건(공정거래위원회 2015. 10. 2. 의결 2015-344호); 위나라이트코리아(주)의 방문판매법 위반 행위에 대한 건(공정거래위원회 2015. 10. 2. 의결 2015-343호); ㈜신원해피니스의 방문판매법 위반행위에 대한 건(공정거래위원회 2014. 3. 18. 의결 2014-059호); 한강라이프(주)의 방문판매법 위반행위에 대한 건(공정거래위원회 2014. 3. 3. 의결 2014-043호); ㈜코스팜바이오의 방문판매법 위반 행위에 대한 건(공정거래위원회 2013. 11. 19. 의결 2013-186호); 헬스플러스의 방문판매법 위반행위에 대한 건 관련 이의신청에 대한 건(공정거래위원회 2013. 7. 25. 의결 2013-019호); 지엠클럽의 방문판매법 위반행위에 대한 건(공정거래위원회 2008. 1. 15. 의결 2008-082호); 대진유통의 방문판매등에관한법률 위반행위에 대한 건(공정거래위원회 2007. 10. 22. 의결 2007-499호); 대흥캐리어의 이의신청에 대한 건(공정거래위원회 2006. 5. 24 의결 2006-016호); 대흥캐리어의 방문판매법 위반행위에 대한 건(공정거래위원회 2006. 1. 4. 의결 2006-004호); ㈜에스티씨인터내셔널의 방문판매법 위반행위 및 재판매가격유지행위에 대한 건(공정거래위원회 2004. 2. 3. 의결 2004-036호); ㈜아이쓰리샾의 방문판매법위반행위에 대한 건(공정거래위원회 2004. 1. 27. 의결 2004-014호).

법 제29조 제3항에 따라 등록을 하려는 다단계판매업자 또는 후원방문판매업자는 신청서를 주된 사무소의 소재지를 관할하는 특별시장·광역시장·특별자치시장·도지사·특별자치도지사(이하 "시·도지사"라 한다)에게 제출해야 한다. 다만, 주된 사무소의 소재지가 외국인 경우에는 공정거래위원회에 제출해야 한다. 등록 신청을 받은 공정거래위원회 또는 시·도지사는 그 신청이 등록요건을 충족하는 경우에는 등록증을 발급하여야 한다.

변경신고를 하려는 자는 변경사항이 발생한 날(제21조에 따른 자본금 규모의 변동에 관한 사항은 결산이 확정된 날)부터 15일 이내에 신고서에 그 변경사항을 증명하는 서류를 첨부하여 공정거래위원회 또는 시·도지사에게 제출해야 하고, 신고를 받은 공정거래위원회 또는 시·도지사는 변경사항을 확인한 후 변경사항이 적힌 등록증을 다시 발급해야 한다. 또한, 다단계판매업자 또는 후원방문판매업자가 휴업 또는 폐업을 하거나 휴업한 후 영업을 다시 시작하려는 경우에는 미리 신고서를 공정거래위원회 또는 시·도지사에게 제출해야 한다. 이 경우 폐업을 신고할 때에는 등록증을 첨부하되, 분실·훼손 등의 사유로 등록증을 첨부할 수 없는 경우에는 폐업신고서에 그 사유를 기재해야 한다. 변경신고 또는 휴업 또는 폐업을 하거나 휴업한 후 다시 영업을 시작하는 경우에 신고를 전자문서로 하는 경우에는 공정거래위원회가 정한 정보처리시스템을 이용하여 신고할 수 있으며, 전자문서로 신고를 할 경우 전자문서에 의한 자료의 제출이 곤란한 사항은 1개월 내에 우편 등을 통하여 보완할 수 있으며, 보완한 경우에는 전자문서로 신고한 날에 신고한 것으로 본다.

제 4 장

계속거래 및 사업권유거래

제30조 계속거래업자등의 소비자에 대한 정보제공의무 등

[김세준]

제30조(계속거래업자등의 소비자에 대한 정보제공의무 등) ① 계속거래 또는 사업권유거래(이하 "계속거래등"이라 한다)를 업으로 하는 자(이하 "계속거래업자등"이라 한다)는 대통령령으로 정하는 금액 및 기간 이상을 거래조건으로 하는 계속거래등에 관한 계약을 체결하는 경우에는 계약을 체결하기 전에 소비자(사업권유거래에서 재화등을 구매하는 자를 포함한다. 이하 이 장에서 같다)가 계약 내용을 이해할 수 있도록 다음 각 호의 사항을 설명하여야 한다.

1. 계속거래업자등의 성명(법인인 경우에는 대표자의 성명을 말한다), 상호, 주소, 전화번호 및 전자우편주소
2. 계속거래를 통하여 판매하는 재화등(계속거래와 관련하여 따로 구입할 필요가 있는 다른 재화등이 있는 경우에는 그 재화등을 포함한다)이나 사업권유거래를 통하여 판매하는 재화등의 명칭, 종류 및 내용
3. 재화등의 대금(가입비, 설치비 등 명칭에 상관없이 재화등의 거래와 관련하여 지급하는 모든 금액을 포함한다. 이하 이 장에서 같다)과 그 지급 시기 및 방법
4. 재화등의 거래방법과 거래 기간 및 시기
5. 사업권유거래의 경우에는 제공되는 사업에 관한 거래조건으로 대통령령으로 정하는 사항
6. 제31조에 따른 계약 해지와 그 행사방법·효과에 관한 사항 및 해지권의 행사에 필요한 서식
7. 소비자피해 보상, 재화등에 대한 불만 및 소비자와 사업자 사이의 분쟁 처리에 관한 사항
8. 거래에 관한 약관
9. 그 밖에 거래 여부 판단에 영향을 주는 거래조건 또는 소비자피해 구제에 필요한 사항으로서 대통령령으로 정하는 사항

② 계속거래업자등은 재화등의 판매에 관한 계약을 체결할 때에는 제1항 각 호의 사항을 적은 계약서를 소비자에게 발급하여야 한다.

③ 계속거래를 업으로 하는 자는 소비자에게 용역을 공급하는 계약으로서 소비자의 별도 의사표시가 없는 한 자동으로 갱신되는 계약을 체결한 경우에는 그 계약 종료일의 50일 전부터 20일 전까지의 기간에 소비자에게 종료일이 다가오고 있음을 서면이나 전자우편으로 통지하여야 한다. 다만, 거래기간이 2개월 이내의 계약인 경우나 소비자가 재계약 체결 또는 계약 갱신의 의사를 표시한 경우에는 그 통지를 생략할 수 있다.

④ 계속거래업자등이 미성년자와 제1항에 따른 계약을 체결하는 경우에는 제7조제3항을 준용한다.

⑤ 계속거래업자등은 제1항 및 제2항에 따라 소비자에게 설명하거나 표시한 거래조건을 신의에 좇아 성실하게 이행하여야 한다.

[참고문헌] 김상중, "계약체결 이전 단계의 정보제공의무", 고려법학 제56호, 2010; 김은기, "사업권유거래에 대한 규제 및 그 개선방안", 기업법연구 제24권 제4호, 2010; 지원림, "民法의 社會像과 情報提供義務", 민사법학 제62호, 2013.

Ⅰ. 의 의

계약의 체결 여부나 내용을 결정할 때 그 계약의 목적과 성질 및 예상되는 결과 등에 관한 정보가 필요한데, 이에 관해서는 당사자가 스스로 그러한 정보를 수집·분석하고 그에 따른 위험도 감수하는 것이 원칙이다. 하지만 실제에서는 정확한 정보를 갖추지 못한 채 계약에 임하는 경우가 상당히 많으며, 특히 전문화·분업화·정보화를 특징으로 하는 현대사회에서 정보의 비대칭성은 "의사에 기한 법률관계의 형성"이라는 사적자치의 원칙을 형해화 할 수 있다.[1] 이로 인해 계약당사자 일방에게 상대방에 대한 정보제공의무를 규정하는 입법들이 다수 존재하는 바, 대상 조항 역시 마찬가지 취지에 의해 마련된 규정이다.

1990년대부터 특히 프랑스법의 영향으로 착오에 의한 취소나 사기에 의한 취소의 관점에서 정보제공의무가 논의되기 시작한 이래로 신의칙에 기한 의무로서 계약체결단계에서의 "일반적인" 정보제공의무를 인정하여야 한다는 전반적인 흐름에 대해서는 명시적인 반대입장을 찾기 어렵다.[2] 다만 민법상 일반적 정보제공의무에 관해서는 여전히 다양한 관점이 존재하는바, 계속거래와 사업권유거래에서의 소비자(사업권유거래에서는 재화 등을 구매하는 자)보호라는 특수한 목적을 위하여 특별법으로써 명시적인 정보제공의무를 규정하고 있는 것에 의미가 있다.

Ⅱ. 비교입법례

1. 국내입법례

가. 전자상거래 등에서의 소비자보호에 관한 법률

제13조(신원 및 거래조건에 대한 정보의 제공) ① 통신판매업자가 재화등의 거래에 관한 청약을 받을 목적으로 표시·광고를 할 때에는 그 표시·광고에 다음 각 호의 사항을 포함하여야 한다.
1. 상호 및 대표자 성명
2. 주소·전화번호·전자우편주소
3. 제12조에 따라 공정거래위원회 또는 특별자치시장·특별자치도지사·시장·군수·구청장에게 한 신고의 신고번호와 그 신고를 받은 기관의 이름 등 신고를 확인할 수 있는 사항

② 통신판매업자는 소비자가 계약체결 전에 재화등에 대한 거래조건을 정확하게 이해하고 실수나 착오 없이 거래할 수 있도록 다음 각 호의 사항을 적절한 방법으로 표시·광고하거나 고지하여야 하며, 계약이 체결되

---
1) 지원림, "民法의 社會像과 情報提供義務", 민사법학 제62호, 2013, 371면.
2) 지원림, "民法의 社會像과 情報提供義務", 민사법학 제62호, 2013, 377면; 김상중, "계약체결 이전 단계의 정보제공의무", 고려법학 제56호, 2010, 1면 이하.

면 계약자에게 다음 각 호의 사항이 기재된 계약내용에 관한 서면을 재화등을 공급할 때까지 교부하여야 한다. 다만, 계약자의 권리를 침해하지 아니하는 범위에서 대통령령으로 정하는 사유가 있는 경우에는 계약자를 갈음하여 재화등을 공급받는 자에게 계약내용에 관한 서면을 교부할 수 있다.
1. 재화등의 공급자 및 판매자의 상호, 대표자의 성명·주소 및 전화번호 등
2. 재화등의 명칭·종류 및 내용
2의2. 재화등의 정보에 관한 사항. 이 경우 제품에 표시된 기재로 계약내용에 관한 서면에의 기재를 갈음할 수 있다.
3. 재화등의 가격(가격이 결정되어 있지 아니한 경우에는 가격을 결정하는 구체적인 방법)과 그 지급방법 및 지급시기
4. 재화등의 공급방법 및 공급시기
5. 청약의 철회 및 계약의 해제(이하 "청약철회등"이라 한다)의 기한·행사방법 및 효과에 관한 사항(청약철회등의 권리를 행사하는 데에 필요한 서식을 포함한다)
6. 재화등의 교환·반품·보증과 그 대금 환불 및 환불의 지연에 따른 배상금 지급의 조건·절차
7. 전자매체로 공급할 수 있는 재화등의 전송·설치 등을 할 때 필요한 기술적 사항
8. 소비자피해보상의 처리, 재화등에 대한 불만 처리 및 소비자와 사업자 사이의 분쟁 처리에 관한 사항
9. 거래에 관한 약관(그 약관의 내용을 확인할 수 있는 방법을 포함한다)
10. 소비자가 구매의 안전을 위하여 원하는 경우에는 재화등을 공급받을 때까지 대통령령으로 정하는 제3자에게 그 재화등의 결제대금을 예치하는 것(이하 "결제대금예치"라 한다)의 이용을 선택할 수 있다는 사항 또는 통신판매업자의 제24조제1항에 따른 소비자피해보상보험계약등의 체결을 선택할 수 있다는 사항(제15조제1항에 따른 선지급식 통신판매의 경우에만 해당하며, 제24조제3항에 각 호의 어느 하나에 해당하는 거래를 하는 경우는 제외한다)
11. 그 밖에 소비자의 구매 여부 판단에 영향을 주는 거래조건 또는 소비자피해의 구제에 필요한 사항으로서 대통령령으로 정하는 사항

③ 통신판매업자는 미성년자와 재화등의 거래에 관한 계약을 체결할 때에는 법정대리인이 그 계약에 동의하지 아니하면 미성년자 본인 또는 법정대리인이 그 계약을 취소할 수 있다는 내용을 미성년자에게 고지하여야 한다.

④ 공정거래위원회는 제1항 및 제2항에 따른 통신판매업자의 상호 등에 관한 사항, 재화등의 정보에 관한 사항과 거래조건에 대한 표시·광고 및 고지의 내용과 방법을 정하여 고시할 수 있다. 이 경우 거래방법이나 재화등의 특성을 고려하여 그 표시·광고 및 고지의 내용과 방법을 다르게 정할 수 있다.

⑤ 통신판매업자는 제2항에 따라 소비자에게 표시·광고하거나 고지한 거래조건을 신의를 지켜 성실하게 이행하여야 한다.

나. 할부거래에 관한 법률

제23조(계약체결 전의 정보 제공 및 계약체결에 따른 계약서 발급) ① 선불식 할부거래업자 또는 모집인(이하 "선불식 할부거래업자등"이라 한다)은 선불식 할부계약을 체결하기 전에 소비자가 계약의 내용을 이해할 수 있도록 다음 각 호의 사항을 설명하여야 한다.

1. 선불식 할부거래업자 및 모집인의 상호(모집인이 자연인인 경우는 성명을 말한다)·주소·전화번호·전자우편주소·대표자의 이름
2. 재화등의 종류 및 내용
3. 재화등의 가격과 그 지급의 방법 및 시기
4. 재화등을 공급하는 방법 및 시기
5. 계약금
6. 청약의 철회 및 계약 해제의 기한·행사방법·효과에 관한 사항 및 청약의 철회 및 계약 해제의 권리 행사에 필요한 서식으로서 총리령으로 정하는 것
7. 재화등에 대한 불만 및 소비자와 사업자 사이의 분쟁 처리에 관한 사항
8. 소비자피해보상에 관한 사항으로 제27조제1항에 따른 소비자피해보상보험계약등의 계약기간, 소비자피해보상금 및 같은 조 제4항에 따른 지급의무자 등 대통령령으로 정하는 사항
9. 선불식 할부계약을 체결한 날이 속하는 달의 전월 말일까지 선불식 할부거래업자가 받은 총선수금 중 제27조제2항에 따라 보전하고 있는 총보전금액 비율
10. 선불식 할부거래에 관한 약관
11. 그 밖에 소비자의 구매 여부 판단에 영향을 주는 거래조건 또는 소비자의 피해구제에 필요한 사항으로서 대통령령으로 정하는 사항

(중략)

③ 선불식 할부거래업자는 선불식 할부계약을 체결할 경우에는 제1항 각 호의 사항을 적은 계약서를 소비자에게 발급하여야 한다.

2. 외국입법례

가. EU소비자권리지침(2011/83)[3)]

제5조(격지자간의 계약 또는 영업소외 계약 등 이외의 계약에서의 정보에 관한 요구사항)

1. 격지자간의 계약 또는 영업소외 계약 등 이외의 계약에 대해 사업자는 소비자가 이들 계약 또는 이에 대응하는 요청에 구속되기 전에 명확하고 알기 쉽게 소비자에게 다음의 정보를 제공하도록 한다. 다만, 이 정보들이 상황에 비추어 이미 명확한 경우에는 그러하지 아니하다.
   (a) 물품 또는 용역의 주요한 특성(다만, 통신매체 및 물품 또는 용역에 따라 적절한 한도에서 제공하도록 한다)
   (b) 사업자의 거래명 등의 사업자명, 설립지 주소 및 전화번호
   (c) 물품이나 용역의 대금 합계액(세금을 포함한다) 또는 물품이나 용역의 성질에 비추어 대금을 미리 합리적으로 계산할 수 없는 경우에는 대금의 계산방법. 수송, 배달 또는 우편요금 등의 비용이 추가적으

3) Directive 2011/83/EU of the European Parliament and of the Council of 25 October 2011 on consumer rights, amending Council Directive 93/13/EEC and Directive 1999/44/EC of the European Parliament and of the Council and repealing Council Directive 85/577/EEC and Directive 97/7/EC of the European Parliament and of the Council.

로 발생하는 경우에는 그 비용 또는 이러한 비용들이 미리 합리적으로 계산할 수 없는 경우에는 이러한 추가 요금 및 비용을 지불하여야 할 가능성이 있는 것.

(d) 지불, 교환 또는 제공의 준비, 사업자가 물품을 인도하거나 용역을 제공하는 기한 및 사업자의 고충처리방침(다만, 그 기한 등이 존재하는 경우에 한한다)

(e) 물품의 적합성에 대한 법률상의 보증이 있다는 것에 대한 확인과 애프터서비스 및 사업상의 보증이 있는 경우에는 그 존재 및 조건

(f) 계약기간 및 계약기간의 정함이 없는 때 또는 자동으로 연장되는 때에는 계약해제의 조건(다만, 그 기간에 관한 정함이 있는 경우에 한한다)

(g) 디지털콘텐츠를 제공하는 경우에는 그 기능(사용되고 있는 기술적 보호수단에 관한 정보를 포함한다)

(h) 디지털콘텐츠를 제공하는 경우에는 하드웨어 및 소프트웨어와 디지털콘텐츠와의 상호운용성(다만, 사업자가 알거나 알게 되는 것을 합리적으로 기대할 수 있는 범위에 한한다)

제6조(격지자간의 계약 및 영업소외 계약 등에서의 정보에 관한 요구사항)

1. 사업자는 소비자가 격지자간의 계약 혹은 영업소외 계약 등이나 이에 관한 요청에 구속되기 전에 명확하고 알기 쉽게 소비자에게 다음의 정보를 제공하도록 한다.

(a) 물품 또는 용역의 주요특성(다만, 통신매체 및 물품, 디지털콘텐츠 또는 관계된 용역에 따라 적절한 한도로 제공한다)

(b) 사업자의 거래명 등의 사업자명

(c) 사업자의 설립지 주소와 소비자에 의한 사업자에 대한 신속한 연락 및 사업자와의 효과적인 통신을 가능하게 하는 사업자의 전화번호, 팩시밀리번호 및 전자메일주소가 있는 경우에는 이러한 정보 및 사업자가 다른 사업자를 위해 행위 하는 때에는 그 다른 사업자의 주소 및 사업자명

(d) 본 조 (c)의 규정에 따라서 제시되는 주소와 다른 경우에는 사업자의 주소 및 그 자가 다른 사업자를 위해 행위를 하는 때에는 그 다른 사업자의 주소로서 소비자가 고충을 제기할 수 있는 주소

(e) 물품 또는 용역의 대금합계액(세금을 포함한다) 또는, 물품 또는 용역의 성질에 비추어 대금을 미리 합리적으로 계산할 수 없는 경우에는 대금의 계산방법. 수송, 배달 또는 우편요금 등의 비용이 발생하는 경우에는 그 비용, 또는 그 비용이 미리 합리적으로 계산할 수 없는 경우에는 이러한 추가요금 및 비용을 지불하여야 할 가능성이 있는 것. 기간의 정함이 없는 계약 또는 정기구독을 포함한 계약에 대해서는 대금의 합계액에 청구 기간별 대금의 합계액을 포함하도록 한다. 일정비율로 부과되는 경우에는 대금의 합계액으로 대금의 월액도 제시하여야 한다. 대금의 합계액을 미리 합리적으로 계산할 수 없는 경우에는 대금의 계산방법을 제시하도록 한다.

(f) 계약체결을 위해 격지자간 통신수단을 이용하는 비용을 기본요금과는 별도로 계산하는 경우에는 그 비용.

(g) 지불, 교환 또는 제공의 준비, 사업자가 물품을 인도하거나 용역을 제공하는 기한 및 사업자의 고충처리방침(다만, 그 기한 등이 존재하는 경우에 한한다)

(h) 소비자가 청약철회권을 갖는 경우에는 권리행사의 조건, 기간제한 및 절차(제11조 제(1)항의 규정에 따른다)와 부칙 I (B)의 계약청약철회를 위한 모범서식

(i) 소비자가 계약을 청약철회하는 경우에는 물품을 반환하는 비용을 부담하여야 한다는 점 및 격지자간

의 계약에서는 물품이 성질에 비추어 통상적으로 우편으로 반환할 수 없는 것인 때에는 물품의 반환비용(다만, 소비자에게 이러한 의무가 부과되는 경우에 한한다)

(j) 소비자가 제7조 제(3)항 또는 제8조 제(8)항의 규정에 따라 요구를 한 후에 청약철회권을 행사하는 경우에는 제14조 제(3)항의 규정에 따라 사업자에게 합리적인 비용을 지불할 의무가 있다는 점.

(k) 제16조의 규정에 따라 청약철회권이 정해지지 않은 때에는 소비자에게 청약철회권이 없다는 점 및 소비자가 청약철회권을 상실하는 일이 있는 경우에는 어떠한 상황에서 청약철회권을 상실하는지에 대한 정보

(l) 물품의 적합성에 대해 법률상의 보증이 있다는 것에 대한 확인

(m) 사업자에 의한 판매 후 고객지원, 애프터서비스 및 사업상의 보증이 있는 경우에는 그 존재와 조건

(n) 지침2005/29/EC호 [OJ L 149, 11.6.2005, p.22.]제2조(f)dp 해당하는 관련 행동규범이 있는 경우에는 그 존재와 사본의 입수방법

(o) 계약의 기간 또는 계약이 기간의 정함이 없는 것인 경우나 기간이 자동적으로 연장되는 것인 경우에는 계약해제의 조건(다만, 그 기간에 관한 정함이 있는 경우에 한한다)

(p) 소비자가 의무를 지는 최단기간이 설정되어 있는 때에는 그 기간

(q) 소비자가 사업자의 요구에 따라 선지급 그 밖의 금전상의 보증을 지불 또는 제공하는 경우에는 그 취지와 조건

(r) 디지털콘텐츠를 제공하는 경우에는 그 기능(사용되고 있는 기술적 보호수단에 관한 정보를 포함한다)

(s) 디지털콘텐츠를 제공하는 경우에는 사업자가 알고 있거나 안다는 것을 합리적으로 기대할 수 있는 하드웨어 및 소프트웨어와 디지털콘텐츠와의 상호운용성

(t) 사업자에게 적용되는 재판 외 고충제기·구제제도가 있는 경우에는 그 취지와 이용방법

제7조(영업소외 계약 등에서의 방식에 관한 요구사항)

1. 영업소외 계약 등에서는 사업자는 서면으로 또는 소비자가 합의하는 경우에는 다른 내구성 있는 기록매체로 제6조 제(1)항에서 규정하는 정보를 제공하도록 한다. 그 정보는 읽기 쉽고, 평이하게 알기 쉬운 표현으로 제공되도록 한다.

제8조 격지자간의 계약에서의 방식에 관한 요구사항

1. 격지자간의 계약에 있어서 사업자는 격지자간 통신을 위해 사용되는 수단에 따라서 평이하고 이해하기 쉬운 표현을 사용하여 제6조 제(1)항에서 규정하는 정보를 제공하거나 입수가능한 상태에 두도록 한다. 정보가 내구성 있는 매체에 의해 제공되는 경우에 정보는 읽기 쉬운 것으로 하도록 한다.

나. 일본 특정상거래에 관한 법률

제42조(특정계속적용역제공에서 서면의 교부) ① 용역제공사업자 또는 판매업자는 특정계속적용역을 제공받고자 하는 자 또는 특정계속적용역을 제공 받을 권리를 구입하고자 하는 자와 특정계속적용역제공계약 또는 특정권리판매계약(이하 이 장 및 제58조의8에서 「특정계속적용역제공등계약」이라 한다)을 체결하고자 하는 때에는 그 특정계속적용역제공등계약을 체결할 때까지 경제산업성령에서 정하는 바에 따라 그 특정계

속적용역제공등계약의 개요에 대하여 기재한 서면을 그 자에게 교부하여야 한다.

② 용역제공사업자는 특정계속적용역제공계약을 체결한 때에는 지체 없이 경제산업성령에서 정하는 바에 따라 다음의 사항에 대하여 그 특정계속적용역제공계약의 내용을 명확히 하는 서면을 그 특정계속적용역을 제공 받는 자에게 교부하여야 한다.

1. 용역의 내용으로서 경제산업성령에서 정하는 사항 및 그 용역의 제공에 있어 그 용역을 제공 받는 자가 구입할 필요가 있는 상품이 있는 경우에는 그 상품명
2. 용역의 대가 그 밖에 용역을 제공 받는 자가 지불하여야 하는 금전액
3. 전호의 금전의 지불시기 및 방법
4. 용역의 제공기간
5. 제48조제1항에 따른 특정계속적용역제공계약의 해제에 관한 사항(같은 조 제2항부터 제7항까지에 관한 사항을 포함한다)
6. 제49조제1항에 따른 특정계속적용역제공계약의 해제에 관한 사항(같은 조 제2항, 제5항 및 제6항에 관한 사항을 포함한다)
7. 전 각 호에서 열거하는 것 외에, 경제산업성령에서 정하는 사항

③ 판매업자는 특정권리판매계약을 체결한 때에는 지체 없이 경제산업성령에서 정하는 바에 따라 다음의 사항에 대하여 그 특정권리판매계약의 내용을 명확히 하는 서면을 그 특정계속적용역을 제공 받을 권리의 구입자에게 교부하여야 한다.

1. 권리의 내용으로서 경제산업성령에서 정하는 사항 및 그 권리의 행사에 따른 용역의 제공에 있어 그 특정계속적용역을 제공 받을 권리의 구입자가 구입할 필요가 있는 상품이 잇는 경우에는 그 상품명
2. 권리의 판매가격 그 밖에 그 특정계속적용역을 제공 받을 권리의 구입자가 지불하여야 하는 금전액
3. 전호의 금전의 지불시기 및 방법
4. 권리의 행사에 의해 받을 수 있는 용역의 제공기간
5. 제48조제1항에 따른 특정권리판매계약의 해제에 관한 사항(같은 조 제2항부터 제7항까지에 관한 사항을 포함한다)
6. 제49조제3항에 따른 특정권리판매계약의 해제에 관한 사항(같은 조 제4항부터 제6항까지에 관한 사항을 포함한다)
7. 전 각 호에서 열거하는 것 외에, 경제산업성령에서 정하는 사항

제51조의2(업무제공유인판매거래에서 성명등의 명시) 업무제공유인판매업을 하는 자는 그 업무제공유인판매업에 관한 업무제공유인판매거래를 하 고자 하는 때에는 그 권유에 앞서 상대방에 대하여 업무제공유인판매업을 하는 자의 성명 또는 명칭, 특정부담을 수반하는 거래에 대한 계약의 체결에 대한 권유를 하는 목적이라는 사실과 그 유인에 관련된 상품 또는 용역의 종류를 분명히 하여야 한다.

제55조(업무제공유인판매거래에서 서면의 교부) 업무제공유인판매업을 하는 자는 그 업무제공유인판매거래에 수반되는 특정부담을 하고자 하는 자(그 업무제공유인판매업에 관하여 제공되거나 알선되는 업무를 사업소등에서 하지 아니하는 개인에 한한다)와 그 특정부담에 대한 계약을 체결하고자 하는 때에는 그 계약을 체결할 때까지 경제산업성령에서 정하는 바에 따라 그 업무제공유인판매업의 개요에 대하여 기재한 서면을 그 자에게 교부하여야 한다.

② 업무제공유인판매업을 하는 자는 그 업무제공유인판매업에 관한 업무제공유인판매거래에 대한 계약(이하 이 장에서 「업무제공유인판매계약」이라 한다)을 체결한 경우에, 그 업무제공유인판매계약의 상대방이 그 업무제공유인판매업에 관하여 제공되거나 알선되는 업무를 사업소등에서 하지 아니하는 개인인 때에는 지체없이 경제산업성령에서 정하는 바에 따라 다음의 사항에 대하여 그 업무제공유인판매계약의 내용을 분명히 하는 서면을 그 자에게 교부하여야 한다.

1. 상품(시설을 이용하고 용역을 제공 받을 권리를 제외한다)의 종류 및 그 성능·품질 또는 시설을 이용하거나 용역을 제공 받을 권리 또는 용역의 종류 및 이들의 내용에 관한 사항
2. 상품 또는 제공되는 용역을 이용하는 업무의 제공 또는 알선에 대한 조건에 관한 사항
3. 그 업무제공유인판매거래에 수반되는 특정부담에 관한 사항
4. 그 업무제공유인판매계약의 해제에 관한 사항(제58조제1항부터 제3항까지에 관한 사항을 포함한다)
5. 전 각 호에서 열거하는 것 외에, 경제산업성령에서 정하는 사항

Ⅲ. 주요 내용

1. 설명의무

사업자는 계약체결 전에 소비자나 거래상대방이 다음과 같은 사항을 이해하도록 설명해야 한다. 이 의무는 계속거래의 경우 10만원 및 3개월 이상을 거래조건으로 하는 계약을 체결하는 때, 사업권유거래의 경우 기간에 관계없이 30만원 이상을 거래조건으로 계약을 체결하는 때 부담한다(법 제30조 제1항, 시행령 제37조). 이는 설명의무는 소비자나 거래상대방이 신중하게 계약을 체결할 수 있도록 하는 동시에 불필요한 분쟁을 예방하고, 만일의 경우 분쟁이 발생했다면 그 해결을 쉽게 하기 위한 것이다.[4)]

① 계속거래업자 또는 사업권유거래업자의 성명(법인인 경우에는 대표자의 성명), 상호, 주소, 전화번호 및 전자우편주소.

② 계속거래를 통하여 판매하는 재화등(계속거래와 관련하여 따로 구입할 필요가 있는 다른 재화등이 있는 경우에는 그 재화등을 포함)이나 사업권유거래를 통하여 판매하는 재화등의 명칭, 종류 및 내용.

③ 재화등의 대금(가입비, 설치비 등 명칭에 상관없이 재화등의 거래와 관련하여 지급하는 모든 금액을 포함)과 그 지급 시기 및 방법.

④ 재화등의 거래방법과 거래 기간 및 시기

⑤ 사업권유거래의 경우에는 제공되는 사업에 관한 거래조건으로서, 재화등을 구매

---

4) 김은기, "사업권유거래에 대한 규제 및 그 개선방안", 기업법연구 제24권 제4호, 2010, 301면.

하는 경우 사업자가 제공하는 사업기회에 의하여 얻게 되는 이익이나 그 보장에 관한 사항(시행령 제38조)

⑥ 제31조에 따른 계약 해지와 그 행사방법·효과에 관한 사항 및 해지권의 행사에 필요한 서식

⑦ 소비자피해 보상, 재화등에 대한 불만 및 소비자와 사업자 사이의 분쟁 처리에 관한 사항

⑧ 거래에 관한 약관

⑨ 그 밖에 거래 여부 판단에 영향을 주는 거래조건 또는 소비자피해 구제에 필요한 것으로서 판매일시·판매지역·판매수량·인도지역 등 판매조건과 관련하여 제한이 있는 경우 그 내용에 관한 사항(시행령 제39조)

2. 계약서 발급 의무

사업자는 계약체결 시 소비자 또는 거래상대방에게 계약서를 발급하여야 한다. 이에 관한 제30조의 규정은 다른 법률에 방문판매법과 다른 방법에 의한 계약서 교부(발급)의무 등이 규정되어 있는 거래에는 적용하지 아니한다(법 제4조 제2항). 계약서에 포함되는 내용은 설명의무의 대상이 되는 사항과 같다. 방문판매법이 일정한 사항을 계약서에 포함하도록 규정하고 있다는 점에서 계속거래 및 사업권유거래계약은 요식행위에 해당한다.[5]

3. 갱신을 위한 통지의무

계속거래를 업으로 하는 자는 소비자에게 용역을 공급하는 계약으로서 소비자의 별도 의사표시가 없는 한 자동으로 갱신되는 계약을 체결한 경우에는 그 계약 종료일의 50일 전부터 20일 전까지의 기간에 소비자에게 종료일이 다가오고 있음을 서면이나 전자우편으로 통지하여야 한다. 다만, 거래기간이 2개월 이내의 계약인 경우나 소비자가 재계약 체결 또는 계약 갱신의 의사를 표시한 경우에는 그 통지를 생략할 수 있다.

4. 미성년자에 대한 고지

사업자는 미성년자와 재화등의 거래에 관한 계약을 체결하는 경우 법정대리인의 동의를 얻어야 하며, 법정대리인이 그 계약에 대해 동의하지 않으면 미성년자 본인 또는 법정대리인이 그 계약을 취소할 수 있다는 내용을 미성년자에게 알려주어야 한다.[6]

5) 김은기, “사업권유거래에 대한 규제 및 그 개선방안”, 기업법연구 제24권 제4호, 2010, 302면.
6) 김은기, “사업권유거래에 대한 규제 및 그 개선방안”, 기업법연구 제24권 제4호, 2010, 302면.

5. 신의성실의무

계속거래업자 또는 사업권유거래업자는 소비자에게 설명하거나 표시한 거래조건을 신의에 좇아 성실하게 이행하여야 한다.

Ⅳ. 개선사항의 제안

① 계약이 해지되는 경우뿐만 아니라 해제되는 경우도 전제로 해야 하므로, '계약의 해지'를 '계약의 해제 또는 해지'의 용어로 개정할 필요가 있다.

② 정보제공시기에 대해서는 계약체결전이 아닌 소비자가 청약을 하기 전으로 개정하는 것이 바람직하다.

③ 미성년자의 취소권에 관한 정보제공에 대해 제한능력자로 확대하고, 취소권이 민법에 따른 취소권임을 명확히 하는 것으로 개정하는 것을 제안한다.

④ 계속거래에서 계약의 체결시기에 대해 명확히 하는 것으로 개정할 필요가 있다. 즉 계속거래업자에게 청약에 대한 낙부통지의무를 부과하고, 이를 해태한 경우에 승낙으로 간주하고자 한다.

⑤ 계약서 교부의무에 대해서는 원칙적으로 현행법과 동일하게 규정하지만, 제3자를 위한 계약의 경우에 계약서 교부대상자를 추가로 정하는 것을 제안한다. 이는 전자상거래법 제13조 제2항을 참조한 것이다.

⑥ 청약 전에 제공한 정보가 계약의 내용으로 편입됨을 규정할 필요가 있다. 이는 현행법과 유사하지만, 사업자의 의무로 규정하는 방식에서 계약내용으로 편입되는 것으로 수정하는 것이라는 점에서 차이가 있다.

⑦ 자동갱신조건부 계속거래의 경우 그 갱신된다는 사실을 소비자에게 통지하여야 하나, 이러한 취지는 정보제공의무와는 성질을 달리 하는 것이므로 별도의 조항에서 규정하는 것이 타당하다. 또한 통지를 하지 않은 경우의 불이익은 계속거래업자에게 귀속되어야 할 것이므로 소비자에게 부당이득을 청구할 수 없도록 하는 규정 신설하는 것으로 개정할 필요가 있다.

제31조 계약의 해지

[장보은]

제31조(계약의 해지) 계속거래업자등과 계속거래등의 계약을 체결한 소비자는 계약기간 중 언제든지 계약을 해지할 수 있다. 다만, 다른 법률에 별도의 규정이 있거나 거래의 안전 등을 의하여 대통령령으로 정하는 경우에는 그러하지 아니하다.

[참고문헌] 김홍석/한경수, 개정 방문판매법 해설, 도서출판 잎새, 2012; 양창수/김재형, 민법 I 계약법(제3판), 박영사, 2020; 장보은, 계속적 공급계약 연구, 경인문화사, 2020.

I. 의 의

계속거래 또는 사업권유거래(이하 사업권유거래에 국한된 설명이 아니면, '계속거래등'으로 통칭한다)는 사업자와 소비자(사업권유거래의 상대방을 포함한다. 이하 같다) 간의 장기간 계속적인 거래관계를 형성한다. 계속거래등에서 당사자들은 일회적인 거래로 관계가 종료되는 경우와는 달리 한 번 계약을 체결하면 장기의 계약기간 동안 그 계약에 구속된다. 그런데 사업자는 계속거래등에 대하여 많은 준비를 하고 모든 노력을 다하는 데에 반하여, 소비자는 계약 체결에 대하여 충분한 주의를 기울이지 못하는 경우가 많다. 계속거래등과 관련하여 충분한 정보가 없거나 계약 조건에 대하여 명확한 이해가 없이 계약을 체결하거나, 사업자의 권유나 유인에 따라 충분히 숙고하지 못하고 계약을 체결해 버릴 위험도 있다.

방문판매법은 예외적인 사정이 없다면, 소비자가 여러 이유로 더 이상 계속거래등을 원하지 않는 경우 계약 기간 중 언제든지 계약을 해지할 수 있다고 규정하였다. 계약법 원칙대로라면 장기간의 계약도 계약 기간 동안 유지되어야 하며 일방 당사자가 계약기간 중에 계약을 임의로 해지할 수 있는 것은 아니다. 계속적 계약을 해지하려면 상대방의 책임있는 사정이 있거나 계약을 더 이상 유지할 수 없는 중대한 사정 또는 계약 당시 예상할 수 없었던 현저한 사정의 변경이 있는 등의 해지 사유가 있어야 하는 것이 원칙이다.[1] 이에 반하여 방문판매법에서는 소비자에게 언제든지 계속거래등에서 벗어날 수 있는 길을 열어두고 있는바, 이는 계약은 지켜져야 한다는 계약준수 원칙의 중대한 예외라고 할 것이다.

---

1) 장보은, 계속적 공급계약 연구, 경인문화사, 2020, 69면 이하 참조.

Ⅱ. 계속거래등의 해지

1. 요건 및 제한사유

계속거래등의 소비자는 예외 사유가 없는 한 계약기간 중 언제든지 계약을 해지할 수 있다. 따라서 해지권을 행사하는 데에 특별한 요건이 필요한 것은 아니다.

소비자의 해지권이 제한되는 경우는 다른 법률에 별도의 규정이 있거나 거래의 안전 등을 위하여 대통령령으로 정하는 경우이다. 방문판매법 시행령 제40조에서는 해지권이 제한되는 경우로 소비자의 주문에 의하여 개별적으로 생산되는 재화등에 대한 것으로서 계약 해지를 인정하면 사업자에게 회복할 수 없는 중대한 피해가 예상되는 경우로서 사전에 해당 거래에 대하여 별도로 그 사실을 고지하고 소비자의 서면(전자문서를 포함한다) 동의를 받은 경우를 정하고 있다.[2)]

2. 사업자의 해지

소비자와는 달리 사업자는 계속거래등의 체결 이후 계약의 해지 사유가 없으면 계약을 일방적으로 해지할 수 없다. 따라서 계약에서 정한 해지 사유가 발생하였거나 소비자의 책임있는 사정이 있거나 계약을 더 이상 유지할 수 없는 중대한 사정 또는 계약 당시 예상할 수 없었던 현저한 사정의 변경이 있는 등의 해지 사유가 있는 경우에만 사업자는 계약을 해지할 수 있다.

계속거래등의 계약에서 사업자도 언제든지 계약을 해지할 수 있도록 규정하는 것이 가능한지 여부에 대하여는 방문판매법상 명시적인 규정은 없다. 그러나 특히 약관의 형태로 계약이 체결되는 경우라면 사업자에게 법률에서 규정하고 있지 아니하는 해지권을 부여하여 고객에게 부당하게 불이익을 줄 우려가 있는 조항에 해당한다고 보아 약관의 규제에 관한 법률 제9조 제2호에 따라 해당 조항이 무효로 판단될 수 있다. 나아가 약관의 규

---

2) 특수판매에서의 소비자보호지침(공정거래위원회 예규 제235호)에 따르면, 다음과 같은 경우 해지 제한사유에 해당하지 않는다고 하였다.
<예시 1> 60대의 소비자가 재혼을 하기 위하여 계약금 등 200만원을 주고 결혼정보업체와 계약을 체결하였는데, 계약 내용 중 3회 이상 소개를 받은 경우에는 계약해지가 불가능하다는 조항이 있었고, 소비자는 어느 한날에 3회의 소개를 한꺼번에 받았으며, 이후 연락이 없이 1년이 되도록 정보제공을 받지 못하여 계약을 해지하려 했으나 당초 계약을 이유로 해지를 해 주지 않는 경우 ⇒ 계속거래의 계약해지 제한사유는 소비자등의 주문에 의하여 개별적으로 생산되는 재화 등 계약해지를 인정하는 경우 사업자에게 회복할 수 없는 중대한 피해가 예상되는 경우로서 사전에 별도로 고지하고 서면으로 동의를 얻은 경우로 한정되며, 이 건의 경우는 이에 해당하지 않음.
<예시 2> 인터넷 쇼핑몰 분양의 경우에 동일하거나 유사한 쇼핑몰이 다른 사람에게 분양된 사례가 있어 주문에 의해 생산되지만 반환할 경우 타인에게 양도가 용이하므로 "주문에 의하여 개별적으로 생산되는 재화등"에 포함되지 아니함.

제에 관한 법률이 적용되는 경우가 아니라고 하더라도, 사업자가 어느 때나 계약을 해지할 수 있도록 하는 것은 소비자의 권익을 보호하고 시장의 신뢰도를 높이고자 하는 법 취지에 부합하지 않는 것으로 불공정한 것으로 판단될 가능성이 높다.

3. 계속거래등의 해지와 해제

계속거래등은 일시적, 일회적 계약과는 다른 특징을 가지는데, 계약의 종료 사유로서 해제가 아니라 해지가 문제되는 것도 그 중 하나이다. 해지는 소급효를 가지는 해제와 달리 장래를 향하여 계약의 효력을 소멸시키는 것이다. 따라서 해지 효력이 발생할 때까지 발생한 계약상 채권채무는 계약의 해지에도 불구하고 여전히 존속하고, 잔존기간에 대한 대금의 환급이나 사은품 등의 부가상품의 반환 등 계속거래등의 해지로 기존의 계약관계를 청산할 의무가 발생한다.[3] 또한 계약의 해지는 손해배상의 청구에 영향을 미치지 않으므로,[4] 귀책사유에 따라 손해배상 청구가 이어질 수 있다.[5] 통상 계속거래등에는 위약금에 관한 약정이 부가되는바, 이 금액은 손해배상액의 예정으로 추정된다.[6] 이러한 면에서 계속거래등의 해지는 손해배상 의무 없이 청약을 철회하는 것과도 다르다.

계속거래등에 따라 일방의 급부가 개시되기 이전이라면, 계속거래등도 해지가 아니라 해제의 대상이 된다. 방문판매법 제31조에서는 계약의 해지에 관하여 규정하고 있을 뿐이고, 계약의 해제는 민법상 일반 규정이 적용된다는 견해가 있다.[7] 이에 따르면 계약기간이 개시되기 전에는 해제 사유가 있는 경우에만 소비자가 해제권을 행사한다고 할 것이다. 그러나 계약이 이미 개시된 이후에는 소비자가 특별한 사정이 없이도 계약을 해지할 수 있다고 하면서 계약이 개시되기 전에는 계약 해제 사유가 있어야만 계약을 해제할 수 있다고 보는 것은 균형상 맞지 않고, 계약의 해지 또는 해제를 방해하는 행위를 금지하는 방문판매법 제34조 제1, 2, 4, 5호에서 양자를 구별 없이 규정하는 것에 비추어 보아도 타당하지 않다. 따라서 거래 개시 전이라면 소비자는 언제든지 계약을 해제할 수 있다고 보아야 한다. 이 때에는 통상의 해제와 같이 당사자들에게 원상회복 의무가 있고, 별도로 손해배상 청구권이 발생할 수 있다.

---

3) 양창수/김재형, 민법 I 계약법(제3판), 박영사, 2020, 625면 참조.
4) 민법 제551조 참조.
5) 해지의 효과에 대하여는 아래 제32조 해설 관련 부분 참조.
6) 민법 제398조 제4항 참조.
7) 김홍석/한경수, 개정 방문판매법 해설, 도서출판 잎새, 2012, 324면.

Ⅲ. 해지권 또는 해제권의 실질적인 보호 방안

계속거래등에서 언제든지 해지권 또는 해제권을 행사할 수 있는 소비자의 권리는 소비자 보호의 핵심적인 내용이다. 따라서 이와 관련된 소비자의 권리를 실질적으로 보호하는 것이 중요한다. 이와 관련하여 방문판매법은 제31조의 규정을 위반한 계약으로 소비자에게 불리한 것은 효력이 없다는 점을 선언하고 있다.[8)]

나아가 소비자의 해지권 또는 해제권 행사를 방해하는 행위는 엄격하게 금지된다. 즉, 방문판매법 제34조 제1항에서는 계속거래등의 계약을 체결하게 하거나 계약의 해지 또는 해제를 방해하기 위하여 소비자를 위협하는 행위(1호), 거짓 또는 과장된 사실을 알리거나 기만적 방법을 사용하여 계약의 해지 또는 해제를 방해하는 행위(2호), 소비자가 계속거래등의 계약을 해지 또는 해제하였는데도 정당한 사유 없이 이에 따른 조치를 지연하거나 거부하는 행위(4호), 계약의 해지 또는 해제를 방해할 목적으로 주소·전화번호 등을 변경하는 행위(5호), 분쟁이나 불만 처리에 필요한 인력 또는 설비가 부족한 상태를 상당 기간 방치하여 소비자에게 피해를 주는 행위(6호)를 금지한다. 이를 위반하는 경우 공정거래위원회는 해당 계속거래사업자등에게 시정조치를 명할 수 있고,[9)] 이에 대한 벌칙 조항도 있다.[10)]

---

8) 방문판매법 제52조.
9) 방문판매법 제49조 제1항 2호, 제2항 내지 제5항 참조.
10) 방문판매법 제61조 제1항 2호 및 제2항, 제63조 4호. 관련 해설 참조.

제32조 계약 해지 또는 해제의 효과와 위약금 등

[장보은]

제32조(계약 해지 또는 해제의 효과와 위약금 등) ① 계속거래업자등은 자신의 책임이 없는 사유로 계속거래등의 계약이 해지 또는 해제된 경우 소비자에게 해지 또는 해제로 발생하는 손실을 현저하게 초과하는 위약금을 청구하여서는 아니 되고, 가입비나 그 밖에 명칭에 상관없이 실제 공급된 재화등의 대가를 초과하여 수령한 대금의 환급을 부당하게 거부하여서는 아니 된다.
② 계속거래등의 계약이 해지 또는 해제된 경우 소비자는 반환할 수 있는 재화등을 계속거래업자등에게 반환할 수 있으며, 계속거래업자등은 대통령령으로 정하는 바에 따라 대금 환급 또는 위약금 경감 등의 조치를 하여야 한다.
③ 계속거래업자등은 자신의 책임이 없는 사유로 계약이 해지 또는 해제된 경우 소비자로부터 받은 재화등의 대금(재화등이 반환된 경우 환급하여야 할 금액을 포함한다)이 이미 공급한 재화등의 대금에 위약금을 더한 금액보다 많으면 그 차액을 소비자에게 환급하여야 한다. 이 경우 환급이 지연되는 경우에는 총리령으로 정하는 지연기간에 대한 지연배상금을 함께 환급하여야 한다.
④ 공정거래위원회는 제1항에 따른 위약금 청구와 제2항에 따른 대금 환급 또는 위약금 경감과 관련된 분쟁을 방지하기 위하여 필요한 경우 위약금 및 대금의 환급에 관한 산정기준을 정하여 고시할 수 있다.

[참고문헌] 곽윤직, 채권각론(제6판), 박영사, 2003; 지원림, 민법원론(제2판), 홍문사, 2019; 고형석, “계속거래등의 해지 등에 따른 해약환급금에 관한 연구”, 충남대학교 법학연구 제30권 제1호, 2019; 공정거래위원회, 2020년 공정거래백서, 2020; 한국소비자원, 계속적 거래계약에 있어서 사은품 제공관련 문제점 및 개선방안, 2004.

Ⅰ. 계속거래등의 해지 및 해제의 효과

1. 원상회복 또는 청산관계

방문판매법 제32조에 따라 원칙적으로 소비자는 언제든지 계속거래등의 계약 관계를 해소할 수 있다. 현실적으로 보다 중요한 문제는 계속거래등의 해소에 따라 기존의 계약관계를 어떻게 정리하는지 하는 것이다.[1)] 특히 계속거래등에서 일단 계약에 따른 급부이행이 개시되었다면, 해제에 의하여 채권관계를 소급적으로 소멸시키는 것이 아니라, 계약의 효력을 장래에 향하여 소멸하게 하는 해지의 대상이 된다.[2)] 즉, 계속거래등의 해지는 소급효가 인정되는 해제와는 달리 장래효를 가진다. 계약의 해제는 소급효에 따라 당사자에게 원상회복 의무를 발생시키나, 해지는 지금까지 계속되었던 관계를 청산하여야 하는

1) 방문판매법 관련 조정사건에서 계속거래등의 해지 또는 해제에 관한 사안은 상당한 비중을 차지하고 있다. 2009년부터 2019년까지 자율분쟁조정위원회에 접수된 계속거래 관련 분쟁은 1,999건으로, 방문판매법 관련 전체 분쟁 건수 6,832건 중에 약 30%를 차지한다. 공정거래위원회, 2020년 공정거래백서, 2020, 346면 참조.

2) 민법 제550조 참조.

의무를 부담하도록 한다.[3]

2. 손해배상책임

또한 계속거래등이 사업자의 귀책사유 없이 소비자에 의하여 해제 또는 중도 해지되면, 소비자는 손해배상책임을 진다.[4] 다만, 현저한 사정변경이 있는 경우와 같이 소비자에게도 책임 사유가 없는 경우라면, 손해배상책임이 발생하지 않을 것이다.[5] 참고로 소비자에게 귀책사유가 없는 경우에 사업자가 일방적으로 계약을 해지할 수 있는지 여부에 대하여는 논의가 많지 않으나, 소비자와는 달리 사업자는 계속거래등의 체결 이후 계약의 해지 사유가 없으면 계약을 일방적으로 해지할 수 없다고 하는 것이 법의 해석과 취지에 비추어 타당하다. 따라서 계약에서 정한 해지 사유가 발생하였거나 계약을 더 이상 유지할 수 없는 중대한 사정 또는 계약 당시 예상할 수 없었던 현저한 사정의 변경이 있는 등의 사정이 없다면, 사업자가 일방적으로 계약을 해지할 수 없다고 할 것이다.[6]

계속거래등에서는 중도 해지에 따른 위약금 약정이 있는 경우가 대부분인바, 이때의 위약금은 손해배상액의 예정으로 추정된다.[7] 이 경우 과도한 위약금을 정하는 것은 불공정한 계약이 될 수 있고, 소비자의 해제권 또는 해지권을 사실상 제한하는 효과가 있다. 따라서 방문판매법 제32조 제1항에서는 소비자에게 해지 또는 해제로 발생하는 손실을 현저하게 초과하는 위약금을 청구하지 못한다는 점을 밝히고 있다.

3. 위약금 및 대금의 환급 산정기준

계속거래등의 해제 또는 해지시 대금 환급이나 위약금 관련 사항은 다수의 분쟁을 야기하고 있으므로, 공정거래위원회는 방문판매법 제32조 제4항에 따라 주요 업종에 대한 대금 환급 및 위약금 기준을 정하여 고시하고 있다.[8]

Ⅱ. 재화등의 반환과 대금 환급 등

1. 청산의무와 재화등의 반환

계속거래등에서 계약의 해지가 있는 경우 장래를 향하여 계약의 효력이 소멸되므로,

3) 지원림, 민법원론(제2판), 홍문사, 2019, 533~534면 참조.
4) 민법 제551조 참조.
5) 곽윤직, 채권각론(제6판), 박영사, 2003, 94면 참조.
6) 위의 제31조 해설 관련 부분 참조.
7) 민법 제398조 제4항 참조.
8) 아래 Ⅲ. 참조.

원칙적으로 소비자가 반드시 이미 사업자가 이행한 급부를 반환할 의무가 있는 것은 아니다. 다만 소비자가 받은 급부를 반환하지 않는 이상, 이에 상응하여 소비자가 지급한 반대급부도 반환되지 않는다. 그러나 가입비나 그 밖에 명칭에 관계없이 사업자가 소비자로부터 수령한 대금 중에 실제 공급된 재화등의 대가를 초과하는 부분은 소비자에게 환급되어야 한다. 방문판매법 제32조 제1항 후단은 이러한 점을 규정하고 있다.

이와 관련하여 장기계약을 이유로 그 계약대금을 할인하여 계약을 체결하는 경우가 많은데, 이후 중도에 해지를 하였을 경우에 이미 이행된 부분에 대한 대가를 산정하는 기준을 정상가격으로 하여야 하는지 아니면 할인가격으로 하여야 하는지의 문제가 제기된다. 이에 대하여는 법상 명확한 규정이 없으므로, 통상 사업자는 정상가격을 기준으로 대가를 산정하여야 한다고 주장하고, 소비자는 할인가격을 기준으로 하여야 한다고 주장한다. 이는 원칙적으로 의사해석의 문제가 될 것이다. 다만, 사업자가 소비자에게 할인을 제공하는 것은 장기계약을 조건으로 하는 것인데, 소비자의 중도 해지로 그 조건을 성취하지 못하였다면 일반적으로는 할인가격이 아닌 정상가격으로 이미 제공된 용역의 대가를 산정하는 것으로 해석될 수 있을 것이다. 다만, 정상가격이 현실적인 가격이 아니라, 실제로는 할인가격으로만 판매가 된다면, 정상가격이 아닌 할인가격이 적용되어야 할 것이다. 이와 관련한 분쟁을 줄이기 위하여 사업자는 계약체결시 이에 관한 정보를 명확히 소비자에게 제공하도록 하고, 이에 대한 증명책임을 사업자에게 부과하여야 할 것이다.[9)]

나아가 방문판매법 제32조 제2항은 계속거래등의 해지 시에도 소비자는 반환할 수 있는 재화등을 계속거래업자등에게 반환할 수 있다고 규정한다. 이는 민법상 장래효를 가지는 해지의 통상적인 모습은 아니나, 실효성 있는 소비자보호를 위한 특별한 규정으로 이해된다. 급부의 성질상 제공받은 용역을 반환하는 것을 생각하기는 쉽지 않고 재화의 반환이 주가 될 것이고, 재화등의 잔존 가치가 상당한 경우에 반환할 수 있다. 소비자가 공급받은 재화등을 반환하는 경우, 사업자는 반환받은 재화등의 가치에 상응하는 대금을 환급하거나 위약금을 경감하여야 한다.

2. 사업자의 대금 환급 의무

방문판매법 제32조 제3항은 사업자는 계속거래등의 해지와 관련하여 소비자로부터 받은 재화등의 대금이 이미 공급한 재화등의 대금(재화등이 반환된 경우 환급하여야 할 금액을 포함한다)에 위약금을 더한 금액보다 많으면 그 차액을 소비자에게 환급하여야 한다는 점을 규정한다. 환급이 지연되는 경우에는 총리령으로 정하는 지연기간에 대한 지연배상

9) 고형석, "계속거래등의 해지 등에 따른 해약환급금에 관한 연구", 충남대학교 법학연구 제30권 제1호, 2019, 478면 이하 참조.

금을 함께 환급하여야 한다고 규정하는바, 방문판매법 시행규칙 제22조에서는 3영업일 이상 지연된 경우 그 지연일수에 따라 지연배상금을 계산하도록 하였다.

특히 소비자가 사업자로부터 제공받은 재화등을 반환하는 경우, 사업자는 그 가치에 상당하는 금액을 환급한다. 가치를 산정할 때에는 재화등의 시장가격이나 감가상각 등을 고려하여야 하며, 현실적으로 이 금액은 해지 환급금에 더하거나 위약감에서 감액하는 형태로 처리된다. 사업자는 이를 재화등을 반환받은 날로부터 3영업일 이내에 이행하여야 하고, 지체시에는 지연배상금을 지급하여야 한다.[10)]

Ⅲ. 계속거래등의 해지·해제에 따른 위약금 및 대금의 환급에 관한 산정기준

1. 규정 취지와 적용 범위

방문판매법 제32조 제4항은 분쟁을 방지하기 위하여 필요한 경우 위약금 및 대금의 환급에 관한 산정기준을 정하여 고시할 수 있다고 규정하였는바, 이에 따라 공정거래위원회는 주요 업종에 대한 분쟁을 방지하고 소비자 피해를 최소화하고자 '계속거래등의 해지·해제에 따른 위약금 및 대금의 환급에 관한 산정기준'[11)]을 마련하여 시행하고 있다.

현행 고시의 적용대상 업종은 국내결혼중개업,[12)] 컴퓨터 통신교육업,[13)] 체력단련장업 또는 종합체육시설업(체력단련장 시설을 설치한 경우에 한한다)에 해당하는 헬스·피트니스업, 명상·호흡·스트레칭 등이 결합된 신체 단련 운동인 요가·필라테스업,[14)] 미용업[15)] 및 어학 기타 학습을 위하여 정기적으로 간행물을 발행·판매하는 학습지업의 5개 업종이다. 이들은 모두 재화 공급보다는 용역의 제공이 주가 되는 업종이다. 별도 법령[16)]이 적용되는 학원이나 과외 등의 교습비등의 반환에는 적용되지 않고, 위약금이 문제되지 않는

10) 방문판매법 시행령 제41조(재화등의 반환에 따른 대금 환급 또는 위약금 경감) ① 법 제32조제2항에 따라 소비자가 재화등을 반환하는 경우 계속거래업자등은 반환받은 재화등의 가치에 상당하는 금액을 계약의 해지 또는 해제에 따라 지급하여야 할 환급금에 더하거나 청구할 수 있는 위약금에서 빼야 한다.
② 계속거래업자등은 제1항에 따라 환급금을 증액하거나 위약금을 감액하는 경우 재화등을 반환받은 날부터 3영업일 이내에 증액되거나 감액된 금액을 소비자에게 반환하거나, 재화등의 대금 등 소비자로부터 받을 금액이 있는 경우에는 증액되거나 감액된 금액을 빼고 청구하여야 한다. 계속거래업자등이 전단의 조치를 지연한 경우에는 총리령으로 정하는 지연기간에 대한 지연배상금을 지급하여야 한다.
③ 제1항에 따라 반환받은 재화등의 가치에 상당하는 금액을 산정할 때에는 재화등의 시장가격이나 감가상각 등을 고려하여야 한다.

11) 공정거래위원회고시 제2019－9호(2019. 11. 19. 시행).

12) 「결혼중개업의 관리에 관한 법률」 제2조 제3호.

13) 「이러닝(전자학습)산업 발전법」 제2조 제1호.

14) 「체육시설의 설치·이용에 관한 법률」 제10조 제1항 제2호.

15) 「공중위생관리법」 제2조 제1항 제5호.

16) 「학원의 설립·운영 및 과외교습에 관한 법률 시행령」 제18조.

청약철회의 경우에도 이 고시의 적용 범위가 아니다.[17]

2. 위약금 청구 기준

계속계약등에서 위약금이란 계약금, 손해배상액의 예정, 위약벌, 해약금 등 명칭여하를 불문하고, 사업자가 계약의 해지 또는 해제로 인해 발생하는 손해 등으로 인하여 소비자에게 청구할 수 있는 금전의 총액을 말한다. 이미 제공된 재화등의 대가와는 구별된다.[18]

계약이 사업자의 귀책사유 없이 해지 또는 해제된 경우 사업자는 소비자에게 위약금을 청구할 수 있다. 이때 위약금은 다음[19]의 금액을 초과하지 못하고, 이와 관련하여 사업자의 의무 이행 여부에 대하여 다툼이 있는 경우에는 사업자가 이를 입증하여야 한다.[20]

업 종	구 분	위약금 기준
국내결혼중개업	서비스 개시 전	총계약대금[21]의 20%
	1회 이상 소개 후	총계약대금의 20%×(잔여횟수/총횟수)
컴퓨터 통신교육업	계약체결일 또는 서비스 이용가능일로부터 7일 이내	위약금을 부과할 수 없음
	그 외의 경우	총계약대금의 10%
헬스·피트니스업 요가·필라테스업	–	총계약대금의 10%
미용업	–	총계약대금의 10%
학습지업	–	계약 해지·해제 시점 이후에 제공하기로 되어 있는 재화등의 단위대금[22]의 10%

17) 계속거래등의 해지·해제에 따른 위약금 및 대금의 환급에 관한 산정기준 제3조.

18) 계속거래등의 해지·해제에 따른 위약금 및 대금의 환급에 관한 산정기준 제2조 제1호.

19) 계속거래등의 해지·해제에 따른 위약금 및 대금의 환급에 관한 산정기준 별표.

20) 계속거래등의 해지·해제에 따른 위약금 및 대금의 환급에 관한 산정기준 제4조.

21) "총계약대금"이란 소비자가 계약의 내용에 따라 사업자에게 지급하기로 한 금억을 말하며, 계약금, 입회금, 가입비, 설치비, 입학금 등의 금액을 모두 포함하나, 보증금은 총계약대금에 포함되지 않는다. 계속거래등의 해지·해제에 따른 위약금 및 대금의 환급에 관한 산정기준 제2조 제2호.

22) "단위"란 당사자 사이의 약정으로 사업자가 계약의 주된 목적에 따라 소비자에게 제공하기로 한 재화등의 이행 기본단위를 정한 것으로서, 1월(月), 1일(日), 1회 또는 1시간 등이 1단위가 되며, 단위의 내용에 관하여 다툼이 있는 경우에는 사업자가 이를 입증하여야 한다. "단위대금"이란 소비자가 공급받은 재화등의 단위에 대해 소비자가 부담하는 금액을 말한다. 계속거래등의 해지·해제에 따른 위약금 및 대금의 환급에 관한 산정기준 제2조 제3호, 제4호.

3. 대금의 환급에 관한 기준

계속거래등에 따른 급부가 이행되기 전에는 계약의 해제가 문제되고, 이 경우에는 급부에 대응하는 대금을 지급할 것은 아니어서 주로 위약금이 문제된다. 업종에 따라 총계약대금의 일정 비율[23] 또는 단위대금의 일정 비율[24]이 위약금 상한이 되는 경우와 용역제공 이전이면 위약금을 요구할 수 없는 경우[25]가 있다.

계속거래등에 따른 용역 제공이 개시되어 계약의 해지가 문제되는 경우에는 해지되기까지 제공받은 용역의 대가는 환급되지 않는다. 소비자가 이미 제공받은 용역을 반환하는 것을 상정하기는 어려우므로, 일반적으로 그에 따른 환급이 고려되지는 않을 것이다. 따라서 이 경우 소비자는 사업자에게 지급한 계약대금에서 계약의 해지의 의사표시가 사업자에게 도달한 시점까지 공급받은 단위에 해당하는 단위대금, 부가상품의 가액, 제4조에 따른 위약금을 공제한 나머지의 환급을 청구할 수 있다. 이때 소비자가 재화등을 직접 이용하지 않았으나 기한의 도래로 소비자가 이용할 수 있었던 경우에는 재화등의 공급이 있었던 것으로 본다.[26]

이와 관련하여 계속거래등의 해지·해제에 따른 위약금 및 대금의 환급에 관한 산정기준 별표는 위약금 기준을 해지 시점과 무관하게 동일하게 정하고 있는데,[27] 계약기간에 따라 실제 손해액이 달라질 수 있다는 점에서 이러한 기준에 대하여는 재고를 요한다. 계약기간 초기에 바로 계약을 해지하는 경우와 계약기간 만료를 얼마 남기지 않고 계약을 해지하는 경우를 동일하게 취급하는 것은 형평에 맞지 않거나 손해 전보의 관점에서 타당하지 않을 것이기 때문이다.[28]

한편, 사업자가 소비자로부터 받은 보증금이 있는 경우, 별도의 약정이 없는 한 수령한 보증금 전액을 환급하여야 한다.[29]

4. 부가상품등의 반환

계속거래등을 체결하면서 사업자가 소비자에게 사은품 등의 부가상품을 제공한 경

23) 국내결혼중개업, 헬스·피트니스업, 요가·필라테스업, 미용업.

24) 학습지업.

25) 컴퓨터 통신교육업.

26) 계속거래등의 해지·해제에 따른 위약금 및 대금의 환급에 관한 산정기준 제5조 제1항.

27) 예외적으로 컴퓨터 통신교육업의 경우에는 서비스 이용가능일로부터 7일 이내까지는 위약금을 지급하지 못한다고 하나, 그 이후에는 동일하게 총계약대금의 10%를 상한으로 한다.

28) 고형석, "계속거래등의 해지 등에 따른 해약환급금에 관한 연구", 충남대학교 법학연구 제30권 제1호, 2019, 497~499면 참조.

29) 계속거래등의 해지·해제에 따른 위약금 및 대금의 환급에 관한 산정기준 제5조 제2항.

우, 계약의 해제 또는 해지시 소비자는 이를 소비자에게 돌려주어야 하고, 그렇지 않은 경우 그 가액이 공제된다. 부가상품은 경품, 사은품, 감사품 등 명칭여하를 불문하고 사업자가 계약의 주된 목적에 따라 소비자에게 제공하는 재화 이외에 소비자에게 부수적으로 공급하는 경제적 이익이 있는 재화 또는 용역을 말한다.[30)]

소비자가 부가상품등을 반환하는 경우 사업자는 부가상품등의 가치에 상당하는 금액을 계약을 해지 또는 해제에 따라 지급해야 할 환급금에 더하거나, 청구할 수 있는 부가상품등의 대금 또는 위약금에서 감액하여야 한다.[31)] 그런데 계약금액에 비하여 고가의 부가상품등이 지급되는 경우 이를 반환하도록 하거나 또는 그 가치 상당액을 공제하는 것은 실질적으로 소비자의 해지권을 제한하는 결과가 될 수 있다. 이는 계속거래등의 해지·해제에 따른 위약금 및 대금의 환급에 관한 산정기준이 적용 대상이 되는 5개 업종뿐만 아니라 계속거래등 전반에 걸쳐 그 문제점이 지속적으로 제기되는 부분이다. 과도한 사은품 가격이 주거래 계약금액으로 전가됨으로써 계약금액이 고액화되고, 계약기간의 장기화를 유도하는 도구가 되고, 중도 해지를 막는 사유가 되고 있으므로, 사은품 관련 소비자 피해를 예방하기 위한 여러 대안이 제시되고 있는 상황이다.

즉, 경품류제공에 관한 불공정거래행위의 유형기준에 따라 소비자경품류는 거래가액의 10%를 초과하지 못하는바 이와 유사하게 중도 해지시 사은품 배상금액을 계약금액의 10% 이내로 제한하거나, 독일의 경우와 같이 계약기간이 2년 이상 존속된 후 중도 해지를 요구하는 경우 배상의무를 면제하는 방안이 거론된다. 향후 이러한 내용을 표준약관에 반영하거나, 공정거래위원회 고시 등 관련 법규에 규정하는 방안 등을 고려하여야 할 것이다.[32)] 우선 현행 고시에서는 사업자가 계약을 체결할 때 소비자에게 부가상품등의 가액 및 그 산정기준과 부가상품등의 반환시에 부가상품등의 가치에 상당하는 금액 및 그 산정기준을 고지하고, 소비자로부터 동의를 얻었음을 서면(전자문서를 포함한다)으로 확인받도록 규정하고 있다.[33)] 사업자는 이에 관하여 다툼이 있는 경우 이를 입증하여야 하고, 관련 자료는 소비자가 언제든지 열람할 수 있도록 하여야 한다.[34)]

30) 계속거래등의 해지·해제에 따른 위약금 및 대금의 환급에 관한 산정기준 제2조 제5호.
31) 계속거래등의 해지·해제에 따른 위약금 및 대금의 환급에 관한 산정기준 제6조 제1항.
32) 한국소비자원, 계속적 거래계약에 있어서 사은품 제공관련 문제점 및 개선방안, 2004 참조.
33) 계속거래등의 해지·해제에 따른 위약금 및 대금의 환급에 관한 산정기준 제6조 제2항.
34) 계속거래등의 해지·해제에 따른 위약금 및 대금의 환급에 관한 산정기준 제6조 제3항.

제33조 거래기록 등의 열람

[김세준]

제33조(거래기록 등의 열람) 계속거래업자등은 대통령령으로 정하는 바에 따라 재화등의 거래기록 등을 언제든지 소비자가 열람할 수 있게 하여야 한다.

[참고문헌] 김은기, "사업권유거래에 대한 규제 및 그 개선방안", 기업법연구 제24권 제4호, 2010.

I. 의의 및 주요 내용

거래기록을 열람할 수 있도록 하거나 제공할 의무는 거래의 정확성을 확인하는 동시에 불필요한 분쟁을 예방하기 위한 목적으로 규정하고 있다.[1)]

계속거래업자 및 사업권유거래업자는 대통령령으로 정하는 바에 따라 재화등의 거래기록 등을 언제든지 소비자가 열람할 수 있게 하여야 한다. 즉 방문·전화 또는 인터넷 등을 통하여 즉시 열람할 수 있도록 필요한 조치를 하여야 하고, 소비자가 우편 등의 방법으로 열람요청을 하는 경우 3영업일 이내에 관련 자료를 발송하여야 한다(시행령 제42조).

II. 비교입법례

1. 국내 입법례

가. 전자상거래법

제6조(거래기록의 보존 등) ① 사업자는 전자상거래 및 통신판매에서의 표시·광고, 계약내용 및 그 이행 등 거래에 관한 기록을 상당한 기간 보존하여야 한다. 이 경우 소비자가 쉽게 거래기록을 열람·보존할 수 있는 방법을 제공하여야 한다.
② 제1항에 따라 사업자가 보존하여야 할 거래기록 및 그와 관련된 개인정보(성명·주소·전자우편주소 등 거래의 주체를 식별할 수 있는 정보로 한정한다)는 소비자가 개인정보의 이용에 관한 동의를 철회하는 경우에도 「정보통신망 이용촉진 및 정보보호 등에 관한 법률」 등 대통령령으로 정하는 개인정보보호와 관련된 법률의 규정에도 불구하고 이를 보존할 수 있다.
③ 제1항에 따라 사업자가 보존하는 거래기록의 대상·범위·기간 및 소비자에게 제공하는 열람·보존의 방법 등에 관하여 필요한 사항은 대통령령으로 정한다.

---

1) 김은기, "사업권유거래에 대한 규제 및 그 개선방안", 기업법연구 제24권 제4호, 2010, 302면.

나. 할부거래법

제33조(거래기록 등의 열람) 선불식 할부거래업자는 대통령령으로 정하는 바에 따라 재화등의 거래기록·소비자피해보상보험계약등의 체결내용을 언제든지 소비자가 열람할 수 있게 하여야 한다.

2. 외국 입법례: 일본 특정상거래에 관한 법률

제45조(서류의 비치 및 열람 등) 용역제공사업자 또는 판매업자는 특정계속적용역제공에 관한 선불거래(특정계속적용역제공에 앞서 그 상대방으로부터 시행령에서 정하는 금액을 초과하는 금전을 수령하는 특정계속적용역제공에 관한 거래를 말한다. 다음 항에서 같다)를 하는 때에는 경제산업성령에서 정하는 바에 따라 그 업무 및 재산상황을 기재한 서류를 특정계속적용역제공등계약에 관한 업무를 하는 사무소에 비치하여야 한다.

② 특정계속적용역제공에 관한 선불거래의 상대방은 전항에서 규정하는 서류의 열람을 요구하거나 전항의 용역제공사업자 또는 판매업자가 정하는 비용을 지불하여 그 등본 또는 초본의 교부를 요구할 수 있다.

Ⅲ. 개선사항의 제안

현행법 제33조에서 "소비자가 열람할 수 있게 하여야 한다"고 규정하는 것과 현행법 제36조에서 "보관할 수 있다"고 규정하는 것이 서로 충돌하므로, 양자를 연계하여 계속거래업자의 증명책임규정을 별도 조항으로 신설하는 방향이 적절하다. 즉 거래기록의 보존에 관해 현행법은 사업자의 재량사항으로 규정하면서도 의무사항으로 규정하고 있는 문제가 있으므로, 이를 통일적으로 의무사항으로 규정할 필요가 있다. 이는 전자상거래법과도 일치하는 체계이다.

제34조 금지행위 등

[김세준]

제34조(금지행위 등) ① 계속거래업자등은 다음 각 호의 어느 하나에 해당하는 행위를 하여서는 아니 된다.
1. 계속거래등의 계약을 체결하게 하거나 계약의 해지 또는 해제를 방해하기 위하여 소비자를 위협하는 행위
2. 거짓 또는 과장된 사실을 알리거나 기만적 방법을 사용하여 소비자를 유인 또는 거래하거나 계약의 해지 또는 해제를 방해하는 행위
3. 계속거래등에 필요한 재화등을 통상적인 거래가격보다 현저히 비싼 가격으로 구입하게 하는 행위
4. 소비자가 계속거래등의 계약을 해지 또는 해제하였는데도 정당한 사유 없이 이에 따른 조치를 지연하거나 거부하는 행위
5. 계약의 해지 또는 해제를 방해할 목적으로 주소·전화번호 등을 변경하는 행위
6. 분쟁이나 불만 처리에 필요한 인력 또는 설비가 부족한 상태를 상당 기간 방치하여 소비자에게 피해를 주는 행위
7. 소비자의 청약이 없는데도 일방적으로 재화등을 공급하고 재화등의 대금을 청구하는 행위
8. 소비자가 재화를 구매하거나 용역을 제공받을 의사가 없음을 밝혔는데도 전화, 팩스, 전자우편 등을 통하여 재화를 구매하거나 용역을 제공받도록 강요하는 행위

② 공정거래위원회는 이 법 위반행위의 방지 및 소비자피해의 예방을 위하여 계속거래업자등이 지켜야 할 기준을 정하여 고시할 수 있다.

I. 금지행위의 내용

① 계속거래등의 계약을 체결하게 하거나 계약의 해지 또는 해제를 방해하기 위하여 소비자를 위협하는 행위

② 거짓 또는 과장된 사실을 알리거나 기만적 방법을 사용하여 소비자를 유인 또는 거래하거나 계약의 해지 또는 해제를 방해하는 행위

③ 계속거래등에 필요한 재화등을 통상적인 거래가격보다 현저히 비싼 가격으로 구입하게 하는 행위

④ 소비자가 계속거래등의 계약을 해지 또는 해제하였는데도 정당한 사유 없이 이에 따른 조치를 지연하거나 거부하는 행위

⑤ 계약의 해지 또는 해제를 방해할 목적으로 주소·전화번호 등을 변경하는 행위

⑥ 분쟁이나 불만 처리에 필요한 인력 또는 설비가 부족한 상태를 상당 기간 방치하여 소비자에게 피해를 주는 행위

⑦ 소비자의 청약이 없는데도 일방적으로 재화등을 공급하고 재화등의 대금을 청구

하는 행위

⑧ 소비자가 재화를 구매하거나 용역을 제공받을 의사가 없음을 밝혔는데도 전화, 팩스, 전자우편 등을 통하여 재화를 구매하거나 용역을 제공받도록 강요하는 행위

Ⅱ. 금지행위에 따른 효과

1. 시정조치

공정거래위원회는 사업자가 위 금지행위 중 하나에 해당하는 행위를 한 경우 해당 사업자에 대하여 그 시정을 위한 조치를 명할 수 있다(법 제49조 제1항 제2호).

2. 벌　칙

위 ①, ②, ⑤에 해당하는 금지행위를 한 자에 대해서는 2년 이하의 징역 또는 5천만원 이하의 벌금에 처한다(법 제61조 제1항 제2호). 그리고 위 ③, ④, ⑦에 해당하는 금지행위를 한 자에 대해서는 1천만원 이하의 벌금에 처한다(법 제63조 제4호).

3. 과태료

사업자 또는 사업자단체가 위 ⑥에 따른 금지행위를 한 경우에는 3천만원 이하의 과태료를 부과하고, ⑧에 따른 금지행위를 한 경우에는 5천만원 이하의 과태료를 부과한다. 사업자 또는 사업자단체의 임원 또는 종업원, 그 밖의 이해관계인이 ⑥에 다른 금지행위를 한 경우에는 500만원 이하, ⑧에 따른 금지행위를 한 경우에는 1천만원 이하의 과태료를 부과한다(법 제66조 제1항 제2호 및 제3호).

Ⅲ. 관련 공정거래위원회 고시

법 제34조 제2항에서는 공정거래위원회가 방문판매법 위반행위의 방지 및 소비자피해의 예방을 위하여 계속거래업자 및 사업권유거래업자가 지켜야 할 기준을 정하여 고시할 수 있다는 것을 규정한다. 이에 관해 공정거래위원회는 「계속적 재판매거래등에 있어서의 거래상 지위 남용행위 세부유형 지정고시」[1]를 두고 있다. 세부내용은 아래와 같다.

1) 공정거래위원회고시 제2017-6호.

제1조(목적) 이 고시는 계속적 재판매거래등에 있어 「독점규제 및 공정거래에 관한 법률」(이하 "법"이라 한다.) 제23조(불공정거래행위의 금지) 제1항제4호 및 같은 법 시행령 제36조(불공정거래행위의 지정) 제1항 관련 별표 1의2 「불공정거래행위의 유형 및 기준」제6호의 규정에 의한 거래상지위의 남용행위에 해당되어 금지되는 불공정거래행위의 유형 및 기준을 정함을 목적으로 한다.

제2조(적용범위) ① 이 고시는 상품의 재판매·위탁판매 등을 위하여 일정한 기간 동안 약정을 하고 공급업자가 판매업자에게 계속적으로 상품을 매입거래, 위·수탁거래 등의 방법으로 공급하는 거래(이를 "계속적 재판매거래등"이라 한다)에서 공급업자가 판매업자에 대해 거래상 우월한 지위를 가지는 경우에 적용한다.
② 제1항에서 공급업자가 판매업자에 대해 거래상 우월한 지위를 가지고 있는지 여부는 다음 각 호를 종합적으로 고려하여 공급업자가 판매업자의 거래활동에 상당한 영향을 미칠 수 있는 지위에 있는지에 따라서 판단한다.
1. 상품시장 및 유통시장의 구조
2. 공급업자와 판매업자간의 사업능력의 격차
3. 판매업자의 공급업자에 대한 거래 의존도
4. 거래의 대상이 되는 상품의 특성

③ 제1항에도 불구하고 「가맹사업거래의 공정화에 관한 법률」에 따른 가맹사업에 해당하는 경우에는 이 고시를 적용하지 아니한다.

제3조(용어의 정의) 이 고시에서 사용하는 용어의 정의는 다음과 같다.
1. "판매업자"란 점포 등 일정한 시설을 갖추어 사업을 영위하는 자로서 계속적 재판매거래등을 통해 상품을 공급받는 자를 말한다.
2. "공급업자"란 제조업(가공업을 포함한다. 이하 같다), 수입업 또는 유통업을 영위하는 사업자로서 계속적 재판매거래등을 통해 판매업자에게 상품을 공급하는 자를 말한다.
3. "반품"이란 판매업자가 공급받은 상품을 되돌려 주거나 공급업자의 다른 상품과 바꾸는 등 형식에 상관없이 공급받은 상품을 공급업자에게 실질적으로 되돌려 주는 모든 행위를 말한다.
4. "판매촉진행사"란 명칭이나 형식에 상관없이 상품에 대한 수요를 늘려 판매를 증진시킬 목적으로 행하는 모든 행사 또는 활동을 말한다.
5. "판매장려금"이란 명칭에 상관없이 상품의 판매촉진을 위하여 공급업자가 판매업자에게 지급하는 경제적 이익을 말한다.

제4조(구입강제 행위의 금지) 공급업자는 다음 각 호의 어느 하나에 해당하는 행위를 하여서는 아니된다.
1. 판매업자가 청약 또는 주문하지 않은 상품을 일방적으로 공급하고 이를 구입한 것으로 정산하거나 이에 준하여 회계처리하는 행위
2. 합리적 이유 없이 판매업자로 하여금 유통기한이 임박한 상품, 신제품, 판매가 부진한 비인기 제품, 재고품 등을 일정 수량 이상 반드시 구입 또는 인수하도록 하는 행위
3. 기타 구입할 의사가 없는 상품 또는 용역을 구입하도록 강제하는 행위

제5조(경제상이익 제공 강요행위의 금지) 공급업자는 다음 각 호의 어느 하나에 해당하는 행위를 하여서는

아니 된다.

1. 공급업자가 자기의 필요에 의해 판매촉진행사를 실시하면서 판매촉진행사에 소요되는 비용의 부담 등을 사전에 판매업자와 약정하지 아니하고 판매업자에게 부담하도록 강요하는 행위
2. 공급업자가 실질적으로 채용·관리하는 자의 인건비의 전부 또는 일부를 판매업자에게 부담하도록 강요하거나 판매업자에게 고용된 인원을 파견받아 자기의 사업장 또는 자기가 지정하는 사업장에서 근무하도록 강요하는 행위
3. 판매업자에게 거래와 무관한 기부금, 협찬금 등 경제상 이익을 공급업자를 위하여 제공하도록 강요하는 행위

제6조(판매목표 강제행위의 금지) 공급업자는 자기가 공급하는 상품과 관련하여 거래상대방의 거래에 관한 목표를 제시하고 이를 달성하지 못하였다는 이유만으로 판매업자에게 다음 각 호의 어느 하나에 해당하는 불이익을 주거나 줄 것을 나타내어 판매목표를 강제하여서는 아니된다.

1. 판매업자와의 계약을 중도에 해지하는 행위
2. 제품의 공급을 중단하는 행위
3. 판매업자에게 지급할 의무가 있는 금원의 전부 또는 일부를 지급하지 아니하는 등 불이익을 제공하는 행위

제7조(불이익 제공행위의 금지) ① 공급업자는 거래조건의 설정 및 변경과 관련하여 다음 각 호의 어느 하나에 해당하는 행위를 하여서는 아니된다.

1. 계약 유효기간 중에 정상적인 거래관행에 비추어 부당한 거래조건을 추가한 새로운 계약을 일방적으로 체결하는 행위
2. 계약의 전부 또는 일부를 해지하더라도 손해배상을 청구할 수 없도록 하는 행위
3. 공급업자가 판매업자에 임대한 장비, 비품이 판매업자의 귀책사유에 의하여 손실, 훼손된 경우 감가상각을 고려하지 않은 당초 구입가격에 근거하여 변상하도록 하는 등 부당한 변상기준을 일방적으로 설정하는 행위
4. 계약서 내용에 관한 해석이 일치하지 않을 경우 공급업자의 일방적인 해석에 따라야 한다는 조건을 설정하는 행위

② 공급업자는 반품과 관련하여 다음 각 호의 어느 하나에 해당하는 행위를 하여서는 아니된다.

1. 공급업자의 귀책사유로 인해 상품이 파손 또는 훼손되었음에도 불구하고 반품을 거부하는 행위
2. 공급업자의 귀책사유로 인해 반품이 발생하였음에도 불구하고 운송비 등 반품에 소요되는 비용을 판매업자에게 전가시키는 행위

③ 공급업자는 거래 과정에서 다음 각 호의 어느 하나에 해당하는 행위를 통해 판매업자에게 불이익을 주어서는 아니된다.

1. 상품의 공급 또는 영업의 지원 등을 부당하게 중단 또는 거절하거나 현저히 제한하는 행위
2. 판매장려금 지급 제한 사유와 무관하게 판매장려금을 부당하게 삭감하거나 지급하지 않는 행위

④ 공급업자는 기타 제1항에서 제3항까지에 해당하는 행위 외의 방법으로 부당하게 거래상대방에게 불이익이 되도록 거래조건을 설정 또는 변경하거나 그 이행과정에서 불이익을 주는 행위를 하여서는 아니된다.

⑤ 공급업자는 판매업자가 이 고시를 위반한 공급업자의 행위에 대하여 공정거래위원회 등 관계기관에 신고

하거나 알리는 행위를 한 것을 이유로 부당하게 해당 판매업자에게 불이익이 되도록 거래조건을 설정 또는 변경하거나 그 이행과정에서 불이익을 주는 행위를 하여서는 아니된다.

제8조(경영활동 간섭 금지) ① 공급업자는 다음 각 호의 어느 하나에 해당하는 행위를 하여서는 아니된다.

1. 합리적 이유 없이 공급업자가 자기의 필요에 의해 실시하는 판매촉진행사에 판매업자가 반드시 참여하도록 요구하는 행위
2. 판매업자에게 소속된 임직원의 선임·해임·근무지역·근무조건이나 판매원의 계약체결·해지·영업지역·거래조건 등을 일방적으로 정하여 이행을 요구하는 행위
3. 합리적 이유 없이 판매업자의 거래처 현황, 매출 내역, 자금출납 내역 등 판매업자의 사업상 비밀에 해당하는 정보를 제공하도록 요구하는 행위
4. 판매업자의 거래상대방, 영업시간, 거래지역 등을 공급업자가 일방적으로 정하여 이행을 요구하는 등 경영활동에 간섭하는 행위

② 제1항의 규정은 위·수탁거래에 있어 공급업자가 판매업자에게 동의를 얻은 경우 등 정당한 이유가 있는 경우에는 적용하지 아니한다.

제9조(주문내역 확인요청 거부 또는 회피 금지) 공급업자는 판매업자가 청약 또는 구입 의사를 표시한 제품, 수량 등 주문내역의 정당한 확인요청에 대하여 이를 거부 또는 회피하여서는 아니된다.

제10조(자료 제출) 공정거래위원회는 이 고시의 시행과 관련하여 필요한 경우 공급업자와 판매업자에게 계속적 재판매거래등과 관련한 자료의 제출을 명할 수 있다.

제11조(재검토기한) 공정거래위원회는 「훈령·예규 등의 발령 및 관리에 관한 규정」에 따라 이 고시에 대하여 2017년 7월 1일 기준으로 매 3년이 되는 시점(매 3년째의 6월 30일까지를 말한다)마다 그 타당성을 검토하여 개선 등의 조치를 하여야 한다.

제 5 장

소비자권익의 보호

제35조 소비자보호지침의 제정 등

[성준호]

제35조(소비자보호지침의 제정 등) ① 공정거래위원회는 특수판매에서의 건전한 거래질서 확립 및 소비자(다단계판매원, 후원방문판매원 및 사업권유거래의 상대방을 포함한다. 이하 이 장에서 같다)의 보호를 위하여 사업자의 자율적 준수를 유도하기 위한 지침(이하 "소비자보호지침"이라 한다)을 관련 분야의 거래당사자, 기관 및 단체의 의견을 들어 정할 수 있다.
② 특수판매를 업으로 하는 자(이하 "특수판매업자"라 한다)는 그가 사용하는 약관 등 계약의 내용이 소비자보호지침의 내용보다 소비자에게 불리한 경우 소비자보호지침과 다르게 정한 그 계약의 내용을 소비자가 알기 쉽게 표시하거나 고지하여야 한다.

[참고문헌] 고형석, 디지털콘텐츠거래와 소비자보호법, 선문대학교 출판부, 2015; 고형석, "체육시설이용계약과 소비자보호 - 방문판매법상 계속거래에 관한 규율을 중심으로 -", 스포츠엔터테인먼트와법 제18권 제2호, 한국스포츠엔터테인먼트법학회, 2015; 고형석, "계속거래 등의 해지 등에 따른 해약환급금에 관한 연구", 법학연구 제30권 제1호, 충남대학교 법학연구소, 2019; 고형석, "방문판매법상 사법적 규율에 의한 소비자보호에 관한 연구 - 강행규정성을 중심으로, 동북아법연구 제9권 제1호, 전북대학교 동북아법연구소, 2015; 고형석, "후원방문판매와 소비자보호에 관한 연구", 경제법연구 제14권 2호, 한국경제법학회, 2015; 곽관훈, "다단계판매산업 규제의 합리적 개선방안", 유통법연구 제4권 제1호, 한국유통법학회, 2017; 김진봉, "후원방문판매의 법적 쟁점", 유통법연구 제2권 제2호, 한국유통법학회, 2015; 김진우, "소비자철회권 배제사유에 관한 개정론-전자상거래법 및 방문판매법을 중심으로-", 외법논집 제40권 제2호, 한국외국어대학교, 2016; 김진우, "소비자철회권의 정당화사유 - 방문판매와 통신판매를 중심으로 -", 소비자문제연구 제40호, 한국소비자원, 2011; 김천수, "'한국형 다단계판매' 산업의 성장과 과제 - 다단계판매 합법화 20년에 즈음한 법적시론-", 유통법연구 2권2호, 한국유통법학회, 2015; 성준호, "소비자계약에 있어 철회권에 관한 횡단적 검토", 법학연구 제24권 제2호, 경상대학교 법학연구소, 2016; 송오식, 소비자법, 전남대학교출판부, 2013; 이병준, "유통채널로서의 다단계판매에 관한 유통법적 고찰", 유통법연구 제3권 제1호, 2016; 이병준, "다단계판매에서 부부사업자 제도와 다단계판매원의 지위 양도·양수 - 공정거래위원회 2020. 9. 25.자 심결(의결 제2020-269호)에 대한 평석 -, 소비자법연구 제7권 제1호, 한국소비자법학회, 2021; 이종구, "후원방문판매와 새로운 유형의 다단계판매의 소비자보호에 관한 연구", 충북대학교 법학연구소, 법학연구 제32권 제2호, 2021.

Ⅰ. 서 설

'방문판매 등에 관한 법률'(이하 '방문판매법')[1] 제35조는 다단계판매, 후원방문판매 및 사업자권유거래 등의 특수판매에 있어서 거래질서 확립 및 소비자보호를 위해 공정거래위원회로 하여 소비자보호지침의 제정을 통해 사업자의 자율적 준수를 유도하도록 하고 있다. 그에 따라 방문판매법은 2015년 '특수판매에서의 소비자보호지침(이하 특수판매소비자지침)을 제정하였으며, 이 지침은 방문판매법 제35조에 근거하여 동법상의 규정, 시행령

1) 방문판매 등에 관한 법률 (약칭: 방문판매법)[시행 2022. 12. 8.] [법률 제18571호, 2021. 12. 7., 일부개정]

및 시행규칙에서의 내용을 구체적으로 예시함으로써 이법이 규율하고 있는 방문판매, 전화권유판매, 다단계판매, 후원방문판매, 계속거래 및 사업권유거래(이하 "특수판매"라 한다)와 관련하여 소비자의 권익을 보호하고 사업자의 자율적 준수를 유도한다. '특수판매소비자보호지침'은 방문판매를 비롯한 특수판매거래에 있어서 발생할 수 있는 사안들에 대하여 구체적인 예시와 근거를 제시함으로써 거래당사자인 소비자와 사업자 및 기타 기관과 단체 등에 대하여 가이드라인을 제시하고 있다. 당해 지침은 특수거래와 관련한 해석기준이며 행위기준이 되기도 한다. 따라서 동 지침은 이를 통해 방문판매를 비롯한 단계판매, 후원방문판매 및 사업자권유거래 등의 특수판매에 있어서 소비자들에 대한 현실의 생활 속에서 당해 지침은 매우 중요한 의미를 가지며, 거래관계 및 법률관계의 해석과 형성에 있어 구체적 표준이 된다고 할 수 있다.

'특수판매소비자보호지침'은 구성에 있어서 '일반사항'과 '권고사항'으로 구분하여 기술하고 있다. '일반사항'에서는 특수판매의 개념 및 법적용범위와 순서, 거래유형별 공통사항 및 개별거래행위에 대한 적용사항 등 이 법 위반행위의 방지 및 소비자피해의 예방을 위하여 관련법령의 해석에 관한 기준을 제시하고 있으며, '권고사항'은 방문판매자 등의 책임성 강화, 휴업·폐업 또는 연락처 변경으로 인한 소비자피해방지, 분쟁예방을 위한 조치, 소비자불만처리 전담직원의 지정, 개인정보 보호, 특수판매업자의 거래기록 보존 등 특수판매에서의 건전한 거래질서 확립 및 소비자의 보호를 위하여 사업자의 자율적 준수를 유도하기 위한 개별적인 지침 등을 정하고 있다.

Ⅱ. 특수판매소비자지침의 제정 근거와 절차

'방문판매법' 제35조는 특수판매에 있어서 소비자보호를 목적으로 '특수판매소비자보호지침'의 제정에 관한 사항을 규정하고 있다. 동 규정의 내용을 통해 특수판매소비자지침의 제정상의 근거와 절차에 관한 법률의 내용을 살펴본다.

1. 소비자의 보호

'방문판매법'에 의해 제정되는 지침은 소비자의 보호를 목적으로 한다. 현행 소비자법체계에서 소비자의 개념은 통일되어 있지 않다. 즉 소비자기본법, 방문판매법, 표시광고법, 할부거래법, 전자상거래 소비자보호법 그리고 국제사법에 이르기까지 소비자의 개념에 대해 규정하고 있다. 소비자의 개념과 관련하여 본래목적의 소비자 이외에 정책적고려에 의한 소비자의 개념에 대해서, 각기 법률이 정하고 있는 목적에 비추어 차이점을 보이고 있는 것이다.[2] 이때 소비자는 소비자기본법이 정하고 있는 사업자가 제공하는 물품 또는 용역을 소비생활을 위하여 사용 또는 이용하는 자인 본래목적의 소비자(소비자기본법 제2조 제2호),[3] 정책적 고려에 의해 인정되는 소비자란 일정한 생산활동을 목적으로 재화를 구입하거나 용역을 사용 또는 이용하는 자로 본래 의미의 '소비자'에는 해당되지 않지만 그 정책적인 이유에서 소비자의 범주에 포함되는자(소비자기본법 시행령 제2조 2호)[4] 및 제공된 물품을 농업, 축산업 및 어업활동을 위하여 사용하는 자(「소비자령」 2조 2호)를 말한다. 따라서 본조에서의 소비자는 본래목적의 소비자와 이법이 정하고 있는 정책적 고려에 의한 소비자 그리고 본 조에 따른 '방문판매법상' 다단계판매원(등록된 다단계판매원), 후원방문판매원(후원방문판매조직에 판매원으로 가입한 자) 그리고 사업권유거래의 상대방을 포함한다.

2. 사업자의 자율적 준수의 유도

'방문판매법'에 의해 제정되는 '특수판매소비자보호지침'은 사업자의 자율적 준수를 유도하고자 하는 목적을 가지고 있다.

일반적으로 규정의 준수는 규정, 정책, 표준 또는 법률과 같은 규칙의 준수를 의미하며, 규제의 준수는 조직과 관련 있는 법률, 정책 및 규정을 준수하고 이를 준수하기 위한 조치를 취하는 것을 보장하기 위하여 달성하고자 하는 목표를 말한다.[5]

가. 자율준수의 개념

자율준수란 문언적으로 수범자(受範者)에 의한 법규의 준수에 관한 자율적 통제로 해석될 수 있다. 자율준수와 관련하여 통일된 개념정의 없이 사용되고 있으며, 자율규제(Compliance)의 개념범주의 일부로 이해할 수 있다. 본래 자율규제는 행정규제에 대비되는 개념으로 널리 사용되는 것으로, 이에 관한 개념정의 역시 명확하게 정의되고 있지 않다.[6] 다만, 국가 또는 지방자치단체가 특정한 행정목적을 달성하기 위하여 공권력을 통하여 국민의 권리를 제한하거나 의무를 부과하는 행정규제와 달리, 자율규제는 규제의 주체가 국가 또는 지방자치단체가 아니라 규제의 상대방인 사업자 내지 사업자 단체가 자신들이 준수하여야 할 기준을 스스로 수범하도록 함으로써 규제의 상대방이 규제의 대상이 아

---

2) 고형석, "소비자의 개념에 관한 연구", 법학논문집 제40권 제1호, 법학연구원, 2016, 96~100면.

3) 소비자기본법[시행 2021. 12. 30.] [법률 제17799호, 2020. 12. 29.](이하 소비자법)

4) 소비자기본법 시행령[시행 2021. 12. 30.] [대통령령 제32274호, 2021. 12. 28.](이하 소비자령)

5) 김현지, "국제수출통제체제의 자율준수제도와 유사 국제표준에 관한 비교연구" 통상정보연구 제20권 제2호, 한국통상정보학회, 2018, 212면.

6) 최경진, "인터넷과 자율규제", 스포츠엔터테인먼트와 법 제16권 제2호(통권 제35호), 한국스포츠엔터테인먼트법학회, 2013, 183면.

니라 규제의 주체가 되도록 하는 것을 의미한다고 이해되고 있다.[7] 즉, 규제의 주체와 객체가 분리되는지 규제의 주체와 객체가 동일하게 볼 수 있는지 여부에 따라 행정규제와 자율규제가 구분되는 것이라고 할 것이다. 다만, 이러한 자율규제 개념은 다양한 분야에서 광범위한 의미로 사용되고 있으므로 형식적·획일적으로 판단할 것은 아니며, 구체적인 사정에 따라 검토하여야 한다.

따라서 자율준수는 수범자가 국가기관의 직접 개입 스스로 법규의 준수를 위한 자발적인 노력 내지 자발적으로 운영되는 준법감시체계로 이해할 수 있다.

나. 자율준수의 대상 및 방법

자율준수는 법령준수, 자율준수, 내부통제시스템, 준법감시 등으로 불리고 있으며, "법률에 대한 준수(Compliance)와 관련한 상세한 업무절차제정, 내무윤리강령의 제정, 위법행위 예방을 위한 구체적 감시 및 이와 관련된 교육 등 법규 준수를 보장하기 위해 필요한 모든 활동을 포함하는 것"으로 정의하기도 한다.[8] 이러한 자율준수와 관련된 그 대상 및 방법에 관한 내용을 살펴본다.

1) 대 상

이법에서 규정하는 자율적 준수의 대상은 사업자이다. 사업자는 방문판매업자, 전화권유판매업자, 다단계판매업자, 후원방문판매업자 및 계속거래업자를 말한다. 이들 사업자에 대하여 이법의 자율적 준수를 유도하기 위해 '특수판매소비자보호지침'의 내용을 참조하여야 한다. 이때 '특수판매소비자보호지침'의 내용은 '규약'에 갈음하는 것으로 볼 것이다. 다만, 지침이 가지고 있는 자율준수의 유도는 법률상의 목적이며, 사업자 및 사업자단체가 법률에 따른 특별한 의무를 부담하게 되는 것은 아니다.

2) 방 법

자율준수는 자율적으로 법규의 준수를 위한 일련의 과정을 의미하는 것으로 행정규제와 대응되는 사업자 및 사업자단체의 자율적 법규준수 통제이다. 따라서 이에 대하여 법률 또는 행정기관의 통제가 뒤따르는 것은 아니라고 하여야 할 것이다. 다만, 공정거래위원회는 고시로서 공정거래와 관련하여 '자율준수프로그램(Compliance Program)'을 운영하고 있으며,[9] 금융감독원은 금융거래와 관련하여 '준법감시제도'를 운영하고 있기도

---

7) 최철호, "행정법상의 자율규제의 입법형태에 관한 연구", 법학논총 제23집, 숭실대학교 법학연구소, 2010, 357면.

8) 이정민, "기업범죄 억제를 위한 제안으로서 컴플라이언스 프로그램(Compliance Program)", 단국대학교 법학연구소, 법학논총 제34권 제1호, 2010, 372~373면.

9) 공정거래 자율준수프로그램 운영 및 유인 부여 등에 관한 규정[시행 2022. 6. 1.] [공정거래위원회예규 제406호, 2022. 5. 18., 폐지제정]

한다.[10]

이러한 자율준수의 방식은 법률을 위반하는 행위를 방지하기 위한 사업자등이 '규약'을 갖추고 있어야 하며, 수범자로 구성된 '자율심의기구'를 운영을 통해 법구에 대한 자율준수를 유도한다. 이들로 하여금 법규준수를 위한 규약위반에 대한 사항을 심의할 수 있도록 하고 있다.[11]

'방문판매법'은 자율준수의 방식에 대한 별도의 규정을 두고 있지 않으며, '방문판매법' 제35조에서 규정하는 자율준수의 유도는 '표시·광고법'의 방식을 준용할 수 있다. 따라서 법률의 준수 및 위반행위를 방지하기 위한 규약을 두고 수범자로 구성된 자율심의기구의 운영을 통해 수범자의 법률준수 및 법률위반여부에 대한 심의와 자율적 통제를 하게 할 수 있다고 보아야 할 것이다.

3) 방문판매법상 자율준수의 유도의 특징

'방문판매법' 제35조의 자율준수의 의미는 수범자 스스로 규약을 제정하고 법률의 준수를 심의할 자율기구의 운영을 통해 '방문판매법'의 자율준수를 유도하는 것이다. 그리고 동법 제35조는 이에 대한 근거규정으로서의 역할을 하게 되는 것이다. 그러나 방문판매법은 그러한 자율준수의 기준이 되는 법률준수의 규약에 해당되는 '방문판매지침제정'의 주체가 공공의 영역에서 이루어진다고 하는 특징을 가지고 있다. 이를 근거로 자율준수를 심의할 기구를 마련하고 자율준수 및 법률위반여부에 대한 심의와 자율적 통제를 하도록 할 것이다.

Ⅲ. 특수판매소비자지침의 법체계상의 지위

공정거래위원회는 특수판매에서 자율준수를 유도하기 위하여 '특수판매소비자보호지

제2조 정의

2. "CP"란 기업들이 공정거래 관련 법규를 준수하기 위해서 자체적으로 제정·운영하는 교육, 감독 등 내부준법시스템을 말한다.

10) 금융감독원의 '은행 준법감시인 제도운영 모범기준(Best Practice)'을 마련하였는바, 위 모범기준에서 금융회사에 있어서 '준법감시기능(Compliance)'은 '금융회사 임직원이 직무를 수행함에 있어 법규를 준수해 나가도록 하는 준법감시체제(Compliance System)를 마련하고 이를 운영·점검하는 활동을 말한다.'고 한다(금융감독원, 은행 준법감시인 제도운영 모범 기준(Best Pranctice), 2006, 3면).

11) 자율준수프로그램규정이 정하고 있는 자율준수프로그램의 내용으로는 (ㄱ) 자율준수프로그램 기준과 절차 마련 및 시행, (ㄴ) 최고경영자의 자율준수 의지 및 지원, (ㄷ) 자율준수프로그램의 운영을 담당하는 자율준수관리자 임명, (ㄹ) 자율준수편람의 제작·활용, (ㅁ) 지속적이고 체계적인 자율준수교육 실시 (ㅂ) 내부감시체계 구축, (ㅅ) 공정거래 관련 법규 위반 임직원에 대한 제재, (ㅇ) 효과성 평가와 개선조치등을 갖추어야 한다(공정거래 자율준수프로그램 운영 및 유인 부여 등에 관한 규정[시행 2022. 6. 1.] [공정거래위원회예규 제406호, 2022. 5. 18., 폐지제정]).

침'[12]을 제정하였다. '특수판매소비자보호지침'은 '방문판매법' 제35조는 '소비자보호지침'의 제정에 관한 사항을 위임을 받은 공정거래위원회의 행정입법에 의한 법규이다. 이와 관련하여 이하에서는 지침의 위임형식과 내용과 관련하여 소비자보호지침의 법적 지위에 관한 사항을 살펴보도록 한다.

1. 법적성격

'방문판매법'은 특수판매에서의 건전한 거래질서 확립 및 소비자의 보호를 위하여 사업자의 자율적 준수를 유도하기 위한 지침의 제정에 관해 공정거래위원회에 위임하였으며, 그에 따라 공정거래위원회는 동 지침을 제정 및 공포하였다. 이러한 소비자보호지침은 법체계적으로 고시의 형식을 가지고 있다. 하지만, '특수판매소비자보호지침'은 그 내용에 있어서 행정부 내부적 효력만을 가지는 것이라고 할 수 없으며, 오히려 소비자와 사업자의 법규의 자율적 준수를 위하여 규정하고 할 수 있으며, 이러한 측면에서 대국민적인 효력을 가진다고 할 수 있기 때문이다. 이하에서는 동 지침의 법적 성격과 내용을 살펴본다.

가. 행정입법

'특수판매소비자보호지침'은 법률에 위임을 받아 행정각부가 제정한 행정입법에 의한 규범의 하나라고 할 수 있다. 행정입법이란 일반적으로 국가 등 행정주체가 일반추상적인 규범을 정립하는 작용 또는 그에 따라 정립된 규범으로, 의회입법주의 원칙에 대한 예외로 ① 모든 사항을 법률로 정하는 것에 대한 한계, ② 전문적 기술적 판단을 요하거나 능동적인 대처가 필요한 경우, ③ 정치적으로 중립적인 입장에서 정하는 것이 바람직한 사항에 대해서 들에 관해서는 기본적인 목적, 요건, 내용만을 국회가 정하고 세부적인 사항은 정부가 규정토록 하고 있는 것이다.[13]

1) 행정입법의 형식적 구분

행정입법에 의해 행정기관은 대외적 효력을 가지고 국민과의 관계어서 일반구속적인 규범인 '법규명령'과 행정청 내무의 업무처리지침으로 정립되어 일반추상적인 명령으로서 법규적 성질을 가지지 아니하고 대내적 효력만을 가지는 '행정규칙'으로 구분한다.[14] 행정규칙은 "행정기관이 행정조직 내부 또는 특별행정법 관계 내부에서의 조직과 활동을 규

---

12) 특수판매에서의 소비자보호 지침[시행 2015. 10. 23.] [공정거래위원회예규 제235호, 2015. 10. 23., 일부개정]

13) 헌법재판소 2015. 7. 30. 선고 2013헌바204 전원재판부 "자산의 양도, 즉 자산의 사실상 유상이전이 발생할 수 있는 거래는 다양한 양상으로 나타날 수 있고 경제 상황 등에 의해 수시로 변할 수 있으므로, 경제현실의 변화나 전문적인 기술 발달 등에 유연한 대응을 하기 위해서는 자산의 취득시기 및 양도시기의 구체적인 내용을 하위법령에 위임할 필요성이 인정된다."

14) 홍정선, 행정법원론(상)(제24판), 박영사, 234면.

율할 목적으로 행정조직 내부에서 상급비관이나 상급자가 하급기관이나 하급자에게 행하는 법률의 수권 없이 정립하는 일반적, 추상적 규정"이라고 정의한다.[15] 즉 행정규칙은 행정조직 내부 또는 특별한 공법상의 법률관계 내부에서 그 조직과 활동을 규율하는 일반 추상적인 명령으로서 법규적 성질을 갖지 않는 것으로 국민에 대한 관계에서 외부적 효력을 발생하게 하지 아니하므로 당해 행정규칙이 위법한 경우에도 그로부터 직접 국민의 권익이 침해되는 것은 아니다.[16] 따라서 행정규칙은 법규의 형식으로 제정되어도 행정규칙으로서의 성질이 변화하는 것이 아니어서 일반국민이나 법원을 구속할 수 없다.[17]

그러나 이와 달리 법규명령이란 행정기관이 제정하는 일반적·추상적인 규정으로서 법규로서의 효력을 갖는 것을 말한다.[18] 법규명령은 통상적으로 헌법이나 법률의 위임에 근거하여 행정기관에 의하여 정립되는 일반법이다. 내용에 있어서는 상위법령의 위임을 필요로 하는 위임명령과 상위법령의 위임을 요하지 않는 집행명령으로 구분되며, 주로 행정작용에 관한 법원으로서의 기능을 수행한다.[19] 따라서 '법규명령'이라고 하기 위해서는 '법령의 근거'와 '법규성(국민과의 관계에서 구속성)'이 있어야 하며, 법령의 위임에 근거하여 제정되었으나 법규성을 갖지 아니하는 것은 법규명령에 해당하지 아니한다.[20]

'특수판매소비자보호지침'은 '지침'의 형식을 사용하고 있다.[21] 이러한 '지침'의 형식은 일반적으로 규정, 지침, 규칙, 예규, 기준 등은 행정기관의 공고방법으로 고시를 택하고 있는 경우의 하나로, 그 법적성질은 행정규칙으로서 고시에 해당된다.[22] 또한 법제처에서 운영하고 있는 입법관련 전산시스템인 국가법령정보센터의 분류방식에 의하면 현행

15) 김동희/최계영, 행정법 I(제26판), 박영사, 2018, 160면; 김남진/김연태, 행정법 I(제24판), 법문사, 2020, 179~180면; 유지태/박종수, 행정법신론(제17판), 박영사, 2019, 320면; 박윤흔/정형근, 최신행정법강의(상)(제30판), 박영사, 2009, 219면.

16) 송동수, "행정기관의 고시의 법적 성질과 권리구제", 토지공법연구 제52집, 한국토지공법학회, 2011, 240면.

17) 석종현/송동수, 일반행정법 총론, 박영사, 2020, 153면; 류지태/박종수, 앞의 책, 345면; 한견우, 행정법이론 I, 홍문사, 1994, 247면.

18) 류지태/박종수, 앞의 책, 305면; 석종현/송동수, 앞의 책 120면; 박윤흔/정형근, 앞의 책, 198면; 김남진/김연태, 앞의 책, 159면.

19) 류지태/박종수, 앞의 책, 40면.

20) 헌법재판소 2001. 4. 26. 선고 2000헌마122. "위임입법이란 법률 또는 상위명령에서 구체적으로 범위를 정하여 위임받은 사항에 관하여 법규로서의 성질을 가지는 일반적·추상적 규범을 정립하는 것을 의미하는 것으로서 형식적 의미의 법률(국회입법)에는 속하지 않지만 실질적으로는 행정에 의한 입법으로서 법률과 같은 성질을 갖는 법규의 정립이기 때문에 권력분립주의 내지 법치주의 원리에 비추어 그 요건이 엄격할 수밖에 없으니 법규적 효력을 가지는 행정입법의 제정에는 반드시 구체적이며 명확한 법률의 위임을 요하는 것이다(헌법 제75조)."

21) 행정규칙의 형식명칭에 대한 정확한 통계라기보다는, 개략적으로 고시의 경우는 기준, 규정, 지침의 순으로 명칭으로 사용되었으며, 훈령의 경우는 규정이라는 명칭이 절대적으로 많이 사용되고 그 뒤를 이어 지침이라는 명칭이 일부 사용되었다. 예규의 경우는 규정과 지침이라는 명칭이 거의 비슷한 비율로 사용되고 있었다(송동수, "행정기관의 고시의 법적 성질과 권리구제", 236면 각주 14).

22) 송동수, 앞의 논문, 246면.

법규범은 법령, 행정규칙, 자치법규로 크게 구분되고 있으며, 행정규칙의 범위에는 훈령, 예규, 고시, 공고, 지침이 포함되는 것으로 분류되고 있다. 즉 고시가 가지는 다양한 법적 성질에도 불구하고 고시의 분류는 기본적으로 행정규칙으로 분류하고 있다. 그렇기 때문에 형식적인 측면에서 '소비자보호지침'은 일반적인 훈령, 예규 등과 마찬가지로 수범자가 행정내부에만 그치고 일반국민에 대해서는 구속력이 없는 행정규칙으로서의 형식을 가지는 것으로 볼 수 있다. 다만 이러한 형식만으로 법적성격을 단언할 수는 없다.

이러한 행정입법의 본질을 구분하는 기준으로 ① 행정입법의 실질적인 내용이 명백히 행정사무의 처리준칙으로서 행정기관 내부에서만 효력을 가진 것인지 여부에 따라 그 성질을 구분하는 실질적 기준설[23]과 ② 내용에도 불구하고 법형식적으로 법규명령의 형식으로 제정된 때에는 국민이나 법원을 기속한다고 하는 형식적 기준설[24] 그리고 상위법령의 수권여부를 구별하여 위임의 근거가 있는 경우에는 법규명령으로서의 성질을 인정하고, 위임의 근거가 없는 경우에는 행정규칙으로서의 성질을 인정하여야 한다고 하는 수권여부 기준설[25]로 나뉜다. 판례는 행정입법이 행정규칙의 형식일 지라도 내용이 법규를 보충하는 기능을 가지고 있으면, 대국민적인 효력을 가지는 법규명령으로 보아야 한다고 한다는 입장으로 실질설의 입장을 취하고 있다.[26]

2) 대외적구속력을 가지는 행정규칙

원칙적으로 행정규칙은 원칙적으로 행정기관의 조직내부에 한하여 명령 내지 규범작용을 하는 것으로, 대외적으로 구속력을 가지지 않는다. 그러나 일정한 경우 예외적으로 행정규칙은 대외적구속력을 가지는 경우가 있다.[27] ① 법령에서 행정규칙으로 행정관청에 법령의 구체적 내용을 보충할 권한을 부여한 경우[28] 또는 ② 평등의 원칙이나 신뢰보

23) 류지태/박종수, 앞의 책, 345면.

24) 김동희/최계영, 앞의 책, 163면; 김남진/김연태, 앞의 책, 190면.

25) 홍정선, 앞의 책, 268면.

26) 대법원 2018. 5. 15. 선고 2016두57984 판결 "제재적 행정처분의 기준이 부령 형식으로 규정되어 있더라도 그것은 행정청 내부의 사무처리준칙을 규정한 것에 지나지 않아 대외적으로 국민이나 법원을 기속하는 효력이 없다. 따라서 그 처분의 적법 여부는 처분기준만이 아니라 관계 법령의 규정 내용과 취지에 따라 판단하여야 한다. 그러므로 처분기준에 부합한다고 하여 곧바로 처분이 적법한 것이라고 할 수는 없지만, 처분기준이 그 자체로 헌법 또는 법률에 합치되지 않거나 그 기준을 적용한 결과가 처분사유인 위반행위의 내용 및 관계 법령의 규정과 취지에 비추어 현저히 부당하다고 인정할 만한 합리적인 이유가 없는 한, 섣불리 그 기준에 따른 처분이 재량권의 범위를 일탈하였다거나 재량권을 남용한 것으로 판단해서는 안 된다."
대법원 1997. 12. 26. 선고 97누15418 판결 "당해 처분의 기준이 된 주택건설촉진법시행령 제10조의3 제1항 [별표 1]은 주택건설촉진법 제7조 제2항의 위임규정에 터잡은 규정형식상 대통령령이므로 그 성질이 부령인 시행규칙이나 또는 지방자치단체의 규칙과 같이 통상적으로 행정조직 내부에 있어서의 행정명령에 지나지 않는 것이 아니라 대외적으로 국민이나 법원을 구속하는 힘이 있는 법규명령에 해당한다."

27) 홍준형, 행정법(제2판), 법문사, 2017, 308면.

28) 대법원 1989. 11. 14. 선고 89누5676 판결 "소득세법시행령 제170조 제4항 제2호에 의하여 투기거래를 규정

호의 원칙에 따라 행정규칙은 자기구속이 발생하며, 이러한 구속력이 대외적으로도 구속력을 가지게 된다.[29]

3) 행정규칙형식의 법규명령

형식적인 측면에서 고시 또는 훈령 등의 행정규칙의 형식으로 제정되었으나, 그 내용에 있어서 법률 보충적 규율을 포함하는 규정으로, 법적성질에 법규명령의 성질을 가지는 경우가 있다. 이와 같은 형식과 실질이 일반적인 행정입법형식에 불일치하는 규정을 법규명령으로 볼 것인지와 관련하여 학설간의 대립이 있었다. 이와 관련하여 그 실질에 있어서 법률 또는 상위법에 의한 구체적위임에 기하여 제정된 경우에는 실질적으로 법규를 보충하는 것으로 법규명령으로 보아야 한다고 본다.[30][31]

4) 검 토

결국 행정입법의 형식이 행정규칙이건 법규명령이건 간에 그 법적성질을 결정하는 것은 당해 행정법규에 대한 상위 법률의 구체적 위임과 효력에 의해 구분되는 것이라고 할 수 있다. 따라서 형식적으로 고시일지라도 행정규칙이 갖는 일반적 효력으로서가 아니라 행정기관에 법령의 구체적 내용을 보충할 권한을 부여한 법령 규정의 효력에 의하여 그 내용을 보충하는 기능을 갖게 되는 것이다.[32] 그렇기 때문에 행정규칙의 형식을 갖추고 있다고 하더라도 입법의 근거가 상위법의 구체적 위임이 있으며, 그 목적이 대외적 효력의 발생을 목적으로 하는 것이라면, 법규명령으로 보아야 할 것이다.

한 재산제세조사사무처리규정(국세청훈령 제980호)은 그 형식은 행정규칙으로 되어 있으나 위 시행령의 규정을 보충하는 기능을 가지면서 그와 결합하여 법규명령과 같은 효력(대외적인 구속력)을 가지는 것이므로…"

29) 헌법재판소 1990. 9. 3. 선고 90헌마13결정"행정규칙이 법령의 규정에 의하여 행정관청에 법령의 구체적 내용을 보충할 권한을 부여한 경우, 또는 재량권행사의 준칙인 규칙이 그 정한 바에 따라 되풀이 시행되어 행정관행이 이룩되게 되면, 평등의 원칙이나 신뢰보호의 원칙에 따라 행정기관은 그 상대방에 대한 관계에서 그 규칙에 따라야할 자기구속을 당하게 되고, 그러한 경우에는 대외적인 구속력을 가지게 된다 할 것이다."

30) 홍준형, 앞의 책, 2017, 308면; 박윤흔, 행정법강의(상), 박영사, 2000, 248~249면; 송동수, 앞의 논문, 240면.

31) 대법원 20063. 4. 27. 선고 2004도1078 판결 "행정규칙인 고시가 법령의 수권에 의하여 법령을 보충하는 사항을 정하는 경우에는 그 근거 법령규정과 결합하여 대외적으로 구속력이 있는 법규명령으로서의 성질과 효력을 가진다 할 것인데, 비상표제품을 판매하는 주유소임에도 그러한 표시 없이 이를 판매하는 행위는 구 석유사업법(2004. 10. 22. 법률 제7240호 석유 및 석유대체연료 사업법으로 전문 개정되기 전의 것) 제35조 제8호, 제29조 제1항 제7호, 구 석유사업법 시행령(2005. 4. 22. 대통령령 제18796호 석유 및 석유대체연료 사업법 시행령으로 전문 개정되기 전의 것) 제32조 제1항 제5호에 의하여 처벌하도록 하되 다만, 위 시행령 제32조 제3항에서 같은 조 제1항 제5호 소정의 표시의무의 세부 내용이 됨과 아울러 그 이행 여부의 판단 기준이 되는 구체적 표시기준과 표시방법을 산업자원부장관의 고시로 규정하도록 함으로써 위 시행령 제32조 제1항 제5호, 제3항 및 위 관련 고시가 결합하여 구 석유사업법 제35조 제8호, 제29조 제1항 제7호 위반죄의 실질적 구성요건을 이루는 보충규범으로서 작용한다고 해석하여야 할 것이다".

32) 고시형식의 법규명령의 법적성질에 관한 학설상의 논의에 대해서는 정남철, "헌법소원의 대상으로서 소위 법령보충적 행정규칙", 헌법논총, 16집, 2005, 459면 이하 참조.

이러한 구분기준에 따라 '특수판매소비자보호지침'은 '방문판매법' 제35조 제1항의 위임에 따라 제정되었으며, 또한 방문판매, 전화권유판매, 다단계판매, 후원방문판매, 계속거래 및 사업권유거래에 있어 소비자의 권익을 보호하고 사업자의 자율적 준수를 유도하는 것을 그 목적으로 하고 있다. 따라서 '특수판매소비자보호지침'은 행정입법에 의해 제정된 '법규명령'의 하나라고 할 수 있다. '특수판매소비자보호지침'은 행정조직 내부 또는 특별한 공법상의 법률관계내부에 관한 관계를 규율하는 것이 아니라, 국민인 소비자와 사업자관계의 규율에 있어서 법규의 자율준수를 유도하는 것으로 그 수범대상자는 사업자 및 소비자인 국민이라고 할 수 있다.

나. 법률종속성

법규명령은 법률보다 하위의 효력을 가지는 법률종속명령이다. 이때 위임명령과 집행명령은 통상 시행령, 시행규칙이라고 불리는 하나의 명령에서 규율된다. 이때 집행명령이 상위법의 시행을 위해 발해지는 명령임에 반해, 위임명령은 상위법에서 위임받은 사항을 정하여 명령하는 것으로 위임받은 범위 내에서 법규적인 사항을 정할 수 있다. 따라서 이러한 성질로 인해 법령을 보충하는 명령이라고 할 수 있다. 이때 위임명령은 법률보충명령이라고도 할 수 있는 것인데, 법률 또는 상위명령에 의하여 위임된 사항에 관하여 발하는 명령으로서, 위임의 범위 내에서는 국민에 대해 새로이 권리와 의무를 설정할 수 있다.[33)]

'특수판매소비자보호지침'은 방문판매법의 위임에 의해 동법의 위임의 범위 내에서 소비자를 보호하고, 사업자의 자율적 준수를 유도할 수 있다. 특히 상위법에 의해 위임받은 사업자의 자율적 준수의 유도를 위한 것으로 인정될 수 있는 범위에서, 자율적 준수프로그램의 운영등과 같은 일련의 사업을 실시할 수 있다.

2. 법체계상의 지위

가. 수권규범성

위임명령은 헌법 제75조에 근거하여 "법률에서 구체적으로 범위를 정하여 위임받은 사항 … 에 관하여 대통령령을 발"할 수 있으며, 또한 헌법 제95조에 근거하여 "국무총리 또는 행정각부의 장은 소관사무에 관하여 법률이나 대통령령의 위임으로 총리령 또는 부령을 발할 수 있다." 이와 같이 위임명령은 원칙적으로 법률이나 상위명령에서 구체적으로 범위를 정한 개별적인 수권이 있는 경우에만 가능하다.[34)] 이처럼 위임입법에 구체적

33) 김동희/최계영, 행정법 I(제26판), 박영사, 2018, 144면.

위임을 요구하는 것은 국민의 기본권을 보호하기 위한 것이다. 특히 국민의 권리와 의무에 관한 사항에 대해서는 구체적·개별적 수권이 있어야만 한다. 포괄적 위임금지의 원칙은 고시형식의 법규명령에도 적용된다.[35] 다만, 모법조항의 취지에 근거하여 이를 구체화하는 행정입법의 경우에는 모법에 직접적인 위임규정이 있지 않더라도 가능하다.[36]

'특수판매소비자보호지침'은 형식적으로 '고시'로 법적성질은 '법규명령'으로 상위법령인 '방문판매법'의 위임을 받은 위임명령이다. 따라서 동 지침은 법령의 구체적인 내용을 보충하는 권한을 부여한 법령의 규정의 효력에 의하여 그 내용을 보충하게 된다. 따라서 동 지침은 상위법의 위임 범위내에서 법률 또는 상위명령에 의하여 위임된 사항에 관하여 발하는 명령으로서, 위임의 범위 내에서는 국민에 대해 새르이 권리와 의무를 설정할 수 있다.

나. 근거법령의 적법성

법규명령은 그 내용상 상위법령의 근거가 있어야 하고, 또한 상위법령이나 헌법에 저촉되지 않아야 하며, 그 규정내용이 명확하고 실현가능한 것이어야 한다.[37] 또한 법규명령의 근거를 제공하는 수권법률은 법규명령의 제정시점에 적법하고 유효한 것이어야 하며, 법규명령은 대통령, 국무총리, 각부장관 등 정당한 권한을 가진 기관이 제정하여야 한다. '방문판매법' 제35조는 '공정거래위원회'로 하여금 "특수판매에서의 건전한 거래질서 확립 및 소비자의 보호를 위하여 사업자의 자율적 준수를 유도하기 위한 지침"을 제정토록 명기하고 있으며, 동법의 위임에 따른 권한을 부여받은 '공정거래위원회'는 동 지침의 제정권한을 가지게 된다.

또한 수권 법률이 사후적으로 개정되거나 폐지되면, 그에 따른 법규명령도 효력을 상실한다.[38] 또한 법령의 위임관계는 하위 법령의 개별조항에서 위임의 근거가 되는 상위법령의 해당조항을 명시해야 한다. 그러나 판례는 이를 반드시 구체적으로 명시하는 것을 요

34) 대법원 1980. 12. 9. 선고 79누325 판결; 대법원 1995. 12. 8.자 95카기16 결정.

35) 헌법재판소 2015. 3. 26. 선고 2014헌마382.

36) 대법원 2016. 12. 1. 선고 2014두8650 판결 "법률의 시행령은 법률에 의한 위임이 없으면 개인의 권리·의무에 관한 내용을 변경·보충하거나 법률에 규정되지 아니한 새로운 내용을 정할 수는 없지만, 시행령의 내용이 모법의 입법 취지와 관련 조항 전체를 유기적·체계적으로 살펴보아 모법의 해석상 가능한 것을 명시한 것에 지나지 아니하거나 모법 조항의 취지에 근거하여 이를 구체화하기 위한 것인 때에는 모법의 규율 범위를 벗어난 것으로 볼 수 없으므로, 모법에 이에 관하여 직접 위임하는 규정을 두지 않았다고 하더라도 이를 무효라고 볼 수 없다."

37) 김동희/최계영, 앞의 책, 154면; 홍정선, 앞의 책, 245면.

38) 대법원 2017. 4. 20. 선고 2015두45700 전원합의체 판결"일반적으로 법률의 위임에 따라 효력을 갖는 법규명령의 경우에 위임의 근거가 없어 무효였더라도 나중에 법 개정으로 위임의 근거가 부여되면 그때부터는 유효한 법규명령으로 볼 수 있다. 그러나 법규명령이 개정된 법률에 규정된 내용을 함부로 유추·확장하는 내용의 해석규정이어서 위임의 한계를 벗어난 것으로 인정될 경우에는 법규명령은 여전히 무효이다."

구하지는 아니한다.[39] 방문판매법 제35조는 '특수판매소비자보호지침'의 제정을 명시적으로 규정하고 있으며, '특수판매소비자지침'의 목적에서 동 지침은 "이 지침은 방문판매법 제35조(소비자보호지침 제정 등)의 규정에 따라 법, 법 시행령 및 법 시행규칙의 내용을 구체화하고 예시함으로써 방문판매, 전화권유판매, 다단계판매, 후원방문판매, 계속거래 및 사업권유거래에 있어서 소비자의 권익을 보호하고 사업자의 자율적 준수를 유도하는데 그 목적이 있다"고 규정함으로써 상위법과의 관계에서 근거법령의 위임관계를 명확히 하고 있다.

3. 특수판매소비자보호지침 통제

'특수판매소비자보호지침'의 경우 법규명령에 해당되는 통제를 받게 된다. 통상적으로 동 지침은 대국민적 효력을 가지는 법규명령으로서 국회에 의한 정치적 통제를 받을 수 있다. 또한 민중통제의 방법으로 법규명령(안)을 국민에게 예고하거나 그에 관한 공청회를 개최하고, 그에 따라 표명된 관계인의 의견을 법규명령의 내용에 반영하는 등의 방법이다. 기술한 바와 같이 우리 행정절차법상 행정상 입법예고제를 채택하고 있고 또한 법규명령안 등에 관하여 공청회를 개최할 수 있도록 하고 있다.[40] 다만, 이하에서는 에서는 행정적인 통제수단과 사법적인 통제수단에 대해 소개한다.

가. 행정적 통제

법규명령에 해당되는 '특수판매소비자보호지침'에 대한 행정적 통제로는 상급관청에

---

39) 대법원 1999. 12. 24. 선고 99두5658 판결."구 풍속영업의규제에관한법률시행규칙(1999. 7. 15. 행정자치부령 제58호로 폐지) 제8조 제1항은 "법 제7조의 규정에 의한 풍속영업소에 대한 행정처분의 기준은 [별표 3]과 같다"라고만 규정하여 구 풍속영업의규제에관한법률시행령(1999. 6. 30. 대통령령 제16435호로 개정되기 전의 것) 제8조 제3항의 위임에 의한 것임을 명시하고 있지 아니한 반면, 같은법시행규칙 제5조는 풍속영업자가 갖추어야 할 시설의 세부기준과 운영기준을 그 [별표 1]로 정하면서 그것이 구 풍속영업의규제에관한법률(1999. 3. 31. 법률 제5942호로 개정되기 전의 것) 제5조 제2항 및 같은법시행령 제8조 제2항, 제3항의 위임에 의한 것임을 명시하고 있어 이와 같은 관련 규정의 규정 형식만을 놓고 보면, 같은법시행규칙 제5조만이 같은법시행령 제8조 제3항의 위임에 의한 규정이고, 같은법시행규칙 제8조 제1항은 같은법시행령 제8조 제3항과는 직접적인 관련이 없는 규정이라고 볼 여지가 있기는 하나, 법령의 위임관계는 반드시 하위 법령의 개별조항에서 위임의 근거가 되는 상위 법령의 해당 조항을 구체적으로 명시하고 있어야만 하는 것은 아니라고 할 것이므로, 같은법시행규칙 제5조가 같은법시행령 제8조 제3항과의 위임관계를 위와 같이 명시하고 있다고 하여 같은법시행규칙의 다른 규정에서 같은법시행령 제8조 제3항의 위임에 기하여 풍속영업의 운영에 관하여 필요한 사항을 따로 정하는 것을 배제하는 취지는 아니라고 할 것이어서, 같은법시행규칙 제5조 및 제8조 제1항의 위임관계에 관한 규정 내용만을 들어 같은법 시행규칙 제8조 제1항과 같은법시행령 제8조 제3항 사이의 위임관계를 부정할 수는 없다고 할 것인바, 같은법시행규칙 제8조 제1항 [별표 3]의 2. (마)목 (2)의 (사)항은 적어도 '영업정지처분을 받고도 영업을 한 때'를 의무위반행위로 정하고 있는 부분에 관한 한 같은법시행령 제8조 제3항과 그 근거 규정인 같은 법 제5조 제2항의 위임에 기한 것으로서 그 후단에서 그에 대한 행정처분의 기준으로 영업장 폐쇄를 규정한 부분이 대외적 구속력이 있는지 여부와는 상관없이 같은 법 제7조 소정의 제재적 행정처분에 해당하는 영업장폐쇄 처분의 근거가 될 수 있다 할 것이다."

40) 김동희/최계영, 앞의 책, 157면.

의한 지휘 및 감독권의 행사에 의한 통제가 가능하다고 할 수 있다.[41] 따라서 상급관청은 행정입법권 행사의 기준·방향 등을 지시하고, 위법한 행정입법을 하지 아니하도록 명할 수 있으며, 나아가 위법한 법규명령의 폐지를 명할 수 있다.[42] 그렇기 때문에 '특수판매소비자보호지침'의 제정권한을 위임받은 공정거래위원회의 지침의 제정에 있어 상급기관은 법률의 위임범위 내에서 지침의 제정 기준·방향 등을 지시하고 지침의 제정이 적법하게 이루어지도록 지시할 수 있다. 또한 법제처는 국무총리의 직속기관으로서 각 부·처에서 국무회의에 상정할 법령안에 대해 법안의 문언·법령 상호간의 모순·상위법령에 대한 위반 여부에 대하여 심사할 수 있다(정부조직법 제24조 참조).[43][44] 그리고 행정절차법은 법규의 제정에 있어서 입법예고절차를 두고 있으며, 이를 통해 국민의 권리 및 의무 또는 일상생활과 밀접한 관련이 있는 법령 등을 마련한 행정청은 이를 예고하도록 함으로써, 법규명령의 제정에 대한 행정적 통제를 하도록 하고 있다. 특히 '특수판매소비자보호지침'의 제정에 있어 상급법령인 방문판매법 제35조는 지침의 제정에 있어 "관련 분야의 거래당사자, 기관 및 단체의 의견을 들어" 정할 것을 명문으로 규정하고 있다.

나. 사법적 통제

1) 법원에 의한 통제

행정입법에 대한 법원의 통제는 법원에 의해 이루어지는 것으로 법규명령에 대한 추상적 규범통제를 인정하지 아니하고, 법규명령에 대하여 특정 법규명령의 위헌 위법여부가 구체적 사건에 대한 재판의 전제가 되는 경우에 법원이 이를 심리 및 판단하는 구체적 사법통제 방식에 의한 간접적 통제만이 인정되고 있다.[45] 따라서 당해 법규명령의 특정 조항이 위헌, 위법이어서 무효인 것으로 대법원에 의하여 확정적으로 판단되는 때에는 당해 규정은 당해 사건에서 적용이 배제될 뿐이다.[46]

다만, 당해 법규명령이 위헌 또는 위법한 것으로 확정적으로 판단된 경우에 대해서는 폐지시까지 유효하다는 견해[47]와 일반적으로 적용을 배제하여야 한다는 견해[48] 그리고

---

41) 김남진/김연태, 행정법 I (제24판), 법문사, 2020, 201면; 김남진, "조례제정권과 위임명령제정권의 구별, 법률신문, 2003. 12. 15. 참조.

42) 박균성, 행정법론(상), 박영사, 2018, 217면.

43) 정부조직법[시행 2022. 1. 1.] [법률 제17814호, 2020. 12. 31.]

44) 행정입법에 대한 법제처의 통제방법과 절차에 관한 상세한 기술은 한상우, 행정입법에 대한 법제처의 통제, 행정법학 제5호, 한국행정법학회, 2013, 91~99면 참조.

45) 김동희/최계영, 앞의 책, 158면; 류지태/박종수, 앞의 책, 316면; 김남진, 앞의 책, 176면.

46) 김동희/최계영, 앞의 책, 158면; 김남진, 앞의 책, 176면.

47) 김남진, 앞의 책, 176면.

48) 김동희/최계영, 앞의 책, 158면; 류지태/박종수, 전개서, 318면.

일반적으로 무효가 된다는 견해[49)]가 나뉜다. 그럼에도 법규명령이 직접적으로 국민의 법적 지위에 영향을 미치는 것인 때에는, 당해 법규명령에는 처분성이 인정되어 취소소송 등의 대상으로 될 수 있으며, 이 경우에는 직접적 재판통제가 가능하다.[50)]

그렇기 때문에 '특수판매소비자보호지침'은 구체적 사법통제가 가능한 법규범에 해당된다고 볼 수 있다. 따라서 동 지침의 내용이 재판의 전제가 된 경우 법원이 이를 심리 및 판단할 수 있다. 다만, 동 지침에 대한 직접재판통제가 가능한지 여부에 대해서는 동 지침의 처분성에 관한 검토가 선행되어야 할 것이다.

2) 헌법소원심판에 의한 통제

법규명령이 국민의 기본권을 침해하는 경우 당해 법규명령에 대하여 헌법재판소는 헌법소원에 대하여 심판권을 가지는가?[51)] 헌법은 명령·규칙에 대한 위헌 및 위법심사권은 법원에 부여하고 있다. 또한 헌법재판소는 헌법 제111조 제1항 제5조에 근거한 헌법재판소법 제68조 제1항에 따라 법원의 재판을 제외한 공권력의 행사 또는 불행사에 대한 헌법소원심판권을 가지고 있다.

이와 관련하여 부정설은 우리 헌법은 법률에 대하여 위헌심사권과 명령·규칙에 대한

---

49) 홍정선, 행정법원론(상) (제24판), 박영사, 244면.

50) 대법원 1954. 8. 19. 선고 4286행상37 판결; 대법원 1996. 9. 20. 선고 95누8003 판결. "항고소송의 대상이 되는 행정처분은 행정청의 공법상의 행위로서 특정사항에 대하여 법률에 의하여 권리를 설정하고 의무를 명하며, 기타 법률상 효과를 발생케 하는 등 국민의 권리의무에 직접 관계가 있는 행위이어야 하고, 일반적, 추상적인 법령이나 고시 자체로서 국민의 구체적인 권리의무에 직접적인 변동을 초래하는 것이 아닌 것은 그 대상이 될 수 없는 것이나, 예외적으로 일반적, 추상적인 법령이나 고시가 집행행위의 개입 없이도 그 자체로서 직접 국민의 구체적인 권리의무나 법적 이익에 영향을 미치는 등의 법률상 효과를 발생하는 경우에는 항고소송의 대상이 된다."

대법원 2007. 6. 14. 선고 2004두619 판결 "구 청소년보호법(2001. 5. 24. 법률 제6479호로 개정되기 전의 것) 제10조 제3항의 위임에 따라 같은 법 시행령(2001. 8. 25. 대통령령 제17344호로 개정되기 전의 것) 제7조와 [별표 1]의 제2호 (다)목은 '동성애를 조장하는 것'을 청소년유해매체물 개별 심의기준의 하나로 규정하고 있는바, 현재까지 위 시행령 규정에 관하여 이를 위헌이거나 위법하여 무효라고 선언한 대법원의 판결이 선고된 바는 없는 점, 한편 동성애에 관하여는 이를 이성애와 같은 정상적인 성적 지향의 하나로 보아야 한다는 주장이 있는 반면 이성간의 성적 결합과 이를 기초로 한 혼인 및 가족생활을 정상적인 것으로 간주하는 전통적인 성에 대한 관념 및 시각에 비추어 이를 사회통념상 허용되지 않는 것으로 보는 견해도 있는 점, 동성애를 유해한 것으로 취급하여 그에 관한 정보의 생산과 유포를 규제하는 경우 성적 소수자인 동성애자들의 인격권·행복추구권에 속하는 성적 자기결정권 및 알 권리, 표현의 자유, 평등권 등 헌법상 기본권을 제한할 우려가 있다는 견해도 있으나, 또한 동성애자가 아닌 다수의 청소년들에 있어서는 동성애에 관한 정보의 제공이 성적 자기정체성에 대한 진지한 성찰의 계기를 제공하는 것이 아니라 성적 상상이나 호기심을 불필요하게 부추기거나 조장하는 부작용을 야기하여 인격형성에 지장을 초래할 우려 역시 부정할 수 없다 할 것인 점 등에 비추어 보면, 이 사건 청소년유해매체물 결정 및 고시처분 당시 위 시행령의 규정이 헌법이나 모법에 위반되는 것인지 여부가 해석상 다툼의 여지가 없을 정도로 객관적으로 명백하였다고 단정할 수 없고, 따라서 위 시행령의 규정에 따른 위 처분의 하자가 객관적으로 명백하다고 볼 수 없다."

51) 김남진, 기본문제, 889면 이하; 이상규, 명령·규칙의 위헌심사권, 인권과 정의, 1990; 김종빈, 헌법소원의 대상, 헌법재판자료 2집, 1989; 김학성, 헌법소원에 관한 연구, 서울대학교 박사학위논문, 1990.

위헌·위법심사권을 구분하여, 전자는 헌법재판소에 그리고 후자는 법원에 부여하고 있다고 할 것이므로, 헌법재판소는 명령, 규칙에 대한 위헌심판권은 가질 수 없다고 하였다.[52] 인정설은 헌법 제107조 제2항은 재판의 전제가 된 경우에 한하여 명령과 규칙에 대한 법원의 심사권을 규정하는 것이므로, 재판의 전제가 되지 아니하고 기본권침해가 존재하는 경우에는 헌법소원이 인정되며, 헌법소원의 대상은 법원의 재판을 제외한 공권력의행사 또는 불행사에 해당되므로 이러한 대상에 명령과 규칙이 포함된다고 한다.[53] 이러한 문제에 대하여 헌법재판소는 인정설 입장을 취하여 이 시행규칙에 대한 헌법소원을 인용하였다.[54] 따라서 시행규칙이 별도의 집행행위를 기다리지 않고 직접 기본권을 침해하는 것일 때에는 헌법소원심판의 대상이 될 수 있는바, 이러한 법령의 효력을 직접 다투는 것을 소송물로 하여 일반법원에 구제를 구할 수 있는 절차는 존재하지 않으므로 바로 헌법소원심판을 청구할 수 있다.[55]

3) 검 토

'특수판매소비자지침'은 그 행정규칙의 형식을 갖추고 있다고 하더라도 입법의 근거가 상위법의 구체적 위임이 있으며, 그 목적이 대외적 효력의 발성을 목적으로 하는 것이라면, 법규명령에 해당된다. 이러한 법규명령과 관련하여 사법적 통제방식에 있어서, 법원에 의한 통제와 헌법재판소의 통제의 문제가 있다. 법원은 당해 법규명령이 재판의 전제가 되는 때에 한하여 당해 법규명령의 특정 조항이 위헌, 위법이어서 무효인 것으로 대법원에 의하여 확정적으로 판단되는 때에는 당해 규정은 당해 사건에서 적용이 배제할 수 있다. 그럼에도 법규명령이 직접적으로 국민의 법적 지위에 영향을 미치는 것인 때에는, 당해 법규명령에는 처분성이 인정되어 취소소송 등의 대상으로 될 수 있으며, 이 경우에는 직접적 재판통제가 가능하다고 볼 것이다. 나아가 당해 법규명령이 국민의 기본권을 침해하는 것으로 헌법소원심판을 청구하는 때에 헌법재판소는 당해 법규명령에 대하여 기본권침해 여부에 대한 심판을 할 수 있다고 본다.

그렇기 때문에 '특수판매소비자보호지침'은 구체적 사법통제가 가능한 법규범에 해당된다고 볼 수 있다. 따라서 동 지침의 내용이 재판의 전제가 된 경우 법원이 이를 심리 및

52) 김동희/최계영, 앞의 책, 159면.

53) 류지태/박종수, 전개서, 318면.

54) 헌법재판소 1990. 10. 15. 선고 89헌마178 전원재판부 "헌법 제107조 제2항이 규정한 명령·규칙에 대한 대법원의 최종심사권이란 구체적인 소송사건에서 명령·규칙의 위헌여부가 재판의 전제가 되었을 경우 법률의 경우와는 달리 헌법재판소에 제청할 것 없이 대법원이 최종적으로 심사할 수 있다는 의미이며, 명령·규칙 그 자체에 의하여 직접 기본권이 침해되었음을 이유로 하여 헌법소원심판을 청구하는 것은 위 헌법규정과는 아무런 상관이 없는 문제이다."

55) 김동희/최계영, 앞의 책, 160면.

판단할 수 있다. 나아가 헌법이 정하고 있는 국민의 기본권을 침해의 문제로 헌법소원심판을 청구하는 때에는 헌법재판소는 이에 대하여 헌법을 위반하는 기본권침해가 있는지 판단하여야 할 것이다.

Ⅳ. 특수판매소비자지침의 법체계상의 효력과 한계

1. 구속력

'특수판매소비자지침'은 그 법적성질에 있어서 법률에 구체적 수권을 받아 제정된 위임명령으로 일반적, 추상적 규정으로서 법규의 성질을 진다. 국민인 소비자와 사업자관계의 규율에 있어서 법규의 자율준수를 유도하는 것으로 그 국민인 수범자를 대상으로 하는 법규명령이라고 할 수 있다. 따라서 동 지침은 국민에 대하여 구속력을 가진다. 즉, 국민과 행정권을 구속하고 재판규범이 되는 성문의 법규범으로서의 효력을 가지게 된다.[56)]

그렇기 때문에 '특수판매소비자지침'의 내용에 위반한 행정청의 행위는 위법행위로서 무효 또는 취소사유가 되며, 그러한 행위로 인하여 자신의 권리가 침해된 국민은, 행정쟁송을 제기하여 그 무효 확인 또는 취소를 청구할 수 있다.

2. 준수유도

'특수판매소비자지침'은 소비자보호를 위해 사업자의 "자율적 준수를 유도"하기 위한 지침이다. 따라서 동 지침은 사업자에 대한 법규준수의 가이드를 제공하며, 당해 지침을 통해 법규의 해석과 적용에 있어서 사업자의 자의적인 법규해석으로 인한 법규위반의 위험을 최소화 하고, 사업자로 하여금 법규의 내용과 적용사례를 구체적으로 파악할 수 있게 하는 것이다.

이때 동 지침의 내용은 소비자 또는 사업자에 대하여 강제력을 가지지 않으며, 법규의 준수를 유도함에 그친다. 이를 위해 '특수판매소비자지침'에서 특수판매와 관련된 법률의 내용을 비전문가인 소비자와 특수판매업자가 쉽게 이해할 수 있도록 해설하고 예시하고 있다. 이를 통해 동 법률과 지침의 준수를 유도하고 있으며, 동 지침의 내용을 강제하지 않는다. 다만, 동 지침이 유도하는 법규의 준수의무는 법률상의 의무에 해당하는 것으로, 이를 위반하는 때에는 법률위반에 대한 제제를 받게 됨은 당연하다 할 것이다.

---

56) 김동희/최계영, 행정법 I, 144면.

제36조 특수판매업자의 입증책임

제36조(특수판매업자의 입증책임) ① 다음 각 호의 사항에 관하여 계약 상대방과 다툼이 있는 경우에는 특수판매업자가 이를 증명하여야 한다. 이 경우 특수판매업자는 증명에 필요한 통화 내용 등에 대한 거래기록을 대통령령으로 정하는 바에 따라 보관할 수 있다.

1. 재화등의 훼손에 대한 소비자의 책임 유무
2. 계약이 체결된 사실 및 그 시기
3. 재화등의 공급 사실 및 그 시기
4. 계약서의 발급 사실 및 그 시기
5. 입증책임에 관한 별도의 약정이 없는 그 밖의 거래 사실

② 특수판매업자는 제1항에 따른 증명에 필요한 통화내용 등 거래기록을 미리 보존할 수 있다. 이 경우 특수판매업자는 거래기록을 그 대상·범위·기간 및 열람 방법 등에 관하여 대통령령으로 정하는 바에 따라 보존하여야 한다.

제37조 소비자피해보상보험계약등

[송주연]

제37조(소비자피해보상보험계약등) ① 제13조제1항 및 제29조제3항에 따라 등록하려는 다단계판매업자 및 후원방문판매업자는 다음 각 호의 어느 하나에 해다하는 계약(이하 '소비자피해보상보험계약등"이라 한다)을 체결하여야 한다.
1. 소비자피해 보상을 위한 보험계약
2. 소비자피해 보상금의 지급을 확보하기 위한 채무지급보증계약
3. 제38조에 따라 설립된 공제조합과의 공제계약

② 공정거래위원회는 방문판매등 및 계속거래등에서의 소비자보호를 위하여 소비자피해보상보험계약등을 체결하도록 권장할 수 있다.
③ 소비자피해보상보험계약등의 내용은 이 법 위반행위로 인한 소비자피해를 보상하기에 적절한 수준이어야 하며, 그 구체적인 기준은 대통령령으로 정한다.
④ 소비자피해보상보험계약등에 따라 소비자피해 보상금을 지급할 의무가 있는 자는 그 지급사유가 발생한 경우에는 지체없이 이를 지급하여야 하고, 이를 지연한 경우에는 지연배상금을 지급하여야 한다.
⑤ 소비자피해보상보험계약등을 체결 또는 유지하는 다단계판매업자와 후원방문판매업자는 매출액 등의 자료를 제출할 때 거짓 자료를 제출하여서는 아니된다.
⑥ 소비자피해보상보험계약등을 체결한 자는 그 사실을 나타내는 표지를 사용할 수 있다.
⑦ 소비자피해보상보험계약등을 체결하지 아니한 자는 제6항에 따른 표지를 사용하거나 이와 비슷한 표지를 제작 또는 사용하여서는 아니된다.

Ⅰ. 소비자피해보상보험제도의 연혁

1. 환불보증금공탁제도

1991년 방문판매법을 제정하여 다단계판매가 방문판매법에 규정되었으나 당시 방문판매법에서는 직접 권유한 가입자외의 가입자가 납입한 금품에 의하여 발생한 이익을 권유하여 판매조직에 가입하게 하는 것을 금지함에 따라 다단계판매가 허용된 것으로 보기 어려웠다.

그러나 1995년 방문판매법 개정에서는 다단계판매원에게 속하는 하위판매원들에 대한 상품의 판매 또는 용역의 제공과 관련된 조직관리 및 교육훈련을 위하여 그 다단계판매원에게 지급되는 경제적 이익인 후원수당을 허용하면서 진정한 의미에서의 다단계판매가 제도권으로 편입된 것이라 할 수 있다.

1995년 방문판매법 전면개정에서는 아울러 다단계판매원의 대금환급의무를 보장하

기 위한 환불보증금 공탁제도를 도입하였는데 다단계판매업을 하고자 하는 자는 등록하기 전에 자본금의 10/100에 해당하는 금액, 영업을 개시한 이후에는 다단계판매업자가 판매한 상품 또는 제공한 용역의 매월 매출액의 10/100에 해당하는 금액을 공탁하도록 하였다.

환불보증금 공탁에 따른 공탁물에 대한 권리를 실행하기 위해서는 청약철회를 한 자 또는 상품이나 용역을 반환하는 다단계판매원이 법원에 그 권리의 실행을 신청하여야 하기 때문에 피해보상을 받기까지의 절차가 매우 까다롭다는 문제가 있었다. 판매원등은 직접 청약철회 여부 및 피해발생사실을 입증하여야 할 뿐만 아니라 이를 통해 대금을 환불받기까지 오랜 기간이 소요될 수밖에 없었다. 이러한 이유로 환불보증금 공탁제도를 통해 피해구제를 받은 사례는 단 한건도 없었으며 오히려 피해구제가 이루어지기 전에 폐업한 다단계판매업자가 공탁금을 회수하는 사례도 발생하였다.

이처럼 환불보증금 공탁제도를 이용한 소비자피해구제가 유명무실하자 위 제도에 대한 개선이 요구되었고 2002년 방문판매법 전면개정을 통해 도입된 제도가 소비자피해보상보험계약제도이다.

2. 소비자피해보상보험계약등 제도

2002년 방문판매법 전면개정을 통해 도입된 소비자피해보상보험계약등은 다단계판매업자로 등록하고자 하는 자가 ① 소비자피해보상을 위한 보험계약, ② 소비자피해 보상금의 지급을 확보하기 위한 채무지급보증계약, ③ 공제조합과의 공제계약 중 하나를 체결하도록 규정하고 있고 2012년 방문판매법 전면개정을 통해 새롭게 등장한 업태인 후원방문판매까지 확대되었다. 다단계판매업자나 후원방문판매업자의 경우 소비자피해보상보험계약등의 체결이 등록요건임에 반해 방문판매법에 규정된 다른 영업방식인 방문판매나 계속거래의 경우에는 소비자피해보상보험계약등의 체결은 권장사항에 해당한다.

방문판매법에서는 소비자피해보상보험계약으로 3가지를 열거하고 있음에도 불구하고 2002년 이후 지급까지 소비자피해보상보험계약 중 보험계약 체결을 위한 보험상품이 개발되거나 채무지급보증계약이 인정된 사례는 없고 직접판매공제조합 또는 한국특수판매공제조합과의 공제계약만이 소비자피해보상보험계약으로써 기능하고 있다.

이러한 현상은 다수의 보험가입자를 전제로 하는 보험의 성격상 100여개 내외의 특정 소수의 다단계판매업자를 대상으로 보험상품을 개발하기에는 보험계약의 본질이라고 할 수 있는 보험계약자간의 위험의 분산이 어렵다는 점과 방문판매법 제37조 및 시행령 제44조에서 정하고 있는 소비자피해를 보상하기에 적절한 수준을 충족한다고 보기 어렵다는 점이 반영된 것으로 이해된다.

그리고 은행과의 채무지급보증의 경우 채무지급보증의 대상이 되는 피보험자나 수혜자를 특정하기 어렵고 따라서 은행으로부터 보상을 받기 위해서는 스스로 재화의 구매자라는 사실을 입증해야 하고 채무지급보증한도 내에서만 보증이 된다는 점에서 은행과의 채무지급보증계약이 시행령 제44조 제1항 제1호, 제5호, 제6호에서 요구하는 요건을 충족하는지 여부에 대하여도 의문이 있다.

2002년 방문판매법 개정 전 지급보증계약제도에 대해 대법원은 "여신거래의 한 형태로서 지급보증이란 은행이 거래처(지급보증신청인)의 위탁에 따라 그 거래처가 제3자에 대하여 부담하는 채무를 보증하여 주는 거래로서, 은행과 거래처 사이에 체결된 보증위탁계약에 터잡아 은행이 다시 채권자와 사이에 보증계약을 체결함으로써 성립하고, 그로 인하여 지급보증을 한 은행은 거래처가 주채무를 이행하지 못할 경우 그 보증채무를 이행할 의무를 지게 되며, 이러한 지급보증계약은 통상 은행이 지급보증서라는 형식의 서면에 보증의 의사표시를 하여 피보증인인 거래처로 하여금 채권자에게 전달하는 방식으로 체결되고, 그 보증범위는 지급보증서 등에 표시된 보증의사의 해석을 통해 결정되는 것이다. 그러므로 다단계판매업자와 은행 사이의 지급보증거래약정은 제3자를 위한 계약이지만 그 자체로 보증채무가 발생하는 것은 아니고 이에 터잡아 은행이 다시 채권자와 사이에 지급보증계약을 체결함으로써 보증계약이 성립하고 그 효력이 발생하며, 이 보증계약의 당사자는 채권자와 은행으로서 다단계판매업자와 은행 사이의 제3자를 위한 계약이 아닌데, 구 방문판매법(1999. 2. 5. 법률 제5771호로 개정되기 전의 것)상의 지급보증계약은 은행의 지급보증서 발급 당시 채권자가 특정되어 있지 않고, 장차 다단계판매업자로부터 상품을 구매하였다가 보증기간 내에 적법하게 철회권을 행사한, 다단계판매원이라는 요건이 충족되는 불특정·다수의 채권자집단이라는 점에서 그 특수성이 있고, 따라서 이 경우 그 지급보증서가 채권자에게 전달되는 것이 현실적으로 불가능하므로, 지급보증서 사본을 제출받은 서울특별시장을 그 채권자 집단의 법률상 대리인으로 보아 서울특별시장이 지급보증서 사본을 제출받음으로써 그 채권자집단과 은행사이에 지급보증계약이 성립되어 그 효력이 발생한다고 해석함이 상당한바, 따라서 채권자들의 수익의 의사표시는 필요하지 않지만, 그 지급보증계약에 의한 보증금지급채권을 현실적으로 행사하기 위해서는 다단계판매업자로부터 상품을 구매하였다가 보증기간 내에 적법하게 철회권을 행사한 다단계판매원이라는 요건이 충족되어야 한다고 판시한 부분 역시 지급보증계약에서 피해보상채권자를 특정하거나 구매자에게 소비자피해보상보험계약체결사실 등을 알리기에 어려움이 많음을 나타내는 것이라 할 수 있다.

Ⅱ. 소비자피해보상보험계약의 요건-공제조합과의 공제계약을 중심으로

1. 공제계약의 요건 및 공제계약 체결절차

방문판매법에 따른 소비자피해보상보험계약등은 시행령 제44조 및 시행규칙 제23조에 정한 바와 소비자피해를 보상하기에 적절한 수준이어야 한다.

시행령 제44조(소비자피해보상보험계약등) ① 법 제37조제1항에 따라 다단계판매업자 또는 후원방문판매업자가 체결하는 소비자피해보상보험계약등(이하 "소비자피해보상보험계약등"이라 한다)은 다음 각 호의 요건을 충족하여야 한다.

1. 청약철회등의 권리행사에 따라 발생하는 대금 환급의무의 불이행 또는 재화등의 공급의무 불이행 등으로 인한 소비자피해를 보상하는 것을 그 내용으로 할 것
2. 피보험자 또는 수혜자는 해당 소비자피해보상보험계약등을 체결한 자가 판매하는 재화등의 구매자로 할 것
3. 계약금액은 재화등의 매매대금을 한도로 공정거래위원회가 정하여 고시하는 규모 이상으로 할 것
4. 소비자(다단계판매원 또는 후원방무판매원을 포함한다. 이하 이 조에서 같다)가 신속하고 쉽게 피해보상을 받을 수 있도록 하고, 보상이 지연되는 경우 지연배상금이 지급되도록 할 것
5. 정당한 사유 없이 소비자의 의사표시 방법을 제한하거나 소비자에게 지나친 입증책임의 부담을 부과하지 아니할 것
6. 정당한 사유없이 피해보상의 범위나 보험자 또는 재화등의 판매자의 책임을 한정하지 아니할 것
7. 소비자에게 예상하기 어려운 위험이나 손해를 줄 우려가 있거나 부당한게 불리한 약정을 두지 아니할 것
8. 소비자피해보상보험계약등의 계약을 체결하여 거래하는 기간은 1년 이상으로 하고, 정당한 사유 없이 계약 해지의 요건을 쉽게 정하여 소비자에게 불이익을 주지 아니할 것
9. 보험계약 또는 채무지급보증계약의 경우에는 「보험업법」 제2조제6호에 따른 보험회사 또는 「은행법」 제2조제1항제2호에 따른 은행(이하 이 호에서 "보험회사등"이라 한다)과 체결할 것. 다만, 후원방문판매업자는 다음 각 목의 요건을 모두 충족하는 다른 후원방문판매업자와 제1호부터 제8호까지의 요건을 충족하는 채무지급보증계약을 체결할 수 있다.
   가. 재화등의 매매·위탁판매 등 계속적 거래관계가 있는 다른 후원방문판매업자
   나. 계속적 거래관계가 있는 후원방문파매업자를 위하여 보험회사등 또는 법 제38조에 따라 설립된 공제조합과 소비자피해보상보험계약등을 체결한 다른 후원방문판매업자

② 법 제37조제2항에 따라 공정거래위원회가 체결하도록 권장하는 소비자피해보상보험계약등은 제1항제1호부터 제7호까지 및 제9호의 요건을 충족하여야 한다.

③ 제1항과 제2항에서 규정한 사항 외에 재화등이나 거래의 특성에 따른 소비자피해보상보험계약등의 구체적인 기준, 피해보상의 내용 및 절차와 소비자피해보상보험계약등의 표지 사용에 필요한 사항은 총리령으로 정한다.

시행규칙 제23조 ① 법 제37조제1항에 따른 소비자피해보상보험계약등(이하 "소비자피해보상보험계약등"이라 한다)의 보험금은 해당 소비자피해보상보험계약등을 체결한 다단계판매업자 또는 후원방문판매업자가 판매하는 재화등의 구매자가 직접 받을 수 있도록 하여야 한다.
② 소비자피해보상보험계약등을 체결한 다단계판매업자 또는 후원방문판매업자는 소비자피해보상보험계약등이 성립된 후 재화등의 구매자가 지체 없이 보험계약등을 체결한 사실 및 그 내용을 쉽게 알 수 있도록 하여야 한다.

방문판매법상의 공제조합과의 공제계약은 공제계약체결 관련 안내·상담 → 공제계약 체결 신청 → 서류심사(자본금, 후원수당 산정 및 지급기준) → 방문심사(사업장 등 영업준비현황) → 전산심사(공제번호발급 시스템의 원활한 운영 여부) → 신규공제계약체결심의위원회 → 공제계약 체결의 순서로 진행되며 다단계판매업자(또는 후원방문판매업자)는 공제계약 체결 후 공제조합에서 제공하는 공제한도증서를 첨부하여 방문판매법 제13조 따라 시·도에 등록하게 된다.

2. 소비자피해보상보험계약에 따른 보상절차

가. 공제사고와 보상절차

공제조합은 공제사고가 발생한 경우 공제계약자인 다단계판매회사(또는 후원방문판매회사)를 대신하여 다단계판매원(또는 후원방문판매원)에게 공제금을 지급하는데 이 때 공제사고란 "판매원이나 소비자가 방문판매법이 정한 바에 따라 청약철회등을 하였음에도 불구하고 다단계판매회사등이 재화등을 반환받은 날로부터 3영업일 이내에 대금환급의무를 이행하지 아니한 경우"를 말한다.

나. 공제금 청구시 제출서류

공제금을 청구하고자 하는 다단계판매원등은 ① 공제금 신청서류, ② 거래명세서나 계약서, 결제증빙과 같이 구매사실을 확인할 수 있는 증빙서류, ③ 청약철회 및 재화 반환을 확인할 수 있는 서류, ④ 기타 청구자의 신원 확인 등을 제출하여야 한다.

위 서류 외에도 허위자료 제출이 의심되거나 회사로부터 받은 자료의 확인을 위해 공제조합이 추가로 서류를 요청할 수 있으며 관련 서류를 공제조합에 제출하여야 공제금 심사가 이루어질 수 있다.

다단계판매원등이 공제금청구를 신청하였으나 판매원의 구매사실이 확인되지 않거나 다시 판매하기 어려울 정도로 재화등을 훼손하는 등 방문판매법에서 청약철회가 제한되는 사유에 해당되는 경우, 청약철회기간이 경과한 경우, 재화등의 거래없이 금전거래만을 하는 등 방문판매법 제24조 제1항에서 금지하고 있는 행위를 통해 재화등을 구매한 경우 공제조합은 공제금 지급을 거절할 수 있다.

다. 공제조합의 보상한도

다단계판매원등에게 지급하는 보상금의 한도는 소비자피해보상보험등에서의 보험계약금액에 관한 기준고시에서 정한 기준에 따르며 공제조합은 수혜자가 소비자인 경우는 법이 정하는 대금환급금액의 90% 이상, 수혜자가 다단계판매원 또는 후원방문판매원인 경우에는 70% 이상으로 보상한다.

<소비자피해보상보험등에서의 보험계약금액에 관한 기준고시>

공정거래위원회 고시 제2012－69호

Ⅰ. 소비자피해보상보험 등에서의 보험계약금액에 관한 기준

1. 다단계판매업자 또는 후원방문판매업자가 보험가입자인 경우

가. 피보험자 또는 수혜자가 소비자인 경우 보험계약금액은 법이 정하는 대금환급금액의 90% 이상(단, 피보험자 또는 수혜자가 20세 미만인 자 또는 60세 이상인 경우에는 법이 정하는 대금환급금액 이상)으로 하고, 1인당 보상한도를 두는 경우 소비자 1인에 대한 보험계약금액의 한도는 매3월의 기간동안 2백만원 이상으로 한다.

나. 피보험자 또는 수혜자가 다단계판매원·후원방문판매원인 경우 보험 계약금액은 법이 정하는 대금환급금액의 70% 이상으로 하고, 1인당 보상한도를 두는 경우 다단계판매원·후원방문판매원 1인에 대한 보험계약금액의 한도는 매3월의 기간동안 5백만원 이상으로 한다.

다. 아래 각 호의 1의 경우에는 보험계약금액의 지급을 경감 또는 면제할 수 있으며, 이 경우의 보험약관은 공정거래위원호의 승인을 받은 약관에 따라야 한다.

① 보험계약의 체결여부를 확인하지 않는 등 피보험자 또는 수혜자가 고의 또는 과실이 있는 경우

② 피보험자 또는 수혜자가 방문판매 등에 관한 법률 제24조 제1항 제1호의 규정에서 금지하는 행위를 하는 자 또는 그에 상당한 행위를 하는 자로부터 재화등을 구입하는 경우

③피보험자 또는 수혜자가 보험계약자와 통정하거나 기타 정당하지 아니한 방법으로 보험금을 지급받고자 하는 경우

2. 방문판매업자·전화권유판매업자·계속거래업자·사업권유업자 또는 통신판매업자가 보험가입자인 경우

가. 보험 계약금액은 법이 정하는 대금환급금액의 90% 이상(단, 피보험자 또는 수혜자가 20세 미만인 자 또는 60세 이상인 자인 경우에는 법이 정하는 대금환급금액 이상)으로 하고, 1인당 보상한도를 두는 경우 소비자 1인에 대한 보험계약금액의 한도는 매 3월의 기간 동안 2

백만원 이상으로 한다.

나. 아래 각 호의 1의 경우에는 보험계약금액의 지급을 경감 또는 면제할 수 있으며, 이 경우 보험약관은 공정거래위원회의 승인을 받은 약관에 따라야 한다.

① 보험계약의 체결 여부를 확인하지 않는 등 피보험자 또는 수혜자가 고의 또는 과실이 있는 경우

② 피보험자 또는 수혜자가 방문판매 등에 관한 법률 제24조 제1항 제1호의 규정에서 금지하는 행위를 하는 자 또는 그에 상당한 행위를 하는 자로부터 재화등을 구입하는 경우

③ 피보험자 또는 수혜자가 보험계약자와 통정하거나 기타 정당하지 아니한 방법으로 보험금을 지급받고자 하는 경우

3. 전자결제수단 발행자가 보험가입자인 경우

보험계약금액은 전자결제수단 발행자가 발행하는 상법상 채권 유효기간 내에 있는 전자결제수단 발행잔고의 100분의 10으로 한다.

Ⅲ. 소비자피해보상보험계약등 관련 계약자의 의무

1. 소비자피해보상보험계약등 관련 계약자의 자료제출의무

다단계판매원과 소비자가 소비자피해보상보험계약등을 통해 피해보상을 받기 위하여는 판매원등의 구매내역을 포함한 매출액 등의 자료는 다단계판매원과 소비자가 소비자피해보상보험계약등을 통해 피해보상을 받기 위한 전제가 된다는 점에서 방문판매법에서는 소비자피해보상보험계약등을 체결 또는 유지하는 다단계판매업자와 후원방문판매업자는 매출액 등의 자료를 제출할 때 거짓 자료를 제출하여서는 아니된다고 규정하는 한편 이를 위반하는 경우 3년 이하의 징역 또는 1억원 이하의 벌금(제29조 제3항에 따라 준용되는 후원방문판매업자의 경우에는 2년 이하의 징역 또는 5천만원 이하의 벌금)에 처하도록 하고 있다.

대법원은 공제계약자가 공제조합에 대한 허위의 매출신고를 이유로 공제계약이 해지는 무효임을 다투는 사건에서 공제조합에 신고하여야 하는 매출액은 소비자피해보상보험등에서의 보험계약금액에 관한 기준고시 및 공제조합의 공제규정 등에서 정한 1인당 공제금지급한도를 기준으로 역산한 매출액의 범위에서 신고하면 된다는 원고의 주장에 대해서 공제계약자에게 매출액을 입력하고 주문서별로 공제보증통지서를 수혜자에게 발급 또는 통지하도록 한 것은 매출규모를 통해 발생할 구매자들의 청약 철회 가능성을 가늠하고 매출액에 상응하는 공제보증통지서 교부를 강제함으로써 다단계판매의 피해를 보호하

려는 것이고, 구매자들의 청약 철회가 구매한 모든 물품에 대하여 발생하는 것이 아니기 때문에 구매자가 임의로 선택하여 청약철회한 물품들의 합계가 3개월간 500만원이 되기까지는 피고(공제조합)이 이에 대한 공제금지급책임을 질 수 있도록 공제계약자로 하여금 신고 매출액에 상응하는 모든 거래에 있어서 구매자엑 공제보증통지서를 교부하여 그에 상응하는 담보를 제공하도록 한 취지라고 판단한 원심법원의 판단을 인정하였다(2008. 6. 26. 2008다22344호 판결)있다. 이러한 대법원의 판단에 따르면 다단계판매업자나 후원방문판매업자가 다단계판매원 또는 소비자와 거래한 모든 매출액을 공제조합에 신고할 의무가 있다고 할 수 있다.

2. 소비자피해보상보험계약체결 사실에 대한 표지 사용

소비자피해보상보험계약등을 체결한 다단계판매업자와 후원방문판대업자만이 계약체결 사실을 나타내는 표지를 사용할 수 있으며, 소비자피해보상보험계약등을 체결하지 아니한 자가 이러한 표지를 사용하거나 이와 비슷한 표지를 제작 또는 사용하여서는 아니되며 이를 위반한 경우 3년 이하의 징역 또는 1억원 이하의 벌금(제29조 제3항이 따라 준용되는 후원방문판매업자의 경우에는 2년 이하의 징역 또는 5천만원 이하의 벌금)에 처한다.

제38조 공제조합의 설립

[송주연]

제38조(공제조합의 설립) ① 제5조제1항에 따라 신고하거나 제13조제1항 또는 제29조제3항에 따라 등록한 사업자는 소비자피해보상에 대한 보상금지급을 책임지는 보험사업 등 제37조제1항 제3호에 따른 공제사업을 운영하기 위하여 공정거래위원회의 인가를 받아 공제조합(이하 "공제조합"이라 한다)을 설립할 수 있으며, 인가의 기준은 대통령령으로 정한다.
② 공제조합은 법인으로 하며, 주된 사무소의 소재지에서 설립등기를 함으로써 성립한다.
③ 공제조합에 가입한 자는 공제조합의 수행에 필요한 출자금 등을 조합에 내야 한다.
④ 공제조합의 기본재산은 대통령령으로 정하는 바에 따라 가입한 자의 출자금 등으로 조성하되, 공제조합의 기본재산의 운영에 관한 사항은 공정거래위원회의 인가를 받아야 한다. 다만, 정부는 예산의 범위에서 출연하거나 보조할 수 있다.
⑤ 공제조합의 가입자격, 임원에 관한 사항 및 출자금의 부담기준에 관한 사항은 정관으로 정한다.
⑥ 공제조합의 설립인가 절차, 정관 기재 사항, 이사회의 구성 및 권한, 임원의 선임, 감독 등에 관하여 필요한 사항은 대통령령으로 정한 다.
⑦ 공제조합이 제1항에 따른 공제사업을 하려는 경우에는 공제규정을 정하여 공정거래위원회의 인가를 받아야 한다. 공제규정을 변경하려는 경우에도 또한 같다.
⑧ 제7항의 공제규정에는 공제사업의 범위, 공제료, 공제사업에 충당하기 위한 책임준비금 등 공제사업의 운영에 필요한 사항을 정하여야 한다.
⑨ 공제조합에 관하여 이 법에 규정된 것을 제외하고는 「민법」 중 사단법인에 관한 규정을 준용한다.
⑩ 이 법에 따른 공제조합의 사업에 대하여는 「보험업법」을 적용하지 아니한다.

I. 공제조합의 법적 지위

1. 공제조합의 설립

통상의 사단법인의 설립절차가 일정수 이상의 발기인이 정관을 작성하고 창립총회를 거쳐 주무관청의 인가를 받아 주사무소 소재지에서 설립등기를 하는 것과 달리 공제조합은 10인 이상 발기(發起)인이 설립을 준비하고 조합원 2분의 1이상의 동의를 받아 창립총회에서 정관을 작성한 뒤 공정거래위원회의 인가를 받아 신청하여야 하며, 주된 사무소 소재지에서 설립등기를 함으로써 성립한다. 공제조합의 출자금은 200억원 이상으로 하며, 정관의 기재사항은 시행령 제47조에 규정되어 있다.

시행령 제45조(공제조합의 인가 등) ① 공제조합을 설립하려는 경우 10인 이상이 발기(發起)하고, 조합원 2분의 1 이상의 동의를 받아 창립총회에서 정관을 작성한 후 공정거래위원회에 인가를 신청하여야 한다.
② 공정거래위원회는 제1항에 따른 인가를 하였을 때에는 그 사실을 공고하여야 한다.

제46조(출자금) 법 제38조 제4항 본문에 따라 공제조합의 출자금은 200억원 이상으로 한다.

제47조(공제조합의 정관 기재사항) 공제조합의 정관 기재사항은 다음 각 호와 같다.
1. 목적
2. 명칭
3. 사무소의 소재지
4. 출자 1좌의 금액과 납입방법 및 지분 계산에 관한 사항
5. 조합원의 자격과 가입·탈퇴에 관한 사항
6. 자산 및 회계에 관한 사항
7. 총회의 구성 및 운영에 관한 사항
8. 이사회에 관한 사항
9. 임직원에 관한 사항
10. 임원추천위원회의 구성, 추천위원의 결격사유 및 운영에 관한 사항
11. 공정거래위원회가 임직원에 대하여 징계·해임을 요구할 경우 그 처리 절차 등에 관한 사항
12. 융자에 관한 사항
13. 업무와 그 집행에 관한 사항
14. 정관의 변경에 관한 사항
15. 해산과 잔여재산의 처리에 관한 사항
16. 공고의 방법에 관한 사항

2. 공제조합의 법적 지위

방문판매법 제38조 제9항에서는 공제조합에 관하여 이 법에서 규정된 것을 제외하고는 민법 중 사단법인에 관한 규정을 준용한다고 규정하고 있고 방문판매법상 공제조합은 설립에 있어 준칙주의가 적용되는 회사와 달리 주무관청의 인가를 받아 설립된다는 점, 출자자에 대한 이익추가가 아닌 소비자피해보상을 위한 공제사업, 조합원의 자주적인 경제활동과 경제적 지위향상을 도모하여 특수판매업의 건전한 발전 및 소비자의 권익보호 기여를 목적으로 한다는 점에서는 비영리 사단법인의 성격을 다수 가지고 있다고 할 수 있다.

반면 방문판매법상 공제조합은 민법상 사단법인은 회비를 징구하는데 반해 공제조합은 조합원의 출자금으로 그 기본재산을 구성하고 있고, 소비자피해보상에 필요한 재원 외

의 이익잉여금을 출자자에게 배당하고 잔여재산 중 출자금은 민법 규정이 아닌 총회의 결의에 의하여 처리하도록 하여 영리법인적 성격도 다수 가지고 있다고 할 수 있다.

방문판매법상의 공제조합과 유사한 다른 공제조합과 관련하여 대법원은 건설공제조합에 대해서는 법인세법상의 비영리 국내법인 아니라고 판시(1975. 1. 14. 선고 74누252 판결; 대법원 1983. 12. 13. 선고 80누496 판결)한 반면, 대한교원공제회에 대해서는 취득세법상의 비영리 법인(1993. 6. 29. 선고 92누14168)으로 판단하였다.[1)]

이처럼 방문판매법상의 공제조합은 다수의 공제조합들과 유사하게 상호부조를 통한 사회·경제적 지위의 향상을 그 목적으로 하므로 공익을 실현을 직접적인 목적으로 하는 공익법인은 아니지만 조합원을 위하여 차별 없는 최대한의 봉사를 함에 그 목적이 있으므로 한다는 측면에서는 비영리법인이나 수익사업의 수행, 그로 인한 이익의 조합원 배당이라는 측면에서 영리법인의 성격을 겸하는 것으로 이해할 수 있다.[2)]

Ⅱ. 공제조합의 구성

1. 공제조합의 임원

공제조합에 이사장 1명을 포함하여 7명 이상 15명 이하의 이사와 2명 이하의 감사를 두며, 이사의 종류, 이사·감사의 자격·정수·임기, 선임방법 등은 정관으로 정한다.

이사장은 이사 중에서 정관을 정하는 바에 따라 총회에서 선임하도록 하고 있다.

민법상 법인의 경우 이사는 필수기관이나(민법 제57조) 감사는 정관 또는 총회의 결의로 둘 수 있는 임의기관인 것(민법 제66조)과 달리 방문판매법상의 공제조합은 공익법인과 유사하게 이사 외에 감사를 필수기관으로 하고 있다는 점에서 민법상 법인과 구분되며, 소비자생활협동조합[3)]이나 다른 공익법인[4)]의 경우 감사를 필수기관으로 함에 있어 법률에 그 근거를 두고 있음에도 불구하고 방문판매법상의 공제조합의 경우에는 시행령에 근거를 두고 있다는 점에서 차이가 있다.

민법상 법인이 영리를 목적으로 하지 않을 뿐만 아니라 주무관청의 검사·감독을 받

1) 전기공사공제조합법은 제5조에서 조합은 이 법이나 정관으로 정한 사업 외에 영리나 투기 목적의 사업을 하여서는 아니 된다고 규정하는 반면, 제16조에서는 조합에 관하여 이 법에서 특별히 규정한 것을 제외하고는 민법 중 사단법인에 관한 규정과 상법 중 주식회사의 계산에 관한 규정을 준용하도록 규정한 것 역시 공제조합들이 영리법인과 비영리법인의 성격을 모두 가지고 있음을 보여주는 것이라 생각된다.

2) 한국사법행정학회, 주석민법 제4판(2010. 8), 69면.

3) 소비자생활협동조합법 제31조 제1항.

4) 공익법인의 설립·운영에 관한 법률 제5조 제1항, 사립학교법 제14조 제1항. 사회복지사업법 제18조 제1항 등.

고 있고(민법 제37조), 법인의 목적, 규모 기타 사정으로 이사의 사무집행을 감독할 기관을 둘 필요가 없는 경우가 있으나[5] 방문판매법상의 공제조합은 다수로부터 조달한 출자금을 경제적 기초로 하고 있으며 출자금을 기초로 소비자피해보상업무를 수행한다는 점에서 감사를 두도록 규정한 것으로 해석된다.

이사와 감사와 관련하여 방문판매법에서 규정되지 아니한 사항은 방문판매법 제38조 제9항에 따라 민법 제57조 내지 제67조의 규정이 준용된다고 할 것이다.

시행령 제47조의2(공제조합의 임원) ① 공제조합에 이사장 1명을 포함하여 7명 이상 15명 이하의 이사와 2명 이사의 감사를 둔다.
② 이사의 종류, 이사·감사의 자격·정수·임기, 선임방법 등은 정관으로 정한다.
③ 이사장은 이사 중에서 정관으로 정한 바에 따라 총회에서 선임한다.

2. 공제조합의 이사장 및 이사회

이사장은 이사 중에서 정관으로 정하는 바에 따라 총회에서 선임하도록 하고 있고 이사회를 소집하고 그 의장이 된다. 그리고 방문판매법 시행령 제47조의3에서는 공제조합에 이사장을 포함한 이사로 구성된 이사회를 두도록 규정하고 있다.

민법에서는 법인에 이사를 두도록 규정(민법 제57조)하고 있을 뿐 이사들로 구성된 회의체인 이사회에 대한 별도의 규정이 없어 민법에 규정된 법인의 기관이 아닌 것과 달리 방문판매법에서는 출자금을 경제적 기초로 하는 주식회사나 사무집행자에 대한 감시가 필요한 공익법인과 유사하게 이사회를 필수기관으로 규정하고 있다.

이사회는 사업계획, 업무운영, 총회 소집 등 공제조합의 사무처리에 있어 주요한 사항을 심의·의결하며 재적이사 과반수의 출석과 출석이사 과반수의 찬성으로 의결한다. 민법의 사단법인과 관련하여서는 이사회의 결의방법에 관하여 특별한 규정이 없으므로 반드시 회의를 개최하여 결의하여야 하는 것은 아니고 서면결의도 가능하다.

대법원[6]은 신용협동조합법은 이사회의 결의를 요하는 사항만을 규정하고 있을 뿐 이사회의 결의 방법에 관하여 아무런 규정을 두고 있지 아니하므로 이사회 결의를 요하는 사항에 관하여 이사들에게 개별적으로 결의사항의 내용을 설명하고 동의를 받은 후 미리 작성한 이사회회의록에 날인을 받는 방식으로 의결을 하는, 이른바 서면결의 방식에의한

5) 한국사법행정학회, 주석민법 제5판(2019. 5), 860면.
6) 대법원 2005. 6. 9. 선고 2005다2554 판결.

이사회결이를 금지하고 있는 것으로 볼 수는 없고 '이사회는 재적이사 과반수의 출석으로 개회하고 출석이사 과반수의 찬성으로 의결한다'는 신용협동조합의 정관 규정은 의사정족수 및 의결정족수에 관한 일반규정이서 서면결의 방식에 의한 이사회의 결의를 금하는 규정이라고 볼 수는 없다고 하였다.

시행령 제47조의3(공제조합의 이사회) ① 공제조합에 이사회를 둔다.
② 이사회는 이사장을 포함한 이사로 구성된다.
③ 이사장은 이사회를 소집하고 그 의장이 된다.
④ 이사회는 재적이사 과반수이 출석과 출석이사 과반수의 찬성으로 의결한다.
⑤ 이사회는 다음 각 호의 사항을 심의·의결한다.
1. 사업계획에 관한 사항
2. 업무운영 및 관리에 관한 기본방침
3. 총회의 소집과 총회에 상정할 사항
4. 예산안에 관한 사항
5. 차입금에 관한 사항
6. 중요한 자산의 취득과 처분
7. 그 밖에 정관으로 정하는 사항

3. 조합원 총회

가. 총회의 구성

공제조합의 임원이나 이사회와 달리 방문판매법 시행령 제47조 제7호에서 총회의 구성 및 운영에 관한 사항을 공제조합 정관의 필수적 기재사항으로 규정하고 있는 것 외에 방문판매법에서는 조합원 총회에 관한 규정이 없다. 공제조합이 기본적으로 사단법인으로서의 지위를 가진다는 점, 조합원총회는 공제조합의 최고의사결정기관일 뿐만 아니라 필요기관이고 정관에 의해서도 폐지될 수 없다는 점을 고려하면 방문판매법에서 이사회에 관한 사항만 규정하고 있는 부분은 입법적 불비로 생각된다.

다만 공제조합에 대해서는 방문판매법에 규정된 것을 제외하고는 민법 중 사단법인에 관한 규정을 준용하도록 하고 있으므로 조합원 총회에 관하여는 민법 제68조 내지 제76조의 규정이 준용된다고 할 것이나 민법 제73조 제1항에서는 각 사원의 결의권은 평등하도록 규정하고 있으나 공제조합의 경우 조합원이 공제사업의 수행(=소비자피해보상업무)에 필요한 출자금을 조합에 납부하여야 하고 위 출자금이 소비자피해보상업무의 경제적 기초가 된다는 점에서는 점에서 위 민법 규정을 그대로 적용하는 것은 무리가 있다.

나. 총회의 권한

공제조합의 총회는 공제조합의 최고의사결정기관으로 민법 중 사단법인에 관한 규정이 준용되므로 정관에서 이사 또는 다른 기관에 위임한 사항, 강행법규에 위반하는 사항, 사회질서에 위반하는 사항, 법인의 본질에 반하는 사항 이외에 공제조합의 일체의 사무를 결정할 권한이 있으며 이 점은 주식회사의 주주총회가 상법 또는 정관에서 정한 사항에 한하여 결의할 수 있다고 규정(상법 제371조)한 것과 구분된다.

다. 총회 소집절차

조합원 총회의 소집은 민법 제71조를 준용하여 1주간 전에 그 회의 목적사항을 기재한 통지를 바라고 기타 정관에 정한 방법에 의하여 한다. 따라서 소집통지 방법은 정관에서 정한 바에 따라 모든 조합원에게 알릴 수 있는 적절한 방법을 선택할 수 있고 민법에서 정한 1주간의 소집통지 기간은 정관으로 연장할 수는 있으나 단축할 수는 없다.[7)]

라. 결의권 행사 방법

총회 결의에 필요한 정수는 정관에서 정하나 정관에 별도의 정함이 없으면 조합원 과반수 출석과 출석한 결의권의 과반수로 의결하며(민법 제75조) 이 때 서면이나 대리인으로 결의권을 행사할 수 있다(민법 제73조 제2항).

다만 공제조합과 어느 조합원과의 관계사항을 의결하는 경우 그 조합원은 결의권이 없는데(민법 제74조) 이때의 관계사항이란 공제조합과 조합원이 관련되는 모든 사항을 의미하는 것이 아니라 조합원이 공제조합의 구성원으로서의 입장이 아닌 개인적 입장에서 이해관계를 갖는 사항을 의미한다. 예를 들어 공제조합과 조합원 간의 매매, 소비대차, 임대차 계약을 체결하는 경우, 조합원의 공제조합에 대한 채무를 면제하는 결의를 하는 경우 등이 이에 해당되며 해당 법률행위가 공제조합에 아무런 불이익을 주지 아니하는 증여는 이에 해당하지 아니한다.또한 조합원의 지위와 관계없이 개인적인 관계사항을 의미하므로 조합원의 지위와 관련되는 이사의 선임·해임결의의 경우 해당 조합원도 결의권을 갖는다.[8)]

의결정족수를 계산함에 있어 서면 또는 대리인에 의하여 결의권을 행사하는 사원은 출석한 것으로 하고(민법 제75조 제2항) 이해관계 있는 조합원과 같은 결의권이 없는 조합

7) 한국사법행정학회, 주석민법 제5판(2019. 5), 879면.
8) 한국사법행정학회, 주석민법 제5판(2019. 5), 893면 내지 894면.

원은 의사정족수를 계산함에 있어서는 출석한 사원으로 계산하고 의결정족수를 계산함에는 출석한 사원으로 계산하지 아니한다.[9] 대법원 역시 본조에서 의결권이 없다는 의미는 해당 종원이 종중총회에서 의결권을 행사할 수는 없다는 의미로 결의 성립에 필요한 의결정족수 산정의 기초가 되는 종원의 수에 산입되지 않는다는 것이고, 의사정족수 산정의 기초가 되는 종원의 수에는 포함된다고 판단하였다(대법원 2012. 8. 30. 선고 2012다38216 판결).

Ⅲ. 공제조합의 기본재산

공제조합의 기본재산은 가입한 자의 출자금 등으로 조성하되, 공제조합의 기본재산의 운영에 관한 사항은 공정거래위원회의 인가를 받아야 한다. 이때 공제조합의 출자금은 200억원 이상으로 한다.

민법상 법인의 경우 정관에 자산에 관한 규정을 두도록 규정하고 있을 뿐인데 반해 방문판매법에서는 공제조합의 건전한 경제적 기반마련을 위해 출자금을 200억원 이상으로 규정하고 있다는 특징이 있다.

방문판매법 제38조 제4항에서는 공제조합의 자산을 기본재산이라 하여 출자금과 기타 재산으로 구성되며 기본재산의 운영에 관한 사항은 공정거래위원회의 인가를 받아야 하며 다만 정부는 예산의 범위에서 출연하거나 보조할 수 있다고 규정하고 있다.

그러나 기본재산이라는 용어는 재단법인이나 공익법인과 같이 재산의 출연과 같은 무상행위를 전제로 하는 것이며 사업경영에 필요한 재산 등을 지급하는 유상행위인 출자와는 구분된다는 점에서 기본재산이라는 명칭이 적절한지 검토가 필요한 부분이라 할 수 있다.

또한 공제조합에 가입한 자가 공제조합에 제공한 출자금은 공제조합의 설립, 운영에 필요한 경제적 기초일 뿐만 아니라 소비자피해보상업무를 운영하는 주요 재원이 된다. 공제계약자가 납부한 출자금에 대한 반환채권은 공제계약자의 매출액 등에 따라 수시로 증감이 발생하며 공제사고가 발생한 경우에는 공제금 지급에 따른 구상금채무와 상계함으로써 소비자피해보상업무의 담보로서의 기능을 수행하는 출자금을 기본재산으로 보아 위 운영에 관한 사항을 공정거래위원회의 인가를 받도록 한 규정은 공제계약자의 공제계약 해지에 따라 출자금을 반환하여야 하는 경우 또는 공제사고 발생에 따라 공제조합이 위 출자금반환채무에 대한 상계를 하는 경우에도 공정거래위원회의 인가가 필요한 것인지 논란의 여지가 있다.

9) 한국사법행정학회, 주석민법 제5판(2019. 5), 895면.

제39조 공제조합의 감독

[송주연]

제39조(공제조합의 감독) ① 공정거래위원회는 필요하다고 인정하면 공제조합에 대하여 업무 및 회계에 관한 보고서 제출 또는 그 밖에 필요한 조치를 명하거나 소속 공무원으로 하여금 공제조합의 업무 및 회계상황을 조사하거나 장부 또는 그 밖의 서류를 검사하게 할 수 있다.
② 공정거래위원회는 공제조합의 운영 및 업무 집행 등이 법령이나 정관 등에 적합하지 아니한 경우 그 시정을 명할 수 있고 그 밖에 소비자의 피해 구제 등과 관련하여 필요한 경우 적합한 조치를 요구할 수 있다.
③ 공정거래위원회는 공제조합의 임직원이 다음 각 호의 어느 하나에 해당하는 경우에는 관련 임직원에 대한 징계·해임을 요구하거나 해당 위반해위를 시정하도록 명할 수 있다.
1. 제38조제7항에 따른 공제규정을 위반하여 업무를 처리한 경우
2. 제2항에 따른 시정명령이나 조치를 이행하지 아니한 경우
④ 제1항에 따라 조사 또는 검사를 하는 공무원은 그 권한을 표시하는 증표를 지니고 이를 관계인에게 보여주어야 한다.

Ⅰ. 공제조합에 대한 조사·검사권 및 시정명령

공정거래위원회는 필요하다고 인정하는 경우 공제조합에 대하여 업무 및 회계에 관한 보고서 제출 기타 필요한 조치를 명하거나 소속 공무원으로 하여금 공제조합의 업무 및 회계상황을 조사하거나 장부 또는 그 밖의 서류를 검사하게 할 수 있다.

이 때 조사 도는 검사를 하는 공무원은 그 권한을 표시하는 증표를 지니고 이를 관계인에게 보여주어야 한다.

이에 근거해 공제조합은 매 사업연도의 총수입과 총지출을 예산으로 편성하여 사업연도가 시작되기 1개월 전까지 공정거래위원회에 제출하여야 하고, 매 사업연도 경과 후 2개월 이내에 결산을 완료하고 결산보고서에 대차대조표와 손익계산서를 첨부하여 공정거래위원회에 제출하여야 한다.

그리고 공제조합은 공정거래위원회에 제출한 대차대조표와 손익계산서를 주된 사무소 및 지부에 갖추어 두고, 대차대조표는 공고하여야 한다.

제48조(공제조합의 운영 및 감독) ① 공제조합은 매 사업연도의 총수입과 총지출을 예산으로 편성하여 사업연도가 시작되기 1개월 전가지 공정거래위원회에 제출하여야 한다.
② 공제조합은 매 사업연도 경과 후 2개월 이내에 결산을 완료하고 결산보고서에 대차대조표와 손익계산서

를 첨부하여 공정거래위원회에 제출하여야 한다.
③ 공제조합은 제2항에 다라 공정거래위원회에 제출한 대차대조표와 손익계산서를 주된 사무소 및 지부에 갖추어 두고, 대차대조표는 공고하여야 한다.

공정거래위원회가 공제조합에 대한 조사·검사한 결과 공제조합의 운영 및 업무 집행 등이 법령이나 정관 등에 적합하지 아니한 경우 그 시정을 명할 수 있고, 그 밖에 소비자의 피해 구제 등과 관련하여 필요한 경우에는 적합한 조치를 요구할 수 있다.

Ⅱ. 공제조합 임직원에 대한 징계·해임 요구권

공정거래위원회는 공제조합의 임직원이 (1) 제38조 제7항에 따른 공제규정을 위반하여 업무를 처리한 경우, (2) 제39조 제2항에 따른 시정명령이나 조치를 이행하지 아니한 경우 관련 임직원에 대한 징계·해임을 요구하거나 해당 위반행위를 시정하도록 명할 수 있다.

제40조 공제조합의 사업

[송주연]

제40조(공제조합의 사업) 공제조합은 다음 각 호의 사업을 시행한다.
1. 소비자피해 보상을 위한 공제사업 및 소비자의 권익보호를 위한 공익사업
2. 소비자피해 예방과 홍보를 위한 출판 및 교육사업
3. 시장의 건전한 발전을 위한 자율정화사업
4. 공정거래위원회로부터 위탁받은 사업
5. 그 밖에 정관으로 정하는 사업

공제조합은 (1) 소비자피해 보상을 위한 공제사업 및 소비자의 권익보호를 위한 공익사업, (2) 소비자피해 예방과 홍보를 위한 출판 및 교육사업, (3) 시장의 건전한 발전을 위한 자율정화사업, (4) 공정거래위원회로부터 위탁받은 사업, (5) 그 밖에 정관으로 정하는 사업을 시행한다.

제41조 특수판매 소비자단체 등의 지원

제41조(특수판매 소비자단체 등의 지원) 공정거래위원회는 특수판매에서의 공정거래질서 확립 및 소비자 권익 보호를 위한 사업을 시행하는 기관 또는 단체에 대하여 예산의 범위에서 필요한 지원을 할 수 있다.

제42조 전화권유판매 수신거부의사 등록시스템 등

제42조(전화권유판매 수신거부의사 등록시스템 등) ① 공정거래위원회는 전화권유판매자의 행위로부터 소비자를 보호하기 위하여 소비자가 수신거부의사를 명시적으로 표시하여 등록할 수 있는 수신거부의사 등록시스템(이하 이 조에서 "등록시스템"이라 한다)을 구축할 수 있다.

② 전화권유판매자는 전화권유판매를 하려는 경우에는 대통령령으로 정하는 바에 따라 등록시스템에서 소비자의 수신거부의사 등록 여부를 확인하여야 하며, 전화권유판매 수신거부의사를 등록한 소비자에게 전화권유판매를 하여서는 아니 된다. 다만, 전화권유판매업자가 총리령으로 정하는 바에 따라 소비자로부터 개별적인 동의를 받은 경우에는 그러하지 아니하다.

③ 공정거래위원회는 등록시스템의 운용을 다음 각 호의 어느 하나에 해당하는 기관 또는 단체에 위탁할 수 있으며, 해당 기관 또는 단체에 그 원활한 운용에 필요한 비용의 전부 또는 일부를 지원할 수 있다.

1. 「소비자기본법」에 따라 설립된 기관 또는 등록된 소비자단체
2. 그 밖에 제54조에 따라 등록된 사업자단체 또는 다른 법률에 따라 소비자보호를 위하여 설립된 기관 또는 단체

④ 제3항에 따라 운용을 위탁받을 수 있는 대상 기관 또는 단체의 선정 절차 및 기준은 대통령령으로 정한다.

⑤ 공정거래위원회는 제3항에 따른 위탁사무의 적정한 운용 및 관리를 위하여 필요하다고 인정하는 경우에는 자료의 제출을 요구하거나 소속 공무원으로 하여금 해당 위탁사무를 조사하게 할 수 있다. 이 경우 조사의 방법·절차 등에 관하여는 대통령령으로 정한다.

⑥ 공정거래위원회는 제3항에 따라 위탁사업자로 선정된 자가 제1호 또는 제2호에 해당하게 된 경우에는 그 선정을 취소하여야 하며, 제3호 또는 제4호에 해당하게 된 경우에는 그 선정을 취소할 수 있다.

1. 거짓 또는 부정한 방법으로 위탁사업자로 선정된 경우
2. 등록시스템을 제1항에 따른 목적 외의 목적으로 이용하거나 제3자로 하여금 이용하게 한 경우
3. 제4항에 따른 선정기준을 충족하지 못하게 된 경우
4. 제5항에 따른 조사 결과 원래의 선정 목적을 달성하기 어렵다고 인정되는 경우

⑦ 제1항부터 제6항까지에서 규정한 사항 외에 등록시스템의 구축 및 운영에 관하여 필요한 사항은 총리령으로 정한다.

제 6 장

조사 및 감독

제43조 위반행위의 조사 등

[송재일]

제43조(위반행위의 조사 등) ① 공정거래위원회, 시·도지사 또는 시장·군수·구청장(이하 "행정청"이라 한다)은 이 법을 위반한 사실이 있다고 인정할 때에는 직권으로 필요한 조사를 할 수 있다. 다만, 다단계판매 및 후원방문판매와 관련된 규정의 위반 사실에 대하여는 공정거래위원회 또는 시·도지사가 조사를 할 수 있다.
② 시·도지사 또는 시장·군수·구청장이 제1항에 따른 조사를 하려는 경우에는 공정거래위원회에 통보하여야 하며, 공정거래위원회는 조사 등이 중복될 우려가 있는 경우에는 시·도지사 또는 시장·군수·구청장에게 조사의 중지를 요청할 수 있다. 이 경우 요청을 받은 시·도지사 또는 시장·군수·구청장은 상당한 이유가 없으면 그 조사를 중지하여야 한다.
③ 행정청은 제1항에 따라 조사를 한 경우에는 그 결과(조사 결과 시정조치명령 등의 처분을 하려는 경우에는 그 처분의 내용을 포함한다)를 해당 사건의 당사자에게 문서로 알려야 한다.
④ 공정거래위원회는 제1항의 조사를 위하여 「소비자기본법」 제33조에 따른 한국소비자원(이하 이 조에서 "한국소비자원"이라 한다)과 합동으로 조사반을 구성할 수 있다. 이 경우 조사반의 구성과 조사에 관한 구체적 방법과 절차, 그 밖에 필요한 사항은 대통령령으로 정한다.
⑤ 공정거래위원회는 합동조사반의 구성원이 되는 한국소비자원 임직원에 대하여 예산의 범위에서 수당이나 여비를 지급할 수 있다.
⑥ 제4항에 따라 해당 업무를 담당하는 한국소비자원의 임직원은 「형법」 제127조와 제129조부터 제132조까지의 규정에 따른 벌칙을 적용할 때에는 공무원으로 본다.
⑦ 누구든지 이 법의 규정에 위반되는 사실이 있다고 인정할 때에는 그 사실을 행정청에 신고할 수 있다. 다만, 다단계판매 및 후원방문판매와 관련된 규정에 위반되는 사실에 대하여는 공정거래위원회 또는 시·도지사에게 신고할 수 있다.
⑧ 공정거래위원회는 이 법을 위반하는 행위가 끝난 날부터 5년이 지난 경우 그 위반행위에 대하여는 제49조에 따른 시정조치를 명하거나 제51조에 따른 과징금을 부과하지 아니한다. 다만, 시정조치 또는 과징금 부과처분이 판결의 취지에 따라 취소된 경우로서 그 판결 이유에 따라 새로운 처분을 하는 경우에는 그러하지 아니하다.

법 제43조는 특수판매업자 등이 방문판매법 위반행위를 하는 경우 행정청(공정거래위원회나 지방자치단체 등)이 직권조사를 시행하거나 신고의 접수 등을 통해 직권조사에 착수할 수 있게 하는 법적 근거이다.

먼저 공정거래위원회, 시·도지사 또는 시장·군수·구청장 등 행정청은 이 법을 위반한 사실이 있다고 인정할 때에는 직권으로 필요한 조사를 할 수 있다(제1항). 다만, 다단계판매 및 후원방문판매와 관련된 규정의 위반 사실에 대하여는 공정거래위원회 또는 시·도지사가 조사를 할 수 있다.

시·도지사 또는 시장·군수·구청장이 제1항에 따른 조사를 하려는 경우에는 공정거래위원회에 통보하여야 하며, 공정거래위원회는 조사 등이 중복될 우려가 있는 경우에는 시·도지사 또는 시장·군수·구청장에게 조사의 중지를 요청할 수 있다. 이 경우 요청을 받은 시·도지사 또는 시장·군수·구청장은 상당한 이유가 없으면 그 조사를 중지하여야 한다(제2항). 즉 공정거래위원회에 '우선적 조사권'이 있는 것이다.[1)]

행정청은 제1항에 따라 조사를 한 경우에는 그 결과(조사 결과 시정조치명령 등의 처분을 하려는 경우에는 그 처분의 내용을 포함한다)를 해당 사건의 당사자에게 문서로 알려야 한다(제3항).

공정거래위원회는 직권조사를 위하여 한국소비자원과 합동으로 조사반을 구성할 수 있다(제4항). 조사반의 구성과 조사에 관한 구체적 방법과 절차, 그 밖에 필요한 사항은 시행령에 위임하여 정할 수 있다.

※ 관련 하위 법령

방문판매 등에 관한 법률 시행령[시행 2022. 3. 8.] [대통령령 제32528호, 2022. 3. 8., 타법개정]
제50조(조사반의 구성 등) ① 법 제43조제4항에 따른 조사반(이하 이 조에서 "조사반"이라 한다)은 반장 및 반원으로 구성하고, 반장은 공정거래위원회 소속 공무원으로 하며, 반원은 공정거래위원회 소속 공무원과 한국소비자원장이 지정한 소속 직원으로 한다.
② 공정거래위원회는 조사반을 구성할 필요가 있는 경우에는 미리 조사기간, 조사대상, 조사에 필요한 인원 등을 적은 문서로 한국소비자원장에게 반원을 지정해 줄 것을 요청하여야 한다.
③ 조사반의 조사 등의 활동은 반장의 지휘·감독을 받아 실시한다.

공정거래위원회는 합동조사반의 구성원이 되는 한국소비자원 임직원에 대하여 예산의 범위에서 수당이나 여비를 지급할 수 있다(제5항).

해당 업무를 담당하는 한국소비자원의 임직원은 「형법」 제127조[2)]와 제129조부터 제132조까지의 규정[3)]에 따른 벌칙을 적용할 때에는 공무원으로 본다(제6항). 따라서 형법 제

1) 김홍석, 한경수, 『다단계판매와 방문판매법에 관한 해설』, 도서출판 잎새, 2008, 111면 참조.

2) 형법 제127조(공무상 비밀의 누설) 공무원 또는 공무원이었던 자가 법령에 의한 직무상 비밀을 누설한 때에는 2년 이하의 징역이나 금고 또는 5년 이하의 자격정지에 처한다.

3) 형법 제127조(공무상 비밀의 누설) 공무원 또는 공무원이었던 자가 법령에 의한 직무상 비밀을 누설한 때에는 2년 이하의 징역이나 금고 또는 5년 이하의 자격정지에 처한다.
제129조(수뢰, 사전수뢰) ① 공무원 또는 중재인이 그 직무에 관하여 뇌물을 수수, 요구 또는 약속한 때에는 5년 이하의 징역 또는 10년 이하의 자격정지에 처한다.
② 공무원 또는 중재인이 될 자가 그 담당할 직무에 관하여 청탁을 받고 뇌물을 수수, 요구 또는 약속한 후 공무원 또는 중재인이 된 때에는 3년 이하의 징역 또는 7년 이하의 자격정지에 처한다.
[한정위헌, 2011헌바117, 2012. 12. 27. 형법(1953. 9. 18. 법률 제293호로 제정된 것) 제129조 제1항의 '공무원'에 구 '제주특별자치도 설치 및 국제자유도시 조성을 위한 특별법'(2007. 7. 27. 법률 제8566호로 개정되

127조(공무상 비밀의 누설), 제129조(수뢰, 사전수뢰), 제130조(제삼자뇌물제공), 제131조(수뢰후부정처사, 사후수뢰), 제132조(알선수뢰) 등의 적용을 받게 된다.

누구든지 이 법의 규정에 위반되는 사실이 있다고 인정할 대에는 그 사실을 행정청에 신고할 수 있다. 다만, 다단계판매 및 후원방문판매와 관련된 규정에 위반되는 사실에 대하여는 공정거래위원회 또는 시·도지사에게 신고할 수 있다(제7항). 신고서식은"부당한 방문·전화권유·다단계판매·계속거래 및 사업권유거래 신고서"인데, 아래에 첨부되어 있는 것과 같다.[4)]

공정거래위원회는 이 법을 위반하는 행위가 끝난 날부터 5년이 지난 경우 그 위반행위에 대하여는 제49조에 따른 시정조치를 명하거나 제51조에 따른 과징금을 부과하지 아니한다. 다만, 시정조치 또는 과징금 부과처분이 판결의 취지에 따라 취소된 경우로서 그 판결 이유에 따라 새로운 처분을 하는 경우에는 그러하지 아니하다(제8항).

기 전의 것) 제299조 제2항의 제주특별자치도통합영향평가심의위원회 심의위원 중 위촉위원이 포함되는 것으로 해석하는 한 헌법에 위반된다.]

제130조(제삼자뇌물제공) 공무원 또는 중재인이 그 직무에 관하여 부정한 청탁을 받고 제3자에게 뇌물을 공여하게 하거나 공여를 요구 또는 약속한 때에는 5년 이하의 징역 또는 10년 이하의 자격정지에 처한다.

제131조(수뢰후부정처사, 사후수뢰) ① 공무원 또는 중재인이 전2조의 죄를 범하여 부정한 행위를 한 때에는 1년 이상의 유기징역에 처한다.

② 공무원 또는 중재인이 그 직무상 부정한 행위를 한 후 뇌물을 수수, 요구 또는 약속하거나 제삼자에게 이를 공여하게 하거나 공여를 요구 또는 약속한 때에도 전항의 형과 같다.

③ 공무원 또는 중재인이었던 자가 그 재직 중에 청탁을 받고 직무상 부정한 행위를 한 후 뇌물을 수수, 요구 또는 약속한 때에는 5년 이하의 징역 또는 10년 이하의 자격정지에 처한다.

④ 전3항의 경우에는 10년 이하의 자격정지를 병과할 수 있다.

제132조(알선수뢰) 공무원이 그 지위를 이용하여 다른 공무원의 직무에 속한 사항의 알선에 관하여 뇌물을 수수, 요구 또는 약속한 때에는 3년 이하의 징역 또는 7년 이하의 자격정지에 처한다.

4) 이는 공정거래위원회 홈페이지(www.ftc.go.kr)의 '민원참여/신고서식'에서 다운받을 수 있다.

<table>
<tr><th colspan="6">부당한 방문·전화권유·다단계판매·계속거래 및 사업권유거래 신고서</th></tr>
<tr><td colspan="6">☞ *표시 항목은 필수사항이니 반드시 기재하여 주시고, 나머지 사항은 효율적인 심사를 위하여 가능한 기재해 주시기 바랍니다.</td></tr>
<tr><td rowspan="5">신
고
인</td><td colspan="2">성 명 (*)</td><td>홍 길 동</td><td>생년월일(*)</td><td>400203</td></tr>
<tr><td colspan="2">주 소 (*)</td><td colspan="3">세종특별시 00로 00(00아파트 101동 405호)</td></tr>
<tr><td rowspan="2">연 락 처</td><td>전화번호(*)</td><td>044-000-0000</td><td>휴 대 폰</td><td>010-000-0000</td></tr>
<tr><td>팩 스 번 호</td><td>044-000-000</td><td>이 메 일</td><td>000@hanmail.net</td></tr>
<tr><td colspan="2">피신고인과의 관계</td><td colspan="3">소비자</td></tr>
<tr><td rowspan="3">피
신
고
인</td><td colspan="2">사 업 자 명(*)</td><td>건강00</td><td>대표자 성명</td><td>김00</td></tr>
<tr><td colspan="2">주 소 또는</td><td colspan="3">세종특별시 00로 00(00빌딩 301호)</td></tr>
<tr><td colspan="2">전화번호(*)</td><td>010-000-0000</td><td>관련부서 및
담 당 자</td><td>판매원/이00</td></tr>
<tr><td rowspan="2">신
고
내
용</td><td colspan="2">거 래
형 태</td><td colspan="3">☑ 방 문 판 매 : 방문의 방법으로 사업장 외의 장소에서 소비자에게 권유하여 청약을 받거나 계약을 체결하여 재화 또는 용역을 판매하는 것
☐ 전화권유판매 : 전화를 이용하여 소비자에게 권유하여 청약을 받거나 계약을 체결하는 방법으로 재화 등을 판매하는 것
☐ 다단계판매 : 다단계판매조직을 통하여 재화 등을 판매하는 것
☐ 계 속 거 래 : 1개월 이상 계속하여 재화 등을 공급하는 계약으로서 중도해지할 경우 환급제한이나 위약금에 관한 약정이 있는 거래
☐ 사업권유거래 : 소득기회를 알선·제공하는 방법으로 유인하여 재화 등을 구입하게 하는 거래</td></tr>
<tr><td colspan="2">위 반 행 위
내 용 (*)</td><td colspan="3">☞ 신고인은 2000년 00월 00일 세종시 00로 00, 00빌딩 301호에서 영업하고 있는 홍보관(건강00)에서 홍삼세트를 200만원에 신용카드 결제로 구입하였으나, 금전적으로 부담이 되어 다음날 청약철회(환불)를 요청하였음. 그러나, 홍보관에서는 청약철회는 불가능하다는 답변만 반복하며 대금환급을 거부하고 있음.</td></tr>
<tr><td>증거
자료</td><td colspan="5">☑ 있음 (☞ 신고내용을 증명하는데 도움이 되는 증거 자료가 있으면 첨부하여 주십시오.)
☐ 없음</td></tr>
<tr><td>신고인
신분공개
동의여부</td><td colspan="5">☐ 공개
☑ 비공개
☐ 사건 조치 후 공개</td></tr>
<tr><td colspan="6">방문판매등에관한법률 제37조 제4항 및 공정거래위원회회의운영및사건절차등에관한규칙 제10조 제2항에 의하여 위와 같이 신고합니다.

2000 년 00 월 00 일
신 고 인 : 홍 길 동 (서명 또는 날인)</td></tr>
</table>

주요 방문판매법 위반 혐의 사례

◆ 사은품 제공 상술

• 사은품(라면, 화장지 등)과 건강식품을 함께 제공하고 먹어 본 후 구매해도 된다며 이름, 주소 등을 알아내 지로용지로 대금을 청구함.

◆ 경로잔치 상술

• 노인정으로 찾아와 경로잔치를 한다거나 무료로 식사를 대접한다며 홍보관으로 유인하여 건강식품 등을 판매하고, 환불하려고 연락하자 전화를 받지 않음.

◆ 당첨·공짜 상술

• 전화로 행사에 당첨되었다면서 제세공과금을 내면 상품을 보내준다며 인적사항을 요구하고 일주일 후에 제세공과금이 아닌 대금 청구서를 보냄.
• 홍보관에서 무료로 상품을 준다고 하여 손을 들어서 건강기능식품을 받아왔는데, 업체에서 갑자기 돈을 내라고 함. 업체에서는 할부로 거래한 것이며 계약서가 있다고 주장하나 소비자는 무료라고 해서 손을 든 것 뿐이었음.

◆ 청약철회(반품·환불) 방해 및 거절

• 홍보관에서 건강 보조 식품을 구매하여 복용하였으나 효과가 없어 계약해지를 하려고 업체에 찾아가니 홍보관이 있던 곳은 문이 잠겨있고, 계약서에 고객센터라고 적혀있는 곳에서는 전화를 계속하여 받지 않음.

◆ 청약철회(반품·환불) 시 위약금 청구

• 홍보관에서 알칼리 정수기를 228만원에 36개월 할부로 구매한 지 2시간 만에 업체에 연락하여 계약해지를 요청하니 위약금 12만원, 회수비용 6만원을 요구함.
• 홍보관에서 장례대행서비스(상조회) 가입을 권유받고 가입계약을 체결하면서 수의 구입 명목으로 200만원을 선지급함. 가입 당시 설명한 것과 달리 질이 낮은 중국산 수의인 것을 알고 바로 청약철회와 함께 환급을 요구하였으나, 수의 구입 대금 200만원은 위약금이라며 돈을 돌려주지 않음.

◆ 허위·기만적 방법에 의한 구매 유도

• 홍보관에서 도자기를 300만원에 구매함. 이 도자기는 집안에 액운이 있을 때 미리 감지하여 스스로 깨어지는 영험한 기운이 있는 전설의 도자기라고 하여 구매하였으나 실제 원가가 10만원도 되지 않는 일반 도자기에 불과함.
• 1달만 자면 허리디스크가 깨끗이 낫는다는 옥매트를 홍보관에서 200만원에 구입하였으나, 인터넷을 검색하던 중 시중에서 20만원에 거래가 된다는 것을 알게 되었고 그러한 효능은 있지도 않다는 것을 알게 됨.

제43조의2 실태조사 등

[송재일]

제43조의2(실태조사 등) ① 공정거래위원회는 특수판매에서의 건전한 거래질서 확립 및 소비자 보호를 위하여 특수판매에 대한 실태조사와 교육을 실시할 수 있다.
② 제1항에 따른 실태조사의 방법, 절차 등에 필요한 사항은 대통령령으로 정한다.
[본조신설 2014. 1. 28.]

법 제43조의2는 방문판매, 전화권유판매, 다단계판매 등의 특수판매의 영역에서 허위광고 등으로 인한 소비자 피해가 많이 발생하고 있어 2014. 1. 28. 신설된 조항인데, 특수판매에서의 건전한 거래질서 확립 및 소비자 보호를 위하여 공정거래위원회가 특수판매에 대한 실태조사와 교육을 시행하도록 하는 법적 근거이다.[1)]

당초 국회 입안 기록을 살펴보면, 홍보관, 체험관 등 변형된 방문판매를 '특설판매'로 따로 규정하고, 공정거래위원회가 거래질서 확립과 소비자 보호를 위해 특설판매에 대한 실태조사를 실시하는 내용을 담고자 하였으나, 특설판매를 신설하지 않는 대신 방문판매, 다단계판매, 전화권유판매 등 특수판매 모든 영역에 대해 공정거래위원회가 실태조사를 실시하도록 수정하여 이 조항이 신설되었다.[2)]

실태조사의 개념에 대하여 일상적 의미로는 "있는 그대로의 상태나 상황을 알기 위하여 실시하는 조사"라고 할 것이다. 그러나 실태조사의 법적 개념을 알기 위해 법령에서 실태조사에 관한 명확한 정의는 찾기 어렵다. 다만, 여러 행정규칙에는 실태조사에 관한 정의를 개별적으로 내리는 경우를 찾을 수 있다.

예를 들어, 농촌진흥청의 고시(행정규칙)인 "농업자원과 농업환경의 실태조사 및 평가기준"[3)]에 따르면, '실태조사'란 농업자원이나 농업환경자원을 직접·간접조사 방법을 통하여 실제의 상태를 조사하는 것을 말한다고 규정하고 있다(동 고시 제2조 정의 제3호). 또한, 식품의약품안전처 고시인 "의약품 임상시험 기본문서 관리에 관한 규정"[4)]에 따르면, 16.

1) 연혁에 관하여 자세히는 공정거래위원회, 『공정거래위원회 40년사』, 2021. 참조
2) 덧붙여 살펴보면, 2000년대를 전후하여 당시 도시뿐만 아니라 농어촌지역에서도 특수판매에 따른 소비자 불만이 많아져 사회문제가 되자, 실태조사를 자체적으로 실시하기도 하였다. 한국소비자보호원, "농촌 소비자의 특수판매 이용 및 불만 실태 조사 결과", 2000. 8.
3) [시행 2017. 5. 11.] [농촌진흥청고시 제2017－12호, 2017. 5. 1., 제정]
농촌진흥청(연구운영과), 063－238－0756.
4) [시행 2014. 2. 12.] [식품의약품안전처고시 제2014－69호, 2014. 2. 12., 일부개정]
식품의약품안전처(임상제도과), 043－719－1863.

“실태조사(Inspection)”라 함은 식품의약품안전처장이 관련규정에 따라 임상시험이 실시되었는지를 확인할 목적으로 시험기관, 의뢰자 또는 임상시험수탁기관 등의 모든 시설·문서·기록 등을 현장에서 공식적으로 조사하는 행위를 말한다고 규정되어 있다(동 고시 제2조 제16호).

이를 고려하면 실태조사란, “직접·간접조사 방법을 통하여 실제의 상태를 조사하는 것”, 또는 “행정기관이 조사대상의 모든 시설·문서·기록 등을 조사하는 행위” 정도로 정의를 내릴 수 있다.

하지만 엄밀히 따지면, 실태조사는 행정기관이 행정작용을 위하여 필요한 정보나 자료 등을 얻기 위하여 행하는 일체의 행정활동인 행정조사(行政調査)의 유형의 하나일 것이다. 행정조사는 행정청이 행정작용에 필요한 자료를 얻기 위하여 하는 권력적 조사작용을 말한다. 행정조사는 사전에 의무를 부과하지 않고 하는 행정작용이며, 권력적 작용이란 행정상 즉시강제와는 다르다. 행정조사는 권력작용이기 때문에 쟁송으로 이를 다툴 수 있다. 행정조사는 직접 개인의 권리과계에 변동을 목적으로 하는 것이 아니고 장래의 행정작용을 위한 준비적·보조적 수단으로서의 사실행위로 본다. 다만, 행정조사를 넓은 의미의 행정절차의 한 요소로 보는 견해도 있다. 이렇게 볼 때 행정조사의 한 유형으로서 실태조사는 행정기관이 행정계획의 수립·정책의 입안 등을 위해 전반적인 동향과 실태를 파악하기 위한 조사이다. 이 경우 실태조사는 임의적이며 일반적인 조사방식으로 실시된다.[5)]

행정조사는 법령 및 행정법의 일반원리상의 한계 내에서만 허용된다(이른바 ‘행정조사 법정주의’). 「행정조사기본법」 제4조에서는 필요 최소한의 원칙(비례원칙), 대상 적합성 원칙, 중복조사 금지의 원칙, 사전예방적 조사 원칙, 조사 결과의 이용 제한 등을 규정하고 있다. 이 외에도 행정행위의 기본원칙인 법률유보의 원칙과 정기조사의 원칙(「행정조사기본법」 제7조) 등이 포함된다. 따라서 행정조사의 하나로서 실태조사드 조사 대상이 개인정보 등이어서 국민의 권리를 침해하는 경우에는 개인의 동의에 의하지 않는 한 법적 근거를 가져야 한다.[6)]

이에 따라 공정거래위원회가 실시하는 특수판매에 관한 실태조사도 방문판매법 제43조의3를 통해 법적 근거를 두고 있으며, 구체적으로 실태조사의 방법, 절차 등에 관하여 시행령 제50조의2에 규정을 두고 있다. 이를 살펴보면, 먼저 실태조사 항목은 1. 특수판매에 의한 소비자피해에 관한 사항, 2. 특수판매업자의 매출액 등 특수판매 시장의 현황에

5) 행정조사에 관하여 자세히는 한국행정연구원, “행정부담 감축을 위한 행정조사의 개선에 관한 연구”, 2013 참조.

6) 박균성, 행정법강의, 2019, 박영사, 370면 이하 참조.

관한 사항, 3. 특수판매 분야의 유통구조에 관한 사항, 4. 그 밖에 특수판매 분야의 건전한 거래질서 확립 및 소비자 보호를 위한 정책의 수립·시행에 필요한 사항 등에 한정된다(제1항). 또한, 공정거래위원회는 실태조사를 하는 경우에는 조사목적, 조사기간 및 조사내용 등을 포함한 조사계획을 조사 대상자에게 미리 알려야 한다(제2항). 실태조사는 공정거래위원회가 직접 실시할 수도 있지만, 다음 각 호의 어느 하나에 해당하는 자에게 의뢰하여 실시할 수 있다. 즉, 1. 법 제38조에 따라 설립된 공제조합, 2. 법 제42조 제3항 각 호에 따른 기관 또는 단체, 3. 「정부출연연구기관 등의 설립·운영 및 육성에 관한 법률」 제2조에 따른 정부출연연구기관, 4. 특수판매를 통하여 거래되는 재화등의 해당 산업 소관 중앙행정기관의 장이 설립을 허가한 단체·협회로서 해당 산업의 사업자로 구성된 단체·협회 등이다.

※ 관련 하위 법령

방문판매법 시행령

제50조의2(실태조사의 방법 및 절차 등) ① 법 제43조의2제1항에 따른 실태조사(이하 이 조에서 "실태조사"라 한다)의 범위는 다음 각 호와 같다.

1. 특수판매(법 제4조제1항 본문에 따른 특수판매를 말한다. 이하 이 조에서 같다)에 의한 소비자피해에 관한 사항
2. 특수판매업자(법 제35조제2항에 따른 특수판매업자를 말한다)의 매출액 등 특수판매 시장의 현황에 관한 사항
3. 특수판매 분야의 유통구조에 관한 사항
4. 그 밖에 특수판매 분야의 건전한 거래질서 확립 및 소비자 보호를 위한 정책의 수립·시행에 필요한 사항

② 공정거래위원회는 실태조사를 하는 경우에는 조사목적, 조사기간 및 조사내용 등을 포함한 조사계획을 조사 대상자에게 미리 알려야 한다.

③ 공정거래위원회는 실태조사를 다음 각 호의 어느 하나에 해당하는 자에게 의뢰하여 실시할 수 있다.

1. 법 제38조에 따라 설립된 공제조합
2. 법 제42조제3항 각 호에 따른 기관 또는 단체
3. 「정부출연연구기관 등의 설립·운영 및 육성에 관한 법률」 제2조에 따른 정부출연연구기관
4. 특수판매를 통하여 거래되는 재화등의 해당 산업 소관 중앙행정기관의 장이 설립을 허가한 단체·협회로서 해당 산업의 사업자로 구성된 단체·협회

[본조신설 2014. 7. 28]

제44조 포상금의 지급

[송재일]

제44조(포상금의 지급) ① 공정거래위원회는 다음 각 호의 어느 하나에 해당하는 위반행위를 신고 또는 제보하고 이를 입증할 수 있는 증거자료를 제출한 자에 대하여 예산의 범위에서 포상금을 지급할 수 있다.
1. 제13조제1항 또는 제29조제3항을 위반하여 등록을 하지 아니하고 다단계판매조직 또는 후원방문판매조직을 개설·관리 또는 운영하는 행위
2. 제24조를 위반한 행위

② 제1항에 따른 포상금의 지급대상이 되는 이 법 위반행위 및 포상금 지급다상자의 범위, 포상금 지급의 기준·절차 등에 관하여 필요한 사항은 대통령령으로 정한다.

법 제44조는 공정거래위원회가 (1) 법에서 정한 등록을 하지 아니하고 다단계판매조직 또는 후원방문판매조직을 개설·관리 또는 운영하는 행위, (2) 법 제24조의 사행적 판매원 확장행위 등의 금지의무를 위반한 행위 등 법 위반행위를 신고하거나 제보하는 사람에게 포상금을 지급할 수 있게 하는 근거규정이다. 구체적으로 포상금의 지급대상이 되는 이 법 위반행위 및 포상금 지급대상자의 범위, 포상금 지급의 기준·절차 등에 관하여 필요한 사항은 시행령 제51조와 공정거래위원회 고시인 "공정거래법 등 위반행위 신고자에 대한 포상금 지급에 관한 규정"에 위임하도록 하고 있다.

그런데 법 제24조를 살펴보면, 누구든지 다단계판매조직 또는 이와 비슷하게 단계적으로 가입한 자로 구성된 조직을 이용하여 하는 다음과 같은 행위를 사행적 판매원 확장행위로 보고 있으며(제1항), 다단계판매업자는 다단계판매원으로 하여금 사행적 판매원 확장행위를 하도록 교사하거나 방조하는 것도 금지하고 있다(제2항).

1. 재화등의 거래 없이 금전거래를 하거나 재화등의 거래를 가장하여 사실상 금전거래만을 하는 행위로서 다음 각 목의 어느 하나에 해당하는 행위
   가. 판매원에게 재화등을 그 취득가격이나 시장가격보다 10배 이상과 같이 현저히 높은 가격으로 판매하면서 후원수당을 지급하는 행위
   나. 판매원과 재화등의 판매계약을 체결한 후 그에 상당하는 재화등을 정당한 사유 없이 공급하지 아니하면서 후원수당을 지급하는 행위
   다. 그 밖에 판매업자의 재화등의 공급능력, 소비자에 대한 재화등의 공급실적, 판매업자와 소비자 사이의 재화등의 공급계약이나 판매계약, 후원수당의 지급조건 등에 비추어 그 거래의 실질이 사실상 금전거래인 행위

2. 판매원 또는 판매원이 되려는 자에게 하위판매원 모집 자체에 대하여 경제적 이익을 지급하거나 정당한 사유 없이 후원수당 외의 경제적 이익을 지급하는 행위
3. 제20조 제3항(제29조 제3항에 따라 준용되는 경우를 포함한다)에 위반되는 후원수당의 지급을 약속하여 판매원을 모집하거나 가입을 권유하는 행위
4. 판매원 또는 판매원이 되려는 자에게 가입비, 판매 보조 물품, 개인 할당 판매액, 교육비 등 그 명칭이나 형태와 상관없이 10만원 이하로서 대통령령으로 정하는 수준을 초과한 비용 또는 그 밖의 금품을 징수하는 등 의무를 부과하는 행위
5. 판매원에 대하여 상품권[그 명칭이나 형태와 상관없이 발행자가 일정한 금액이나 재화등의 수량이 기재된 무기명증표를 발행하고 그 소지자가 발행자 또는 발행자가 지정하는 자(이하 이 조에서 "발행자등"이라 한다)에게 이를 제시 또는 교부하거나 그 밖의 방법으로 사용함으로써 그 증표에 기재된 내용에 따라 발행자등으로부터 재화등을 제공받을 수 있는 유가증권을 말한다. 이하 이 조에서 같다]을 판매하는 행위로서 다음 각 목의 어느 하나에 해당하는 행위
   가. 판매업자가 소비자에게 판매한 상품권을 다시 매입하거나 다른 자로 하여금 매입하도록 하는 행위
   나. 발행자등의 재화등의 공급능력, 소비자에 대한 재화등의 공급실적, 상품권의 발행규모 등에 비추어 그 실질이 재화등의 거래를 위한 것으로 볼 수 없는 수준의 후원수당을 지급하는 행위
6. 사회적인 관계 등을 이용하여 다른 사람에게 판매원으로 등록하도록 강요하거나 재화등을 구매하도록 강요하는 행위
7. 판매원 또는 판매원이 되려는 사람에게 본인의 의사에 반하여 교육·합숙 등을 강요하는 행위
8. 판매원을 모집하기 위한 것이라는 목적을 명확하게 밝히지 아니하고 취업·부업 알선, 설명회, 교육회 등을 거짓 명목으로 내세워 유인하는 행위

법 제44조에서 말하는 포상금이란 '신고포상금'의 성격을 갖는다. 신고포상금의 법적 개념에 대하여는, 규제대상 분야가 광범위해지고 정부가 행정력의 미흡으로 인하여 일일이 효과적으로 규제하기 어려운 경우에 국민들에게 규제대상 행위에 대한 신고를 하게 하고 이에 대한 반대급부로서 제공되는 금전적 보상을 의미한다.

법 제44조 포상금 규정을 보면, (1) 법 위반행위에 대한 신고나 제보제도, 그리고 (2) 신고나 제보한 사람에 대한 금전보상제도라는 두 가지 제도가 함께 담겨 있다. 항상 두

가지 제도가 함께 운용되어야 하는 것은 아니며, 나라에 따라서는 신고나 제보제도만 두고 따로 금전보상을 하지 않는 나라도 많다.

비교법적으로 예를 들어 미국은 양 제도를 함께 시행하는 나라로서, 의료보험, 조세, 금융 등 다양한 분야에서 비리를 제보한 자에게 포상금을 지급하는 제도를 채택해 왔다. 미국은 법집행기관의 위법행위 적발능력의 한계를 인정하고 시민사회가 참여하도록 하여 비리제보제도를 공공부문 및 민간부문에서 효과적인 비리척결 방법으로 활용하고 있다.[1)]

한편 금전보상을 따로 하지 않는 나라의 예로서, 탈세와 관련하여 일본의 경우는 포상금제도의 부작용 때문에 현재는 이를 운영하고 있지 않지만 탈세제보에 대한 제도를 두고 있다.[2)] 또한 프랑스, 독일의 경우에도 비리제보제도만 운영할 뿐, 따로 포상금제도는 없다.[3)]

요컨대 이는 법문화나 국민의 준법의식, 법경제학적인 비용－효과 분석에 기인하여 그 나라가 정할 입법재량의 문제인 것이다.

먼저 위반행위에 대한 신고 및 제보제도(이른바 '비리제보제도')는 위에서 보듯이 이미 여러 선진국에서 위법행위를 적발하는 데 가장 효과적인 방법으로 활용되어 왔다. 문제는 이러한 신고자나 제보자에 대하여 금전보상(이른바 포상금)을 지급하는 것인데, 그 규범적 정당성이나 지급 범위, 절차 등에 관하여 논란이 생길 수 있다. 포상금에 대하여 비판적인 견해[4)]도 상당히 많은데 몇 가지를 살펴보면, "작금의 우리나라는 가히 전문신고꾼이 판치는 '신고포상국가'라 할 것"[5)]이라고 하거나, "신고포상금이란 국민에게 법령의 위반자를 신고하게 하고 그에 대한 반대급부로서 금전적 보상을 하게 하는 것을 말한다. 신고포상금제는 국가가 국민의 법의식 속에 잔재하고 있는 법 경시풍조를 일거에 개선하고 법령의 준수강도를 단숨에 높이기 위한 고육책으로서 일시적인 효과를 거둘 수 있게 하는 것이다. 그러나 국가가 이러한 방법만으로 법의 준수를 유도한다면, 이는 오히려 기대했던 법령준수의 긍정적 효과보다는 국민 상호간의 감시로 인한 인간관계의 말살이라는 치명적

1) "The False Claims Act: A Primer," <http://www.justice.gov/sites/default/files/civil/legacy/2011/04/22/C－FRAUDS_FCA_Primer.pdf>; Eunice K. Kim, "비리제보자에 대한 포상금: 한국 자본시장법과 미국 도드-프랭크법의 비교", 증권법연구 제15권 제3호, 한국증권법학회, 2014. 12, 319 - 320면에서 재인용.

2) 1947년에 탈세제보 보상금제도('第三者通報制度')를 도입하여 잠깐 효과를 보았으나, 사적 원한에 의한 중상모략성 탈세제보의 증가 등의 부작용이 원인이 되어 1954년에 폐지되었다. 특히 탈세포상금 제도가 밀고를 장려하여 일본의 풍토에 맞지 않고, 탈세제보의 동기가 원한이나 보복에 의한 경우가 많으며, 실제 조사결과 생각만큼의 성과가 나타나지 않는다는 이유 등이 폐지의 주원인이 되었다고 한다. 박훈, 허원, "탈세제보와 포상금에 대한 연구", 조세와 법 8(2), 서울시립대학교 법학연구소, 2015. 12, 162면.

3) 박훈, 허원, "탈세제보와 포상금에 대한 연구", 조세와 법 8(2), 서울시립대학교 법학연구소, 2015. 12, 157면.

4) 대표적으로는 전학선, "국세기본법과 지방세기본법상의 포상금제도:, 공법연구, 44(1), 2015. 349~372면 등.

5) 홍완식, "신고포상금 관련 입법정책", 상산김희수박사수님정년기념논문집 공권도장론, 2007, 469면.

인 부정적 효과가 더 크게 나타나게 된다."[6] 결국 법문화의 선진화와 국가구성원들의 법의식수준의 고양을 그 해법으로 제시한다.

그럼에도 신고포상금제는 현대사회가 복잡하고 다양해짐에 따라 공공질서의 행위위반에 대한 규제 역시 다양화하는 경향이 있기 때문에, 정부에서 미처 다 관리할 수 없는 행정의 사각지대를 보완하는 장점이 있기 때문에 점점 그 영역이 증가하는 추세에 있다.[7] 따라서 방문판매법에서 공정한 거래질서 확립이나 소비자 보호를 위하여 신고자나 제보자에 대한 포상금제도가 필요하다고 보고, 행정력이 아무리 확충되어도 미치지 못하는 분야에서 민간의 도움을 받아 효율적인 행정을 위하여 효과적인 제도로 활용하는 것이 관건일 것이다. 다만 포상금제도로 인하여 상업적 남용이나 제보 남발로 인한 기업활동의 위축 및 행정력 낭비에 대한 대책을 세워야 할 것이다. 또한 신고자 보호와 관련한 세심한 입법과 집행이 필요할 것이다.

크게 보면 공정거래위원회에서는 불공정거래, 하도급약관, 표시광고, 방문판매(다단계 포함), 전자상거래, 가맹사업거래에서의 법위반행위에 대한 불공정거래 신고를 받고 있다. 2012년에는 담합 행위 신고 시 포상금 지급율과 한도액을 상향조정하고, 불법 다단계 등 방문판매업 위반 신고 시 포상금 지급기준을 신설하는 관련 법률을 개정하였다. 또한 불법 다단계 등 방문 판매법 위반 행위 신고 시에는 포상금 지급한도액(1,000만원)을 감안하여 과징금 부과 금액별로 지급 기본액을 설정하도록 하였다.[8]

〈표〉 방문 판매법 위반 과징금 부과 구간별 신고 포상금 지급액

과징금 부과구간	지급기본액	정보 수준별 포상율 감안 최종 신고 포상금			
		최상(100%)	상(80%)	중(50%)	하(30%)
1억원 이하	500만원	500만원	400만원	250만원	150만원
1억~10억원 이하	700만원	700만원	560만원	350만원	210만원
10억원 초과	1,000만원	1,000만원	800만원	500만원	300만원

출처: 박훈, 허원, "탈세제보와 포상금에 대한 연구", 조세와 법 8(2), 서울시립대학교 법학연구소, 2015. 12, 156면 이하 참조하되 최신 법령에 맞춰 저자가 수정함.

6) 정극원, "법 경시풍조와 선거범죄신고포상금제", 공법학연구, 9(1), 2008, 195~217면.
7) 전학선, "국세기본법과 지방세기본법상의 포상금제도:, 공법연구, 44(1), 2015, 349면.
8) 박훈, 허원, "탈세제보와 포상금에 대한 연구", 조세와 법 8(2), 서울시립대학교 법학연구소, 2015. 12, 156면.

※ 관련 하위 법령

방문판매법 시행령

제51조(포상금의 지급) ① 법 제44조제1항에 따른 포상금 지급대상자는 법 제44조제1항 각 호의 위반행위를 신고하거나 제보하고, 이를 증명할 수 있는 증거자료를 최초로 제출한 자로 한다. 다만, 그 위반행위를 한 사업자 및 그 사업자의 임직원으로서 해당 위반행위에 관여한 사람은 제외한다. 〈개정 2018. 12. 4〉

② 공정거래위원회는 특별한 사정이 있는 경우를 제외하고는 신고 또는 제보된 행위를 법 위반행위로 의결한 날[이의신청이 있는 경우에는 재결(裁決)한 날]부터 3개월 이내에 포상금을 지급한다.

③ 포상금의 지급에 관여한 조사공무원은 신고자 또는 제보자의 신원 등 신고 또는 제보와 관련된 사항을 타인에게 제공하거나 누설해서는 아니 된다.

④ 포상금 지급기준은 1천만원의 한도에서 공정거래위원회가 정하여 고시한다.

⑤ 포상금의 지급에 관한 사항을 심의하기 위하여 공정거래위원회에 신고포상금 심의위원회(이하 이 조에서 "심의위원회"라 한다)를 둘 수 있다.

⑥ 심의위원회의 설치·운영에 관한 사항, 그 밖에 포상금의 지급에 필요한 사항은 공정거래위원회가 정하여 고시한다.

공정거래법 등 위반행위 신고자에 대한 포상금 지급에 관한 규정

[시행 2021. 12. 30.] [공정거래위원회고시 제2021-19호, 2021. 12. 30., 일부개정.]

공정거래위원회(시장감시총괄과), 044-200-4493

제1장 총칙

제1조(목적) 이 규정은 공정거래법 시행령 제91조, 방문판매법 제44조, 같은 법 시행령 제51조, 대규모유통업법 제29조의2, 같은 법 시행령 제26조, 하도급법 제22조, 같은 법 시행령 제10조의2, 대리점법 제26조의2, 같은 법 시행령 제19조의2 및 가맹사업법 제15조의5, 같은 법 시행령 제17조의 규정에 따른 신고포상금의 지급에 관한 세부기준, 지급절차, 신고포상금심의위원회의 설치 및 운영에 관한 사항, 기타 필요한 사항을 규정함을 목적으로 한다.

제2장 포상금 지급대상자 및 포상기준

제2조(포상금 지급대상자) ① 공정거래법 시행령 제91조 제1항 각 호, 방문판매법 제44조 제1항 각 호, 대규모유통업법 시행령 제26조 제1항, 하도급법 제22조 제5항, 대리점법 시행령 제19조의2 제1항 및 가맹사업법 시행령 제32조의4 제1항의 위법행위를 신고하거나 제보하고, 해당 신고 또는 제보의 입증에 필요한 증거자료를 제출한 자를 포상금 지급대상자로 한다. 다만, 신고인의 신원을 확인할 수 없는 예외적인 무기명 신고 등의 경우에는 공정거래위원회의 의결 또는 재결일로부터 6월 이내에 포상금 지급신청서(별지 제1호 서식)를 공정거래위원회에 제출한 경우에 한해

포상금을 지급한다.
② 제1항의 증거자료 제출과 관련하여 제보자가 증거자료를 직접 제출하는 외에 증거자료를 보유하고 있는 사람 또는 증거자료가 있는 장소를 구체적으로 특정하여 제보하고 사후 공정거래위원회의 조사 결과 제보된 사람 또는 장소로부터 제보된 증거가 발견된 경우에는 제보자가 그 사람 또는 장소를 제보한 때에 그 증거자료를 제출한 것으로 본다. 다만, 증거자료가 있는 회사 또는 부서만을 특정한 경우에는 그러하지 아니하다.
③ 동일한 사업자의 동일한 위반행위에 대하여 복수의 신고 또는 제보가 있는 경우에는 해당 위법행위 입증에 필요한 증거자료를 최초로 제출한 자를 포상금 지급대상자로 한다.
④ 복수의 신고자가 개별적으로는 충분한 입증자료를 제출하지 못하였으나 복수의 신고자가 제출한 입증자료를 종합하면 해당 위법행위의 입증에 충분한 증거자료가 되는 경우에는 해당 신고 사건에 대한 포상금을 복수의 신고자들에 대하여 균등 비율로 분할하여 지급한다.
⑤ 공무의 수행 또는 그 과정에서 공정거래법, 방문판매법, 대규모유통업법, 하도급법, 대리점법 및 가맹사업법 위반혐의를 지득한 공무원 또는 공공기관 종사자와 공정거래위원회에 소속 또는 파견된 공무원은 포상금 지급대상자에서 제외한다.
⑥ 위법 또는 부당한 방법으로 수집한 증거를 제출(제보)한 자에게는 신고포상금을 지급하지 아니한다.

제3조(포상금 지급기준) ① 포상금은 신고인이 제보한 증거 또는 정보의 수준, 법위반의 중대성 등을 감안하여 원칙적으로 지급 결정이 있는 당해년도 포상금 예산의 범위 내에서 지급한다. 다만 해당년도 예산이 부족한 때에는 신고포상금심의위원회가 필요하다고 인정하는 경우에 한하여 다음연도 예산에서 지급할 수 있다.
② 포상금 지급대상 위반행위 유형별 포상금액의 산정기준은 <별표 1>과 같다.

제3장 포상금의 결정 및 지급절차

제4조(포상금의 결정) ① 공정거래위원회는 신고 또는 제보된 사건의 의결 또는 재결이 있는 날로부터 3월 이내에 신고포상금심의위원회의 포상금 지급에 대한 심의를 거쳐 포상금을 지급한다.
② 포상금 지급사유가 발생한 사건의 처리를 담당한 심사관은 제8조 각 호의 사항을 심사하여 포상금지급심의위원회에 포상금 지급에 관한 안건을 상정한다.
③ 제1항의 규정에 의하여 포상금 지급결정이 있는 경우 간사인 시장감시총괄과장은 포상금 지급심의서(별지 제2호 서식)를 작성하여 지체없이 재무관에게 통보하여야 하며, 재무관은 포상금 지급결정이 있는 날로부터 7일 이내에 당해 포상금 지급대상자에게 포상금 지급결정서(별지 제3호 서식) 및 포상금 수령의사 확인서(별지 제4호 서식)를 송부하여 포상금 수령의사를 확인한다.
④ 제3항에 따른 지급 결정서 및 확인서는 우편, FAX, e-mail, 전자문서 등의 방법으로 통보 및 접수할 수 있다.

제5조(포상금의 지급) ① 공정거래위원회는 당해 포상금 지급대상자로부터 포상금 수령의사를 확

인한 경우 그 날로부터 10일 이내에 포상금 지급대상자에게 포상금을 지급한다. 다만, 포상금 지급대상자가 포상금의 수령을 거부하는 경우에는 포상금을 지급하지 아니한다.
② 재무관이 제1항의 규정에 의한 포상금을 지급한 때에는 포상금지급대장(별지 제5호 서식)을 작성·비치한다.

제4장 신고포상금심의위원회

제6조(신고포상금심의위원회의 구성) ① 포상금의 지급에 관한 사항을 심의하기 위하여 「신고포상금심의위원회」(이하 '심의위원회'라 함)를 둔다.
② 심의위원회 위원장은 사무처장으로 하고, 위원은 시장감시국장, 심판관리관, 기획조정관, 기업집단국장, 소비자정책국장, 카르텔조사국장, 기업거래정책국장, 유통정책관으로 한다. 심의위원회는 시장감시총괄과장과 업무지원팀장을 간사로 참여시켜 심의를 보조하게 한다.
③ 위원장의 유고 또는 부재시에는 시장감시국장이 위원장의 직무를 대행한다.

제7조(회의) ① 심의위원회의 회의는 위원장이 신고포상금의 신청이 있어 그 심의가 필요하다고 인정하는 때에 소집한다.
② 심의위원회의 회의는 재적위원 과반수의 출석으로 개의하고 재적위원 과반수의 찬성으로 의결한다.

제8조(심의사항) 심의위원회는 다음사항을 심의한다.
1. 포상금 지급대상자 해당 여부
2. 포상금 지급요건 충족 여부
3. 포상금액
4. 기타 포상금 지급에 관한 사항

제9조(회의기록의 작성·비치) 심의위원회를 개최한 때에는 회의기록을 작성·비치한다.

제5장 비밀유지

제10조(비밀유지의 의무) 포상금 지급에 관여한 심의위원 또는 공무원은 신고자의 신원에 관하여 비밀을 유지하여야 한다.

제6장 행정사항

제11조(재검토기한) 공정거래위원회는 「훈령·예규 등의 발령 및 관리에 관한 규정」에 따라 이 고시에 대하여 2022년 1월 1일을 기준으로 매 3년이 되는 시점(매 3년째의 12월 31일까지를 말한다)마다 그 타당성을 검토하여 개선 등의 조치를 하여야 한다.

부칙 <제2021-19호, 2021. 12. 30.>
1. 이 고시는 2021년 12월 30일부터 시행한다. 다만, <별표1> 12. 가.의 하도급법 개정 관련 사항은 2022년 2월 18일부터 시행한다.

한편, 포상금 지급대상 위반행위 유형별 포상금액의 산정기준은 별표 1에 있으며, 관련된 사항만 발췌하여 보면 다음과 같다.

10. 방문판매법 위반행위 신고포상금 지급액 산정기준(방문판매법 시행령 제51조 제4항 관련)

가. 신고 된 방문판매법 위반행위에 대해 과징금 납부명령이 부과된 경우, 1차로 다음 기준에 따라 산정된 금액을 포상금 지급의 지급기본액으로 하여 신고인이 제출한 증거나 정보의 수준을 감안한 아래 나.의 기준을 적용하여 최종 포상금 지급액을 결정한다.

1) 과징금 총액이 1억원 이하인 경우에는 500만원을 지급기본액으로 한다.

2) 과징금 총액이 1억원을 초과하고 10억원 이하인 경우에는 700만원을 지급기본액으로 한다.

3) 과징금 총액이 10억원을 초과하는 경우에는 1,000만원을 지급기본액으로 한다.

나. 제보된 증거 또는 정보의 수준은 최상, 상, 중, 하, 네 단계로 구분하고 위 가.에 따라 산정된 지급기본액에 다음의 단계별 포상율을 반영한다.

1) 제보된 증거 또는 정보가 "최상"으로 판정된 경우는 위 가.에 의해 산출된 지급기본액의 100%를 지급한다.

2) 제보된 증거 또는 정보가 "상"으로 판정된 경우는 위 가.에 의해 산출된 지급기본액의 80%를 지급한다.

3) 제보된 증거 또는 정보가 "중"으로 판정된 경우는 위 가.에 의해 산출된 지급기본액의 50%를 지급한다.

4) 제보된 증거 또는 정보가 "하"로 판정된 경우는 위 가.에 의해 산출된 지급기본액의 30%를 지급한다.

다. 제보된 증거 또는 정보의 수준을 판단함에 있어서는 다음의 기준을 고려한다.

1) 제보된 증거 또는 정보가 방문판매법 제13조 제1항, 제29조 제3항, 제24조 위반행위를 입증할 수 있는 충분한 증거로 증거확보를 위한 추가조사 필요성이 거의 없는 경우 증거수준 "최상"을 적용한다.

2) 제보된 증거 또는 정보가 방문판매법 제13조 제1항, 제29조 제3항, 제24조 위반 행위를 입증할 수 있는 상당한 증거에 해당되나 일부 증거의 부족으로 증거 확보를 위한 추가조사가 일부 필요한 경우 증거수준 "상"을 적용한다

3) 제보된 증거 또는 정보가 방문판매법 제13조 제1항, 제29조 제3항, 제24조 위반 행위를 입증할 수 있는 부분적인 증거에 해당되어 증거확보를 위한 추가적인 조사필요성이 큰 경우 증거수준 "중"을 적용한다.

4) 제보된 증거 또는 정보가 구체성 등 측면에서 그 수준을 "중"으로는 볼 수 없으나, 법 위반행위 적발에 중요한 단서에 해당한 경우에는 증거수준 "하"를 적용한다.

라. 위 가. 및 나.의 규정에 의한 포상금 지급한도는 1,000만원으로 하며, 최저 지급기본액은 150만원으로 한다.

마. 과징금이 부과되지 않은 법위반 행위의 경우에는 제출된 제보 또는 증거와 관련된 법위반 행위사실 1개당 100만원(경고의 경우 50만원)을 최저 지급기본액으로 하여 위 나.의 기준을 적용하여 최종 포상금 지급액을 결정한다. 단, 이 경우 과징금이 부과되지 않은 동일 사업자의 다수의 법위반 행위사실을 신고함에 따른 포상금 지급한도는 500만원으로 한다.

제44조의2 포상금의 환수 등

[송재일]

제44조의2(포상금의 환수 등) ① 공정거래위원회는 제44조제1항에 따라 포상금을 지급한 후 다음 각 호의 어느 하나에 해당하는 사실이 발견된 경우에는 해당 포상금을 지급받은 자에게 반환할 금액을 통지하여야 하고, 해당 포상금을 지급받은 자는 그 통지를 받은 날부터 30일 이내에 이를 납부하여야 한다.
1. 위법 또는 부당한 방법의 증거수집, 허위신고, 거짓진술, 증거위조 등 부정한 방법으로 포상금을 지급받은 경우
2. 동일한 원인으로 다른 법령에 따라 포상금 등을 지급받은 경우
3. 그 밖에 착오 등의 사유로 포상금이 잘못 지급된 경우

② 공정거래위원회는 제1항에 따라 포상금을 반환하여야 할 자가 납부 기한까지 그 금액을 납부하지 아니한 때에는 국세 체납처분의 예에 따라 징수할 수 있다.
[본조신설 2018. 6. 12.]

법 제44조의 2는 2018. 6. 12. 추가 신설된 규정으로서, 공정거래위원회가 특수판매 위반행위를 신고하거나 제보한 자에 대하여 포상금을 지급한 후 불법 부당하게 포상금이 지급된 사실이 발견된 경우 포상금을 환수할 수 있도록 하는 법적 근거이다. 기존 법에서 포상금 규정만 있고 환수규정이 없어서 이 또한 법률에 근거를 가져야 하기에 신설된 것이다.

포상금을 불법, 부당하게 지급받은 경우는 1. 위법 또는 부당한 방법의 증거수집, 허위신고, 거짓진술, 증거위조 등 부정한 방법으로 포상금을 지급받은 경우, 2. 동일한 원인으로 다른 법령에 따라 포상금 등을 지급받은 경우, 3. 그 밖에 착오 등의 사유로 포상금이 잘못 지급된 경우 등을 말한다. 환수 절차와 방법과 관련하여서는 공정거래위원회가 해당 포상금을 지급받은 자에게 반환할 금액을 통지하여야 하고, 해당 포상금을 지급받은 자는 그 통지를 받은 날부터 30일 이내에 이를 납부하여야 한다. 한편 포상금을 반환하여야 할 자가 납부 기한까지 그 금액을 납부하지 아니한 때에는 국세 체납처분의 예에 따라 징수할 수 있다.

제45조 부당행위에 대한 정보의 공개

[송재일]

제45조(부당행위에 대한 정보의 공개) 공정거래위원회는 특수판매의 공정거래질서 확립과 소비자피해 예방을 위하여 필요한 경우에는 대통령령으로 정하는 바에 따라 특수판매업자의 이 법 위반행위에 대한 조사 결과 등 부당행위에 대한 정보를 공개할 수 있다.

해설

법 제45조는 공정거래위원회는 특수판매의 공정거래질서 확립과 소비자피해 예방을 위하여 필요한 경우에는 대통령령으로 정하는 바에 따라 특수판머업자의 이 법 위반행위에 대한 조사 결과 등 부당행위에 대한 정보 공개에 관한 법적 근거를 두고 있다. 이는 소비자 선택에 꼭 필요한 중요정보를 공개하도록 함으로써 소비자가 정확한 정보를 바탕으로 합리적인 선택을 할 수 있도록 하고, 할부거래, 방문판매, 전자상거래 등 특수한 거래분야에서 나타날 수 있는 특수한 유형의 소비자피해를 방지한다는 공정거래위원회의 설치목적에도 부합하기 때문이다.

부당행위에 대한 정보공개에 관하여 구체적인 사항은 시행령 제52조에 위임되어 있는데, 먼저공정거래위원회가 부당행위에 대한 정보를 공개하려는 경우에는 사전에 해당 사업자에게 공개되는 정보의 내용을 통보하여 소명(疎明)할 기회를 주어야 한다(제1항). 또한 공정거래위원회는 소비자에게 널리 알릴 수 있도록 공정거래위원회 홈페이지 등에 그 정보 및 소명 사실 등을 공개할 수 있다(제2항).

※ 관련 하위법령

방문판매법 시행령

제52조(부당행위 등에 대한 정보 공개 등) ① 공정거래위원회는 법 제45조에 따라 부당행위에 대한 정보를 공개하려는 경우에는 사전에 해당 사업자에게 공개되는 정보의 내용을 통보하여 소명(疎明)할 기회를 주어야 한다.

② 공정거래위원회는 제1항에 따른 정보 및 소명 사실 등을 소비자에게 널리 알릴 수 있도록 공정거래위원회 홈페이지 등에 공개할 수 있다.

제46조 평가·인증 사업의 공정화

[송재일]

> **제46조(평가·인증 사업의 공정화)** ① 특수판매의 공정거래질서 확립 및 소비자보호를 위하여 관련 특수판매업자의 평가·인증 등의 업무를 하는 자(이하 "평가·인증사업자"라 한다)는 그 명칭에 상관없이 대통령령으로 정하는 바에 따라 그 평가·인증에 관한 기준·방법 등을 공시하고, 그에 따라 공정하게 평가·인증하여야 한다.
> ② 제1항에 따른 평가·인증의 기준 및 방법은 특수판매업자가 거래의 공정화 및 소비자보호를 위하여 기울인 노력과 그 성과에 관한 정보를 전달하는 데에 적절한 것이어야 한다.
> ③ 공정거래위원회는 평가·인증사업자에게 운용 상황 등에 관한 자료를 제출하도록 할 수 있다.

법 제46조는 특수판매의 공정거래질서 확립 및 소비자보호를 위하여 관련 특수판매업자의 평가·인증 등의 업무를 하는 평가·인증사업자에 대하여 평가·인증에 관한 기준·방법 등을 공시하고, 그에 따라 공정하게 평가·인증하도록 하는 근거규정이다. 평가·인증업무에는 무엇보다 공정성과 투명성이 중요한데, 이를 위해 특수판매업자가 거래의 공정화 및 소비자보호를 위하여 기울인 노력과 그 성과에 관한 정보를 전달하는 데에 적절해야 한다는 최소 기준을 설정한 것이다. 이에 따라 공정거래위원회는 평가·인증사업자에게 운용 상황 등에 관한 자료를 제출하도록 하는 규범으로 작동하고 있다.

구체적인 사항은 시행령 제53조에 위임하였는데, 평가·인증사업자는 공정거래위원회가 정하는 바에 따라 1. 평가·인증사업자의 명칭, 2. 평가·인증사업자의 주소 또는 사업소의 소재지, 3. 평가·인증 범위, 4. 평가·인증 업무 개시일, 5. 평가·인증의 기준, 절차 및 방법에 관한 사항 등을 공시하여야 하고(제1항), 이를 소비자가 쉽게 열람·확인할 수 있는 방법으로 공시할 것을 규정하고 있다(제2항).

※ 관련 하위법령

> **방문판매법 시행령**
> **제53조(평가·인증 사업의 공정화)** ① 법 제46조제1항에 따른 평가·인증사업자는 다음 각 호의 사항을 공정거래위원회가 정하는 바에 따라 공시하여야 한다.
> 1. 평가·인증사업자의 명칭
> 2. 평가·인증사업자의 주소 또는 사업소의 소재지
> 3. 평가·인증 범위
> 4. 평가·인증 업무 개시일
> 5. 평가·인증의 기준, 절차 및 방법에 관한 사항
>
> ② 제1항 각 호의 사항은 소비자가 쉽게 열람·확인할 수 있는 방법으로 공시하여야 한다.

제47조 보고 및 감독

[송재일]

제47조(보고 및 감독) ① 시·도지사 또는 시장·군수·구청장은 제48조에 따른 시정권고를 하는 경우에는 대통령령으로 정하는 바에 따라 공정거래위원회에 보고하여야 한다.
② 공정거래위원회는 이 법의 효율적인 시행을 위하여 필요하다고 인정할 때에는 그 소관 사항에 관하여 시·도지사 또는 시장·군수·구청장 등에게 조사·확인 또는 자료의 제출을 요구하거나 그 밖에 시정에 필요한 조치를 하도록 요구할 수 있다. 이 경우 시·도지사 또는 시장·군수·구청장은 특별한 사유가 없으면 이에 따라야 한다.

법 제47조는 시·도지사 또는 시장·군수·구청장에 대하여 법 제48조에 따른 시정권고를 하는 경우에는 대통령령으로 정하는 바에 따라 공정거래위원회에 보고하여야 할 의무를 부과하고(제1항), 이 법의 효율적인 시행을 위하여 필요하다고 인정할 때에는 그 소관 사항에 관하여 시·도지사 또는 시장·군수·구청장 등에게 조사·확인 또는 자료의 제출을 요구하거나 그 밖에 시정에 필요한 조치를 하도록 요구할 수 있는 권리를 공정거래위원회에 부여하고, 한편 이 경우 시·도지사 또는 시장·군수·구청장은 특별한 사유가 없으면 이에 따라야 할 의무를 부여하고 있다(제2항).

보고와 관련하여 구체적인 사항은 시행령 제54조에 규정되어 있는데, 시·도지사 또는 시장·군수·구청장은 시정권고 또는 처분을 한 경우에는 지체 없이 공정거래위원회에 보고하여야 하고, 이 경우 전자문서로 보고할 수 있다

일반적으로 위임사무에 관하여는 각 주무부장관이 직접 지방자치단체를 감독하고 지방자치단체는 정부의 감독 아래 있다고 한다(지방자치법 제3조 제2항). 공정거래위원회도 이러한 위임사무에 관하여는 중앙행정관청으로서 행정 각부장관과 같은 지위를 갖기 때문이다. 이러한 점에서 법 제47조는 지방자치단체의 보고의무, 공정거래위원회의 감독권한에 관한 규정을 두고 있다.

※ 관련 하위법령

방문판매법 시행령
제54조(보고 의무) 시·도지사 또는 시장·군수·구청장은 시정권고 또는 처분을 한 경우에는 법 제47조제1항에 따라 지체 없이 공정거래위원회에 보고하여야 한다. 이 경우 전자문서로 보고할 수 있다

제 7 장

시정조치 및 과징금 부과

제48조 위반행위의 시정권고

제48조(위반행위의 시정권고) ① 행정청은 사업자가 이 법에 위반되는 행위를 하거나 이 법에 따른 의무를 이행하지 아니하는 경우 제49조에 따른 시정조치를 하기 전에 그 사업자가 해당 행위의 중지, 이 법에 따른 의무의 이행, 그 밖에 소비자피해 예방 및 구제에 필요한 조치를 하도록 시정 방안을 정하여 그 사업자에게 이에 따를 것을 권고할 수 있다. 이 경우 해당 사업자가 그 권고를 수락한 경우에는 제3항에 따라 시정조치가 내려진 것으로 본다는 뜻을 함께 통지하여야 한다.
② 제1항에 따라 시정권고를 받은 사업자는 그 통지를 받은 날부터 10일 이내에 그 권고의 수락 여부를 시정권고를 한 행정청에 통지하여야 한다.
③ 제1항에 따라 시정권고를 받은 사업자가 이를 수락한 때에는 제49조에 따른 시정조치가 내려진 것으로 본다.

제49조 시정조치 등

[신영수]

제49조(시정조치 등) ① 공정거래위원회는 사업자가 다음 각 호의 어느 하나(제29조제3항에 따라 준용되는 경우를 포함한다)에 해당하는 행위를 하거나 이 법에 따른 의무를 이행하지 아니하는 경우 해당 사업자 등에 대하여 그 시정을 위한 조치를 명할 수 있다.
1. 제5조제1항부터 제3항까지, 제6조, 제7조제1항부터 제3항까지 및 제5항, 제7조의2, 제8조제5항, 제9조, 제10조제1항, 제12조제1항, 제13조제1항부터 제3항까지 및 제7항, 제14조부터 제24조까지, 제26조제1항 및 제2항, 제28조, 제29조제1항 및 제2항, 제30조, 제32조제1항부터 제3항까지, 제33조, 제35조제2항, 제37조제1항·제4항·제5항 및 제7항, 제42조제2항, 제46조제1항 및 제2항, 제55조를 위반하는 경우
2. 제11조제1항 각 호의 어느 하나, 제23조제1항 각 호의 어느 하나, 제24조제1항 각 호의 어느 하나 또는 제34조제1항 각 호의 어느 하나에 해당하는 금지행위를 한 경우
3. 제36조제2항 후단에 따라 거래기록을 보존하는 특수판매업자가 거래기록의 대상·범위·기간 및 열람 방법 등에 관하여 대통령령으로 정하는 바에 따라 보존하지 아니한 경우

② 제1항에 따른 시정을 위한 조치는 다음 각 호의 어느 하나에 해당하는 조치를 포함한다.
1. 해당 위반행위의 중지
2. 이 법에 규정된 의무의 이행
3. 시정조치를 받은 사실의 공표
4. 소비자피해 예방 및 구제에 필요한 조치
5. 그 밖에 시정을 위하여 필요한 조치

③ 제2항제3호에 따른 시정조치를 받은 사실의 공표에 필요한 사항은 대통령령으로 정한다.
④ 공정거래위원회는 사업자가 다음 각 호의 어느 하나에 해당하는 경우에는 대통령령으로 정하는 바에 따라 1년 이내의 기간을 정하여 그 영업의 전부 또는 일부의 정지를 명할 수 있다.
1. 제1항의 시정조치에도 불구하고 최근 3년간 같은 위반행위가 2회 이상 반복되는 경우(행위의 기준은 처분일로 한다)
2. 시정조치를 이행하지 아니한 경우
3. 시정조치만으로는 소비자피해를 방지하기 어렵거나 소비자에 대한 피해보상이 불가능하다고 판단되는 경우

⑤ 공정거래위원회 또는 시·도지사는 사업자가 제1호에 해당하는 경우(제29조제3항에 따라 준용되는 경우를 포함한다)에는 그 등록을 취소하여야 하고, 제2호부터 제4호까지의 규정에 해당하는 경우(제29조제3항에 따라 준용되는 경우를 포함한다)에는 대통령령으로 정하는 바에 따라 그 등록을 취소할 수 있다.
1. 속임수나 그 밖의 부정한 방법으로 제13조제1항에 따른 등록을 한 경우
2. 제14조 각 호의 결격사유에 해당하게 된 경우
3. 소비자피해보상보험계약등이 해지된 경우
4. 영업정지기간 중에 영업을 하는 경우

1. 방문판매법상 행정적 제재의 구도

현행 「방문판매 등에 관한 법률」(이하, '방문판매법')은 법의 위반행위에 대한 행정적 제재(administrative remedies) 수단으로는 시정권고와 시정명령, 영업정지, 그리고 과징금 등이 규정하고 있다. 즉 방문판매법상 행정적 제제 관련 규정은 법 제48조의 시정권고 규정, 제49조의 시정명령 및 영업정지 규정, 제50조의 과징금 관련 규정으로 구성된다.

소비자정책 및 공정거래 정책의 주무관청인 공정거래위원회의 소관 법률에서는 해당 법 위반 사업자에 대해 시정조치와 과징금을 부과하도록 규정하고 있는데, 방문판매법도 같은 구도 속에 동일한 행정적 제재수단을 둔 것이라 하겠다. 다만 부과 주체는 공정거래위원회 외에 행정청 즉 시·도지사 또는 시장·군수·구청장 등 자치단체장까지 확대되어 있는 점에 차이가 있다.

한편 이 가운데 시정권고와 시정명령은 강학상으로는 각각 그 상위개념인 시정조치(corrective measure)의 세부 유형으로 분류되어 있는데 비하여, 현행법은 제48조와 제49조의 표제에서 일견 시정권고와 시정조치를 병렬적으로 구성하는 형식을 취하고 있다는 점에 특징이 있다. 하지만 이들 규정의 실질에 대해 입법자는 조문의 표제와 달리 시정조치의 세부유형인 시정권고와 시정명령을 명확히 나누어 규정한 것으로 해석된다. 즉 제48조에서의 시정권고는 법위반상태를 시정하기 위해 공정거래위원회가 사업자에 대하여 행하

는 권고 행위라는 통상적인 조치를 의미하며, 제49조의 시정조치는 사업자가 동조 제1항에서 열거된 행위를 이행하지 않는 경우에 공정거래위원회가 그 시정을 위한 명할 수 있는 조치의 의미로 사용되고 있다. 요컨대 방문판매법 제48조는 시정조치 가운데 시정권고임이 조문상 명확히 드러나는 규정이며, 제49조는 표제 상으로는 시정조치로 지시되어 있지만 실질은 시정조치를 명하는 행위 즉 시정명령을 규정한 조문에 해당한다.

이 점에서 방문판매법상 공정위에 의한 시정조치의 유형은 공정거래위원회 소관의 다른 법률과 마찬가지로 시정권고와 시정명령으로 구성된다고 보아도 두방하다. 그렇다면 시정권고와 시정명령을 분석하기에 앞서 그 상위개념으로서 강학상 시정조치의 제도적 기능과 유형에 대해 먼저 살펴볼 필요가 있다.

2. 법 위반 행위의 시정을 위한 조치의 일반적 기능과 유형

시정조치는 행정제재가 수반되는 법률의 위반 사업자에 대해 부과하는 대표적인 처분이자 행정적 제재(administrative remedies)로서 부과상대방에 대한 명령적 행정행위의 성격을 지닌다.[1] 일반적으로 법에서 사용되는 '시정'의 의미는 단순히 '잘못된 상태를 고쳐 바로 잡는다'는 언어적 관념의 범주 내에 머무르지 않는다. 시정조치에 대한 제도적 기능은 법 위반행위의 중지(stopping the offending conduct)와 더불어, 법 위반 이전 상태로의 복원(restoration) 및 향후 위반행위의 재발을 방지(preventing recurrence)하는 등 여러 단계와 층위에 걸쳐 복합적으로 작용하게 된다.[2]

우리 법 체계 내에서는 법위반 행위의 중지로 '해당 행위의 중지' 조치가 일차적으로 부과되는데, 이를 통해 피해의 확산을 방지하는 한편, 법 위반 이전 상태로의 복원을 위한 기초환경을 조성하는 역할을 수행토록 하는 한편, 시정조치 받은 사실의 공표, 그 밖에 시정을 위한 필요한 조치 등 다양한 형태가 부수적으로 부과될 수 있다.

또한 시정조치의 유형은 작위 조치와 부작위 조치, 보조적 조치로의 구분도 가능한데, 이를 테면 작위적 조치는 계약조항 수정·삭제명령, 합의파기명령, 신고서 제출 등 사업자의 적극적인 행위를 요구하는 내용의 시정조치라 할 수 있고, 부작위 조치는 당해 법 위반행위의 중지명령, 향후 위반행위 금지명령 등 사업자의 소극적인 부작위를 요구하는 내용의 시정조치로 이해된다.[3] 한편 보조적 조치란 관련 있는 자에게 시정명령을 받은 사

---

1) 박정훈, 「공정거래와 법치」, 법문사, (2004), 1016면.

2) 根岸哲, 「注釈 独占禁止法」, 有斐閣, (2009), 125頁

3) 「공정거래위원회의 시정조치 운영지침」(공정거래위원회 예규 제380호, 2021. 12. 30. 시행) II. 2. 참조. 이 지침은 공정거래법상의 시정조치 운영에 관한 내용을 규정한 것이지만 시정조치 전반에 관한 집행기관의 일반원칙을 제시한 것이라는 점에서 인접 규범의 해석에 참고자료로 활용할 수 있다.

실의 통지명령, 시정명령의 이행결과 보고명령 등 시정조치의 이행을 실효성 있게 확보하고 당해 위반행위의 재발을 효과적으로 방지하기 위하여 주된 명령에 부가하여 명하는 시정조치를 의미한다.4)

공정거래위원회는 위반행위를 효과적으로 시정할 수 있다면 단순히 부작위명령에 국한하지 않고, 위반행위에 비례하여 합리적으로 필요한 범위 내에서 작위 또는 보조적 조치를 위반행위에 따라 적절하게 선택하여 조치하여 오고 있다. 법원도 시정명령 제도를 둔 취지에 비추어 시정조치의 내용으로는 과거의 위반행위에 대한 중지는 물론 가까운 장래에 반복될 우려가 있는 동일한 유형의 행위의 반복 금지까지 명할 수 있는 것으로 해석하고 있다.5)

3. 방문판매법 제48조에 따른 시정권고의 법적 성격과 내용

가. 시정권고의 법적 성격

일반적으로 시정권고는 행정지도의 일종으로서 시정조치 중에서도 상대적으로 침익적 성격이 약한 행정적 조치에 해당한다. 다만 현행 방문판매법상의 시정권고는 일반적인 시정권고와는 다소간의 차이가 있다. 우선 방문판매법상 시정권고는 시정조치 내지 시정명령에 관한 규정에 앞서 시정권고 관련 조항을 제48조에 두면서 동조 제1항에서 방문판매법 위반 사업자에 대한 시정조치로서 공정위와 지방자치단체장 등 행정청으로 하여금 해당 사업자가 해당 행위의 중지, 이 법에 따른 의무의 이행, 그 밖에 소비자피해 예방 및 구제에 필요한 조치를 하도록 시정 방안을 정하여 그 사업자에게 이에 따를 것을 권고할 수 있도록 하고 있다. 우선 부과의 주체가 공정거래위원회에 그치지 않고 지방자치단체의 장을 포함한 행정청에 부여된 점에 특징이 있다.

단, 이때의 시정권고는 시정조치를 부과하기 이전 단계에 행해지는 것으로서, 만일 행정청으로부터 시정권고를 받은 사업자가 이를 수락한 때에는 제49조에 따른 시정조치가 내려진 것으로 보게 된다. 즉 방문판매법상 시정권고는 제49조의 시정조치 내지 시정명령과 연계하여 운용되며 원칙적으로는 행정청이 시정명령을 부과하기 전에 사업자의 자발적인 시정을 유도하기 위한 목적에서 부과되는 의미를 지닌다. 이때의 시정권고안은 행정청이 먼저 마련하여 사업자에게 제시하게 되며 사업자가 시정권고를 불수락하는 경

---

4) 위 지침 II. 2. (3) 참조

5) 법원 역시도 시정조치가 징벌적 의미만 있는 것이 아니므로 장래의 행위만을 금지할 수 있을 뿐이라고 해석되지 아니하고 과거의 위반행위로 인하여 현재 발생하고 있는 법 위반 상태를 해할 수 있는 결과를 제거하기 위하여 그 위반사실의 공표를 명할 수 있다고 보고 있다. 서울고등법원 2000. 11. 28. 선고 2000누5977 판결; 대법원 2003. 2. 20. 선고 2001두5347 전원합의체 판결 등 참조.

우에는 행정청이 시정조치를 다시 부과할 수도 있다.

이 같은 방문판매법상 시정권고는 약관규제법 제17조의2[6] 상의 시정권고와 그 성격을 달리한다. 즉 약관규제법상의 공정거래위원회에 의한 시정권고는 당사자가 반드시 이행하여야 하는 강제적인 것은 아니어서 그 법적성격이 비권력적 사실행위로서 행정지도에 그치므로, 처분성이 인정되지 않는다. 따라서 이에 대한 취소를 구하는 행정소송을 제기할 수도 없다. 약관이라는 사인간의 계약체결 수단에 대하여 행정청을 통한 강제적 개입 방식은 가급적 지양하려는 입법 의도가 반영된 결과로 볼 수 있다.

이에 비해 방문판매법상 시정권고는 동법의 규율대상 행위들, 즉 방문판매나 전화권유판매를 위시하여 다단계판매, 계속거래, 사업권유거래 행위가 자칫 개별 당사자간의 이익침해를 넘어 경제적 약자인 소비자의 권익을 현저히 저해하거나 거래질서라는 공익을 침해하는 성격이 내포될 수 있음을 고려하여 어느 정도의 강제력을 지닌 형태로 운영된다. 즉 방문판매법 제48조상의 시정권고는 사실상의 강제력 및 일정한 권력적 성격을 내포하는 한편 제49조의 시정조치에 대한 예비적 처분으로서의 성격을 지니는 것으로 볼 여지가 있다. 이 처럼 시정권고가 시정조치 내지 시정명령의 본처분을 위한 예비처분적 성격으로 운영되는 경우에는 부과대상 사업자에 대한 시정권고는 그 취소를 구하는 항고소송의 대상이 될 수 있다고 본다.

나. 시정권고의 내용 및 절차

행정청이 제시하는 시정권고의 내용은 '해당 행위의 중지', '이 법에 따른 의무의 이행', '그 밖에 소비자피해 예방 및 구제에 필요한 조치'이다. 여기서 해당행위의 중지는 부작위적 조치로서 법위반 상태가 지속되지 않도록 일차적이고도 시급히 부과될 필요가 있다. 또한 이법에 따른 의무의 이행은 방문판매법상 신고, 청약철회, 표시 등 각종 작위 의무에 대한 스스로의 이행을 촉구하는 성격을 지니며, 그 밖에 이미 발생한 소비자 피해의 구제 와 더불어 장래 피해의 예방을 위한 권고 조치도 가능하다.

한편, 절차적 측면에서 시정권고 부과시 행정청은 해당 사업자가 그 권고를 수락한 경우에는 시정조치가 내려진 것으로 본다는 뜻을 함께 통지하여야 하며(동조 제1항 2문), 시정권고를 받은 사업자는 그 통지를 받은 날부터 10일 이내에 그 권고의 수락 여부를 시정권고를 한 행정청에 통지하는 절차를 거쳐야 한다(동조 제2항).

6) 약관규제법 제197조의2 제1항에서는 "공정거래위원회는 사업자가 제17조의 구정을 위반한 경우에는 사업자에게 당해 약관조항의 삭제·수정 등 시정에 필요한 조치를 권고할 수 있다"고 규정하고 있다.

4. 제49조에 따른 시정조치의 내용과 요건

가. 시정조치의 성격 및 부과대상

시정조치는 시정권고와 달리 수범자의 행위제한 및 권익침해적 성질을 가진 행정처분에 해당하며 부과를 위해서는 반드시 법령에 근거규정을 두고 있을 것이 요구된다. 이에 따라 방문판매법 제49조 제1항에서는 시정조치의 명령권한에 관한 근거규정을 두고 있는데, 부과주체를 시정권고와 달리 공정거래위원회로 국한한 점에 특징이 있다. 즉 동조에서는 공정거래위원회로 하여금 사업자가 동법상 금지대상 행위를 하거나 법에 따른 의무를 이행하지 아니하는 경우 해당 사업자 등에 대하여 그 시정을 위한 조치를 명할 수 있도록 하고 있다. 이에 따라 지방자치단체는 방문판매법상의 시정권고 권한은 보유하지만 시정조치 부과 권한은 공정거래위원회만 보유하게 된다.

한편 시정명령의 속성상 다소간 포괄성·추상성을 띨 수밖에 없다 하더라도, 금지명령은 법 위반행위가 일어나지 않도록 금지되어야 하는 내용이 무엇인지 알 수 있게 명확하고 구체적이어야 하며, 당해 위반행위의 내용과 정도에 비례하여야 한다.[7] 방문판매법상 시정조치 내지 시정명령의 대상이 되는 경우는 동법상 사업자가 준수해야 하는 의무를 이행하지 않는 경우와 동법이 금지행위로 규정한 행위를 사업자가 행한 경우, 그리고 거래기록을 보존하는 특수판매업자가 거래기록의 대상·범위·기간 및 열람 방법 등에 관하여 대통령령으로 정하는 바에 따라 보존하지 아니한 경우 등으로 규정된다.

이 가운데 동법상 사업자가 준수해야 하는 의무를 이행하지 않는 경우의 시정조치는, 방문판매 신고의무(제5조 제1항부터 제3항까지), 방문판매원등의 명부작성 의무 등(제6조), 방문판매자등의 소비자에 대한 정보제공의무(제7조 제1항부터 제3항까지 및 제5항), 전화권유판매업자의 통화내용 보존 의무(제7조의2), 청약철회 할 수 없는 제품에 대한 방문판매자등의 표시의무(제8조 제5항), 방문판매자등의 청약철회 관련 의무(제9조), 방문판매자등의 손해배상청구금액 제한 의무(제10조 제1항), 방문판매자등의 휴업기간 중 업무처리 관련 의무(제12조 제1항), 방문판매자등의 소비자에 대한 정보제공의무(제13조 제1항부터 제3항까지 및 제7항), 결격사유 있는 자의 방문판매업자 등록, 다단계판매원등록의무, 결격사유 있는 자의 다단계판매원 등록, 다단계판매자등의 소비자에 대한 정보제공의무, 다단계판매자의 청약철회의무, 다단계판매자의 손해배상청구금액 제한의무, 다단계판매자의 후원수당 지급기준, 후원수당 관련 표시·광고 제한기준, 다단계판매자 등록 및 탈퇴 등 제한금지 의무, 다단계판매자의 금지행위, 다단계판매자의 사행적 판매원 확장행위 금지(제14조

7) 대법원 2009. 5. 28. 선고 2008두549 판결.

부터 제24조까지), 다단계판매업자의 휴업기간 중 업무처리(제26조 제1항 및 제2항), 다단계판매업자의 책임(제28조), 후원방문판매자의 의무(제29조 제1항 및 제2항), 계속거래업자등의 소비자에 대한 정보제공의무 등(제30조), 계속거래업자등의 계약의 해지 또는 해제, 위약금 관련 의무(제32조 제1항부터 제3항까지), 계속거래업자등의 거래기록 등의 열람의무(제33조), 소비자보호지침과 다른 계약 내용에 대한 특수판매자의 고지의무(제35조 제2항), 소비자피해보상보험계약 관련 의무(제37조 제1항·제4항·제5항 및 제7항), 전화권유판매 수신거부의사 확인의무(제42조 제2항), 특수판매의 평가·인증 사업 관련 의무(제46조 제1항 및 제2항), 특수판매업자의 소비자에 관한 정보의 오용·남용 및 도용 방지 의무(제55조)를 위반하는 경우에 부과된다(동법 제49조 제1항).

또한 동법상 금지대상 행위에 대한 시정조치는 방문판매자등의 금지행위(제11조 제1항 각 호), 다단계판매자의 금지행위(제23조 제1항 각 호), 다단계판대자의 사행적 판매원 확장행위 금지(제24조 제1항 각 호) 또는 계속거래업자등 금지행위(제34조 제1항 각 호)에 해당하는 금지행위를 대상으로 한다.

나. 시정조치의 내용

한편 방문판매법상 공정거래위원회가 부과할 수 있는 시정조치는 '해당 위반행위의 중지', '이 법에 규정된 의무의 이행', '소비자피해 예방 및 구제에 필요한 조치' 등 시정권고 대상이 되는 조치들에 더하여, '시정조치를 받은 사실의 공표' 및 '그 밖에 시정을 위하여 필요한 조치'가 포함된다.

이 가운데 해당 위반행위의 중지 명령은 시정권고에서와 마찬가지로 일차적이고도 가장 시급히 부과되어야 하는 시정조치라 할 수 있는데, 다만 명령의 형식으로 부과되는 만큼 해당 거래행위와 거래상대방, 위반행위의 내용 또는 방법 등 당해 위법사실을 최대한 반영하여 중지하여야 할 행위를 구체적으로 특정하고, 시정조치 기간(즉시 또는 일정시점까지)을 명확하게 특정할 것이 요구된다.[8)]

'시정명령 받은 사실의 공표' 명령은 거래상대방이나 경쟁자, 소비자로 하여금 문제된 법 위반 행위 및 해당 사업자에 대해 인지함으로써 피해 확산을 방지하고 해당 사업자로 하여금 향후 재발 방지를 위한 심리적 압박을 부과하기 위한 조치로 이해될 수 있다. 법 위반 사업자에 대한 제재적 성격에서 보면 과거지향적 성격을 갖지만 피해의 확산 방지 및 주의 촉구 측면에서 보면 미래지향적 성격을, 보조적 명령의 성격을 갖는다고도 볼 수 있다. 단 공정거래위원회가 시정조치를 받은 사실의 공표에 필요한 사항을 정하는 경우에

8) 「공정거래위원회의 시정조치 운영지침」 VII. 1. 가.

는 위반행위의 내용 및 정도, 위반행위의 기간 및 횟수, 위반행위로 인하여 발생한 소비자 피해의 범위 및 정도를 고려하여야 한다(동법 시행령 제55조).

한편 '그 밖에 시정을 위해 필요한 조치'는 주무관청인 공정위의 재량권을 폭넓게 부여하기 위해 둔 조치로서[9] 해당행위의 중지에 더하여 법 위반 상태의 시정(과거, 현재, 미래의 측면에서)에 필요한 경우에 발동할 수 있는 보충적 조치의 의미를 지닌다. 조문의 외형상 방문판매법상 시정조치의 의미와 요건(즉 조치가 시정을 목적으로 하고 시정에 필요한 수단이어야 한다는 요건)이 요구되며, 집행의 실질 면에서도 사안별로 구체성을 띤 조치가 이를 통하여 부과될 수 있다.

대개의 경우 공정위 조사 개시되면 사업자는 법위반 혐의 행위를 스스로 시정하거나 종료하게 되는데, 그 결과 시정조치 부과 시점에는 행위가 부존재하기도 한다. 이에 따라 해당 행위 중지명령 보다는 행위금지명령 즉 향후 동일한 행위에 대한 반복의 금지명령 형식의 시정조치가 주로 내려질 수 있는데 이때 내려지는 행위금지명령은 '기타 시정을 위해 필요한 조치'의 형식을 취하게 된다.

다만, 해당행위의 중지나, 비교적 구체적이어서 해석상의 혼선 여지가 적은 반면, '기타 시정을 위한 필요한 조치'는 그 의미와 범위가 특정 및 확정되지 않아서 여러 해석을 낳고 있기도 하다. 공정위 시정조치에 대한 이의신청 및 소 제기도 이 유형의 시정조치에 집중되어 있기도 하다.

5. 영업정지 및 등록취소 명령

한편 방문판매법 제49조 제4항에서는 사업자가 시정조치에도 불구하고 최근 3년간(행위의 기준은 처분일) 같은 위반행위가 2회 이상 반복되는 경우, 시정조치를 이행하지 아니한 경우, 시정조치만으로는 소비자피해를 방지하기 어렵거나 소비자에 대한 피해보상이 불가능하다고 판단되는 경우에는 공정거래위원회로 하여금 1년 이내의 기간을 정하여 그 영업의 전부 또는 일부의 정지를 명할 수 있도록 하고 있다.

또한 사업자가 속임수나 그 밖의 부정한 방법으로 방문판매법상 등록을 한 경우에 해당하는 경우, 사업자가 다단계판매업자의 결격사유에 해당하게 된 경우나, 소비자피해보상보험계약등이 해지된 경우, 영업정지기간 중에 영업을 하는 경우에는 공정거래위원회 또는 시·도지사로 하여금 그 등록을 취소토록 하고 있다.

---

9) 이와 관련하여 법이 공정거래위원회로 하여금 이 같은 조치를 허용한 것은 시정조치에 관한 원리적 한계 내에서 자신의 시정조치에 대한 '재량권'을 행사하여 구체적인 사안에 따라 다양한 새로운 내용을 형성할 권한이 있는 것으로도 볼 수 있다는 견해도 존재한다는 견해로, 이희정, "사후규제에 있어 시정명령의 기능에 대한 시론", 「경제규제와 법」(제1권 제2호), 서울대학교 공익산업법센터, (2008. 11), 166면 참조.

다만, 영업정지나 등록취소 명령은 방문판매법 위반 사업자에게 부과되는 행정처분 가운데 매우 강력한 유형에 해당하고 사업자에게 미치는 침익적 성격도 강하기 때문에 그 부과는 비례의 원칙이나 과잉금지 원칙상 일정한 상황으로 한정될 필요가 있다. 이에 따라 동법 시행령에서는 제56조 및 [별표 2]에서 영업의 정지 및 등록취소(사업자가 다단계판매업자의 결격사유에 해당하게 된 경우나, 소비자피해보상보험계약등이 해지된 경우, 영업정지기간 중에 영업을 하는 경우에 한함)의 기준을 위반행위 별로 구체적으로 열거하고 있다.

제50조 소비자피해분쟁조정의 요청

제50조(소비자피해분쟁조정의 요청) ① 행정청은 이 법 위반행위와 관련하여 소비자의 피해 구제 신청이 있으면 제48조에 따른 시정권고 또는 제49조에 따른 시정조치를 하기 전에 특수판매에 관한 소비자보호 관련 업무를 수행하는 기관 또는 단체 가운데 대통령령으로 정하는 소비자피해분쟁조정기구에 그 조정을 의뢰할 수 있다.
② 행정청은 제1항에 따라 의뢰된 조정안을 당사자가 수락하고 이행하는 경우에는 제49조에 따른 시정조치를 하지 아니한다는 뜻을 당사자에게 알려야 한다.
③ 공정거래위원회는 제1항에 따라 의뢰된 조정안을 당사자가 수락하고 이행한 경우에는 대통령령으로 정하는 바에 따라 제49조에 따른 시정조치를 하지 아니한다. 이 경우 제43조제8항은 적용하지 아니한다.
④ 공정거래위원회는 제1항에 따라 분쟁의 조정을 의뢰하는 경우 예산의 범위에서 해당 분쟁의 조정에 필요한 예산을 지원할 수 있다.

제50조의2 동의의결

[송혜진]

제50조의2(동의의결) ① 공정거래위원회의 조사나 심의를 받고 있는 사업자 또는 사업자단체(이하 이 조부터 제50조의4까지의 규정에서 "신청인"이라 한다)는 해당 조사나 심의의 대상이 되는 행위(이하 이 조부터 제50조의4까지의 규정에서 "해당 행위"라 한다)로 인한 불공정한 거래내용 등의 자발적 해결, 소비자의 피해구제 및 거래질서의 개선 등을 위하여 제3항에 따른 동의의결을 하여 줄 것을 공정거래위원회에 신청할 수 있다. 다만, 동의의결이 있기 전 신청인이 신청을 취소하는 경우 공정거래위원회는 동의의결을 하지 아니하고 이 법에 따른 심의 절차를 진행하여야 한다.
② 신청인이 제1항에 따른 신청을 하는 경우 다음 각 호의 사항을 기재한 서면으로 하여야 한다.
1. 해당 행위를 특정할 수 있는 사실관계
2. 해당 행위의 중지, 원상회복 등 경쟁질서의 회복이나 거래질서의 적극적 개선을 위하여 필요한 시정방안
3. 그 밖에 소비자, 다른 사업자 등의 피해를 구제하거나 예방하기 위하여 필요한 시정방안
③ 공정거래위원회는 해당 행위의 사실관계에 대한 조사를 마친 후 제2항제2호 및 제3호에 따른 시정방안(이하 "시정방안"이라 한다)이 다음 각 호의 요건을 모두 충족한다고 판단되는 경우에는 해당 행위 관련 심의 절차를 중단하고 시정방안과 같은 취지의 의결(이하 "동의의결"이라 한다)을 할 수 있다. 이 경우 신청인과의 협의를 거쳐 시정방안을 수정할 수 있다.
1. 해당 행위가 이 법을 위반한 것으로 판단될 경우에 예상되는 시정조치 및 그 밖의 제재와 균형을 이룰 것
2. 공정하고 자유로운 경쟁질서나 거래질서를 회복시키거나 소비자, 다른 사업자 등을 보호하기에 적절하다고 인정될 것
④ 공정거래위원회의 동의의결은 해당 행위가 이 법에 위반된다고 인정한 것을 의미하지 아니하며, 누구든지 신청인이 동의의결을 받은 사실을 들어 해당 행위가 이 법에 위반된다고 주장할 수 없다.

[참고문헌] 김두진, "공정거래법상 동의명령제 도입방안 연구", 「비교사법」 제16권 4호, 2009: 박희주, "동의명령제 도입에 대한 고찰", 「소비자문제연구」 제39호, 2011: 송혜진/박희주, 「동의의결제도의 실효성 확보를 위한 운영방안 연구」, 한국소비자원, 2020: 송혜진/송민수, 「동의의결 해외사례 연구」, 한국소비자원, 2021: 유진희/최지필, "공정거래법상 동의의결 제도의 내용과 문제점 검토", 「고려법학」 제64호, 2012: 이건묵, 「동의의결제도의 문제점과 입법과제」, 국회입법조사처, 2014: 공정거래위원회 보도자료, 소비자 피해구제, 경쟁질서 회복 등을 위한 동의의결제 시행 - 동의의결제도 운영 및 절차 등에 관한 규칙 제정 - (2022. 4. 20. 방문), <https://www.ftc.go.kr/www/selectReportUserView.do?key=10&rpttype=1&report_data_no=4712>; 공정거래위원회 보도참고자료, 2016. 9. 12.(월)자, 이동통신 3사 동의의결 최종 결정 보도 관련(2022. 4. 20. 방문), <https://www.ftc.go.kr/www/selectReportUserView.do?key=10&rpttype=1&report_data_no=6930>

Ⅰ. 본조의 의의

동의의결제도는 법 위반혐의가 있는 사업자가 위반혐의가 있는 행위를 제거할 수 있

도록 경쟁당국에 시정방안을 자진하여 제안하고, 해당 시정방안의 타당성이 인정되는 경우 법 위반혐의의 위법 여부를 판단하지 않고 시정방안의 이행을 통해 사건을 종결시키는 제도이다. 동의의결제도는 외관상으로는 사업자와 경쟁당국의 합의를 통해 성립하는 비권력적 공법상 계약으로 볼 수 있으나 동의의결의 확정이 경쟁당국에 의해 단독으로 행해지는 것이기 때문에 권력적 행정행위의 성격을 갖는다.[1)]

본조에서는 동의의결제도를 방문판매 등에 관한 법률에 도입하여 방문판매 등에 관한 법률 위반 혐의 사안에서 동의의결제도를 활용할 수 있도록 하였으며 이를 통해 소비자보호를 위한 새로운 문제해결절차를 마련하였다는 점에서 의의를 갖는다.

Ⅱ. 입법취지 및 입법례

1. 입법취지

독점규제 및 공정거래에 관한 법률 및 표시·광고의 공정화에 관한 법률은 동의의결제도를 도입[2)]하여 일반적인 시정조치로는 불가능한 다양한 내용의 시정방안(행위중지 등 경쟁질서 회복을 위한 시정방안, 거래질서의 적극적 개선과 사용자 등 후생제도를 위한 방안 등)을 사업자와 공정거래위원회 간의 합의를 통해 채택할 수 있도록 함으로써 거래질서를 보다 신속하게 신축적이고 합목적적으로 개선하고 있었다. 그러나 독점규제 및 공정거래에 관한 법률 및 표시·광고의 공정화에 관한 법률을 제외하고 공정거래 및 소비자보호를 목적으로 하는 다른 법률에서는 동의의결제도가 도입되지 않아 형평성, 합리성, 공정성 등에 문제가 있다는 지적이 있었다.[3)]

또한 방문판매 등에 관한 법률 등 소비자보호를 목적으로 하는 법률 위반 사안에서는 소송유인의 부족으로 소비자 피해구제가 실질적으로 이루어지기 힘든 경우가 많았다. 이에 전통적 규제집행을 벗어난 새로운 집행방식으로서의 동의의결제도의 도입 논의가 활발해졌다.

이에 방문판매법에 동의의결제도를 도입하여 다양한 시정방안과 문제해결절차를 확보함으로써 소비자 입장에서는 신속하고 효과적인 피해구제를 도모하는 한편, 사업자 입장에서는 신속한 사건 종결을 통해 소송비용과 시간을 절감할 수 있도록 하여 방문판매

---

1) 김두진, "공정거래법상 동의명령제 도입방안 연구", 「비교사법」 제16권 4호, 2009, 353면; 유진희/최지필, "공정거래법상 동의의결 제도의 내용과 문제점 검토", 「고려법학」 제64호, 2012, 371~372면.

2) 우리나라에서는 독점규제 및 공정거래에 관한 법률 상 동의의결제도가 최초로 도입('11. 12.)되었으며, 이후 표시·광고의 공정화에 관한 법률상 동의의결제도가 도입('14. 1.)되었다.

3) 방문판매 등에 관한 법률[시행 2022. 7. 5.] [법률 제18711호, 2022. 1. 4., 일부개정] 제정·개정이유.

등에서의 공정한 거래질서를 확립하고 소비자의 권익을 두텁게 보호하려 하는 것이다.[4)]

2. 입법례

가. 해외 입법례

미국은 동의명령(Consent order) 및 동의판결(Consent decree)을 통해 동의의결제도를 전 세계에서 최초로 도입하였다. 동의명령제도는 연방거래위원회(Federal Trade Commission)가 경쟁법 사건을 해당 피조사인과의 합의를 통해서 해결하는 제도이다.[5)] 미국은 1915년부터 동의명령제도를 운영해 오다가 1946년 연방행정절차법(Administrative Procedure Act, 제554조c)에 법적 근거를 마련하고 세부적 절차는 연방절차규칙(U.S. Code of federal regulations(CFR))에서 규정하고 있다.[6)] 동의판결제도는 사법절차에 의한 합의제도로서, 독자적 사건처리 권한이 없고 소추권한만 있는 연방 법무부 독점금지국(Antitrust Division of the U.S. Department of Justice)이 사건을 기소하고, 기소 후 법원이 연방 법무부 독점금지국과 피조사인 간의 합의안을 승인하는 제도이다.[7)] 동의판결제도의 근거법은 연방행정절차법과 독점금지사건 절차 및 처리에 관한 법(Antitrust Procedures and Penalties Act, APPA)이다.[8)] 동의판결은 동의명령과 달리 법원에 의한 공익심사를 거쳐야 하는데, 이는 연방 법무부 독점금지국이 연방거래위원회와는 달리 법원의 판결을 거쳐야만 모든 처분을 할 수 있는 점에서 연원하며, 효력 면에서 동의판결과 동의명령 간에 큰 차이는 없다.[9)]

뿐만 아니라 EU, 독일, 호주, 일본 등 주요국의 경쟁당국에서 미국 제도를 모델로 하여 경쟁법 위반행위의 효율적 해결을 위해 동의의결제도를 도입·운영하고 있다.[10)] 주요국의 동의의결제도는 모두 미국의 제도를 모델로 하여 도입하였기 때문에 각국에서의 명칭에는 다소 차이가 있으나 해당 제도의 구조 및 핵심적 내용은 기본적으로 유사하다.[11)]

---

4) 방문판매 등에 관한 법률[시행 2022. 7. 5.] [법률 제18711호, 2022. 1. 4., 일부개정] 제정·개정이유.

5) 이건묵, 「동의의결제도의 문제점과 입법과제」, 국회입법조사처, 2014, 13면.

6) 공정거래위원회 보도자료, 소비자 피해구제, 경쟁질서 회복 등을 위한 동의의결제 시행－동의의결제도 운영 및 절차 등에 관한 규칙 제정－(2022. 4. 20. 방문), <https://www.ftc.go.kr/www/selectReportUserView.do?key=10&rpttype=1&report_data_no=4712>.

7) 이건묵, 「동의의결제도의 문제점과 입법과제」, 국회입법조사처, 2014, 15면.

8) 이건묵, 「동의의결제도의 문제점과 입법과제」, 국회입법조사처, 2014, 15면.

9) 김두진, "공정거래법상 동의명령제 도입방안 연구", 「비교사법」 제16권 4호, 2009, 313면, 314면.

10) 호주(1999년 확약) 등 영미법계는 물론 일본(1959년동의심결, 2018년 확약절차), EU('04년 화해결정), 독일('05년 의무부담부확약제도) 등 대륙법계 국가까지 동의의결제도를 도입하고 있으며, 동의의결제도의 활용은 글로벌 표준으로 자리잡고 있다.

11) 박희주, "동의명령제 도입에 대한 고찰", 「소비자문제연구」 제39호, 2011, 30면.

나. 국내 입법례

우리나라에서는 2011년 11월 22일 한·미 FTA 비준안 통과에 따라 미국의 동의명령을 모델로 한 동의의결제도가 최초로 독점규제 및 공정거래에 관한 법률에 도입[12]되었다. 이후 2014년에 표시·광고의 공정화에 관한 법률에도 동일한 내용의 동의의결제도가 도입[13]되었다.

Ⅲ. 동의의결의 주요 내용

1. 동의의결의 신청

가. 동의의결의 신청인

동의의결의 신청인은 공정거래위원회의 조사나 심의를 받고 있는 사업자 또는 사업자단체(이하 "신청인")이다. 신청인은 해당 조사나 심의의 대상이 되는 행위(이하 '해당 행위")로 인한 불공정한 거래내용 등의 자발적 해결, 소비자의 피해구제 및 거래질서의 개선 등을 위한 시정방안을 마련하여 공정거래위원회에 동의의결을 하여 줄 것을 신청할 수 있다.

공정거래위원회 또는 이해관계인이 법 위반혐의 사안을 동의의결을 통하 해결하고 싶다고 할지라도 신청인의 신청 없이 동의의결 절차는 진행되지 않는다. 따라서 동의의결제도의 활성화 차원에서 신청인이 동의의결제도를 법 위반행위의 효과적인 시정수단으로 활용할 수 있도록 다양한 유인책을 제공하는 것이 필요할 것으로 보인다.

나. 동의의결의 신청서

동의의결의 신청은 서면으로 이루어져야 하며 동의의결의 신청서에는 다음 3가지 사항이 기재되어야 한다. 첫째, 해당 행위를 특정할 수 있는 사실관계가 기재되어야 한다. 둘째, 경쟁질서의 회복이나 거래질서의 적극적 개선을 위하여 필요한 시정방안(해당 행위의 중지, 원상회복 등)이 마련되어야 한다. 셋째, 그 밖에 소비자, 다른 사업자 등의 피해를 구제하거나 예방하기 위하여 필요한 시정방안이 포함되어야 한다.

다. 동의의결의 신청 시기

공정거래위원회로부터 조사·심의를 받고 있는 사업자 또는 사업자단체는 공정거래위원회의 조사나 심의가 시작된 시점으로부터 전원회의일 전까지 동의의결을 신청할 수

---

12) 독점규제 및 공정거래에 관한 법률 제89조의~92조.

13) 표시·광고의 공정화에 관한 법률 제7조의2~5.

있다(동의의결제도 운영 및 절차 등에 관한 규칙 제4조 제1항 및 제2항).

2. 동의의결의 진행

동의의결의 신청이 있는 경우 공정거래위원회는 해당 행위를 동의의결 절차를 통해 해결할 것인지 또는 일반적인 심의 절차를 거칠 것인지를 결정하여야 한다. 공정거래위원회가 동의의결 절차의 개시를 결정하면 심의 절차는 중단된다. 그러나 동의의결의 신청인이 동의의결이 있기 전 신청을 취소하는 경우 공정거래위원회는 동의의결 절차를 더는 진행하지 않으며 중단하였던 심의 절차를 재개하여 해당 행위에 대한 위법성을 판단하게 된다.

3. 동의의결의 판단기준으로서의 시정방안

가. 시정방안의 타당성

공정거래위원회는 동의의결의 신청을 받아들여 동의의결 절차를 개시하는 경우 신청서에 기재된 시정방안과 같은 취지의 의결(동의의결)을 함으로써 해당 사안을 종결시킬 수 있다. 이 경우 공정거래위원회는 동의의결의 판단기준이 되는 시정방안의 타당성을 검증하여 동의의결을 하게 된다. 시정방안은 다음의 두 가지 요건을 모두 충족하면 타당성을 인정받게 된다. 먼저 시정방안은 해당 행위가 이 법을 위반한 것으로 판단될 경우에 예상되는 시정조치 및 그 밖의 제재와 균형을 이루는 정도의 것이어야 한다.[14] 다음으로 시정방안은 공정하고 자유로운 경쟁질서나 거래질서를 회복시키거나 소비자, 다른 사업자 등을 보호하기에 적절하다고 인정되는 것이어야 한다.

나. 시정방안의 종류

시정방안은 시정의 목적에 따라 경쟁질서의 회복 또는 거래질서의 적극적 개선을 위하여 필요한 시정방안과 그 밖에 소비자, 다른 사업자 등의 피해를 구제하거나 예방하기 위하여 필요한 시정방안으로 구분된다.

경쟁질서의 회복 또는 거래질서의 적극적 개선을 위하여 필요한 시정방안은 다시 행위중지 등 신청인의 부작위를 통해 법 위반혐의 행위를 제거하여 경쟁질서를 회복하는 시정방안과 법 위반혐의의 재발방지 등 신청인의 작위를 통해 거래질서를 적극적으로 개선하는 시정방안으로 나누어진다. 소비자 등의 피해를 구제하거나 예방하기 위하여 필요한

14) 동의의결제도는 해당 행위의 위법성을 전제로 하고 있지 않음에도 불구하고, 법 위반을 예측한 시정조치와 균형을 이루라고 하는 것은 동의의결제도의 본질과 맞지 않으며, 공정거래위원회의 정식 절차에 의하여 어느 정도의 제재를 받을 것인지 신청인이 예견하고 이에 준하는 시정방안을 제출하는 것은 불가능하다는 지적이 있다(박희주, "동의명령제 도입에 대한 고찰", 「소비자문제연구」 제39호, 2011, 29면; 유진희/최지필, "공정거래법상 동의의결 제도의 내용과 문제점 검토", 「고려법학」 제64호, 2012, 377~379면.).

시정방안은 소비자 등에게 직접적 배상이 이루어지는 경우와 간접적으르 편익을 제공하는 방식으로 소비자피해가 예방되는 경우로 나누어진다.[15)]

다. 시정방안의 수정

신청인이 제안한 시정방안의 수정이 필요한 경우 공정거래위원회와 신청인은 협의를 통해 수정 시정방안을 마련할 수 있으며 수정 시정방안과 같은 취지의 동의의결을 할 수 있다.

4. 동의의결의 효과

공정거래위원회는 해당 행위에 대해 동의의결을 하는 과정에서 해당 행위에 대한 위법성 판단을 하지 않는다. 따라서 동의의결의 확정은 해당 행위가 방문판매 등에 관한 법률에 위반된다고 인정한 것을 의미하지 않는다. 그러므로 동의의결이 있었던 사실을 가지고 누구든지 해당 행위가 방문판매 등에 관한 법률에 위반된다고 주장할 수 없다.

동의의결의 확정으로 사안이 종결된 경우 해당 행위의 위법성이 인정되는 것은 아니지만 그렇다고 하여 해당 행위의 위법성이 인정되지 않는 것도 아니다. 따라서 동의의결의 확정이 제3자의 손해배상청구권을 배제하는 것은 아니다. 민사소송 등에서 제3자는 신청인이 동의의결을 받은 사실을 들어 해당 행위의 위법성 판단에 대한 사실상 추정을 주장할 수는 없지만,[16)] 해당 사안에서의 행위사실이 상세히 기재된 동의의결 의결서를 재판자료로 활용할 수 있다.[17)]

15) 현재까지 우리나라 동의의결 사례에서는 직접적 보상 또는 지원을 제공하는 방식보다는 간접적으로 편익을 제공하는 방식을 활용하는 경우가 많았다. 간접적 편익제공은 주로 공익법인 설립 및 기금 출연, 사용자 등 후생제고 및 상생지원, 피해구제 전담조직 설치 등을 통해 이루어졌다(송혜진/송민수, 「동의의결 해외사례 연구」, 한국소비자원, 2021, 107~108면).

16) 송혜진/박희주, 「동의의결제도의 실효성 확보를 위한 운영방안 연구」, 한국소비자원, 2020, 17면.

17) 공정거래위원회 보도참고자료, 2016.9.12.(월)자, 이동통신 3사 동의의결 최종 결정 보도 관련(2022. 4. 20. 방문), <https://www.ftc.go.kr/www/selectReportUserView.do?key=10&rpttype=1&report_data_no=6930>.

제50조의3 동의의결 절차

[송혜진]

제50조의3(동의의결 절차) ① 공정거래위원회는 신속한 조치의 필요성, 소비자 피해의 직접 보상 필요성 등을 종합적으로 고려하여 동의의결 절차의 개시 여부를 결정하여야 한다.
② 공정거래위원회는 동의의결을 하기 전에 30일 이상의 기간을 정하여 다음 각 호의 사항을 신고인 등 이해관계인에게 통지하거나, 관보 또는 공정거래위원회의 인터넷 홈페이지에 공고하는 등의 방법으로 의견을 제출할 기회를 주어야 한다.
1. 해당 행위의 개요
2. 관계 법령 조항
3. 시정방안(제50조의2제3항 후단에 따라 시정방안이 수정된 경우에는 그 수정된 시정방안을 말한다)
4. 해당 행위와 관련하여 신고인 등 이해관계인의 이해를 돕는 그 밖의 정보. 다만, 사업상 또는 사생활의 비밀 보호나 그 밖에 공익상 공개하기에 적절하지 아니한 것은 제외한다.

③ 공정거래위원회는 제2항 각 호의 사항을 관계 행정기관의 장에게 통보하고 그 의견을 들어야 한다. 다만, 제58조부터 제64조까지의 규정이 적용되는 행위에 대해서는 검찰총장과 협의하여야 한다.
④ 공정거래위원회는 동의의결을 하거나 이를 취소하는 경우에는 「독점규제 및 공정거래에 관한 법률」 제59조의 구분에 따른 회의의 심의·의결을 거쳐야 한다.
⑤ 동의의결을 받은 신청인은 제4항의 의결에 따라 동의의결의 이행계획과 이행결과를 공정거래위원회에 제출하여야 한다.
⑥ 공정거래위원회는 제5항에 따라 제출된 이행계획의 이행 여부를 점검할 수 있고, 동의의결을 받은 신청인에게 그 이행에 관련된 자료의 제출을 요청할 수 있다.
⑦ 공정거래위원회는 제6항에 따른 이행계획의 이행 여부 점검 등 동의의결의 이행관리에 관한 업무를 대통령령으로 정하는 바에 따라 조정원 또는 「소비자기본법」 제33조에 따른 한국소비자원(이하 "소비자원"이라 한다)에 위탁할 수 있다.
⑧ 제7항에 따른 위탁을 받은 기관의 장은 제5항에 따라 신청인이 제출한 동의의결의 이행계획과 이행결과에 대한 이행관리 현황을 분기별로 공정거래위원회에 보고하여야 한다. 다만, 공정거래위원회의 현황 보고 요구가 있는 경우 즉시 이에 따라야 한다.
⑨ 제7항에 따른 위탁을 받은 기관의 장은 동의의결을 받은 신청인이 그 이행을 게을리하거나 이행하지 아니하는 경우에는 지체 없이 그 사실을 공정거래위원회에 통보하여야 한다.
⑩ 제50조의2제2항에 따른 서면의 신청 방법, 의견 조회 방법, 심의·의결 절차, 조정원 또는 소비자원에 대한 이행관리 업무의 위탁 절차 등 그 밖의 세부 사항은 공정거래위원회가 정하여 고시할 수 있다.

[참고문헌] 박희주, "동의명령제 도입에 대한 고찰", 「소비자문제연구」 제39호, 2011; 송혜진/박희주, 『동의의결제도의 실효성 확보를 위한 운영방안 연구』, 한국소비자원, 2020; 이봉의 외, 「동의의결제의 규범적 정당성 및 실효성에 관한 연구」, 한국공정거래조정원, 2015; 정무위원회 검토보고서, "동의의결 이행관리 업무 조정원 위탁", 김병욱 의원 대표발의(의안번호 제17569호) 독점규제 및 공정거래에 관한 법률 일부개정법률안 검토보고, 2019. 3.

Ⅰ. 본조의 의의

본조에서는 동의의결의 개시 절차, 의견수렴 절차, 동의의결의 심의·의결절차, 동의의결의 이행계획과 이행결과 제출, 이행관리 및 이행관리 업무의 위탁 등 동의의결의 개시부터 이행에 이르는 과정까지 필요한 절차를 규정하고 있다.

Ⅱ. 동의의결의 절차

1. 동의의결 개시 여부 결정

신청인이 동의의결을 신청한 경우 심사관은 공정거래위원회에 동의의결 신청서를 첨부하여 보고하고, 공정거래위원회는 보고 후 14일 이내에 동의의결 절차의 개시 여부를 결정하여야 한다(동의의결제도 운영 및 절차 등에 관한 규칙 제5조 제1항). 공정거래위원회는 동의의결 절차의 개시 여부를 판단할 때 신속한 조치의 필요성, 소비자 피해의 직접 보상 필요성 등을 종합적으로 고려하여야 한다. 신청인의 시정방안이 동의의결 개시를 위한 요건을 충족하는 경우에도 공정거래위원회는 동의의결 개시를 수락할 의무가 없으며 신청인이 제출한 시정방안의 타당성을 재량으로 검토한 후 동의의결 절차에 따라 사건을 처리할 수 있다.[1] 동의의결 절차가 개시되면 해당 행위에 대한 조사·심의 절차가 중단되며 동의의결 절차가 개시되지 않으면 조사·심의 절차는 재개된다.

2. 의견수렴 절차

가. 이해관계인 의견수렴 절차

신청인이 제출한 시정방안은 공정거래위원회가 동의의결 개시 결정을 하는 과정에서 일차적으로 타당성 판단이 이루어진다. 따라서 동의의결 개시 결정 과정에서 이해관계인의 의견이 반영될 여지는 없다.

동의의결 절차 개시 후 공정거래위원회와 신청인은 협의를 통해 잠정 동의의결안을 마련한 후 잠정 동의의결안에 대해 이해관계인의 의견을 수렴하게 된다. 동의의결 절차에서 그동안 배제되었던 이해관계인은 의견수렴 절차를 통해 비로소 동의의결의 타당성을 이차적으로 평가하게 된다. 따라서 동의의결제도의 운영의 투명성 및 객관성을 확보하는 측면에서 이해관계인의 의견이 실질적으로 반영될 수 있는 절차를 확보하는 것은 중요하

1) 박희주, “동의명령제 도입에 대한 고찰”, 「소비자문제연구」 제39호, 2011, 27, 29면.

다. 이를 통해 이해관계인이 원하지 않는 동의의결로 인해 예상치 못한 피해를 입는 것을 방지하고 이해관계인이 납득할 수 있는 최상의 동의의결안을 도출할 수 있는 기반을 마련하게 되는 것이다.[2)]

이에 공정거래위원회는 30일 이상의 기간을 정하여[3)] 일정한 사항을 신고인 등 이해관계인에게 통지 또는 공고(관보 또는 인터넷 홈페이지에 공고)하는 등의 방법으로 의견수렴을 하여야 한다. 의견수렴 과정에서 통지 또는 공고해야 하는 내용은 ① 해당 행위의 개요, ② 관계 법령 조항, ③ 시정방안(시정방안이 수정된 경우 수정 시정방안), ④ 이해를 돕는 그 밖의 정보이다.

공정거래위원회는 의견수렴 기간 동안 이해관계인이 제출한 의견 등을 고려하여 동의의결을 확정한다. 동의의결의 확정 시 공정거래위원회는 제출된 의견을 참고할 수 있으며, 해당 의견을 반드시 반영해야 하는 것은 아니다.

나. 관계 행정기관 의견수렴 및 검찰총장과의 협의

공정거래위원회는 관계 행정기관의 장에게도 이해관계인에게 통지 또는 공지한 사항을 통보하여 의견을 수렴해야 한다. 다만 방문판매 등에 관한 법률 위반으로 벌칙 규정(제58조~제64조)이 적용되는 행위에 대해서는 잠정 동의의결안에 대해 검찰총장과 협의해야 한다. 검찰총장과의 협의는 주요국의 유사 동의의결제도와 비교해 볼 때 우리나라에서만 발견할 수 있는 독특한 절차로서 사법적 통제 및 형벌조항의 무력화를 우려한 안전장치로 도입된 것이다.[4)]

3. 동의의결의 심의·의결 절차

공정거래위원회의 회의는 위원 전원으로 구성하는 회의인 전원회의와 상임위원 1명을 포함하여 3명의 위원으로 구성하는 회의인 소회의로 구분된다(독점규제 및 공정거래에 관한 법률 제58조). 공정거래위원회는 동의의결을 하거나 이를 취소하는 경우 사안에 따라 전원회의 또는 소회의의 심의·의결을 거쳐야 한다.

4. 신청인의 동의의결의 이행계획 및 이행결과 제출

동의의결을 받은 신청인은 시정방안을 구체적으로 실행하기 위한 동의의결의 이행계

2) 이봉의 외, 「동의의결제의 규범적 정당성 및 실효성에 관한 연구」, 한국공정거래조정원, 2015, 89면.

3) 동의의결제도 운영 및 절차 등에 관한 규칙 제9조 제2항에서는 30일 이상 60일 이하의 의견수렴 기간을 규정하고 있으며 동의의결이 확정된 실제 사례에서는 의견수렴 기간이 40일로 운영되었다.

4) 송혜진/박희주, 「동의의결제도의 실효성 확보를 위한 운영방안 연구」, 한국소비자원, 2020, 57면.

획을 제출하고 시정방안을 이행하는 동안 해당 이행결과를 공정거래위원회에 제출하여야 한다. 신청인에게 이와 같은 동의의결의 이행계획 및 이행결과 제출의무를 부과하여 동의의결의 이행을 담보하고자 하는 것이다.

5. 공정거래위원회의 직접 이행관리

공정거래위원회는 신청인이 제출한 동의의결의 이행계획 및 이행결과를 바탕으로 동의의결의 이행을 직접 관리할 수 있다. 공정거래위원회는 동의의결의 이행관리에 필요한 경우 신청인이 제출한 자료 이외에도 그 이행에 관련된 자료의 제출을 요청할 수 있다.

6. 이행관리의 위탁

동의의결의 실제 운영 사례에서 공정거래위원회의 이행관리의 미흡·부실로 인해 동의의결 이행의 적절성 여부에 대한 지적이 지적되면서[5] 객관적·전문적인 동의의결 이행관리의 필요성이 제기되었다. 이에 공정거래위원회는 대통령령으로 정하는 바에 따라 특정 수탁기관에 동의의결의 이행관리 업무를 위탁할 수 있게 되었다. 수탁기관은 동의의결 이행관리 체계의 효율성 및 전문성 등을 고려하여 한국공정거래조정원 또는 한국소비자원으로 특정[6]되었으며 대통령령에서 수탁기관의 범위를 더욱 한정할 수 있다.[7]

수탁기관인 한국공정거래조정원 또는 한국소비자원은 공정거래위원회로부터 위탁받은 이행계획의 이행 여부 점검 등 동의의결의 이행관리에 관한 업무를 수행한다. 업무의 수행과정에서 수탁기관은 보고의무와 통지의무를 진다. 보고의무는 정기 보고의무와 수시 보고의무로 구분된다. 수탁기관은 신청인이 제출한 동의의결의 이행계획과 이행결과에 따른 이행관리 현황을 분기별로 공정거래위원회에 보고하여야 한다(정기 보고의무). 정기 보고의무 외에도 수탁기관은 공정거래위원회가 현황 보고를 요구하는 경우 이에 즉시 따라야 한다(수시 보고의무). 보고의무 외에 수탁기관은 신청인이 동의의결의 이행을 게을

5) 2017년 국정감사에서 제기된 지적사항을 보면, 동의의결을 받은 기업들의 이형의 적절성 여부에 대해서 다음과 같이 이견이 존재하고 있다. 2016년 SKT, KT, LG U+ 등 이동통신 3사 사례에서는 피해를 입은 소비자에게 보상하는 것을 내용으로 하는 동의의결이 확정되었다. 그러나 동의의결의 이행결과 최대 1,138만 명에 이를 것으로 추정되는 타사 번호 이동자에 중 16명에 대해서만 피해구제를 한 것으로 나타났다(정무위원회 검토보고서, "동의의결 이행관리 업무 조정원 위탁", 김병욱 의원 대표발의(의안번호 제17569호) 독점규제 및 공정거래에 관한 법률 일부개정법률안 검토보고, 2019.3.).

6) 독점규제 및 공정거래에 관한 법률에서는 동의의결 이행관리의 위탁 규정을 도입하면서 부칙을 통해 동의의결 이행관리 업무를 이행관리 주체의 상시 수행 업무 중 하나로 규율한 것에 반해 방문판매 등에 관한 법률에서는 관련 규정을 마련하지 않았다.

7) 독점규제 및 공정거래에 관한 법률 제90조에서 동의의결 이행관리의 위탁 규정을 최초로 마련하였으며 이에 따라 한국공정거래조정원 또는 한국소비자원이 수탁기관이 될 수 있다. 다만 독점규제 및 공정거래에 관한 법률 시행령 제80조에서는 이행관리 업무의 수탁기관으로 한국공정거래조정원만을 명시하고 있다.

리하거나 불이행하는 경우 지체 없이 그 사실을 공정거래위원회에 통보할 의무가 있다. 공정거래위원회는 그 밖에 동의의결 이행관리의 위탁과 관련한 세부사항 등을 정하여 고시할 수 있다.

제50조의4 동의의결의 취소

[송혜진]

제50조의4(동의의결의 취소) ① 공정거래위원회는 다음 각 호의 어느 하나에 해당하는 경우에는 동의의결을 취소할 수 있다.
1. 동의의결의 기초가 된 시장상황 등 사실관계의 현저한 변경 등으로 인하여 시정방안이 적정하지 아니하게 된 경우
2. 신청인이 제공한 불완전하거나 부정확한 정보로 인하여 동의의결을 하게 되었거나, 신청인이 거짓 또는 그 밖의 부정한 방법으로 동의의결을 받은 경우
3. 신청인이 정당한 이유 없이 동의의결을 이행하지 아니하는 경우

② 제1항제1호에 따라 동의의결을 취소하는 경우 신청인이 제50조의2제1항에 따라 동의의결을 하여줄 것을 신청하면 공정거래위원회는 다시 동의의결을 할 수 있다. 이 경우 제50조의2부터 제50조의5까지의 규정을 적용한다.

③ 제1항제2호 또는 제3호에 따라 동의의결을 취소하는 경우 공정거래위원회는 제50조의2제3항에 따라 중단된 해당 행위 관련 심의절차를 계속하여 진행할 수 있다.

[참고문헌] 송혜진/송민수, 「동의의결 해외사례 연구」, 한국소비자원, 2021; 이봉의 외, 「동의의결제의 규범적 정당성 및 실효성에 관한 연구」, 한국공정거래조정원, 2015.

I. 동의의결의 취소 사유

동의의결이 확정되었다 하더라도 다음 3가지의 사유가 발생하면 공정거래위원회는 동의의결을 취소할 수 있다.

첫째, 동의의결의 기초가 된 시장상황 등 사실관계의 현저한 변경 등으로 인하여 시정방안이 적정하지 않게 된 경우이다. 동의의결에 따른 이행이 장기간 이루어지는 경우 시장상황의 현저한 변경 등은 동의의결의 취지에 부합하지 않는 이행결과를 가져올 수 있다. 따라서 동의의결에 따라 신청인이 성실히 이행을 하고 있더라도 공정거래위원회는 동의의결을 취소할 수 있다. 다만 시장상황은 계속하여 변하는 것이 일반적이며 동의의결 확정 후 일정한 시간적 제한 없이 공정거래위원회에 동의의결의 취소권을 유보하는 것은 신청인을 비롯한 이해관계인의 지위가 불안정해지는 결과를 가져올 수 있으므로 동의의결의 취소에는 신중한 접근이 필요할 것으로 보인다.[1)]

둘째, 신청인이 제공한 불완전하거나 부정확한 정보로 인하여 동의의결을 하게 되었

1) 이봉의 외, 「동의의결제의 규범적 정당성 및 실효성에 관한 연구」, 한국공정거래조정원, 2015, 96면.

거나, 신청인이 거짓 또는 그 밖의 부정한 방법으로 동의의결을 받은 경우이다. 신청인은 동의의결 절차 개시 후 동의의결 확정에 이르기까지 공정거래위원회와의 협의를 통해 최적의 시정방안을 마련하여야 하며 이를 위해 공정거래위원회에 완전하고 정확한 정보를 제공하고 공정한 방법을 통해 동의의결을 받아야 한다. 신청인이 이러한 사항을 준수하지 않고 부정한 방법으로 동의의결을 받은 경우 동의의결의 성립 자체에 흠결이 있는 것이기 때문에 공정거래위원회는 동의의결을 취소할 수 있다.

셋째, 신청인이 정당한 이유 없이 동의의결을 이행하지 아니하는 경우이다. 신청인은 동의의결에 따른 성실한 이행의무를 지므로 정당한 이유가 없는 경우에는 동의의결을 이행하여야 한다. 따라서 정당한 이유 없이 신청인이 동의의결을 이행하지 않으면 공정거래위원회는 동의의결을 취소할 수 있다. 이를 통해 동의의결의 이행을 간접적으로 담보할 수 있다.

Ⅱ. 동의의결의 취소에 따른 후속절차

시장상황의 변경 등으로 시정방안이 적정하지 않아 동의의결이 취소되는 경우 신청인은 다시 동의의결을 하여줄 것을 신청할 수 있으며 이에 따라 공정거래위원회는 변경된 시장상황에 적합한 시정방안을 마련하여 다시 동의의결을 할 수 있다. 이와는 달리 신청인의 작위 또는 부작위로 인하여 동의의결이 취소되면 공정거래위원회는 동의의결로 인해 중단되었던 심의절차를 계속하여 진행할 수 있다.[2)]

---

2) 미국은 1차 동의명령을 위반한 경우 2차 동의명령 통해 동의명령을 적극적으로 활용하고자 한다. 2차 동의명령에서는 1차 동의명령의 내용을 유지하면서도 민사벌 부과, 강력한 준수 및 보고요건 부과 등을 통해 1차 동의명령에 비해 법 위반혐의 사업자를 강하게 제재하고 있다(송혜진/송민수, 「동의의결 해외사례 연구」, 한국소비자원, 2021, 101면).

제50조의5 이행강제금

[송혜진]

제50조의5(이행강제금) ① 공정거래위원회는 정당한 이유 없이 동의의결 시 정한 이행기한까지 동의의결을 이행하지 아니한 자에게 동의의결이 이행되거나 취소되기 전까지 이행기한이 지난 날부터 1일당 200만원 이하의 이행강제금을 부과할 수 있다.
② 이행강제금의 부과·납부·징수 및 환급 등에 관하여는 「독점규제 및 공정거래에 관한 법률」 제16조제2항 및 제3항을 준용한다.

Ⅰ. 동의의결의 이행확보 수단으로서의 이행강제금

동의의결에 따른 시정이 이루어지기 위해서는 신청인이 제출한 이행계획에 따라 적절한 이행이 이루어져야 한다. 공정거래위원회가 동의의결을 하고 나면 신청인은 동의의결에서 확정된 시정방안을 성실하게 이행하여야 할 의무를 진다.[1] 신청인이 제출한 이행계획에 따라 적절한 이행이 이루어져야 동의의결의 취지에 부합하는 시정이 이루어진 것으로 볼 수 있으므로 이행확보를 위한 수단을 마련하는 것이 필요하다.

공정거래위원회는 동의의결의 이행확보를 위해 신청인이 이행기한까지 동의의결을 이행하지 않는 경우 이행강제금을 부과할 수 있다. 이행강제금은 이행기한이 지난 날부터 신청인이 동의의결을 이행하거나 공정거래위원회가 동의의결을 취소하기 전까지 1일당 200만원 이하로 부과된다.

Ⅱ. 이행강제금의 부과·납부·징수 및 환급 등

이행강제금의 부과·납부·징수 및 환급 등에 관하여는 독점규제 및 공정거래에 관한 법률 제16조 제2항 및 제3항을 준용한다. 준용규정에 의해 이행강제금의 부과·납부·징수·환급 등에 필요한 사항은 독점규제 및 공정거래에 관한 법률 시행령의 규정에 따르게 되며 체납된 이행강제금은 국세체납처분의 예에 따라 징수하게 된다. 또한 준용규정에 따라 공정거래위원회는 이행강제금의 징수 또는 체납처분에 관한 업무를 독점규제 및 공정거래에 관한 법률 시행령으로 정하는 바에 따라 국세청장에게 위탁할 수 있게

1) 송혜진/박희주, 「동의의결제도의 실효성 확보를 위한 운영방안 연구」, 한국소비자원, 2020, 17면.

제51조 과징금

[신영수]

제51조(과징금) ① 공정거래위원회는 제49조제4항에 따른 영업정지를 갈음하여 해당 사업자에 대하여 대통령령으로 정하는 위반행위 관련 매출액을 초과하지 아니하는 범위에서 과징금을 부과할 수 있다. 이 경우 관련 매출액이 없거나 이를 산정할 수 없는 등의 경우에는 5천만원을 초과하지 아니하는 범위에서 과징금을 부과할 수 있다.

② 공정거래위원회는 제1항에 따른 과징금을 부과할 때 다음 각 호의 사항을 고려하여야 한다.

1. 위반행위로 인한 소비자피해 정도
2. 소비자피해에 대한 사업자의 보상노력 정도
3. 위반행위로 취득한 이익의 규모
4. 위반행위의 내용·기간 및 횟수 등

③ 공정거래위원회는 이 법을 위반한 사업자인 회사의 합병이 있는 경우에는 그 회사가 한 위반행위를 합병 후 존속하거나 합병으로 새로 설립된 회사가 한 행위로 보아 과징금을 부과·징수할 수 있다.

④ 삭제

⑤ 제1항에 따른 과징금의 부과기준은 대통령령으로 정한다.

1. 과징금의 법적 성격

과징금은 행정청이 법상 의무 이행을 확보하기 위해 법 위반행위자에 대해 부과하는 행정적 제재 가운데 금전적 제재수단에 해당한다. 금전적 제재라는 점에서 벌금이나 과태료와 유사한 성격을 가지고 있으나 과징금 수입을 징수분야의 행정목적에 직접 사용한다는 점에서 벌금 등과 차이가 있다. 현행 법체계상 과징금은 지난 1980년「독점규제 및 공정거래에 관한 법률」제정시에 최초로 도입되었으며, 이후 공정거래위원회 소관 법률에 대부분 도입되어 활발히 부과 및 집행되어 오고 있다. 과징금은 행정처분이므로 이의가 있을 경우 당연히 행정소송을 제기할 수 있다.

과징금의 법적 성격은 당초 부당이득의 환수라고 보는 견해와 제재적 성격으로 보는 견해가 나뉘기도 하였으나 현재는 두 가지 성격 모두를 내포한 제도로 이해하는 것이 일반적이다. 헌법재판소는 이러한 과징금은 기본적으로는 행정목적 달성을 위해 선택한 합목적적인 제도로 보면서 부당이득이 아닌 행정제재로서의 성격만 가지고 있다고 하여 위헌은 아니라고 결정하였다.

현행 방문판매법에서도 제51조에서 과징금의 부과 근거 규정을 두고 있다. 다만 방문판매법상의 과징금은 제49조 제4항에 따른 영업정지를 갈음하여 부과된다는 점에 특징이 있다.

과징금의 체납시에는 국세징수법이나 지방행정제재·부과등의 징수 등에 관한 법률에 따라 징수하게 된다. 대부분의 경우 체납시 과징금 처분을 취소하고 원 처분인 영업정지로 변경하여 재처분될 수 있다.

2. 방문판매법상 과징금 부과의 기준

현행 방문법상 과징금도 부당이득의 환수에 더하여 행정제재적 성격이 내포된 것으로 볼 수 있다. 그 이유는 방문판매법 제51조 제2항에서 과징금의 부과시에 부당이득만을 고려하지 않고 그 외에 위반행위로 인한 소비자피해 정도, 소비자피해에 대한 사업자의 보상노력 정도, 위반행위로 취득한 이익의 규모, 위반행위의 내용·기간 및 횟수 등 법위반행위 사업자의 주관적 비난가능성 및 객관적 효과를 고려하도록 하고 있기 때문이다.

한편 방문판매법상 과징금은 매출액이 있는 경우에 부과되는 과징금과 매출액이 없거나 이를 산정할 수 없는 경우에 부과되는 과징금으로 구분할 수 있다. 전자에 해당하는 과징금은 대통령령이 정하는 매출액의 일정 비율을 상한으로 한다, 즉 i> 해당 위반행위가 매출이나 소비자피해 발생의 직접적인 원인이 아닌 경우: 해당 위반행위의 발생 시점부터 종료 시점(해당 행위가 과징금 부과처분 시까지 종료되지 아니한 경우에는 과징금 부과처분을 명하는 공정거래위원회의 의결일을 해당 행위의 종료일로 본다)까지의 매출액의 10퍼센트에 해당하는 금액(다만, 위반행위가 특정 분야에 한정된 경우에는 해당 분야 매출액을 기준으로 함), ii> 해당 위반행위가 매출 발생의 직접적 원인이 된 경우: 해당 위반행위와 상당인과관계가 있는 매출액 전액에 해당하는 금액, iii> 해당 위반행위가 소비자피해 발생의 직접적 원인이 된 경우: 해당 위반행위로 인하여 피해가 발생한 매출액 전액에 해당하는 금액을 기준으로 하여 부과된다.

매출액을 산정함에 있어서는 거래되는 상품의 범위는 위반행위로 인하여 직접 또는 간접적으로 영향을 받는 상품의 종류와 성질, 거래지역, 거래상대방, 거래단계 등을 고려할 수 있고, 위반기간은 위반행위의 개시일부터 종료일까지의 기간으로 하며, 매출액은 사업자의 회계자료 등을 참고하여 정하는 것을 원칙으로 하되, 각각의 범위는 행위유형별로 개별적·구체적으로 판단하게 된다.

한편 매출액이 없거나 이를 산정할 수 없는 경우에 부과되는 과징금을 일반적으로 정액과징금이라고 하는데 현행법상으로는 이런 경우에 5천만원을 초과하지 아니하는 범위에서 부과가 가능하다.

부과되는 과징금 액수는 전술한 바와 같이 당해 법 위반행위의 구체적 태양 등에 기하여 판단되는 그 위법성의 정도나 기타 사정으로서 조사에의 협조 여부, 종전의 위반횟수뿐만 아니라, 위반행위로 인한 이득액의 규모와도 상호 균형을 이룰 것이 요구되고, 이러한 균형을 상실할 경우에는 비례의 원칙에 위배되어 재량권의 일탈·남용에 해당할 수 있다.[1] 과징금의 납부기한을 연장할 수 있으며, 분할납부, 연대납부, 징수 및 체납에 대한 처분도 가능하고, 이의신청의 재결 또는 법원의 판결 등의 사유로 공정거래위원회가 과징금을 환급하는 경우에는 일정한 환급가산금도 지급하여야 한다.

한편 방문판매법을 위반한 사업자인 회사의 합병이 있는 경우에 공정거래위원회는 그 회사가 한 위반행위를 합병 후 존속하거나 합병으로 새로 설립된 회사가 한 행위로 보아 과징금을 부과·징수할 수도 있다.

1) 대법원 2008. 8. 11. 선고 2007두4919 판결.

제 8 장

보 칙

제52조 소비자 등에게 불리한 계약의 금지

제52조(소비자 등에게 불리한 계약의 금지) 제7조, 제7조의2, 제8조부터 제10조까지, 제16조부터 제19조까지, 제30조부터 제32조까지의 규정 중 어느 하나를 위반한 계약으로서 소비자에게 불리한 것은 효력이 없다. 〈개정 2018. 6. 12.〉

제53조 전속관할

제53조(전속관할) 특수판매와 관련된 소(訴)는 제소 당시 소비자 주소를, 주소가 없는 경우에는 거소를 관할하는 지방법원의 전속관할로 한다. 다만, 제소 당시 소비자의 주소 또는 거소가 분명하지 아니한 경우에는 「민사소송법」의 관계 규정을 준용한다.

제54조 사업자단체의 등록

제54조(사업자단체의 등록) ① 특수판매의 건전한 발전과 소비자의 신뢰도 제고, 그 밖에 공동이익의 증진을 위한 목적으로 설립된 사업자단체는 대통령령으로 정하는 바에 따라 공정거래위원회에 등록할 수 있다.
② 제1항에 따른 등록의 요건, 방법 및 절차 등에 관하여 필요한 사항은 대통령령으로 정한다.

제55조 소비자에 관한 정보의 오용·남용 및 도용 방지 등

제55조(소비자에 관한 정보의 오용·남용 및 도용 방지 등) 특수판매업자가 소비자에 관한 정보를 수집·이용하는 경우에는 「전자상거래 등에서의 소비자보호에 관한 법률」 제11조를 준용한다. 이 경우 "전자상거래 또는 통신판매"는 "특수판매"로 본다.

제56조 권한의 위임·위탁

제56조(권한의 위임·위탁) ① 이 법에 따른 공정거래위원회의 권한은 그 일부를 대통령령으로 정하는 바에 따라 소속 기관의 장 또는 시·도지사에게 위임하거나 다른 행정기관의 장에게 위탁할 수 있다.
② 이 법에 따른 시·도지사의 권한은 그 일부를 대통령령으로 정하는 바에 따라 시장·군수·구청장에게 위임할 수 있다.
③ 공정거래위원회는 이 법을 효율적으로 집행하기 위하여 필요한 경우 사무의 일부를 제54조에 따라 등록한 사업자단체에 위탁할 수 있다.
④ 제1항부터 제3항까지의 규정에 따라 위임하거나 위탁한 사무에 대한 감독, 처리·보고, 조사·확인, 자료의 제출 또는 시정에 필요한 조치의 요구 등에 관하여 필요한 사항은 대통령령으로 정한다.
⑤ 제3항 또는 제42조제3항에 따라 사무를 위탁받은 자의 임직원은 「형법」 제129조부터 제132조까지의 규정에 따른 벌칙을 적용할 때에는 공무원으로 본다.

제57조 「독점규제 및 공정거래에 관한 법률」의 준용

제57조(「독점규제 및 공정거래에 관한 법률」의 준용) ① 이 법에 따른 공정거래위원회의 심의·의결에 관하여는 「독점규제 및 공정거래에 관한 법률」 제64조부터 제68조까지 및 제93조를 준용한다.
② 이 법 위반행위에 대한 행정청의 조사 등에 관하여는 「독점규제 및 공정거래에 관한 법률」 제81조제1항·제2항·제3항·제6항 및 제9항을 준용한다.
③ 이 법에 따른 공정거래위원회의 처분 및 제56조에 따라 위임된 시·도지사의 처분에 대한 이의신청, 시정조치명령의 집행정지, 소의 제기 및 불복의 소의 전속관할에 관하여는 「독점규제 및 공정거래에 관한 법률」 제96조부터 제101조까지의 규정을 준용한다.
④ 이 법에 따른 과징금의 부과·징수에 관하여는 「독점규제 및 공정거래에 관한 법률」 제103조부터 제107조까지의 규정을 준용한다.
⑤ 이 법에 따른 직무에 종사하거나 종사하였던 공정거래위원회의 위원 또는 공무원 및 제50조의3에 따른 이행관리 업무를 담당하거나 담당하였던 사람에 대하여는 「독점규제 및 공정거래에 관한 법률」 제119조를 준용한다.
⑥ 제50조의3에 따른 이행관리 업무를 담당하거나 담당하였던 사람에 대하여는 「독점규제 및 공정거래에 관한 법률」 제123조제2항을 준용한다.

제 9 장

벌 칙

제58조 벌 칙

[정다영]

제58조(벌칙) ① 다음 각 호의 어느 하나에 해당하는 자(제29조제3항에 따라 준용되는 경우를 포함한다)는 7년 이하의 징역 또는 2억원 이하의 벌금에 처한다. 이 경우 다음 각 호의 어느 하나에 해당하는 자가 이 법 위반행위와 관련하여 판매하거나 거래한 대금 총액의 3배에 해당하는 금액이 2억원을 초과할 때에는 7년 이하의 징역 또는 판매하거나 거래한 대금 총액의 3배에 해당하는 금액 이하의 벌금에 처한다.
1. 제13조제1항에 따른 등록을 하지 아니하고(제49조제5항에 따라 등록이 취소된 경우를 포함한다) 다단계판매조직이나 후원방문판매조직을 개설·관리 또는 운영한 자
2. 거짓이나 그 밖의 부정한 방법으로 제13조제1항에 따른 등록을 하고 다단계판매조직이나 후원방문판매조직을 개설·관리 또는 운영한 자
3. 제23조제1항제8호에 따른 금지행위를 한 자
4. 제24조제1항 또는 제2항에 따른 금지행위를 한 자

② 제1항의 징역형과 벌금형은 병과(倂科)할 수 있다.

[참고문헌] 김홍석·한경수, 개정 방문판매법 해설, 도서출판 잎새, 2012; 남광, 방문판매법, 홍문사, 2020; 박수영, 소비자법해설, 도서출판 fides, 2019; 신동권, 소비자보호법, 박영사, 2020.

Ⅰ. 본조의 의의

어떤 사람이 방문판매법 제58조 제1항 각호의 위반행위를 한 경우 7년 이하의 징역 또는 벌금에 처한다. 벌금은 원칙적으로 2억원 이하로 하되, 만약 그 위반행위와 관련하여 판매하거나 거래한 대금 총액의 3배에 해당하는 금액이 2억원을 초과할 때에는 판매하거나 거래한 대금 총액의 3배에 해당하는 금액 이하의 벌금에 처한다. 그리고 이 경우 징역형과 벌금형은 병과할 수 있다.

예를 들어 A 판매업자가 다단계판매업 등록이 취소되었는데도 계속 다단계판매 영업을 하였고, 그 거래금액 총액이 1억원이었다면 그 3배는 3억원으로서 2억원을 초과하게 되는바, 그 경우 법원에서는 A에게 3억원까지 벌금을 선고할 수 있다. A 판매업자가 주식회사라면 등록취소가 된 경우라도 계속 영업을 주도한 대표이사 등 관계자들이 이에 따라 처벌받게 된다.

Ⅱ. 내 용

1. 제1호

등록을 하지 아니하거나 등록이 취소되었는데도 다단계판매조직이나 후원방문판매조직을 개설·관리 또는 운영한 자(방문판매법 제58조 제1항 제1호, 제13조 제1항 위반)는 처벌 대상자이다.

대법원에 따르면 다단계판매업등록을 마친 사업자 등이 방문판매법 제49조 제5항에 따라 등록취소 사유가 발생한 이후 다단계판매조직을 계속 관리·운영하여 왔다고 하더라도, 위 법령에 따른 시정조치명령·영업정지명령 등의 단계를 거쳐 최종적으로 등록취소 처분을 받지 않는 한, 이를 등록하지 않거나 등록이 취소된 상태에서 다단계판매조직을 관리·운용한 것으로 보아 방문판매법 제58조 제1항 제1호에 의하여 처벌할 수는 없다.[1)]

2. 제2호

거짓이나 그 밖의 부정한 방법으로 다단계판매업이나 후원방문판매업 등록을 하고 다단계판매조직이나 후원방문판매조직을 개설·관리 또는 운영한 자(방문판매법 제58조 제1항 제2호, 제13조 제1항 위반)는 처벌 대상자이다.

3. 제3호

소비자피해보상보험계약등을 체결하지 아니하고(공제조합에 가입하지 아니하고) 다단계판매업이나 후원방문판매업의 영업을 한 자(방문판매법 제58조 제1항 제3호, 제23조 제1항 제8호 위반)는 처벌 대상자이다. 다만, 방문판매법 제29조 2항에 의하여 후원방문판매업자가 후원방문판매원에게 공급한 재화등의 100분의 70 이상을 판매원인 아닌 소비자에게 판매한 경우에는 제23조 제1항 제8호를 적용하지 않으므로 그러한 후원방문판매업자는 소비자피해보상보험계약등을 체결하지 않고(공제조합에 가입하지 않고) 후원방문판매업 영업을 하여도 본 조항으로 처벌받지 않는다.

4. 제4호

(a) 다단계판매조직 또는 이와 비슷하게 단계적으로 가입한 자로 구성된 조직을 이용하여 방문판매법 제24조 제1항에 규정되어 있는 사행적 판매원 확장 행위 등을 한 자(방문판매법 제58조 제1항 제4호, 제24조 제1항 위반) 및 (b) 사행적 판매원 확장행위 등을 교사하

1) 대법원 2013. 7. 26. 선고 2011도1264 판결.

거나 방조한 다단계판매업자 또는 후원방문판매업자(방문판매법 제58조 제1항 제4호, 제24조 제2항 위반)도 처벌 대상자이다.

한편 헌법재판소는 방문판매법 제24조 제1항 제1호 위반과 관련하여 다단계판매조직 또는 이와 비슷하게 단계적으로 가입한 자로 구성된 조직을 이용하여 재화등의 거래 없이 금전거래를 하거나 재화등의 거래를 가장하여 사실상 금전거래만을 하는 행위에 대하여 형사처벌을 하는 제58조 제1항 제4호가 죄형법정주의의 명확성원칙에 위배된다고 할 수 없다고 판시한 바 있다.[2)]

2) 방문판매법의 규정을 종합하면, 방문판매법상의 다단계판매에 해당하기 위해서는 ① 판매원의 가입이 단계적으로 이루어져 가입한 판매원의 단계가 3단계 이상일 것, ② 하위단계의 판매원은 그 상위단계 판매원으로부터 재화 등을 구입한 소비자일 것, ③ 판매원을 단계적으로 가입하도록 권유하는 데 있어 판매 및 가입유치 활동에 대한 경제적 이익(소매이익과 후원수당)의 부여가 유인으로 활용될 것이란 요건을 갖추어야 함을 알 수 있고, 대법원 역시 같은 취지로 판시하고 있다(대법원 2009. 4. 9. 선고 2008두17424 판결 등 참조). (…) 현재 많은 다단계판매업자가 (…) 다단계판매조직의 일부 요건을 충족시키지 않거나 방문판매업자로만 신고한 채 사실상 다단계판매조직으로 영업활동을 하면서 방문판매법상 다단계판매에 관한 규제를 회피하고 있는 실정이다. 즉, 하위단계의 판매원이 그 상위단계 판매원으로부터 상품을 구입한 소비자가 아니거나, 소비자를 판매원으로 가입시키더라도 그 모집과정이나 사업계획에서 소매이익 또는 후원수당 등에 관한 규정을 수정·삭제하는 등 다양한 탈법수단을 동원하여 법적 규율을 피해 가는 사례가 발생하고 있다. 이처럼 방문판매법상 다단계판매조직의 해당 요건 중 일부를 고의적으로 누락 내지 변형시킨 다단계판매조직은 법적 규율을 피해 다단계판매를 금전투자수단으로 악용한다는 점에서 일반적인 다단계판매조직보다 규제의 필요성이 더 큰 한편, 그 조직과 형태가 매우 다양하며 나날이 변화·발전되고 있으므로 입법자가 그 형태와 유형을 일일이 열거하여 규정하는 것은 매우 어려운 상황이라 할 수 있다. 따라서 이 사건 법률조항의 '이와 유사하게'라는 개념이 다소 추상적인 점은 부인할 수 없지만 이 사건 법률조항의 입법취지, 관련 규정, 법원의 축적된 해석 등을 종합적으로 고려하면, 이 사건 법률조항 중 "다단계판매조직과 유사하게 단계적으로 가입한 자로 구성된 다단계조직"이란 '방문판매법 제2조 제5호의 요건을 모두 갖춘 다단계판매조직에는 해당하지 아니하지만 다단계판매의 개념적 구성요소를 상당 부분 갖춘 조직으로서 다단계판매조직으로서의 실질을 유지하고 있는 조직'을 의미함을 알 수 있다.

한편, "재화 등의 거래 없이 금전거래만을 하거나 재화 등의 거래를 가장하여 사실상 금전거래만을 하는 행위"란 재화 등의 주고받음이 없이 오로지 금전수수만을 하거나, 재화 등의 거래를 빙자하여 외형상으로는 재화 등의 거래가 있는 것처럼 보이나 실제로는 재화 등의 거래가 없거나 매우 미미한 정도로만 이루어져 그 실질적 목적은 금전의 수수에만 있는 경우를 의미한다 할 것이다. 이에 해당하는지 여부는 구체적인 사건에서 당해 재화 등의 객관적 가치 및 공급가액의 적정성, 공급을 받는 자의 사용·소비 의도 유무, 투자금의 회수 예정 여부 등 제반 사정을 종합하여 판단하게 된다.

끝으로, 청구인은 '재화 등'의 범위에 상품권이 포함되는지 여부가 불분명하여 이 사건 법률조항이 명확성원칙에 위배된다고도 주장한다. 상품권은 상품과 교환할 수 있는 무기명 유가증권으로서 상품과의 교환을 예정하고 있어 상품과 동일시되는 것은 아니지만, 그 자체로 거래의 객체가 됨은 물론 다단계판매업자들이 상품권을 재화와 마찬가지로 거래의 객체로 삼아 유통시키고 있는 현실에 비추어 볼 때 방문판매법에서 상품권을 '재화 등'과 같이 취급하여 규율할 필요성이 인정된다. 따라서 방문판매법에서 상품권의 거래가 '재화 등'의 거래와 동일하게 취급되더라도 이를 죄형법정주의의 명확성원칙에 위배된다고 할 수는 없다.

결국 건전한 상식과 통상적인 법 감정을 가진 수범자는 어떠한 행위가 이 사건 법률조항의 구성요건에 해당되는지 여부를 충분히 파악할 수 있으며, 법집행기관 역시 이 사건 법률조항을 자의적으로 확대하여 해석할 염려도 없으므로, 이 사건 법률조항은 죄형법정주의의 명확성원칙에 위배되지 아니한다(헌법재판소 2012. 4. 24. 선고 2009헌바329 결정).

Ⅲ. 고 발

방문판매법 제58조(벌칙) 내지 제65조(양벌규정 등)의 규정(이하 '벌칙규정'이라 한다)에 해당하는 행위를 한 자에 대한 고발 기준 및 절차에 대해서는 「방문판매 등에 관한 법률 등 위반행위에 대한 고발지침」[3]이 적용된다.

1. 고발의 대상 및 기준

벌칙규정에 해당하는 행위를 한 자에 대하여는 고발함을 원칙으로 한다. 단, 구체적 행위 태양 및 효과, 소비자 피해 발생 정도, 자진시정 여부 등 여러 사정을 고려하여 가벌성이 약하다고 판단되는 경우나 동일한 법위반행위와 관련하여 형벌을 부과받은 경우에는 고발하지 않을 수 있다(방문판매 등에 관한 법률 등 위반행위에 대한 고발지침 제2조 제1항).

이와 관련하여 가벌성이 현저하게 약하다고 판단되는 경우의 예시는 다음과 같다. 다만 가벌성이 약하다고 판단되는 경우가 별표의 예시에 한정되는 것은 아니다(방문판매 등에 관한 법률 등 위반행위에 대한 고발지침 제2조 제2항).

벌칙규정에 해당하는 행위를 한 정황이 있으나 사실확인이 곤란한 경우로서 소비자 피해가 우려될 때는 인지사실을 수사당국에 통보할 수 있다(방문판매 등에 관한 법률 등 위반행위에 대한 고발지침 제2조 제3항).

[별표] 방문판매법 등 위반행위 가운데 가벌성이 현저하게 약하다고 판단되는 경우의 예시

번호	행위 유형	근거조항	가벌성이 현저하게 약하다고 판단되는 경우의 예시
1	청약 철회시 환급거부	방문판매 등에 관한 법률 제18조제2항, 제60조제1항 제3호	가. 환급기간 도과 후 환급금과 지연배상금을 모두 지급한 경우 나. 환급거부로 인하여 다수의 피해자가 발생하지 아니한 경우
2	방문판매업 등 미신고	방문판매 등에 관한 법률 제5조제1항, 제62조제1호	신고의무가 발생한 후 20일 이내에 적법한 신고가 이루어지고 이로 인한 소비자피해가 없는 경우
3	계속거래 계약해지·해제시 처리지연	방문판매 등에 관한 법률 제34조제1항제4호, 제63조 제4호	가. 환급기간 도과 후 환급금과 지연배상금을 모두 지급한 경우 나. 처리지연·거부로 인하여 다수의 피해자가 발생하지 아니한 경우

3) 공정거래위원회예규 제252호.

4	통신판매업 미신고	전자상거래소비자보호법 제12조제1항, 제42조제1호	신고의무가 발생한 후 20일 이내에 적법한 신고가 이루어지고 이로 인한 소비자피해가 없는 경우
5	할부거래 계약 해제시 환급거부	할부거래에 관한 법률 제34조제11호, 제51조제2호	가. 환급기간 도과 후 환급금과 지연배상금을 모두 지급한 경우 나. 환급거부로 인하여 다수의 피해자가 발생하지 아니한 경우

2. 고발의 절차

벌칙규정에 해당하는 행위를 한 자에 대한 고발은 다음의 절차에 따라 할 수 있다(방문판매 등에 관한 법률 등 위반행위에 대한 고발지침 제3조 제1항).

① 해당 사건을 공정거래위원회회의 운영 및 사건절차 등에 관한 규칙(이하 "절차규칙"이라 한다) 제4조 제3항에 따라 전원회의에 부의한 경우에는 전원회의에서 심의·의결

② 해당 사건을 절차규칙 제5조 제1항에 따라 소회의에서 심의·의결하는 경우에는 소회의에서 심의·의결

③ 방문판매법 등 벌칙규정에 해당하는 행위가 절차규칙 제51조 제1항(현행 절차규칙 제58조 제1항)에 따른 시정권고 대상으로서 절차규칙 제53조의2 제4항(현행 절차규칙 제61조 제4항)에 따라 사무처장이 전결하는 경우에는 사무처장 전결

④ 방문판매법 등 벌칙규정에 해당하는 행위가 절차규칙 제50조 제1항(현행 절차규칙 제57조 제1항)에 따른 경고 대상으로서 절차규칙 제53조의2 제1항(현행 절차규칙 제61조 제1항)에 따라 심사관이 전결하는 경우에는 심사관 전결

소회의는 방문판매법 제49조에 대하여 심의 및 결정·의결하는 사항, 방문판매법 제51조에 따라 과징금의 부과를 명하는 사항, 방문판매법 제66조에 따라 과태료의 부과를 명하는 사항 및 방문판매법 제50조 제1항에 따라 필요한 조정의뢰 등에 관한 사항과 제58조 내지 제64조의 규정을 위반한 자에 대한 고발과 관련하여 관계기관 등에 협조를 의뢰하는 사항 및 방문판매법 제25조의 규정에 의한 침해정지조치에 관한 사항에 대하여 심의 및 결정·의결할 수 있다(절차규칙 제5조 제1항, 방문판매 등에 관한 법률 등 위반행위에 대한 고발지침 제3조 제1항 제2호).

소회의에서 의결되지 아니한 경우이거나 위원장 또는 소회의가 필요하다고 인정하는

경우에는 해당 사건 등을 전원회의에 부칠 수 있는바(절차규칙 제4조 제3항), 이 경우에는 전원회의에서 심의의결한다(방문판매 등에 관한 법률 등 위반행위에 대한 고발지침 제3조 제1항 제1호).

한편, 절차규칙의 일부개정에도 불구하고 방문판매 등에 관한 법률 등 위반행위에 대한 고발지침 제3조 제1항 제3호 및 제4호가 개정되지 아니하여, 같은 규정에서 정한 절차규칙 제51조 제1항은 현행 절차규칙 제58조 제1항으로, 절차규칙 제53조의2 제4항은 현행 절차규칙 제61조 제4항으로, 절차규칙 제50조 제1항은 현행 절차규칙 제57조 제1항으로, 절차규칙 제53조의2 제1항은 현행 절차규칙 제61조 제1항으로 각 새겨야 한다.

이에 따라 회의는 위원회의 심결을 거쳐 위반행위를 시정하기에는 시간적 여유가 없거나 시간이 경과되어 위반행위로 인한 피해가 크게 될 우려가 있는 경우, 위반행위자가 위반사실을 인정하고 해당 위반행위를 즉시 시정할 의사를 명백히 밝힌 경우, 위반행위의 내용이 경미하거나 일정한 거래분야에서 경쟁을 제한하는 효과가 크지 않은 경우 및 공정거래 자율준수 프로그램(CP)을 실질적으로 도입·운용하고 있는 사업자가 동 제도 도입이후 최초 법위반행위를 한 경우에 방문판매법 위반행위를 한 사업자에게 시장방안을 정하여 이에 따를 것을 권고할 수 있으며, 이러한 사건에 대해서는 사무처장이 전결할 수 있다(방문판매 등에 관한 법률 등 위반행위에 대한 고발지침 제3조 제1항 제3호).

회의는 방문판매법 위반의 정도가 경미한 경우, 방문판매법 위반행위를 한 피심인이 사건의 심사 또는 심의과정에서 해당 위반행위를 스스로 시정하여 시정조치의 실익이 없다고 인정하는 경우 및 방문판매법 위반행위를 한 피심인이 위원회의 시정조치 또는 금지명령에 응하지 않아 심사관이 심사절차를 개시하였으나 사건의 심사 또는 심의과정에서 시정조치 또는 금지명령을 이행한 경우에는 경고를 의결할 수 있는바, 이에 대해 심사관은 전결할 수 있다(방문판매 등에 관한 법률 등 위반행위에 대한 고발지침 제3조 제1항 제4호).

벌칙규정에 해당하는 행위를 한 정황이 있으나 사실확인이 곤란한 경우로서 소비자 피해가 우려될 때는 인지사실을 수사당국에 통보할 경우 그러한 통보는 심사관 전결에 의하여 할 수 있다(방문판매 등에 관한 법률 등 위반행위에 대한 고발지침 제3조 제2항).

3. 재검토기한

공정거래위원회는 「훈령·예규 등의 발령 및 관리에 관한 규정」에 따라 고발지침에 대하여 2017년 1월 1일 기준으로 매3년이 되는 시점(매 3년째의 12월 31일까지를 말한다)마다 그 타당성을 검토하여 개선 등의 조치를 하여야 한다(방문판매 등에 관한 법률 등 위반행위에 대한 고발지침 제4조).

제59조 벌 칙

[정다영]

제59조(벌칙) ① 다음 각 호의 어느 하나에 해당하는 자는 5년 이하의 징역 또는 1억 5천만원 이하의 벌금에 처한다. 다만, 제29조제3항에 따라 준용되는 경우에는 3년 이하의 징역 또는 1억원 이하으 벌금에 처한다.
1. 제22조제2항을 위반한 자
2. 제23조제1항제1호 또는 제2호에 따른 금지행위를 한 자
3. 제29조제1항에 따른 금지행위를 한 자

② 제1항의 징역형과 벌금형은 병과할 수 있다.

[참고문헌] 김홍석·한경수, 개정 방문판매법 해설, 도서출판 잎새, 2012; 남광, 방문단매법, 홍문사, 2020; 박수영, 소비자법해설, 도서출판 fides, 2019.

Ⅰ. 본조의 의의

방문판매법 제59조의 경우에, 다단계판매자가 제59조에서 정한 내용을 위반하면 5년 이하의 징역 또는 1억 5천만원 이하의 벌금에 처한다. 그러나 후원방문판매자가 같은 내용으로 위반하면 법정형이 줄어들어서 3년 이하의 징역 또는 1억원 이하의 벌금에 처한다. 같은 법위반행위를 한 경우에도 후원방문판매자를 다단계판매자보다 관대하게 처벌하겠다는 취지이다.

한편, 본조 제1항 제3호 및 제29조 제1항 위반 행위로 처벌받는 경우는 후원방문판매자 뿐이다. 제29조 1항은 다단계판매자와는 관계없는 조항이기 때문이다.

Ⅱ. 내 용

1. 제1호

다단계판매원이나 후원방문판매원에게 일정 수의 하위판매원을 모입하도록 의무를 지게 하거나 특정인을 그의 동의 없이 자신의 하위판매원으로 등록하면 안되는데도 이를 위반한 자(방문판매법 제59조 제1항 제1호, 제22조 제2항 위반)가 처벌 대상자가 된다.

2. 제2호

(a) 재화등의 판매에 관한 계약의 체결을 강요하거나 청약철회등 또는 계약 해지를 방해할 목적으로 상대방을 위협하는 행위를 한 다단계판매자 또는 후원방문판매자(방문판매법 제59조 제1항 제2호, 제23조 제1항 제1호 위반) 및 (b) 거짓 또는 과장된 사실을 알리거나 기만적 방법을 사용하여 상대방과의 거래를 유도하거나 청약철회등 또는 계약 해지를 방해하는 행위 또는 재화등의 가격 · 품질 등에 대하여 거짓 사실을 알리거나 실제보다도 현저히 우량하거나 유리한 것으로 오인시킬 수 있는 행위를 한 다단계판매자 또는 후원방문판매자(방문판매법 제59조 제1항 제2호, 제23조 제1항 제2호 위반)가 처벌 대상자가 된다.

3. 제3호

후원방문판매원에게 판매원 자신의 직근 하위판매원이 아닌 다른 후원방문판매원의 구매·판매 등의 실적과 관련하여 후원수당을 지급하거나 이러한 지급을 약속하여 후원방문판매원을 모집하는 행위를 한 후원방문판매자(방문판매법 제59조 제1항 제3호, 제29조 제1항)가 처벌 대상자가 된다.

제60조 벌 칙

[정다영]

제60조(벌칙) ① 다음 각 호의 어느 하나에 해당하는 자는 3년 이하의 징역 또는 1억원 이하의 벌금에 처한다. 다만, 제29조제3항에 따라 준용되는 경우에는 2년 이하의 징역 또는 5천만원 이하의 벌금에 처한다.

1. 제13조제2항 또는 제3항을 위반하여 거짓으로 신고한 자
2. 제15조제5항에 따른 다단계판매원 수첩에 거짓 사실을 기재한 자
3. 제18조제2항을 위반하여 재화등의 대금을 환급하지 아니한 자
4. 제20조제3항 또는 제5항을 위반한 자
5. 제21조제1항 또는 제3항을 위반한 자
6. 제22조제1항 또는 제4항을 위반한 자
7. 제23조제1항제3호·제5호·제7호 또는 제11호에 따른 금지행위를 한 자
8. 제37조제5항을 위반하여 소비자피해보상보험계약등의 체결 또는 유지에 관하여 거짓 자료를 제출한 사업자
9. 제37조제7항을 위반하여 같은 조 제6항에 따른 표지를 사용하거나 이와 비슷한 표지를 제작 또는 사용한 자
10. 제49조제1항에 따른 시정조치명령을 따르지 아니한 자
11. 제49조제4항에 따른 영업정지명령을 위반하여 영업을 한 자

② 제1항의 징역형과 벌금형은 병과할 수 있다.

[참고문헌] 김준녕, 직접판매업 보상플랜의 장단점 분석, 한국전략마케팅연구소, 2004; 김홍석·한경수, 개정 방문판매법 해설, 도서출판 잎새, 2012; 남광, 방문판매법, 홍문사, 2020; 박수영, 소비자법허설, 도서출판 fides, 2019.

Ⅰ. 본조의 의의

방문판매법 제60조는 다단계판매자가 제60조에서 정한 내용을 위반하면 3년 이하의 징역 또는 1억원 이하의 벌금에 처하되, 후원방문판매자가 같은 내용을 위반하면 법정형을 단축하여 2년 이하의 징역 또는 5천만원 이하의 벌금에 처한다는 내용을 규정하고 있다. 같은 법 위반행위를 한 경우에도 후원방문판매자를 다단계판매자보다 관대하게 처벌하겠다는 취지이다.

Ⅱ. 내 용

1. 제1호

(a) 다단계판매업이나 후원방문판매업을 등록할 때 등록한 사항 중 변경이 있을 때는 그 변경을 신고해야 하는데 그 신고를 거짓으로 한 자(방문판매법 제60조 제1항 제1호, 제13조 제2항 위반) 또는

(b) 다단계판매업자나 후원방문판매업자는 휴업 또는 폐업을 하거나 휴업 후 영업을 다시 시작할 때는 신고해야 하는데 그 신고를 거짓으로 한 자(방문판매법 제60조 제1항 제1호, 제13조 제3항 위반)는 처벌대상자가 된다.

2. 제2호

다단계판매업자는 다단계판매원에게 후원수당의 산정 및 지급 기준 등이 기재된 다단계판매원수첩을 발급하여야 하는데, 이 경우 그 다단계판매원수첩에 거짓사실을 기재(방문판매법 제60조 제1항 제2호, 제15조 제5항 위반)하였다면 처벌대상자가 된다.

3. 제3호

다단계판매자나 후원방문판매자는 재화등을 반환받은 날부터 3영업일 이내에 이미 지급받은 재화등의 대금을 환급하여야 하는데 그렇게 대금환급을 하지 않은 자(방문판매법 제60조 제1항 제3호, 제18조 제2항 위반) 또한 처벌대상자가 된다.

4. 제4호

(a) 다단계판매업자가 다단계판매원에게 후원수당으로 지급할 수 있는 총액은 다단계판매업자가 다단계판매원에게 공급한 재화등의 가격합계액의 100분의 35에 해당하는 금액을 초과하여서는 안 되는데 이를 위반한 자, 후원방문판매업자가 후원방문판매원에게 후원수당으로 지급할 수 있는 총액은 후원방문판매업자가 후원방문판매원에게 공급한 재화등의 가격합계액의 100분의 38에 해당하는 금액을 초과하여서는 안 되는데 이를 위반한 자(방문판매법 제60조 제1항 제4호, 제20조 제3항 위반)는 처벌대상자가 된다.

(b) 다단계판매업자나 후원방문판매업자는 일정 수의 하위판매원을 모집하거나 후원하는 것을 조건으로 하위판매원 또는 그 하위판매원의 판매 실적에 관계없이 후원수당을 차등하여 지급하여서는 안 되는데 이를 위반한 자(방문판매법 제60조 제1항 제4호, 제20조 제5항 위반) 또한 처벌대상자가 된다.

5. 제5호

(a) 다단계판매업자는 다단계판매원이 되려는 사람 또는 다단계판매원에게 다단계판매원이 받게 될 후원수당이나 소매이익에 관하여 거짓 또는 과장된 정보를 제공하여서는 안 되는데도 이를 위반한 자, 후원방문판매업자는 후원방문판매원이 되려는 사람 또는 후원방문판매원에게 후원방문판매원이 받게 될 후원수당이나 소매이익에 관하여 거짓 또는 과장된 정보를 제공하여서는 안 되는데도 이를 위반한 자(방문판매법 제60조 제1항 제5호, 제21조 제1항 위반) 또는

(b) 다단계판매업자는 다단계조직의 운영 방식 또는 활동 내용에 관하여 거짓 또는 과장된 사실을 유포하여서는 안 되는데도 이를 위반한 자, 후원방문판매업자는 후원방문판매조직의 운영 방식 또는 활동 내용에 관하여 거짓 또는 과장된 사실을 유포하여서는 안 되는데도 이를 위반한 자(방문판매법 제60조 제1항 제5호, 제21조 제3항 위반)는 처벌대상자가 된다.

6. 제6호

(a) 다단계판매업자는 다단계판매원이 되려는 사람 또는 다단계판매원에게 등록, 자격 유지 또는 유리한 후원수당 지급기준의 적용을 조건으로 과다한 재화 등의 구입 등 대통령령으로 정하는 수준을 초과한 부담을 지게 하여서는 안 되는데도 이를 위반한 자, 후원방문판매업자는 후원방문판매원이 되려는 사람 또는 후원방문판매원에게 등록, 자격 유지 또는 유리한 후원수당 지급기준의 적용을 조건으로 과다한 재화등의 구입 등 대통령령으로 정하는 수준을 초과한 부담을 지게 하여서는 안 되는데도 이를 위반한 자(방문판매법 제60조 제1항 제6호, 제22조 제1항 위반) 또는

(b) 다단계판매원은 언제든지 다단계판매업자에게 탈퇴 의사를 표시하고 탈퇴할 수 있으며, 다단계판매업자는 다단계판매원의 탈퇴에 조건을 붙여서는 안 되는데도 이를 위반한 자, 후원방문판매원은 언제든지 후원방문판매업자에게 탈퇴 의사를 표시하고 탈퇴할 수 있으며, 후원방문판매업자는 후원방문판매원의 탈퇴에 조건을 붙여서는 안 되는데도 이를 위반한 자(방문판매법 제60조 제1항 제6호, 제22조 제4항 위반)는 처벌대상자가 된다.

직접적인 강요행위가 없었다고 하더라도 후원수당 산정 및 지급기준 보상플랜에서 판매원 본인의 구매액에 따라 수당 산정기준이 달라지는 경우(공유마케팅, 전통적인 바이너리 방식, 직급마케팅, 매트릭스 등)는 매우 많이 볼 수 있다. 다단계판매원 가입이나 승급을 하기 위하여 일정액의 본인구매금액을 필요로 하는 수당지급방식은 일명 구좌형 보상플

랜으로 불리우는데, 이런 방식의 보상플랜에서는 개인의 구매액이 할당되기 때문에 단기적인 매출신장이 가능한 강력한 영업수단으로서 다수의 회사들이 선호하는 방식이다. 그러나 영업방식이 공격적일수록 그 대상인 소비자의 피해가 증가하는 것은 당연하다. 본인의 구매액이 할당되고 그에 따른 반대급부(투자수익)가 크게 제시될수록 필연적으로 정상적인 유통행위에서 벗어나 투자수익을 추구하는 방식으로 변질되며 이러한 방식은 종국에는 파국에 이를 수밖에 없다는 점에 문제점이 있으므로 이를 규율하고자 하는 것이다.

7. 제7호

(a) 청약철회등이나 계약 해지를 방해할 목적으로 주소·전화번호 등을 변경하는 다단계판매자 또는 후원방문판매자(방문판매법 제60조 제1항 제7호, 제23조 제1항 제3호 위반),

(b) 상대방의 청약이 없는데도 일방적으로 재화등을 공급하고 재화등의 대금을 청구하는 등 상대방에게 재화등을 강제로 판매하거나 하위판매원에게 재화등을 판매하는 다단계판매자 또는 후원방문판매자(방문판매법 제60조 제1항 제7호, 제23조 제1항 제5호 위반),

(c) 다단계판매업자에게 고용되지 아니한 다단계판매원을 다단계판매업자에게 고용된 사람으로 오인하게 하거나 다단계판매원으로 등록하지 아니한 사람을 다단계판매원으로 활동하게 한 다단계판매자, 후원방문판매업자에게 고용되지 아니한 후원방문판매원을 후원방문판매업자에게 고용된 사람으로 오인하게 하거나 후원방문판매원으로 등록하지 아니한 사람을 후원방문판매원으로 활동하게 한 후원방문판매자(방문판매법 제60조 제1항 제7호, 제23조 제1항 제7호 위반) 또는

(d) 다단계판매조직 및 다단계판매원의 지위를 양도·양수하는 다단계판매자, 후원방문판매조직 및 후원방문판매원의 지위를 양도·양수하는 후원방문판매자(방문판매법 제60조 쩨1항 제7호, 제23조 제1항 제11호 위반)는 처벌대상자가 된다.

여기서 '청약철회 등을 방해할 목적으로 주소, 전화번호, 인터넷도메인 등을 변경하는 행위'란 물품을 구입한 경우에는 3월 이내에 청약을 철회할 수 있으나, 다단계판매업자가 주소, 전화번호 등을 변경하여 의도적으로 연락이 닿지 않게 함으로써 반환기일을 넘기도록 하여 청약철회를 방해하는 행위를 말한다. 다만, 방문판매법 제23조 제1항 제3호는 '청약철회 등을 방해할 목적으로'라고 규정하고 있는바 목적범에 해당하므로 청약철회 등을 방해할 목적으로 주소 등을 변경하는 경우에만 적용되며, 다단계판매업자가 주소 등이 변경된후 소비자 등에게 이를 알리지 않은 경우에는 적용되지 않는다고 해석된다.

또한 다단계판매업자의 피용자가 아닌 다단계판매원을 마치 다단계판매업자에게 고용된 자로 오인케 하는 행위를 금지하고 있는바, '컨설턴트', '매니져' 등의 명칭은 다단계

판매업자에게 고용된 직원 같은 느낌을 강하게 주므로 이 같은 명칭을 다단계판매원 직급 명칭으로 사용하면 방문판매법 위반이 될 수 있다. 한편 방문판매법은 '오인하게 하는 행위'를 금지하고 있는 것이므로 직급 명칭 자체의 오인성 뿐만 아니라 오인을 유발하기 위한 행위도 금지된다고 해석된다.

8. 제8호

소비자피해보상보험계약등을 체결 또는 유지하는 다단계판매업자와 후원방문판매업자는 매출액 등의 자료를 제출할 때 거짓 자료를 제출하여서는 안 되는데도 이를 위반한 자(방문판매법 제60조 제1항 제8호, 제37조 재5항 위반)는 처벌대상자가 된다.

9. 제9호

소비자피해보상보험계약등을 체결하지 아니한 자는 그 사실을 나타내는 표지를 사용하여서는 안 되는데도 그 표지를 사용하거나 이와 비슷한 표지를 제작 또는 사용한 자(방문판매법 제60조 제1항 제9호, 제37조 제7항 위반)는 처벌대상자가 된다.

10. 제10호

공정거래위원회는 사업자가 방문판매법 제49조 제1항 각 호로 정해 놓은 어느 하나(제29조 제3항에 따라 준용되는 경우를 포함한다)에 해당하는 행위를 하거나 방문판매법에 따른 의무를 이행하지 아니하는 경우 해당 사업자 등에 대하여 그 시정을 위한 조치를 명할 수 있는데 그 시정조치명령을 따르지 아니한 자(방문판매법 제60조 제1항 제10호, 제49조 제1항 위반)는 처벌대상자가 된다.

11. 제11호

공정거래위원회는 사업자가 방문판매법 제49조 제4항 각 호로 정해 놓은 어느 하나에 해당하는 경우에는 1년 이내의 기간을 정하여 그 영업의 전부 또는 일부의 정지를 명할 수 있는데 그 영업정지명령을 위반하여 영업을 한 자(방문판매법 제60조 제1항 제11호, 제49조 제4항 위반)는 처벌대상자가 된다.

제61조 벌 칙

[정다영]

제61조(벌칙) ① 다음 각 호의 어느 하나에 해당하는 자는 2년 이하의 징역 또는 5천만원 이하의 벌금에 처한다.
1. 제11조제1항제1호·제2호 또는 제5호에 해당하는 금지행위를 한 자
2. 제34조제1항제1호·제2호 또는 제5호에 해당하는 금지행위를 한 자

② 제1항의 징역형과 벌금형은 병과할 수 있다.

[참고문헌] 김홍석·한경수, 개정 방문판매법 해설, 도서출판 잎새, 2012; 남광, 방문판매법, 홍문사, 2020; 박수영, 소비자법해설, 도서출판 fides, 2019.

Ⅰ. 본조의 의의

방문판매법 제61조는 2년 이하의 징역 또는 5천만원 이하의 벌금에 처하되, 징역형과 벌금형은 병과할 수 있다고 규정하고 있다.

Ⅱ. 내 용

1. 제1호

(a) 재화등의 판매에 관한 계약의 체결을 강요하거나 청약철회등 또는 계약 해지를 방해할 목적으로 소비자를 위협하는 행위를 한 방문판매자 또는 전화권유판매자(방문판매법 제61조 제1항 제1호, 제11조 제1항 제1호 위반),

(b) 거짓 또는 과장된 사실을 알리거나 기만적 방법을 사용하여 소비자를 유인 또는 거래하거나 청약철회등 또는 계약 해지를 방해하는 행위를 한 방문판매자 또는 전화권유판매자(방문판매법 제61조 제1항 제1호, 제11조 제1항 제2호 위반) 또는

(c) 청약철회등이나 계약 해지를 방해할 목적으로 주소·전화번호 등을 변경하는 행위를한 방문판매자 또는 전화권유판매자(방문판매법 제61조 제1항 제1호, 제11조 제1항 제5호 위반)는 처벌대상자가 된다.

이와 관련하여 대법원은 법조경합은 1개의 행위가 외관상 수개의 죄의 구성요건에 해당하는 것처럼 보이나 실질적으로 1죄만을 구성하는 경우를 말하며, 실질적으로 1죄인

가 또는 수죄인가는 구성요건적 평가와 보호법익의 측면에서 고찰하여 판단하여야 한다고 하면서, 방문판매법 제60조 제1항 제6호,[1] 제62조 제2호,[2] 제59조 제1항 제2호,[3] 제61조 제1항 제1호[4]의 각 규정을 위반하는 행위 자체가 사기행위라고 볼 수는 없고, 나아가 그 하나의 각 행위가 사기행위를 포함한다고 할 수도 없으며, 각 방문판매법 위반죄는 형법 제347조 제1항의 사기죄와 그 구성요건을 달리하는 별개의 범죄로서, 서로 보호법익을 달리하고 있어, 양 죄를 법조경합 관계로 볼 것이 아니라 실체적 경합 관계로 봄이 상당하다고 판시한 바 있다.[5]

2. 제2호

(a) 계속거래 또는 사업권유거래의 계약을 체결하게 하거나 계약의 해지 또는 해제를 방해하기 위하여 소비자를 위협하는 행위를 한 계속거래업자또는 사업권유거래업자(방문판매법 제61조 제1항 제2호, 제34조 제1항 제1호 위반),

(b) 거짓 또는 과장된 사실을 알리거나 기만적 방법을 사용하여 소비자를 유인 또는 거래하거나 계약의 해지 또는 해제를 방해하는 행위를 한 계속거래업자 또는 사업권유거래업자(방문판매법 제61조 제1항 제2호, 제34조 제1항 제2호 위반) 또는

(c) 계약의 해지 또는 해제를 방해할 목적으로 주소, 전화번호 등을 변경하는 행위를 한 계속거래업자 또는 사업권유거래업자(방문판매법 제61조 제1항 제2호, 제34조 제1항 제5호 위반)는 처벌대상자가 된다.

---

1) 제22조 제1항에서 규정한 "다단계판매업자는 다단계판매원이 되려는 사람 또는 다단계판매원에게 등록, 자격 유지 또는 유리한 후원수당 지급기준의 적용을 조건으로 과다한 재화등의 구입 등 대통령령으로 정하는 수준을 초과한 부담을 지게 하여서는 아니 된다"는 규정을 위반한 자를 처벌하고 있다.

2) 제11조 제1항 제3호에서 규정한 "방문판매원등이 되기 위한 조건 또는 방문판매원등의 자격을 유지하기 위한 조건으로서 방문판매원등 또는 방문판매원등이 되려는 자에게 가입비, 판매 보조 물품, 개인 할당 판매액, 교육비 등 그 명칭이나 형태와 상관없이 대통령령으로 정하는 수준을 초과한 비용 또는 그 밖의 금품을 징수하거나 재화 등을 구매하게 하는 등 의무를 지게 하는 행위"를 한 자를 처벌하고 있다.

3) 제23조 제1항 제2호에서 규정한 "거짓 또는 과장된 사실을 알리거나 기만적 방법을 사용하여 상대방과의 거래를 유도하거나 청약철회등 또는 계약 해지를 방해하는 행위 또는 재화등의 가격·품질 등에 대하여 거짓 사실을 알리거나 실제보다도 현저히 우량하거나 유리한 것으로 오인시킬 수 있는 행위"를 한 자를 처벌하고 있다.

4) 제11조 제1항 제2호에서 규정한 "거짓 또는 과장된 사실을 알리거나 기만적 방법을 사용하여 소비자를 유인 또는 거래하거나 청약철회등 또는 계약 해지를 방해하는 행위"를 한 자를 처벌하고 있다.

5) 대법원 2010. 2. 11. 선고 2009도12627 판결.

제62조 벌 칙

[정다영]

> **제62조(벌칙)** 다음 각 호의 어느 하나에 해당하는 자(제29조제3항에 따라 준용되는 경우를 포함한다)는 1년 이하의 징역 또는 3천만원 이하의 벌금에 처한다.
> 1. 제5조제1항을 위반하여 신고를 하지 아니하거나 거짓으로 신고한 자
> 2. 제11조제1항제3호에 따른 금지행위를 한 자
> 3. 제12조제1항 또는 제26조제1항을 위반하여 휴업기간 또는 영업정지기간 중에 계속하여야 할 업무를 계속하지 아니한 자
> 4. 제13조제7항을 위반하여 자료를 제출하지 아니하거나 거짓 자료를 제출한 자
> 5. 제15조제1항에 따른 등록을 하지 아니하고 실질적으로 다단계판매원으로 활동한 자
> 6. 제15조제2항제1호 또는 제3호부터 제7호까지의 규정에 따라 다단계판매원으로 등록할 수 없는 자임에도 불구하고 다단계판매원으로 등록한 자
> 7. 제15조제2항제2호를 위반하여 미성년자를 다단계판매원으로 가입시킨 다단계판매자
> 8. 제15조제3항에 따른 다단계판매원 등록증에 거짓 사실을 적은 자
> 9. 제15조제4항을 위반하여 다단계판매원 등록부를 거짓으로 작성한 자
> 10. 제23조제1항제9호에 따른 금지행위를 한 자
> 11. 제33조에 따른 재화등의 거래기록 등을 거짓으로 작성한 자

[참고문헌] 김홍석·한경수, 개정 방문판매법 해설, 도서출판 잎새, 2012; 남광, 방문판매법, 홍문사, 2020; 박수영, 소비자법해설, 도서출판 fides, 2019.

Ⅰ. 본조의 의의

방문판매법 제62조는 1년 이하의 징역 또는 3천만원 이하의 벌금에 처한다고 규정하고 있는바, 이 규정의 경우 벌금병과에 대한 내용이 없으므로, 본조 위반행위에 대해서는 징역형이나 벌금형 중 하나만 선고해야 한다.

Ⅱ. 입법취지 및 입법례

1. 제1호

방문판매업자 또는 전화권유판매업자는 상호, 주소, 전화번호, 전자우편주소 등을 공정거래위원회 또는 특별자치시장·특별자치도지사·시장·군수·구청장에게 신고하여야 하

는데 이를 위반하여 신고를 하지 않거나 거짓으로 신고한 자(방문판매법 제62조 제1호, 제5조 제1항 위반)는 처벌대상자가 된다.

2. 제2호

방문판매원이 되기 위한 조건 또는 방문판매원의 자격을 유지하기 위한조건으로서 방문판매원 또는 방문판매원이 되려는 자에게 가입비, 판매 보조 물품, 개인 할당 판매액, 교육비 등 그 명칭이나 형태와 상관없이 대통령령으로 정하는 수준을 초과한 비용 또는 그 밖의 금품을 징수하거나 재화 등을 구매하게 하는 등 의무를 지게 하는 행위를 한 방문판매자, 전화권유판매원이 되기 위한 조건 또는 전화권유판매원의 자격을 유지하기 위한 조건으로서 전화권유판매원 또는 전화권유판매원이 되려는 자에게 가입비, 판매 보조 물품, 개인 할당 판매액, 교육비 등 그 명칭이나 형태와 상관없이 대통령령으로 정하는 수준을 초과한 비용 또는 그 밖의 금품을 징수하거나 재화 등을 구매하게 하는 등 의무를 지게 하는 행위를 한 전화권유판매자(방문판매법 제62조 제2호, 제11조 제1항 제3호 위반)는 처벌대상자가 된다.

3. 제3호

(a) 방문판매자 또는 전화권유판매자는 그 휴업기간 또는 영업정지기간중에도 청약철회등 관련 업무를 계속하여야 함에도 계속하지 아니한 자(방문판매법 제62조 제3호, 제12조 제1항 위반) 또는

(b) 다단계판매업자와 후원방문판매업자는 그 휴업기간 또는 영업정지기간 중에도 청약철회등 관련업무를 계속하여야 함에도 계속하지 아니한 자(방문판매법 제62조 제3호, 제26조 제1항 위반)는 처벌대상자가 된다.

4. 제4호

공정거래위원회는 다단계판매업자, 후원방문판매업자와 관련한 정보 공개를 위하여 필요한 경우에는 다단계판매업자와 후원방문판매업자에게 관련자료의 제출을 요구할 수 있는데 정당한 사유 없이 자료를 제출하지 아니하거나 거짓 자료를 제출한 자(방문판매법 제62조 제4호, 제13조 제5항 위반)는 처벌대상자가 된다.

5. 제5호

다단계판매업자에게 다단계판매원 등록을 하지 아니하고 실질적으로 다단계판매원

으로 활동한 자(방문판매법 제62조 제5호, 제15조 제1항 위반)는 처벌대상자가 된다.

6. 제6호

방문판매법 제15조 제2항 제1호 또는 제3호부터 제7호까지의 규정에 따라 다단계판매원으로 등록할 수 없는 결격자임에도 불구하고 다단계판매원으로 등록한 자(방문판매법 제62조 제6호, 제15조 제2항 제1호 또는 제3호부터 제7호 위반)는 처벌대상자가 된다.

7. 제7호

미성년자를 다단계판매원으로 가입시킨 다단계판매자(방문판매법 제62조 제7호, 제15조 제2항 제2호 위반)는 처벌대상자가 된다.

8. 제8호

다단계판매원 등록증에 거짓 사실을 적은 자(방문판매법 제62조 제8호, 제15조 제3항 위반)는 처벌대상자가 된다.

9. 제9호

다단계판매원 등록부를 거짓으로 작성한 자(방문판매법 제62조 제9호, 제15조 제4항 위반)는 처벌대상자가 된다.

10. 제10호

상대방에게 판매하는 개별 재화등의 가격을 대통령령으로 정하는 금액을 초과하도록 정하여 판매한 다단계판매자 또는 후원방문판매자(방문판매법 제62조 제10호, 제23조 제1항 제9호 위반)는 처벌대상자가 된다.

11. 제11호

계속거래업자 또는 사업권유거래자는 재화등의 거래기록 등을 언제든지 소비자가 열람할 수 있게 하여야 하는데 재화등의 거래기록 등을 거짓으로 작성한 자(방문판매법 제62조 제11호, 제33조 위반)는 처벌대상자가 된다.

제63조 벌 칙

[정다영]

제63조(벌칙) 다음 각 호의 어느 하나에 해당하는 자(제29조제3항에 따라 준용되는 경우를 포함한다)는 1천만원 이하의 벌금에 처한다.
1. 제6조제3항을 위반하여 성명 등을 거짓으로 밝힌 자
2. 제7조제2항, 제16조 또는 제30조제2항에 따른 계약서를 발급할 때 거짓 내용이 적힌 계약서를 발급한 자
3. 제11조제1항제4호 또는 제7호에 따른 금지행위를 한 자
4. 제34조제1항제3호·제4호 또는 제7호에 따른 금지행위를 한 자

[참고문헌] 김홍석·한경수, 개정 방문판매법 해설, 도서출판 잎새, 2012; 남광, 방문단매법, 홍은사, 2020; 박수영, 소비자법해설, 도서출판 fides, 2019.

Ⅰ. 본조의 의의

방문판매법 제63조는 1천만원 이하의 벌금에 처하는 경우를 규정하고 있다.

Ⅱ. 내 용

1. 제1호

방문판매자 또는 전화권유판매자가 재화등을 판매하려는 경우에는 소비자에게 미리 해당 방문 또는 전화가 판매를 권유하기 위한 것이라는 점과 방문판매자 또는 전화권유판매자의 성명 또는 명칭, 판매하는 재화등의 종류및 내용을 밝혀야 하는데 성명 등을 거짓으로 밝힌 자(방문판매법 제63조 제1호, 제6조 제3항 위반)는 처벌대상자이다.

2. 제2호

(a) 방문판매자, 전화권유판매자, 다단계판매자, 후원방문판매자는 재화등의 판매에 관한 계약을 체결할 때에는 방문판매법 제7조 제1항 각 호의 사항을 적은 계약서를 소비자에게 발급하여야 하는데 거짓 내용이 적힌 계약서를 발급한 자(방문판매법 제63조 제2호, 제7조 제2항, 제16조 위반) 또는

(b) 계속거래업자, 사업권유거래업자는 재화등의 판매에 관한 계약을 체결할 때에는 제30조 제1항 각 호의 사항을 적은 계약서를 소비자에게 발급하여야 하는데 거짓 내용이

적힌 계약서를 발급한 자(방문판매법 제63조 제2호:, 제30조 제2항 위반)는 처벌대상자이다.

3. 제3호

(a) 방문판매원 또는 전화권유판매원에게 다른 방문판매원 또는 전화권유판매원을 모집할 의무를 지게 하는 행위를 한 방문판매자 또는 전화권유판매자(방문판매법 제63조 제3호, 제11조 제1항 제4호 위반) 또는

(b) 소비자의 청약 없이 일방적으로 재화등을 공급하고 재화등의 대금을 청구하는 행위를 한 방문판매자 또는 전화권유판매자(방문판매법 제63조 제3호, 제11조 제1항 제7호 위반)는 처벌대상자이다.

4. 제4호

(a) 계속거래 또는 사업권유거래에 필요한 재화등을 통상적인 거래가격보다 현저히 비싼 가격으로 구입하게 하는 행위를 한 계속거래업자 또는 사업권유거래업자(방문판매법 제63조 제4호, 제34조 제1항 제3호 위반),

(b) 소비자가 계속거래 또는 사업권유거래의 계약을 해지 또는 해제하였는데도 정당한 사유 없이 이에 따른 조치를 지연하거나 거부하는 행위를 한 계속거래업자 또는 사업권유거래업자(방문판매법 제63조 제4호, 제34조 제1항 제4호 위반) 또는

(c) 소비자의 청약이 없는데도 일방적으로 재화등을 공급하고 재화등의 대금을 청구하는 행위를 한 계속거래업자 또는 사업권유거래업자(방문판매법 제63조 제4호, 제34조 제1항 제7호 위반)는 처벌대상자이다.

제64조 벌 칙

[정다영]

제64(벌칙) 제57조제5항에 따라 준용되는 「독점규제 및 공정거래에 관한 법률」 제62조를 위반한 자는 2년 이하의 징역 또는 200만원 이하의 벌금에 처한다.

[참고문헌] 김홍석·한경수, 개정 방문판매법 해설, 도서출판 잎새, 2012; 남광, 방문판매법, 홍문사, 2020.

Ⅰ. 본조의 의의

방문판매법 제64조는 2년 이하의 징역 또는 200만원 이하의 벌금에 처하는 경우를 규정하고 있는바, 이 규정의 경우 벌금병과에 대한 내용이 없으므로, 본조 위반행위에 대해서는 징역형이나 벌금형 중 하나만 선고해야 한다.

Ⅱ. 내 용

「독점규제 및 공정거래에 관한 법률」 제62조에서는 「독점규제 및 공정거래에 관한 법률」에 의한 직무에 종사하거나 종사하였던 위원, 공무원또는 협의회에서 분쟁조정업무를 담당하거나 담당하였던 자는 그 직무상 알게 된 사업자 또는 사업자단체의 비밀을 누설하거나 이 법의 시행을 위한 목적외에 이를 이용하여서는 아니된다고 규정하고 있는바, 방문판매법 제57조 제5항에 따라 준용되는 「독점규제 및 공정거래에 관한 법률」 제62조 위반행위는 '분쟁조정업무를 담당하거나 담당하였던 자가 그 직무상 알게된 사업자 또는 사업자단체의 비밀을 누설하거나 방문판매법의 시행을 위한 목적외에 이를 이용하는 행위'를 뜻한다.

第65조 양벌규정 등

[정다영]

제65조(양벌규정 등) ① 법인의 대표자나 법인 또는 개인의 대리인, 사용인, 그 밖의 종업원이 그 법인 또는 개인의 업무에 관하여 제58조부터 제63조까지의 어느 하나에 해당하는 위반행위를 하면 그 행위자를 벌하는 외에 그 법인 또는 개인에게도 해당 조문의 벌금형을 과(科)한다. 다만, 법인 또는 개인이 그 위반행위를 방지하기 위하여 해당 업무에 관하여 상당한 주의와 감독을 게을리하지 아니한 경우에는 그러하지 아니하다.
② 제58조부터 제63조까지의 어느 하나에 해당하는 위반행위를 한 자 또는 제1항에 따라 벌금형이 부과되는 법인 또는 개인이 이미 공정거래위원회 또는 시·도지사의 처분을 받거나 소비자의 피해를 보상한 경우에는 제58조부터 제63조까지의 규정에 따른 형을 감경하거나 면제할 수 있다.

[참고문헌] 김홍석·한경수, 개정 방문판매법 해설, 도서출판 잎새, 2012; 남광, 방문판매법, 홍문사, 2020; 박수영, 소비자법해설, 도서출판 fides, 2019; 김성돈, "법인의 형사책임과 양벌규정의 해석과 적용", 저스티스 통권 제168호, 한국법학원, 278~330면; 차종진, "양벌규정 적용에 있어 의무규정의 수범자와 실제 의무위반자의 불일치", 형사정책 제31권 제4호, 한국형사정책학회, 129~152면.

Ⅰ. 본조의 의의

방문판매법 제65조 제1항은 양벌규정이다. 양벌(兩罰)이란 법 위반행위를 한 사람 외에 다른 사람도 함께 처벌하는 것을 말한다. 법인의 대표자나 법인 또는 개인의 대리인, 사용인, 그 밖의 종업원이 그 법인 또는 개인의 업무에 관하여 제58조부터 제63조까지의 어느 하나에 해당하는 위반행위를 하면 그 행위자를 벌하는 외에 그 법인 또는 개인에게도 해당 조문의 벌금형을 과(科)한다. 다만, 법인 또는 개인이 그 위반행위를 방지하기 위하여 해당 업무에 관하여 상당한 주의와 감독을 게을리하지 아니한 경우에는 그러하지 아니하다.

Ⅱ. 내 용

1. 형사처벌의 원칙과 양벌규정의 예외

원래 형사처벌은 행위자에 대하여 부과함이 원칙이다. 이에 따르면 법인은 형사처벌의 대상이 되지 않고, 실제 법 위반행위를 한 행위자가 형사처벌의 대상이 되어야 할 것이다. 그러나 양벌규정을 통해 사업주 또한 의무주체로 구성함으로써, 범죄구성적 신분을 가진 자에게 해당 의무이행의 명령을 부과하여, 행위자 뿐 아니라 사업주도 형사처벌의 대상이 되게 한 것이다. 다만, 법인에 대해 징역형을 부과하는 것을 불가능하므로, 법인에 대해서는 벌금형만으로만 처벌하게 된다. 개인의 경우에도 그 개인의 대리인이나 사용인(피용자) 또는 종업원이 방문판매법 위반행위를 하면 그 개인도 양벌규정에 따라 벌금형에 처해진다.

여기서 대표자란 주식회사의 대표이사처럼 법인을 대표하는 사람을 말하고, 대리인은 본인으로부터 대리권을 수여받아 본인을 대리하여 어떤 사무를 처리하는 사람을 말한다. 법인의 대표자나 법인 또는 개인의 대리인, 사용인, 그 밖의 종업원라고 하더라도 그 법인 또는 개인의 업무에 관하여 법 위반행위를 한 경우 양벌규정이 적용되며, 그 법인 또는 개인의 업무와 무관한 일을 하던 중에 법 위반행위를 한 경우에는 양벌규정이 적용되지 않는다.

법인 또는 개인이 그 위반행위를 방지하기 위하여 해당 업무에 관하여 상당한 주의와 감독을 하였음을 입증한 경우에는 양벌규정의 적용을 피할 수 있다. 2010년 개정 이전의 양벌규정은 문언상 법인 또는 개인이 관리·감독상 주의의무를 다하였는지 여부에 관계없이 법인 또는 개인을 처벌하도록 되어 있어 책임주의 원칙에 위반할 소지가 있었으나, 개정을 통하여 상당한 주의와 감독을 게을리하지 아니한 경우에는 처벌을 면하게 함으로써 양벌규정에도 책임주의 원칙이 관철되도록 하였다. 그러나 실질적으로 상당한 주의와 감독을 하였음을 입증하기는 쉽지 않다.

2. 판례에서 사용인의 판단

대법원은 '법인의 사용인'에는 법인과 정식 고용계약이 체결되어 근무하는 자뿐만 아니라 그 법인의 업무를 직접 또는 간접으로 수행하면서 법인의 통제·감독 하에 있는 자도 포함된다고 하면서, 다단계판매업의 영업태양 및 다단계판매업자와 다단계판매원 사이의 관계에 비추어 볼 때, 다단계판매원이 하위판매원의 모집 및 후원활동을 하는 것은 실질적으로 다단계판매업자의 관리 아래 그 업무를 위탁받아 행하는 것으로 볼 수 있어, 다단계판매업자가 상품의 판매 또는 용역의 제공에 의한 이익의 귀속주체가 된다고 할 것이므로, 다단계판매원은 다단계판매업자의 통제·감독을 받으면서 다단계판매업자의 업무를 직접 또는 간접으로 수행하는 자로서, 적어도 구 방문판매 등에 관한 법률(2002. 3. 30. 법률 제6688호로 전문 개정되기 전의 것)의 양벌규정의 적용에 있어서는 다단계판매업자의 사용인의 지위에 있다고 봄이 상당하다고 판시한 바 있다.[1)]

이에 따르면 다단계판매원이 방문판매법 위반행위를 하였을 대는 다단계판매업자도 양벌규정에 의하여 벌금형으로 처벌받게 된다.

---

1) 대법원 2006. 2. 24. 선고 2003도4966 판결.

제66조 과태료

[정다영]

제66조(과태료) ① 사업자 또는 사업자단체가 제1호 또는 제2호에 해당하는 경우에는 3천만원 이하, 제3호에 해당하는 경우에는 5천만원 이하의 과태료를 부과하고, 사업자 또는 사업자단체의 임원 또는 종업원, 그 밖의 이해관계인이 제1호 또는 제2호에 해당하는 경우에는 500만원 이하, 제3호에 해당하는 경우에는 1천만원 이하의 과태료를 부과한다.

1. 제57조제2항에 따라 준용되는 「독점규제 및 공정거래에 관한 법률」 제50조제1항제1호에 따른 출석처분을 받은 당사자 중 정당한 사유 없이 출석하지 아니한 자
2. 제57조제2항에 따라 준용되는 「독점규제 및 공정거래에 관한 법률」 제50조제1항제3호 또는 같은 조 제3항에 따른 보고 또는 필요한 자료나 물건을 제출하지 아니하거나 거짓으로 보고하거나 거짓 자료나 물건을 제출한 자
3. 제57조제2항에 따라 준용되는 「독점규제 및 공정거래에 관한 법률」 제50조제2항에 따른 조사를 거부·방해 또는 기피한 자

② 다음 각 호의 어느 하나에 해당하는 자(제29조제3항에 따라 준용되는 경우를 포함한다)에게는 1천만원 이하의 과태료를 부과한다.

1. 제9조를 위반하여 재화등의 대금을 환급하지 아니하거나 환급에 필요한 조치를 하지 아니한 자
2. 제11조제1항제6호, 제23조제1항제4호 또는 제34조제1항제6호에 따른 금지행위를 한 자
3. 제11조제1항제8호, 제23조제1항제6호 또는 제34조제1항제8호에 따른 금지행위를 한 자
4. 제13조제2항 또는 제3항을 위반하여 신고를 하지 아니한 자
5. 제15조제3항에 따른 다단계판매원 등록증 또는 같은 조 제5항에 따른 다단계판매원 수첩을 발급하지 아니한 자
6. 제15조제4항을 위반하여 다단계판매원 등록부를 작성하지 아니한 자 또는 다단계판매원의 신원을 확인할 수 있도록 하지 아니한 자
7. 제23조제1항제10호에 따른 금지행위를 한 자
8. 제32조를 위반하여 위약금을 과다하게 청구하거나 대금 환급을 거부한 자
9. 제42조제2항을 위반하여 소비자에게 전화권유판매를 한 자
10. 삭제
11. 삭제
12. 삭제

③ 다음 각 호의 어느 하나에 해당하는 자(제29조제3항에 따라 준용되는 경우를 포함한다)에게는 500만원 이하의 과태료를 부과한다.

1. 제5조제2항 및 제3항에 따른 신고를 하지 아니하거나 거짓으로 신고한 자
2. 제6조제1항을 위반하여 방문판매원등의 명부를 작성하지 아니하거나 같은 조 제2항을 위반하여 방문판매원의 신원을 확인할 수 있도록 하지 아니한 자 또는 같은 조 제3항을 위반하여 성명 등을 밝히지 아니한 자

3. 제7조제2항, 제16조 또는 제30조제2항에 따른 계약서를 발급하지 아니한 자
3의2. 제7조의2제1항을 위반하여 소비자의 동의를 받아 통화내용 중 계약에 관한 사항을 계약일부터 3개월 이상 보존하지 아니하거나 같은 조 제2항을 위반하여 소비자의 통화내용 열람 요청을 따르지 아니한 자
4. 제20조제2항을 위반하여 후원수당의 산정 및 지급 기준을 변경한 자
5. 제20조제4항을 위반하여 후원수당의 산정·지급 명세 등의 열람을 허용하지 아니한 자
6. 제30조제3항을 위반하여 소비자에게 계약 종료일을 통지하지 아니한 자
7. 제33조에 따른 재화등의 거래기록 등을 소비자가 열람할 수 있도록 하지 아니한 자

④ 제57조제1항에 따라 준용되는 「독점규제 및 공정거래에 관한 법률」 제43조의2를 위반하여 질서유지의 명령을 따르지 아니한 자에게는 100만원 이하의 과태료를 부과한다.

⑤ 제1항부터 제4항까지에 따른 과태료는 행정청이 부과·징수한다. 다만, 다단계판매 및 후원방문판매와 관련된 규정에 따른 과태료는 공정거래위원회 또는 시·도지사가 부과·징수한다.

⑥ 제1항부터 제4항까지에 따른 과태료의 부과기준은 대통령령으로 정한다.

[참고문헌] 김홍석·한경수, 개정 방문판매법 해설, 도서출판 잎새, 2012; 남광, 방문판매법, 홍문사, 2020; 박수영, 소비자법해설, 도서출판 fides, 2019; 신동권, 소비자보호법, 박영사, 2020.

Ⅰ. 본조의 의의

본조는 과태료 대상자를 규정하고 있다. 과태료의 금액은 단계별로 나누어 5천만원 이하, 3천만원 이하, 1천만원 이하, 500만원 이하 및 100만원 이하를 규정하고 있다. 과태료는 질서벌의 일종이고 비송사건절차법에 의하여 법원에서 결정되는 것을 원칙으로 하지만, 실질적으로 행정청이 법위반자에게 먼저 과태료를 부과, 징수하고, 법 위반자가 행정청의 그와 같은 과태료 처분에 이의신청을 하는 경우에만 법원에서 비송사건절차법에 따라 재판하는 경향이 나타나고 있다.

Ⅱ. 내 용

1. 과태료 금액에 따른 구분

가. 5천만원 이하의 과태료

사업자 또는 사업자단체가 방문판매법 제57조 제2항에 따라 준용되는 「독점규제 및 공정거래에 관한 법률」 제50조 제2항에 따른 조사를 거부·방해 드는 기피한 경우는 5천만원 이하의 과태료를 부과한다.

나. 3천만원 이하의 과태료

(a) 사업자 또는 사업자단체가 방문판매법 제57조 제2항에 따라 준용되는 「독점규제 및공정거래에 관한 법률」 제50조 제1항 제1호에 따른 출석처분을 받고도 정당한 사유 없이 출석하지 않은 경우 또는

(b) 사업자 또는 사업자단체가 법 57조 2항에 따라 준용되는 「독점규제 및공정거래에 관한 법률」 제50조 제1항 제3호 또는 같은 조 제3항에 따른 보고 또는 필요한 자료나 물건을 제출하지 아니하거나 거짓으로 보고하거나 거짓 자료나 물건을 제출한 경우에는 3천만원 이하의 과태료를 부과한다.

다. 1천만원 이하의 과태료

1) 방문판매법 제66조 제1항 제3호 위반

사업자 또는 사업자단체의 임원 또는 종업원, 그 밖의 이해관계인이 방문판매법 제57조 제2항에 따라 준용되는 「독점규제 및 공정거래에 관한 법률」 제50조 제2항에 따른조사를 거부·방해 또는 기피한 경우에는 1천만원 이하의 과태료를 부과한다.

2) 방문판매법 제66조 제2항 위반

(a) 소비자로부터의 청약철회등에 의하여 재화등을 반환받았음에도 재화등의 대금을 환급하지 아니하거나 방문판매법 제9조에 정해 놓은 환급에 필요한 조치를 하지 아니한 방문판매자와 전화권유판매자(방문판매법 제66조 제2항 제1호, 제9조 위반),

(b) 분쟁이나 불만 처리에 필요한 인력 또는 설비가 부족한 상태를 상당 기간 방치하여 소비자에게 피해를 주는 행위를 한 방문판매자, 전화권유판매자, 다단계판매자, 후원방문판매자, 계속거래업자, 사업권유거래업자(방문판매법 제66조 제2항 제2호, 제11조 제1항 제6호, 제23조 제1항 제4호, 제34조 제1항 제6호 위반),

(c) 소비자가 재화를 구매하거나 용역을 제공받을 의사가 없음을 밝혔는데도 전화, 팩스, 컴퓨터통신 등을 통하여 재화를 구매하거나 용역을 제공받도록 강요하는 행위를 한 방문판매자, 전화권유판매자, 다단계판매자, 후원방문판매자, 계속거래업자, 사업권유거래업자(방문판매법 제66조 제2항 제3호, 제11조 제1항 제8호, 제23조 제1항 제6호, 제34조 제1항 제8호 위반),

(d) 다단계판매업이나 후원방문판매업을 등록할 때 등록한 사항 중 변경이 있을 때는 그 변경을 신고해야 하는데 그 신고를 하지 않은 자(방문판매법 제66조 제2항 제4호, 제13조 제2항 위반) 또는 다단계판매업자나 후원방문판매업자는 휴업 또는 폐업을 하거나 휴업 후

영업을 다시 시작할 때는 신고해야 하는데 그 신고를 하지 않은 자(방문판매법 제66조 제2항 제4호, 제13조 제3항 위반),

(e) 다단계판매원 등록증 또는 다단계판매원수첩을 발급하지 아니한 다단계판매업자(방문판매법 제15조 제3항, 제5항 위반),

(f) 다단계판매원 등록부를 작성하지 않거나 다단계판매원의 신원을 확인할 수 있도록 하지 않은 다단계판매업자(방문판매법 제15조 제4항 위반),

(g) 본인의 허락을 받지 아니하거나 허락받은 범위를 넘어 소비자에 관한 정보를 이용하는 행위를 한 다단계판매자와 후원방문판매자(방문판매법 제23조 제1항 제10호 위반),

(h) 위약금을 과다하게 청구하거나 대금 환급을 거부한 계속거래업자와 사업권유거래업자(방문판매법 32조 위반) 또는

(i) 법 66조 2항 9호: 전화권유판매 수신거부의사를 등록한 소비자에게 전화권유판매를 한 전화권유판매자(방문판매법 제42조 제2항 위반)는 1천만원 이하의 과태료에 처한다.

라. 500만원 이하의 과태료

1) 방문판매법 제66조 제1항 위반

(a) 사업자 또는 사업자단체의 임원 또는 종업원, 그 밖의 이해관계인이 방문판매법 제57조 제2항에 따라 준용되는 「독점규제 및 공정거래에 관한 법률」 제50조 제1항 제1호에 따른 출석처분을 받고도 정당한 사유 없이 출석하지 않은 경우 또는

(b) 사업자 또는 사업자단체의 임원 또는 종업원, 그 밖의 이해관계인이 방문판매법 제57조 제2항에 따라 준용되는 「독점규제 및 공정거래에 관한 법률」 제50조 제1항 제3호 또는 같은 조 제3항에 따른 보고 또는 필요한 자료나 물건을 제출하지 아니하거나 거짓으로 보고하거나 거짓 자료나 물건을 제출한 경우에는 500만원 이하의 과태료를 부과한다.

2) 방문판매법 제66조 제3항 위반

(a) 방문판매업이나 전화권유판매업을 신고할 때 신고한 사항 중 변경이 있을 때는 그 변경을 신고해야 하는데 그 신고를 하지 않거나 거짓으로 신고한 자(방문판매법 제66조 제3항 제1호, 제5조 제2항 위반) 또는 방문판매업이나 전화권유판매업자는 휴업 또는 폐업을 하거나 휴업 후 영업을 다시 시작할 때는 신고해야 하는데 그 신고를 하지 않거나 거짓으로 신고한 자(방문판매법 제66조 제3항 제1호, 제5조 제3항 위반),

(b) 방문판매원이나 전화권유판매원의 명부를 작성하지 않은 방문판매업자나 전화권유판매업자(방문판매법 제66조 제3항 제2호, 제6조 제1항 위반), 방문판매원이나 전화권유판매원)의 신원을 확인할 수 있도록 하지 않은 방문판매업자나 전화권유판매업자(방문판매법

제66조 제3항 제2호, 제6조 제2항 위반), 재화등을 판매하려는 경우에는 소비자에게 미리 해당 방문 또는 전화가 판매를 권유하기 위한 것이라는 점과 방문판매자와 전화권유판매자의 성명 또는 명칭, 판매하는 재화등의 종류 및 내용을 밝혀야 함에도 그렇게 하지 않은 방문판매자 또는 전화권유판매자(방문판매법 제66조 제3항 제2호, 제6조 제3항 위반),

(c) 재화등의 판매에 관한 계약을 체결할 때에는 방문판매법 제7조 제1항 각 호의 사항을 적은 계약서를 소비자에게 발급하여야 하는데 그러한 계약서를 발급하지 않은 방문판매업자, 전화권유판매업자(방문판매법 제66조 제3항 제3호, 제7조 제2항, 제16조 위반), 재화등의 판매에 관한 계약을 체결할 때에는 방문판매법 30조 1항 각 호의 사항을 적은 계약서를 소비자에게 발급하여야 하는데 그러한 계약서를 발급하지 않은 계속거래업자와 사업권유거래업자(방문판매법 제66조 제3항 제3호, 제30조 제2항 위반),

(d) 전화권유판매에 관한 계약의 경우 전화권유판매업자는 소비자의 동의를 받아 통화내용 중 계약에 관한 사항을 계약일부터 3개월 이상 보존하여야 하는데, 3개월 이상 보존하지 아니하거나 소비자의 통화내용 열람 요청을 따르지 아니한 자(방문판매법 제66조 제3항 제3의2호, 제7조의2조 제1항 위반),

(e) 후원수당의 산정 및 지급 기준을 객관적이고 명확하게 정하여야 하며, 후원수당의 산정 및 지급 기준을 변경하려는 경우에는 대통령령으로 정한 절차에 따라야 하는데도 이를 위반한 다단계판매업자와 후원방문판매업자(방문판매법 제66조 제3항 제4호, 제20조 제2항 위반),

(f) 다단계판매원이나 후원방문판매원이 요구하는 경우 후원수당의 산정, 지급 명세 등의 열람을 허용하여야 하는데도 그 열람을 허용하지 않은 다단계판매업자와 후원방문판매업자(방문판매법 제66조 제3항 제5호, 제20조 제4항 위반),

(g) 소비자에게 용역을 공급하는 계약으로서 소비자의 별도 의사표시가 없는 한 자동으로 갱신되는 계약을 체결한 경우에는 그 계약 종료일의 50일 전부터 20일 전까지의 기간에 소비자에게 종료일이 다가오고 있음을 서면이나 전자우편으로 통지하여야 함에도 그 계약 종료일을 통지하지 아니한 계속거래업자(방문판매법 제66조 제3항 제6호, 제30조 제3항 위반) 또는

(h) 재화등의 거래기록 등을 소비자가 열람할 수 있도록 하지 않은 계속거래업자와 사업권유거래업자(방문판매법 제66조 제3항 제7호, 제33조 위반)에게는 500만원 이하의 과태료를 부과한다.

마. 100만원 이하의 과태료

방문판매법 제57조 제1항에 따라 준용되는 「독점규제 및 공정거래에 관한 법률」 제

43조의2를 위반하여 질서유지의 명령을 따르지 아니한 자에게는 100만원 이하의 과태료를 부과한다.

2. 부과징수의 주체

과태료는 행정청이 부과·징수한다. 다만, 다단계판매 및 후원방문판매와관련된 규정에 따른 과태료는 공정거래위원회 또는 시·도지사가 부과·징수한다.

방문판매법에 의하여 부과된 과태료처분의 당부는 최종적으로 비송사건절차법에 의한 절차에 의하여 판단되어야 하므로 그 과태료처분은 행정소송의 대상이 되는 행정처분이라고 볼 수 없다.[1)]

행정절차법 제2조 제1호에서는 행정청을 행정에 관한 의사를 결정하여 표지하는 국가 또는 지방자치단체의 기관, 그 밖에 법령 또는 자치법규에 따라 행정권한을 가지고 있거나 위임 또는 위탁받은 공공단체 또는 그 기관이나 사인이라고 정의하고 있다.

공정거래위원회와 시·도지사도 행정청이다. 따라서 방문판매법 제66조 제5항은 다단계판매 및 후원방문판매와 관련된 규정에 따른 과태료는 공정거래위원회 또는 시·도지사만이 부과할 수 있고 그 외의 과태료, 즉, 다단계판매 및 후원방문판매와 관련되지 않는 규정에 따른 과태료는 공정거래위원회와 시·도지사가 아닌다른 행정청도 부과할 수 있다는 의미로 해석된다.

3. 과태료의 부과기준

방문판매법은 과태료의 부과기준은 대통령령에 위임하였고(방문판매법 제66조 제6항), 시행령은 별표 4로 구체적 기준을 만들어 놓았다(방문판매법 시행령 제63조).

---

1) (주)웰빙테크의 방문판매법 위반행위 건(공정거래위원회 2012. 8. 28. 의결 제2012-180호; 서울고등법원 2013. 12. 26. 선고 201236233 판결); 몬토토(주)의 방문판매법 위반행위건(공정거래위원회 2009. 12. 14. 의결 제2009-272호; 서울고등법원 2010. 7. 1. 선고 2010누2021 판결; 대법원 2010. 10. 28. 선고 2010두14985 판결).

■ 방문판매 등에 관한 법률 시행령[별표 4] 〈개정 2018. 12. 4.〉

과태료의 부과기준(제63조 관련)

1. 일반기준

가. 위반행위의 횟수에 따른 과태료의 가중된 부과기준은 최근 3년간 같은 위반행위로 과태료 부과처분을 받은 경우에 적용한다. 이 경우 기간의 계산은 위반행위에 대하여 과태료 부과처분을 받은 날과 그 처분 후 다시 같은 위반행위를 하여 적발된 날을 기준으로 한다.

나. 가목에 따라 가중된 부과처분을 하는 경우 가중처분의 적용 차수는 그 위반행위 전 부과처분 차수(가목에 따른 기간 내에 과태료 부과 처분이 둘 이상 있었던 경우에는 높은 차수를 말한다)의 다음 차수로 한다.

다. 부과권자는 위반행위의 정도, 위반행위의 동기와 그 결과 등 다음의 사항을 고려하여 제2호에 따른 과태료 금액의 2분의 1의 범위에서 그 금액을 감경할 수 있다. 다만, 과태료를 체납하고 있는 위반행위자에 대해서는 그러하지 아니하다.

1) 위반행위자가 「질서위반행위규제법 시행령」 제2조의2 제1항 각 호의 어느 하나에 해당하는 경우

2) 위반행위가 사소한 부주의나 오류로 인한 것으로 인정되는 경우

3) 위반행위자가 법 위반상태를 시정하거나 해소한 경우

2. 개별기준

(단위: 만원)

위반행위	근거 법조문	과태료 금액		
		1차 위반	2차 위반	3차 이상 위반
가. 법 제5조제2항 및 제3항에 따른 신고를 하지 않거나 거짓으로 신고한 경우	법 제66조제3항제1호	100	200	500
나. 법 제6조제1항을 위반하여 방문판매원등의 명부를 작성하지 않거나 같은 조 제2항을 위반하여 방문판매원의 신원을 확인할 수 있도록 하지 않은 경우 또는 같은 조 제3항을 위반하여 성명 등을 밝히지 않은 경우(법 제29조제3항에 따라 준용되는 경우를 포함한다)	법 제66조제3항제2호	100	200	500

다. 법 제7조제2항, 제16조 또는 제30조제2항에 따른 계약서를 발급하지 않은 경우(법 제29조제3항에 따라 준용되는 경우를 포함한다)	법 제66조제3항제3호	100	200	500
라. 법 제7조의2제1항을 위반하여 소비자의 동의를 받아 통화내용 중 계약에 관한 사항을 계약일부터 3개월 이상 보존하지 않거나 같은 조 제2항을 위반하여 소비자의 통화내용 열람 요청을 따르지 않은 경우	법 제66조제3항제3호의2	100	200	500
마. 법 제9조를 위반하여 재화등의 대금을 환급하지 않거나 환급에 필요한 조치를 하지 않은 경우	법 제66조제2항제1호	200	500	1,000
바. 법 제11조제1항제6호, 제23조제1항제4호 또는 제34조제1항제6호에 따른 금지행위를 한 경우(법 제29조제3항에 따라 준용되는 경우를 포함한다)	법 제66조제2항제2호	200	500	1,000
사. 법 제11조제1항제8호, 제23조제1항제6호 또는 제34조제1항제8호에 따른 금지행위를 한 경우(법 제29조제3항에 따라 준용되는 경우를 포함한다)	법 제66조제2항제3호	200	500	1,000
아. 법 제13조제2항 또는 제3항을 위반하여 신고를 하지 않은 경우(법 제29조제3항에 따라 준용되는 경우를 포함한다)	법 제66조제2항제4호	200	500	1,000
자. 법 제15조제3항에 따른 다단계판매원 등록증 또는 같은 조 제5항에 따른 다단계판매원 수첩을 발급하지 않은 경우	법 제66조제2항제5호	200	500	1,000
차. 법 제15조제4항을 위반하여 다단계판매원 등록부를 작성하지 않은 경우 또는 다단계판매원의 신원을 확인할 수 있도록 하지 않은 경우	법 제66조제2항제6호	200	500	1,000
카. 법 제20조제2항을 위반하여 후원수당의 산정 및 지급 기준을 변경한 경우(법 제29조제3항에 따라 준용되는 경우를 포함한다)	법 제66조제3항제4호	100	200	500
타. 법 제20조제4항을 위반하여 후원수당의 산정·지급 명세 등의 열람을 허용하지 않은 경우(법 제29조제3항에 따라 준용되는 경우를 포함한다)	법 제66조제3항제5호	100	200	500
파. 법 제23조제1항제10호에 따른 금지행위를 한 경우(법 제29조제3항에 따라 준용되는 경우를 포함한다)	법 제66조제2항제7호	200	500	1,000
하. 법 제30조제3항을 위반하여 소비자에게 계약 종료일을 통지하지 않은 경우	법 제66조제3항제6호	100	200	500
거. 법 제32조를 위반하여 위약금을 과다하게 청구하거나 대금 환급을 거부한 경우	법 제66조제2항제8호	200	500	1,000
너. 법 제33조에 따른 재화등의 거래기록 등을 소비자가 열람할 수 있도록 하지 않은 경우	법 제66조제3항제7호	100	200	500

<table>
<tr><td colspan="2">더. 법 제42조제2항을 위반하여 소비자에게 전화권유판매를 한 경우</td><td>법 제66조제2항제9호</td><td>200</td><td>500</td><td>1,000</td></tr>
<tr><td colspan="2">러. 법 제57조제1항에 따라 준용되는 「독점규제 및 공정거래에 관한 법률」 제43조의2를 위반하여 질서유지의 명령을 따르지 않은 경우</td><td>법 제66조제4항</td><td>50</td><td>70</td><td>100</td></tr>
<tr><td rowspan="2">머. 법 제57조제2항에 따라 준용되는 「독점규제 및 공정거래에 관한 법률」 제50조제1항제1호에 따른 출석처분을 받은 당사자 중 정당한 사유 없이 출석하지 않은 경우</td><td>1) 사업자 또는 사업자단체</td><td>법 제66조제1항제1호</td><td>600</td><td>1,500</td><td>3,000</td></tr>
<tr><td>2) 사업자 또는 사업자단체의 임원 또는 종업원, 그 밖의 이해관계인</td><td>법 제66조제1항제1호</td><td>100</td><td>200</td><td>500</td></tr>
<tr><td rowspan="2">버. 법 제57조제2항에 따라 준용되는 「독점규제 및 공정거래에 관한 법률」 제50조제1항제3호 또는 같은 조 제3항에 따른 보고 또는 필요한 자료나 물건을 제출하지 않거나 거짓으로 보고하거나 거짓 자료나 물건을 제출한 경우</td><td>1) 사업자 또는 사업자단체</td><td>법 제66조제1항제2호</td><td>600</td><td>1,500</td><td>3,000</td></tr>
<tr><td>2) 사업자 또는 사업자단체의 임원 또는 종업원, 그 밖의 이해관계인</td><td>법 제66조제1항제2호</td><td>100</td><td>200</td><td>500</td></tr>
<tr><td rowspan="2">서. 법 제57조제2항에 따라 준용되는 「독점규제 및 공정거래에 관한 법률」 제50조제2항에 따른 조사를 거부·방해 또는 기피한 경우</td><td>1) 사업자 또는 사업자단체</td><td>법 제66조제1항제3호</td><td>1,000</td><td>2,500</td><td>5,000</td></tr>
<tr><td>2) 사업자 또는 사업자단체의 임원 또는 종업원, 그 밖의 이해관계인</td><td>법 제66조제1항제3호</td><td>200</td><td>500</td><td>1,000</td></tr>
</table>

제67조 과태료에 관한 규정 적용의 특례

[정다영]

제67조(과태료에 관한 규정 적용의 특례) 제66조의 과태료에 관한 규정을 적용할 때 제51조에 따라 과징금을 부과한 행위에 대해서는 과태료를 부과할 수 없다.

[참고문헌] 김홍석·한경수, 개정 방문판매법 해설, 도서출판 잎새, 2012; 남광, 방둔판매법, 홍문사, 2020.

Ⅰ. 본조의 의의

공정거래위원회는 방문판매법 제49조 제4항에 따른 영업정지를 갈음하여 해당 사업자에게 대통령령으로 정하는 위반행위 관련 매출액을 초과하지 아니하는 범위에서 과징금을 부과할 수 있는바, 본조는 그에 따라 과징금을 부과한 행위에 대해서는 방문판매법 제67조에 따른 과태료를 부과할 수 없다고 명시하고 있다.

Ⅱ. 본조의 취지

과징금과 과태료 모두 금전적 행정벌인바, 과징금은 사업자가 법을 어기고 취득한 이익에 대한 환수적 성격의 금전적 행정벌이고, 과태료는 개인 등이 경미하게 어긴 위법행위에 대한 체벌 성격의 금전적 행정벌인바, 본조는 양자를 중첩적으로 부과하지 않게 하여, 당사자가 동일한 행위에 대해 이중적으로 금전적 제재를 받는 것을 방지하고자 하고 있다.

[저자 약력]

고형석　선문대학교 법학과 교수
김남홍　K&Partners 대표변호사
김도년　한국소비자원 정책연구실 소비자지향성개선팀장
김상중　고려대학교 법학전문대학원 교수
김세준　경기대학교 법학과 교수
박근웅　부산대학교 법학전문대학원 교수
서종희　연세대학교 법학전문대학원 교수
성준호　성균관대학교 법학연구원 선임연구원
송재일　명지대학교 법학과 교수
송주연　직판공제조합 변호사
송혜진　한국소비자원 책임연구원
신영수　경북대학교 법학전문대학원 교수
신지혜　한국외국어대학교 법학전문대학원 교수
이병준　한국외국어대학교 법학전문대학원 교수
장보은　한국외국어대학교 법학전문대학원 교수
정다영　충남대학교 법학전문대학원 교수
정신동　강릉원주대학교 법학과 교수
정진명　단국대학교 법학과 교수
황원재　계명대학교 법학과 교수

주석 방문판매등에 관한 법률

초판발행　2023년 1월 15일

편집대표　이병준
지은이　고형석 · 김남홍 · 김도년 · 김상중 · 김세준 · 박근웅 · 서종희 · 성준호 · 송재일 · 송주연 · 송혜진 · 신영수 · 신지혜 · 이병준 · 장보은 · 정다영 · 정신동 · 정진명 · 황원재
펴낸이　김중용

편　집　심성보 · 김인숙

펴낸곳　도서출판 정독
경기도 고양시 일산서구 하이파크로 113, 102-204
등록 제406-2014-000093호
전　화　031)924-7203　팩　스　02)718-8554
홈페이지　www.jeongdok.co.kr　이메일　admin@jeongdok.co.kr
ISBN　979-11-6858-111-1　93360

정　가　30,000원